国家出版基金项目
NATIONAL PUBLICATION FOUNDATION

中国古桥研究
与保护委员会推荐

孔繁盛 ——— 资料整理

中国古桥志

（上）

孔庆普——

著

人民东方出版传媒

东方出版社

图书在版编目（CIP）数据

中国古桥志／孔庆普 著. —北京：东方出版社，2020.10
ISBN 978-7-5207-1358-0

Ⅰ.①中…　Ⅱ.①孔…　Ⅲ.①古建筑—桥—介绍—中国　Ⅳ.①K928.78

中国版本图书馆 CIP 数据核字（2020）第 011201 号

中国古桥志

(ZHONGGUO GUQIAO ZHI)

作　　者：孔庆普
责任编辑：李　烨　王学彦　吴晓月
出　　版：东方出版社
发　　行：人民东方出版传媒有限公司
地　　址：北京市朝阳区西坝河北里 51 号
邮　　编：100028
印　　刷：北京楠萍印刷有限公司
版　　次：2020 年 10 月第 1 版
印　　次：2020 年 10 月第 1 次印刷
开　　本：660 毫米×960 毫米　i/16
印　　张：53.25
字　　数：770 千字
书　　号：ISBN 978-7-5207-1358-0
定　　价：198.00 元
发行电话：(010) 85924663　85924644　85924641

序

中国桥梁建设历史悠久。最早有文字记载的古代桥梁，是北魏郦道元（466—527 年）所著《水经注》中提到的木桥——旅人桥，并无具体记载。现存最古老的石拱桥是河北赵县的安济桥，建于隋开皇末年至大业初年（591—605 年）。

我国地域广大，各个地区的地理、地势、河流各不相同，可用于建桥的材料也不尽相同。古代建桥者因地制宜地就地取材，建造适合本地区使用的桥梁，因而全国各地留存下来的古桥多种多样。

经过数千年来河道与道路的变迁、地形与地貌的变化，以及时代与社会生活的变革，大量的古代桥梁被改造、废弃或埋于地下，致使古代桥梁的留存数量越来越少。

30 多年前的 1987 年 6 月 24 日，孔庆普先生前往茅以升老先生府上，向茅老汇报卢沟桥修复工程和拆除考察古桥的情况。茅老听完汇报后对孔庆普先生说："你考察了那么多古桥，你有资格写古桥技术书，你就写吧，非你莫属！"

此后，孔先生遵照茅老先生的嘱咐，孜孜不倦，默默耕耘，潜心研究，先后完成《卢沟桥志》《北京志·桥梁志》《中国古桥结构考察》，今又编撰完成《中国古桥志》。

但是，江苏、湖南、四川、山西等省尚存近百座古桥，因为缺少技术数据，不能入志。孔先生年已 90 岁，无力再外出实地调查，老先生对此甚感遗憾。

本志不仅记载了古桥的技术数据、结构形式及建造方法，而且对一部分构造复杂的古桥进行了技术鉴定。例如：

一、浙江等省有一部分石桥，其上部结构的立面呈梯形门式。当地有人称其为"三折边石拱桥"。孔老用结构力学理论对此类石桥的结构进行分析，认为其上部结构并非"拱"结构，属于撑架式结构，遂取名"撑架式石梁桥"。

二、浙江等省有一部分石桥，桥孔的立面呈五边折线形券式和七边折线形券式，当地有人称此种桥为"五折边石拱桥"和"七折边石拱桥"。孔老对五边或七边折线形券式框架中的石板构件进行结构分析，认为该石桥的五边或七边折线形券式框架，不是结构体，更不是"拱"结构。故将此类桥取名"折线券式石梁桥"。

三、《清明上河图》中的木桥，如今在浙江福建两省尚存84座，其桥孔立面呈五边折线形，唐寰澄等几位先生称其为"木拱桥"。

孔庆普先生和潘虹萱先生对所谓"木拱桥"的桥孔主体进行分析认为，此类木桥的桥孔主体是由两组木杆件组合而成的。第一组是由3段圆木杆件（每段9根）和两根方木横系杆件构成梯形门式结构。该门式结构在没有外力的作用时，可以独立存在。

第二组是由5段圆木杆件（每段8根）和4根方木横系杆件组成五边折线形框架，该框架不是结构体，其自身不能独立存在。只有在与门式结构互相穿插组合起来，在依附于门式结构的条件下才能存在。所以，该五边折线形框架中的杆件，基本上不承受荷载力，均属于冗杆。

第一、二两组木杆件组合成五边折线形桥孔主体，它既不属于"桁"，又不是"拱"，远看类似虹形，故取名"组合式木虹桥"。

本志共收录1750座古桥的资料，其中，石拱及砖石拱桥945座，石梁桥468座，石墩台木梁桥252座，木虹桥83座，铁索桥2座。这是一部史无前例的古桥志书，是一部资料价值极高的技术书，是研究中国古桥历史和技术的宝库。

茅以升先生曾说过"桥梁是一国文化特征"。留存至今的万千座中国古桥，承载着中华民族的智慧与辉煌，蕴含着既征服自然，又融入自然的和谐文化。它们是中华古代文明的见证。毫无疑问，古桥研究是弘扬中华文化促进科学发展的软实力和正能量。

中国工程建筑的发展史是世界文明史的组成部分，东方的中国工程建筑独树一帜，与欧洲建筑、伊斯兰建筑合称为世界三大建筑体系。数千年来的中国古桥建设技艺是宝贵的民族资源，这样的财富不仅是中国的，也是世界的。因为，古建筑文明是人类的宝贵遗产！

虽然古桥的印记已渐渐远去，但是古桥研究工作者的脚步却没有停息。孔庆普先生就是这支团队中的代表性人物。

面对这部融入了孔庆普先生毕生心血的鸿篇巨制，我要由衷地道一声：劳苦功高，功德无量，向孔老先生致敬！

凤懋润

2018 年 10 月

前　言

　　1987年6月24日，我到茅以升老先生府上，向茅老汇报卢沟桥修复工程、考察现存古桥，以及已经被拆除的石桥的情况。茅老听完汇报后问我，北京现存还有多少古桥，以及古桥状况如何，等等，最后，茅老嘱咐我："你考察了那么多古桥，你有资格写古桥技术书，你就写吧，非你莫属！"从那时起，我就下定决心，一定要至少写出一两本纪实性古桥结构技术书。

　　遵照茅以升老先生的嘱咐，1990年完成《卢沟桥志》，1994年完成《北京志·桥梁志》，2014年完成《中国古桥结构考察》，如今又编撰完成《中国古桥志》。

　　中国古桥研究和保护事业，在茅以升科技教育基金会的倡导和支持下，于2008年成立了"中国古桥研究与保护委员会"（以下简称古桥委员会），至今已召开六届古桥研究与保护会议。

　　第二届（2009年）福州古桥会议期间，我就想，古桥资料大多分散在个人手里，对古桥研究与保护事业起不到应有作用，于是产生了如何将古桥资料集中起来、编写成书的念头。经再三思考，我觉得还是编撰《中国古桥志》为宜。

　　第三届（2010年）南京古桥会期间，余曾与潘虹萱教授、项贻强教授、夏祖照工程师、康志保先生交谈过我打算编撰《中国古桥志》的想法，他们都表示赞同和支持，但又表示，由于工作太忙，无力参加共同编写。

第四届（2011 年）长沙古桥会上，我在发言中提及正在为编撰《中国古桥志》收集材料，请各位老朋友帮助收集古桥材料。

此后，亲友帮助我从各地市政单位、公路部门查找到一部分古桥材料，到 2015 年上半年，我完成了《中国古桥志》初稿。

本书素材取自《中国桥谱·古桥篇》《中国古桥（光盘）》《中国古桥结构考察》《宁波老桥》《闽侯古代桥梁》《中国木拱桥传统营造技艺》《四川泸县龙桥资料》《邵阳古桥》《湖北公路交通史料·古桥》，第一至第六届古桥会论文集中的古桥技术资料、部分省市公路市政部门提供的古桥材料，以及其他渠道查找到的古桥资料。

我将所有古桥素材加以整理，减去重复和技术数据过于简单的材料，编撰《中国古桥志》书稿。

第六届（2015 年）赵县古桥会上，我向大会汇报了《中国古桥志》概要，得到古桥委员会主任委员凤懋润先生的充分肯定。会后，我对《中国古桥志》书稿再次进行校核，完成终稿。

中国古桥志桥梁总表

省　市	石拱桥	石梁桥	木梁桥	木虹桥	索桥	合　计
北京市	43	96	11			150
天津市	4					4
河北省	30	2				32
河南省	11	2				13
山东省	10					10
山西省	17	1	1			19
上海市	16	4	3			23
江苏省	100	15				115
安徽省	26	4	4			34
湖北省	211	46	7			264
湖南省	92	7	41			140
浙江省	181	96	74	31		382
福建省	74	84	99	52		309
江西省	13		3			16
广东省	14	2				16
广　西	13	3	2			18
贵州省	35	1				36
云南省	16		5		1	22

（续表）

省　市	石拱桥	石梁桥	木梁桥	木虹桥	索桥	合　计
四川省	24	105	1		1	131
重庆市	5					5
陕西省	7		1			8
辽宁省	1					1
内蒙古	1					1
黑龙江	1					1
总计	945	468	252	83	2	1750

凡　例

1. 本书为中国古代桥梁之志，各种古桥的上限尽可能追溯到建桥年代，下限至今或至拆除年代。

2. 本志体裁包括述、记、志、传、图（照片）等，以志为本体。

3. 本志分章、节、目三个层次。

4. 本志采用规范语体文，行文朴实、简洁、通畅。

5. 本志纪年，采用中国历史纪年和公元纪年对照方式书写。

6. 计量单位，按照古代计量单位和现行法定计量单位对照书写。

7. 古桥范围，古桥是指清代及其以前按照中国传统建桥规矩建造的桥梁。清代以后按照古桥形式仿造的桥梁，均不属于古桥。凡是被拆除的古代桥梁，只要留有基本资料，均列入本志。

综　述

　　中国桥梁建设历史悠久，但是，早期历史档案中没有找到桥梁的记载。最早有文字记载的古代桥梁，是北魏郦道元（466—527 年）所著的《水经注》中提到的木桥，并无具体记载。

　　现存最古老的石拱桥是河北赵县的安济桥，建于隋开皇末年至大业初年（591—605 年）。安济桥是一座单孔坦拱敞肩式石拱桥，拱碹是圆弧形，由 28 道并列拱碹石构成，净跨径 37.02 米，矢高 7.23 米。安济桥是中国古代石拱桥技术发展的最高阶段。

　　现存最古老、最长的薄拱薄墩轻型石拱桥是江苏苏州的宝带桥，唐元和十一年（816 年）兴工修建，历时三年，于元和十四年（819 年）建成。宝带桥是一座 53 孔石拱桥，桥面宽 4.10 米，桥长 249.80 米。其中，最大跨径 6.95 米。

　　现存最古老、最长的厚拱厚墩重型石拱桥是北京的卢沟桥，金大定二十九年（1189 年）兴工修建，历时三年，明昌三年（1192 年）建成。卢沟桥是一座 11 孔石拱桥，桥面宽 9.40 米，桥长 268.00 米。最大跨径 15.40 米。卢沟桥的结构特点：一是拱碹采用半圆框形纵联式结构；二是桥墩的上游端建有高大分水尖；三是桥梁基础采用多层石板，并立穿铸铁圆柱。

　　现存最古老的石板梁桥是福建省泉州市的洛阳桥，又名"万安桥"。该桥于北宋皇祐五年（1053 年）兴工修建，历经六年，嘉祐四年（1059 年）建成。洛阳桥全长三百六十丈，四十六孔，宽一丈五尺。

现存最古老的铁索桥是云南省永平县的霁虹桥，该桥位于永平县杉杨村与保山县老营村之间，横跨澜沧江上。建于明成化年间（1456—1487年）的霁虹桥是一座单孔铁索桥，主体结构由18根铁链组成，底索16根，边索各1根。桥梁全长113.40米，跨径57.30米。

我国地域广大，各个地区的地理、地形、河流各不相同，出产的建桥材料也不尽相同。古代建桥者因地制宜，采用当地材料，建造适合本地区的桥梁，因而全国各地出现了多种多样的桥梁。

经过数千年河道与道路的变迁，地形、地貌变化，以及历代桥梁建设的发展等原因，大量古代桥梁被改造、废弃或埋于地下，因而地面上的古代桥梁大量消失。中国早期桥梁的结构状况缺少实物和遗迹，所以当代人对中国早期桥梁结构技术的发展，难以进行详细考察研究。

如今全国尚存的古代桥梁，按照桥梁所用材料及结构与形式划分，有石拱桥、砖石拱桥、石梁桥、石墩台木梁桥、木桥、铁索桥。

今存古代石拱桥的数量最多，结构与形式也多种多样，有单孔、多孔，拱圈的形式有半圆形、二心圆弧形、三心圆弧形、马蹄形、圆弧形。拱碹的结构与做法有纵联式结构、镶边纵联式结构、框形纵联式结构、框形并列式结构、分段并列式结构、纵联分段并列式结构、并列式结构。

今存石梁桥尚有468座，其结构形式有简支石板梁桥、悬臂式石板梁桥、撑架式石板梁桥、多边折线形石梁桥。

今存木梁桥尚有252座，其结构形式有简支木梁桥、悬臂式木梁桥、撑架式木梁桥。

今存古代木桥均系组合式木虹桥，在浙江和福建两省尚有84座，这是中国独有的一种木桥形式。宋代《清明上河图》中的桥梁即属于组合式木虹桥。

今存古代索桥，只剩下两座铁索桥，一是云南省的霁虹桥，另一座是四川省的泸定桥。

古代建桥匠人在水流平缓的河道上，修建薄拱薄墩轻型石拱桥，如苏州宝带桥等，其结构灵巧，造型美观。

　　古代建桥匠人在水流湍急的河道上，建造厚拱厚墩重型石拱桥，如北京的卢沟桥。

　　上述古桥实例，说明中国古代劳动人民在修建桥梁方面的聪明和智慧，为我们留下了宝贵的历史遗产。如今存在的古代桥梁已经为数不多，现存古桥是研究中国桥梁结构技术发展的宝贵实物，是古代劳动人民留下的无价文物，加强保护尤为重要。

目　录

第一章　石拱桥和砖石拱桥 ···················· 1

第一节　概述 ····························· 1

第二节　北京石拱桥与砖石拱桥 ············· 3

1. 安济桥——砖石拱桥 ··············· 3

2. 北五孔桥——砖石拱桥 ············· 4

3. 朝宗桥——砖石拱桥 ··············· 5

4. 南五孔桥——砖石拱桥 ············· 7

5. 七孔桥 ························· 8

6. 安定门弯桥——砖石拱桥 ········· 9

7. 白石桥 ························· 10

8. 崇文桥 ························· 10

9. 大通桥 ························· 11

10. 东便桥——砖石拱桥 ··············· 13

11. 二道桥 ························· 14

12. 金水桥 ························· 15

13. 头道桥 ························· 16

14. 望恩桥 ························· 17

15. 喜凤桥 ························· 18

16. 鸳鸯桥 …………………………………… 19

17. 旧宫桥 …………………………………… 20

18. 琉璃河桥 ………………………………… 20

19. 大红门桥 ………………………………… 23

20. 六里桥 …………………………………… 24

21. 卢沟桥 …………………………………… 24

22. 安河桥 …………………………………… 31

23. 广济桥 …………………………………… 31

24. 海淀双桥 ………………………………… 33

25. 青龙桥 …………………………………… 33

26. 万善桥 …………………………………… 34

27. 马驹桥 …………………………………… 35

28. 通运桥 …………………………………… 36

29. 永通桥 …………………………………… 37

30. 德胜桥 …………………………………… 39

31. 东步粮桥 ………………………………… 40

32. 甘石桥 …………………………………… 41

33. 高梁桥 …………………………………… 42

34. 金鳌玉蝀桥 ……………………………… 43

35. 李广桥 …………………………………… 44

36. 三座桥 …………………………………… 44

37. 太平桥 …………………………………… 45

38. 万宁桥 …………………………………… 46

39. 西便桥——砖石拱桥 …………………… 47

40. 西步粮桥 ………………………………… 48

41. 宣武桥 …………………………………… 49

42. 银锭桥 …………………………………… 49

43. 正阳桥 …………………………………… 50

第三节　天津市石拱桥 ………………………………… 52

　　1. 宝坻萧河桥 …………………………………………… 52

　　2. 蓟州果香峪桥 ………………………………………… 52

　　3. 蓟州水关桥 …………………………………………… 53

　　4. 蓟州迎客松桥 ………………………………………… 53

第四节　河北省石拱桥 ………………………………… 53

　　1. 安国伍仁桥 …………………………………………… 54

　　2. 保定方顺桥 …………………………………………… 54

　　3. 保定绿野梯桥 ………………………………………… 55

　　4. 涿州下胡良桥 ………………………………………… 55

　　5. 涿州永济桥 …………………………………………… 56

　　6. 沧县登瀛桥 …………………………………………… 56

　　7. 献县单桥 ……………………………………………… 57

　　8. 邯郸弘济桥 …………………………………………… 58

　　9. 邯郸学步桥 …………………………………………… 59

　　10. 衡水安济桥 ………………………………………… 60

　　11. 高邑安固桥 ………………………………………… 61

　　12. 高邑功德桥 ………………………………………… 61

　　13. 井陉苍岩山桥 ……………………………………… 62

　　14. 井陉垂虹桥 ………………………………………… 62

　　15. 井陉逸仙桥 ………………………………………… 63

　　16. 栾城清宁桥 ………………………………………… 63

　　17. 深泽永济桥 ………………………………………… 63

　　18. 行唐升仙桥 ………………………………………… 64

　　19. 赵县安济桥 ………………………………………… 64

　　20. 赵县济美桥 ………………………………………… 65

　　21. 赵县沙河店桥 ……………………………………… 66

　　22. 赵县永济桥 ………………………………………… 67

23. 赵县永通桥 ················· 67

24. 正定太平桥 ················· 68

25. 迁西响水桥 ················· 68

26. 玉田彩亭桥 ················· 69

27. 临城紫金桥 ················· 69

28. 宁晋古町桥 ················· 70

29. 邢台如意桥 ················· 70

30. 遵化五音桥 ················· 70

第五节　河南省石拱桥 ················· 72

1. 汤阴古贤桥 ················· 72

2. 浚县云溪桥 ················· 72

3. 鹤壁堰口桥 ················· 72

4. 临颍小商桥 ················· 73

5. 叶县永和桥 ················· 74

6. 光山永济桥 ················· 74

7. 郑州惠济桥 ················· 75

8. 沈丘泉河桥 ················· 75

9. 汝南弘济桥 ················· 76

10. 汝南济民桥 ················· 76

11. 汝南汝东桥 ················· 77

第六节　山东省石拱桥 ················· 77

1. 平阴永济桥 ················· 77

2. 济宁卞桥 ················· 78

3. 济宁泗河桥 ················· 79

4. 蒙阴迎仙桥 ················· 79

5. 平邑小卞桥 ················· 80

6. 沂南河阳桥 ················· 80

7. 沂南信量桥 ················· 81

8. 青州万年桥 ·············· 81

9. 滕州兴隆桥 ·············· 82

10. 枣庄罗锅桥 ·············· 82

第七节 山西省石拱桥 ·············· 83

1. 长治红梅寺桥 ·············· 83

2. 襄垣通济桥 ·············· 83

3. 襄垣永安桥 ·············· 84

4. 襄垣永惠桥 ·············· 84

5. 晋城景德桥 ·············· 84

6. 晋城迎旭桥 ·············· 85

7. 晋城永固桥 ·············· 85

8. 泽州周村桥 ·············· 86

9. 平遥惠济桥 ·············· 86

10. 临汾高河桥 ·············· 86

11. 霍州安济桥 ·············· 87

12. 曲沃交里桥 ·············· 87

13. 襄汾通惠桥 ·············· 87

14. 右玉广义桥 ·············· 88

15. 右玉平丰桥 ·············· 88

16. 太原豫让桥 ·············· 89

17. 原平普济桥 ·············· 89

第八节 上海市石拱桥 ·············· 90

1. 宝山大通桥 ·············· 90

2. 宝山三里桥 ·············· 90

3. 嘉定登龙桥 ·············· 91

4. 嘉定高义桥 ·············· 91

5. 嘉定天恩桥 ·············· 92

6. 金山寿带桥 ·············· 93

7. 闵行蒲汇塘桥 …………………………………… 93

8. 青浦普济桥 ………………………………………… 94

9. 青浦如意桥 ………………………………………… 94

10. 青浦天王阁桥 …………………………………… 95

11. 青浦万安桥 ……………………………………… 95

12. 青浦紫石桥 ……………………………………… 96

13. 青浦放生桥 ……………………………………… 96

14. 青浦泰安桥 ……………………………………… 97

15. 松江大仓桥 ……………………………………… 97

16. 松江云间第一桥 ………………………………… 98

第九节　江苏省石拱桥 …………………………………… 98

1. 常州本善桥 ……………………………………… 98

2. 常州惠济桥 ……………………………………… 99

3. 常州兴隆桥 ……………………………………… 100

4. 常州广济桥 ……………………………………… 100

5. 南京板桥 ………………………………………… 100

6. 南京江夏桥 ……………………………………… 101

7. 南京漆桥 ………………………………………… 101

8. 南京童男桥 ……………………………………… 102

9. 南京长乐桥 ……………………………………… 102

10. 南京蒲塘桥 ……………………………………… 102

11. 南京天生桥 ……………………………………… 103

12. 南京大中桥 ……………………………………… 103

13. 南京九龙桥 ……………………………………… 104

14. 南京七瓮桥 ……………………………………… 104

15. 南京玄津桥 ……………………………………… 105

16. 常熟程家桥 ……………………………………… 105

17. 苏州觅渡桥 ……………………………………… 106

18. 苏州普济桥 ……………………………………… 107

19. 苏州上津桥 ……………………………………… 107

20. 苏州寿星桥 ……………………………………… 108

21. 苏州兴隆桥 ……………………………………… 108

22. 苏州万年桥 ……………………………………… 109

23. 苏州吴门桥 ……………………………………… 109

24. 苏州彩云桥 ……………………………………… 111

25. 苏州枫桥 ………………………………………… 111

26. 苏州江村桥 ……………………………………… 112

27. 苏州行春桥 ……………………………………… 113

28. 苏州越城桥 ……………………………………… 113

29. 苏州洪恩桥 ……………………………………… 114

30. 苏州吉利桥 ……………………………………… 114

31. 苏州道南桥 ……………………………………… 115

32. 苏州东风桥 ……………………………………… 115

33. 苏州青龙桥 ……………………………………… 116

34. 苏州广福桥 ……………………………………… 116

35. 苏州绍定桥 ……………………………………… 116

36. 苏州带福桥 ……………………………………… 117

37. 苏州升明桥 ……………………………………… 117

38. 苏州挹翠桥 ……………………………………… 117

39. 苏州双塔桥 ……………………………………… 118

40. 苏州垂虹桥 ……………………………………… 118

41. 苏州三里桥 ……………………………………… 118

42. 苏州亭子桥 ……………………………………… 119

43. 苏州长庆桥 ……………………………………… 119

44. 苏州富关桥 ……………………………………… 120

45. 苏州普安桥 ……………………………………… 120

46. 苏州思本桥 ……………………………………… 121

47. 苏州乌金桥 ……………………………………… 121

48. 苏州宝带桥 ·· 121

49. 苏州东美桥 ·· 123

50. 苏州光福桥 ·· 124

51. 苏州下津桥 ·· 124

52. 苏州五龙桥 ·· 125

53. 苏州正阳桥 ·· 125

54. 昆山富安桥 ·· 126

55. 昆山里和桥 ·· 126

56. 昆山普庆桥 ·· 126

57. 昆山溥济桥 ·· 127

58. 昆山天水桥 ·· 127

59. 昆山陶家桥 ·· 127

60. 昆山通秀桥 ·· 128

61. 昆山太平桥 ·· 128

62. 昆山永安桥 ·· 128

63. 昆山贞丰桥 ·· 129

64. 太仓皋桥 ·· 129

65. 太仓金鸡桥 ·· 130

66. 太仓井亭桥 ·· 130

67. 太仓州桥 ·· 131

68. 太仓周泾桥 ·· 132

69. 无锡帆影桥 ·· 132

70. 无锡梁塘桥 ·· 132

71. 无锡巡塘桥 ·· 133

72. 无锡扬名桥 ·· 133

73. 无锡陆墟桥 ·· 134

74. 无锡伯渎桥 ·· 134

75. 无锡定胜桥 ·· 135

76. 无锡跨塘桥 ·· 135

77. 无锡清名桥 ……………………………………………………… 136

78. 无锡兴隆桥 ……………………………………………………… 137

79. 无锡承先桥 ……………………………………………………… 137

80. 无锡大成桥 ……………………………………………………… 137

81. 无锡耕读桥 ……………………………………………………… 138

82. 常熟永济桥 ……………………………………………………… 138

83. 常熟李家桥 ……………………………………………………… 139

84. 常熟拂水桥 ……………………………………………………… 139

85. 常熟文学桥 ……………………………………………………… 139

86. 常熟月河桥 ……………………………………………………… 140

87. 常熟甸桥 ………………………………………………………… 140

88. 常熟广嗣桥 ……………………………………………………… 141

89. 常熟顺民桥 ……………………………………………………… 141

90. 常熟香花桥 ……………………………………………………… 142

91. 常熟玉带桥 ……………………………………………………… 143

92. 常熟云庆桥 ……………………………………………………… 143

93. 江阴万安桥 ……………………………………………………… 144

94. 江阴五云桥 ……………………………………………………… 144

95. 宜兴画溪桥 ……………………………………………………… 144

96. 宜兴鲸塘桥 ……………………………………………………… 145

97. 盐城庆丰桥 ……………………………………………………… 145

98. 扬州二十四桥 …………………………………………………… 146

99. 扬州五亭桥 ……………………………………………………… 147

100. 镇江丁卯桥 …………………………………………………… 148

第十节　安徽省石拱桥 …………………………………………… 149

1. 九华山迎仙桥 …………………………………………………… 149

2. 滁州广惠桥 ……………………………………………………… 149

3. 滁州薛老桥 ……………………………………………………… 150

4. 黄山长虹桥 ……………………………………………………… 150

5. 黄山麟凤桥 ··· 150

6. 祁门平政桥 ··· 151

7. 祁门仁济桥 ··· 151

8. 歙县北岸桥 ··· 152

9. 歙县高阳桥 ··· 152

10. 歙县太平桥 ·· 152

11. 歙县万年桥 ·· 153

12. 歙县紫阳桥 ·· 153

13. 休宁登封桥 ·· 154

14. 黄山镇海桥 ·· 154

15. 六安道桥 ·· 155

16. 当涂叶家桥 ·· 155

17. 宿州三环桥 ·· 155

18. 泗县众善桥 ·· 156

19. 枞阳钱家桥 ·· 156

20. 绩溪来苏桥 ·· 156

21. 绩溪杨川桥 ·· 157

22. 绩溪中王桥 ·· 157

23. 旌德乐成桥 ·· 157

24. 旌德三溪桥 ·· 158

25. 郎溪飞鲤桥 ·· 158

26. 宁国河沥溪桥 ·· 159

第十一节　湖北省石拱桥 ································· 159

1. 赤壁白沙桥 ··· 159

2. 赤壁金龙桥 ··· 159

3. 巴东济川桥 ··· 160

4. 巴东寅宾桥 ··· 160

5. 恩施丰乐桥 ··· 160

6. 恩施老拱桥 ··· 161

7. 恩施龙滨桥 …………………………………………………… 161

8. 鹤峰九峰桥 …………………………………………………… 161

9. 鹤峰南村桥 …………………………………………………… 162

10. 鹤峰三多桥 ………………………………………………… 162

11. 鹤峰四里潭桥 ……………………………………………… 162

12. 建始安乐桥 ………………………………………………… 163

13. 建始通济桥 ………………………………………………… 163

14. 建始瓦子院桥 ……………………………………………… 163

15. 建始万寿桥 ………………………………………………… 164

16. 建始一阳桥 ………………………………………………… 164

17. 来凤广福桥 ………………………………………………… 164

18. 来凤霁虹桥 ………………………………………………… 165

19. 来凤接龙桥 ………………………………………………… 165

20. 利川步青桥 ………………………………………………… 166

21. 利川福寿桥 ………………………………………………… 166

22. 利川康济桥 ………………………………………………… 166

23. 利川两会滩桥 ……………………………………………… 167

24. 利川农科桥 ………………………………………………… 167

25. 利川陶家沟桥 ……………………………………………… 167

26. 利川西门桥 ………………………………………………… 168

27. 利川曾家河桥 ……………………………………………… 168

28. 咸丰跑马坪桥 ……………………………………………… 168

29. 咸丰太平沟桥 ……………………………………………… 169

30. 咸丰土乐坪桥 ……………………………………………… 169

31. 咸丰杨家庄桥 ……………………………………………… 169

32. 宣恩川箭河桥 ……………………………………………… 170

33. 宣恩南北桥 ………………………………………………… 170

34. 红安宝剑桥 ………………………………………………… 170

35. 红安高桥河桥 ……………………………………………… 171

36. 红安卷棚桥 …………………………………… 171

37. 红安桥岗桥 …………………………………… 171

38. 红安桥岗小桥 ………………………………… 172

39. 红安王家冲桥 ………………………………… 172

40. 红安新桥 ……………………………………… 172

41. 红安熊河桥 …………………………………… 173

42. 红安永寿桥 …………………………………… 173

43. 黄梅飞虹桥 …………………………………… 173

44. 黄梅灵润桥 …………………………………… 174

45. 麻城枫树湾桥 ………………………………… 174

46. 麻城河西桥 …………………………………… 174

47. 麻城铁牛桥 …………………………………… 175

48. 麻城万石桥 …………………………………… 175

49. 蕲春龙井河桥 ………………………………… 175

50. 武穴功德桥 …………………………………… 176

51. 浠水黄泥嘴桥 ………………………………… 176

52. 浠水尽街桥 …………………………………… 176

53. 浠水苦竹港桥 ………………………………… 177

54. 浠水闽家新桥 ………………………………… 177

55. 浠水石礅桥 …………………………………… 177

56. 英山百丈河桥 ………………………………… 178

57. 大冶姜桥 ……………………………………… 178

58. 江门济川桥 …………………………………… 178

59. 荆门板桥 ……………………………………… 179

60. 荆门北门桥 …………………………………… 179

61. 荆门会仙桥 …………………………………… 179

62. 荆门来龙桥 …………………………………… 180

63. 荆门清水桥 …………………………………… 180

64. 荆门文运福桥 ………………………………… 180

65. 监利仙弈桥 ……………………………………… 181

66. 钟祥丽阳桥 ……………………………………… 181

67. 钟祥利涉桥 ……………………………………… 181

68. 钟祥显陵桥 ……………………………………… 182

69. 荆州梅槐桥 ……………………………………… 182

70. 神农架万福桥 …………………………………… 182

71. 神农架一心桥 …………………………………… 183

72. 丹江口天津桥 …………………………………… 183

73. 丹江口武当复真桥 ……………………………… 184

74. 丹江口武当金仙桥 ……………………………… 184

75. 丹江口武当天津桥 ……………………………… 184

76. 丹江口武当正门桥 ……………………………… 185

77. 郧西渡春桥 ……………………………………… 185

78. 竹山长寿桥 ……………………………………… 185

79. 广水马坪桥 ……………………………………… 186

80. 广水平靖关桥 …………………………………… 186

81. 随州马燕坳桥 …………………………………… 186

82. 随州平安桥 ……………………………………… 187

83. 随州泉水冲桥 …………………………………… 187

84. 随州岁丰桥 ……………………………………… 187

85. 随州万福桥 ……………………………………… 188

86. 随县八角庙桥 …………………………………… 188

87. 随县鸡鸣山桥 …………………………………… 188

88. 随县天地长春桥 ………………………………… 189

89. 天门雁桥 ………………………………………… 189

90. 武汉韬光桥 ……………………………………… 189

91. 武汉北洋桥 ……………………………………… 190

92. 武汉青石桥 ……………………………………… 190

93. 武汉张都桥 ……………………………………… 190

94. 武汉程子桥 ……………………………………………… 191

95. 武汉枫树桥 ……………………………………………… 191

96. 武汉浮山桥 ……………………………………………… 191

97. 武汉黄斌桥 ……………………………………………… 192

98. 武汉灵港桥 ……………………………………………… 192

99. 武汉南桥 ………………………………………………… 192

100. 武汉狮子山桥 …………………………………………… 192

101. 武汉寺王桥 ……………………………………………… 193

102. 仙桃东梁桥 ……………………………………………… 193

103. 仙桃官粮桥 ……………………………………………… 193

104. 仙桃司马桥 ……………………………………………… 194

105. 仙桃文明桥 ……………………………………………… 194

106. 仙桃万寿桥 ……………………………………………… 194

107. 赤壁七宝桥 ……………………………………………… 195

108. 赤壁枫桥 ………………………………………………… 195

109. 赤壁斗门桥 ……………………………………………… 195

110. 赤壁任家桥 ……………………………………………… 196

111. 赤壁新田桥 ……………………………………………… 196

112. 赤壁熊家桥 ……………………………………………… 196

113. 赤壁谢家湾新桥 ………………………………………… 197

114. 赤壁永宁桥 ……………………………………………… 197

115. 赤壁方家桥 ……………………………………………… 197

116. 赤壁竭家桥 ……………………………………………… 198

117. 赤壁李港桥 ……………………………………………… 198

118. 赤壁宁益桥 ……………………………………………… 198

119. 赤壁三眼桥 ……………………………………………… 199

120. 赤壁袁家桥 ……………………………………………… 199

121. 赤壁钟鸣桥 ……………………………………………… 199

122. 崇阳大梅亭桥 …………………………………………… 200

123. 崇阳斤丝桥 ……………………………………………… 200

124. 崇阳印墩桥 ……………………………………………… 200

125. 嘉鱼净堡桥 ……………………………………………… 201

126. 嘉鱼温家桥 ……………………………………………… 201

127. 嘉鱼下舒桥 ……………………………………………… 201

128. 嘉鱼周家桥 ……………………………………………… 202

129. 嘉鱼属湖桥 ……………………………………………… 202

130. 通城灵官桥 ……………………………………………… 202

131. 通城南虹桥 ……………………………………………… 203

132. 通城招贤桥 ……………………………………………… 203

133. 通山福神嘴桥 …………………………………………… 203

134. 通山南门桥 ……………………………………………… 204

135. 通山石桥头桥 …………………………………………… 204

136. 通山宋家祠桥 …………………………………………… 204

137. 通山吴家桥 ……………………………………………… 205

138. 通山犀港桥 ……………………………………………… 205

139. 咸宁白泉桥 ……………………………………………… 205

140. 咸宁刘家二桥 …………………………………………… 206

141. 咸宁泉山桥 ……………………………………………… 206

142. 咸宁石家桥 ……………………………………………… 206

143. 咸宁宋坑新桥 …………………………………………… 207

144. 咸宁坳头桥 ……………………………………………… 207

145. 咸宁陈桥 ………………………………………………… 207

146. 咸宁福禄桥 ……………………………………………… 208

147. 咸宁高桥 ………………………………………………… 208

148. 咸宁刘秉桥 ……………………………………………… 208

149. 咸宁孟家桥 ……………………………………………… 209

150. 咸宁吴私桥 ……………………………………………… 209

151. 咸宁游家桥 ……………………………………………… 209

152. 咸宁朱家桥 …………………………………… 210

153. 咸宁官桥 ………………………………………… 210

154. 咸宁白沙桥 …………………………………… 210

155. 咸宁胜安桥 …………………………………… 211

156. 咸宁石城桥 …………………………………… 211

157. 咸宁水口桥 …………………………………… 212

158. 咸宁万寿桥 …………………………………… 212

159. 咸宁余家桥 …………………………………… 212

160. 咸宁玉丰桥 …………………………………… 213

161. 咸宁鹿过桥 …………………………………… 213

162. 咸宁毛桥 ………………………………………… 213

163. 咸宁舒德口桥 ………………………………… 214

164. 咸宁下屋杨桥 ………………………………… 214

165. 咸宁义录桥 …………………………………… 214

166. 咸宁三班口新桥 ……………………………… 214

167. 咸宁龙潭桥 …………………………………… 215

168. 咸宁麦湾桥 …………………………………… 215

169. 咸宁潘家桥 …………………………………… 215

170. 咸宁程益桥 …………………………………… 216

171. 咸宁山下桥 …………………………………… 216

172. 咸宁双姑桥 …………………………………… 216

173. 咸宁汀泗桥 …………………………………… 217

174. 咸宁新桥 ………………………………………… 217

175. 咸宁刘家桥 …………………………………… 217

176. 保康马万桥 …………………………………… 218

177. 保康三仙观桥 ………………………………… 219

178. 襄阳南门桥 …………………………………… 219

179. 谷城大王庙桥 ………………………………… 219

180. 谷城万寿桥 …………………………………… 219

181．南漳红石桥 …………………………… 220

182．南漳遇事湾桥 …………………………… 220

183．襄阳发源桥 …………………………… 220

184．襄阳龙桥 …………………………… 221

185．安陆河边湾桥 …………………………… 221

186．大悟铁店桥 …………………………… 221

187．汉川马城桥 …………………………… 222

188．孝感埠镇桥 …………………………… 222

189．孝感东王桥 …………………………… 222

190．孝感福禄桥 …………………………… 223

191．孝感西湖桥 …………………………… 223

192．孝昌拱子河桥 …………………………… 223

193．孝昌桂花桥 …………………………… 224

194．孝昌郭家桥 …………………………… 224

195．孝昌孟宗桥 …………………………… 224

196．孝昌桥湾桥 …………………………… 225

197．孝昌汤家桥 …………………………… 225

198．孝昌乌石砦桥 …………………………… 225

199．孝昌邹家桥 …………………………… 226

200．当阳普济桥 …………………………… 226

201．宜昌执笏山桥 …………………………… 226

202．宜昌龙门桥 …………………………… 227

203．长阳丁公桥 …………………………… 227

204．五峰安化桥 …………………………… 227

205．五峰汉阳桥 …………………………… 228

206．五峰六里桥 …………………………… 228

207．五峰楠木桥 …………………………… 228

208．兴山百羊桥 …………………………… 229

209．秭归千善桥 …………………………… 229

210. 秭归屈子桥 ································· 229

211. 钟祥升仙桥 ································· 229

第十二节　湖南省石拱桥 ··················· 230

1. 宁乡毛公桥 ································· 230

2. 长沙吴杨桥 ································· 230

3. 澧县多安桥 ································· 231

4. 澧县花瓦桥 ································· 231

5. 澧县松竹桥 ································· 232

6. 临澧余市桥 ································· 232

7. 桂阳七拱桥 ································· 233

8. 嘉禾桐梁桥 ································· 233

9. 汝城四拱桥 ································· 233

10. 汝城万年桥 ································ 234

11. 汝城兴隆桥 ································ 234

12. 郴州万岁桥 ································ 235

13. 衡山白果桥 ································ 235

14. 祁东清江桥 ································ 235

15. 祁东状元桥 ································ 236

16. 衡阳青草桥 ································ 236

17. 衡阳台源桥 ································ 237

18. 靖州桂花桥 ································ 237

19. 靖州马王桥 ································ 237

20. 通道普济桥 ································ 238

21. 通道永定桥 ································ 238

22. 武冈渡头桥 ································ 239

23. 溆浦万寿桥 ································ 239

24. 沅陵耍溪桥 ································ 239

25. 浏阳新安桥 ································ 240

26. 浏阳沿溪桥 ································ 240

27. 娄底大埠桥 …………………………………………… 240

28. 涟源蓝溪桥 …………………………………………… 241

29. 双峰定胜桥 …………………………………………… 241

30. 双峰龟灵桥 …………………………………………… 242

31. 双峰峡山桥 …………………………………………… 242

32. 双峰咸新桥 …………………………………………… 242

33. 新化油溪桥 …………………………………………… 243

34. 洞口大坪桥 …………………………………………… 243

35. 洞口双龙桥 …………………………………………… 243

36. 邵东洪桥 ……………………………………………… 244

37. 邵东老青石桥 ………………………………………… 244

38. 邵东三多桥 …………………………………………… 244

39. 邵东时荣桥 …………………………………………… 245

40. 绥宁定远桥 …………………………………………… 245

41. 绥宁赖家坊桥 ………………………………………… 245

42. 绥宁清安桥 …………………………………………… 246

43. 武冈攀龙桥 …………………………………………… 246

44. 武冈升平桥 …………………………………………… 246

45. 武冈石羊桥 …………………………………………… 247

46. 新宁上石桥 …………………………………………… 247

47. 新宁下石桥 …………………………………………… 247

48. 新宁遇仙桥 …………………………………………… 248

49. 邵阳兴龙桥 …………………………………………… 248

50. 湘潭汉城桥 …………………………………………… 248

51. 湘潭石灵桥 …………………………………………… 249

52. 湘乡万福桥 …………………………………………… 249

53. 凤凰桥 ………………………………………………… 250

54. 凤凰虹桥 ……………………………………………… 250

55. 凤凰两叉河桥 ………………………………………… 251

56. 凤凰西门江桥 …………………………………… 251

57. 永顺同仁桥 ……………………………………… 252

58. 安化大福桥 ……………………………………… 252

59. 安化联珠桥 ……………………………………… 252

60. 益阳枫林桥 ……………………………………… 253

61. 道县长田桥 ……………………………………… 253

62. 道县皋陶桥 ……………………………………… 253

63. 道县十里桥 ……………………………………… 254

64. 道县杏仁桥 ……………………………………… 254

65. 东安广利桥 ……………………………………… 255

66. 东安斩龙桥 ……………………………………… 255

67. 江华安乐桥 ……………………………………… 255

68. 江华西佛桥 ……………………………………… 256

69. 江永步瀛桥 ……………………………………… 256

70. 江永高成桥 ……………………………………… 256

71. 永州接履桥 ……………………………………… 257

72. 蓝山万年桥 ……………………………………… 257

73. 蓝山万年桥 ……………………………………… 257

74. 祁阳枫林铺桥 …………………………………… 258

75. 祁阳杉树桥 ……………………………………… 258

76. 祁阳小陂桥 ……………………………………… 258

77. 新田洪城桥 ……………………………………… 259

78. 岳阳三眼桥 ……………………………………… 259

79. 岳阳桥 …………………………………………… 260

80. 汨罗女子桥 ……………………………………… 260

81. 茶陵岭北桥 ……………………………………… 260

82. 醴陵德星桥 ……………………………………… 261

83. 醴陵冠南桥 ……………………………………… 261

84. 醴陵横岭桥 ……………………………………… 261

85. 醴陵化龙桥 ………………………………………………… 262

86. 醴陵渌江桥 ………………………………………………… 262

87. 醴陵曾家滩桥 ……………………………………………… 263

88. 株洲罗正坝桥 ……………………………………………… 263

89. 炎陵接龙桥 ………………………………………………… 263

90. 攸县兰塘桥 ………………………………………………… 264

91. 攸县南溟桥 ………………………………………………… 264

92. 攸县重兴桥 ………………………………………………… 264

第十三节　浙江省石拱桥 ……………………………… 265

1. 杭州断桥 …………………………………………………… 265

2. 杭州拱宸桥 ………………………………………………… 265

3. 杭州忠义桥 ………………………………………………… 266

4. 杭州恩波桥 ………………………………………………… 267

5. 杭州桂芳桥 ………………………………………………… 268

6. 杭州日新桥 ………………………………………………… 268

7. 杭州白燕桥 ………………………………………………… 268

8. 杭州广济桥 ………………………………………………… 269

9. 桐庐上江桥 ………………………………………………… 270

10. 长兴小乌桥 ………………………………………………… 270

11. 长兴兴隆桥（大乌桥）…………………………………… 270

12. 湖州潮音桥 ………………………………………………… 271

13. 湖州潘公桥 ………………………………………………… 272

14. 湖州安澜桥 ………………………………………………… 273

15. 湖州广惠桥 ………………………………………………… 273

16. 湖州通津桥 ………………………………………………… 274

17. 湖州双林虹桥 ……………………………………………… 274

18. 湖州化成桥 ………………………………………………… 275

19. 湖州万魁桥 ………………………………………………… 276

20. 湖州万元桥 ………………………………………………… 276

21. 德清寿昌桥 …………………………………………………… 277

22. 嘉兴长虹桥 …………………………………………………… 277

23. 嘉兴秀城桥 …………………………………………………… 278

24. 嘉兴秋泾桥 …………………………………………………… 278

25. 嘉兴环秀桥 …………………………………………………… 279

26. 平湖当湖桥 …………………………………………………… 280

27. 桐乡仁济桥 …………………………………………………… 280

28. 金华通济桥 …………………………………………………… 281

29. 兰溪通州桥 …………………………………………………… 281

30. 浦江合济桥 …………………………………………………… 282

31. 浦江双虹桥 …………………………………………………… 282

32. 武义水口桥 …………………………………………………… 282

33. 永康性田桥 …………………………………………………… 283

34. 景宁永济桥 …………………………………………………… 283

35. 龙泉古溪桥 …………………………………………………… 283

36. 庆元坝头桥 …………………………………………………… 284

37. 庆元半山桥 …………………………………………………… 284

38. 庆元步蟾桥 …………………………………………………… 284

39. 庆元来凤桥 …………………………………………………… 285

40. 庆元垄桥 ……………………………………………………… 285

41. 庆元木桥头桥 ………………………………………………… 285

42. 庆元青田桥 …………………………………………………… 286

43. 宁波永济桥 …………………………………………………… 286

44. 宁波灞桥 ……………………………………………………… 286

45. 宁波福星桥 …………………………………………………… 287

46. 宁波广济桥 …………………………………………………… 288

47. 宁波金井桥 …………………………………………………… 288

48. 宁波居敬桥 …………………………………………………… 288

49. 宁波商山桥 …………………………………………………… 289

50. 宁波石泉桥 ……………………………………………… 289

51. 宁波望春桥 ……………………………………………… 289

52. 宁波惠明桥 ……………………………………………… 290

53. 宁波启文桥 ……………………………………………… 290

54. 宁波甬水桥 ……………………………………………… 291

55. 宁波月湖桥 ……………………………………………… 291

56. 宁波张斌桥 ……………………………………………… 291

57. 宁波碧环桥 ……………………………………………… 292

58. 宁波定桥 ………………………………………………… 292

59. 宁波洞桥 ………………………………………………… 293

60. 宁波高桥 ………………………………………………… 293

61. 宁波光溪桥 ……………………………………………… 293

62. 宁波皎溪桥 ……………………………………………… 294

63. 宁波权相墓桥 …………………………………………… 294

64. 宁波桃源万安桥 ………………………………………… 294

65. 宁波五港桥 ……………………………………………… 295

66. 宁波斗门桥 ……………………………………………… 295

67. 宁波觐祖桥 ……………………………………………… 296

68. 慈溪吉利桥 ……………………………………………… 296

69. 慈溪七星桥 ……………………………………………… 296

70. 慈溪运河桥 ……………………………………………… 297

71. 宁海道士桥 ……………………………………………… 297

72. 宁海登瀛桥 ……………………………………………… 298

73. 宁海福应桥 ……………………………………………… 298

74. 宁海缑北桥 ……………………………………………… 298

75. 宁海惠德桥 ……………………………………………… 299

76. 宁海甲子桥 ……………………………………………… 299

77. 宁海阆风桥 ……………………………………………… 299

78. 宁海书院桥 ……………………………………………… 300

79. 宁海万年桥 ………………………………………… 300

80. 宁海义门桥 ………………………………………… 300

81. 宁海永迎桥 ………………………………………… 301

82. 宁海摘星桥 ………………………………………… 301

83. 象山欧阳桥 ………………………………………… 301

84. 象山瑞安桥 ………………………………………… 301

85. 余姚白岩桥 ………………………………………… 302

86. 余姚大方桥 ………………………………………… 302

87. 余姚福泉桥 ………………………………………… 302

88. 余姚季卫桥 ………………………………………… 303

89. 余姚赤水桥 ………………………………………… 303

90. 余姚通济桥 ………………………………………… 303

91. 余姚武胜桥 ………………………………………… 304

92. 余姚镇东桥 ………………………………………… 305

93. 绍兴东双桥 ………………………………………… 305

94. 绍兴府桥 …………………………………………… 305

95. 绍兴光相桥 ………………………………………… 306

96. 绍兴凰仪桥 ………………………………………… 306

97. 绍兴题扇桥 ………………………………………… 307

98. 绍兴安吉桥 ………………………………………… 307

99. 绍兴存德桥 ………………………………………… 307

100. 绍兴大木桥 ……………………………………… 308

101. 绍兴待驾桥 ……………………………………… 308

102. 绍兴管宁桥 ……………………………………… 309

103. 绍兴广济桥 ……………………………………… 309

104. 绍兴广溪桥 ……………………………………… 310

105. 绍兴荷花桥 ……………………………………… 310

106. 绍兴花浦桥 ……………………………………… 311

107. 绍兴华春桥 ……………………………………… 311

108. 绍兴接渡桥 ……………………………………… 312

109. 绍兴柯桥 …………………………………………… 312

110. 绍兴螺山桥 ……………………………………… 313

111. 绍兴融光桥 ……………………………………… 313

112. 绍兴阮社桥 ……………………………………… 314

113. 绍兴沈家桥 ……………………………………… 314

114. 绍兴太平桥 ……………………………………… 314

115. 绍兴宣桥 …………………………………………… 315

116. 绍兴永丰桥 ……………………………………… 315

117. 绍兴越联桥 ……………………………………… 316

118. 绍兴寨口桥 ……………………………………… 316

119. 绍兴中南桥 ……………………………………… 316

120. 绍兴周家桥 ……………………………………… 317

121. 绍兴孔庙桥 ……………………………………… 317

122. 绍兴八字桥（上虞）…………………………… 317

123. 绍兴泾口桥 ……………………………………… 318

124. 绍兴九狮桥 ……………………………………… 319

125. 绍兴广济桥 ……………………………………… 320

126. 绍兴虹桥 …………………………………………… 320

127. 绍兴壶觞桥 ……………………………………… 321

128. 绍兴龙门桥 ……………………………………… 321

129. 绍兴泗龙桥 ……………………………………… 321

130. 绍兴新桥 …………………………………………… 322

131. 绍兴徐公桥 ……………………………………… 322

132. 嵊州大安桥 ……………………………………… 323

133. 嵊州大汶桥 ……………………………………… 323

134. 嵊州砥流桥 ……………………………………… 323

135. 嵊州凤仙桥 ……………………………………… 324

136. 嵊州福德桥 ……………………………………… 324

137. 嵊州何村桥 …………………………………… 324

138. 嵊州金兰桥 …………………………………… 325

139. 嵊州龙门桥 …………………………………… 325

140. 嵊州龙亭桥 …………………………………… 325

141. 嵊州隆庆桥 …………………………………… 325

142. 嵊州强口桥 …………………………………… 326

143. 嵊州三连桥 …………………………………… 326

144. 嵊州善济桥 …………………………………… 326

145. 嵊州狮岸坑桥 ………………………………… 327

146. 嵊州双虹桥 …………………………………… 327

147. 嵊州双喜桥 …………………………………… 327

148. 嵊州太平桥 …………………………………… 328

149. 嵊州梯云桥 …………………………………… 328

150. 嵊州通济桥 …………………………………… 328

151. 嵊州万年桥 …………………………………… 329

152. 嵊州洗履桥 …………………………………… 329

153. 嵊州永昌桥 …………………………………… 329

154. 嵊州余庆桥 …………………………………… 330

155. 嵊州玉成桥 …………………………………… 330

156. 嵊州招隐桥 …………………………………… 330

157. 嵊州镇东桥 …………………………………… 331

158. 新昌大庆桥 …………………………………… 331

159. 新昌丁公桥 …………………………………… 331

160. 新昌皇渡桥 …………………………………… 332

161. 新昌跨湖桥 …………………………………… 332

162. 新昌乐取桥 …………………………………… 332

163. 新昌灵鹤桥 …………………………………… 333

164. 新昌落马桥 …………………………………… 333

165. 新昌如意桥 …………………………………… 333

166. 新昌沙溪桥 ·· 334

167. 新昌迎仙桥 ·· 334

168. 诸暨宝珠桥 ·· 334

169. 诸暨枫林桥 ·· 335

170. 诸暨金雁桥 ·· 335

171. 诸暨媲美桥 ·· 335

172. 诸暨石砩桥 ·· 336

173. 诸暨崖下桥 ·· 336

174. 诸暨永宁桥 ·· 336

175. 天台岙高桥 ·· 337

176. 天台岙杨村桥 ·· 337

177. 天台丰干桥 ·· 337

178. 天台灵水桥 ·· 338

179. 天台灵镇桥 ·· 338

180. 泰顺霞光桥 ·· 338

181. 余姚白云桥 ·· 339

第十四节　福建省石拱桥 ································· 339

1. 福清波澜桥 ·· 339

2. 福州馆驿桥 ·· 339

3. 回龙桥 ··· 340

4. 福州彬德桥 ·· 340

5. 福州仁德桥 ·· 340

6. 福州三通桥 ·· 341

7. 福州沙合桥 ·· 341

8. 福州透龙桥 ·· 341

9. 福州星安桥 ·· 342

10. 闽侯柴头溪桥 ·· 342

11. 闽侯登云桥 ·· 342

12. 闽侯拱桥头桥 ·· 343

13. 闽侯拱头桥 …………………………………… 343

14. 闽侯鼓响桥 …………………………………… 343

15. 闽侯合龙桥 …………………………………… 344

16. 闽侯护龙桥 …………………………………… 344

17. 闽侯金鳌桥 …………………………………… 344

18. 闽侯金桥 ……………………………………… 345

19. 闽侯金沙桥 …………………………………… 345

20. 闽侯凉伞桥 …………………………………… 345

21. 闽侯美人桥 …………………………………… 346

22. 闽侯上拱桥 …………………………………… 346

23. 闽侯寺院桥 …………………………………… 346

24. 闽侯无里拱桥 ………………………………… 347

25. 闽侯武竹拱桥 ………………………………… 347

26. 闽侯仙坂桥 …………………………………… 347

27. 闽侯御杨溪桥 ………………………………… 348

28. 闽侯怨命桥 …………………………………… 348

29. 闽清龙门桥 …………………………………… 348

30. 永泰崇福桥 …………………………………… 349

31. 永泰三捷桥 …………………………………… 349

32. 永泰西塘桥 …………………………………… 349

33. 永泰珠坑桥 …………………………………… 349

34. 长汀永济桥 …………………………………… 350

35. 上杭驷马桥 …………………………………… 350

36. 武平古成德桥 ………………………………… 350

37. 武平永安桥 …………………………………… 351

38. 永安永宁桥 …………………………………… 351

39. 永定高陂桥 …………………………………… 351

40. 漳平香山桥 …………………………………… 352

41. 光泽万安桥 …………………………………… 352

42. 光泽吴屯桥 ……………………………… 352

43. 建瓯水西桥 ……………………………… 353

44. 建阳长见桥 ……………………………… 353

45. 建阳太子岭桥 …………………………… 353

46. 邵武铜青桥 ……………………………… 354

47. 顺昌登云桥 ……………………………… 354

48. 松溪花桥 ………………………………… 354

49. 松溪溪桥 ………………………………… 355

50. 武夷山巨口桥 …………………………… 355

51. 政和花桥 ………………………………… 355

52. 屏南白玉西桥 …………………………… 356

53. 柘荣永安桥 ……………………………… 356

54. 周宁赤岩虹桥 …………………………… 356

55. 安溪仙瀛桥 ……………………………… 357

56. 德化拱桥 ………………………………… 357

57. 大田通泗桥 ……………………………… 357

58. 大田镇东桥 ……………………………… 358

59. 建宁万安桥 ……………………………… 358

60. 将乐古厝桥 ……………………………… 359

61. 宁化高潭桥 ……………………………… 359

62. 宁化鹊架桥 ……………………………… 359

63. 宁化双虹桥 ……………………………… 359

64. 沙县进谷桥 ……………………………… 360

65. 沙县石镇桥 ……………………………… 360

66. 永安会清桥 ……………………………… 360

67. 永安聚福桥 ……………………………… 361

68. 华安流长桥 ……………………………… 362

69. 华安温水溪桥 …………………………… 362

70. 华安西浦桥 ……………………………… 362

71. 南靖古弯桥 ················· 362

72. 南平瑞龙桥 ················· 363

73. 宁德朝天桥 ················· 363

74. 宁德花桥 ················· 364

第十五节　江西省石拱桥················· 364

1. 崇仁黄洲桥 ················· 364

2. 南城万年桥 ················· 365

3. 万安古城桥 ················· 365

4. 永丰恩江桥 ················· 366

5. 永新龙源口桥 ················· 367

6. 庐山观音桥 ················· 367

7. 进贤钟陵桥 ················· 367

8. 铅山大义桥 ················· 368

9. 抚州文昌桥 ················· 368

10. 宜春步瀛桥 ················· 369

11. 宜春长桥 ················· 369

12. 宜春升瀛桥 ················· 369

13. 宜丰逢渠桥 ················· 370

第十六节　广东省石拱桥················· 370

1. 紫金安贞桥 ················· 370

2. 博罗通济桥 ················· 370

3. 新会见龙桥 ················· 371

4. 新会步天桥 ················· 371

5. 鹤山惠济桥 ················· 371

6. 梅州砥柱桥 ················· 372

7. 南雄接龙桥 ················· 372

8. 广州龙津桥 ················· 372

9. 龙川洋溪桥 ················· 373

10. 梅州甜济桥 ································· 373

11. 梅州聚奎桥 ································· 374

12. 梅州天成桥 ································· 374

13. 丰顺普济桥 ································· 374

14. 深圳永兴桥 ································· 375

第十七节　广西壮族自治区石拱桥 ··············· 375

1. 靖西鹤泉桥 ································· 375

2. 桂林观音桥 ································· 375

3. 桂林花桥 ··································· 376

4. 阳朔富里桥 ································· 376

5. 阳朔仙桂桥 ································· 377

6. 阳朔遇龙桥 ································· 377

7. 东兰益寿桥 ································· 378

8. 贺州五桂桥 ································· 378

9. 富川青龙回澜桥 ····························· 378

10. 忻城思练桥 ································ 379

11. 三江永济桥 ································ 379

12. 灵山接龙桥 ································ 379

13. 玉林云龙桥 ································ 380

第十八节　贵州省石拱桥 ······················· 380

1. 大方何家桥 ································· 380

2. 大方蚂蚁河桥 ······························· 381

3. 织金回龙桥 ································· 381

4. 织金奢香桥 ································· 381

5. 织金太平桥 ································· 382

6. 织金童生桥 ································· 382

7. 织金兴隆桥 ································· 382

8. 织金月华桥 ································· 383

9. 织金仲机桥 …………………………… 383

10. 黄平"玉峡晴虹"双桥 …………………… 384

11. 黄平安澜桥 …………………………… 384

12. 黄平崇德桥 …………………………… 384

13. 黄平丁未桥 …………………………… 385

14. 黄平福众桥 …………………………… 385

15. 黄平平播桥 …………………………… 386

16. 黄平平龙桥 …………………………… 386

17. 黄平圣果桥 …………………………… 387

18. 黄平四灵桥 …………………………… 387

19. 黄平万福桥 …………………………… 387

20. 黄平瓮梅河桥 ………………………… 388

21. 黄平永宁桥 …………………………… 388

22. 黄平折桂桥 …………………………… 389

23. 荔波双溪桥 …………………………… 389

24. 荔波荔波桥 …………………………… 389

25. 荔波小七孔桥 ………………………… 390

26. 镇远祝圣桥 …………………………… 391

27. 都匀百子桥 …………………………… 391

28. 独山深河桥 …………………………… 392

29. 福泉葛镜桥 …………………………… 392

30. 福泉吴公桥 …………………………… 393

31. 贵定瓮城桥 …………………………… 393

32. 石阡启灵桥 …………………………… 393

33. 瓮安岚关风雨桥 ……………………… 394

34. 贵定窑上桥 …………………………… 394

35. 贵阳浮玉桥 …………………………… 394

第十九节　云南省石拱桥 …………………… 395

1. 楚雄青龙桥 …………………………… 395

2. 禄丰星宿桥 ……………………………………… 395

3. 南华灵官桥 ……………………………………… 396

4. 宾川南薰桥 ……………………………………… 396

5. 剑川玉津桥 ……………………………………… 396

6. 大理观音寺桥 …………………………………… 397

7. 建水见龙桥 ……………………………………… 397

8. 建水双龙桥 ……………………………………… 398

9. 建水天缘桥 ……………………………………… 398

10. 沾益德泽桥 ……………………………………… 399

11. 沾益九龙桥 ……………………………………… 399

12. 沾益廊坊桥 ……………………………………… 400

13. 沾益太平桥 ……………………………………… 400

14. 广南田房桥 ……………………………………… 400

15. 华宁金锁桥 ……………………………………… 401

16. 丽江黑龙潭桥 …………………………………… 401

第二十节　四川省石拱桥 …………………………… 402

1. 成都安顺桥 ……………………………………… 402

2. 成都九眼桥 ……………………………………… 403

3. 成都毗河桥 ……………………………………… 403

4. 成都七里桥 ……………………………………… 403

5. 成都万里桥 ……………………………………… 404

6. 成都望仙桥 ……………………………………… 404

7. 崇州永利桥 ……………………………………… 405

8. 德昌大高桥 ……………………………………… 405

9. 德昌会仙桥 ……………………………………… 406

10. 泸县白鹤村观音桥 ……………………………… 406

11. 泸县福寿桥 ……………………………………… 406

12. 泸县黄泥沱小桥 ………………………………… 407

13. 泸县惠济桥 ……………………………………… 407

14. 泸县水笛滩大桥 407

15. 泸县王家桥 408

16. 泸县永济桥 408

17. 泸县永嘉桥 409

18. 泸县皂角滩桥 409

19. 绵阳太平桥 409

20. 梓潼天仙桥 410

21. 达州彩虹桥 410

22. 广安平桥 410

23. 广安五福桥 411

24. 广安中桥 411

第二十一节　重庆市石拱桥 412

1. 涪陵龙门桥 412

2. 开州三拱桥 412

3. 开州铁锁桥 412

4. 万州陆安桥 413

5. 云阳述先桥 413

第二十二节　陕西省石拱桥 414

1. 凤翔塔寺桥 414

2. 韩城毓秀桥 414

3. 咸阳沙河桥 415

4. 三原龙桥 415

5. 子长廖公桥 415

6. 渭南桥上桥 416

7. 榆林榆阳桥 417

第二十三节　辽宁省石拱桥 417

1. 沈阳永安桥——砖石拱桥 417

第二十四节　内蒙古自治区石拱桥 418

1. 赤峰普渡桥 418

第二十五节　黑龙江省石拱桥 …………………………… 418

　1. 宁安桥 ………………………………………………… 418

第二章　石梁桥 ………………………………………… 419

第一节　概述 …………………………………………… 419

第二节　北京石梁桥 …………………………………… 420

　1. 北马坊桥 ……………………………………………… 420

　2. 归宗桥 ………………………………………………… 422

　3. 后沙涧桥 ……………………………………………… 422

　4. 景陵桥 ………………………………………………… 423

　5. 沙涧东桥 ……………………………………………… 424

　6. 沙涧桥 ………………………………………………… 424

　7. 辛庄桥 ………………………………………………… 425

　8. 安贞桥 ………………………………………………… 426

　9. 北湖渠桥 ……………………………………………… 426

　10. 大望京桥 …………………………………………… 427

　11. 东坝桥 ……………………………………………… 427

　12. 东坝石板桥 ………………………………………… 428

　13. 东大桥 ……………………………………………… 428

　14. 东岗桥 ……………………………………………… 429

　15. 光熙桥 ……………………………………………… 430

　16. 健德桥 ……………………………………………… 430

　17. 九孔闸桥 …………………………………………… 431

　18. 酒仙桥 ……………………………………………… 432

　19. 立水桥 ……………………………………………… 433

　20. 南岗桥 ……………………………………………… 434

　21. 珊瑚桥 ……………………………………………… 435

　22. 铁塔桥 ……………………………………………… 436

23. 五里桥 ……………………………………………………… 437

24. 叶家坟桥 …………………………………………………… 437

25. 磁器口红桥 ………………………………………………… 438

26. 二道桥 ……………………………………………………… 438

27. 汉花园桥 …………………………………………………… 439

28. 箭亭桥 ……………………………………………………… 439

29. 箭亭南桥 …………………………………………………… 440

30. 孟公桥 ……………………………………………………… 440

31. 牛郎桥 ……………………………………………………… 441

32. 骑河楼桥 …………………………………………………… 442

33. 嵩祝桥 ……………………………………………………… 442

34. 头道桥 ……………………………………………………… 443

35. 莲花北桥 …………………………………………………… 443

36. 东红门桥 …………………………………………………… 444

37. 高丽庄桥 …………………………………………………… 445

38. 莲花东桥 …………………………………………………… 446

39. 莲花桥 ……………………………………………………… 446

40. 马尾桥 ……………………………………………………… 447

41. 草桥 ………………………………………………………… 449

42. 五孔桥 ……………………………………………………… 450

43. 镇国寺桥 …………………………………………………… 451

44. 巴沟桥 ……………………………………………………… 452

45. 巴沟西桥 …………………………………………………… 453

46. 成府桥 ……………………………………………………… 453

47、48. 宫门左桥和宫门右桥 ……………………………… 454

49. 海淀草桥 …………………………………………………… 455

50. 河滩南桥 …………………………………………………… 456

51. 虹桥 ………………………………………………………… 457

52. 洪茂沟桥 …………………………………………………… 457

53. 乐道庄桥 ……………………………………………… 458

54. 六郎庄桥 ……………………………………………… 459

55. 马掌桥 ………………………………………………… 459

56. 南辛村桥 ……………………………………………… 460

57. 山后黑桥 ……………………………………………… 460

58. 肃清桥 ………………………………………………… 461

59. 太平桥（东北郊）……………………………………… 461

60. 万泉西桥 ……………………………………………… 462

61. 万泉庄桥 ……………………………………………… 462

62. 温泉桥 ………………………………………………… 463

63. 西苑桥 ………………………………………………… 464

64. 香山红桥 ……………………………………………… 464

65. 萧家河桥 ……………………………………………… 466

66. 一亩园北桥 …………………………………………… 466

67. 一亩园红桥 …………………………………………… 467

68. 永福桥 ………………………………………………… 468

69. 永通桥 ………………………………………………… 468

70. 禹行桥 ………………………………………………… 469

71. 玉泉山东桥 …………………………………………… 470

72. 正红旗桥 ……………………………………………… 472

73. 正黄旗桥 ……………………………………………… 472

74. 植物园桥 ……………………………………………… 473

75. 八大处桥 ……………………………………………… 474

76. 东下庄桥 ……………………………………………… 475

77. 四平台桥 ……………………………………………… 475

78. 西下庄桥 ……………………………………………… 476

79. 西黄村桥 ……………………………………………… 476

80. 杏石口北桥 …………………………………………… 477

81. 白桥（东北郊）………………………………………… 478

中国古桥志

82. 黑桥 ……………………………………………………… 479

83. 东板桥 …………………………………………………… 479

84. 恭王府后身桥 …………………………………………… 480

85. 拐棒桥 …………………………………………………… 480

86. 孟家桥 …………………………………………………… 481

87. 佟桥 ……………………………………………………… 481

88. 西河沿桥 ………………………………………………… 482

89. 小青龙桥 ………………………………………………… 482

90. 鸭子桥 …………………………………………………… 483

91. 右外关厢桥 ……………………………………………… 484

92. 右外石板桥 ……………………………………………… 485

93. 月坛南桥 ………………………………………………… 486

94. 织女桥 …………………………………………………… 486

95. 中顶桥 …………………………………………………… 487

96. 西板桥 …………………………………………………… 488

第三节　河北省石梁桥 ………………………………… 489

1. 承德水心榭桥 …………………………………………… 489

2. 高邑广济桥 ……………………………………………… 489

第四节　河南省石梁桥 ………………………………… 490

1. 确山吴桂桥 ……………………………………………… 490

2. 叶县龙泉桥 ……………………………………………… 490

第五节　山西省石梁桥 ………………………………… 491

1. 太原鱼沼飞桥 …………………………………………… 491

第六节　上海市石梁桥 ………………………………… 491

1. 金山济渡桥 ……………………………………………… 491

2. 青浦迎祥桥 ……………………………………………… 492

3. 青浦万安桥 ……………………………………………… 492

4. 松江望仙桥 ……………………………………………… 492

第七节　江苏省石梁桥 …………………………………… 493

  1. 昆山中和双桥 ………………………………………… 493

  2. 苏州大陵桥 …………………………………………… 493

  3. 苏州进登桥 …………………………………………… 493

  4. 苏州迎祥桥 …………………………………………… 494

  5. 苏州东庙桥 …………………………………………… 494

  6. 苏州泰安桥 …………………………………………… 494

  7. 苏州中和桥 …………………………………………… 495

  8. 苏州太平桥 …………………………………………… 495

  9. 苏州中元桥 …………………………………………… 495

  10. 苏州八都香花桥 …………………………………… 496

  11. 苏州香花桥 ………………………………………… 496

  12. 无锡金莲桥 ………………………………………… 496

  13. 无锡飞虹桥 ………………………………………… 497

  14. 无锡乐稼桥 ………………………………………… 497

  15. 徐州荆山桥 ………………………………………… 497

第八节　安徽省石梁桥 …………………………………… 498

  1. 桐城项家河桥 ………………………………………… 498

  2. 桐城紫来桥 …………………………………………… 498

  3. 广德锁山桥 …………………………………………… 499

  4. 绩溪南山桥 …………………………………………… 499

第九节　湖北省石梁桥 …………………………………… 499

  1. 利川石板滩桥 ………………………………………… 499

  2. 红安陡山湾桥 ………………………………………… 500

  3. 红安回龙寨桥 ………………………………………… 500

  4. 红安柳林河桥 ………………………………………… 500

  5. 红安罗堰畈桥 ………………………………………… 501

  6. 红安谢家大湾桥 ……………………………………… 501

中国古桥志

39

7. 红安兴桥 ……………………………………………… 501

8. 红安姚八斗桥 ………………………………………… 502

9. 红安姚家桥 …………………………………………… 502

10. 红安袁家湾桥 ………………………………………… 502

11. 红安曾贵湾桥 ………………………………………… 503

12. 红安周家林桥 ………………………………………… 503

13. 罗田安乐桥 …………………………………………… 503

14. 罗田石山桥 …………………………………………… 504

15. 麻城楚北桥 …………………………………………… 504

16. 麻城洪家河桥 ………………………………………… 504

17. 麻城裴家墩桥 ………………………………………… 504

18. 武穴三节桥 …………………………………………… 505

19. 英山灵芝桥 …………………………………………… 505

20. 英山张家畈桥 ………………………………………… 505

21. 荆门八角新桥 ………………………………………… 506

22. 钟祥连山桥 …………………………………………… 506

23. 武汉同善桥 …………………………………………… 506

24. 武汉彭家桥 …………………………………………… 507

25. 武汉青莲庵桥 ………………………………………… 507

26. 武汉孔叹桥 …………………………………………… 507

27. 赤壁万安桥 …………………………………………… 507

28. 崇阳合心桥 …………………………………………… 508

29. 咸宁河背桥 …………………………………………… 508

30. 咸宁胡翰林桥 ………………………………………… 508

31. 谷城土桥沟桥 ………………………………………… 509

32. 安陆河德桥 …………………………………………… 509

33. 安陆双鹤桥 …………………………………………… 509

34. 孝昌百步桥 …………………………………………… 509

35. 孝昌陈家桥 …………………………………………… 510

36. 孝昌二公桥 ……………………………………………… 510

37. 孝昌胡李桥 ……………………………………………… 510

38. 孝昌黄湾桥 ……………………………………………… 511

39. 孝昌潘家湾桥 …………………………………………… 511

40. 孝昌清明桥 ……………………………………………… 511

41. 孝昌梳妆台桥 …………………………………………… 511

42. 孝昌万寿桥 ……………………………………………… 512

43. 孝昌小板桥 ……………………………………………… 512

44. 孝感广济桥 ……………………………………………… 512

45. 孝感郑家桥 ……………………………………………… 513

46. 云梦刘家寨桥 …………………………………………… 513

第十节　湖南省石梁桥 ……………………………………… 513

1. 宁乡大和桥 ……………………………………………… 513

2. 宁乡大江桥 ……………………………………………… 514

3. 宁乡惠同桥 ……………………………………………… 514

4. 邵阳谭俊桥 ……………………………………………… 514

5. 湘乡书院桥 ……………………………………………… 515

6. 益阳衡龙桥 ……………………………………………… 515

7. 永州社湾桥 ……………………………………………… 515

第十一节　浙江省石梁桥 …………………………………… 516

1. 建德渡仙桥 ……………………………………………… 516

2. 建德霁玉桥 ……………………………………………… 516

3. 杭州玉带桥 ……………………………………………… 516

4. 嘉兴国界桥 ……………………………………………… 517

5. 缙云板堰桥 ……………………………………………… 518

6. 缙云石笋桥 ……………………………………………… 518

7. 宁波金银渡桥 …………………………………………… 518

8. 宁波广济桥 ……………………………………………… 518

9. 宁波福寿桥 ································· 519

10. 宁波郭塘桥 ································· 519

11. 宁波泮池桥 ································· 519

12. 宁波大涵山桥 ······························ 520

13. 宁波德行桥 ································· 520

14. 宁波渡桥 ··································· 520

15. 宁波舵撞碶桥 ······························ 521

16. 宁波府前桥 ································· 521

17. 宁波还金桥 ································· 521

18. 宁波浣花桥 ································· 522

19. 宁波金鸡桥 ································· 522

20. 宁波十三洞桥 ······························ 522

21. 宁波听泉桥 ································· 523

22. 宁波五板桥 ································· 523

23. 宁波五龙桥 ································· 523

24. 宁波戏台桥 ································· 523

25. 宁波下伞桥 ································· 524

26. 宁波萧皋碶桥 ······························ 524

27. 宁波昼锦桥 ································· 524

28. 宁波安乐桥 ································· 524

29. 宁波故里桥 ································· 525

30. 宁波西卫桥 ································· 525

31. 宁波朱家渡桥 ······························ 525

32. 慈溪达蓬桥 ································· 526

33. 慈溪沈师桥 ································· 526

34. 慈溪学士桥 ································· 526

35. 宁海戊己桥 ································· 526

36. 象山庆丰桥 ································· 527

37. 余姚皇封桥 ································· 527

38. 余姚黄杨桥 ……………………………………………… 527

39. 余姚黄竹浦桥 …………………………………………… 527

40. 余姚积善桥 ……………………………………………… 528

41. 余姚双邑桥 ……………………………………………… 528

42. 余姚万安桥 ……………………………………………… 528

43. 余姚万年桥 ……………………………………………… 529

44. 绍兴报恩桥 ……………………………………………… 529

45. 绍兴扁拖闸桥 …………………………………………… 529

46. 绍兴红木桥 ……………………………………………… 530

47. 绍兴虹明桥 ……………………………………………… 530

48. 绍兴画桥 ………………………………………………… 530

49. 绍兴奎元桥 ……………………………………………… 531

50. 绍兴兰亭桥 ……………………………………………… 531

51. 绍兴太平桥 ……………………………………………… 531

52. 绍兴外山桥 ……………………………………………… 532

53. 绍兴王七墩庙桥 ………………………………………… 532

54. 绍兴纤道桥 ……………………………………………… 533

55. 绍兴迎恩桥 ……………………………………………… 533

56. 绍兴禹会桥 ……………………………………………… 533

57. 绍兴元宝桥 ……………………………………………… 534

58. 绍兴朱公桥 ……………………………………………… 534

59. 绍兴广宁桥 ……………………………………………… 534

60. 绍兴青云桥 ……………………………………………… 535

61. 绍兴探春桥 ……………………………………………… 535

62. 绍兴祥麟桥 ……………………………………………… 536

63. 绍兴八字桥 ……………………………………………… 536

64. 绍兴拜王桥 ……………………………………………… 537

65. 绍兴宝珠桥 ……………………………………………… 537

66. 绍兴昌安桥 ……………………………………………… 537

67. 绍兴大木桥 ……………………………………… 538

68. 绍兴广宁桥 ……………………………………… 538

69. 绍兴荷湖桥 ……………………………………… 539

70. 绍兴后堡桥 ……………………………………… 539

71. 绍兴会龙桥 ……………………………………… 539

72. 绍兴龙华桥 ……………………………………… 540

73. 绍兴廿眼桥 ……………………………………… 540

74. 绍兴三接桥 ……………………………………… 540

75. 绍兴赏滨桥 ……………………………………… 541

76. 绍兴汤公桥 ……………………………………… 541

77. 绍兴望仙桥 ……………………………………… 541

78. 绍兴蜈蚣桥 ……………………………………… 542

79. 绍兴咸宁桥 ……………………………………… 542

80. 绍兴谢公桥 ……………………………………… 542

81. 绍兴洋江桥 ……………………………………… 543

82. 绍兴永嘉桥 ……………………………………… 543

83. 嵊州访友桥 ……………………………………… 543

84. 嵊州果盒桥 ……………………………………… 544

85. 嵊州和尚桥 ……………………………………… 544

86. 嵊州望仙桥 ……………………………………… 545

87. 嵊州新官桥 ……………………………………… 545

88. 诸暨祠堂桥 ……………………………………… 545

89. 诸暨渎溪桥 ……………………………………… 546

90. 诸暨破溪桥 ……………………………………… 546

91. 诸暨青潭桥 ……………………………………… 546

92. 诸暨上新桥 ……………………………………… 547

93. 诸暨溪缘桥 ……………………………………… 547

94. 诸暨岩下桥 ……………………………………… 547

95. 诸暨银河桥 ……………………………………… 548

96. 天台西溪桥 ……………………………………… 548

第十二节　福建省石梁桥 ……………………… 548

1. 福州断桥 ………………………………………… 548

2. 福州连坂桥 ……………………………………… 549

3. 福州七星桥 ……………………………………… 549

4. 福州前桥 ………………………………………… 549

5. 福州午桥 ………………………………………… 550

6. 福州取青桥 ……………………………………… 550

7. 福州太平桥 ……………………………………… 550

8. 福州下橹桥 ……………………………………… 551

9. 福州行相桥 ……………………………………… 551

10. 福州云庞桥 ……………………………………… 551

11. 福州安泰桥 ……………………………………… 552

12. 福州板桥 ………………………………………… 552

13. 福州福枝桥 ……………………………………… 552

14. 福州高陛桥 ……………………………………… 553

15. 福州高峰桥 ……………………………………… 553

16. 福州古迹二桥 …………………………………… 553

17. 福州虹桥 ………………………………………… 554

18. 福州金斗桥 ……………………………………… 554

19. 福州陆庄桥 ……………………………………… 554

20. 福州太平桥 ……………………………………… 555

21. 福州武安桥 ……………………………………… 555

22. 福州宦溪桥 ……………………………………… 555

23. 福州回龙桥 ……………………………………… 556

24. 福州济美桥 ……………………………………… 556

25. 福州沈公桥 ……………………………………… 556

26. 福州白马桥 ……………………………………… 557

27. 福州彬德桥 ……………………………………… 557

28. 福州河口万寿桥 ……………………………………………… 557

29. 福州万寿桥 …………………………………………………… 558

30. 福清利桥 ……………………………………………………… 558

31. 福清上迳桥 …………………………………………………… 559

32. 连江乌石桥 …………………………………………………… 559

33. 连江贤义桥 …………………………………………………… 559

34. 罗源坦桥 ……………………………………………………… 560

35. 罗源王认桥 …………………………………………………… 560

36. 闽侯白屿桥 …………………………………………………… 560

37. 闽侯坂尾桥 …………………………………………………… 561

38. 闽侯得胜桥 …………………………………………………… 561

39. 闽侯登瀛桥 …………………………………………………… 561

40. 闽侯观澜桥 …………………………………………………… 562

41. 闽侯航桥 ……………………………………………………… 562

42. 闽侯合浦桥 …………………………………………………… 562

43. 闽侯乐善桥 …………………………………………………… 563

44. 闽侯灵光桥 …………………………………………………… 563

45. 闽侯娘奶桥 …………………………………………………… 564

46. 闽侯栖云桥 …………………………………………………… 564

47. 闽侯青州桥 …………………………………………………… 564

48. 闽侯榕荫桥 …………………………………………………… 564

49. 闽侯三元桥 …………………………………………………… 565

50. 闽侯沙帽桥 …………………………………………………… 565

51. 闽侯十四门桥 ………………………………………………… 566

52. 闽侯透头桥 …………………………………………………… 566

53. 闽侯宏屿桥 …………………………………………………… 566

54. 闽侯杨桥 ……………………………………………………… 567

55. 闽侯荫岩桥 …………………………………………………… 567

56. 闽侯永寿桥 …………………………………………………… 567

57. 闽清际上桥 …………………………………………… 567

58. 福鼎水北溪桥 ………………………………………… 568

59. 福清龙江桥 …………………………………………… 568

60. 宁德箭场桥 …………………………………………… 569

61. 屏南万安桥 …………………………………………… 569

62. 屏南忠洋桥 …………………………………………… 569

63. 寿宁岳阳桥 …………………………………………… 570

64. 霞浦青岸桥 …………………………………………… 570

65. 霞浦通津桥 …………………………………………… 571

66. 莆田延寿桥 …………………………………………… 571

67. 莆田宁海桥 …………………………………………… 571

68. 仙游金凤桥 …………………………………………… 572

69. 仙游南门桥 …………………………………………… 572

70. 仙游石马桥 …………………………………………… 573

71. 惠安洛阳桥 …………………………………………… 573

72. 惠安大德桥 …………………………………………… 573

73. 晋江安平桥 …………………………………………… 574

74. 晋江东洋桥 …………………………………………… 574

75. 晋江吟啸桥 …………………………………………… 575

76. 泉州石笋桥 …………………………………………… 575

77. 泉州顺济桥 …………………………………………… 575

78. 同安五显桥 …………………………………………… 576

79. 同安五显第一溪桥 …………………………………… 576

80. 同安五显第二溪桥 …………………………………… 577

81. 厦门苎溪桥 …………………………………………… 577

82. 漳州薛公桥 …………………………………………… 577

83. 龙海江东桥 …………………………………………… 578

84. 诏安广南桥 …………………………………………… 578

第十三节　广东省石梁桥 ·············· 579

  1. 潮州广济桥 ·············· 579

  2. 江门见龙桥 ·············· 580

第十四节　广西石梁桥 ·············· 580

  1. 兴安渡头江桥 ·············· 580

  2. 灵山三步江桥 ·············· 580

  3. 灵山竹行桥 ·············· 581

第十五节　贵州省石梁桥 ·············· 581

  1. 织金日升桥 ·············· 581

第十六节　四川省石梁桥 ·············· 581

  1. 成都西溪桥 ·············· 582

  2. 泸县板栗树桥 ·············· 582

  3. 泸县对夹滩桥 ·············· 582

  4. 泸县福水桥 ·············· 582

  5. 泸县观音桥 ·············· 583

  6. 泸县两河口桥 ·············· 583

  7. 泸县泸永桥 ·············· 584

  8. 泸县双寿桥 ·············· 584

  9. 泸县太平桥 ·············· 584

  10. 泸县万寿桥 ·············· 585

  11. 泸县小桥子桥 ·············· 585

  12. 泸县潮河桥 ·············· 585

  13. 泸县付河沟龙桥 ·············· 586

  14. 泸县梁山上双龙桥 ·············· 586

  15. 泸县龙凤桥 ·············· 586

  16. 泸县明团山桥 ·············· 586

  17. 泸县五谷寺观音桥 ·············· 587

  18. 泸县江安桥 ·············· 587

19. 泸县可字桥 ………………………………………… 588

20. 泸县栏湾桥 ………………………………………… 588

21. 泸县龙阴沟桥 ……………………………………… 588

22. 泸县毛狗寺桥 ……………………………………… 589

23. 泸县五子凼桥 ……………………………………… 589

24. 泸县仙济桥 ………………………………………… 589

25. 泸县血水河桥 ……………………………………… 590

26. 泸县半边滩桥 ……………………………………… 591

27. 泸县龙灯桥 ………………………………………… 591

28. 泸县土地坑桥 ……………………………………… 591

29. 泸县杨河坝观音桥 ………………………………… 592

30. 泸县旧桥 …………………………………………… 592

31. 泸县苦桥子桥 ……………………………………… 592

32. 泸县石鸭滩桥 ……………………………………… 593

33. 泸县水口寺桥 ……………………………………… 593

34. 泸县铁山洞桥 ……………………………………… 594

35. 泸县万寿桥 ………………………………………… 594

36. 泸县鱼目滩桥 ……………………………………… 594

37. 泸县保寿桥 ………………………………………… 595

38. 泸县观音山双龙桥 ………………………………… 595

39. 泸县桂花坝桥 ……………………………………… 595

40. 泸县龙岩星桥 ……………………………………… 596

41. 泸县如此桥 ………………………………………… 596

42. 泸县星桥 …………………………………………… 596

43. 泸县一人桥 ………………………………………… 597

44. 泸县余坝桥 ………………………………………… 597

45. 泸县风水桥 ………………………………………… 597

46. 泸县观音桥 ………………………………………… 598

47. 泸县鸿雁桥 ………………………………………… 598

48. 泸县黄桷树桥 …………………………………………………… 599

49. 泸县金龙桥 ……………………………………………………… 599

50. 泸县梁桥 ………………………………………………………… 599

51. 泸县锅厂头桥 …………………………………………………… 600

52. 泸县横江高桥 …………………………………………………… 600

53. 泸县王坝新桥 …………………………………………………… 600

54. 泸县月亮山双龙桥 ……………………………………………… 600

55. 泸县蜘蛛桥 ……………………………………………………… 601

56. 泸县奔青山金花桥 ……………………………………………… 601

57. 泸县高阁桥 ……………………………………………………… 601

58. 泸县万寿桥 ……………………………………………………… 602

59. 泸县杨湾桥 ……………………………………………………… 602

60. 泸县水渚桥 ……………………………………………………… 603

61. 泸县铁炉滩桥 …………………………………………………… 603

62. 泸县新桥 ………………………………………………………… 603

63. 泸县和尚山高桥 ………………………………………………… 604

64. 泸县河坝头双龙桥 ……………………………………………… 604

65. 泸县会元桥 ……………………………………………………… 604

66. 泸县桥底下桥 …………………………………………………… 605

67. 泸县鼎新桥 ……………………………………………………… 605

68. 泸县济康桥 ……………………………………………………… 605

69. 泸县李子桥 ……………………………………………………… 605

70. 泸县母猪桥 ……………………………………………………… 606

71. 泸县桥墩河桥 …………………………………………………… 606

72. 泸县狮子桥 ……………………………………………………… 607

73. 泸县堰坎桥 ……………………………………………………… 607

74. 泸县玉带桥 ……………………………………………………… 607

75. 泸县龙脑桥 ……………………………………………………… 608

76. 泸县代桥 ………………………………………………………… 608

77. 泸县纺线桥 …………………………………… 608

78. 泸县济众桥 …………………………………… 609

79. 泸县牛岩坡新桥 ……………………………… 609

80. 泸县泰和桥 …………………………………… 610

81. 泸县众缘桥 …………………………………… 610

82. 泸县岸滩桥 …………………………………… 610

83. 泸县太平桥 …………………………………… 611

84. 泸县谭石桥 …………………………………… 611

85. 泸县牺牛山桥 ………………………………… 611

86. 泸县黄桷桥 …………………………………… 611

87. 泸县翘墩桥 …………………………………… 612

88. 泸县天堂嘴双龙桥 …………………………… 612

89. 泸县乌棒桥 …………………………………… 613

90. 泸县砖嘴屋基双龙桥 ………………………… 613

91. 泸县子母桥 …………………………………… 613

92. 泸县金罡桥 …………………………………… 614

93. 泸县梨园桥 …………………………………… 614

94. 泸县龙洞桥 …………………………………… 615

95. 泸县漏孔滩桥 ………………………………… 615

96. 泸县三元桥 …………………………………… 615

97. 泸县狮洞子桥 ………………………………… 616

98. 泸县顺对子桥 ………………………………… 616

99. 泸县天堂桥 …………………………………… 616

100. 泸县土地桥 ………………………………… 617

101. 泸县瓦坝大桥 ……………………………… 617

102. 泸县小龙桥 ………………………………… 617

103. 泸县永济桥 ………………………………… 618

104. 泸县白思桥 ………………………………… 618

105. 泸县双龙桥 ………………………………… 619

第三章　石墩台木梁桥 ·· 620

　第一节　概述 ·· 620

　第二节　北京市木梁桥 ·· 621

　　1. 朝阳门簩桥 ·· 621

　　2. 德胜门簩桥 ·· 622

　　3. 东直门簩桥 ·· 624

　　4. 阜成门簩桥 ·· 625

　　5. 广安门簩桥 ·· 627

　　6. 广渠门簩桥 ·· 629

　　7. 西便门簩桥 ·· 630

　　8. 西直门簩桥 ·· 631

　　9. 永定门簩桥 ·· 632

　　10. 右安门簩桥 ··· 633

　　11. 左安门簩桥 ··· 634

　第三节　山西省木梁桥 ·· 635

　　1. 洪洞分水亭桥 ·· 635

　第四节　上海市木梁桥 ·· 636

　　1. 青浦万安桥 ·· 636

　　2. 青浦迎祥桥 ·· 636

　　3. 青浦余庆桥 ·· 636

　第五节　安徽省木梁桥 ·· 637

　　1. 太湖龙门桥 ·· 637

　　2. 通道回龙桥 ·· 637

　　3. 歙县高阳桥 ·· 638

　　4. 休宁拱北桥 ·· 638

　第六节　湖北省木梁桥 ·· 638

　　1. 咸丰土溪河桥 ·· 639

2. 咸丰九道水凉桥 …………………………………… 639

3. 咸丰太阳河桥 ……………………………………… 639

4. 咸丰斩龙桥 ………………………………………… 639

5. 通山驼背经桥 ……………………………………… 640

6. 通山小源桥 ………………………………………… 640

7. 通山杨芳桥 ………………………………………… 640

第七节　湖南省木梁桥 …………………………………… 641

1. 郴州三合桥 ………………………………………… 641

2. 洪江倒湾桥 ………………………………………… 641

3. 洪江株竹桥 ………………………………………… 641

4. 通道观月桥 ………………………………………… 642

5. 通道回福桥 ………………………………………… 642

6. 通道普修桥 ………………………………………… 642

7. 通道文星桥 ………………………………………… 643

8. 通道永福桥 ………………………………………… 643

9. 通道中步二桥 ……………………………………… 643

10. 通道中步头桥 ……………………………………… 644

11. 溆浦壶圆桥 ………………………………………… 644

12. 溆浦廻龙桥 ………………………………………… 644

13. 涟源新车桥 ………………………………………… 645

14. 新化龙潭桥 ………………………………………… 645

15. 新化青龙桥 ………………………………………… 645

16. 城步回龙桥 ………………………………………… 646

17. 城步永镇桥 ………………………………………… 646

18. 洞口大溪亭子桥 …………………………………… 647

19. 洞口红军桥 ………………………………………… 647

20. 洞口红桥 …………………………………………… 647

21. 洞口洛阳桥 ………………………………………… 648

22. 洞口青龙桥 ………………………………………… 648

23. 洞口水东桥 ……………………………………… 648

24. 洞口涡潭桥 ……………………………………… 649

25. 隆回宁湖桥 ……………………………………… 649

26. 隆回仙磴桥 ……………………………………… 649

27. 邵东罗家桥 ……………………………………… 649

28. 邵东杨家桥 ……………………………………… 650

29. 绥宁鹅公岭桥 …………………………………… 650

30. 绥宁杨家桥 ……………………………………… 650

31. 武冈关凤桥 ……………………………………… 651

32. 武冈化龙桥 ……………………………………… 651

33. 武冈木瓜桥 ……………………………………… 652

34. 新宁回龙桥 ……………………………………… 652

35. 新宁江口桥 ……………………………………… 653

36. 新宁狮象桥 ……………………………………… 653

37. 新宁太平桥 ……………………………………… 653

38. 新邵青龙桥 ……………………………………… 654

39. 安化思贤桥 ……………………………………… 654

40. 安化永锡桥 ……………………………………… 654

41. 蓝山望嶷亭桥 …………………………………… 655

第八节　浙江省木梁桥 ……………………………… 655

1. 武义熟溪桥 ……………………………………… 655

2. 永康西津桥 ……………………………………… 656

3. 丽水公起桥 ……………………………………… 656

4. 丽水钟山桥 ……………………………………… 656

5. 景宁白鹤桥 ……………………………………… 656

6. 景宁茶堂桥 ……………………………………… 657

7. 景宁长滩桥 ……………………………………… 657

8. 景宁大济胡桥 …………………………………… 657

9. 景宁大均桥 ……………………………………… 658

10. 景宁东坑上桥 …………………………………… 658

11. 景宁广济桥 ……………………………………… 658

12. 景宁护关桥 ……………………………………… 659

13. 景宁环胜桥 ……………………………………… 659

14. 景宁回龙桥 ……………………………………… 659

15. 景宁路龙桥 ……………………………………… 660

16. 景宁梅岐桥 ……………………………………… 660

17. 景宁清风桥 ……………………………………… 660

18. 景宁石视桥 ……………………………………… 661

19. 景宁汤北桥 ……………………………………… 661

20. 景宁同善桥 ……………………………………… 661

21. 景宁永安桥 ……………………………………… 661

22. 龙泉合兴桥 ……………………………………… 662

23. 龙泉永和桥 ……………………………………… 662

24. 青田卧虹桥 ……………………………………… 663

25. 庆元安溪桥 ……………………………………… 663

26. 庆元白云桥 ……………………………………… 663

27. 庆元半路亭桥 …………………………………… 663

28. 庆元包里桥 ……………………………………… 664

29. 庆元东溪桥 ……………………………………… 664

30. 庆元甫田桥 ……………………………………… 665

31. 庆元观洋桥 ……………………………………… 665

32. 庆元富林观音桥 ………………………………… 665

33. 庆元合湖殿桥 …………………………………… 666

34. 庆元横岭桥 ……………………………………… 666

35. 庆元后溪桥 ……………………………………… 666

36. 庆元护龙桥 ……………………………………… 667

37. 庆元黄水长桥 …………………………………… 667

38. 庆元济川桥 ……………………………………… 667

39. 庆元蛟龙桥 ………………………………………… 668

40. 庆元接龙桥 ………………………………………… 668

41. 庆元兰溪桥 ………………………………………… 668

42. 庆元龙济桥 ………………………………………… 669

43. 庆元南坑桥 ………………………………………… 669

44. 庆元袅桥 …………………………………………… 669

45. 庆元平兴桥 ………………………………………… 669

46. 庆元阙下桥 ………………………………………… 670

47. 庆元如龙桥 ………………………………………… 670

48. 庆元杉坑桥 ………………………………………… 670

49. 庆元上坑阙下桥 …………………………………… 671

50. 庆元双门桥 ………………………………………… 671

51. 庆元双溪桥 ………………………………………… 671

52. 庆元塘窟水尾桥 …………………………………… 672

53. 庆元外村桥 ………………………………………… 672

54. 庆元文昌桥 ………………………………………… 672

55. 庆元乌石桥 ………………………………………… 672

56. 庆元吴坑桥 ………………………………………… 673

57. 庆元余地桥 ………………………………………… 673

58. 宁波广济桥 ………………………………………… 673

59. 宁波卧渡桥 ………………………………………… 674

60. 宁波百梁桥 ………………………………………… 674

61. 宁波洞桥 …………………………………………… 674

62. 宁波鄞江桥 ………………………………………… 675

63. 宁海尚源桥 ………………………………………… 675

64. 宁海镇东桥 ………………………………………… 675

65. 余姚板桥 …………………………………………… 676

66. 新昌梅树坂桥 ……………………………………… 676

67. 新昌普济桥 ………………………………………… 676

68. 泰顺北涧桥 …………………………………………… 677

69. 泰顺三条桥 …………………………………………… 677

70. 泰顺泗溪东桥 ………………………………………… 677

71. 泰顺文重桥 …………………………………………… 678

72. 泰顺永庆桥 …………………………………………… 679

73. 泰顺毓文桥 …………………………………………… 679

第九节　福建省木梁桥 ………………………………… 679

1. 福州二桥亭桥 ………………………………………… 679

2. 闽侯蕉溪桥 …………………………………………… 680

3. 闽侯岭下桥 …………………………………………… 680

4. 闽侯龙津桥 …………………………………………… 680

5. 闽侯龙津桥 …………………………………………… 681

6. 闽侯泰山桥 …………………………………………… 681

7. 闽侯温汤桥 …………………………………………… 682

8. 闽侯武灵桥 …………………………………………… 682

9. 闽侯溪隆桥 …………………………………………… 682

10. 闽侯洋头桥 …………………………………………… 682

11. 闽侯友泉溪桥 ………………………………………… 683

12. 闽侯远济桥 …………………………………………… 683

13. 闽侯左白桥 …………………………………………… 683

14. 闽清合龙桥 …………………………………………… 684

15. 长汀当坑桥 …………………………………………… 684

16. 连城文川桥 …………………………………………… 684

17. 连城永隆桥 …………………………………………… 685

18. 连城玉沙桥 …………………………………………… 685

19. 连城云龙桥 …………………………………………… 685

20. 南平安口桥 …………………………………………… 686

21. 南平八字桥 …………………………………………… 686

22. 南平金造桥 …………………………………………… 686

23. 南平落托桥 ……………………………………………… 687

24. 南平月圆桥 ……………………………………………… 687

25. 光泽承安桥 ……………………………………………… 687

26. 建瓯步月桥 ……………………………………………… 688

27. 建瓯承龙桥 ……………………………………………… 688

28. 浦城丰乐桥 ……………………………………………… 688

29. 浦城镇安桥 ……………………………………………… 689

30. 顺昌广济桥 ……………………………………………… 689

31. 顺昌岚下桥 ……………………………………………… 690

32. 顺昌兴隆桥 ……………………………………………… 690

33. 松溪五福桥 ……………………………………………… 690

34. 松溪中峰桥 ……………………………………………… 691

35. 政和交龙桥 ……………………………………………… 691

36. 政和龙滩桥 ……………………………………………… 691

37. 政和落岭桥 ……………………………………………… 692

38. 政和下坂桥 ……………………………………………… 692

39. 福安虎神桥 ……………………………………………… 692

40. 福安积谷桥 ……………………………………………… 693

41. 福安乐善桥 ……………………………………………… 693

42. 福安乐喜桥 ……………………………………………… 693

43. 福安奈何桥 ……………………………………………… 694

44. 福安洋坑桥 ……………………………………………… 694

45. 福安柘头桥 ……………………………………………… 694

46. 古田沉字桥 ……………………………………………… 695

47. 古田吉口桥 ……………………………………………… 695

48. 古田沈字桥 ……………………………………………… 695

49. 古田树荫桥 ……………………………………………… 696

50. 古田下地水尾桥 ………………………………………… 696

51. 古田韦端水尾桥 ………………………………………… 696

52. 屏南宝塔桥 ·· 697

53. 屏南广福桥 ·· 697

54. 屏南广利桥 ·· 697

55. 屏南花桥 ··· 698

56. 屏南金造桥 ·· 698

57. 屏南聚宝桥 ·· 698

58. 屏南上仓桥 ·· 699

59. 屏南什锦桥 ·· 699

60. 屏南双龙桥 ·· 699

61. 屏南万安桥 ·· 700

62. 屏南溪里桥 ·· 701

63. 屏南迎风桥 ·· 701

64. 寿宁单桥 ··· 701

65. 寿宁飞扬桥 ·· 701

66. 寿宁飞云桥 ·· 702

67. 寿宁观音桥 ·· 702

68. 寿宁回澜桥 ·· 702

69. 寿宁奖禄宫桥 ··· 703

70. 寿宁奖禄上桥 ··· 703

71. 寿宁奖禄下桥 ··· 703

72. 寿宁奶殿桥 ·· 704

73. 寿宁升平桥 ·· 704

74. 寿宁升仙桥 ·· 704

75. 寿宁寿春桥 ·· 705

76. 寿宁外洋垱桥 ··· 705

77. 寿宁外洋墩桥 ··· 705

78. 寿宁观音桥 ·· 706

79. 寿宁仙宫桥 ·· 706

80. 寿宁小东上桥 ··· 706

81. 寿宁新安桥 ………………………… 707

82. 寿宁杨梅州桥 ……………………… 707

83. 寿宁尤溪上桥 ……………………… 707

84. 寿宁尤溪下桥 ……………………… 708

85. 霞浦临清桥 ………………………… 708

86. 柘荣归驷桥 ………………………… 708

87. 周宁长峰桥 ………………………… 709

88. 周宁楼下桥 ………………………… 709

89. 周宁七仙桥 ………………………… 709

90. 周宁三仙桥 ………………………… 710

91. 周宁竹龄桥 ………………………… 710

92. 安溪瑞云桥 ………………………… 710

93. 德化长寿桥 ………………………… 711

94. 德化登龙桥 ………………………… 711

95. 德化广济桥 ………………………… 711

96. 德化宴林口桥 ……………………… 712

97. 永春东关桥 ………………………… 712

98. 宁化宜生桥 ………………………… 713

99. 沙县百花桥 ………………………… 713

第十节　江西省木梁桥 ………………… 713

1. 安远永镇桥 ………………………… 713

2. 婺源彩虹桥 ………………………… 714

3. 婺源思溪桥 ………………………… 715

第十一节　广西壮族自治区木梁桥 …… 715

1. 三江程阳桥 ………………………… 715

2. 北流登龙桥 ………………………… 716

第十二节　云南省木梁桥 ……………… 716

1. 大理观音堂桥 ……………………… 716

2. 云龙彩凤桥 ································· 717

3. 云龙通京桥 ································· 717

4. 永胜金龙桥 ································· 717

5. 凤庆青龙桥 ································· 718

第十三节　四川省木梁桥 ··············· 718

1. 会理永定桥 ································· 718

第十四节　陕西省木梁桥 ··············· 719

1. 灞桥 ··· 719

第四章　组合式木虹桥 ············· 722

第一节　概述 ····························· 722

第二节　浙江省木虹桥 ··············· 723

1. 景宁北溪桥 ································· 723

2. 景宁大赤坑桥 ······························ 724

3. 景宁大地桥 ································· 724

4. 景宁东坑下桥 ······························ 725

5. 景宁接龙桥 ································· 725

6. 景宁岭脚桥 ································· 726

7. 景宁梅漈桥 ································· 726

8. 景宁杨岐桥 ································· 727

9. 景宁永平桥 ································· 727

10. 景宁永镇桥 ······························ 728

11. 龙泉顺德桥 ······························ 728

12. 青田怀仁桥 ······························ 729

13. 庆元安溪桥 ······························ 729

14. 庆元查洋桥 ······························ 730

15. 庆元阜梁桥 ······························ 730

16. 庆元后坑桥 ······························ 731

17. 庆元后山桥 …………………………………………………… 731

18. 庆元黄水长桥 ………………………………………………… 732

19. 庆元回龙桥 …………………………………………………… 732

20. 庆元兰溪桥 …………………………………………………… 733

21. 庆元濛淤桥 …………………………………………………… 733

22. 庆元濛洲桥 …………………………………………………… 734

23. 庆元咏归桥 …………………………………………………… 734

24. 庆元竹坪桥 …………………………………………………… 735

25. 泰顺双埕桥 …………………………………………………… 735

26. 泰顺泗溪下桥 ………………………………………………… 736

27. 泰顺同乐桥 …………………………………………………… 736

28. 泰顺文兴桥 …………………………………………………… 737

29. 泰顺仙居桥 …………………………………………………… 737

30. 泰顺薛宅桥 …………………………………………………… 738

31. 泰顺营岗店桥 ………………………………………………… 738

第三节　福建省木虹桥 …………………………………………… 739

1. 福州多亭桥 …………………………………………………… 739

2. 闽侯蕉溪桥 …………………………………………………… 740

3. 闽侯坑坪桥 …………………………………………………… 740

4. 闽侯三溪桥 …………………………………………………… 741

5. 闽侯泰山桥 …………………………………………………… 741

6. 闽侯塘里桥 …………………………………………………… 742

7. 闽侯远济桥 …………………………………………………… 743

8. 闽清合龙桥 …………………………………………………… 743

9. 建瓯德胜桥 …………………………………………………… 744

10. 建瓯后建桥 …………………………………………………… 744

11. 建瓯接龙桥 …………………………………………………… 745

12. 建瓯仙恩桥 …………………………………………………… 745

13. 顺昌岚下桥 …………………………………………………… 745

14. 顺昌兴隆桥 ……………………………………… 746

15. 武夷山余庆桥 …………………………………… 747

16. 政和赤溪桥 ……………………………………… 747

17. 政和后山桥 ……………………………………… 748

18. 政和洋后桥 ……………………………………… 748

19. 福安棠溪桥 ……………………………………… 749

20. 福安玉亭桥 ……………………………………… 749

21. 福鼎老人桥 ……………………………………… 750

22. 古田兰溪桥 ……………………………………… 750

23. 古田双虹桥 ……………………………………… 751

24. 古田田地桥 ……………………………………… 751

25. 古田亭下桥 ……………………………………… 751

26. 古田徐州桥 ……………………………………… 752

27. 屏南百祥桥 ……………………………………… 752

28. 屏南广利桥 ……………………………………… 753

29. 屏南惠风桥 ……………………………………… 753

30. 屏南锦溪桥 ……………………………………… 754

31. 屏南龙井桥 ……………………………………… 754

32. 屏南千乘桥 ……………………………………… 755

33. 屏南清宴桥 ……………………………………… 756

34. 屏南万安桥 ……………………………………… 756

35. 屏南樟口桥 ……………………………………… 757

36. 寿宁长濑溪桥 …………………………………… 757

37. 寿宁大宝桥 ……………………………………… 758

38. 寿宁登云桥 ……………………………………… 758

39. 寿宁飞云桥 ……………………………………… 759

40. 寿宁福寿桥 ……………………………………… 759

41. 寿宁里仁桥 ……………………………………… 760

42. 寿宁鸾峰桥 ……………………………………… 760

43. 寿宁普济桥 ……………………………………………… 761

44. 寿宁升平桥 ……………………………………………… 761

45. 寿宁仙宫桥 ……………………………………………… 762

46. 寿宁小东上桥 …………………………………………… 762

47. 寿宁杨溪头桥 …………………………………………… 763

48. 寿宁张坑桥 ……………………………………………… 763

49. 柘荣东源桥 ……………………………………………… 764

50. 周宁登龙桥 ……………………………………………… 764

51. 周宁后垄桥 ……………………………………………… 765

52. 德化长寿桥 ……………………………………………… 765

第五章　索　桥 ……………………………………………… 767

第一节　概述 ………………………………………………… 767

第二节　云南省索桥 ………………………………………… 767

1. 霁虹桥 ………………………………………………… 767

第三节　四川省索桥 ………………………………………… 768

1. 泸定桥 ………………………………………………… 768

编后记 ………………………………………………………… 769

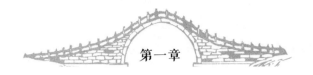

第一章

石拱桥和砖石拱桥

第一节　概述

中国幅员辽阔，东西南北各地的地理环境不同，各地所建的石拱桥和砖石拱桥结构也因地而异。北方的河流较少，交通工具以车辆为主，桥梁的载重较大，因而，石拱桥的拱碹结构较厚，桥台和桥墩的构造体积较大，此类石拱桥被统称为"厚拱厚墩重型"石拱桥。

江南一带河流较多，交通工具以船为主，为满足河道行船，跨于河道上的桥梁，桥下必须有较大的净空，桥面高起，桥上只能行人，桥梁的载重较小，石拱桥的拱碹结构不需要太厚，桥台和桥墩的构造的体积也不需要太大。此类石拱桥被统称为"薄拱薄墩轻型"石拱桥。

砖石拱桥在北京只有7座，辽宁省有1座，其他省市未发现有砖石拱桥。砖石拱桥是砖石混合结构桥的简称，其主拱圈是用砖材砌筑，两端采用石材做碹脸，其他部位全部是用石材砌筑，桥梁的立面外表看起来与石拱桥相同。

桥梁拱碹结构与形式。现存古代石拱桥的拱形多系半圆形，少数桥采用圆弧形。拱碹的结构有纵联式、镶边纵联式、框形纵联式、并列式、分段并列式、纵联分段并列式、框形并列式。

除上述七种拱碹形式外，另有一种圆弧形敞肩式拱碹，如河北省赵县的安济桥等，此种结构形式是石拱桥结构技术发展的最高阶段。

我考察后发现，国内收集到的各种古代石拱桥和砖石拱桥共有1000

余座，具有基本技术数据的石拱桥共计 1052 座。

一、厚拱厚墩重型石拱桥

此种石拱桥的拱碹形式有半圆形纵联式结构、半圆形镶边纵联式结构、半圆框形纵联式结构、半圆框形并列式结构、半圆形并列式结构、半圆形分段并列式结构、半圆形纵联分段并列式结构、圆弧形并列式结构等 8 种。

此种厚拱厚墩石拱桥，根据河道流水状况，为加大桥梁的过水断面，在桥墩上，甚至在桥台上增设小孔洞，小孔洞的上部结构多采用与主孔拱碹相同的结构。桥台多采用凹字形、燕翅形、凹字带燕翅形。桥墩较厚，为减小河水对桥墩的冲击，通常将上游端做成尖形，俗称"分水尖"，或做成两端为圆形。

今存最长的厚拱厚墩重型石拱桥是江西省南城县的万年桥，全桥共有 23 孔，全长 409.00 米。

1. 纵联式拱碹的做法是，全拱碹由若干道（奇数）拱碹石构成，各道拱碹石均按照顺河方向砌筑。

2. 镶边纵联式拱碹的做法是，拱碹内部的主拱圈采用纵联式砌法，拱券的外端各镶若干块（奇数）碹脸石，形成镶边纵联式拱碹。

3. 框形纵联式拱碹的做法是，拱碹由数道（偶数）纵联石和数块（奇数）碹脸石构成框形，在框内按照纵联式砌筑拱碹，构成框形纵联式拱碹。

4. 框形并列式拱碹的做法是，拱碹由数道（偶数）纵联石和数块（奇数）碹脸石构成框形，在框内按照并列式砌筑拱碹，构成框形并列式拱碹。

5. 并列式拱碹的做法是，拱碹由数道并列的顺桥方向拱碹石构成，为增强各道拱碹石的横向联系，在拱背上横向（垂直于拱碹石）嵌入二或四道铸铁联系杆件，以增强拱碹的整体性能。

6. 分段并列式拱碹的做法是，拱碹由若干段（奇数）并列的拱碹石构成，各段拱碹石的块数不等，各段拱碹石之间的对接竖缝错开，构成分段并列式拱碹。

7. 纵联分段并列式拱碹的做法是，在分段并列式拱碹中各段拱碹石之间各加设一道纵联石（横向联系石），构成纵联分段并列式拱碹。

二、薄拱薄墩轻型石拱桥

薄拱薄墩轻型石拱桥均系人行桥，拱碹多采用半圆形纵联分段并列式结构，拱碹较薄，桥台的主体和桥墩采用薄型构造。桥台和桥墩的基础采用独立木桩石板承台。桥下不铺设海墁。

三、薄拱厚墩石拱桥

上部属于薄型结构，下部结构则属于重力式构造，桥基采用整体构造。

第二节　北京石拱桥与砖石拱桥

北京市的古代石拱桥和砖石拱桥共计 43 座。

1. 安济桥——砖石拱桥

安济桥位于北京昌平区沙河镇南面，属于昌平路上的一座桥梁，跨南沙河上，南北走向。

《日下旧闻考》载："沙河店南有水出昌平州西南五十里龙泉寺，合西山诸泉东流为南沙河，有桥曰安济。店北有水出昌平州西南四家庄，经双塔村东流为北沙河，有桥曰朝宗。二桥皆正统十二年命工部右侍郎王永寿建。"

光绪《顺天府志》中记载："安济桥在巩华城南，明正统十三年命工部右侍郎王永寿建。嘉靖二十年重修。朝宗桥在巩华城北，明正统十三年建。"

京张公路档案卷一记载（摘要）："京张公路（德胜门至南口段）原系元大都城通往居庸关外之驿道，古驿道在今京张公路以西3里许，明正统初年修筑京城至天寿山皇陵大道，将巩华城（沙河店）南北一段路线东移，在北沙河上建朝宗桥，在南沙河上建安济桥，二桥均系七孔石拱桥，万历三年，朝宗桥拱碹被水毁，当年开始修复，四年工竣，改石拱碹为砖拱碹。"

河北省公路局档案卷二记载（摘要）："嘉靖十七年（1538年），安济桥拱碹被水毁，当年用砖材修复。嘉靖二十年（1541年），拱碹再次被水毁，仍用城砖砌筑拱碹，此后，安济桥成为七孔砖石混合结构拱桥。"

安济桥是一座7孔砖石混合结构拱桥，桥堍和桥面上铺砌花岗岩石板，桥面呈平缓圆弧形，两侧有节间式石栏杆，每侧有望柱54根（含角望柱），栏板53块，桥身上有望柱38根（含角望柱），栏板37块，南北端八字栏杆的望柱均为8根，栏板7块，抱鼓石1块。桥面全宽13.25米，净宽12.25米，桥身长85.10米，北桥堍长23.00米，南桥堍长24.50米，桥全长132.60米。桥台是带燕翅形，前墙长14.90米，燕翅墙与驳岸连砌为一体。桥墩厚均为3.80米。分水体和凤凰台宽（与拱脚等宽）均为3.60米。桥墩长18.45米，其中，分水尖长3.55米，凤凰台长1.70米。跨径由北向南依次为7.80米、8.10米、8.45米、8.70米、8.40米、8.10米、7.80米。

1959年4月，实施安济桥改建工程，拆除安济桥，在原位上新建一座5孔混凝土梁式桥，取名安济新桥，俗称沙河南大桥。

2. 北五孔桥——砖石拱桥

北五孔桥又称"十三陵五孔桥"，位于北京昌平区明十三陵御道上北段，跨定陵排水沟上，南北走向。明正统十二年（1447年），重修皇陵御道，建南五孔桥、七孔桥、北五孔桥。嘉靖三十三年（1554年）

重修御道，重修南五孔桥、七孔桥、北五孔桥。

河北省京张公路档案卷七记载（摘要）："明十三陵御道上有一座七孔桥和南北两座五孔桥，三桥始建于明永乐年间，正统十二年（1447年）重修皇陵御道和桥梁。……万历四年（1576年）北五孔桥拱碹被水毁，同年修复，主拱圈改用城砖砌筑，碹脸及其以上部位用石料修复。"

北五孔桥是一座5孔砖石拱桥。桥埆和桥面上铺砌花岗岩石板，桥面略显隆起。两侧有节间式青石栏杆，每侧有望柱22根，栏板21块，抱鼓石两块。桥身段有望柱16根，栏板15块，八字栏杆有望柱3根，栏板3块，抱鼓石1块。地伏是青石矩形断面。桥面全宽9.90米，净宽9米，桥身段长37.80米，南北桥埆长5.90米，桥梁全长49.60米。

侧墙和翼墙全是花岗岩石料，上顶有单层青石仰天石组成的金边线。桥台是带燕翅形，前墙长11.30米，燕翅墙长（端部被土埋没）4米以上。桥墩两端均为尖形，桥墩厚2.15米，桥墩长约13.50米。拱碹为半圆形砖石混合结构，拱碹的下部有2—3层花岗岩石拱碹，上部主拱圈用城砖砌筑，两端是花岗岩石碹脸，碹脸的外缘錾有凸出的拱眉，碹脸全宽50厘米，其中拱眉宽15厘米。碹脸石厚86厘米，碹脸石与砖碹之间是直茬对接。砖拱碹的跨径比碹脸跨径长约6厘米，碹脸拱脚后退于墩台约10厘米。碹脸跨径由北向南依次为4.45米、4.90米、5.45米、4.90米、4.50米。桥墩间距离由北向南依次为4.25米、4.70米、5.25米、4.70米、4.30米。

1958年在五孔桥的西边新建长陵御道和桥梁。因为旧五孔桥未在新河道的主河道上，直至1964年，昌平公路管理所将其拆除。

3. 朝宗桥——砖石拱桥

朝宗桥位于北京昌平区沙河镇以北，属于昌平路上的一座桥梁，跨北沙河上，南北走向。

《明史》中记载（摘要）："万历三年传谕，奉皇太后谕发宫银，命工部修朝宗桥，四年工成，立朝宗桥碑。"

《日下旧闻考》载："沙河店南有水出昌平州西南五十里龙泉寺，合西山诸泉东流为南沙河，有桥曰安济。店北有水出昌平州西南四家庄，经双塔村东流为北沙河，有桥曰朝宗。二桥皆正统十二年（1447年）命工部右侍郎王永寿建。"

光绪《顺天府志》中记载："安济桥在巩华城南，明正统十三年（1448年）命工部右侍郎王永寿建。嘉靖二十年（1541年）重修。朝宗桥在巩华城北，明正统十三年（1448年）建。"

河北省公路局档案记载（摘要）："明永乐年间，修健德门通往居庸关的大道。正统十二年（1447年）修京城通往天寿山皇陵大道。诏建朝宗桥、安济桥，二桥于正统十二年（1447年）由工部右侍郎王永寿主持同时兴建，十三年（1448年）同时建成。"

河北省京张公路档案卷一记载（摘要）："京张公路（德胜门至南口段）原系元大都城通往居庸关外之驿道，古驿道在今京张公路以西3里许，明正统初年修筑京城至天寿山皇陵大道，将巩华城（沙河店）南北一段路线东移，在北沙河上建朝宗桥，在南沙河上建安济桥，二桥均系七孔石拱桥，万历三年，朝宗桥拱碹被水毁，当年开始修复，四年工竣，改石拱碹为砖拱碹。"

京张公路档案卷五记载（摘要）："朝宗桥始建于正统十二年（1447年），建成于正统十三年（1448年）。嘉靖二十年（1541年）重修，万历四年重修。清顺治十四年修，康熙四年修。"

朝宗桥是一座7孔砖石混合结构拱桥。桥塂和桥面上铺砌花岗岩石板，桥面大致是平面，两侧有节间式石栏杆，每侧有望柱53根，栏板52块；北端八字栏杆有望柱8根，栏板7块，南端八字栏杆有望柱9根，桥身段有望柱36根（含角望柱），栏板35块。两端各有一块抱鼓石。桥面全宽13.20米，净宽12.20米，桥身长83.05米，北桥塂长23.15米，南桥塂长22.45米，桥梁全长128.65米。

侧墙是用料石砌筑，上顶有单层仰天石。桥台两侧有燕翅墙，前墙长14.60米，燕翅墙与驳岸连砌为一体。桥墩上游端是尖形，下游端是抹角方形，桥墩厚由北向南依次为 3.70 米、3.80 米、3.95 米、4.00 米、3.75 米、3.70 米，分水体和凤凰台宽（与拱脚等宽）均为 3.50 米，桥墩长 18.45 米，其中，分水尖长 3.55 米，凤凰台长 1.70 米。拱碹是半圆形砖石混合结构（下部是石拱碹，上部是砖拱碹），中孔龙门上有石雕龙头，碹脸外边有拱眉石，碹脸、拱眉、侧墙取平。跨径由北向南依次为 7.88 米、7.90 米、8.10 米、8.20 米、8.12 米、7.90 米、7.80 米。矢高由北向南依次为 3.75 米、3.96 米、3.99 米、4.13 米、3.92 米、3.88 米、3.20 米。

1989 年冬，实施朝宗桥拱碹保护加固工程，在砖石拱碹下面喷锚一层钢筋混凝土（在拱碹下面安装 20 道角钢拱形骨架，在骨架上焊接钢筋网，喷射 10—15 厘米厚的混凝土）。同时整修，桥墩分水尖和凤凰台，以及驳岸石墙。1989 年 11 月 21 日正式开工，1990 年 2 月 20 日竣工。

4. 南五孔桥——砖石拱桥

南五孔桥又称"昌平五孔桥"，位于北京明十三陵御道上南段，跨陵南排水沟上，南北走向。明正统十二年（1447 年）重修皇陵御道，建南五孔桥、七孔桥、北五孔桥。嘉靖三十三年（1554 年）重修御道，重修南五孔桥、七孔桥、北五孔桥。

河北省京张公路档案卷七记载（摘要）："明十三陵御道上有一座七孔桥和南北两座五孔桥，三桥始建于明永乐年间，正统十二年（1447 年）重修皇陵御道和桥梁。……万历三年（1575 年）南五孔桥拱碹被水毁，同年修复，主拱圈改用城砖砌筑，碹脸及其以上部位用石料修复。"

南五孔桥是一座 5 孔砖石混合结构拱桥（砖石拱桥）。桥垛和桥面上铺砌花岗岩石板，桥面略显隆起，两侧有节间式青石栏杆，每侧有望柱 22 根，栏板 21 块，抱鼓石两块。桥身段有望柱 16 根，栏板 15 块，八字栏杆有望柱 3 根，栏板 3 块，抱鼓石 1 块。地伏是青石矩形断面。

桥面全宽 9.85 米，净宽 8.95 米，桥身段长 35.70 米，南北桥堍长 5.90 米，桥梁全长 47.50 米。

侧墙和翼墙是用花岗岩石板砌筑，上顶有单层青石仰天石组成的金边线。桥台是带燕翅形，前墙长 11.45 米，燕翅墙长（端部被土埋没）4.00 米以上。桥墩两端均为尖形，桥墩厚 2.15 米，桥墩长 13.60 米。拱碹为半圆形砖石混合结构，拱脚是一层花岗岩拱碹石，以上的主拱圈全是城砖拱碹，砖拱碹的两端为花岗岩碹脸石，碹脸石的长度不等，碹脸石与砖拱碹穿插砌筑。碹脸的外缘錾有凸出的拱眉线，拱眉凸出于侧墙 3 厘米，碹脸全宽 50 厘米，其中拱眉宽 15 厘米。拱脚后退于墩台约 10 厘米，跨径由北向南依次为 4.20 米、4.70 米、5.25 米、4.70 米、4.20 米。桥墩间距离，由北向南依次为 4.00 米、4.50 米、5.10 米、4.50 米、4.00 米。

1958 年上半年，实施新建十三陵道路工程，新路在御道西侧，新路上修建新桥。是年冬季，由道路工程事务所六工区将南五孔桥拆除。

5. 七孔桥

七孔桥位于北京昌平区明十三陵御道上，跨北沙河的支流上，南北走向。明永乐年间，修建京城至皇陵道路期间，修建七孔石拱桥，取名"七孔桥"。清代重修。

七孔桥是一座 7 孔石拱桥。桥堍和桥面上铺砌花岗岩石板，桥面是圆弧形，两侧有节间式青石栏杆，每侧有望柱 40 根，栏板 39 块，抱鼓石两块。其中，桥身上有望柱 28 根，栏板 27 块，八字栏杆有望柱 3 根，栏板 3 块，鼓石 1 块。地伏是青石矩形断面。桥面全宽 12.90 米，净宽 12.05 米，桥身长 56.90 米，桥梁全长 72.00 米。

侧墙和翼墙是用花岗岩石板砌筑，上顶有单层青石仰天石组成的金边线。桥台的两侧有燕翅，前墙长 14.10 米，燕翅长均为 6.00 米以上。桥墩的两端均为尖形，桥墩厚 2.05 米，桥墩长 16.20 米。拱碹均为半圆形分段并列式结构，各孔均系 9 段碹石，碹脸的外边镶有拱眉石，中三孔的龙门上有石雕龙头，拱眉凸出于碹脸，又凸出于侧墙。拱脚后退于墩台约 10 厘米。拱脚跨径，由北向南依次为 4.85 米、5.25 米、5.65米、6.10 米、5.65 米、5.20 米、4.85 米。墩台间距，由北向南依次为4.65 米、5.05 米、5.45 米、5.70 米、5.45 米、5.00 米、4.65 米。

1957 年建成十三陵水库，1958 年在七孔桥的西边新建一条道路，同期建新七孔桥。当时未拆除，1964 年 5 月，由昌平公路管理所将旧七孔桥拆除。

6. 安定门笔桥——砖石拱桥

安定门笔桥位于北京安定门外，跨北护城河上，南北走向。明洪武四年（1371 年）修建北面城墙，建安定门，在安定门外护城河上建石台木面桥。

明正统二年（1437 年）正月兴工重建安定门笔桥，正统四年（1439 年）建成单孔闸桥合一的石台木梁桥，木梁上铺墁石板。清光绪二十六年（1900 年）重建，将安定门笔桥的上部结构改建成砖拱碹，成为闸桥合一的砖石混合结构拱形桥（简称砖石拱桥）。

安定门笔桥是一座单孔闸桥合一的砖石拱桥，水闸在西侧。桥墩和桥面上铺砌花岗岩石板，全桥为平面，两侧有城砖宇墙式桥栏杆，栏杆的上顶有青石墙帽，两端有迎面石，在栏杆的折角处有护角石。无地伏，砖栏杆砌筑在仰天石上。桥面全宽 12.40 米，净宽 11.10 米，其中桥身长 5.00 米，桥墩长均为 6.80 米，桥梁全长 18.60 米。

侧墙是花岗岩石板砌筑，上顶有单层仰天石。桥台的两侧有燕翅墙，燕翅墙与翼墙为一体，前墙长 15.60 米，燕翅墙长均为 7.50 米。拱碹是半圆形四聂四伏砖结构，拱碹的下部被翼墙挡住。跨径 4.10 米。

1970 年实施北护城河治理工程，安定门外河段裁弯取直，将安定门笔桥拆除。

7. 白石桥

白石桥位于北京景山后街西端，跨西板桥明渠（从北海公园向筒子河输水渠道）上，东西走向。建于明永乐十七年（1419年）前后，清乾隆年间重修。

民国二十四年（1935年），北平市工务局改修白石桥桥面，拆卸石栏杆，揭开桥面石板，以灰土整平重铺石板桥面，利用旧石栏杆原件改修成平直形，添设人行步道。

1951年调查并建立白石桥技术档案。档案在"文革"期间丢失。

调查记录记载，白石桥是一座单孔石拱桥。桥墩和桥面上铺砌花岗岩石板，两侧有节间式石栏杆，每侧有望柱6根，栏板5块，桥墩段是八字栏杆，均为一块抱鼓石。栏杆内侧有人行步道。

侧墙和翼墙是用花岗岩石板砌筑，上顶有白石仰天石组成的金边线。桥台是带燕翅形，拱碹是半圆形镶边纵联式结构，碹脸外边有拱眉石，拱眉凸出于碹脸，又凸出于侧墙。

1972年5月，市政处第七管理所实施西板桥明渠北段改暗沟工程，将白石桥的栏杆和步道拆除，主体埋于道路下面。正值"文革"期间，未留下施工资料。

8. 崇文桥

崇文桥位于北京崇文门外，跨于内城南护城河上，南北走向。明永乐十八年（1420年）建成内城南面城墙，同期，在文明门外的护城河上建成三孔石拱桥，命名"文明门桥"。明正统四年，增建文明门城楼、箭楼及闸楼。改文明门为"崇文门"，桥梁随之改称"崇文桥"。

《日下旧闻考》载（摘要）："正统四年四月，修造京师九门城楼、桥闸完。……又深其壕，两岸悉甃以砖石。九门旧有木桥，今悉撤之，易以石。"《日下旧闻考》记载有误，永乐十八年（1420年）建成的文明门弯桥即三孔石拱桥，并非木桥。

民国八年（1919 年），改崇文桥穹隆形桥面为平桥面，改石栏杆为混凝土栏杆，添置电灯柱，添修步道。

1950 年 9—10 月，加宽崇文桥桥面（主要是加宽步道），在桥面两侧各架设一根连续混凝土 T 形梁。上面铺筑人行步道。外侧重新预制安装混凝土桥栏杆，将旧铸铁灯柱安装于桥栏杆两端。

桥面加宽后，全宽 11.70 米，车行道宽 8.50 米，步道宽 1.00 米，桥身长 28.50 米，桥梁全长仍为 35.00 米。

桥面加宽工程设计平面图显示，桥面全宽 8.70 米，车行道宽 5.60 米，两边人行步道净宽 1.00 米，桥身长 23.30 米，桥堍长 6.35 米，桥梁全长 36.00 米。

桥面加宽工程竣工后，调查崇文桥，建立技术档案。档案在"文革"期间丢失。只记得，崇文桥是一座 3 孔石拱桥，桥堍和桥面上铺砌花岗岩石板。两侧有混凝土桥栏杆，栏杆角望柱的位置上各有一根铸铁电灯柱，灯柱以外有混凝土八字栏杆。栏杆内侧有人行步道。

侧墙和翼墙是用花岗岩石板砌筑，上顶有单层青石仰天石组成的金边线。桥台两侧有燕翅墙，四角燕翅上各有一只石雕镇水兽。桥墩两端均为尖形，拱碹是半圆形纵联式结构，碹脸外缘錾出拱眉线。

1969 年春季，护城河改暗河施工中，暗河由崇文桥以北通过，遂将桥栏杆拆除，将其主体埋于地下。

9. 大通桥

大通桥又称"大通闸"和"头道闸"，位于北京东便门外，跨于通惠河上游起点处，南北走向。据史料记载，大通桥始建于元代，明代重建，清代重修。

《明史·河渠志》中记载（摘要）："正统二年修大通桥。"

光绪《顺天府志》记载（摘要）："大通桥京城东便门外，跨通惠河，……明正统三年五月建，正德二年修，隆庆二年工部郎中崔孔昕又修。国朝康熙中重修。"

大通桥是一座闸桥合一的 3 孔石拱桥（水闸在西面）。桥垛和桥面上铺砌花岗岩石板，两边（地伏内侧）各有一道青石缘石，桥面呈穹隆形，两侧有节间式青石栏杆，每侧有望柱 26 根，栏板 25 块，抱鼓石两块。其中桥身上有望柱 16 根（含角望柱），栏板 15 块。八字栏杆各有望柱 5 根、栏板 5 块。抱鼓石 1 块。地伏是青石矩形断面，后退于金边 15 厘米。桥面全宽 9.30 米，净宽 8.15 米，桥身长 29.00 米，南北桥垛长均为 8.50 米，桥梁全长 46.00 米。

大通桥

侧墙和翼墙是用花岗岩石板砌筑，上顶有单层青石仰天石组成的金边线，桥台（闸台）两侧有燕翅墙，用花岗岩石板砌筑，闸台和上游燕翅墙的顶面比桥台高出两层石板。闸台上有一对铰关石架，闸台的前墙上有闸板槽。下游燕翅墙的上顶比桥台高出一层石板，前墙长 16.25 米，上游燕翅墙长约 9.00 米。东南燕翅墙长约 12.00 米，东北燕翅墙长约 13.00 米。桥墩（闸墩）上游端是尖形，闸墩上各有两对铰关石架，闸墩的墙面上有闸板槽。下游端的凤凰台是方形。桥墩厚 4.15 米，桥墩（包括闸墩）长 18.00 米。

拱碹是半圆形纵联式结构，碹脸的龙门上皆有石雕龙头，龙头的两侧各有 5 道碹石，碹脸宽 65 厘米。碹脸的外边镶有拱眉石，拱眉凸出于碹脸，又凸出于侧墙，拱眉宽 16 厘米。中孔跨径 5.60 米，矢高约 2.80 米，边孔跨径均为 4.70 米，矢高约 2.40 米。

桥下和桥区有石板海墁，下游边有一道三级跌水，跌水下游有较长的石板海墁和消力坎。

1972 年 5 月，内城东护城河南段（建国门至东便门）改暗河工程正式开工。同年 9 月下旬，开始拆除大通桥，拆桥工程与其他工程穿插施工，1973 年 4 月才拆完。

结构考察证实，桥埭部分及下部结构均属于元代所建，拱碹大部分属于明代重修。

拆下来的 6 只石雕龙头，其中 3 只安装在暗河出口的门头上，当时正处于"文革"期间，其余 3 只龙头放在暗河出口北岸上，后不知去向。

10. 东便桥——砖石拱桥

东便桥位于北京天安门前金水桥以东，劳动人民文化宫门前（原太庙南墙外），跨金水河上，南北走向。明成化元年（1465 年）建，取名"东便桥"。清康熙二十九年（1690 年）重修。

民国三年（1914 年）九月，在太庙南面的皇城城墙上辟建太庙南门，太庙南门正对东便桥。同年，改修东便桥穹隆形桥面为平缓桥面，两边增设人行步道，当年十二月竣工。改名"太庙桥"。

1950 年 3 月，太庙改建成"劳动人民文化宫"。太庙桥改名为"文化宫桥"。

东便桥是一座 3 孔砖石拱桥。桥面大致是平面，两侧有节间式白石栏杆，每侧有望柱 14 根，栏板 13 块，抱鼓石两块。其中，桥身上有望柱 10 根（含角望柱），栏板 9 块。八字栏杆各有望柱 2 根，栏板 2 块，抱鼓石 1 块。地伏是青白石矩形断面。栏杆内侧有步道，车行道上铺砌花岗岩石板。桥面全宽 12.50 米，其中，车行道宽 9.69 米，步道净宽均为 1.00 米，桥身长 18.37 米，北桥埭长 4.10 米，南桥埭长 4.00 米，桥梁全长 26.50 米。

侧墙是用青白石料砌筑，上顶有单层青白石仰天石组成的金边线。桥台是凹字形，前墙长 12.46 米，端墙长 1.25 米。桥墩的两端是尖形，桥墩厚 1.90 米，桥墩长 14.72 米。拱碹是半圆形砖石混合结构，主拱圈是砖碹，两端是青白石碹脸。碹脸外边有拱眉石，碹脸宽 38 厘米，拱眉宽 16 厘米，拱眉凸出于碹脸 4 厘米，拱眉凸出于侧墙 1—2 厘米。拱脚后退于墩台（墩）15 厘米。中孔跨径 5.00 米，矢高 2.50 米，墩间距离 4.68 米。边孔跨径 3.20 米，矢高 1.55 米，墩台间距 2.88 米。

1962 年春，实施东便桥加固工程，将主拱圈改建成混凝土拱碹，碹脸和拱眉利用旧碹脸石和拱眉石加工见新后，按原件原位安装。侧墙利用旧石料加工见新后用水泥砂浆砌筑，石墙内侧浇注 60 厘米厚的混凝土墙（取消城砖墙）。拱上填天然级配砂石碾压坚实，上面铺筑一层 30 厘米厚的石灰土，桥面利用原桥面石板铺墁。桥堍上仰天石的基石，仍利用原石料安装，仰天石、地伏石、桥栏杆利用原石件按原位安装。

11. 二道桥

二道桥位于北京东便门外以东，在外城东北城角，跨外城东护城河上，东西走向。明嘉靖三十二年（1553 年）建，嘉靖四十二年（1563年）重修。

二道桥是一座单孔石拱桥。桥堍和桥面上铺砌花岗岩石板，桥面隆起。两侧有节间式青石栏杆，每侧有望柱 8 根，栏板 7 块，抱鼓石两块。桥身段有望柱 4 根，栏板 3 块，八字栏杆各有望柱 2 根，栏板 2 块，抱鼓石 1 块。桥面全宽 6.90 米，净宽 5.95 米，桥身长 8.80 米，桥堍长 5.40 米，桥梁全长 19.60 米。

侧墙是用花岗岩石板砌筑，上顶有单层仰天石组成的金边线。桥台是带燕翅形，前墙长 8.30 米，上游（南侧）燕翅墙长 6.00 米，下游（北侧）燕翅墙长 7.50 米。拱碹是半圆形纵联式结构，碹脸的外缘錾出拱眉线，拱眉凸出于侧墙，碹脸全宽 60 厘米，拱眉宽 15 厘米。拱脚后退于桥台约 10 厘米，拱脚跨径 5.60 米，桥台之间距离为 5.40 米。

1952 年春，北京铁路局修筑环城铁路至东郊火车站的铁路，将头道桥和二道桥拆除。

12. 金水桥

金水桥位于天安门前面，跨金水河上，南北走向。明永乐十五年（1417 年）开始修建皇城，同期，兴工修建承天门和金水桥，永乐十八年（1420 年）建成，初建金水桥是 3 座。清顺治八年（1651 年）重建承天门，改名天安门。同期重建金水桥，改建成 5 座 3 孔石拱桥，统称"金水桥"，五座石桥分别正对天安门的五个门洞。

金水桥是 5 座并排的 3 孔石拱桥，桥面均系穹隆形，两侧皆有节间式石栏杆，中桥上每侧有望柱 20 根，栏板 19 块，抱鼓石 2 块。望柱是圆柱形蟠龙柱头。次边桥和边桥的栏杆，每侧有望柱 18 根，栏板 17 块，抱鼓石 2 块。望柱均为花蕾形柱头。桥身上均为 12 根望柱和 11 块栏板，栏板均系寻杖下镂空式。地伏是白石料，断面是矩形。

中桥的桥面最宽，向两侧逐桥递减，中桥全宽 9.62 米，净宽 8.70 米，桥埢外端全宽 12.87 米，净宽 11.95 米。次边桥全宽 6.42 米，净宽 5.50 米，桥埢外端全宽 9.37 米，净宽 8.45 米。边桥全宽 5.52 米，净宽 4.60 米，桥埢外端全宽 8.12 米，净宽 7.20 米。

桥身长度均为 22.45 米，由于桥埢的长度不等，桥长也不相等。中桥的桥埢长是 9.06 米，次边桥的桥埢长是 7.05 米，边桥的桥埢长是 5.86 米。中桥全长 40.57 米，次边桥全长 36.55 米，边桥全长 34.17 米。

桥埢和桥面上铺砌石板（青白石和白石），两边（栏杆内侧）各有一道缘石，缘石的宽度均为 31.5 米。中桥的中间有一条皇帝专用的御道，御道石板的横断面是圆弧形竖曲线，两边的石板均无横坡度。其余四桥的桥面，横断面均系水平线。桥埢上两边（八字栏杆内侧）形成的三角形平面，石板也是按顺桥方向铺墁。

侧墙是用青白石或白石料砌筑，上顶有单层白石仰天石组成的金边线，仰天石的外立面呈冰盘檐儿式，侧墙的墙面自下而上有收分，中桥桥身的下部宽 9.48 米，上部宽 9.32 米。次边桥桥身的下部宽 6.25 米，上部宽 6.12 米。西边桥桥身的下部宽 5.33 米，东边桥桥身的下部宽 5.34 米，两座边桥的桥身上部宽均为 5.22 米。

桥台是凹字形，其端墙与侧墙为同一墙面。桥墩的两端均伸出拱碹（桥身）外 1.23 米，均为尖形，尖端翘起。桥墩厚度均为 2.25 米，中桥的墩长 12.00 米。东二桥和西二桥的墩长 8.75 米，边桥的墩长均为 7.80 米。桥台和桥墩的高度，西桥是 1.33 米，东桥是 1.46 米。

拱碹都是半圆形镶边纵联式结构，拱脚后退于桥墩 15 厘米，中孔的碹脸是 7 块碹脸石，边孔的碹脸是 5 块碹脸石。碹脸的外边镶有拱眉石，拱眉宽 15 厘米，拱眉与侧墙取齐。中孔（拱脚）跨径均为 5.50 米，墩间距离均为 5.18 米。边孔（拱脚）跨径均为 5.50 米，墩台间距离均为 5.18 米。

各桥之间，皆有白石栏杆，中桥与其相邻两桥之间相距 5.95 米，两岸上各有望柱 4 根和栏板 3 块。边桥与其相邻桥之间相距 5.20 米。岸上也是 4 根望柱和 3 块栏板。

13. 头道桥

头道桥位于北京东便门东城墙水关闸北面，东西走向。明嘉靖三十二年（1553 年）与外城城墙同时建成。

头道桥是一座 3 孔石拱桥。桥塊和桥面上铺砌花岗岩石板，大致为平面，两侧有铁管栏杆。桥面全宽 5.90 米，净宽 5.35 米，桥身长 19.10 米，桥梁全长约 29.00 米。

桥台的北侧有燕翅墙，燕翅墙长 6.50 米，桥台前墙的南端与城墙水关壁是同一整体构造，桥墩的北端是尖形，南端与水关墩是同一整体构造，桥墩厚 3.25 米，头道桥与水关之间有水闸，闸台上各有一对铰关石架。

拱碹是圆弧形纵联式结构，碹脸外边有拱眉石，碹脸、拱眉和侧墙取平。碹脸宽 46 厘米，拱眉宽 14 厘米。跨径均为 3.20 米。

桥下海墁的北边是一道三级跌水。

1952 年春，北京铁路局修筑环城铁路至东郊火车站的铁路，将头道桥和二道桥拆除。

14. 望恩桥

望恩桥位于北京东安门大街上（原东安门内），跨御河上，东西走向。明永乐年间建。

京都市营造局档案记载（摘要）：望恩桥是一座 3 孔石拱桥，桥塊和桥面上铺砌花岗岩石板，桥面呈穹隆形，两侧有节间式石栏杆。民国七年（1918 年）八月，改修望恩桥穹隆形桥面为平面，更换石栏杆为混凝土栏杆，在角望柱位置处增设电灯柱。栏杆内侧添设人行步道。

北平市工务局档案记载（摘要）：民国二十一年（1932 年），御河南段（望恩桥以南）改建成排水干线，将望恩桥的南侧栏杆，桥身段的地伏和仰天石拆除，将立面埋没，桥上成为丁字路口。

1951 年春，调查望恩桥，该桥是一座 3 孔石拱桥，北立面的两个边孔封堵，孔洞外有铁栅，桥上北侧有平直形节间式混凝土栏杆，端柱的位置是电灯柱混凝土座，上面立铸铁电灯柱。两根灯柱之间有 10 根望柱，有 11 块栏板，灯柱外有混凝土抱鼓石。栏杆内侧有人行步道。

侧墙和翼墙是用花岗岩石砌筑，上顶有单层青白石仰天石组成的平直形金边线。桥台被埋于河岸内，桥墩北端是尖形，桥墩厚 1.25 米。拱碹是半圆形镶边纵联式结构，无拱眉。中孔跨径 5.50 米。

1955—1956 年，实施御河中段（望恩桥以北）排水工程，将望恩桥北侧的桥栏杆、灯柱和人行步道拆除，桥梁主体被埋于地下。

15. 喜凤桥

喜凤桥位于东便门内，在护国太平蟠桃宫门前，俗称蟠桃宫桥。跨内城南护城河上，南北走向。建成于明嘉靖三十二年（1553年），嘉靖四十二年（1563年）重修。

喜凤桥

民国二十四年（1935年），实施喜凤桥大修工程，采取招标发包方式实施，于二十四年九月二日下午三时开标，福隆祁记营造厂中标，标价银四十九万二千九百一十元整。

喜凤桥是一座3孔石拱桥。桥塅和桥面上铺砌花岗岩石板，桥面略显圆弧形，两侧有砖砌栏杆，青石地伏。桥面全宽10.05米，净宽7.15米，桥身长25.60米，桥塅长均为4.60米，桥梁全长34.80米。

侧墙和翼墙是用花岗岩石板砌筑，上顶有单层青石仰天石组成的金边线。桥台两侧有燕翅墙，燕翅上有锥形块石护坡，前墙长12.20米，燕翅墙长6.00米。桥墩两端是尖形，桥墩厚3.10米，桥墩长14.70米。

拱碹均为半圆形镶边纵联式结构,碹脸龙门上皆有石雕龙头,龙头两侧各有4块碹脸石,碹脸宽65厘米,碹脸外边镶有拱眉石,拱眉宽15厘米。

拱脚后退于墩台15厘米,中孔(拱脚)跨径4.33米,墩间距离4.12米。边孔(拱脚)跨径3.90米,墩台间距离360米。

1958年,为配合新建北京火车站和进出火车站的铁路改线工程,将喜凤桥拆除,改建成一座单孔混凝土T形梁桥。

16. 鸳鸯桥

鸳鸯桥位于北京景山前街西口(原北上西门外),是两座石拱桥之统称,同跨于西板桥明渠上,二桥相距5.20米,东西走向。

明永乐五年(1407年)五月,开始修建紫禁城及城内宫殿,同期,开挖紫禁城护城河(俗称"筒子河"),开挖从北海至筒子河西北角的引水渠。同期,修建鸳鸯桥。

民国元年(1912年),开通北上西门和北上东门。民国八年(1919年),拆除北上西门和北上东门,改修鸳鸯桥桥面,将北桥穹隆形桥面改为平面,改石栏杆为砖栏杆。整修景山前道路,命名"景山前街"。

鸳鸯桥是由南北两座石拱桥组成,均系单孔石拱桥,主体结构相同,桥面有所不同。北桥的桥塅和桥面上铺砌青石板,两侧有砖砌栏杆,上面有青石墙帽,下面有青石地伏。桥面全宽7.10米,净宽6.00米,桥长11.00米。

侧墙是用花岗岩石板砌筑,上顶有单层仰天石。桥台前墙的北端有燕翅墙,南端与石砌河岸为一体。拱碹是半圆形纵联式结构,碹脸外边有拱眉石,碹脸、拱眉和侧墙齐平。跨径5.90米。

南桥的桥塅铺砌城砖,桥面上铺砌青石板,无栏杆,两侧有青石边牙,下面有青石地伏。桥面全宽4.50米,净宽3.70米,桥长11.00米。

1956年,将鸳鸯桥全部拆除,将此段明渠改建成暗沟。

17. 旧宫桥

旧宫桥位于北京南郊旧宫村，在明代行宫遗址门前，跨凉水河上，南北走向。

南苑的围场（皇帝打猎的地方）始建于元代，南苑地区有许多大小湖泊，通称海子。明朝又修建海子围墙，在海子东部修建皇帝行宫，同期，在行宫南面的凉水河上建石桥，而后，逐渐形成村落，村名"行宫村"。清朝在南苑以西又修建一所皇帝行宫，称之为"新宫"。东部的行宫改称"旧行宫"，简称旧宫，村名随之改称"旧宫村"。

旧宫桥是一座石拱桥。桥塊和桥面上铺砌花岗岩石板，桥面隆起较高，两侧有节间式石栏杆，每侧有望柱 10 根，栏板 9 块，抱鼓石两块。桥身段有望柱 6 根，栏板 5 块，八字栏杆各有望柱 2 根，栏板 2 块，抱鼓石 1 块。

桥面全宽 7.30 米，净宽 6.35 米，桥身长 11.40 米，桥塊长 5.20 米，桥梁全长 21.60 米。

侧墙和翼墙用花岗岩石板砌筑，上顶有单层白石仰天石组成的金边线。桥台是带燕翅形，前墙长 8.50 米，上游（西）燕翅墙长约 8.50 米，下游燕翅墙长约 9.50 米。拱碹是半圆形纵联式结构，碹脸外缘錾出拱眉线，拱眉凸出于侧墙。拱脚后退于桥台 10 厘米，拱脚跨径 8.90 米，桥台间距是 8.70 米。

1956 年 5—6 月，实施旧宫桥改建工程，将上部结构拆除，利用旧石料加高桥台，桥台上浇注混凝土悬臂梁，上面安装混凝土板梁，两侧安装混凝土桥栏杆，板梁上铺筑沥青面层。改建后，桥面全宽 10.00 米，净宽 9.30 米，

1958 年夏，红星农场改为公社，实施龙河疏浚工程，将旧宫桥拆除，建成一座三孔混凝土梁式桥。

18. 琉璃河桥

琉璃河桥位于北京房山区琉璃河镇北口，跨琉璃河上，南北走向。

始建于明嘉靖十八年（1539年），桥工历经七年，嘉靖二十五年（1546年）始建成。清代曾数次修葺和重修。

《敕修琉璃河桥堤记》记载："良乡县迤南四十里，有河一道，志称琉璃，适逢霪潦，散漫奔溃百余里。嘉靖己亥，皇上驾幸承天，睹民难涉，恻然悯之，敕工部尚书臣甘为霖督修，为霖以病去，不终其事。越岁乙巳，复命侍郎臣杨麟，内官监太监臣陈准、袁亨建石桥普济，然无堤捍御，每逢潦暑水发，环桥南北尽为巨河。会辛酉仲夏，于是委郎中臣王尚直，员外郎曾一经，同内官监太监臣杨用分理，其规画悉臣杲所定。凡为堤南北东西共五百余丈，桥一座，长四丈五尺，阔三丈五尺。又亲饬钤定元恩、咸济坊凡二座，至壬戌孟冬报成。"

明《世宗实录》载："嘉靖二十五年九月，浚良乡琉璃河，置桥其上。嘉靖四十年（1561年），又在石桥南北两端修筑路堤，铺筑石板道，并添建小桥一座。于石桥上下游两岸修筑河堤，同时在石桥两端各建牌楼一座，北曰元恩，南曰咸济。此项工程于嘉靖四十一年（1562年）冬季完成。"

1981年琉璃河桥下游立面

琉璃河桥是一座 11 孔石拱桥。跨琉璃河上,南北走向。桥堍和桥面上铺砌花岗岩石板,桥面略显正圆弧形,局部呈波浪形。两侧有节间式石栏杆,每侧有望柱 88 根,栏板 87 块,两端各有一块抱鼓石。地伏的断面为矩形,地伏后退于金边 10 厘米。桥面全宽不一致,中部宽11.05 米,北段宽 10.79 米,南段宽 10.90 米,大部分接近 10.40 米,净宽约 9.20 米,桥身长 146.70 米,南北桥堍长均为 10.10 米,桥梁全长166.90 米。

侧墙和翼墙是用花岗岩和青石板砌筑,上顶有单层仰天石组成的金边线。桥台为带燕翅形,全部用花岗岩石板砌筑,前墙长 13.40 米,上游燕翅墙长约 7.50 米,下游燕翅墙长约 9.00 米。四角燕翅墙上各有一只石雕镇水兽。桥墩上游端的分水尖,下游端为方形。桥墩厚由北向南依次为 4.90 米、4.78 米、4.86 米、5.25 米、5.30 米、5.23 米、5.23米、5.78 米、5.55 米、5.50 米。桥墩的长度,多数墩长约 16.90 米,其主体长 10.40 米,墩尾长 3.24 米,分水体长 3.26 米。其中第六墩全长 14.70 米,其墩尾长仅 1.43 米,分水体长约 2.85 米。

拱碹是半圆形纵联式结构,由 14 道拱碹石和 1 道龙门碹石构成,中 3 孔龙门上有石雕龙头。拱脚跨径,由北向南依次是 7.10 米、7.80米、8.30 米、8.64 米、9.52 米、9.40 米、9.26 米、8.30 米、8.06 米、7.30 米、6.94 米。墩台间距离,由北向南依次为 6.80 米、7.50 米、8.00 米、8.34 米、9.22 米、9.10 米、8.96 米、8.00 米、7.76 米、7.00米、6.64 米。

在北起第三墩前面(西侧)有一根方形铸铁柱,称"镇水铁杆",斜倚在桥上。铁杆的断面厚 25 厘米,宽 38 厘米,上端是环形,全长12.03 米。

1958 年 4—6 月,实施琉璃河疏浚工程,维修琉璃河桥。琉璃河桥北桥堍上有明嘉靖四十二年(1563 年)立的修筑琉璃河桥石堤残碑。另有明万历三十年(1602 年)立的修琉璃河桥残碑。

1966 年 8 月中旬,良乡县中学的"红卫兵"将倚在琉璃河桥旁的镇水铁杆拔起,运到良乡炼铁厂将其熔化。

19. 大红门桥

大红门桥亦称"红桥",又称"大红桥",位于北京南郊大红门镇以北,跨凉水河上,南北走向。

明《宣德实录》记载:"宣德三年十一月,命太师英国公张辅等拨军修治南海子围垣桥道,七年八月,修南海子红桥等。"

《英宗实录》记载(摘要):"正统七年正月,修南海子北门外桥。八年六月修南海子红桥。十年正月修南海子北门外红桥。十二年六月修南海子北门外大红桥。"

光绪《顺天府志》中记载:"南海子北门外桥,明正统七年修,曰红桥。明正统八年修,十年重修,曰大红桥。明正统十二年修,天顺二年重修。"

大红门桥是一座5孔石拱桥。桥塄和桥面上铺砌花岗岩石板,桥面呈穹隆形,两侧有节间式白石栏杆,每侧有望柱22根、栏板21块,抱鼓石两块。桥身上有望柱18根(含角望柱),栏板17块,八字栏杆各有望柱2根、栏板2块,抱鼓石1块。桥面全宽10.35米,净宽9.20米,桥身长29.22米,北桥塄长6.25米,南桥塄长6.15米,桥梁全长41.60米。

侧墙和翼墙用花岗岩石板砌筑,上顶有单层白石仰天石组成的金边线。桥台两边有燕翅墙,前墙长约11.76米,上游燕翅墙长约6.80米,下游燕翅墙长约6.10米。桥墩上游端为分水尖,下游端是方形凤凰台,桥墩厚1.80米,桥墩全长13.20米,分水体长1.50米(分水尖长88厘米)。凤凰台长1.50米。拱碹为半圆形纵联式结构,中孔的碹脸龙门上有石雕龙头,碹脸外边镶有白石拱眉石,拱眉凸出于碹脸,又凸出于侧墙。跨径由北向南依次为4.60米、5.40米、6.20米、5.40米、4.65米。

1964年4—6月,开辟新永南路(永定门外木樨园至南苑三营门),同期,实施凉水河(大红门桥附近河段)裁弯取直。新路在旧路西侧,在新路上(大红门桥以西)建成大红门新桥(混凝土梁式桥)。

大红门桥附近河段被填平，大红门桥不再通车，石桥南北旧路上，市政一所做材料场，将桥栏杆拆卸，存放在桥头。"文革"期间，红星公社将桥栏杆运走，又拆除大部分桥面石料。石桥主体被埋于地下。

20. 六里桥

六里桥位于北京广安门外，跨靛厂排水沟上，东西走向。始建于金大定元年（1161 年），明代重建。清乾隆年间，拆除六里桥，易地重建，沿用旧名。

明初整修京涿（北京至涿州）驿道，重建八里桥和六里桥。八里桥跨马官营排水沟上，六里桥跨靛厂排水沟上，二桥均系单孔石拱桥。

清雍正五年（1727 年），兴工修筑广安门外石板道，一期工程修到大井村（牌楼西边），二期工程修到卢沟桥。修筑石板道期间，拆除六里桥，在京涿驿道（京保路）的南边新建一座石拱桥，桥梁南北走向，沿用旧名。

六里桥是一座单孔石拱桥。两边有砖砌桥栏杆，下面有青石地伏。桥面全宽为 8.60 米，净宽 7.35 米，桥身长 11.20 米，桥梁全长 19.50 米。

侧墙和翼墙是用花岗岩石板砌筑，上顶有单层青石仰天石组成的金边线。桥台两边有燕翅墙，全部用花岗岩石板砌筑，前墙长 9.80 米，燕翅墙长约 5.00 米。拱碹是半圆形纵联式结构，共 7 道碹石（包括龙门碹石），碹脸的外缘錾出拱眉线，跨径 6.80 米。

1958 年疏浚大井排水沟，将六里桥全部拆除，建成一座三孔木桥。

21. 卢沟桥

卢沟桥位于北京西南郊宛平城西门外，跨永定河上，东西走向。金大定二十九年（1189 年）兴工修建，明昌三年（1192 年）建成。明正统九年（1444 年）、弘治三年（1490 年）、嘉靖二十年（1541 年）、嘉靖三十四年（1555 年）重修。清康熙七年（1668 年）被水毁，翌年（1669 年）修复。

清雍正十年（1732 年）、乾隆十七年（1752 年）重修，乾隆五十一年（1786 年）重修。

（一）卢沟桥概况

卢沟桥是一座 11 孔石拱桥。桥墩和桥面上铺砌花岗岩石板，桥面纵断面呈正圆弧竖曲线。两侧有青石节间式石栏杆和青石地伏，北侧有望柱 141 根，栏板 140 块，桥身上有望柱 109 根（含角柱），东西桥墩上的八字栏杆各有望柱 16 根。南侧有望柱 140 根，栏板 139 块，桥身上有望柱 109 根（含角柱），西端的八字栏杆是 16 根望柱，东端的八字栏杆是 15 根。栏杆东端是一对立式石雕狮子（头顶望柱），栏杆西端是一对立式石雕像（头顶望柱）。望柱上有千姿百态的石狮子，1951 年在 281 根望柱上有大狮子 281 只（每根望柱一只），小狮子 207 只，共有大小狮子 488 只。

桥面全宽 9.40 米，净宽 7.10 米，桥身长 213.00 米，东桥墩长 28.00 米，西桥墩长 27.00 米，桥梁全长 268.00 米。桥身段桥面纵坡度约 0.8%，东桥墩的纵坡度约 5.4%，西桥墩的纵坡度约 4.5%。

侧墙和翼墙用青石板砌筑，上顶有双层仰天石组成的金边线，其立面呈正圆弧竖曲线。桥台是带燕翅形，前墙长约 12.90 米，燕翅墙长约 20.00 米。桥墩上游端有高大的分水尖，在尖楞处立嵌一根铸铁柱。桥墩下游端是抹角方形。桥墩由东向西依次为 4.38 米、4.80 米、5.10 米、5.50 米、5.75 米、5.74 米、5.42 米、5.10 米、4.05 米、4.15 米。桥墩全长（各墩略有出入）17.93 米，其中，墩尾长 2.43 米，主体长 8.50 米，分水体长 2.35 米，上游端长 4.65 米，全长 7.00 米。拱碹是半圆框形纵联式结构，由 10 道纵联石和 9 块碹脸石构成框形结构，框内有 5 或 6 道纵联石。中三孔的碹脸龙门上各有一只石雕龙头（1951 年只在第五孔南面，第六、第七孔北面有石雕龙头，1987 年添补齐全），各孔净跨径由东向西依次为 13.80 米、14.15 米、14.45 米、14.75 米、15.05 米、15.40 米、15.00 米、14.74 米、14.48 米、14.00 米、13.80 米。

桥栏杆东端有一对石华表，东桥墩上北面有"康熙重修卢沟桥碑"和"卢沟晓月"碑。西桥墩北侧有"卢沟桥修葺碑"和"乾隆诗碑"。

1987年卢沟桥桥面修复工程即将完成

1990年4月22日向单士元介绍卢沟桥修复工程

卢沟桥加宽后桥面

卢沟桥桥面加宽后北立面

卢沟桥桥面修复后

卢沟桥桥面修复施工

作者手稿：卢沟桥

（二）卢沟桥养护与管理

（1）修复桥栏杆

1952 年 10 月 6 日，坦克将桥身南侧东端角望柱以西第四、五、六、七节间的栏杆撞倒落入河水中，捞出后，有两根望柱狮雕损坏。根据石狮子清点记录，损坏的两根望柱，其中一根的狮子是一大一小，另一根望柱上的狮子是一大二小。当时由于石工的石雕技术不够高，于是按一柱一狮雕刻，这使望柱上的狮子减少了 3 只。从此，望柱上的狮子总数由 488 只改为 485 只。

（2）桥面加宽工程

由于桥面净宽较窄，"文革"期间，军管会按照"中央文革领导小组"的指令，要求市政工程局实施卢沟桥桥面加宽工程。该工程于 1967 年 10 月 17 日开工，历时 14 个月，于 1968 年 12 月 5 日竣工。桥面加宽工程主要是在桥面两边增设步道。加宽后，全宽达到 13.60 米，其中车行道宽 9.50 米，两侧步道（包括栏杆和地伏）各宽 2.05 米。

施工期间，由一位老石工自行做主，更换了91根望柱（其中包括4根角望柱）和9块栏板。在91根望柱上共雕出石狮164只，其中，1个狮子的望柱是34根，两个狮子的望柱是43根，3个狮子的望柱是12根，4个狮子的望柱是2根，这样原有狮子总数多出了5只。从此，全桥281根望柱上的大小狮子（可辨认）总数由485只增加到490只。

更换栏杆石件所用的石料，利用的是拆城墙的墙基青石板。

（3）卢沟桥动荷载试验与超重车过桥

1974年北京东方红炼油厂要增建30万吨聚乙烯工程，其中，有一件重型设备"乙二醇发生器"重约300吨，载运乙二醇发生器的车辆必须通过卢沟桥，遂于1975年1月，对卢沟桥进行动荷载试验。实验车货总重达到429吨，经测试，超重车辆安全通过卢沟桥，桥梁拱碹下挠值为零。1976年1月，载运乙二醇发生器的车辆安全通过卢沟桥。

（4）载运大型变压器的车队通过卢沟桥

1985年年初，华北电业局批准在北京房山县大石河变电站增设4台500千伏大型变压器。

1985年8月13日上午，载运大型变压器的车队（共6辆，变压器车4辆，配件车2辆），最大车货总重320吨，安全通过卢沟桥。

（5）卢沟桥修复工程

卢沟桥修复工程包括拆除加宽的混凝土部位，整修桥面、恢复原貌，用新青石料修复碹脸，进行基础探查（必要时，进行基础加固），拆除敷设在桥上的电缆等设施。

桥面修复工程于1986年12月5日动工，1987年6月30日竣工。碹脸修复工程由文物局出资，发包给北京建筑雕塑厂承做，1986年12月10日开工，1987年2月，因为石件加工不合格，被国家文物局勒令停工。1990年，由市政工程局出资完成碹脸修复工程。

（6）桥栏杆望柱被雷击

1988年9月3日凌晨4时许，突然一声霹雳巨响，卢沟桥上北侧东起第六十八根望柱（西起第七十四根）的上半段被击碎。被雷击望柱的柱头是两个狮子（一大一小）。

（7）基础探查

1990 年先后完成第八、第六、第三孔基础探查，卢沟桥全桥的基础是由 6 或 7 层青石板砌筑而成的整基础，石板中竖穿铸铁圆柱。石砌基础的下面是天然级配砂石，未发现木桩。《直隶志》等书所记载的"卢沟桥插柏为基"的说法有误。

22. 安河桥

安河桥位于北京颐和园以北，在安河桥村南口外，跨于清河上，南北走向。桥头有碑记载："明正统十四年（1449 年）四月建石桥。……清康熙五十九年（1720 年）重建，清光绪十二年（1886 年）仲夏重修。"

安河桥是一座单孔石拱桥。桥垛和桥面上铺砌花岗岩石板，桥面隆起较高，两侧有青砖砌筑的桥栏杆，桥面全宽 7.20 米，净宽 6.30 米，桥身长 12.70 米，桥垛长均为 3.50 米，桥梁全长 19.70 米。

侧墙和翼墙是用花岗岩石板砌筑，上顶有单层青石仰天石组成的金边线，立面呈正圆弧竖曲线。桥台是带燕翅形，四角燕翅墙上各有一只镇水石兽。前墙长 9.20 米，燕翅墙长 6.50 米。拱碹是半圆形纵联式结构，碹脸外边有拱眉石，拱眉凸出于碹脸，又凸出于侧墙。跨径 8.70 米。

1959 年 3 至 4 月，实施安河桥改建工程，将上部结构和南桥台拆除，发现在南桥台的后面还有石板海墁和桥台遗址，桥台遗址距北桥台 12.40 米。利用北桥台和南桥台遗址，建成一座双孔石台木墩木面桥。

1964 年 10 月，安河桥被改建成双孔混凝土板梁桥。

23. 广济桥

广济桥位于北京北郊清河镇南口，跨于清河上，南北走向，俗称清河大桥。

《明史》记载（摘要）："大明初年，京城通往居庸关之驿道，出德胜门，过健德门、清河店、沙河店、昌平州、南口至居庸关。永乐十四年（1416 年）重修驿道，敕建清河石桥，赐名广济。敕建南沙河石桥，赐名安济。敕建北沙河石桥，赐名朝宗。"

民国十八年（1929 年）工务局档案记载（摘要）："元大都城通往居庸关之大道，南起健德门，经清河店（今清河镇），过榆河桥（沙河店以西）、昌平州，经南口进山至居庸关。……昔日清河店是渡口，元代中期建石板桥。明永乐初年，在昌平州以北天寿山南麓修建皇陵。同期，修整京城通往皇陵的道路，南起德胜门，出健德门，过卧虎桥、清河店桥、榆河南桥、榆河北桥。经昌平、南口至皇陵。永乐十四年（1416 年），改建清河店石桥为三孔石拱桥，命名广济桥。"

广济桥是一座 3 孔石拱桥。桥堍和桥面上铺砌花岗岩石板，桥面呈穹隆形，两侧有节间式青石栏杆，每侧有望柱 26 根，栏板 25 块，抱鼓石两块。其中桥身上有望柱 22 根（含角望柱），栏板 21 块，八字栏杆各有望柱 2 根，栏板 2 块，1 块抱鼓石。桥面全宽 12.46 米，净宽为 11.34 米，桥身长 42.50 米，南北桥堍长均为 5.45 米，桥梁全长 53.40 米。

侧墙和翼墙是用花岗岩石板砌筑，上顶有单层青石仰天石组成的金边线，桥台是带燕翅形，前墙长 13.95 米，燕翅墙 6.00 米。桥墩上游端是尖形，下游端是抹角方形，桥墩厚 3.55 米，桥墩长 15.50 米。拱碹是半圆形分段并列式结构，均由 9 段拱碹石构成（龙门碹两边各有 4 段碹石），碹脸外边有拱眉石，碹脸、眉石、侧墙大致取平，碹脸宽 60 厘米，拱眉宽 14 厘米。拱脚后退于墩台 10 厘米，中孔跨径 6.86 米，墩间距离是 6.66 米，北边孔跨径 6.30 米，墩台间距 6.10 米，南边孔跨径 6.25 米，墩台间距是 6.05 米。

各孔的碹脸上方两侧（侧墙上）各有一个方形勾头石。

1983 年年初，清河治理工程开工，规划局按照文物局的建议，决定将广济桥拆除，改在小月河下游出口处重建，因为河道是南北流向，重建的广济桥则改成东西走向。

广济桥拆除工程，于 1983 年 3 月上旬动工，4 月下旬拆完。广济桥重建工程，于 1984 年 10 月上旬开工，1985 年 6 月上旬完工。

24. 海淀双桥

双桥位于北京西郊海淀镇北口以西，因为东郊还有一座双桥，故取名为"海淀双桥"。跨万泉河上，东西走向。清康熙四十八年（1709 年）开始营造圆明园、长春园、绮春园等皇家御园，为引万泉水入皇家御园，治理万泉河，沿河修建桥梁。

双桥是并排的两座石桥，统称"双桥"。南桥是一座闸桥合一的石板梁桥，北桥是一座石拱桥，二桥相距 6.50 米。民国二十五年（1936 年），废闸桥，保留石拱桥。

双桥的北桥是一座单孔石拱桥。桥堍和桥面上铺砌青石板，桥面隆起较高。两侧有节间式青白石栏杆，每侧有望柱 10 根，栏板 9 块，抱鼓石两块。桥身上有望柱 8 根，栏板 7 块，八字栏杆各有望柱 1 根，栏板 1 块，抱鼓石 1 块。地伏是青白石矩形断面。桥面全宽 6.20 米，净宽 5.30 米，桥身长 14.20 米，梁全长 21.50 米。

桥台北侧有燕翅墙，南北二桥的桥台前墙连砌为一整体，前墙的北端有燕翅墙，燕翅墙长 5.00 米。拱碹是半圆形镶边纵联式结构，碹脸外缘錾出拱眉线，拱眉凸出于侧墙。碹脸全宽 58 厘米，拱眉宽 14 厘米，跨径 9.60 米。

1958 年第二季度，海淀公社六郎庄生产大队实施万泉河治理工程，将双桥全部拆除。

25. 青龙桥

青龙桥位于北京颐和园北面的青龙桥镇东街西口，跨昆明湖进水渠（白浮泉引水渠）上，东西走向。元至元十五年（1278 年）建。

青龙桥是一座单孔闸桥合一的石拱桥。桥面隆起较高，两侧有节间式青石栏杆，每侧有望柱 10 根、栏板 9 块，其中桥身上有望柱 6 根、栏板 5 块，两头的八字栏杆各有望柱 2 根，栏板 2 块，抱鼓石 1 块。地伏是青石矩形断面。桥面全宽 11.90 米，净宽 10.70 米，桥身长 10.80 米，东西桥埭各长 6.30 米，桥梁全长 23.40 米。

侧墙和翼墙是用花岗岩石板砌筑，上顶有单层青石仰天石组成的金边线。桥台是带燕翅形，前墙北端是闸台，闸台上各有一对绞关石架，四角燕翅上各有一只石雕镇水兽。前墙总长 14.80 米，上游（北）燕翅墙长约 7.00 米，下游燕翅墙长约 9.00 米。

拱碹是半圆形纵联式结构，碹脸龙门上有石雕龙头，碹脸外边有拱眉石，拱眉凸出于碹脸，又凸出于侧墙。拱脚后退于桥台 0.10 米，跨径（拱脚）6.35 米，桥台间净距 6.15 米。

1966 年 9 月，将青龙桥拆除，改建成一座石台混凝土拱桥。

26. 万善桥

万善桥位于北京西山双泉寺前面，跨于山涧上，南北走向。桥北头有两棵大树，大树之间的山崖石壁上雕刻一尊很小的立式佛像。佛像左侧上边刻"万善桥"，左下边刻"万历十年十一月初一日"。北桥埭上有几块破碎石碑，碑文显示"民国八年三月十五日立"。根据以上资料，万善桥建成于明万历十年（1582 年）十一月。民国八年（1919 年）三月修理。

万善桥是一座单孔石拱桥。桥埭和桥面上铺砌不规则青石板，桥面隆起较高，其立面呈单峰驼式。两侧有石砌宇墙式栏杆，上面有青石墙帽，桥身栏杆与八字栏杆相接折角处立嵌一块护角石，栏杆两端各立嵌一块迎面石，栏杆的中部外侧镶桥名石匾，刻"万善桥"，地伏是青石矩形断面。桥面全宽 4.25 米，净宽 3.05 米，桥身长 16.00 米，桥梁全长 25.40 米。

侧墙和翼墙是用不规则的青石板砌筑，侧墙长 16.00 米，北桥埭翼墙长 7.20 米，南桥埭翼墙长 6.60 米。上顶有单层仰天石组成的金边线，仰天石厚 19 厘米，宽 65 厘米，外出檐 18 厘米，金边线的中间是一段正圆弧竖曲线，两边是一对反圆弧竖曲线，桥两头均系渐变曲线。桥身上部宽 3.93 米，下部（拱脚处）宽 4.05 米。

桥台是带燕翅形，建在山脚岩石上，前墙长 4.65 米，北桥台燕翅墙长 8.30 米，南桥台燕翅墙长 7.70 米。

拱圈是三心圆弧形镶边纵联分段并列式结构，全部用青石板砌筑，由 22 道纵联石和 22 块碹脸石和 1 只龙门石雕龙头构成框形结构，将拱碹分成 21 段，各段拱碹石均为并列式。碹脸石厚 32 厘米，宽 45 厘米，碹脸石的长度不等，内缘弧长约 78—80 厘米。纵联石的厚度不等，多数厚 20—25 厘米，拱脚处的纵联石厚 36 厘米。碹脸的外缘镶有拱眉石，拱眉厚 13 厘米，拱眉凸出于碹脸 5 厘米，凸出于侧墙 5 厘米。拱脚后退于桥台前墙约 28—31 厘米。拱脚跨径 10.40 米，矢高 6.10 米，桥台间距离 9.43 米。

1984 年 5—6 月，在万善桥上游（以东）沿山腰处新开辟一段道路，连接万善桥两头道路，从此，万善桥不再通行车辆。

27. 马驹桥

马驹桥位于北京东南郊，桥东是通州区马驹桥镇，跨凉水河上，西北东南走向。明天顺七年（1463 年），建九孔石拱桥，命名弘仁桥。

据《明史·津梁》中有关修建马驹桥的记载："……架木为梁，水涨冲去，往来涉水。天顺六年，英宗皇帝命建石桥，拨帑银数万，天顺七年桥成，赐名弘仁桥。桥长二十五丈，广三丈，券洞有九。"

马驹桥以东有重修弘仁桥碑，碑文记载："乾隆三十八年重修马驹桥，桥长二十五丈（80.00 米），广二十五尺（8.00 米），为洞七。"

明朝李贤在《敕建弘仁桥碑记》中记述："凡外郡畿内之人，自南而来者，东西二途皆出此渡。车之大而驾者，小而挽者，物类之驮者，人之有肩负者，骑者、步者，纷纷络绎，四时不休。"《碑记》中还记述修桥时的情景："人皆踊跃欢欣，争趋效力，不知其劳，而木、石、灰、铁之类率以万计，不督而集。……经始四月十五日，讫工十月一日，赐名曰弘仁桥。桥长二十有五丈，广三丈，洞九，以酾水。为栏于两旁。"

《通州志·御刻重修马驹桥碑记》："乾隆三十八年春，重修石拱桥，长二十五丈（80.00 米），宽二十五尺（8.00 米），桥孔七。疏通河道，重修、新建水闸十四处。"

1951 年春季调查马驹桥，该桥是一座闸桥合一的 7 孔石拱桥。桥堍和桥面上铺砌花岗岩石板，桥面隆起较高，其纵坡呈正圆弧形竖曲线。两侧有节间式青石栏杆，西侧的栏杆齐全，有 36 根望柱，35 块栏板，两端是一块抱鼓石。桥身段有望柱 30 根，栏板 29 块。八字栏杆各有三根望柱、三块栏板和一块抱鼓石。东侧栏杆残缺较多，桥身上的栏杆无存，青石地伏存在，两头的八字栏杆各两根望柱、一块栏板和一块抱鼓石。桥面全宽 8.10 米，净宽 6.95 米，桥身长 55.95 米，南北桥堍各长 5.60 米，桥梁全长 67.15 米。

侧墙和翼墙是用花岗岩石板砌筑，上顶有单层青石仰天石组成的金边线。桥台两侧有燕翅墙，前墙的上游端是闸台，上面各有一对铰关石架。前墙全长 11.60 米，燕翅墙长 6.00 米以上。桥墩上游端有分水尖，下游端为方形凤凰台，桥墩厚 2.50 米，全长 14.50 米。拱碹是半圆形纵联式结构，碹脸外边有拱眉石，拱眉凸出于碹脸，又凸出于侧墙，碹脸宽 60 厘米，拱眉宽 15 厘米。跨径由东向西依次是 4.20 米、4.80 米、5.65 米、6.55 米、5.65 米、4.85 米、4.25 米。

1951 年 10 月，实施马驹桥维修工程，按照西侧栏杆的形式雕作，添配补齐东侧栏杆。

1961 年第二季度，市政二公司实施马驹桥改建工程，将石桥海墁以上部分全部拆除，利用旧石料在原位置上建成一座 7 孔混凝土梁式桥。

28. 通运桥

通运桥位于北京通州区张家湾南门外，跨萧太后河上，南北走向。始建于明代，清代重修。

通运桥是一座 3 孔石拱桥。桥堍和桥面上铺砌花岗岩石板，桥面略显弧形，两侧有节间式青石栏杆，每侧有望柱 24 根，栏板 23 块，栏端有石兽两只。其中，桥身段有望柱 20 根（含角柱），栏板 19 块，八字栏杆各有望柱 2 根，栏板 2 块，栏端石兽 1 只。望柱的柱头是一个狮子，栏板是寻杖下半镂空式。地伏为矩形断面，地伏后退于金边 15 厘米。桥面全宽 9.39 米，净宽 8.15 米，桥身长 33.60 米，桥塊长 6.00 米，桥梁全长 45.00 米。

通运桥

侧墙和翼墙是用花岗岩石板砌筑，上顶有单层仰天石组成的金边线。桥台为带燕翅形，前墙长 10.50 米，燕翅墙长 5.50 米。桥墩上游（西）端为尖形，下游端是方形。桥墩厚 3.85 米，桥墩长 13.50 米。

拱磴是半圆形纵联石结构，均由 13 道拱磴石构成，磴脸外缘錾有拱眉线，中孔龙门上有石雕龙头，中孔跨径 6.50 米，边孔跨径 6.90 米。

29. 永通桥

永通桥俗称"八里桥"，位于北京通州区西门外，在八里桥村以南，跨通惠河上，南北走向。明正统十一年（1446 年）兴工修建，正统十二年（1447 年）建成。

永通桥是一座 3 孔石拱桥。桥墩和桥面上铺砌花岗岩石板，桥面中部隆起较高，两侧有节间式石栏杆，每侧有望柱 31 根，栏板 30 块。其中桥身上有望柱 21 根（含角望柱），栏板 20 块。两头的八字栏杆中各有望柱 5 根，栏板 5 块，栏杆端部各有一石兽，兽头朝外。地伏大部分为白石或青白石，有少量青石料，其断面为矩形。桥面全宽 16.20 米，净宽 14.40 米，桥身长 38.60 米，北桥堍长 10.20 米，桥堍外端全宽 21.60 米，净宽 19.80 米，南桥堍长 11.4 米，南桥堍南端全宽 18.00 米，净宽 16.20 米，桥梁全长 60.20 米。

永通桥

侧墙和翼墙的石料大部分是青石料，规格不整齐，上顶有单层仰天石构成的金边线；桥身段上的金边线为正圆弧竖曲线；北桥堍的金边线大致呈直线；南桥堍的金边线，上段为直线，下段为反渐变竖曲线。

桥台为带燕翅形，前墙上游伸出桥身外 1.80 米，下游伸出桥身以外 2.20 米，前墙长 20.00 米。上游燕翅墙长均为 8.90 米，下游的北燕翅墙长 7.20 米，南燕翅墙长 6.50 米。桥台高 1.55 米，前墙两端和燕翅墙高均为 2.50 米。上游桥台前墙与燕翅相连的折角处立嵌一根铸铁护角柱。四角燕翅墙上各有一只石雕镇水兽。

桥墩上游端伸出桥外较长，前方为尖形，立嵌一根铸铁分水刃，桥墩在中孔的墙面上有闸板槽。桥墩的后部为抹角方形，桥墩厚 3.45 米，桥墩中孔一侧高 5.00 米，桥墩全长 22.2 米，其中，分水体长 3.50 米，凤凰台长 2.70 米。

中孔拱碹是三心圆弧形纵联式结构。三孔拱碹的碹脸外沿均镶有拱眉石，拱眉凸出于碹脸 4 厘米，拱眉与侧墙平。中孔拱脚后退于桥墩 6 厘米，中孔跨径 6.24 米，矢高约 3.40 米，墩间净距 6.12 米，桥孔净空 8.40 米。

边孔拱碹是半圆形纵联式结构，净跨径 5.40 米，矢高约 2.80 米，桥孔净空约 4.35 米。中孔净空比边孔净空高出 4.05 米。

1987 年 7 月，按照文物局保护永通桥的意见，在石板海墁上浇筑一层 20 厘米厚的混凝土。

30. 德胜桥

德胜桥位于北京城内德胜门内大街上，跨前海（积水潭）与后海之间输水渠道上，南北走向。明宣德年间修筑德胜门内大街道路，道路穿过海子，将海子分成东西两部分，西部水面称"前海"。同期，在德胜门内大街上修建石桥，命名德胜桥。

民国八年（1919 年）改修德胜桥穹隆形桥面为平缓形，石栏杆按原位安装，栏杆内侧添设人行步道。民国二十三年（1934 年）改建德胜桥节间式石栏杆为城砖栏杆。

德胜桥是一座闸桥合一的单孔石拱桥。桥堍和桥面上铺砌花岗岩石板，两侧有城砖栏杆，栏杆下面有青石地伏。栏杆内侧有人行步道。桥面全宽 11.40 米，其中车行道宽 7.60 米，步道各宽（包括栏杆）1.90 米，桥身段长 11.30 米，桥梁全长 22.25 米。

侧墙和翼墙是用花岗岩石板砌筑，上顶有单层仰天石组成的金边线，线形为正圆弧竖曲线，仰天石的外立面呈冰盘檐式的曲面，外出檐 16 厘米。

桥台是带燕翅形，前墙上游（西侧）端是闸台，墙面上有闸板槽，闸台上无绞关石架。前墙长 13.00 米，上游燕翅墙长 7.80 米，下游燕翅墙长 7.30 米。燕翅墙以外皆有花岗岩驳岸。

拱碹是半圆形镶边纵联式结构，碹脸由 1 块龙门石和 6 块碹脸石组成，碹脸与侧墙平，无拱眉。跨径 3.80 米，矢高约 1.95 米。

德胜桥

31. 东步粮桥

东步粮桥位于北京城内地安门以东，跨御河上，东西走向。该桥始建于元代，明代重建，取名"东布粮桥"。

明代修建皇城北面城墙时，城墙由石桥南侧跨越御河，故俗称"东不压桥"。《日下旧闻考》中称"东步粮桥"，这有可能是笔误，将"东布粮桥"写成"东步粮桥"。

东步粮桥是一座单孔石拱桥。桥堍和桥面上铺砌花岗岩石板，桥面隆起呈圆弧形，两侧有节间式石栏杆，北侧栏杆西端缺少八字栏杆，南侧栏杆齐全。桥台是燕翅形，拱碹是半圆形。

东步粮桥的技术档案，在"文革"期间丢失。1954 年上半年，御河北段改暗沟工程施工期间，将东步粮桥上部结构拆除，下部结构被埋于地下。

2003 年，挖出桥台的北部，测量跨径为 5.60 米。

32. 甘石桥

甘石桥位于北京广安门外关厢西口，跨莲花河上，东西走向，始建于金大定（1161—1189 年）年间。明清两代皆有修葺和重修甘石桥的记载。

清雍正五年（1727 年）开始修筑广安门至卢沟桥石板道，一期工程修至大井村，二期工程修至卢沟桥。

民国二十三年（1934 年），北平市工务局档案记载（摘要）："六月中旬，维修广安门外关厢道路和鸾桥、甘石桥。石板路宽二丈，局部调整下沉石板。甘石桥宽二丈六尺，南侧西燕翅石板归安。东燕翅石板局部重砌。桥东头与石板道相接处调整纵坡。石栏杆改用城砖砌筑宇墙式。广安门鸾桥整修桥面。"

甘石桥是一座闸桥合一的单孔石拱桥（水闸在北侧）。桥塲和桥面上铺砌花岗岩石板，桥面略显隆起，两侧有青四丁砖砌筑的节间式桥栏杆，下面有青石地伏。桥面全宽 8.30 米，净宽 7.40 米，桥面长 4.60米，桥塲长 3.20 米，桥梁全长 11.00 米。

侧墙和翼墙是用花岗岩石板砌筑，上顶有单层青石仰天石组成的金边线，仰天石高 38 厘米，外立面的上部是平面，下部是斜面。

桥台是带燕翅形，前墙的北端是闸台，闸台上有绞关石架。前墙长12.20 米，北侧燕翅长 3.50 米，燕翅以外有石砌驳岸。南侧燕翅长 5.00米，燕翅以外也有石砌驳岸。拱碹是半圆形纵联式结构，碹脸外边有拱眉石，碹脸、拱眉与侧墙平。碹脸宽 48 厘米，拱眉 14 厘米，跨径2.50 米。

1955 年实施甘石桥桥面加宽工程，将闸台上两对绞关石架拆除，用拆除石板道的石料，加高闸台，桥面向北侧加宽 4.00 米，加宽部分的上部结构采用预制钢筋混凝土板梁。北边依旧砌筑砖栏杆，加宽后，桥面全宽达到 12.30 米。

1957 年夏，新建宣武炼铁厂，甘石桥以北河道改建成排水管道，将甘石桥北侧的桥栏杆、人行步道和水闸拆除。甘石桥的北立面被埋没。

1986 年，加宽甘石桥向南，拆除南侧的栏杆和人行步道。从此，甘石桥主体全部被埋于地下。

33. 高梁桥

高梁桥位于北京西直门外以北，跨长河上，南北走向。始建于元代，明代重修，清代修葺。

高梁桥是一座闸桥合一的单孔石拱桥。桥塃和桥面上铺墁花岗岩石板，桥面隆起较高，两侧有节间式白石栏杆，每侧有望柱 16 根，栏板 15 块，抱鼓石 2 块。桥身上有望柱 12 根（含角望柱），栏板 11 块，八字栏杆各有望柱 2 根，栏板 2 块，抱鼓石 1 块。桥面全宽为 7.07 米，净宽 6.20 米，桥身长 15.50 米，桥塃长均为 3.85 米，桥梁全长 23.20 米。

侧墙和翼墙是用花岗岩石板砌筑，上顶有单层青白石仰天石组成的金边线。桥台两侧有燕翅，前墙上游端是闸台，闸台上各有一对绞关石架。桥台前墙全长 9.55 米，其中闸台长 2.05 米，上游燕翅墙长 6.85 米，下游燕翅墙长 5.90 米。拱碹为半圆形镶边纵联式结构，碹脸为白石料，无拱眉。跨径 5.58 米，矢高约 2.80 米。

1975 年年初，海淀区政府为修筑高梁桥以西长河两岸的滨河道路，将高梁桥的八字栏杆减短一个节间（一根望柱、一块栏板）。

1982 年年初，实施长河下游段改建工程（修建暗河）。根据文物局的意见，拆卸高梁桥，向北移位重建一座模型式高梁桥（桥下无河道，桥梁无拱碹），只有桥面以上部位和闸台。模型式高梁桥的桥面加宽改平，桥面全宽 16.20 米，桥长依旧。

34. 金鳌玉蛛桥

金鳌玉蛛桥位于北京城内团城西面，跨北海与中海之间，俗称"北海大桥"。该桥始建于元代至元年间，跨太液池上，称"玉河桥"。明弘治二年（1489 年）改建成 9 孔石拱桥，同期，建木牌楼于石桥两端，西牌楼额曰金鳌，东牌楼额曰玉蛛，统称"金鳌玉蛛牌楼"，同时改"玉河桥"为"金鳌玉蛛桥"。

金鳌玉蛛桥是一座 9 孔石拱桥。桥墩和桥面上铺砌花岗岩石板（局部是青白石石板），两侧有节间式白石栏杆，每侧有望柱 52 根，栏板 51 块，抱鼓石 2 块。其中，桥身上有望柱 34 根（含角柱），栏板 33 块，八字栏杆各有望柱 9 根，栏板 9 块，抱鼓石 1 块。下面有矩形断面的白石地伏。桥面全宽 9.50 米，净宽 8.50 米，桥身长 117.60 米，桥墩长均为 19.60 米，桥梁全长 156.80 米。

侧墙和翼墙是用青白石石板砌筑，上顶有单层仰天石组成的金边线。桥台是凹字形，端墙的墙面与桥身侧墙属于同一构造，端墙以外还有八字形燕翅，燕翅墙与桥墩翼墙属于同一构造。桥墩的两端与侧墙、拱脚齐平，桥墩的厚度均为 7.84 米。拱碹是半圆形镶边纵联式结构，碹脸与侧墙平，无拱眉，各孔的龙门上皆有石雕无角龙头。跨径由东向西依次为 3.20 米、3.82 米、4.45 米、5.10 米、5.74 米、5.10 米、4.45 米、3.82 米、3.20 米。

中孔的南北两面皆有对联和横批。南面的上联是"玉宇琼楼天上下"，下联是"力壶员峤水中央"，横批是"银潢作界"。

北面的上联是"绣縠纹开环月珮"，下联是"锦澜漪皱焕霞标"，横批是"紫海回澜"。皆明孝宗朱祐樘御书。

金鳌玉蛛桥有两大特点，一是桥墩的厚度大于中孔跨径 2.10 米；二是桥孔龙门上皆有无角石雕龙头。

1956 年 5 月初至 9 月 26 日实施金鳌玉蛛桥加宽工程（向南面加宽）。加宽后，桥面全宽 34.30 米，其中车行道宽 25.70 米，南侧步道宽（包括桥栏杆）4.46 米，北侧步道宽（包括桥栏杆）4.16 米。桥身长 117.58 米，桥塅长均为 19.60 米，全长 156.78 米。

1974 年 8—9 月，拆卸白石桥栏杆及地伏石，更换成节间式高大铁栅栏。

35. 李广桥

李广桥位于北京城内后海南面，跨月牙河（亦称李广桥明渠）上，东西走向。

据史料记载，明初修筑北面城墙以后，将元代的海子分割成南北两部分。正统年间又将城内的海子水域分割成前海（积水潭）、后海、什刹海、西小海。在前海和后海之间修建"德胜桥"，在后海与什刹海之间修建"银锭桥"。同期开挖月牙河（后海南岸至西小海），修建李广桥、三座桥、西河沿闸桥。

李广桥是一座单孔石拱桥。桥面隆起较高，桥塅和桥面上铺砌花岗岩条石板。两侧有节间式青白石栏杆，每侧有望柱 8 根，栏板 7 块，桥身上有望柱 6 根（含角望柱），栏板 5 块，八字栏杆中各有望柱 1 根、栏板 1 块、抱鼓石 1 块。

桥面全宽 7.05 米，净宽 6.10 米，桥身长 9.10 米，桥梁全长 13.50 米。

侧墙和翼墙是用花岗岩石板砌筑，上顶有单层仰天石组成的金边线。桥台两侧有燕翅墙，桥台前墙长 8.25 米，燕翅墙长约 5.00 米。拱碹是半圆形纵联式结构，由 7 道碹石构成，碹脸外缘錾出拱眉线，碹脸宽 53 厘米，拱眉宽 14 厘米。跨径 4.45 米。

1950 年春，月牙河改建成暗沟，拆除李广桥。

36. 三座桥

三座桥亦称"海印寺桥"，位于北京城内三座桥大街上，跨月牙河上，南北走向。建于明代，民国十四年（1925 年）十月中旬改修桥面，改穹隆形桥面为平面，改石栏杆为砖栏杆。

1950 年春，月牙河改建成暗沟，拆除李广桥。拆除前，三座桥是一座单孔石拱桥，桥塸和桥面铺砌花岗岩石板，桥上两侧有砖砌节间式栏杆，下面有青石地伏。桥面全宽 8.95 米，净宽 7.70 米，桥身长 9.10 米，桥梁全长 13.50 米。

侧墙和翼墙是用花岗岩石板砌筑，上顶有单层青石料仰天石组成的金边线。桥台两侧有燕翅墙，前墙长 10.20 米，燕翅墙长约 5.00 米。拱碹是半圆形纵联式结构，共 7 道拱碹石，碹脸外边有拱眉石，碹脸宽 50 厘米，拱眉宽 14 厘米。跨径 4.50 米。

37. 太平桥

太平桥位于北京城内前海（积水潭），在北城墙铁棂水关闸南面，跨北护城河向前海（积水潭）输水的渠道上。明洪武四年（1371 年）修筑北面土城墙，从海子西部穿过，将海子分成城内外两部分，城内部分仍被称为"海子"。在城墙下面修建水关。

永乐年间重修北面城墙，重修城墙水关，在水关内立八根铸铁方柱，水关北面建水闸，故通称"铁棂水关闸"。同期，在水关南面修建太平桥。

太平桥是一座单孔石拱桥。桥面隆起较高，桥塸和桥面上铺砌花岗岩石板，两侧有城砖宇墙式桥栏杆，下面有青石地伏。桥面全宽为 7.15 米，净宽 6.10 米，桥身长 6.50 米，桥梁全长 19.00 米。

侧墙和翼墙用青石板砌筑，上顶有单层青石仰天石组成的金边线。桥台的南面有燕翅墙、前墙和水关壁、闸台，直至水渠北端。水渠北端也有燕翅墙，桥台、水关壁、闸台、输水渠两岸，是用花岗岩石板砌筑的整体构造。从桥台到闸台，其前墙长约 40.00 米，南面的燕翅墙长 4.50 米。拱碹是半圆形纵联式结构，龙门上有石雕龙头，龙门碹两侧各有 4 道拱碹石。碹脸外边有拱眉石，拱眉凸出于碹脸，又凸出于侧墙。碹脸宽 50 厘米，拱眉宽 13 厘米。跨径 5.00 米。

1969 年北面的城墙拆除以后，1977 年 6 月中旬，拆除太平桥上部结构。太平桥至水闸成为明渠。

38. 万宁桥

万宁桥位于北京城内地安门与鼓楼之间，跨御河上，南北走向。《析津志》记载："至元二十年建澄清闸于玄武池东，于闸后架木为梁。至元二十九年夏以石重修，命桥名万宁。"元顺帝妥懽帖睦尔至元（后至元）四年（1338年）重修。

《明史》中记载："宣德六年五月重修万宁桥，重建澄清闸于桥西。"玄武池又称海子，建桥初期，众人仍称万宁桥为海子桥。

据调查考证，《析津志》所载，至元二十九年（1292年）复用石重建闸桥，命名万宁桥。万宁桥的位置应该是在海子桥以东（地安门外大街上），并非在澄清闸位置上重修。重建的万宁桥是一座闸桥合一的单孔石拱桥，所说"重建澄清闸于桥西"，实际上水闸建在万宁桥桥面西侧。

民国十三年（1924年）为修建北新桥至太平仓电车轨道（通过万宁桥），京都市营造局改修万宁桥桥面，将桥面纵向坡度降低，在桥栏杆内侧增设人行步道。

1950年第二季度，四海（积水潭、后海、什刹海、西小海）清淤工程后期，实施御河疏浚工程。将什刹海东岸上的澄清闸（闸桥合一的石板梁桥）拆除改建。

万宁桥是一座单孔闸桥合一的石拱桥。两侧有节间式白石栏杆，每侧有望柱18根，栏板17块，抱鼓石两块。桥身段每侧有望柱10根（包括角望柱），栏板9块。八字栏杆各有望柱4根、栏板4块，抱鼓石一块。桥面全宽20.00米，其中车行道宽约16.80米，桥身长15.00米，桥堍长均为6.90米，全长28.80米。

侧墙和翼墙用料石砌筑，上顶有白石双层仰天石组成的金边线。桥（闸）台是带燕翅形，前墙长24.50米。拱碹是半圆形，上半部是框形纵联式结构，由6道纵联石、8块碹脸石和1块龙门碹构成，纵联石的两头凸出于碹脸约 10 厘米。各段框内的拱碹石厚度不等，道数不等，龙门上有石雕龙头，两个龙头的风化程度与雕刻形状有所不同。下半部是镶边纵联式结构，拱碹厚（碹脸宽）90 厘米，无拱眉，拱脚后退于桥台 10 厘米，拱脚跨径约 7.30 米，桥台间净距离 7.10 米。闸台上面各有一对铰关石架。四角燕翅上各有一只石雕镇水兽。

1953 年 10 月上旬，进行万宁桥承载力验算，验算结果是，承载能力可达苏联桥梁载重标准汽-13 级以上。于 10 月 7 日夜间，进行万宁桥静荷载试验。试验结果，桥梁载重已超过苏联桥梁载重标准汽-18 级。

1954 年上半年，御河北段（东步粮桥以北）实施排水工程（河道改暗沟），将万宁桥主体埋于地下，桥面以上外露。

2000 年 9—11 月，恢复万宁桥附近一段河道，万宁桥重见天日。

39. 西便桥——砖石拱桥

西便桥位于北京天安门金水桥以西，中山公园门前（原社稷坛南墙外），跨金水河上，南北走向。明成化元年（1465 年）建，取名"西便桥"，清康熙二十九年（1690 年）重修。

民国三年（1914 年）九月，在社稷坛南面的皇城城墙上辟建社稷坛南门，社稷坛南门正对西便桥。同年，改修西便桥穹隆形桥面为平缓桥面，两边增设人行步道，当年十二月竣工。改名"社稷坛桥"。

民国五年（1916 年）三月，改社稷坛为中央公园，西便桥改称"中央公园桥"。

1950 年 3 月，改中央公园为中山公园，西便桥改称"中山公园桥"。

西便桥是一座砖石拱桥。桥面大致是平面，两侧有节间式白石栏杆，每侧有望柱 14 根，栏板 13 块，抱鼓石两块。其中，桥身上有望柱 10 根（含角望柱），栏板 9 块。八字栏杆各有望柱 2 根，栏板 2 块，抱鼓石 1 块。地伏是青白石矩形断面。栏杆内侧有步道，车行道上铺砌花岗岩石板。桥面全宽 12.50 米，其中，车行道宽 9.69 米，步道净宽均为

1.00 米，桥身长 18.37 米，北桥垛长 4.10 米，南桥垛长 4.00 米，桥梁全长 26.50 米。

侧墙是用青白石料砌筑，上顶有单层青白石仰天石组成的金边线。桥台是凹字形，前墙长 12.46 米，端墙长 1.25 米。桥墩的两端是尖形，桥墩厚 1.90 米，桥墩长 14.72 米。拱碹是半圆形砖石混合结构，主拱圈是砖碹，两端是青白石碹脸。碹脸外边有拱眉石，碹脸宽 38 厘米，拱眉宽 16 厘米，拱眉凸出于碹脸 4 厘米，拱眉凸出于侧墙 1—2 厘米。拱脚后退于墩台（墩）15 厘米。中孔跨径 5.00 米，矢高 2.50 米，墩间距离 4.68 米。边孔跨径 3.20 米，矢高 1.55 米，墩台间距 2.88 米。

40. 西步粮桥

西步粮桥位于北京城内什刹海南面，跨什刹海向北海输水渠道上，东西走向。

明代修建皇城城墙，为跨越输水渠道，将石桥向南加宽，桥的南端建在西苑（今北海公园）北墙内，皇城的城墙从加宽的桥上通过，取名"西布粮桥"，俗称"西压桥"。《日下旧闻考》称"西步粮桥"，很有可能是"笔误"，将"西布粮桥"写成"西步粮桥"。

民国十三年（1924 年），修建北新桥至太平仓电车轨道期间，改修西步粮桥桥面，降低纵向坡度，改修北侧桥栏杆，增设人行步道。

西步粮桥是一座闸桥合一的单孔石拱桥（水闸在桥面北侧）。桥垛和桥面上铺砌花岗岩石板，两侧有节间式白石桥栏杆。桥面全宽 11.00 米，公园北墙外桥宽 7.75 米。

侧墙和翼墙用青石板砌筑，上顶有单层青白石金边线。桥台是带燕翅形。拱碹是半圆形镶边纵联式结构，碹脸龙门上有石雕龙头，碹脸外面有雕刻花饰，碹脸外边镶有拱眉石。跨径 5.30 米，矢高 2.67 米。

1970 年夏，实施北皇城根道路大修工程。将西步粮桥上部结构拆除，利用旧桥台，改建成混凝土板梁桥。

41. 宣武桥

宣武桥位于北京宣武门外，跨内城南护城河上，南北走向。明永乐十八年（1420年），建成内城南面城墙，同期，在顺承门外的护城河上建成三孔石拱桥，命名"顺承门桥"。明正统四年（1439年），增建顺承门城楼、箭楼及闸楼。改顺承门为"宣武门"，桥梁随之改称"宣武桥"。

民国八年（1919年），改修宣武桥桥面，降低桥面纵坡度，在石栏杆内侧增设步道。工程费一万一千四百二十四元九角四分。

1951年春，调查宣武桥，建立技术档案。档案在"文革"期间丢失。

调查记录记载，宣武桥是一座3孔石拱桥。桥上两侧有节间式白石栏杆，每侧有望柱16根，栏板15块，其中桥身段有望柱12根（含角望柱），栏板11块，八字栏杆各有望柱两根，栏板两块，两端均为抱鼓石。栏杆内侧有人行步道。桥面全宽8.70米，其中，车行道宽5.60米，两边人行步道净宽1.00米，桥身长23.30米，桥堍长6.35米，桥梁全长36.00米。侧墙和翼墙是用花岗岩石板砌筑，上顶有单层白石仰天石组成的金边线。桥台两侧有燕翅墙，四角燕翅上各有一只石雕镇水兽。桥墩两端均为尖形，拱碹是半圆形纵联式结构，碹脸外缘錾出拱眉线。

1956年实施前三门护城河治理工程，将宣武门外的护城河裁弯取直，填平原有的弯河道，将宣武桥主体埋于地下，桥面和栏杆外露。

1972年第二季度，为加宽道路，拆除东侧的栏杆、地伏、仰天石和步道。此后，纪家庙生产队将宣武桥上西侧的栏杆、地伏石全部拆除运走。

42. 银锭桥

银锭桥位于北京后海与什刹海之间，在银锭桥胡同北口，南北走向。桥面为平面图形，桥堍两端较宽，中间的桥面较窄，平面图形似银锭形，故称"银锭桥"。建于明正统年间，清乾隆初年重修。

民国七年（1918年），改修银锭桥桥面，改穹隆形桥面为平缓形。

银锭桥是一座单孔石拱桥。桥塅和桥面上铺砌青白石石板，桥面纵断面呈正圆弧形竖曲线。两侧有节间式白石栏杆，桥面两侧各4根望柱（含角柱），3块栏板，桥塅上的八字栏杆各有5根望柱，5块栏板，1块抱鼓石。桥面全宽6.70米，净宽5.80米，桥身长6.60米，北桥塅长7.10米，南桥塅长7.15米，桥塅外端全宽均为13.50米。桥梁全长20.80米。

侧墙和翼墙用青白石砌筑，侧墙很短，翼墙很长，上顶有单层青白石仰天石组成的金边线。桥台是带燕翅形，全部用花岗岩石板砌筑，前墙长7.50米，燕翅墙长6.00米以上（端部埋没）。拱碹是半圆形镶边纵联式结构，由9块碹脸石构成，碹脸是青白石，主拱圈是花岗岩，碹脸外缘錾出拱眉线，拱眉凸出于碹脸4厘米，拱眉凸出于侧墙约3厘米，碹脸全宽55厘米，其中拱眉宽15厘米。拱脚后退于桥台10厘米，拱脚跨径4.10米，矢高约2.10米。桥台间距离3.90米。

1984年，西城区为了加宽银锭桥上下游两边岸上的道路，经文物局同意，将银锭桥改短（原长20.80米，改短后全长13.00米）。同时更换桥栏杆，新栏杆石件的规格改小。

1992年，西城区市政园林部门将银锭桥全部拆除，改建成混凝土和石料混合结构。改建后的银锭桥，桥面加宽，跨径加大，取消了燕翅墙。桥梁全宽7.00米（原宽6.70米），净宽6.00米，桥梁全长10.76米（原长20.80米），桥身段长6.86米（原长6.60米）。跨径5.23米（原跨径4.10米）。

43. 正阳桥

正阳桥位于北京正阳门箭楼南面，跨内城南护城河上，南北走向。明永乐十八年（1420年）建成内城南面城墙，同期，在丽正门外的护城河上建成三孔石拱桥，命名"丽正门桥"。明正统四年（1439年），增建丽正门城楼、箭楼及闸楼。改丽正门为"正阳门",桥梁随之改称"正阳桥"。

桥面是穹隆形,桥上有四道石栏杆(两侧各一道,中间两道),桥面一分为三,中间部分有御道。

民国八年(1919年),改修正阳桥桥面,改穹隆形为平面,依旧安装旧栏杆部件,外栏杆的内侧设人行步道。

民国十二年(1923),在正阳桥上修建电车轨道,拆去桥面上的两道石栏杆,将外侧的石栏杆改建成混凝土栏杆,栏杆角柱上安装铸铁电灯柱。

正阳桥是一座3孔石拱桥。桥垛和桥面上铺砌花岗岩石板,全桥为平面,两侧有节间式混凝土栏杆,角柱上有铸铁电灯柱。栏杆内侧有人行步道。桥面上有电车轨道。桥面全宽32.00米,两边步道净宽1.00米,车行道宽28.90米,桥身段长24.10米,北桥垛长7.20米,南桥垛长约6.80米,桥梁全长38.10米。

正阳桥

侧墙和翼墙是用花岗岩石板砌筑，上顶有单层青石仰天石组成的金边线，桥台两侧有燕翅墙，前墙长 33.80 米，燕翅墙长约 8.00 米。四角燕翅上各有一只石雕镇水兽。桥墩的两端均为尖形，桥墩厚 3.15 米，两端各伸出桥外 2.50 米，桥墩长约 37.00 米。拱碹是半圆形纵联式结构，碹脸的外边有拱眉石，拱眉凸出于碹脸，又凸出于侧墙，碹脸宽 60 厘米，拱眉宽 15 厘米。拱脚后退于墩台约 10 厘米，中孔（拱脚）跨径 4.50 米，墩距 4.30 米，边孔（拱脚）跨径 3.85 米，墩台距 3.65 米。

1966 年 6 月至 1968 年年初，实施前三门护城河改暗河工程，将正阳桥的上部结构和桥墩，以及外露海墁拆除，其余部分被埋于地下。

第三节　天津市石拱桥

全市石拱桥，共计 4 座。

1. 宝坻萧河桥

萧河桥位于天津市宝坻区，建造年代无记载。

萧河桥是一座单孔石拱桥。桥面上横铺条形石板，桥面略显圆弧形。桥栏杆无存，地伏和仰天石犹存。桥面全宽 4.30 米，净宽 3.00 米，桥长 10.50 米。

侧墙是用青石板砌筑，上顶有单层仰天石。桥台两侧有燕翅墙，前墙长 5.50 米。拱碹是半圆形纵联式结构，碹脸外边有拱眉石，碹脸、拱眉与侧墙平。跨径 3.00 米。

2. 蓟州果香峪桥

果香峪桥位于天津市蓟州区，建成于清代。

果香峪桥是一座单孔石拱桥。桥面上横铺条形花岗岩石板，桥面略显圆弧形。两侧有节间式石栏杆，望柱与栏板高度相同，两端有抱鼓石。桥面宽 7.00 米，桥长 9.50 米。

侧墙是用青石板砌筑，上顶有单层仰天石。桥台两侧有燕翅墙，前墙长 8.20 米。拱碹是尖形（拱顶是小圆弧形）纵联式结构，无拱眉，跨径 5.30 米。

3. 蓟州水关桥

水关桥位于天津市蓟州区，在黄崖长城南面，建造年代无考。

水关桥是一座 5 孔石拱桥。桥面上铺砌花岗岩石板，桥面略显圆弧形，无栏杆。桥面宽 6.40 米，桥长 20.00 米。

翼墙和侧墙是用花岗岩石板砌筑，上面有单层仰天石。桥台两侧有燕翅墙。桥墩两端是尖形，桥墩厚数据暂缺，桥墩长数据暂缺。拱碹是半圆形纵联式结构，中孔碹脸龙门上有石雕龙头，碹脸外边有拱眉石，拱眉凸出于碹脸，拱眉与侧墙齐平。跨径 6.60 米。

4. 蓟州迎客松桥

迎客松桥位于天津市蓟州区，始建年代无记载，清康熙二年（1663年）重建。

迎客松桥是一座 3 孔石拱桥。桥面上铺砌花岗岩石板，桥面略显圆弧形，无栏杆，无地伏。桥面宽 3.00 米，桥长 9.00 米。

翼墙和侧墙是用花岗岩石板砌筑，上面有较厚的青石仰天石（略高出桥面）。桥台两侧有燕翅墙，前墙长 4.20 米。桥墩两端是尖形。拱碹是半圆形纵联式结构，中孔碹脸龙门上有石雕龙头，碹脸外边有拱眉石，拱眉凸出于碹脸，拱眉与侧墙齐平。中孔跨径 6.30 米，边孔跨径 5.40 米。

第四节　河北省石拱桥

全省石拱桥共计 30 座。

1. 安国伍仁桥

伍仁桥又名贵妃桥，位于安国市伍仁桥镇，跨于磁河上，南北走向。明万历二十七年（1599 年）兴工修建，万历二十八年（1600 年）建成。

今存伍仁桥是一座 5 孔石拱桥。桥堍和桥面上铺砌花岗岩石板，桥面纵断呈正圆弧形竖曲线，两侧有节间式青石栏杆，每侧有望柱 24 根，栏板 23 块，抱鼓石两块。望柱的柱头雕有狮子。下面有青石地伏。桥面宽 5.70 米，净宽 5.00 米，桥梁全长 57.00 米。

翼墙和侧墙是用料石砌筑，上顶有双层仰天石组成的金边线。桥台是带燕翅形，前墙长 7.00 米。桥墩两端为尖形。拱碹是半圆形纵联式结构，碹脸外边有拱眉石，拱眉凸出于碹脸，拱眉与侧墙平。中孔跨径 10.00 米，次边孔跨径 9.00 米，边孔跨径 8.00 米。

2. 保定方顺桥

方顺桥位于保定市满城区方顺桥村，跨方顺河上，始建年代无考。桥头有明代重修方顺桥碑记："晋永嘉三年（309 年）重修，金明昌丙辰（明昌七年，公元 1196 年）复重修。晋永嘉迄今一千年有奇，明昌七年（公元 1196 年）重修，迄今又三百余载，修治之岁，复值丙辰，事有旷百世而相感者不期然哉。" 又据记载：明嘉靖年间（1522—1566 年）重修，清宣统二年（1910 年）重修。据传说，方顺桥无墩无台，石拱为一整圆体构造。长五十丈（16.60 米），高一丈六尺（5.30 米），阔两丈四尺（8.00 米）。中孔跨径四丈（13.30 米），二边孔跨径一丈（3.30 米）。

方顺桥是一座单孔石拱桥。桥堍和桥面上铺砌花岗岩石板，桥面是圆弧形竖曲线，两侧有节间式石栏杆。望柱的柱头是狮子，栏板为实体板，地伏是矩形断面，地伏后退于金边 0.16 米。桥面宽 8.00 米，桥长 16.60 米。

侧墙是用条形石板砌筑，上顶有单层仰天石组成的金边线。桥台是凹字形，端墙较长，前墙长 8.00 米，桥台上各有一个小孔洞。拱碹是圆弧形纵联分段并列式结构，由 12 道纵联石和 13 段拱碹石构成，龙门上有石雕龙头。碹脸外边镶有拱眉石，拱眉凸出于碹脸，又凸出于侧墙。跨径 13.30 米。

桥台上小孔的拱碹是半圆纵联分段并列式结构，龙门上有石雕龙头。碹脸外边镶有拱眉石，拱眉凸出于碹脸，又凸出于侧墙。跨径 3.30 米。

3. 保定绿野梯桥

绿野梯桥位于保定市莲池区，金天会五年（1227 年）建。

绿野梯桥是一座 3 孔石拱桥。桥面上铺砌花岗岩石板，桥面略显圆弧形，无栏杆，无地伏。桥面宽 4.10 米，桥长 9.10 米。

桥垛翼墙和侧墙是用花岗岩石板砌筑，上面有较厚的青石仰天石（略高出桥面）。桥台两侧有燕翅墙，前墙长 5.30 米。桥墩两端是尖形。拱碹是半圆形纵联式结构，中孔碹脸龙门上有石雕龙头，碹脸外边有拱眉石，拱眉凸出于碹脸，拱眉与侧墙齐平。中孔跨径 3.00 米，边孔跨径 2.00 米。

4. 涿州下胡良桥

下胡良桥位于涿州市城北东仙坡镇下胡良村，跨胡良河上。始建于明万历二年（1574 年），万历十年（1582 年）重修。

下胡良桥是一座 7 孔石拱桥。桥垛和桥面上铺砌不规则形青石板，桥面呈穹隆形，两侧有节间式石栏杆，地伏是矩形断面。桥面宽 9.14 米，桥长 69.00 米。

桥垛翼墙和侧墙是用料石砌筑，上顶有单层仰天石组成的金边线，桥台两侧有燕翅墙，前墙长 10.00 米。桥墩两端是尖形。拱碹是半圆形纵联式结构，中三孔龙门上有石雕龙头，碹脸外边有拱眉石，拱眉凸出于碹脸，拱眉与侧墙平。

5. 涿州永济桥

永济桥俗称"大石桥"，位于涿州市城北，跨拒马河上。永济桥始建于明万历二年（1574年），被命名为"拒马河桥"。万历十六年（1588年）重修，天启六年（1626年）被水毁，当年重建，崇祯晚年河道南移，清乾隆二十五年（1760年）在旧桥以南重建新桥。乾隆帝赐名"永济"，并向南修筑石堤式引桥，引桥下设涵洞22孔，引桥总长660米。北端的旧桥按涵洞形制改建，与新桥相连，并御制重修涿州石桥碑。乾隆帝还为石桥题联：上联是"十八省通衢冠盖如云斗大一州供亿苦"，下联是"两千年旧郡河梁落日车停片刻感怀多"。故涿州有"十八省通衢"之称。

永济桥是一座9孔厚拱厚墩重型石拱桥。桥堍和桥面上铺砌花岗岩石板，桥面是圆弧形，两侧有节间式石栏杆，地伏为矩形断面。桥面全宽10.70米，净宽8.70米，桥长151.15米。

翼墙和侧墙是用花岗岩石砌筑，上顶有单层仰天石组成的金边线。桥台两侧有燕翅墙，前墙长约11.90米。桥墩上游端为尖形，下游端是方形，桥墩厚5.10米，桥墩长14.50米。拱碹是半圆形纵联式结构，碹脸外边有拱眉石，拱眉与侧墙取平。跨径由北向南依次是4.90米、6.30米、6.90米、7.60米、8.60米、7.60米、6.90米、6.30米、4.90米。

南引桥下面有大小25孔涵洞，引桥长271.50米。北引桥下面有多孔涵洞（尚有部分涵洞被埋没），引桥长约205.00米。桥梁全长（包括引桥）627.65米。

6. 沧县登瀛桥

登瀛桥又名"杜林桥"，位于沧州市沧县杜林镇，跨滹沱河故道上，东西走向。明万历二十二年（1594年）建，耗白银2万两，天启五年

（1625 年）重建。清光绪二十年（1894 年）滹沱河发大水，冲毁西畔一大孔一小孔，同年动工修复，历时六年，于光绪二十六年（1900 年）竣工。

登瀛桥是一座 3 孔石拱桥。桥堍和桥面上铺砌花岗岩石板，桥面略显圆弧形。两侧有节间式石栏杆，无地伏石，望柱置于仰天石上，望柱的上端雕刻狮子、麒麟、猴子。栏板为实体板，每块栏板下面有三块方形石块，两面雕刻有人物、走兽等图案。桥面宽 7.80 米，桥长66.00 米。

翼墙和侧墙用料石砌筑，上顶有单层仰天石组成的金边线。桥台是凹字形，端墙的外端有燕翅墙，前墙长 9.00 米。桥墩两端为尖形。拱碹是半圆框形纵联式结构，龙门碹上皆有石雕龙头，碹脸外面雕有花饰，碹脸外边有拱眉石，拱眉凸出于碹脸，又凸出于侧墙。跨径均为11.30 米。

两个桥墩上各有一个馒头形小孔洞，拱碹是半圆形纵联式结构，龙门上也有龙头，拱碹外边有拱眉石，拱眉凸出于碹脸，又凸出于侧墙。跨径均为 1.80 米。桥头有一通石碑和一对石狮子。

7. 献县单桥

单桥位于沧州市献县乐寿镇单桥村。明崇祯五年（1632 年）兴工修建，每年雨季，洪水暴发，水流湍急，屡建屡毁，历时十三年，清顺治二年（1645 年）建成。

单桥是一座 5 孔石拱桥，在 4 个桥墩上各有一个小跨径孔，全桥共有大小 9 孔。该桥的特点是，桥台和桥墩的顶面高程均系南高北低。

桥堍的平面是喇叭形，桥堍和桥面上铺砌花岗岩石板，桥面上有多条车辙沟。两侧有节间式石栏杆，每侧有望柱 32 根，栏板 31 块，抱鼓石两块。望柱的柱头上有雕兽，柱身两侧雕有花饰。栏板是实体板，两面雕刻有图像，全桥 62 块栏板上共雕刻 72 幅图像。无地伏，望柱置于仰天石上，栏板两端的下面各置一块方形石垫，栏板下面有空隙，可以泄桥面雨水。桥面宽 9.50 米，桥梁全长 96.00 米。

翼墙和侧墙是用条形石板砌筑，上顶有单层较厚的仰天石（矩形断面）组成的金边线。桥台两侧有燕翅墙，前墙长 10.50 米。桥墩两端均为尖形。拱碹是半圆形镶边纵联式结构，各孔均为 9 道碹脸石，碹脸外雕有花饰，龙门上皆有石雕龙头，碹脸石的接缝上皆嵌有一块银锭铁，碹脸的外边镶有拱眉石，拱眉凸出于碹脸，又凸出于侧墙。南边孔的跨径是 15.00 米，北边孔的跨径是 9.80 米。

桥墩上的小跨径孔，拱碹是半圆形纵联式结构，拱脚落在两边的大孔拱碹上，孔内底面是平面，立面呈馒头形，龙门上皆有龙头，碹脸外边有拱眉石，拱眉凸出于碹脸，又凸出于侧墙。跨径皆 1.80 米。

因为桥上有多种雕刻，俗称"画桥"。民间有"三千狮子六百猴，七十二道蛟龙"之说。

8. 邯郸弘济桥

弘济桥位于邯郸市永年区广府镇，跨滏阳河上，东西走向，建造年代无记载，明万历十年（1582 年）重建。

弘济桥是一座单孔敞肩式石拱桥。桥堍和桥面上铺砌青石板，桥面上中间略显隆起，桥堍上是缓坡。两侧有节间式石栏杆，每侧有望柱 18 根，栏板 17 块，抱鼓石两块，在中间一块栏板上刻"弘济桥"三个大字。其中，桥身段有望柱 14 根，栏板 13 块，八字栏杆各有望柱 2 根，栏板 2 块，抱鼓石 1 块。望柱的柱头有狮子、猴子和桃形、石榴形。栏板的两面皆雕有鹿、麒麟、花卉等图案。地伏石不连续，望柱下面各有一块长方形石板，望柱安装在方形石板上，栏板的两端搭在望柱下面的石板上，栏板下面有缝隙，可以排泄桥面雨水。桥面宽 6.82 米，净宽 6.00 米，桥面长 45.00 米，全长 48.90 米。

侧墙和翼墙是用不太规整的石板砌筑，上顶有单层矩形断面的仰天石组成的金边线。桥台是凹字形，前墙长 8.00 米。拱碹是圆弧形并列式结构，碹脸的龙门上有龙头，碹脸外面雕刻龙、凤、飞马。碹脸外边

邯郸弘济桥

有双层拱眉石，内层拱眉石明显比外层拱眉石较厚，内层拱眉石的外面是圆弧形，外层拱眉石的外面是平面。跨径 31.88 米，矢高 6.02 米。

主孔拱碹上面两端各有两个小跨径孔，内侧一对小孔的拱碹是半圆形并列式结构，碹脸外面雕刻飞龙、花卉等图案。拱脚建在主孔拱碹上。外侧的一对小孔拱碹，内拱脚建在小桥墩上（两个小孔拱碹的拱脚并排），外拱脚建在桥台上（在桥台上砌筑小台座）。拱碹也是半圆形并列式结构，碹脸龙门上有龙头，外面雕刻飞龙、花卉等图案。两对小跨径孔拱碹的碹脸外边皆有单层拱眉石。内二小孔跨径 1.60 米，外二小孔跨径 2.00 米。

9. 邯郸学步桥

学步桥位于邯郸市，跨沁河上，建造年代不详。明万历四十五年（1617 年）改建木桥为石桥。

桥名"学步桥"出自《庄子·秋水》篇。相传2000年前燕国寿陵有一少年听说赵国邯郸人走路姿势优美，便不远千里而来，跟在别人后面学步。

学步桥是一座3孔石拱桥。桥台和桥墩上各有一个小跨径孔，全桥是3大孔4小孔。桥堍和桥面铺砌花岗岩石板，全桥为平面，两侧有节间式石栏杆，每侧有望柱18根，栏板17块，抱鼓石两块。望柱的柱头上雕有形态各异的狮子，柱身两面雕有花饰，栏板为实体板，两面雕有人物、走兽等图案。地伏石不连续，望柱下面各有一块方形石板，栏板的两端置于望柱下面的石板上，栏板中间跨空（有缝隙）。桥面宽8.30米，桥长35.00米。

桥堍翼墙和桥身侧墙采用规整的石板砌筑，上面有单层较厚仰天石组成的金边线。桥台是带燕翅形，前墙长9.50米。桥墩上游端是尖形，下游端是方形。拱碹是半圆形镶边纵联式结构，碹脸上雕有花饰，龙门上有石雕龙头，碹脸外边有拱眉石，拱眉凸出于碹脸，拱眉与侧墙平。大孔的跨径均为6.20米。

小孔的拱碹也是半圆形镶边纵联式结构，碹脸上雕有花饰，碹脸外边有拱眉石，拱眉凸出于碹脸，拱眉与侧墙平。跨径数据暂缺。

10. 衡水安济桥

安济桥位于衡水市桃城区，又名衡水桥，跨滏阳河上，东西走向。始建于明天顺元年（1457年），初建为木桥，屡坏屡修。嘉靖三十二年（1553年）改建成石桥，隆庆二年（1568年）被水毁，当年重修。清顺治五年（1648年）被水毁，当年修复。乾隆三十一年（1766年）重建，乾隆三十八年（1773年）重修，赐名"安济"。

今存安济桥是一座7孔厚拱厚墩重型石拱桥。桥堍和桥面上铺砌青石板。桥面大致为平面，两侧有节间式石栏杆，每侧有望柱58根，柱上有形态各异的石狮，栏板57块。栏板是寻杖下镂空式，两端各有一只较大的石狮子，无地伏，桥栏杆置于仰天石上。桥面宽数据暂缺，桥梁全长 116.00 米。

桥垛翼墙和侧墙是用料石砌筑，上顶有单层仰天石组成的金边线。桥台两侧有燕翅墙。桥墩上游端为尖形，下游端是方形，桥墩厚 4.30 米。拱碹是半圆框形纵联式结构，由 14 道纵联石和每面 15 块碹脸石组成框形结构，内部是纵联石，中三孔的龙门上各有一个石雕龙头，无拱眉，碹脸与侧墙平，各孔拱碹的龙门上皆有龙头。跨径皆 10.00 米。

11. 高邑安固桥

安固桥位于石家庄市高邑县方珊乡南邱村，跨新沟河上，南北走向，是古代高邑通往赵州大道上的一座石桥。始建于明代，清嘉庆二十年（1815 年）重建。

安固桥是一座单孔石拱桥。桥垛和桥面上铺砌青（石灰岩）石板，两侧有节间式石栏杆，每侧有 6 根望柱，5 块栏板，两块抱鼓石。桥身段各有 4 根望柱，3 块栏板，八字栏杆各有 1 根望柱，1 块栏板，1 块抱鼓石。桥面全宽 6.90 米，净宽 6.00 米，桥梁全长 54.00 米。

侧墙是用青石板砌筑，上顶有单层仰天石。桥台两侧有燕翅墙，前墙长 8.30 米。拱碹是半圆形纵联式结构，碹脸外边有拱眉石，碹脸、拱眉与侧墙平。跨径 8.50 米。

桥头有明清残碑，上半段大部分不知去向。

12. 高邑功德桥

功德桥位于石家庄市高邑县方珊乡南邱村，跨新沟河上，南北走向。始建于明代，清道光二十八年（1848 年）重修。

功德桥是一座单孔石拱桥。桥垛和桥面用青（石灰岩）石板铺砌，两侧有节间式石栏杆，每侧有 4 根望柱，3 块栏板，两块抱鼓石。桥身段各有 4 根望柱，3 块栏板，八字栏杆是一块抱鼓石。桥面全宽 6.40 米，净宽 5.50 米，桥面长 21 米，全长 52.90 米。

侧墙是用青石板砌筑，上顶有单层仰天石。桥台两侧有燕翅墙，前墙长 7.80 米。拱碹是半圆形纵联式结构，碹脸外边有拱眉石，碹脸、拱眉与侧墙平。跨径 8.60 米。

桥头有清代残碑一段，左上方有“大清道光二十八□□□□□□”。

13. 井陉苍岩山桥

苍岩山桥位于石家庄市井陉县，在苍岩山上，跨于山涧上，桥上建有一座两层式歇山顶楼阁，故又称“楼殿桥”。苍岩山上的庙宇建于隋代，此桥的始建年代也应该是隋代。

现存桥是一座单孔石拱桥。桥面两侧和两端（楼门两边）有节间式白石栏杆。桥面宽 9.00 米，桥面长 15.00 米。

侧墙用料石砌筑，上顶有单层仰天石。桥台在山崖上开凿而成。拱碹是圆弧形镶边纵联式结构，碹脸上雕有花饰，碹脸的龙门上石雕龙头，碹脸外边有两层拱眉石，内层拱眉的外面为平面，外层拱眉的外面是凹字形，拱眉与侧墙取平。跨径 10.70 米，矢高 3.30 米。

桥身上部较窄，下部（拱脚处）较宽，下部比上部宽出 40 厘米。

14. 井陉垂虹桥

垂虹桥又名“平顺桥”，位于石家庄市井陉县赵村店村南，跨于无名沟渠上，南北走向。该桥始建于宋至和年间（1054—1056 年），清乾隆年间（1736—1795 年）重修。

今存垂虹桥是一座 3 孔石拱桥。桥堍和桥面上铺砌青石板，桥面略显圆弧形，两侧有节间式石栏杆，每侧有望柱 14 根，栏板 13 块，抱鼓石两块。其中，桥身上有望柱 12 根，栏板 11 块，桥堍上八字栏杆各有望柱 1 根，栏板 1 块，抱鼓石 1 块。望柱的柱头上有大小狮子、石猴。栏板上雕刻鹤、犬、鹿、荷花图案。桥面宽 6.00 米，桥长 32.00 米。

侧墙用料石砌筑，上顶有单层仰天石组成的金边线。桥台是带燕翅形，前墙长 7.20 米。桥墩上游端是尖形，下游端是方形，拱碹是半圆形纵联式结构，碹脸外边有拱眉石，拱眉凸出于碹脸，又凸出于侧墙。

中孔跨径 6.20 米，边孔跨径 5.40 米。

15. 井陉逸仙桥

逸仙桥又名"井陉桥"，俗称平石桥。位于石家庄市井陉县城东征水镇，跨治河上。始建于清乾隆四十五年（1780 年），乾隆五十九年（1794 年）东端被水毁 3 孔，当年修复。嘉庆六年（1801 年）东段再次被水毁 6 孔，依旧修复。民国十八年（1929 年）实施大修，保持原样，更名为"逸仙桥"。

今存桥是一座 12 孔石拱桥。属于厚拱厚墩石拱桥，桥塅和桥面上铺砌不规则青石板，全桥大致为平面。两侧有节间式石栏杆，两端各有一段块石砌筑的宇墙式栏杆。桥面宽 7.20 米，桥长 208.00 米。

侧墙用料石砌筑，上顶有单层仰天石。桥台两侧有燕翅墙，前墙长8.40 米。桥墩两端是圆形，桥墩端部的上面是圆锥体。拱碹均为半圆形纵联式结构，碹脸龙门上皆有石雕龙头，碹脸与侧墙齐平。跨径均为7.20 米。

16. 栾城清宁桥

清宁桥位于石家庄市栾城区窦妪镇南北赵村之间，横跨洨河故道上。始建于唐开元、天宝年间，明成化二年（1466 年）重修。据说是苏味道后代上坟必经之桥，故又名"清明桥"。

清明桥是一座 3 孔石拱桥，1999 年对清明桥进行修复，修复后的清明桥全长 44.20 米，宽 5.08 米。桥两边望柱共有 36 根，雕刻精美。桥面板下部分为原来的建筑，整个桥身由三个拱券组成，中孔跨径 12.50米，边孔跨径 5.06 米。

17. 深泽永济桥

永济桥位于石家庄市深泽县赵八村，跨磁水河上，南北走向。据清咸丰十一年（1861 年）的《深泽县志》记载，明万历九年（1581 年）二月兴工修建，当年九月建成。

永济桥是一座 5 孔石拱桥。桥垛和桥面上铺砌青石板，桥面略显圆弧形，两侧有节间式石栏杆，每侧有 24 根望柱，栏板 23 块，两块抱鼓石。望柱的柱头是桃形，栏板是实体板，两面皆有雕刻图案。无地伏，桥栏杆置于仰天石上。桥面宽 6.30 米，桥长 70.00 米。

侧墙用料石砌筑，上顶有单层仰天石组成的金边线。桥台两侧有燕翅墙。桥墩两端是尖形。拱碹是半圆形纵联式结构，无拱眉。中孔跨径 13.70 米，边孔跨径 12.10 米。

18. 行唐升仙桥

升仙桥位于石家庄市行唐县旧县城西门外，跨护城河上，东西走向。始建于唐代，北宋元祐五年（1090 年）重修。

升仙桥是一座单孔类似敞肩式石拱桥，桥面上铺砌青石板，中间略显圆弧形，两侧有节间式石栏杆，每侧原有望柱 14 根，栏板 13 块，抱鼓石两块。其中，桥身上有望柱 12 根，栏板 11 块，桥垛上八字栏杆各有望柱 1 根，栏板 1 块，抱鼓石 1 块。桥面宽 6.00 米，桥长 15.30 米。

翼墙和侧墙用料石砌筑，上顶有单层仰天石组成的金边线。桥台是凹字形，前墙长 12.00 米。拱碹是圆弧形并列式结构，由 20 道拱碹石构成，碹脸龙门上有石雕龙头，碹脸外边镶有拱眉石，拱眉凸出于碹脸，拱眉与侧墙齐平。跨径 11.30 米。

拱碹上面两端各有一个小跨径孔，拱碹的内拱脚建在主孔拱碹两端，外拱脚建在桥台上面增建的小台上。两个小孔的拱碹均系半圆形纵联式结构，由 8 道碹石构成，碹脸外边镶有拱眉石，碹脸的龙门上也有石雕龙头，跨径均为 2.45 米。

19. 赵县安济桥

安济桥位于石家庄市赵县城南大石桥村村北，跨洨河上，基本上属于南北走向。建于隋开皇十一年至十九年（591—599 年）。

1953 年春，河北省交通厅和公路局合作，进行安济桥详细调查并测绘。安济桥是一座单孔敞肩式石拱桥。桥堍和桥面上铺砌青石板，全桥桥面上有两道较大车辙沟和无数条小车辙沟；有多个大致为圆形的坑，俗称"驴蹄印"，简称"蹄迹"。全桥纵断面呈正圆弧竖曲线，两侧原有节间式青石栏杆，西侧和东侧桥堍上的栏杆大部分存在，东侧桥身上的栏杆无存。栏杆望柱的形式多样，望柱的柱头有圆柱形，有圆球形，栏板均为实体板。栏杆下面有青石地伏。桥面原宽 9.00 米，桥梁全长 50.83 米。

侧墙用青石板砌筑，上顶有单层仰天石组成的金边线。桥台长方形，前墙长 9.50 米。拱碹是圆弧形并列式结构，原有 28 道拱碹石，东侧缺少 3 道拱碹石，尚存 25 道拱碹石。拱碹厚 1.03 米，碹脸的接缝上各有一对银锭铁，龙门上有石雕龙头；碹脸外边有拱眉石，碹脸、拱眉与侧墙齐平。跨径 37.02 米，矢高 7.23 米。拱碹的中心线半径是 27.31 米。

拱碹上面两端各有两个小跨径孔，小孔拱碹全是圆弧形并列式结构，碹脸的接缝上各有一对银锭铁，龙门上有石雕龙头，碹脸外边有拱眉石，碹脸、拱眉与侧墙齐平。外二（靠近拱脚）小孔跨径是 3.81 米，内二小孔的跨径是 2.85 米。

石桥的南端有关帝庙，庙内可以通行。但是，关帝庙的中心线与石桥的中心线并不重合，而是有一个小夹角，关帝庙的中心线和石桥的中心线均非子午线，也不是规范坐标纵轴线。

20. 赵县济美桥

济美桥位于石家庄市赵县宋村村东北，跨于洨河上，始建年代不详，明嘉靖二十八年（1549 年）重修，万历二十二年（1594 年）重建，命名济美桥。

济美桥是一座 4 孔石拱桥。中墩上有一个小跨径孔。桥堍和桥面上铺砌青石板，桥面大致为平面，桥堍上是缓坡面。两侧有节间式青石栏杆，望柱的柱头为方形截锥体，栏杆下面无地伏，望柱直接置于金边（仰天石）上；栏板为实体板，每块栏板的下面两端垫一块方石墩，栏板上有雕刻花饰。桥面宽4.00米，桥长50.00米。

侧墙用料石砌筑，上顶有单层仰天石组成的金边线，金边对侧墙外出檐约16厘米。桥台两侧有燕翅墙，前墙长5.20米。桥墩的两端是尖形。中二孔拱碹是圆弧形并列式结构，龙门上有石雕龙头，碹脸外边皆镶有拱眉石。跨径数据暂缺。两个边孔的拱碹是半圆形纵联式结构，龙门上有石雕龙头，碹脸外边皆镶有拱眉石。

中墩上小孔的拱碹也是半圆形纵联式构造，龙门上有石雕龙头，碹脸外边皆镶有拱眉石。

21. 赵县沙河店桥

沙河店桥位于石家庄市赵县城南沙河店村，跨沙河上，此河道平时无水流，只是雨季有水，秋后即断流。桥梁的始建年代不详，清光绪十四年（1888年）重修。

沙河店桥是一座单孔、类似敞肩式石拱桥。桥面上铺砌青石板，中间略显圆弧形，两侧有节间式石栏杆，望柱和栏板的规格与形式参差不齐。桥面宽15.00米，桥长37.00米。

翼墙和侧墙用不规则石板砌筑，上顶有单层仰天石。桥台是凹字形，前墙长16.20米。拱碹是圆弧形并列式构造，由16道拱碹石构成，碹脸龙门上有石雕龙头，碹脸外边镶有拱眉石，拱眉凸出于碹脸，拱眉与侧墙齐平。跨径7.50米。

拱碹上面两端各有一个小跨径孔，小孔拱碹的内拱脚落在主孔拱碹两端，外拱脚落在桥台上，小孔内的净空即拱碹的矢高。小孔拱碹均系半圆形纵联式结构，由5道碹石构成，碹脸外边镶有拱眉石，碹脸的龙门上也有石雕龙头，跨径均为1.62米。

根据小孔拱碹的结构及其拱脚的做法推断，两个小跨径孔并非原建结构，而是以后所增建的。

22. 赵县永济桥

永济桥位于石家庄市赵县城西，跨清水河上。始建年代无记载，明万历年间（1573—1620 年）重建。

永济桥是一座 3 孔石拱桥。桥塴和桥面上铺砌青石板，桥面略显圆弧形，两侧有节间式青石栏杆，下面有青石地伏。桥面宽 4.00 米，桥长 50.00 米。

侧墙用料石砌筑，上顶有单层仰天石组成的金边线。桥台两侧燕翅墙，前墙长 5.20 米。桥墩两端是尖形，桥墩厚 1.20 米，桥墩长 6.40 米。拱碹是半圆形纵联式结构，碹脸外边有拱眉石，拱眉凸出于碹脸，拱眉与侧墙齐平。中跨径 4.20 米，边跨径 3.20 米。

23. 赵县永通桥

永通桥位于石家庄市赵县西门外，跨清水河上，因城南的安济桥俗称大石桥，故此桥俗称小石桥。该桥始建于唐代宗永泰元年（765 年），金明昌年间（1190—1196 年）重修，明万历二十五年（1597 年）重修。

永通桥位于赵县城西门外，跨于清水河上，东西走向，是一座单孔敞肩石拱桥，其造型与安济桥相似。桥面上铺砌花岗岩石板，全桥略显弧形，两侧有节间式石栏杆，望柱是方形柱头，栏板是寻杖下镂空式，板面上有浮雕，每侧栏杆长 32.70 米。桥面宽 6.34 米，桥长 32.00 米。

侧墙用料石砌筑，上顶有单层（断面为矩形）仰天石组成的金边线。桥台是凹字形，前墙长 7.50 米。拱碹是圆弧形并列式结构，由 20 道碹石构成，龙门碹上有石雕龙头，碹脸儿外缘镶有拱眉，拱眉凸出于碹脸，拱眉与侧墙取平。跨径 26.00 米，矢高 5.34 米。

主拱碹上两端各有两个小孔洞，内侧小孔的拱碹是半圆形并列式结构，有七块碹脸石，碹脸外有拱眉，碹脸、拱眉与侧墙取平，跨径是 1.80 米。外侧小孔的拱碹是圆弧形并列式结构，有五块碹脸石，碹脸外有拱眉，碹脸、拱眉与侧墙取平，跨径 3.00 米。两个小拱碹的撞碹上雕有"河神"人头像。

24. 正定太平桥

太平桥位于石家庄市正定县，建造年代无考。

太平桥是一座 13 孔石拱桥。桥堍和桥面上铺砌青石板，两侧有节间式石栏杆。桥面宽 7.20 米，桥长数据暂缺。

侧墙用料石砌筑，上顶有单层仰天石。桥台燕翅形。桥墩上游端是尖形，下游端是方形。拱碹是半圆形纵联式结构，碹脸外边有拱眉石。

25. 迁西响水桥

响水桥位于唐山市迁西县榛子镇，跨龙湾河上，南北走向。始建于北魏（386—534 年），明万历年间重修。清康熙三十九年（1700 年）重修，嘉庆八年（1803 年）重修，光绪二十八年（1902 年）重修。

响水桥是一座 3 孔石拱桥。桥堍和桥面上铺砌条形石板，两侧有节间式青石栏杆，每侧有望柱 10 根，栏板 9 块，抱鼓石两块。望柱是平顶方形柱头。其中，桥身段有望柱 8 根，栏板 7 块，八字栏杆各有望柱 1 根，栏板 1 块，抱鼓石 1 块。桥面全宽 5.70 米，净宽 4.80 米，桥长 15.60 米。

侧墙用料石砌筑，上顶有单层青石仰天石组成的金边线。桥台是燕翅形，燕翅墙长 13.00 米，前墙长 6.50 米。桥墩两端是尖形。拱碹是半圆形纵联式结构，中孔龙门上有石雕龙头，无拱眉，碹脸与侧墙平。中孔跨径 3.70 米，边孔跨径 2.70 米。

桥下有石板海墁，海墁下游有五级跌水，每层落差 40 厘米，第一层宽 4.00 米，第二层宽 4.00 米，第三层宽 2.00 米，第四层宽 3.00 米，第五层又是一段海墁。

26. 玉田彩亭桥

彩亭桥位于唐山市玉田县彩亭桥镇，跨古兰泉河上，东西走向。建造年代无考。

彩亭桥是一座 3 孔石拱桥。桥堍和桥面上顺桥铺砌 5 条青石板，两侧有节间式石栏杆，每侧有望柱 12 根，栏板 11 块，抱鼓石两块。其中，桥身段上有望柱 8 根，栏板 7 块，八字栏杆各有望柱 2 根，栏板 2 块，抱鼓石 1 块。望柱的柱头上有狮子、莲花瓣、桃形图案。地伏是矩形断面。桥面宽 6.00 米，桥长 19.00 米。

侧墙用料石砌筑，上顶有单层青石仰天石组成的金边线。桥台两侧有燕翅墙，前墙长 7.00 米。桥墩两端的平面是梯形。拱碹是半圆形纵联式结构，龙门上皆有石雕龙头，龙头两侧各有 3 段碹脸石，无拱眉，碹脸与侧墙平。跨径 4.50 米。桥墩以上的侧墙上各有一个石雕龙头。

27. 临城紫金桥

紫金桥俗称"双岔紫金桥"。位于邢台市临城县竹壁村，明崇祯三年（1630 年）建，清康熙三十年（1691 年）重建。

紫金桥是两座单孔石拱桥的统称，二桥分别建在三岔路口的两边，呈人字形，二桥相距约 27 米，其间有石堤。

二桥的结构形式完全相同，桥堍和桥面上铺砌青石板，两侧有节间式青石栏杆，每侧有望柱 10 根，栏板 9 块，抱鼓石两块。下面有青石地伏。桥面宽均为 6.20 米，桥长均为 27.00 米。二桥（包括石堤）全长约 81.00 米。

桥堍翼墙和侧墙用青石板砌筑，上顶有单层仰天石组成的金边线。桥台两侧有燕翅墙，前墙长 7.40 米。拱碹是半圆形纵联式结构，碹脸外边有拱眉石，拱眉凸出于碹脸，拱眉与侧墙齐平。跨径均为 16 米。

28. 宁晋古町桥

古町桥位于邢台市宁晋县，建造年代无记载。

古町桥是一座单孔石拱桥。桥面上铺砌青石板，桥面呈圆弧形，两侧各有一道青石板栏杆，栏板高60厘米，下面有青石地伏，地伏高17厘米，宽28厘米。桥面宽6.60米，桥长21.00米。

侧墙用花岗岩石板砌筑，上顶有单层仰天石。桥台是带燕翅形，拱碹是半圆形纵联式结构，碹脸外边有拱眉石，碹脸、拱眉与侧墙平。跨径6.60米。

29. 邢台如意桥

如意桥位于邢台市（原顺德府）邢台县良舍村。明万历三十三年（1605年）建。

如意桥是一座单孔石拱桥。桥面中部（拱顶上）高起为平面，两端是阶梯式坡道，两侧有节间式石栏杆，每侧有望柱6根，栏板5块，抱鼓石两块。桥面宽6.80米，桥长24.00米。

侧墙用料石砌筑，上顶有单层仰天石。桥台是凹字形。拱碹是半圆形纵联式结构，有拱眉，拱眉、碹脸与侧墙平。跨径11.50米，矢高5.8米。

30. 遵化五音桥

五音桥又名"玉音桥"，位于遵化市清孝陵（世祖爱新觉罗·福临——顺治）的御道上，清康熙二年（1663年）建。

桥上两侧的石栏杆中有126块方解石栏板，敲击栏板，能发出宫、商、角、徵、羽五节乐音，击打每块栏板的不同方位时，人们也会听到五种响声音阶，故称"五音桥"。

五音桥是一座7孔石拱桥。桥墩在河岸上，桥墩和桥面上铺砌青白石板，全桥桥面呈穹隆形。两侧有节间式白石栏杆，每侧有望柱64根，栏板 63 块，抱鼓石 2 块。其中，桥身上望柱 48 根（含角柱），栏板 47 块，桥堍上的八字栏杆各有望柱 8 根，栏板 8 块，1 块抱鼓石。地伏也是白石料，矩形断面。桥面宽 10.40 米，桥长 110.60 米。

侧墙是用青白石板砌筑，上顶有双层仰天石组成的金边线，侧墙、翼墙和仰天石均为白石料。桥台是凹字形，前墙长 10.40 米。桥墩两端为方形。拱碹是半圆形镶边纵联式结构，碹脸与侧墙齐平。中孔跨径 16.00 米。

据清东陵管理处工作人员介绍，当顺治皇帝福临病入膏肓之时，皇室动议为他建造陵墓。有善于奉承谄媚者奏道："皇上笃信佛教，爱听清音，何不在陵区建造一座能够发出不同音响的大型石桥，一则可慰皇灵于地下，再则可造风景于人间，臣下孝心切望采纳。"

孝庄皇太后感其忠孝便准从所请。此项任务无可争辩地落到老石匠奚何的肩上。建一座七孔长桥已非易事，再使石桥会弹奏音乐更不简单。奚师傅苦思冥想，坐立不安，茶饭不进，夜不能寐。

相传，奚何一日在工棚打盹，似觉有个童子喊道："奚师傅还不前来拜见鲁班祖！"他猛一抬头，面前是一位身着古装、足穿麻鞋、手握竹尺的长者，连忙躬身作揖道："弟子拜见祖师爷，请仙人指点迷津。"长者笑道："你的心思我早已知道，请先随我来看热闹。"说着便引他来到一个广场。只见七八个叫花子在击碗逗乐。别看他们七上八下，似乎杂乱无章，发出来的音响却有板有眼，婉转悠扬。他正在如痴如醉之时，长者又叫他仔细端详所敲击之碗。他定睛一看，原来那些碗有大有小，有粗有细，有厚有薄，有重有轻，有残有整。看到这里，他一拍脑门儿，大声叫道："明白了！明白了！"睁开眼来，原来是南柯一梦。他琢磨所梦之事，觉得是鲁班师傅的托梦点化，当即找来许多石片，反复敲击，都能发出声音。其中有一种名叫方解石的石片儿，所发之音更为清脆，于是选择轻重不同的方解石片试击之，发现所发音响又有差异，便精心挑选了轻重不同但体积相同的方解石，打磨成桥栏板，装置在桥上。人用石块儿敲击石栏板，便发出宫商角徵羽五音。

第五节　河南省石拱桥

全省石拱桥资料载共计 11 座。

1. 汤阴古贤桥

古贤桥位于安阳市阳阴县，明天启二年（1622 年）兴工修建石桥，天启四年（1624 年）建成。

古贤桥是一座 3 孔石拱桥。桥垛和桥面铺砌条形石板，全桥为平面，桥栏杆无存。桥面宽 8.30 米，桥身长 31.00 米，桥梁全长 50.00 米。

翼墙和侧墙是用条形石板砌筑，上面有单层仰天石组成的金边线。桥台两侧有燕翅墙，前墙长 9.50 米。桥墩两端是尖形。中孔跨径 8.00 米，边孔跨径 7.00 米。

2. 浚县云溪桥

云溪桥位于鹤壁市浚县云溪镇南门外，跨卫河（古代永济渠）上。明武宗正德三年（1508 年）建木桥，嘉靖三十三年（1554 年）塌毁，用船渡十一年。嘉靖四十四年（1565 年）兴工改建石桥，翌年（1566 年）建成 5 孔石拱桥。

云溪桥是一座 5 孔石拱桥。桥垛和桥面铺砌条形石板，全桥为平面，桥栏杆无存，地伏石尚存。桥面宽 12.00 米，桥面长 49.20 米，全长 60.00 米。

翼墙和侧墙是用条形石板砌筑，上面有单层仰天石组成的金边线。桥台两侧有燕翅墙，前墙长 13.20 米，燕翅墙上皆有镇水石兽。桥墩两端是尖形。拱碹是半圆形纵联式结构，碹脸外面雕有花饰，中孔龙门上有石雕"虎头"，无拱眉。跨径均为 8.00 米。

3. 鹤壁堰口桥

堰口桥位于鹤壁市山城区石林乡，隋大业年间（605—618 年）建。

堰口桥是一座单孔石拱桥。桥面宽 5.00 米，桥长 20.00 米。侧墙是用条形石板砌筑，上顶有单层仰天石。桥台两侧有燕翅墙，前墙长 5.20 米。拱碹是半圆形纵联式结构，龙门上有龙头。碹脸外边有拱眉，拱眉与侧墙平。跨径 3.40 米。

4. 临颍小商桥

小商桥位于漯河市临颍县城南，跨于小商河（颍河故道）上，据《临颍县志》记载，小商桥建于隋文帝开皇四年（584 年）。元大德年间（1297—1307 年）重修，清康熙十四年（1675 年）重修。

小商桥是一座单孔类似敞肩式石拱桥。桥上无栏杆，两边各有一道石边牙（并非地伏石，石料较新）。桥面全部铺青石板，桥面宽 7.60 米，净宽 6.67 米。桥梁全长 20.87 米。

侧墙用料石砌筑，上面有双层仰天石组成的金边线。桥台两侧有燕翅墙，前墙长 7.90 米，桥台四角下部雕有金刚力士像，双肩扛拱，双手上托。拱碹是圆弧形并列式结构，由 20 道拱碹石并列构成，碹脸宽 65 厘米，外面雕有花饰，龙门上有石雕龙头。碹脸外边有双层拱眉石，外层拱眉石较厚，凸出于侧墙 1—2 厘米，内侧拱眉石较窄，后退于外层拱眉约 3 厘米，凸出于碹脸约 3 厘米。拱脚后退于桥台 5—6 厘米，跨径 11.60 米，矢高约 2.20 米，桥台之间距离是 11.50 米。

拱碹上面两端各一个小跨径孔，小孔拱碹的内拱脚建在大拱碹上，拱脚的下面垫有三层石板，外拱脚建在桥台上加高的小台上。小孔拱碹也是圆弧形并列式结构，也是 20 道拱碹石，碹脸龙门上也有龙头，也是双层拱眉。跨径 2.13 米，矢高约 1.20 米。

根据小商桥的结构状况，专家经研究分析得出结论：（一）小商桥不属于敞肩式石拱桥，因为小跨径孔的结构并未全部建在大拱圈上。（二）小孔拱碹与大拱碹不是同一年代所修建的。根据小孔拱碹石料的规格和风化程度与主桥体的石料不一致，小孔拱碹的拱脚台座石板在大拱碹上砌筑不够严密，小孔拱碹的建造年代至少晚于主桥百年以上。

1958 年 10 月，小商桥上添修节间式石栏杆，望柱的柱头雕有石兽、花蕾，两端有抱鼓石。下面安装地伏，栏板是实体板，栏杆长 20.87 米，桥长 25.90 米。

5. 叶县永和桥

永和桥位于平顶山市叶县，跨澧河故道上，建造年代不详。

永和桥是一座 3 孔石拱桥。桥堍和桥面上铺砌石灰岩石板，桥面呈圆弧形，两侧有节间式青石栏杆，石件不全。望柱的柱头上有石狮子，栏板是实体板，无通长地伏石，望柱下面是一块方形青石板，栏板的两端搭在方形石板上。桥面宽 6.80 米，桥面长 31.50 米，桥梁全长 39.50 米。

侧墙用青石板砌筑，上顶有单层青石仰天石组成的金边线。桥台是燕翅形，前墙长约 8.00 米。桥墩两端是尖形。拱碹均系半圆形镶边纵联式结构，中孔碹脸龙门上有石雕龙头，碹脸外面皆有雕刻的图案。碹脸外边有拱眉石，拱眉凸出于碹脸，拱眉与侧墙平。中孔跨径 7.00 米，边孔跨径 4.50 米。

6. 光山永济桥

永济桥又名"万全桥"，位于信阳光山县波陂河镇，跨波陂河上，南北走向。清乾隆《光山县志》记载（摘要）："明万历庚申年（1620 年）由波陂河境内绅士及好施者捐资修建永济桥。"

今存永济桥是一座 9 孔石拱桥。全桥用花岗岩石板砌筑，桥堍和桥面上铺砌花岗岩石板，桥面呈穹隆形。两侧有节间式用石板砌筑的栏杆，桥面宽 10.00 米，桥梁全长 101.00 米。永济桥是河南省现存最早的古代石拱桥。

侧墙用石板砌筑，上顶有单层仰天石。桥台燕翅形，前墙长 8.20 米，桥墩上游端（东侧）是尖形（分水尖），高出桥墩许多，下游端是方形。

拱碹是半圆形纵联分段并列式结构，无拱眉。跨径由北往南依次是6.00米、7.80米、9.80米、11.00米、12.00米、11.00米、9.90米、7.90米、6.08米。

7. 郑州惠济桥

惠济桥位于郑州市惠济区惠济桥村，跨古代隋唐大运河故道上，东西走向。始建于隋唐时期，宋、元、明历代重修和重建。清顺治十六年（1659年）重修。

惠济桥是一座3孔石拱桥。桥垛和桥面上铺砌条形石板，全桥为平面，两侧有节间式石栏杆，桥面宽5.00米，桥长41.00米。桥两端各建一座桥关楼。侧墙是用料石砌筑，上顶有单层仰天石。桥台是凹字形。桥墩两端是尖形。拱碹是半圆形纵联式结构，无拱眉，跨径数据暂缺。

8. 沈丘泉河桥

泉河桥位于周口市沈丘县，清咸丰三年（1853年）动工修建石桥，咸丰五年（1855年）建成九孔石拱桥。光绪十一年（1885年）重修，宣统三年（1911年）被水毁，是年修复，改用砖材砌筑主拱圈，拱圈两端仍为石碹脸。此桥从此成为一座砖石混合结构拱桥，简称砖石拱桥。

今存桥是一座9孔砖石混合结构拱桥。南北走向，因为河道中间有一个顺河长形小岛，将桥梁分隔成两段，南段为4孔，北段为5孔，在中间的小岛上有一个大桥墩。

桥面大致为平面，两侧有节间式石栏杆，石件多有损坏，下面有矩形断面的地伏石。桥面宽4.80米，桥长95.00米。

翼墙和侧墙的上部是用砖材砌筑，下部是用石板砌筑，上顶有单层仰天石组成的金边线。桥台为凹字形，前墙长9.00米，端墙很长。桥墩采用石磙圆柱式，北四孔柱直径是1.46米，南五孔柱径是1.50米。拱碹均系半圆形纵联式结构，碹脸外边有拱眉石，碹脸、拱眉与侧墙平。南四孔跨径均为4.20米，北五孔跨径均为4.40米。

9. 汝南弘济桥

弘济桥位于驻马店市汝南县城北，跨汝河上。始建年代不详，明弘治十八年（1505年）改建木桥为石桥，命名"弘济桥"，又称"博爱桥"。清乾隆元年（1736年），因乾隆皇帝名弘历，于是改名"迎恩桥"，又称"天中桥"。

现存弘济桥是一座单孔类似敞肩式石拱桥。桥塌和桥面铺砌青石板，桥面呈正圆弧形，两侧节间式石栏杆，每侧有18根望柱，柱头上有狮子、猴、桃、石榴，有17块栏板，板面上刻鹿、麒麟、武松打虎。无地伏，桥栏杆置于单层仰天石上。桥面全宽7.90米，净宽6.50米，桥面长44.60米，全长55.00米。

翼墙和侧墙是用条形石板砌筑，上顶有单层仰天石组成的金边线。桥台是凹字形，前墙长6.50米。拱碹是圆弧形并列式结构，由18道拱碹石构成，碹脸的对接缝上有银锭铁。龙门上有石雕龙头，碹脸外边有拱眉石，拱眉凸出于碹脸，又凸出于侧墙。跨径24.80米。

拱碹上面两端各有两个小跨径孔，拱碹是半圆形纵联式结构，龙门上皆有石雕龙头，内侧小孔的两个拱脚建在大拱碹上，外侧小孔的内拱脚建在大拱碹上，外拱脚建在桥台上。内侧小孔的跨径是1.75米，外侧小孔的跨径是2.73米。两面侧墙上刻有二龙戏珠、飞凤、飞虎。

10. 汝南济民桥

济民桥位于驻马店市汝南县汝宁镇，东西走向。始建年代不详，明成化十九年（1483年）拆去木桥，建成石拱桥，隆庆三年（1569年）被水毁，当年开始重建，万历元年（1573年）建成，命名"济民桥"。

济民桥是一座5孔石拱桥。桥塌和桥面铺砌条形青石板，全桥为平面，两侧有节间式石栏杆，每侧望柱26根，栏板25块，有青石地伏。桥面宽8.50米，净宽7.30米，桥面长49.20米，全长57.00米。

翼墙和侧墙是用条形石板砌筑，上面有单层仰天石组成的金边线。

桥台两侧有燕翅墙，前墙长 9.70 米。桥墩两端是尖形，上游端伸出桥身外 7.00 米，尖端自下而上逐层缩退 15—30 厘米，上顶有一石雕镇水兽，兽长 1.40 米，高 70 厘米。拱碹是半圆形纵联式结构，中孔龙门上有石雕龙头，碹脸外边有拱眉石，拱眉凸出于碹脸，拱眉与侧墙平。中孔跨径 8.00 米，次边孔跨径 7.00 米，边孔跨径 6.00 米。

11. 汝南汝东桥

汝东桥位于驻马店市汝南县，始建年代不详。明成化十九年（1483年）重建，命名"济民桥"，隆庆三年（1569年）重建。崇祯十五年（1642年），因战乱将桥面拆毁，清乾隆三十年（1765年）重修。

汝东桥是一座 5 孔石拱桥。桥块和桥面上铺砌青石板，桥面呈正圆弧形竖曲线，两侧有节间式石栏杆，下面有青石地伏。桥面宽 7.30 米，桥长 57.00 米。

翼墙和侧墙是用青石板砌筑，上面有单层仰天石组成的金边线。桥台两侧有燕翅墙，前墙长 8.50 米。桥墩上游端是尖形，下游端是方形。拱碹是半圆形纵联式结构，无拱眉，碹脸与侧墙取平。跨径由北向南依次是 5.50 米、6.70 米、7.80 米、6.75 米、5.60 米。

第六节　山东省石拱桥

全省石拱桥共 10 座。

1. 平阴永济桥

永济桥原名"浪溪桥"，位于济南市平阴县，跨浪溪河上，东西走向。明弘治十三年（1500 年）建，命名浪溪桥。明万历四十年（1612年）重建三孔石拱桥。明嘉靖三十三年（1554 年）被水毁，以木为梁重修，更名"永济桥"。隆庆三年（1569 年）重修。万历四十年（1612年）改建成单孔石拱桥，全桥采用当地的青石料砌筑。

永济桥是一座单孔石拱桥。桥面略显弧形,两侧有节间式青石栏杆,每侧有望柱 16 根,栏板 15 块,两端是抱鼓石。望柱上有狮子,有猴子,栏板为实体板,两面皆有雕刻花饰。没有连续的地伏石,望柱下面有一块方形石板,栏板的两端搭在石板上,栏板下面有缝隙,可以排除雨水。桥面宽 6.25 米,桥面长 42.50 米,全长 55.00 米。

侧墙是用青石板砌筑,上顶有双层仰天石组成的金边线。桥台是凹字形,前墙长 7.50 米。拱碹是半圆形纵联式结构,碹脸龙门上有龙头,碹脸外边有拱眉石,拱眉凸出于碹脸,又凸出于侧墙。跨径 16.50 米。

当地有歌谣:"十八个狮子一对猴,二八一十六个蘑菇头,独石一百零八块,南北三十个流水沟。"

2. 济宁卞桥

卞桥又名"双月桥",位于济宁市泗水县城东泉林镇卞桥村东,跨泗水河上,南北走向。古代此地是"卞国",故名卞桥。

始建年代无考,中孔内拱顶上刻"卞桥重修石桥,自(金)大定二十一年(1181 年)八月一日起工,二十二年(1182 年)四月八日讫,谨记"。据史料记载,明万历九年(1581 年)修葺。

今存卞桥是一座 3 孔石拱桥。桥堍和桥面上铺砌石板面层,桥面略显圆弧形。两侧有节间式石栏杆,每侧有望柱 12 根,栏板 11 块,栏杆两端各有一只蹲踞在须弥座上的大石狮子,两侧的狮子面相对,在端望柱内侧各有一块小型抱鼓石。望柱的柱头是方形莲捧头平顶式,栏板是寻杖下镂空式,板面上雕刻人物、花卉、禽兽等浮雕。地伏是矩形断面。桥面宽 6.00 米,桥梁全长 24.00 米。桥梁两端各有 35.00 米长的引道。

翼墙和侧墙是用条形石板砌筑,上面是由双层仰天石组成的金边线。桥台是燕翅形,前墙长 7.20 米。桥墩很厚,下部为梭形(两段为尖形),上部两端为方形,桥墩厚 3.00 米,桥墩长 10.50 米。

拱碹是马蹄形框形纵联式结构,每孔由三道纵联石(龙门碹石)和

4 段碹脸石构成框形结构，框内是纵联拱碹石，拱脚处拱碹厚 50 厘米，拱顶处拱碹厚 40 厘米，碹脸外边有拱眉石，拱眉凸出于碹脸，拱眉与侧墙取平。各孔的拱顶上（金边线下），两面各有一个伸出约 60 厘米的石雕龙头。中孔跨径 4.50 米，边孔跨径 3.50 米。

3. 济宁泗河桥

泗河桥亦称泗水桥，坐落在济宁市兖州市城南五里处，俗称兖州南大桥，跨泗河上。建造年代不详。清代重建 15 孔石拱桥，民国年间两次塌毁，第一次塌毁 5 孔（东段毁 2 孔，西段毁 3 孔），第二次塌毁东段 3 孔，尚存 7 孔。

泗河桥是一座 7 孔石拱桥。桥面上铺砌条形石板为平面，桥面宽 8.65 米，桥长 72.00 米。

侧墙是用料石砌筑，上顶有单层仰天石。桥台是燕翅形，前墙长约 9.90 米。桥墩上游端是尖形，下游端是方形。拱碹是半圆形纵联式结构，碹脸外边有拱眉石，拱眉凸出于碹脸，拱眉与侧墙齐平。跨径 7.00—8.00 米不等。

各孔碹脸上部两侧各有一个石雕兽头，各孔碹脸下部之间各有一个石雕兽头。

4. 蒙阴迎仙桥

迎仙桥位于临沂市蒙阴县北楼村，始建于明代，清光绪三十三年（1907 年）重修。

迎仙桥是一座 3 孔石拱桥。桥垛和桥面铺砌条形石板，全桥为平面，两侧有节间式石栏杆，望柱为方形柱头，栏板为实体板，无地伏，桥栏杆置于仰天石上。桥面宽 5.35 米，桥长 30.00 米。

侧墙用料石砌筑，上顶有单层仰天石。桥台两侧有石砌燕翅墙，前墙长 6.50 米。桥墩两端为尖形，周围宽出拱脚约 15 厘米，上部的尖端高出拱脚许多。中孔的拱碹是尖形（实际上拱顶是小圆形）镶边纵联式结构，龙门碹是纵联石，两边各有两段碹脸石，碹脸外边有拱眉石，拱眉与侧墙平。边孔的拱碹是卵形（拱顶的圆弧较长，拱形近似三心圆弧形）框形纵联式结构，均由 4 道纵联式和 5 块碹脸石构成，碹脸外边有拱眉石，拱眉与侧墙平。中孔跨径 7.20 米，边孔跨径 6.60 米。

在两个桥墩以上的侧墙上（仰天石以下）各有一个石雕龙头。

5. 平邑小卞桥

小卞桥位于临沂市平邑县卞桥镇东下桥村东南。古代泗水县和平邑县均属于卞国。为区别于泗水县卞桥，此桥称"小卞桥"。该桥建于明天启二年（1622 年）。清同治七年（1868 年）重修，光绪三十一年（1905 年）重修。

小卞桥是一座 3 孔石拱桥。桥墩和桥面上铺砌石板面层，桥面大致为平面。两侧有节间式石栏杆，每侧有望柱 12 根，栏板 11 块，栏杆两端各有一只石狮子。桥面宽 3.90 米，桥长 16.30 米。

翼墙和侧墙用条形石板砌筑，上面有单层仰天石组成的金边线。桥台两侧有燕翅墙，前墙长 4.10 米。桥墩较厚，两端是尖形，桥墩厚1.80 米，桥墩长 5.90 米。跨径均为 3.00 米。

6. 沂南河阳桥

河阳桥位于临沂市沂南县大庄镇河阳北村，跨沂河支流玉交沟上，东西走向。建于唐代。

河阳桥是一座 3 孔石拱桥。桥面为弧形，铺砌条形石板，两侧有节间式石栏杆，每侧有望柱 8 根，栏板 7 块，抱鼓石 2 块。桥面宽 6.50米，桥长 18.00 米。

侧墙用块石砌筑，上顶有单层仰天石。桥台是凹字形，前墙长 7.00米。桥墩两端是方形，桥墩厚约 1.00 米。拱碹是半圆形纵联式结构，无拱眉。中孔跨径 4.80 米，边孔跨径 3.60 米。

7. 沂南信量桥

信量桥位于临沂市沂南县辛集乡苗家曲村,跨潮沽河上,该桥的始建年代不详,明正统末年(1449 年)重修。

信量桥是一座 11 孔等跨径石拱桥。桥堍和桥面上铺砌条形石板,全桥大致是平面,两侧有节间式石栏杆。桥面全宽 4.60 米,净宽 3.50 米,桥面长 40.00 米,桥全长 57.70 米。

侧墙用料石砌筑,上顶有单层仰天石。桥台属燕翅形,前墙长 5.80 米。桥墩两端为尖形。拱碹是类似三心圆弧形纵联式结构,拱圈厚 40 厘米,龙门上各有一只石雕龙头,碹脸外边镶有拱眉石。跨径均为 4.20 米。

8. 青州万年桥

万年桥位于青州市城北门外,跨南阳河上,原名南阳桥。宋明道二年(1033 年)建木桥。明万历二十二年(1594 年)改建成 7 孔石拱桥。清康熙二十五年(1686 年)被水冲毁,继而兴工修复,康熙三十五年(1696 年)告竣。

万年桥是一座 7 孔等跨径石拱桥。桥堍和桥面上铺砌花岗岩石板,桥面大致为平面。两侧有节间式青石栏杆,两端有抱鼓石,无通长地伏,望柱安装在一块长方形石板上,栏板的两端搭在方形石板上,栏板下面有空隙,可以排泄雨水。栏板上雕有"二十四孝图""松鹤同春""张良圯上遇黄石公"。望柱头上雕宝瓶、狮子。桥面宽 9.40 米,桥长 86.70 米。

侧墙用青石板砌筑,上顶有双层仰天石。桥台是凹字形,端墙后部有燕翅墙,前墙长 10.30 米。桥墩两端是尖形。拱碹是半圆形纵联式结构,碹脸外边有拱眉石,拱眉凸出于碹脸,拱眉与侧墙平。跨径均为 5.30 米。

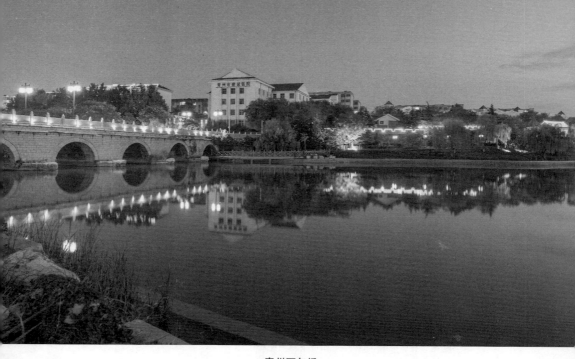

青州万年桥

9. 滕州兴隆桥

兴隆桥位于滕州市，清乾隆五年（1740 年）建。

兴隆桥是一座单孔石拱桥。桥面中部（拱顶上）高起为平面，两端是阶梯式坡道。两侧有节间式石栏杆。桥面宽 2.00 米，桥长 5.50 米。

侧墙用料石砌筑，上顶有单层仰天石。桥台是凹字形。拱碹是半圆形纵联分段并列式结构，有拱眉，拱眉凸出于碹脸，拱眉与侧墙平。跨径 3.85 米。

10. 枣庄罗锅桥

罗锅桥位于枣庄市薛城区邹坞镇中陈郝村，跨于流经中陈郝村的薛河支流蟠龙河上，南北走向。建造年代无记载。

罗锅桥是一座单孔石拱桥。桥墩和桥面上铺砌青石板，桥面隆起较高，桥堍上是坡道，无栏杆。桥面宽 6.00 米，桥长 30.00 米。

侧墙用青石板砌筑，上顶有单层青石仰天石。桥台是凹字形，拱碹是半圆形纵联式结构，无拱眉，跨径 7.00 米。

第七节　山西省石拱桥

全省石拱桥共有 17 座。

1. 长治红梅寺桥

红梅寺桥位于长治市，在红梅寺南面，跨山间排水沟上。建于隋代末年或唐代初年。

今存红梅寺桥是一座单孔石拱桥。桥面上铺砌花岗岩石板，桥面略显圆弧形。两侧有节间式青石栏杆，下面有青石地伏。桥面宽 6.50 米。桥长 14.50 米。

侧墙是用料石砌筑，上面有双层仰天石组成的金边线。桥台两侧有燕翅墙，前墙长 7.70 米。拱碹是纵联式结构，无拱眉，碹脸与侧墙平，西面碹脸上部两边的侧墙上各有一只石雕龙头，东面的对应位置上各有一个龙尾。跨径 7.00 米。

2. 襄垣通济桥

通济桥位于长治市襄垣县，建于明代。清代重修。

通济桥是一座单孔石拱桥。桥面铺砌条形石板，桥面为平面。两侧有节间式石栏杆。下面有青石地伏。桥面宽 6.40 米，桥长 11.70 米。

侧墙用料石砌筑，上面有单层青石仰天石组成的金边线。桥台有燕翅墙，前墙长 7.60 米。拱碹是半圆形纵联式结构，碹脸外边镶有拱眉石，拱眉凸出于碹脸，拱眉与侧墙平。跨径 6.45 米，矢高 3.20 米。

3. 襄垣永安桥

永安桥又名"桥上桥"，位于长治市襄垣县侯堡镇桥上村西，东西走向。据民国《襄垣县志》记载，清末在桥上村西修建石桥，石桥上下重叠，下层桥拱碹是纵联式，用沙石镶面。上层桥拱碹是纵联式，用青石料砌筑，用青砖镶面，故称"桥上桥"。

在桥北端有清道光十一年（1831 年）立的修桥石碑，该桥应该是在清道光十一年（1831 年）前不久建成。

永安桥是一座双层单孔石拱桥。上层桥的桥塊和桥面上铺砌青石板，两侧有砖砌桥栏杆。桥面宽 6.20 米，桥梁全长 50.00 米。

侧墙用青砖砌筑，上顶有单层青石仰天石。桥台是凹字形，端墙与侧墙为整体。拱碹是半圆形纵联式结构，碹脸用青砖砌筑，无拱眉。

下层桥大部分被埋没，仅外露局部碹脸。

4. 襄垣永惠桥

永惠桥位于长治市襄垣县城北门外，跨甘水河上，南北走向。始建于金天会年间（1123—1137 年）。

永惠桥是一座单孔石拱桥。桥面铺砌青石板，桥面略显圆弧形。两侧有节间式石栏杆。下面有青石地伏。桥面宽 7.50 米，桥长 28.50 米。

侧墙用料石砌筑，上面有单层青石仰天石组成的金边线。桥台有燕翅墙，前墙长 9.00 米。拱碹是半圆形纵联式结构，碹脸外边镶有拱眉石，拱眉凸出于碹脸，拱眉与侧墙平。跨径 12.80 米。

5. 晋城景德桥

景德桥原名"沁阳桥"，俗称"西大桥"，位于晋城市城西门外，跨沁水河上，东西走向。该桥始建于金大定二十九年（1189 年），明昌二年（1191 年）建成。清乾隆四十八年（1783 年）重修，更名"景德桥"。

景德桥是一座单孔类似敞肩式石拱桥。桥面为正圆弧形，两侧有节间式石栏杆，无地伏，桥栏杆置于仰天石上。桥面宽 5.90 米，桥长 33.00 米。

侧墙用料石砌筑，上面有双层仰天石组成的金边线。桥台是凹字形，端墙的外端有燕翅墙。拱碹为圆弧形并列式结构，由 25 道拱碹石构成，碹脸外边有拱眉石，拱眉凸出于碹脸，又凸出于侧墙。跨径 21.00 米。

拱碹上面两端各有一个小跨径孔，拱碹是半圆形纵联式结构，碹脸龙门上有石雕龙头。碹脸外边有拱眉石，拱眉凸出于碹脸，又凸出于侧墙。内侧拱脚建在大拱碹上，外拱脚建在桥台上。跨径是 3.10 米。

6. 晋城迎旭桥

迎旭桥位于晋城市大箕乡大箕村，跨大箕河上，南北走向。清康熙十一年（1672 年）兴工修建，翌年（1673 年）六月告竣。

建造年代无考。

今存迎旭桥是一座单孔石拱桥。桥上无栏杆，亦无地伏。桥面宽 4.90 米，桥长 18.60 米。侧墙用条石砌筑，上顶有单层仰天石，其断面为矩形。桥台利用山脚岩壁开凿而成。端墙外端有燕翅墙。拱碹是圆弧形并列式结构，共有 17 道拱碹石，碹脸上雕有花饰，龙门上有龙头，碹脸外镶有拱眉石。拱眉凸出于碹脸，又凸出于侧墙。跨径 16.50 米。

7. 晋城永固桥

永固桥位于晋城市跨丹河上，清康熙四十五年（1706 年）建，乾隆二十四年（1759 年）四月初一重建。

永固桥是一座单孔石拱桥。桥面上铺砌条形石板，桥面略显圆弧形。两侧有节间式青石栏杆，下面有青石地伏。桥面宽 6.55 米，桥长 14.00 米。

侧墙用料石砌筑，上面有单层仰天石组成的金边线。桥台两侧有燕翅墙，前墙长 7.80 米。拱碹是半圆形纵联式结构，拱厚 30 厘米，碹脸外边有拱眉石，拱眉凸出于碹脸，拱眉与侧墙平。跨径 7.15 米。上游面拱碹的两边侧墙上各有一个龙头，下游面拱碹的两边侧墙上各有一个龙尾。

8. 泽州周村桥

周村桥位于晋城市泽州县周村镇，建造年代无记载。

周村桥是一座单孔石拱桥。桥面略显弧形，两侧有节间式石栏杆。桥面宽 5.50 米，桥长 19.00 米。

侧墙用料石砌筑，上顶有单层仰天石。桥台是凹字形。

拱碹是圆弧形并列式结构，碹脸、拱眉与侧墙平。跨径 8.30 米。

桥台上各有一个小跨径孔，拱碹是半圆形，无拱眉。跨径 90 厘米。

9. 平遥惠济桥

惠济桥位于晋中市平遥县，建于清康熙十年（1671 年）。

惠济桥是一座 9 孔等跨径石拱桥。桥垛和桥面上铺砌条形石板，两侧有节间式石栏杆，桥面宽 7.40 米，桥长 80.00 米。

侧墙用料石砌筑，上顶有单层仰天石。桥台是凹字形，前墙长 7.50 米。桥墩两端与拱脚齐平，桥墩长 7.50 米。拱碹是半圆形纵联式结构，有拱眉，拱眉凸出于碹脸，拱眉与侧墙平。

10. 临汾高河桥

高河桥位于临汾市。明嘉靖十年（1531 年）建。

今存高河桥是一座 5 孔石拱桥。桥面上铺砌不规则石板。两侧的栏杆无存，青石地伏犹存。桥面宽 9.80 米，桥长 68.30 米。

侧墙用乱石砌筑，上面有单层矩形断面的仰天石。桥台两侧有燕翅墙，前墙长 11.00 米。桥墩上游端是尖形，下游端是方形。拱碹是半圆形纵联式结构，碹脸与侧墙取平。跨径由北向南依次是 8.50 米、9.20 米、10.00 米、9.20 米、8.60 米。

11. 霍州安济桥

安济桥位于霍州市，跨南涧河上。清康熙四十六年（1707 年）建。

安济桥是一座 3 孔石拱桥。桥塬和桥面上铺砌条形石板，桥面略显圆弧形。两侧有节间式石栏杆，下面有青石地伏，桥面宽 6.70 米，桥长 45.00 米。

桥塬翼墙和侧墙用料石砌筑，上顶有单层仰天石组成的金边线。桥台两侧有燕翅墙，桥墩上游端是尖形，下游端是方形。拱碹是半圆形，上半部是纵联式结构，龙门上各有一个龙头，无拱眉，碹脸与侧墙平。下半部分是一段并列式结构，碹脸外面有拱眉。中孔跨径 5.00 米，边孔跨径 4.20 米。

12. 曲沃交里桥

交里桥位于临汾市曲沃县，跨浍河上。清康熙九年（1670 年）建。

今存交里桥是一座 7 孔石拱桥。桥塬和桥面上铺砌条形石板，桥面大致为平面。两侧有节间式石栏杆，无地伏，桥栏杆置于仰天石上。桥面宽 7.70 米，桥长 141.00 米。

桥塬翼墙和侧墙用料石砌筑，上顶有单层仰天石组成的金边线。桥台是燕翅形，桥墩上游端是尖形，下游端是方形。拱碹是半圆形纵联式结构，碹脸外边有拱眉石，拱眉凸出于碹脸，拱眉与侧墙取平。跨径均为 8.00 米。

13. 襄汾通惠桥

通惠桥位于临汾市襄汾县古城镇北街与京安村之间豁都峪涧河上，明弘治五年（1492 年）建。

今存京安桥是一座5孔石拱桥。桥面上铺砌花岗岩石板，桥面大致为平面。两侧有节间式青石栏杆，下面有青石地伏。桥面宽7.00米，桥长62.00米。

翼墙和侧墙是用条形石板砌筑，上面有单层仰天石。桥台两侧有燕翅墙，前墙长7.80米。桥墩两端是尖形，桥墩厚数据暂缺，桥墩长数据暂缺。拱碹是半圆形纵联式结构，碹脸外边有拱眉，拱眉凸出于碹脸，跨径均为7.40米。

14. 右玉广义桥

广义桥位于朔州市右玉县，建造年代无考。

今存广义桥是一座单孔石拱桥。桥面铺砌条形石板，桥面为平面。两侧有节间式石栏杆，每侧有22根望柱，栏板21块，栏杆端部有抱鼓石，望柱的柱头有雕兽，也有圆球形，石件多有残缺损。下面有青石地伏。桥面宽6.75米，桥长24.40米。

侧墙用料石砌筑，上面有单层青石仰天石组成的金边线。桥台有燕翅墙，前墙长8.00米。拱碹是半圆形纵联式结构，碹脸外边镶有拱眉石，拱眉凸出于碹脸，拱眉与侧墙平。跨径14.00米。

15. 右玉平丰桥

平丰桥位于朔州市右玉县，跨二道沟上。清雍正元年（1723年）建单孔石拱桥。乾隆十八年（1753年），拱碹被水毁，是年重修，改石拱碹为砖拱碹。

今存平丰桥是一座单孔砖石混合结构拱桥。桥塝和桥面上铺砌青石板，桥面大致是平面。两侧有节间式青石栏杆，下面有青石地伏。桥面宽7.00米，桥长50.00米。

侧墙的下部用料石砌筑，上部用砖材砌筑，上面有单层青石仰天石组成的金边线。桥台有燕翅墙，前墙长8.20米。拱碹是半圆形，主拱圈用砖材砌筑，两端是石碹脸，无拱眉，碹脸与侧墙取平。跨径5.00米。

16. 太原豫让桥

豫让桥又名"赤桥",位于太原市赤桥村,在晋祠以东,跨晋水北河上,东西走向。建于明代。

豫让桥是一座单孔石拱桥。桥面上铺砌青石板,桥栏杆无存,青石地伏尚存。桥面宽 5.20 米,桥面长 9.20 米。

侧墙是用青石板砌筑,上顶有单层仰天石。桥台被埋没,桥孔大部分被埋没,拱碹可能是半圆形纵联式结构,无拱眉。跨径 6.50 米。

17. 原平普济桥

普济桥位于原平市城北崞阳镇南门外,俗称南桥,跨护镇河上。始建于金泰和三年(1203 年),宋咸淳元年(1265 年)重建。清雍正年间(1723—1735 年)重修。至今仍保持金代石桥雄姿和瑰丽艺术。

普济桥是一座单孔类似敞肩式石拱桥。桥塊和桥面上铺砌青石,桥面纵断呈正圆弧形竖曲线,两侧有节间式石栏杆,望柱是平顶方形柱头,栏板是实体板,下面有矩形断面的地伏石。桥面宽 8.00 米,净宽 6.70 米,桥面长 24.20 米,全长 30.00 米。

侧墙用条形石板砌筑,上面有单层仰天石组成的金边线。桥台是凹字形,前墙长 8.00 米。端墙很长,其外端有燕翅墙。拱碹是圆弧框形纵联式结构,碹脸龙门上有石雕龙头。碹脸上雕刻花饰图案,碹脸外边有拱眉石,拱眉凸出于碹脸,又凸出于侧墙。跨径 20.00 米。

拱碹上面两端各有两个小跨径孔,拱碹均为半圆形纵联式结构,碹脸龙门上有石雕龙头。碹脸外边有拱眉石,拱眉凸出于碹脸,又凸出于侧墙。内侧的小孔建在大拱碹上,外侧小孔建在大拱碹两端,其内拱脚建在大拱碹上,外拱脚建在桥台上。内侧小孔的跨径是 1.80 米,外侧小孔的跨径是 3.20 米。

桥梁的南北两端各有一段铺砌青石板的路堤,南堤长 28.5 米,北堤长 34.5 米。

第八节 上海市石拱桥

全市石拱桥共计 16 座。

1. 宝山大通桥

大通桥俗称"三官堂桥",位于上海市宝山区车墩镇南门村,跨官绍塘上,东西走向。始建于明成化八年(1472 年),清雍正八年(1730 年)重建,嘉庆十三年(1808 年)重修。

大通桥是一座单孔石拱桥。桥面中部(拱顶上)高起为平面,两端是阶梯式坡道,两侧有节间式石栏杆,每侧有 8 根望柱,7 段石栏板,端望柱与河岸上的石栏杆相连接。桥面宽 4.50 米,桥面长 18.00 米,全长 40.00 米。

侧墙是用料石砌筑,上顶有单层仰天石。桥台是凹字形,前墙长 4.90 米。拱碹是半圆形纵联分段并列式结构,由 6 道纵联石和 7 段拱碹石构成,碹脸外边有双线拱眉石,拱眉凸出于碹脸,拱眉与侧墙取平。跨径 8.50 米。

碹脸上方两边的侧墙上各有一个勾头石,桥孔两边的侧墙上各有一根桥联柱,上顶有勾头石。

2. 宝山三里桥

三里桥位于上海市宝山区车墩镇华阳街,跨盐铁塘上,南北走向。始建年代不详,清嘉庆年间(1796—1820 年)重修。

三里桥是一座单孔石拱桥。桥墩和桥面上铺砌青石板,桥面中(拱顶上)高起为平面,两端是阶梯式坡道,两侧原有石栏杆,今已无存,桥面宽 3.50 米,桥长 20.00 米。

侧墙用青石板砌筑。上顶有单层仰天石。桥台与石板砌筑的河岸为一体。拱碹是半圆形纵联分段并列式结构,无拱眉,跨径 8.50 米。

3. 嘉定登龙桥

登龙桥位于上海市嘉定区，跨练祁河上，南北走向。始建于南宋淳祐五年（1245 年）。元代重修，称"州桥"。明代重修，改名"登龙桥"。

登龙桥是一座单孔石拱桥。桥面中部（拱顶上）为平面，两端是阶梯式坡道，南北两坡各有 13 级台阶，两侧有节间式石栏杆。桥面宽 5.90 米，桥长 13.00 米。

侧墙用料石砌筑，上顶有单层仰天石。桥台是凹字形。拱碹是半圆形纵联分段并列式结构，拱眉凸出于碹脸，又凸出于侧墙。跨径 5.70 米，矢高 3 米。

4. 嘉定高义桥

高义桥位于上海市嘉定区西门外，跨于街河上。此桥始建于元代，明万历年间（1573—1620 年）重修。

今存高义桥是一座单孔石拱桥。桥面中部（拱顶上）高起为平面，两端是阶梯式坡道，两侧有节间式石栏杆，每侧有 4 根望柱，3 块石栏板，两块抱鼓石。无地伏，桥栏杆置于仰天石上。桥面宽约 4.00 米，桥长 26.00 米。

侧墙用料石砌筑，上顶有单层仰天石。桥台是凹字形，前墙长 4.00 米。拱碹是半圆形纵联分段并列式结构，碹脸外边有拱眉石，拱眉凸出于碹脸，拱眉与侧墙取平。

碹脸上方两边的侧墙上各有一个勾头石，桥孔两侧（桥台上）的侧墙上各有一根桥联柱，上顶有勾头石。

东西两侧的桥柱上刻有对联，东侧的上联是"长虹彩射金沙塔"，下联是"半月潮连合浦门"。西侧的上联是"西城万户稻梁入"，下联是"东望千艘吉贝来"。（注：金沙塔即法华塔，吉贝即棉花。）

5. 嘉定天恩桥

天恩桥位于上海市嘉定区南翔镇，跨横沥河上。明嘉靖年间建木桥，命名"真圣堂桥"。清顺治年间（1644—1661 年）改建成三孔石拱桥，易名"天恩"。

天恩桥是一座 3 孔薄拱薄墩轻型石拱桥。桥面中部（中孔上）高起为平面，两端是阶梯式坡道。两侧有节间式石栏杆，每侧有望柱 4 根，栏板 3 段石栏板，两端各有一块抱鼓石。无地伏，桥栏杆置于单层仰天石上。桥面宽 3.50 米，桥长 46.00 米。

侧墙用料石砌筑，上顶有单层仰天石。桥台是凹字形，桥台下部前面和两侧皆有小出台，前墙长约 3.50 米。桥墩两端与拱脚齐平，桥墩厚 85 厘米，桥墩长 3.50 米。拱碹是半圆形纵联分段并列式结构，中孔拱碹由 8 道纵联石和 9 段拱碹石构成，边孔拱碹由 6 道纵联石和 7 段拱碹石构成，碹脸外边有拱眉石，拱眉凸出于碹脸，又凸出于侧墙。中孔跨径 11.52 米，边孔跨径 5.50 米。

中孔碹脸上方两边的侧墙上各有一个勾头石，三孔之间（桥墩上）的侧墙上各有一根桥联柱，边孔外边的侧墙上各有一根桥联柱，上顶皆有勾头石。

桥联柱上皆有对联，长柱上是长联，均系 11 个字，短柱上是短联，北面的短柱上是 8 个字，南面的短柱上是 7 个字。

北面长联的上联是"境接吴淞势挟汪洋通万顷"，下联是"名颜真圣义兼廉让媲千秋"。

南面的长联上联是"人杰地灵白鹤来飞传胜迹"，下联是"风恬浪静彩虹耀映镇槎溪"。

北面短联的上联是"云际龙飞高凌百尺"，下联是"波间虹卧彩耀三槎"。

南面短联的上联是"省看桂子月中落"，下联是"定是仙槎海上来"。

清代诗人吕王辅有诗描绘曰："不是垂虹锁巨川，半湾脚底涌婵娟。

置身直拟浮槎客，抚景宁追掷杖仙。色冷印残千里足，影低画破一溪烟。未邀好酒丹阳尹，莫野风光笑独专。"

6. 金山寿带桥

寿带桥位于上海市金山区，建造年代无考。

寿带桥是一座单孔石拱桥。桥面大致是平面，两侧有节间式石栏杆。桥面宽3.50米，桥长22.75米。

侧墙用料石砌筑，上顶有单层仰天石。桥台是凹字形，前墙长约3.50米。拱碹是半圆形纵联分段并列式结构，碹脸、拱眉与侧墙平。跨径7.50米。

7. 闵行蒲汇塘桥

蒲汇塘桥位于上海市闵行区七宝镇，南北走向。始建于明正德年间（1506—1521年），初建是一座五孔石拱桥。清同治年间（1862—1874年）重建，改建成三孔石拱桥。

今存蒲汇塘桥是一座3孔石拱桥。桥面中部（中孔上）高起为平面，两端是阶梯式坡道，南北各有20级台阶，两侧有节间式石栏杆，每侧有8根望柱，7块石栏板，两块抱鼓石。无地伏，桥栏杆置于仰天石上。桥面宽5.45米，桥长29.00米。

侧墙是用条形石板砌筑，上面有双层仰天石。桥台是凹字形，前墙长5.50米，端墙较长，前面和两侧下部皆有小出台。桥墩两端为方形，四周下部有出台，桥墩厚85厘米，桥墩长5.50米。拱碹是半圆形纵联分段并列式结构，中孔由6道纵联石和7段拱碹石构成，边孔由4道纵联石和5段拱碹石构成，碹脸外边皆有拱眉石，拱眉凸出于碹脸，拱眉稍凸出于侧墙。中孔跨径11.25米，边孔跨径6.50米。

中孔拱碹上方两边的侧墙上各有一个勾头石。三孔拱碹之间（桥墩上）的侧墙上各有一根桥联柱，上端有勾头石。

8. 青浦普济桥

普济桥位于上海市青浦区金泽镇，建造年代无考。

今存普济桥是一座 3 孔薄拱薄墩轻型石拱桥。南北走向，桥面中部（中孔上）高起为平面，两端为阶梯式坡道，北端坡道是 26 级踏步，南端坡道是 30 级踏步。两侧有节间式石栏杆，每侧有望柱 4 根，栏板 3 段，两端各有一块抱鼓石。无地伏，桥栏杆置于仰天石上。桥面宽 4.05 米，桥梁全长 38.69 米。

侧墙用条形石板砌筑，上面有单层仰天石组成的金边线。桥台是凹字形，前面和两侧下部有出台，前墙长 4.10 米。桥墩的两端与拱脚齐平，四周有出台，桥墩厚 85 厘米，桥墩长约 4.00 米。

拱碹是纵联分段并列式结构，碹脸外边有拱眉石，拱眉凸出于碹脸，拱眉与侧墙取平。中孔跨径 9.16 米，矢高 4.37 米，南边孔跨径 5.31 米，矢高 2.60 米，北边孔跨径 5.29 米，矢高 2.54 米。

各孔碹脸上部两边的侧墙上各有一个勾头石，两个桥墩上（各孔之间）和边孔的外边侧墙上各有一根桥联柱，柱顶上有勾头石。

9. 青浦如意桥

如意桥位于上海市青浦区金泽镇，桥堍上建祖师庙，故此桥又称"祖师桥"。始建于元至元年间（1271—1294 年），明清两代皆有修葺，清光绪二十五年（1899 年）重建。

如意桥是一座单孔石拱桥。桥面中部（拱顶上）高起为平面，两端是阶梯式坡道，两侧有节间式石栏杆，无地伏，桥栏杆置于仰天石上。桥面宽 3.40 米，桥长 20.80 米。

侧墙用料石砌筑，上顶有单层仰天石。桥台是凹字形。拱碹是半圆形纵联分段并列式结构，拱眉凸出于碹脸，又凸出于侧墙。跨径 9.80 米。

碹脸上方两侧各有一个勾头石，桥孔两边的侧墙上有桥联柱，上顶有勾头石。

10. 青浦天王阁桥

天王阁桥位于上海市青浦区金泽镇，清康熙年间（1662—1722年）建。

今存天王阁桥是一座 3 孔薄拱薄墩轻型石拱桥。桥面中部（中孔上）高起为平面，两端是阶梯式坡道。两侧有节间式石栏杆，每侧有10 根望柱，9 块石栏板，两块抱鼓石。无地伏，桥栏杆置于仰天石上。桥面宽 4.50 米，桥长 30.00 米。

侧墙用条形石板砌筑，上面有双层仰天石。桥台是凹字形，前墙长4.50 米。端墙较长，前面和两侧下部皆有小出台。桥墩两端为方形，桥墩厚 85 厘米，桥墩长 4.50 米，四周下部有出台。拱碹是半圆形纵联分段并列式结构，中孔由 6 道纵联石和 7 段拱碹石构成，边孔由 4 道纵联石和 5 段拱碹石构成，碹脸外边皆有拱眉石，拱眉凸出于碹脸，拱眉稍凸出于侧墙。中孔跨径 11.30 米，边孔跨径 5.50 米。

中孔拱碹上方两边的侧墙上各有一个勾头石。三孔拱碹之间（桥墩上）的侧墙上各有一根桥联柱，上端有勾头石。

11. 青浦万安桥

万安桥位于上海市青浦区金泽镇。宋景定年间（1260—1264 年）建，明代和清代曾多次重修。

今存万安桥是一座单孔石拱桥。桥面略显弧形，两侧有节间式石栏杆，桥面宽 2.60 米，桥长 29 米。

侧墙用料石砌筑，上顶有单层仰天石。桥台是凹字形，前墙长 2.60米。拱碹是半圆形纵联分段并列式结构，碹脸外边有拱眉，拱眉凸出于碹脸，拱眉稍凸出于侧墙。跨径 9.80 米。

中国古桥志

12. 青浦紫石桥

紫石桥又名"普济桥",位于上海青浦区金泽镇颐浩寺前(寺已废),俗称圣堂桥,该桥由紫色花岗石建成。

南宋咸淳三年(1267年)《青浦县志》中已有普济桥的记载,说明普济桥建于南宋咸淳三年以前。《青浦县志》中又记载,清雍正初年,黄元东重整石栏。

今存普济桥是一座单孔石拱桥。桥堍和桥面上铺砌紫色砂岩石板,桥面中部(拱碹上)是圆弧形,两端是较为平缓的阶梯式坡道,南段坡道是20级踏步,北段坡道是21级踏步。两侧有砖石桥栏杆,上面有石帽,无地伏,砖栏杆砌筑在仰天石上。桥面宽2.75米,桥长26.70米。

侧墙用料石砌筑,上顶有双层仰天石,上层仰天石的外立面是平面,下层托石的外立面是圆弧形。桥台是凹字形,前面和两侧有出台,前墙长2.80米。拱碹是圆弧形分段并列式结构,碹脸外边有拱眉石,拱眉凸出于碹脸,拱眉与侧墙平。跨径10.50米。碹脸上部两边的侧墙上各有一个勾头石,勾头石的上面(仰天石下面)各有一个石雕龙头。

13. 青浦放生桥

放生桥位于上海市青浦区朱家角镇,跨漕港河上,始建于明隆庆五年(1571年),万历年间(1573—1620年)重修。只许在桥下附近放生鱼鳖,不许捕捞,故称此桥为"放生桥"。清嘉庆十七年(1812年)重建,嘉庆十九年(1814年)桥圮,当年修复。

放生桥是一座5孔薄拱薄墩轻型石拱桥。桥面(中孔上)高起为平面,两端是阶梯式坡道,两侧有节间式石栏杆,每侧有10根望柱,9段石栏板,两块抱鼓石。无地伏,桥栏杆置于仰天石上。桥面宽5.80米,桥梁全长70.80米。

侧墙用料石砌筑,上面有单层仰天石组成的金边线,桥台为凹字形,前墙长5.80米。前面和两侧下部有出台,端墙的外端与石砌河岸连砌。桥墩上游端与拱脚齐平，下游端伸出较长，两侧和下游端有出台（宽出拱脚），桥墩厚 80 厘米，桥墩长约 7.80 米。拱碹是半圆形纵联分段并列式结构，中三孔的拱碹由 8 道纵联石和 9 段拱碹石构成，次边孔由 6 道纵联石和 7 段拱碹石构成，边孔由 4 道纵联石和 5 段拱碹石构成，碹脸外边有双线拱眉石，拱眉凸出于碹脸，又凸出于侧墙。中孔跨径 13.00 米，次边孔跨径 10.00 米，边孔跨径 7.00 米。

中孔碹脸上方两边的侧墙上各有一个勾头石，各孔碹脸之间（桥墩上）和边孔外边的侧墙上各有一根桥联柱，上顶有一勾头石。

有诗云："长桥架彩虹，往来便市井。日中交易还，斜阳乱人影。"

14. 青浦泰安桥

泰安桥俗称"何家桥"，位于上海市青浦区朱家角镇圆津禅院门前，跨于漕港河上（东端），南北走向。建于明万历十二年（1584 年），清康熙二十四年（1685 年）乙丑重建。

泰安桥是一座单孔石拱桥。桥堍在河岸上，两侧是建筑。桥面中部（拱顶上）高起为平面，两端是阶梯坡道。两侧有节间式石栏杆，每侧有 6 根望柱，5 块石栏板（两面皆有雕刻花饰），栏杆两段与民房连接。无地伏，桥栏杆置于仰天石上。桥面宽 4.00 米，净宽 3.20 米，桥长 26.20 米。

侧墙用料石砌筑，上顶有单层仰天石。桥台的前墙与石砌河岸为一体。拱碹是半圆框形纵联式结构，碹脸外缘錾出拱眉线，拱眉与侧墙取平。跨径 8.60 米，矢高 4.35 米。

15. 松江大仓桥

大仓桥原名永丰桥，位于上海市松江区，跨松江市河上，南北走向。明天启六年（1626 年）建。

大仓桥是一座 5 孔薄拱薄墩轻型石拱桥。桥面中部（中孔上）高起为平面，两端是很长的阶梯式坡道，两侧有节间式石栏杆，桥面宽 5.00

米，净宽 3.90 米，桥长 54.00 米。

侧墙用料石砌筑，上面有单层仰天石组成的金边线。桥台为凹字形，前墙长 5.40 米，端墙很长，其端部与石砌河岸相连接。桥墩两端是方形，桥墩厚 95 厘米，桥墩长约 5.40 米。拱碴为纵联分段并列式结构，碴脸外边有拱眉，拱眉凸出于碴脸，又凸出于侧墙。跨径数据暂缺。

五孔碴脸上方两边的侧墙上各有一个勾头石，各孔拱碴之间（桥墩上）和边孔外边的侧墙上各有一根桥联柱，上端有勾头石。

16. 松江云间第一桥

云间第一桥原名"安龙桥"，亦称"跨塘桥"，位于上海市松江区松江镇中山路，跨古浦塘上，南北走向。始建于宋代，初建为木桥。明代改建石桥，请求取名"云间第一桥"。

云间第一桥是一座 3 孔石拱桥。桥面中部（中孔拱顶上）为平面，两端是阶梯式坡道，两侧有节间式石栏杆。桥面宽 4.50 米，桥长 41.00 米。

侧墙用料石砌筑，上顶有单层仰天石。桥台是凹字形，前墙长约 5.00 米。桥墩两端是方形，桥墩厚 95 厘米，桥墩长 5.00 米。拱碴是半圆形纵联分段并列式结构，有拱眉。拱眉凸出于碴脸，又凸出于侧墙。中孔跨径 12.00 米，边孔跨径 9.00 米。

第九节　江苏省石拱桥

全省石拱桥共计 101 座。

1. 常州本善桥

本善桥位于常州市金坛区清涪村，跨清涪河上。宋绍兴二十八年（1158 年）建，宝祐元年（1253 年）重修。

现存本善桥是一座单孔石拱桥。桥面是正圆弧形，两侧有节间式石栏杆，每侧有 6 根望柱，5 块栏板，两块抱鼓石。无地伏，桥栏杆安装在仰天石上。桥面宽 3.00 米，桥埠端宽 3.75 米，桥长 30.18 米。

侧墙用料石砌筑，上顶有单层仰天石。桥台是凹字形，前面和两侧下部有小出台。拱碹是半圆形分段并列式结构（龙门碹是纵联石），由 8 段拱碹石构成，无拱眉，碹脸与侧墙平。跨径 8.00 米。

2. 常州惠济桥

惠济桥位于常州市武进区，跨京杭大运河上，南北走向。始建于北宋宣和年间（1119—1125 年），曾是一座闸桥合一的木桥。清乾隆三十九年（1774 年）重修，取名"跨塘桥"。清道光年间（1821—1850 年）改建为石拱桥，更名"惠济"。民国二十年（1931 年）被水毁，民国二十二年（1933 年）重建。桥面标高 10.11 米。民国二十六年（1937 年）重阳（10 月 12 日），日本侵略军轰炸戚墅堰，惠济桥面被炸坏。抗战胜利后修复。1958 年"大跃进"时期，桥栏杆被拆除。1966 年"文革"期间"破四旧"时期，桥体大部分被破坏。1990 年修复。

惠济桥是一座单孔石拱桥。桥面中部（拱顶上）高起为平面，两端是阶梯式坡道，两侧有节间式石栏杆，无地伏，桥栏杆置于仰天石上。桥面宽 6.20 米，桥梁全长（包括引道）53.60 米。

侧墙用料石砌筑，上顶有单层仰天石。桥台是凹字形，前墙长 6.60 米。拱碹是半圆形纵联分段并列式结构，有拱眉，拱眉凸出于碹脸，拱眉与侧墙平。跨径 12.00 米。

碹脸上方两侧各有一个勾头石，桥孔两边的侧墙上有桥联柱，上顶有勾头石。东侧上联是"帆影西来趁顺道牙樯绘出桑麻两岸"，下联是"水光东去看横排雁齿汇成烟火千家"。

西侧上联是"城郭遥瞻二十里通津于兹砥拄"，下联是"江湖旁引千百年利济永屯苞桑"。

3. 常州兴隆桥

兴隆桥又名"葛家桥",俗称"梅港桥",位于常州市武进区下塘村,跨鹤溪河(梅港河,原名兴隆河)上。始建于明代,清雍正九年(1731年)重建,嘉庆十七年(1812年)重修,光绪二十一年(1895年)重修。

兴隆桥是一座单孔石拱桥。桥面中部(拱顶上)高起为平面,两端是阶梯式坡道,两侧有节间式石栏杆,桥面宽 3.15 米,桥长 19.10 米。

侧墙用料石砌筑,上顶有单层仰天石。桥台是凹字形,前墙长 3.50 米。拱碹是半圆形纵联分段并列式结构,有拱眉,拱眉凸出于碹脸,拱眉与侧墙平。跨径 6.50 米。

4. 常州广济桥

广济桥位于常州市钟楼区西仓街,始建于明正统十二年(1447年)。

广济桥是一座 3 孔石拱桥。桥面中部(中孔拱顶上)高起为平面,两端是阶梯式坡道,两侧有节间式石栏杆,桥面全宽 6.20 米,净宽 4.90 米,桥长 48.25 米。

侧墙用料石砌筑,上顶有单层仰天石。桥台是凹字形,前面和两侧下部有小出台,前墙长 6.80 米。桥墩两端是方形,四周有小出台,桥墩厚 1.00 米,桥墩长 6.80 米。拱碹是半圆形纵联分段并列式结构,碹脸外边镶有拱眉石,拱眉凸出于碹脸,又凸出于侧墙。中孔跨径 12.50 米,边孔跨径 9.50 米。

5. 南京板桥

板桥位于南京市雨花台区,跨板桥河上。清康熙二十七年(1688年)建。

今存板桥是一座 3 孔石拱桥。桥面中部(中孔上)高起为平面,两端是阶梯式坡道。两侧有节间式石栏杆，每侧有 4 根望柱和 3 段石栏板，两段各有一块抱鼓石。无地伏，桥栏杆置于仰天石上。桥面宽12.00 米，桥长 23.00 米。

侧墙用条形石板砌筑，上面有双层仰天石。桥台是凹字形，前墙长7.00 米。端墙较长，前面和两侧下部皆有小出台。桥墩两端为方形，桥墩厚 85 厘米，桥墩长 7.00 米。四周下部有出台。拱碹是半圆形纵联分段并列式结构，碹脸外边皆有拱眉石，拱眉凸出于碹脸，拱眉梢凸出于侧墙。中孔跨径 7.35 米，边孔跨径 5.50 米。

6. 南京江夏桥

江夏桥位于南京市高淳区，古柏镇戴家城村。据《高淳县志》记载，江夏桥建于明万历初年，原系木桥，万历末年改建成石桥，命名"江夏桥"。

今存江夏桥是一座 3 孔石拱桥。桥堍和桥面上铺砌条形石板，两侧有节间式石栏杆，每侧有望柱 8 根，栏板 7 块，抱鼓石两块。无地伏，桥栏杆置于仰天石上。桥面宽 4.70 米，桥长 44.00 米。

侧墙用料石砌筑，上顶有单层青石仰天石组成的金边线。桥台是凹字形，前墙长 4.70 米，前面和两侧下部有小出台。桥墩两端与拱脚取齐，四周有出台，桥墩厚 1.00 米，桥墩长 5.00 米。拱碹是半圆形纵联分段并列式结构，碹脸外边有拱眉石，拱眉凸出于碹脸，又凸出于侧墙。中孔跨径 10.00 米，边孔跨径 7.50 米。

7. 南京漆桥

漆桥位于南京市高淳区，建造年代无考。

今存漆桥是一座 3 孔石拱桥。桥面中部（中孔上）高起为平面，两端是较缓的坡道，桥面上铺砌条形石板，两侧有节间式石栏杆，每侧有望柱 8 根，栏板 7 块，抱鼓石两块。无地伏，桥栏杆置于仰天石上。桥面宽 4.50 米，桥长 39.00 米。

侧墙用料石砌筑，上顶有单层青石仰天石组成的金边线。桥台是凹字形，前墙长 4.50 米，前面和两侧下部有出台。桥墩属于薄型，两端与拱脚取齐，四周有出台，桥墩厚 1.00 米，桥墩长 4.80 米。拱碹是半圆形纵联分段并列式结构，碹脸外边有拱眉石，拱眉凸出于碹脸，又凸出于侧墙。中孔跨径 10.00 米，边孔跨径 7.00 米。

8. 南京童男桥

童男桥位于南京市江宁区，跨大河上，南北走向。始建于清光绪三十一年（1905 年）。

童男桥是一座单孔石拱桥。桥面中部（拱顶上）高起为平面，两端是阶梯式坡道，两侧有节间式石栏杆，桥面宽 4.00 米，桥长 15.30 米。

侧墙用料石砌筑，上顶有单层仰天石。桥台是凹字形，前墙长 4.50 米。拱碹是半圆形纵联分段并列式结构，无拱眉，跨径 5.00 米。

9. 南京长乐桥

长乐桥位于南京市溧水区东屏镇长乐村，跨溧水河上，南北走向。始建于宋代。

长乐桥是一座 3 孔石拱桥。桥面中部（中孔拱顶上）高起为平面，两端是阶梯式坡道，两侧有节间式石栏杆，桥面宽 3.70 米，桥长 36.00 米。

侧墙用料石砌筑，上顶有单层仰天石。桥台是凹字形，前墙长 4.20 米。桥墩两端是尖形，桥墩厚 1.00 米，桥墩长 4.20 米。拱碹是半圆形纵联分段并列式结构，无拱眉，中孔跨径 8.00 米，边孔跨径 6.00 米。

中孔拱碹上部两边的侧墙上有一对勾头石。

10. 南京蒲塘桥

蒲塘桥位于南京溧水区，跨蒲塘河上。明正德三年（1508 年）春二月兴工修建石桥，历时五年，于正德七年（1512 年）冬十月竣工，命名"蒲塘桥"。正德十年（1515 年）九月，改名"尚义桥"，并作《尚义桥记》。清乾隆年间（1736—1795 年）重修，复用原名"蒲塘桥"。

现存蒲塘桥是一座 9 孔薄拱薄墩轻型石拱桥。桥面中部（中孔上）为平面，两端是较缓的坡面，两侧有节间式石栏杆，望柱是方形柱头，栏板为实体板。地伏为矩形断面。桥面全宽 6.90 米，净宽 5.70 米，桥梁全长 91.30 米。

侧墙用花岗岩砌筑，上顶有单层仰天石组成的金边线。桥台是凹字形，前墙长 7.00 米。端墙后部两侧有燕翅墙，前面和两侧下部皆有小出台。桥墩用条形石板砌筑，自下而上有收分，两端是方形，两端伸出桥外较长。拱碹是半圆形纵联分段并列式结构，中三孔由 10 道纵联石和 11 段拱碹石构成，边孔由 6 道纵联石和 7 段拱碹石构成，其余四孔由 8 道纵联石和 9 段拱碹石构成。碹脸外边有拱眉石，拱眉凸出于碹脸，拱眉与侧墙取平。中孔跨径 10.60 米，向两端逐孔减小，边孔跨径 5.50 米。

11. 南京天生桥

天生桥位于南京市溧水区，跨胭脂河上，明洪武二十五年（1392 年）开凿运粮河，在山洞的上面形成一孔拱形天然构造体，通称"天生桥"。

桥面经过整修而形成平面，无栏杆，桥面宽 9.00 米，桥面长 34.00 米。桥台即山崖，跨径 20.00 米，桥孔净空 35.00 米。

12. 南京大中桥

大中桥位于南京市秦淮区通济门内，建造年代无考。

大中桥是一座 3 孔砖石拱桥。桥面宽 12.80 米，桥长 40.00 米。

侧墙用花岗岩石板砌筑，上面有单层青石仰天石。桥台是凹字形，前墙长 12.80 米。拱碹是半圆形纵联分段并列式结构，碹脸外边有拱眉石，眉石凸出于碹脸，又凸出于侧墙。中孔跨径 12.00 米，边孔跨径 9.00 米。

13. 南京九龙桥

九龙桥位于南京市秦淮区，因为近临通济门，亦称“通济桥”，跨外秦淮河上（秦淮河在城东分为内外两支流，内支流经东水关入城，从西水关出城。外秦淮河经武定门节制闸，环城一周），南北走向。始建于明代初年，清光绪十年（1884 年）重修。

九龙桥是一座 5 孔石拱桥。桥堍和桥面上铺砌青石板，两侧有节间式石栏杆，桥面宽 13.30 米，净宽 12.40 米，桥面长 51.00 米，全长 68.10 米。

侧墙用料石砌筑，上顶有单层仰天石。桥台是燕翅形，桥墩两端是尖形。拱碹是半圆形纵联分段并列式结构，无拱眉，中孔跨径 7.40 米，次边孔跨径 7.10 米，边孔跨径 6.80 米。

14. 南京七瓮桥

七瓮桥位于南京市秦淮区光华门外七桥村，跨秦淮河上，南北走向。明代修建，称“上坊桥”，清顺治六年（1649 年）重修，称“七桥瓮”或“七瓮桥”。

现存七瓮桥是一座 7 孔石拱桥。桥面略显穹隆形，两侧有节间式石栏杆，望柱不出头，通平式扶手，下面有较厚的地伏。桥面宽 14.20 米，净宽 13.00 米，桥面长 89.60 米，全长 99.70 米。

侧墙由料石砌筑，上顶有双层仰天石组成的金边线。桥台是凹字形，端墙后部有燕翅墙。桥墩上游端是尖形，下游端是方形。

桥台为凹字形，外端有燕翅墙，桥墩呈梭形（两端尖形），墩长 26.00 米，两端皆伸出桥身外 3.00 米，上游端上面各有一只卧式石雕镇水兽（共 6 只），兽头上仰。

拱碹是半圆形纵联分段并列式结构，每块拱碹石长 1.15 米、宽

0.50 米、厚 0.25 米，共有 242 块拱碹石。中孔跨径 12.00 米，边孔跨径 7.00 米。

中孔两边的侧墙上刻有"上方桥"三个大字。中孔碹石上刻有"清顺治六年重修"。

拱碹是半圆形纵联分段并列式结构，拱碹石长 1.15 米，宽 50 厘米，厚 25 厘米，共有 242 块。碹脸龙门上各有一石雕龙头。各孔拱碹上边两侧各有一个勾头石。中孔跨径 12.00 米，边孔跨径 7.00 米。

15. 南京玄津桥

玄津桥位于南京市秦淮区中山东路上，跨古杨吴城的护城河上，在逸仙桥南边，始建于明代初年。清康熙年间，为避讳康熙皇帝名字"玄烨"，改玄津桥为元津桥。

玄津桥是一座 3 孔石拱桥。桥堍和桥面上铺砌条形石板，桥面略呈圆弧形，两侧有节间式石栏杆，栏杆两端有一对石狮子。桥面宽 19.10 米，桥长 41.60 米。

侧墙用料石砌筑，上顶有单层仰天石。桥台是凹字形，端墙外有护岸石墙。桥墩两端是尖形。拱碹是半圆形纵联分段并列式结构，有拱眉，碹脸、拱眉与侧墙平。中孔跨径 12.50 米，边孔跨径 9.50 米。

16. 常熟程家桥

程家桥又名"二条桥"，位于常熟市虞山镇，跨山前塘上，南北走向（在头条桥以西一公里处）。始建于明代中期，清嘉庆二十二年（1817 年）重修。

程家桥是一座单孔石拱桥。桥面中部（拱顶上）高起为平面，两端是阶梯式坡道，北坡有 36 级台阶，南坡有 31 级台阶，两侧有节间式石栏杆，东面栏板上刻"南无阿弥陀佛"。桥面宽 3.30 米，桥长 31.80 米。

侧墙用料石砌筑，上顶有单层仰天石。桥台是凹字形，拱碹是半圆形纵联分段并列式结构，有拱眉，跨径 14.50 米，矢高 7.20 米。

17. 苏州觅渡桥

觅渡桥位于苏州市姑苏区葑门外，跨古运河上，此处原是渡口，元大德二年（1298 年）由僧人捐款修建石桥，是年十月兴工修建，大德四年（1300 年）三月竣工，取名"灭渡桥"。明正统年间（1436—1449 年）重修，清同治年间（1862—1874 年）再次重修，改称"觅渡桥"。

苏州觅渡桥

1951 年 5 月查看觅渡桥，该桥是一座单孔石拱桥，桥面中部略显正圆弧形，两端是阶梯式坡道，两侧有节间式石栏杆，无地伏，桥栏杆置于仰天石上。桥面宽 4.80 米，桥梁全长 81.30 米。

侧墙用条形石板砌筑，上顶有单层仰天石组成的金边线。桥台是凹字形，端墙很长。拱碹是半圆形分段并列式结构，由 7 段拱碹石构成，碹脸外边有拱眉石，拱眉与侧墙平。跨径 19.30 米。碹脸两边的侧墙上各有一个勾头石。

1958 年改修全桥桥面为正圆弧形，桥面两头各有一段较长的反弧形路面，桥栏杆改建成砖砌宇墙式。桥面宽和桥长依旧。

18. 苏州普济桥

普济桥位于苏州市姑苏区山塘街，跨山塘河上，南北走向。始建于清康熙四十九年（1710 年），乾隆五十八年（1793 年）重修，道光二十一年（1841 年）重修。

普济桥是一座 3 孔薄拱薄墩轻型石拱桥。桥面中部（中孔上）高起为平面，两端是阶梯式坡道，南坡有 26 级踏步，北坡有 30 级踏步。两侧有节间式石栏杆，每侧有 4 根望柱、3 段栏板和两块抱鼓石。无地伏，桥栏杆置于仰天石上。桥面宽 4.05 米，桥长 38.69 米。

侧墙用料石砌筑，上顶有单层仰天石组成的金边线。桥台是凹字形，前墙长 4.10 米。桥墩两端与拱脚齐平，桥墩厚 70 厘米，桥墩长 4.10 米。拱碹是半圆形纵联分段并列式结构，碹脸外边有拱眉石，拱眉凸出于碹脸，又凸出于侧墙。中孔跨径 9.16 米，矢高 4.37 米，南边孔跨径 5.31 米，矢高 2.60 米，北边孔跨径 5.29 米，矢高 2.54 米。

19. 苏州上津桥

上津桥位于苏州市姑苏区阊门外枫桥路东头，跨阊门古运河上，南北走向。始建年代不详，清同治五年（1866 年）重修。桥身西南侧金刚墙上刻有"丙寅年河道会重建"和"上津桥口北口公埠"等字。

今存上津桥是一座单孔石拱桥。桥面中部（拱顶上）高起为平面，两端铺设条石踏步，南 29 级，北 31 级。两侧有节间式砖石栏杆，每侧有 4 根望柱，3 段砖栏板，两端有抱鼓石。砖砌栏板上有青石帽（扶手），中间栏板上镶有一块石匾，刻"上津桥"三个大字。无地伏，桥栏杆砌筑在仰天石上。桥面宽 3.70 米，桥长 42.45 米。

侧墙用料石砌筑，上顶有单层仰天石。桥台的前墙与石砌河岸连砌为一体，拱碹是半圆形分段并列式结构，共 7 段拱碹石，碹脸外边有拱眉石，拱眉与侧墙平。跨径 12. 20 米。

有唐诗云："君到姑苏见，人家尽枕河。古宫闲地少，水港小桥多。"

白居易有诗曰："绿浪东西南北水，红栏三百九十桥。"

20. 苏州寿星桥

寿星桥位于苏州城东叶家弄，始建年代无考，宋绍兴十年（1140年）重修，改名"寿星桥"。

现存寿星桥是一座单孔石拱桥。桥面呈正圆弧形，两侧有板式石栏杆，无地伏，桥栏杆置于仰天石上。桥面宽 4. 00 米，桥长 18. 00 米。

侧墙顶上有单层仰天石组成的金边线。桥台是凹字形，前面和两侧有出台。拱碹是半圆形纵联分段并列式结构，由 6 道纵联石和 7 段拱碹石构成，碹脸外边有拱眉石，拱眉凸出于碹脸，又凸出于侧墙。跨径 4. 70 米，矢高约 2. 60 米。

碹脸上方两边的侧墙上各有一个勾头石。桥孔两边（桥台上）的侧墙上各有一根桥联柱，上顶有勾头石。

21. 苏州兴隆桥

兴隆桥位于苏州市姑苏区盘门外，跨大运河的支流大龙港上，建于清道光二十六年（1846 年）。

兴隆桥是一座单孔石拱桥。桥面中部高起为平面，两端是阶梯式坡道，两侧有节间式石栏杆，每侧有望柱 6 根，栏板 5 块，抱鼓石 2 块，无地伏，桥栏杆置于仰天石上。桥面宽 3. 50 米，桥长 18. 00 米。

侧墙是用料石砌筑，上顶有单层仰天石组成的金边线。桥台是凹字形，下部前面和两边有小出台。拱碹是半圆形纵联分段并列式结构，碹脸外边有拱眉石，拱眉凸出于碹脸，又凸出于侧墙。跨径 6. 40 米。

22. 苏州万年桥

万年桥位于苏州市姑苏区胥门外，跨外城河上，明洪武年间（1368—1398 年）建。

苏州万年桥

万年桥是一座 3 孔石拱桥。原有桥面中部（中孔上）高起为平面，两端是阶梯式坡道，两侧有节间式石栏杆。今存桥面呈正圆弧竖曲线，桥堍上为缓坡反圆弧竖曲线，两侧有石柱石栏杆，桥面宽 6.20 米，桥长 85.00 米。

侧墙用料石砌筑，上顶有单层仰天石。桥台是凹字形。桥墩两端是方形，桥墩厚 98 厘米，桥墩长 6.60 米。拱碹是半圆形纵联分段并列式结构，有拱眉，拱眉凸出于碹脸，又凸出于侧墙。中孔跨径 16.00 米，边孔跨径 11.20 米。

23. 苏州吴门桥

吴门桥位于苏州市姑苏区盘门外，跨古运河上，始建于北宋元丰七年（1084年），取名"新桥"。北宋末年桥毁于战火，南宋绍定年间（1228—1233年）重建，改建成3孔石拱桥，命名"吴门桥"。清同治十一年（1872年）又改建成单孔石拱桥。

今存吴门桥是一座单孔闸桥合一的砖石混合结构拱桥。桥面中部（拱顶上）高起为平面，两端是阶梯式坡道，南北坡道上各有50级踏步。桥面中部两侧有平直形砖栏杆，栏杆上镶有一块石匾，镌刻"吴门桥"。桥栏杆与砖砌侧墙为一体，两端的坡道上无栏杆。桥面宽4.80米，桥长66.30米。

侧墙用砖材砌筑，上顶有单层仰天石组成的金边线。桥台是凹字形，桥台前墙的两角各立一根方形石柱，前墙近上游端有一根竖立的石柱（竖向有闸口槽），三根石柱之间砌筑石板。拱碹是半圆形纵联分段并列式结构，由10道纵联石和11段拱碹石构成，碹脸外边有拱眉石，眉石凸出于碹脸，又凸出于侧墙。跨径16.00米。

苏州吴门桥

碹脸上部两边的侧墙上各有一个勾头石，桥孔两边的侧墙上各有一根桥联柱，上顶有勾头石。

24. 苏州彩云桥

彩云桥位于苏州市虎丘区横塘镇，跨运河上，东西走向，东端引桥折而北，与长堤相连。西端引桥南北落坡。始建年代无考，民国十七年（1928年）重修。因大运河拓宽，1992年将彩云桥按照原样迁建于胥江上。东边孔内的纤道取消。

现存彩云桥是一座3孔薄拱薄墩轻型石拱桥。桥面中部（中孔上）高起为平面，两端是阶梯式坡道。两侧有节间式石栏杆，每侧有望柱4根，栏板3块，抱鼓石两块。无地伏，桥栏杆置于仰天石上。桥面宽3.70米，桥长38.00米。

侧墙是用料石砌筑，上顶有单层仰天石组成的金边线。桥台是凹字形，前墙长3.70米。前面和两侧下部皆有小出台。桥墩的两端与拱脚取齐，四周有小出台，桥墩厚70厘米，桥墩长3.70米。拱碹均为半圆形纵联分段并列式结构，中孔是8道纵联石和9段拱碹石，边孔是6道纵联石和7段拱碹石，碹脸外边有拱眉石，拱眉凸出于碹脸，又凸出于侧墙。中孔跨径8.50米，边孔跨径7.20米。

中孔碹脸上方两边的侧墙上各有一个勾头石，桥墩上的侧墙上各有一根桥联柱，上顶有勾头石。

25. 苏州枫桥

枫桥位于苏州市虎丘区寒山寺以北，始建于唐代，唐代诗人张继《枫桥夜泊》诗曰："月落乌啼霜满天，江枫渔火对愁眠。姑苏城外寒山寺，夜半钟声到客船。"清乾隆三十五年（1770年）重修，同治六年（1867年）重建。

今存枫桥是一座单孔石拱桥。桥面中部高起为平面，两端是阶梯式坡道。两侧有节间式石栏杆，每侧有6根望柱，5段栏板，两块抱鼓石。无地

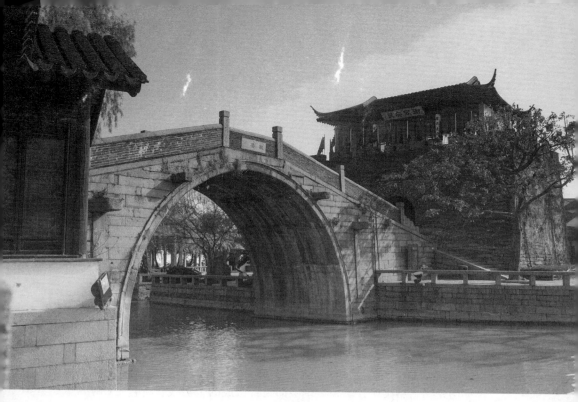

苏州枫桥

伏，桥栏杆置于仰天石上。桥面宽5.27米，净宽4.20米，桥长39.60米。

　　侧墙用料石砌筑，上顶有单层仰天石组成的金边线。桥台是凹字形，前墙长5.30米。端墙与石砌河岸连砌为一体，前面和左右两面皆有出台。拱碹是半圆形纵联分段并列式结构，由8道纵联石和9段拱碹石构成，碹脸外边有拱眉石，拱眉凸出于碹脸，拱眉与侧墙平。跨径10.00米。

　　碹脸上方两边的侧墙上各有一个勾头石，桥孔两边的侧墙上各有一根桥联柱，上顶有勾头石。

26. 苏州江村桥

　　江村桥位于苏州市虎丘区寒山寺门前，始建于唐代，清同治六年（1867年）重修。

　　今存江村桥是一座单孔石拱桥。桥面中部高起为平面，两端是阶梯式坡道。两侧有节间式石栏杆，每侧有 4 根望柱，3 段栏板，两块抱鼓石。桥面宽 4.50 米，桥长 27.50 米。

侧墙用料石砌筑，上顶有单层仰天石组成的金边线。桥台是凹字形，前墙长 4.50 米，前面和两侧下部皆有出台。拱碹是半圆形纵联分段并列式结构，由 8 道纵联石和 9 段拱碹石构成，碹脸外缘錾出拱眉线，拱眉与侧墙平。跨径 10.00 米。

碹脸上方两边的侧墙上各有一个勾头石，桥孔两边的侧墙上各有一根桥联柱，上顶有勾头石。

27. 苏州行春桥

行春桥又名九环洞桥，位于苏州市虎丘区石湖风景区。据史料记载，南宋淳熙十五年（1188 年）兴工建石桥，淳熙十六年（1189 年）建成。明成化年间（1465—1487 年）重修，崇祯年间（1628—1644 年）重建。

今存行春桥是一座 9 孔石拱桥。桥塊和桥面上铺砌条形石板，两侧有节间式青石栏杆，望柱为方形柱头，栏板为实体板，无地伏，桥栏杆置于仰天石上。桥面宽 5.20 米，桥长 54.00 米。

侧墙用花岗岩石板砌筑，上顶有双层青石板组成的金边线，上层石板（仰天石）的外立面为平面，下层石板（托石）的立面呈弧形。桥台两侧有燕翅墙，前墙前面下部有出台，前墙长 6.40 米。桥墩上游端是尖形，下游端是方形，下部四周有出台，拱碹是半圆形纵联式结构，无拱眉，碹脸与侧墙取平。中孔跨径 5.30 米，边孔跨径 3.50 米。

各孔拱碹之间（桥墩以上）的侧墙上各有一个龙头。

28. 苏州越城桥

越城桥位于苏州市虎丘区石湖风景区，始建于南宋淳熙年间（1174—1189 年），元至正，明永乐、成化，清康熙、乾隆、道光年间皆曾修葺，同治八年（1869 年）重建。

今存越城桥位于苏州越城镇，在石湖东岸边（旁边有行春桥），跨于北越来溪上，东西走向，是一座单孔石拱桥。桥堍和桥面铺砌花岗岩石板，桥面中部高起为平面，两端是很长的坡道。两侧有节间式石栏杆，每侧有 4 根望柱，3 段石栏板，两块抱鼓石。无地伏，桥栏杆置于仰天石上。桥面宽 3.60 米，桥长 33.20 米。

侧墙用料石砌筑，上面有单层仰天石。桥台是凹字形，前墙的两端伸出桥身以外，形成方台，桥台端墙的外面皆有较宽的出台，台宽约 1.00 米。拱碹是半圆形纵联分段并列式结构，由 8 道纵联石和 9 段拱碹石构成，碹脸外边有拱眉石，拱眉凸出于碹脸，又凸出于侧墙。跨径 9.50 米，矢高 4.80 米。

碹脸上方两边的侧墙上各有一个勾头石，桥孔两侧的侧墙上（桥台外出方台上）各有一根桥联柱，顶端有勾头石。

桥联柱上刻有对联，北面的上联是"波光万顷月色千秋"，下联是"碧草平湖青山一画"。南面的上联是"一堤杨柳影接行"，下联是"十里荷花香连水"。

29. 苏州洪恩桥

洪恩桥位于苏州市吴江区，跨街河上。明成化六年（1470 年）建。

洪恩桥是一座单孔石拱桥。桥面中部（拱顶上）高起为平面，两端是阶梯式坡道。两侧有节间式石栏杆，每侧有望柱 4 根，栏板 3 段，两端是抱鼓石。无地伏，桥栏杆置于仰天石上。桥面宽 3.25 米，桥长 13.31 米。

侧墙用花岗岩石板砌筑，上面有单层青石仰天石。桥台是凹字形，前面和两侧有出台，端墙两侧与河岸连砌为一体，桥堍在河岸上。拱碹是半圆形纵联分段并列式结构，碹脸外边有拱眉石，眉石凸出于碹脸，又凸出于侧墙。跨径 5.60 米。

30. 苏州吉利桥

吉利桥位于苏州市吴江区同里镇，在太平桥和长庆桥之间。清乾隆十年（1745 年）建。

吉利桥是一座单孔石拱桥。桥堍和桥面上铺砌花岗岩石板，桥面略显圆弧形。两侧有节间式石栏杆，每侧有 6 根望柱，5 块栏板，2 块抱鼓石。桥面宽 2.40 米，桥长 13.00 米。

桥堍翼墙和桥身侧墙是用花岗岩石板砌筑，上面有单层青石仰天石。桥台是凹字形，前墙长 2.80 米。拱碹是圆弧形并列式结构，碹脸外边有拱眉石，拱眉凸出于碹脸，拱眉又凸出于侧墙。跨径 5.00 米。

31. 苏州道南桥

道南桥位于苏州市吴江区黎里镇，跨市河支流南港河上，东西走向。据《黎里镇志》记载，道南桥在老街下岸，清康熙五十一年（1712年）建，光绪二十三年（1897 年）重修。

道南桥是一座单孔石拱桥。桥面中部（拱顶上）高起为平面，两端是阶梯式坡道，两侧有节间式石栏杆，桥面宽 2.75 米，桥长 17.30 米。

侧墙用料石砌筑，上顶有单层仰天石。桥台是凹字形。拱碹是半圆形纵联分段并列式结构，有拱眉。跨径 7.80 米，矢高 3.90 米。

32. 苏州东风桥

东风桥原名"太平桥""际恩桥"，俗称"相家桥"，位于苏州市吴江区黎里镇，跨市河上，南北走向。始建年代无考，始建于明成化十八年（1482 年），嘉靖十四年（1535 年）重建。

东风桥是一座单孔石拱桥。桥面中部（拱顶上）高起为平面，两端是阶梯式坡道，两侧有节间式石栏杆，每侧有 4 根望柱，3 块栏板，两块抱鼓石。桥面宽 4.20 米，桥长 18.00 米。

侧墙用料石砌筑，上顶有单层仰天石。桥台是凹字形。拱碹是半圆形纵联分段并列式结构，拱眉凸出于碹脸，又凸出于侧墙。跨径 8.15 米。

碹脸上方两侧有一个勾头石。桥孔两边的侧墙上各有一根桥联柱，上顶有勾头石。

33. 苏州青龙桥

青龙桥原名"际恩桥"，俗称"相家桥"，位于苏州市吴江区黎里镇。明成化十八年（1482 年）建。清乾隆十八年（1753 年）重建，道光二十九年（1849 年）重修。

青龙桥是一座单孔石拱桥。桥面中部（拱顶上）高起为平面，两端是阶梯式坡道，两侧有节间式石栏杆，桥面宽 3.75 米，桥长 35.00 米。

桥台是凹字形。拱碹是半圆形纵联分段并列式结构，拱眉凸出于碹脸，拱眉又凸出于侧墙。跨径 16.00 米。

34. 苏州广福桥

广福桥位于苏州市吴江区七都镇，明天启元年（1621 年）建。

广福桥是一座单孔石拱桥。桥面中部（拱顶上）高起为平面，两端是阶梯式坡道。两侧有节间式石栏杆，桥面宽 2.34 米，桥塅端宽 2.64 米，桥长 17.40 米。

侧墙用料石砌筑，上顶有单层仰天石。桥台是凹字形，拱碹是半圆形纵联分段并列式结构，有拱眉，跨径 6.90 米，矢高 3.17 米。

35. 苏州绍定桥

绍定桥位于苏州市吴江区七都镇东庙村，建于南宋时期。

绍定桥是一座单孔石拱桥。桥面中部（拱顶上）高起为平面，两端是阶梯式坡道，两侧有节间式石栏杆，桥面宽 4.25 米，桥长 18.50 米。

侧墙用料石砌筑，上顶有单层仰天石。桥台是凹字形。拱碹是半圆形纵联分段并列式结构，有拱眉，拱眉凸出于碹脸，拱眉与侧墙平。跨径 8.60 米。

两面碹脸上方的侧墙上有一对勾头石。

36. 苏州带福桥

带福桥原名“搭北桥”，位于苏州市吴江区，跨盛泽东港上。建于明天启四年（1624年），清乾隆三十二年（1767年）重建。

带福桥是一座3孔石拱桥。桥面中部（中孔拱顶上）高起为平面，两侧有节间式石栏杆，桥面宽4.00米，桥长47.00米。

侧墙用料石砌筑，上顶有单层仰天石。桥台是凹字形。桥墩两端是方形。拱碹是半圆形纵联分段并列式结构。有拱眉，中孔跨径19.00米，边孔跨径9.50米。

37. 苏州升明桥

升明桥位于苏州市吴江区盛泽镇，跨东白漾口上。始建年代无考，明崇祯十四年（1641年）重建。清雍正九年（1731年）重建。

现存升明桥是一座3孔薄拱薄墩轻型石拱桥。桥面中部（中孔上）高起为平面，两端是阶梯式坡道，两侧有节间式石栏杆，每侧有望柱4根，栏板3段，抱鼓石2块。无地伏，桥栏杆置于仰天石上。桥面宽25米，桥堍端宽5.45米，桥长46.94米。

侧墙用料石砌筑，上面有单层仰天石。桥台是凹字形，前墙长6.90米。桥墩两端是方形，拱脚四周有出台，桥墩厚1.00米，桥墩长6.90米。拱碹为半圆形纵联分段并列式结构，碹脸外边镶有双线拱眉，拱眉凸出于碹脸，又凸出于侧墙。中孔跨径10.70米，边孔跨径8.00米。每孔碹脸上方两边的侧墙上各有一个勾头石，桥墩上和边孔外边（桥台以上）的侧墙上各有一根桥联柱，上顶有勾头石。

38. 苏州挹翠桥

挹翠桥位于苏州市吴江区盛泽先蚕祠内，跨花园水池上。建造年代无考。

挹翠桥是一座单孔石拱桥。桥面中部（拱顶上）高起为平面，两端是阶梯式坡道，两侧有节间式石栏杆，桥面宽 3.50 米，桥长 14.00 米。

侧墙用料石砌筑，上顶有单层仰天石。桥台是凹字形。拱碹是半圆形纵联分段并列式结构，有拱眉，拱眉凸出于碹脸，拱眉与侧墙平。跨径 6.50 米。

两面碹脸上方的侧墙上有一对勾头石，桥孔两侧（桥台端墙以上）的侧墙上各有根桥联柱，上顶有勾头石。

39. 苏州双塔桥

双塔桥原名"双石桥"，位于苏州市吴江区七都镇双塔村（原李家港村），跨稽鱼漾上，南北走向。北头有一小岛，岛上有双塔，故名"双塔桥"。始建于明洪武年间（1368—1398 年），万历七年（1579 年）重修。清雍正九年（1731 年）重建，光绪二十七年（1901 年）重修。

双塔桥是一座单孔石拱桥。桥面中部（拱顶上）高起为平面，两端是阶梯式坡道。两侧有节间式石栏杆，桥面宽 4.50 米，桥长 48.00 米。

侧墙用料石砌筑，上顶有单层仰天石。桥台是凹字形，桥墩两端是方形，拱碹是半圆形纵联分段并列式结构，有拱眉。跨径 16.00 米。

40. 苏州垂虹桥

垂虹桥位于苏州市吴江区松陵镇，俗称长桥。此桥始建于北宋庆历八年（1048 年），是一座石墩台木梁桥，命名"利往桥"，而后几经重建。元泰定二年（1325 年）改建成 72 孔石拱桥，桥上中间建一座砖木结构亭，定名"垂虹"，两端各建一亭，定名"汇泽"与"砥定"，因年久失修，亭大部已塌陷。

今存垂虹桥，只有南端 4 孔是古代石拱桥，其他各孔均系 20 世纪 50 年代重建。原桥桥面宽 5.45 米，桥长 54.50 米。

41. 苏州三里桥

三里桥位于苏州市吴江区松陵镇北门外，跨于古京杭大运河上，东西走向，始建于元泰定元年（1324 年），明天顺六年（1462 年）重修，清嘉庆二年（1797 年）重建，光绪元年（1875 年）又重修，光绪十一年（1885 年）二月重建。

今存三里桥是一座单孔石拱桥。桥面中部（拱顶上）高起为平面，两端是阶梯式坡道，两侧有板式石栏杆，无地伏，桥栏杆置于仰天石上。桥面宽 4.65 米，桥塊外端宽 5.38 米。桥长 52.40 米。

侧墙用料石砌筑，上顶有单层仰天石。桥体上部（桥面）较窄，下部（拱脚和桥台端墙下部）较宽。桥台是凹字形，前面和两侧皆有外出台，西桥台前墙长 5.00 米。东桥台的前面和两侧出台宽约 60 厘米，前墙长 6.80 米。拱碹是半圆形纵联分段并列式结构，由 10 道纵联石和 11 段拱碹石构成，碹脸外边有拱眉石，拱眉凸出于碹脸，又凸出于侧墙。跨径 16.00 米，矢高 8.05 米。

碹脸上方两边的侧墙上各有一个勾头石，桥孔两边（桥台上）的侧墙上各有一根桥联柱，上顶有勾头石。

42. 苏州亭子桥

亭子桥位于苏州市吴江区，跨街河上，建造年代无考。

今存亭子桥是一座 3 孔薄拱薄墩轻型石拱桥。桥面中部（中空上）高起为平面，两端是坡道，坡道的两侧有节间式石栏杆，每侧各有望柱 3 根，栏板 2 块，抱鼓石一块。无地伏，桥栏杆置于仰天石上。桥面宽 7.00 米，桥长 98.00 米。桥上中部建砖木结构亭子。

侧墙用料石砌筑，上顶有单层仰天石。桥台的前墙与石砌河岸连砌为一体。桥墩的两端与拱脚齐平。拱碹是半圆形纵联分段并列式结构，碹脸外镶有拱眉石，拱眉凸出于碹脸，又凸出于侧墙。跨径均为 19.00 米。各孔碹脸的上方两边各有一个勾头石。

43. 苏州长庆桥

长庆桥又名"广利桥""福建桥"，俗称"谢家桥"，位于苏州市吴江区同里镇，在太平桥西边，在吉利桥东北方，跨东柳、稻穑两圩，东西走向。北宋庆历六年（1046 年）始建，明成化年间（1465—1487 年）改建。清康熙三十九年（1700 年）重建，同治十二年（1873 年）再次重建，乾隆二十九年（1764 年）重修。

长庆桥是一座单孔石拱桥。桥面隆起较高，两侧有节间式石栏杆，每侧有 4 根望柱，3 块栏板。桥面宽 1.75 米，两端的桥堍端宽 2.50 米，桥长 11.54 米。

侧墙用料石砌筑，上顶用单层仰天石。桥台与石砌河岸为一体。拱碹是半圆形纵联分段并列式结构。跨径 5.00 米。

龙门上刻"鲤鱼跳龙门"。南门桥孔两侧有桥联柱，西边的联柱上刻"共解囊金成利济，好留柱石待标题"，东边的联柱上刻"同治十二年桂月吉立"。

同里镇中心有三座古代石拱桥，即太平桥、吉利桥、长庆桥，三桥分别跨于三圩上，呈"品字形"。三桥之间相距不足 50.00 米。太平桥今已无存，太平桥地名尚存留。

44. 苏州富关桥

富关桥原名"庆荣桥"，位于苏州市吴江区同里镇，跨街河上，南北走向。建造年代不详。

富关桥是一座单孔石拱桥。桥面中部（拱顶上）高起为平面，两端是阶梯式坡道，两侧有节间式石栏杆，桥面宽 4.00 米，桥长 21.00 米。

侧墙用料石砌筑，上顶有单层仰天石。桥台是凹字形。拱碹是半圆形纵联分段并列式结构，有拱眉，拱眉凸出于碹脸，拱眉与侧墙平。跨径 7.00 米。

45. 苏州普安桥

普安桥俗称"小东溪桥"，位于苏州市吴江区同里镇，跨后港东溪上，南北走向。始建于明洪武二年（1369 年），弘治年间（1488—1505

年）重建。

普安桥是一座单孔石拱桥。桥面中部（拱顶上）高起为平面，两端是阶梯式坡道，两侧有节间式石栏杆，桥面宽 3.65 米，桥长 21.50 米。

侧墙用料石砌筑，上顶有单层仰天石。桥台是凹字形。拱碹是半圆形纵联分段并列式结构，有拱眉，拱眉凸出于碹脸，拱眉与侧墙平。跨径 7.00 米。

46. 苏州思本桥

思本桥又名"思汾桥"，位于苏州市吴江区同里镇潦浜村，跨市河上，东西走向。始建于南宋宝祐年间（1253—1258 年）。

思本桥是一座单孔石拱桥。桥面顶部是圆弧形，两端是阶梯式坡道，两侧有石栏杆。桥面宽 1.85 米，桥长 22.50 米。

侧墙用花岗岩石板砌筑，上顶有单层仰天石。桥台是凹字形。拱碹是半圆形纵联分段并列式结构，无拱眉。跨径 9.00 米。

47. 苏州乌金桥

乌金桥位于苏州市吴江区同里镇，跨于洪字圩和漆字圩会合处。建造年代无记载。

乌金桥是一座单孔石拱桥。桥面中部（拱顶上）高起为平面，两端是阶梯式坡道。两侧有节间式石栏杆。桥面宽 5.50 米，桥长 26.00 米。

侧墙用料石砌筑，上顶有单层仰天石。桥台是凹字形。拱碹是半圆形纵联分段并列式结构，有拱眉。跨径 8.00 米。

48. 苏州宝带桥

宝带桥又名"长桥"，位于苏州市吴中区长桥镇，在京杭大运河边，跨于澹台湖口玳河的出口处，属于大运河旁的纤道桥。宝带桥始建于唐元和十一年至十四年（816—819 年）。南宋绍定五年（1232 年）重建。

明正统十一年（1446年）重修。清康熙九年（1670年）被水毁，十二年（1673年）修复。清同治二年（1863年）因战乱，拆去宝带桥第九孔，导致26孔拱碹连续塌落，同治十一年（1872年）修复。民国二十六年（1937年）日寇飞机炸毁南端6孔拱碹。1956年上半年，南6孔按照原结构原形式修复。

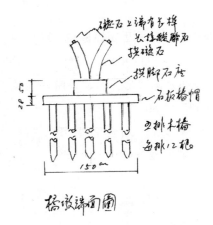
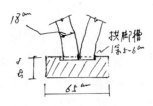

作者手稿：宝带桥

宝带桥是一座53孔薄拱薄墩轻型石拱桥。桥垛的平面为梯形，俗称喇叭形，桥垛和桥面上全部横向铺砌石板。桥面中部（第十四、十五、十六孔上）高起，两端均为平面，桥上无栏杆。桥面宽4.10米，桥身长249.80米。北桥垛长23.40米，南桥垛长43.06米，南北桥垛端宽均为6.10米，桥梁全长316.80米。

侧墙用条形石板砌筑，上顶有单层较厚的仰天石，石板面高出桥面，成为边牙石。桥台是凹字形，前面有出台，前墙长约4.50米，端墙很长，端墙的外端有燕翅墙。桥墩的两端均为方形，四周有出台（宽出拱脚），桥墩厚65厘米，桥墩长4.50米。拱碹是半圆形纵联分段并列式结构，碹脸的外边镶有拱眉石，各孔跨径，北起第十五孔6.90米，第十四和第十六孔是 6.00 米，其余各孔的净跨径为 3.90 米至 4.10 米。

桥两端各有一对石狮子，北端有一座碑亭，石碑上有乾隆题诗一首："金阊清晓放舟行，宝带春风波漾轻。孔五十三易疏泄，涨痕犹见与桥平。"北端还有两座石塔，石塔均为五层八面形式，塔高 4.00 米，每层八面，皆有佛龛，龛内有佛像。

有诗四首：

一片春帆杂野鸥，桃花随意着芳洲。洞庭山矮太湖阔，宝带桥中水乱流。

宝带桥头鹊啄花，金阊门外柳藏鸦。吴姬卷幔看花笑，十日春晴不在家。

澹台湖在县区西，利涉全资宝带功。山对楞伽邀串月，塘莲风水捍中风。

石狮对坐行人过，水鸟群飞钓艇通。乱石圮崩谁再建，捐资直欲媲王公。

49. 苏州东美桥

东美桥位于苏州市吴中区甪直镇，跨街河上。建造年代无记载。

东美桥是一座单孔石拱桥。桥面中部（拱顶上）高起为平面，两端是阶梯式坡道。两侧有节间式石栏杆，每侧有望柱 4 根，栏板 3 段，栏

苏州东美桥

杆的两端与河岸上的栏杆对接。无地伏，桥栏杆置于仰天石上。桥面宽3.10 米，桥长 34.20 米。

侧墙用花岗岩石板砌筑，上面有单层青石仰天石。桥台是凹字形，前面和两侧有出台，端墙两侧与河岸连砌为一体，桥垛在河岸上。拱碹是半圆形纵联分段并列式结构，由 6 道纵联石和 7 段拱碹石构成，碹脸外边镶有拱眉石，拱眉凸出于碹脸，又凸出于侧墙。跨径 7.30 米。

50. 苏州光福桥

光福桥位于苏州市吴中区，明天启元年（1621 年）建。

光福桥是一座单孔石梁桥。桥面中部（拱顶上）高起为平面，两端是阶梯式坡道，两侧有节间式石栏杆，桥面宽 2.34 米，桥垛端宽 3.35 米，桥长 16.10 米。

侧墙用花岗岩石板砌筑，上面有单层青石仰天石。桥台是凹字形，前面和两侧有出台，前墙长 3.00 米。拱碹是半圆形纵联分段并列式结构，碹脸外边镶有拱眉石，拱眉凸出于碹脸，又凸出于侧墙。跨径 6.90 米，矢高约 3.37 米。

桥孔两侧的侧墙上各有一根桥联柱，上顶有勾头石。

51. 苏州下津桥

下津桥位于苏州市吴中区甪直镇街东口，跨街河上，明万历年间（1573—1620 年）建。

今存下津桥是一座单孔石拱桥。桥面中部（拱顶上）高起为平面，两端是阶梯式坡道，各有 33 级踏步。两侧有节间式石栏杆，每侧有望柱 4 根，栏板 3 块，抱鼓石 2 块。中间栏板上镶有一块石匾，刻"下津桥"三个大字。无地伏，桥栏杆置于仰天石上。桥面宽 5.20 米，桥长58.00 米。

侧墙用条石砌筑，上顶有单层仰天石。桥台是凹字形，前面和两侧有出台，前墙长 5.60 米。拱碹是半圆形纵联分段并列式结构，碹脸外缘錾出拱眉线，拱眉凸出于碹脸，又凸出于侧墙。跨径 10.00 米。

碹脸上方两边的侧墙上各有一个勾头石，拱碹两边（桥台上）的侧墙上各有一根桥联柱，上顶有勾头石。

52. 苏州五龙桥

五龙桥位于苏州市吴中区，建造年代无记载。

今存五龙桥是一座 5 孔薄拱薄墩轻型石拱桥。桥面中部（中孔上）高起为平面，两端是阶梯式坡道。两侧有节间式石栏杆，每侧有望柱 6 根，石栏板 5 段，两端有抱鼓石。无地伏，桥栏杆置于仰天石上。桥面宽 6.50 米。

侧墙用料石砌筑，上顶有单层仰天石。桥台是凹字形，前面和两侧皆有出台。桥墩两端与拱脚齐平，下部四周有出台，桥墩厚 1.05 米，桥墩长 6.90 米。拱碹是半圆形纵联分段并列式结构，碹脸外边有拱眉石，拱眉凸出于碹脸，又凸出于侧墙。中孔跨径 18.00 米，次边孔跨径 16.50 米，边孔跨径 15.00 米。

53. 苏州正阳桥

正阳桥位于苏州市吴中区甪直镇，明万历年间（1573—1620年）建，命名"青龙桥"，崇祯初年重建，改名"正阳桥"，亦称"震阳桥"。

今存正阳桥是一座单孔石拱桥。跨街河上，桥面中部（拱顶上）高起为平面，两端是阶梯式坡道，各有 33 级踏步。桥面宽 5.20 米，桥长 58.00 米。

桥堍翼墙和桥身侧墙用花岗岩石板砌筑，上面有单层青石仰天石。桥台是凹字形，端墙很长，前面和两边有出台，前墙长 5.60 米。拱碹是半圆形纵联分段并列式结构，碹脸外边有拱眉石，拱眉凸出于碹脸，又凸出于侧墙。跨径 10.00 米。

54. 昆山富安桥

富安桥位于昆山市周庄，跨街河上，建造年代无考。

富安桥是一座单孔石拱桥。桥面中部高起为平面，两端是阶梯式坡道，两侧有节间式石栏杆，每侧有望柱 6 根，栏板 5 块，抱鼓石 2 块，无地伏，桥栏杆置于仰天石上。桥面宽 3.80 米，桥长 17.40 米。

侧墙用料石砌筑，上顶有单层仰天石组成的金边线。桥台是凹字形，下部前面和两边有小出台。拱碹是半圆形纵联分段并列式结构，碹脸外边有拱眉石，拱眉凸出于碹脸，又凸出于侧墙。跨径 6.60 米。

55. 昆山里和桥

里和桥又名"南塘桥"，俗称"观音桥"，位于昆山市锦溪镇，跨南市河上，南北走向，始建于南宋建炎三年（1129 年），明永乐五年（1407 年）重建，清乾隆十二年（1747 年）重建。

里和桥是一座单孔石拱桥。桥面中部（拱顶上）高起为平面，两端是阶梯式坡道，两侧有节间式石栏杆，桥面宽 3.50 米，桥长 23.40 米。

侧墙用料石砌筑，上顶有单层仰天石。桥台是凹字形，拱碹是半圆形纵联分段并列式结构，有拱眉，拱眉凸出于碹脸，拱眉与侧墙平。跨径 9.00 米。碹脸上方两侧有一对勾头石。在桥孔两边的侧墙上各有一根桥联柱，上顶有勾头石。

56. 昆山普庆桥

普庆桥俗称"俞家桥"，位于昆山锦溪镇，始建于明永乐七年（1409 年），清乾隆四十六年（1781 年）重修。

普庆桥是一座单孔石拱桥。桥面中部（拱顶上）高起为平面，两端是阶梯式坡道，两侧有节间式石栏杆，桥面宽 3.10 米，桥长 18.70 米。

侧墙用料石砌筑，上顶有单层仰天石。桥台是凹字形，拱碹是半圆形纵联分段并列式结构，有拱眉，拱眉凸出于碹脸，拱眉与侧墙平。跨径 6.60 米。

57. 昆山溥济桥

溥济桥俗称"陈家桥",位于昆山市锦溪镇,始建于明弘治二年
(1489 年),天启三年(1623 年)重修。

溥济桥是一座单孔石拱桥。桥面呈圆弧形,两侧有节间式木栏杆,
桥面宽 2.95 米,桥长 15.40 米。

侧墙用料石砌筑,上顶有单层仰天石。桥台与石板砌筑的河岸为一
体。拱碹是半圆形纵联分段并列式结构,无拱眉。跨径 5.80 米。

58. 昆山天水桥

天水桥俗称"观音桥",位于昆山市锦溪古镇,始建于明永乐五年
(1407 年),清顺治四年(1647 年)重修。

天水桥是一座单孔石拱桥。桥面中部(拱顶上)高起为平面,两侧
有节间式石栏杆,桥面宽 3.30 米,桥长 17.40 米。

侧墙用料石砌筑,上顶有单层仰天石。桥台与石板砌筑的河岸为一
体。拱碹是半圆形纵联分段并列式结构,有拱眉,拱眉凸出于碹脸,拱
眉与侧墙平。跨径 8.80 米。

59. 昆山陶家桥

陶家桥位于昆山市千灯古镇,明万历四十四年(1616 年)建,清
康熙五十五年(1716 年)重建。

现存陶家桥是一座单孔石拱桥。桥面中部高起为平面,两端是坡面
(中间是一条坡道,两边是梯道)。桥面中部建有一座四柱式瓦顶砖木结
构亭。桥面宽 5.80 米,桥长 28.40 米。

桥堍翼墙和桥身侧墙用花岗岩石板砌筑,上面有单层青石仰天石。
桥台是凹字形,端墙很长,前墙长 6.20 米。拱碹是半圆形分段并列式

结构，碹脸外有拱眉石，拱眉凸出于碹脸，拱眉与侧墙平。跨径
7.80米。

60. 昆山通秀桥

通秀桥位于昆山市，建于清乾隆三十九年（1774年）。

通秀桥是一座单孔石拱桥。桥面中部（拱顶上）为平面，两端是阶梯式坡道。桥面宽2.90，桥长11.70米。

侧墙用料石砌筑，上顶有单层仰天石组成的金边线。桥台是凹字形。拱碹是半圆形纵联分段并列式结构，碹脸外边有拱眉石，拱眉与侧墙平。跨径4.60米。

61. 昆山太平桥

太平桥位于昆山市周庄镇后港东口，连接城隍埭和蚬江街，跨街河上。明嘉靖年间（1522—1566年）建，清乾隆三十六年（1771年）重建。

太平桥是一座单孔石拱桥。桥面中部（拱顶上）高起为平面，两端是阶梯式坡道，两侧有节间式石栏杆，每侧有望柱4根，栏板3块，抱鼓石两块。桥面宽2.50米，桥长13.20米。

桥墩翼墙和桥身侧墙用料石砌筑，上面有单层青石仰天石。桥台的前墙与石板砌筑的河岸连砌为一体。拱碹是半圆形纵联分段并列式结构，由6道纵联石和7段拱碹石构成，碹脸外边有拱眉石，拱眉凸出于碹脸，拱眉与侧墙取平。跨径4.80米。

62. 昆山永安桥

永安桥位于昆山市周庄镇，永安桥左侧不远处，又有"世德桥"，永安桥和世德桥，通称"周庄双桥"。桥跨同一条街河上，南北走向，均系单孔石拱桥。建造年代无记载。

永安桥是一座单孔石拱桥。桥面中部（拱顶上）高起为平面，两端是阶梯式坡道。两侧有节间式石栏杆，每侧有望柱 4 根，栏板 3 段，两端是抱鼓石。无地伏，桥栏杆置于仰天石上。桥面宽 2.40 米，桥长 13.30 米。

侧墙用花岗岩石板砌筑，上面有单层青石仰天石。桥台是凹字形，前面和两侧有出台，前墙长 2.80 米。因为端墙很短，桥塝在河岸上。拱碹是半圆形纵联分段并列式结构，由 6 道纵联石和 7 段拱碹石构成，碹脸外边镶有拱眉石，拱眉凸出于碹脸，又凸出于侧墙。跨径 3.50 米。

63. 昆山贞丰桥

贞丰桥位于昆山市周庄全福路，跨街河上，始建年代无考，明崇祯七年（1634 年）重修，清雍正四年（1726 年）重建。

贞丰桥是一座单孔石拱桥。桥面中部高起为平面，两端是阶梯式坡道，两侧有节间式石栏杆，每侧有望柱 4 根，栏板 3 块，抱鼓石 2 块，无地伏，桥栏杆置于仰天石上。桥面全宽 3.60 米，净宽 2.80 米，桥长 12.20 米。

侧墙用料石砌筑，上顶有单层仰天石组成的金边线。桥台是凹字形，下部前面和两边有小出台。拱碹是半圆形纵联分段并列式结构，碹脸外边有拱眉石，拱眉凸出于碹脸，又凸出于侧墙。跨径 4.40 米。

64. 太仓皋桥

皋桥又名兴福桥，位于太仓市城内西门街，跨街河上，元代元统二年（1334 年）建，相传是兴福寺老僧募集施舍者捐款建造。

今存皋桥是一座单孔石拱桥。桥面是圆弧形，上面铺砌石板。两侧有节间式石栏杆，每侧有 4 根望柱，桥栏杆与河岸上的石栏杆对接。无地伏，桥栏杆置于仰天石上。桥面宽 4.27 米，桥长 15.03 米。

侧墙用料石砌筑，上顶有双层仰天石组成的金边线。桥台是凹字形，前墙长 4.90 米，端墙的外端与石砌河岸为一体。拱碹是半圆形分段并列式结构（龙门碹是纵联石），由 5 道纵联石和 6 段拱碹石构成，无拱眉，碹脸与侧墙平。跨径 9.90 米。碹脸上方两边的侧墙上各有一个勾头石。

65. 太仓金鸡桥

金鸡桥位于太仓市城厢镇新丰村，跨朱里泾河上，元至治二年（1322 年）建。

今存金鸡桥是一座单孔石拱桥。桥堍和桥面为弧形，铺砌青石板，中间有一块石板上雕有雄鸡高歌，故称"金鸡桥"。桥上无栏杆，两边各有一道较厚的边牙石（相当于仰天石）。桥面宽 2.37 米，桥长 11.70 米。

侧墙用料石砌筑，上顶有单层仰天石组成的金边线。桥台是凹字形，前墙长 4.00 米。拱碹是半圆形分段并列式结构，由 5 段拱碹石构成，每段拱碹石由 3 块或 4 块石件组成。碹脸外无拱眉石，碹脸与侧墙平。跨径 5.10 米。

端墙以上的侧墙上，各有一根石柱，石柱的上面有石座，石座端面上雕荷叶图案。

66. 太仓井亭桥

井亭桥位于太仓市城厢镇新丰村，建于元元统二年（1334 年），南北走向。因桥堍原有一座供过往行人休息的石亭而得名，此桥又名"众安桥"。

井亭桥是一座 3 孔石拱桥。桥面宽 3.37 米，桥长 16.70 米。中孔跨径 5.80 米。3 孔券石都是 5 道，每道以四五块青石砌成。中孔北面券石中央有一组铭文，铭文碑上有荷叶浮雕相邻，下有莲花浮雕相托。

67. 太仓州桥

州桥原名"安福桥",位于太仓市城厢镇府南街南端,横跨致和塘,建于元天历二年(1329 年)。

今存安福桥是一座 3 孔石拱桥。桥面中部(中孔上)高起为平面,两端是阶梯式坡道。两侧有板式石栏杆。无地伏,桥栏杆置于仰天石上。桥面宽 4.00 米,净宽 3.20 米,桥长 16.20 米。

太仓州桥

侧墙用料石砌筑,上顶有双层仰天石组成的金边线。桥台是凹字形,前面和两边有小出台,前墙长 4.40 米。桥墩的两端与拱脚取齐,四周有小出台,桥墩厚 1.00 米,桥墩长 4.40 米。拱碹是半圆形纵联分段并列式结构,中孔拱碹由 6 道纵联石和 7 段拱碹石构成,边孔拱碹由 4 道纵联石和 5 段拱碹石构成,碹脸外边有拱眉石,拱眉凸出于碹脸,拱眉与侧墙取平。中孔跨径 8.05 米,北孔跨径 6.20 米,南孔已淤塞。

68. 太仓周泾桥

周泾桥位于太仓市城内东街，跨于致和塘上，元延祐元年（1314年）建，周泾桥在元代即是漕船入海的门户，俗称"海门第一桥"。元至顺元年（1330年）重建。

今存周泾桥是一座3孔石拱桥。桥堍和桥面上铺砌青石板，桥面为圆弧形，两侧有石砌字墙式栏杆，无地伏，桥栏杆置于仰天石上。桥面宽4.58米，桥长17.26米。

侧墙用料石砌筑，上顶有双层仰天石组成的金边线。桥台是凹字形，前墙长5.20米，端墙很短，端墙与石砌河岸连砌为一体。桥墩两端与拱脚取齐，四周有小出台，桥墩厚70厘米，桥墩长4.90米。拱碹为半圆形纵联分段并列式结构，无拱眉，碹脸与侧墙取平。中孔跨径11.60米，边孔跨径7.60米。

69. 无锡帆影桥

帆影桥位于无锡市鼋头渚公园内，在鼋头渚旁边。建造年代无考。

帆影桥是一座单孔石拱桥。桥面中部（拱顶上）高起为平面，两端是阶梯式坡道，两侧有节间式石栏杆，桥面宽3.55米，桥长36.00米。

侧墙用料石砌筑，上顶有单层仰天石。桥台是凹字形，拱碹是半圆形纵联分段并列式结构，有拱眉，拱眉凸出于碹脸，又凸出于侧墙。跨径8.00米。

70. 无锡梁塘桥

梁塘桥位于无锡市滨湖区扬名乡，跨街河上，南北走向，于明万历年间（1573—1620年）修建。桥北端两侧的石碑记载，清光绪八年（1882年）重建。

梁塘桥是一座单孔石拱桥。桥面中部（拱顶上）高起为平面，两端是阶梯式坡道，南北两坡各有22级台阶。两侧原有节间式石栏杆，今尚存青石地伏，桥面宽3.00米。桥长21.00米。

侧墙用料石砌筑，上顶有单层仰天石。桥台是凹字形，前墙长 3.40 米。拱碹是半圆形纵联分段并列式结构，有拱眉，拱眉凸出于碹脸，又凸出于侧墙。跨径 7.00 米。

碹脸上方两侧各有一个勾头石。在桥孔两边的侧墙上各有一根桥联柱，上顶有勾头石。

71. 无锡巡塘桥

巡塘桥位于无锡市滨湖区巡塘古镇，跨巡塘河上，南北走向，始建于金代，于清光绪十四年（1888 年）重建。

巡塘桥是一座单孔石拱桥。桥面中部（拱顶上）高起为平面，两侧有石板栏杆，中间栏板下面的一块石板上镌刻着"重建古巡塘桥"六个大字。两端是阶梯式坡道，桥面宽 2.80 米，桥长 17.20 米。

侧墙用块石砌筑，上顶有单层仰天石。桥台是凹字形，前墙长 3.20 米。拱碹是圆弧形纵联式结构，有拱眉，拱眉凸出于碹脸，又凸出于侧墙。跨径 5.00 米。

72. 无锡扬名桥

扬名桥位于无锡市滨湖区，跨梁塘河上，南北走向，始建于明天顺二年（1458 年），天顺四年（1460 年）三月竣工。嘉靖年间（1522—1566 年）重建；清咸丰十年（1860 年）毁于战火；同治八年（1869 年）兴工重建，改单孔为三孔石拱桥，同治九年（1870 年）竣工。

扬名桥是一座 3 孔薄拱薄墩轻型石拱桥。桥面中部（中孔上）高起为平面，两端是阶梯式坡道。两侧有节间式石栏杆，每侧有望柱 4 根，栏板 3 段，抱鼓石 2 块。桥面宽 3.75 米，桥长 49.50 米。

侧墙用料石砌筑，上顶有单层青石仰天石组成的金边线。桥台是凹字形，前面和两侧下部有出台。桥墩两端与拱脚取齐，四周有出台，桥墩厚 10.50 米，桥墩长 4.20 米。拱碹是半圆形纵联分段并列式结构，均由 6 道纵联石和 7 段拱碹石构成，碹脸外边有拱眉石，拱眉凸出于碹脸，又凸出于侧墙。中孔跨径 12.00 米，边孔跨径 10.00 米。

73. 无锡陆墟桥

陆墟桥位于无锡市惠山区陆区镇，跨街河上，始建于南宋绍兴元年（1131 年）。

陆墟桥是一座单孔石拱桥。桥面中部（拱顶上）高起为平面，两端是阶梯式坡道，两侧有节间式石栏杆，桥面宽 3.00 米，桥长 19.00 米。

侧墙用料石砌筑，上顶有单层仰天石。桥台是凹字形，前墙长 3.40 米。拱碹是半圆形纵联分段并列式结构，有拱眉，拱眉凸出于碹脸，又凸出于侧墙。跨径 7.00 米。

碹脸上方两侧各有一个勾头石。

74. 无锡伯渎桥

伯渎桥原名"泰伯渎桥"，位于无锡市梁溪区，跨伯渎河上，位于清名桥东南。始建年代无考，清光绪三十四年（1908 年）重修。伯渎桥是一座单孔石拱桥，桥面中部（拱顶上）高起为平面，两端是阶梯式坡道，两侧有节间式石栏杆，桥面宽 3.00 米，桥长 30.00 米。

无锡伯渎桥

侧墙是用块石砌筑，上顶有单层仰天石。桥台是凹字形，前墙长3.40 米。拱碹是圆弧形纵联式结构，无拱眉。跨径 20.00 米。

75. 无锡定胜桥

定胜桥原名"永圣桥"，位于无锡市梁溪区，跨定胜河上，东西走向。始建于明成化二十年（1484 年），弘治十二年（1499 年）重修。

定胜桥是一座单孔石拱桥。桥面中部（拱顶上）高起为平面，两端是阶梯式坡道，两侧有节间式石栏杆，桥面宽 3.60 米，桥长 26.00 米。

侧墙用石板砌筑，上顶有单层青石仰天石。桥台是凹字形，前墙长4.00 米。拱碹是半圆形纵联分段并列式结构，有拱眉，拱眉凸出于碹脸，拱眉与侧墙平。跨径 4.50 米。

76. 无锡跨塘桥

跨塘桥位于无锡市梁溪区南长街，跨塘河（古运河）上，始建于明洪武四年（1371 年）。明清两代数次重修。2001 年，相关人士认为有碍于交通，将跨塘桥拆除，拆除时未进行结构考察。

2006 年年底，区政府为凸显文化底蕴，保护历史文化街区传统风貌，报请市政府批准，大致按照古跨塘桥原样（参照耕读桥）重建，2007 年 5 月竣工。

跨塘桥是一座单孔石拱桥。桥面中部（拱顶上）高起为平面，两端是阶梯式坡道，两侧有节间式石栏杆，桥面宽 4.00 米。桥长 27.00 米。

侧墙用料石砌筑，上顶有单层仰天石。桥台是凹字形，前墙长 4.40米。拱碹是半圆形纵联分段并列式结构，有拱眉，拱眉錾出双层拱眉线，拱眉凸出于碹脸，又凸出于侧墙。跨径 7.00 米。

碹脸上方两侧各有两个石雕龙头。在桥孔两边的侧墙上各有一根桥联柱，上顶有勾头石。

77. 无锡清名桥

清名桥位于无锡市梁溪区南长街，原名"清宁桥"，跨古运河上，明万历年间，无锡寄畅园主人秦耀的两位儿子太清和太宁捐资修建此桥，竣工后取名"清宁桥"。清康熙八年（1669年）重建，道光年间，因讳道光名"旻宁"，改桥名为"清名桥"。

今存清名桥是一座单孔石拱桥。桥面中部高起为平面，两端是阶梯式坡道，两侧有节间式石栏杆，每侧有望柱4根，栏板3块，抱鼓石两块。无地伏，桥栏杆置于仰天石上。桥面宽5.50米，桥长43.20米。

无锡清名桥

侧墙用料石砌筑，上顶有单层仰天石组成的金边线。桥台是凹字形，前面和两侧有出台，前墙长5.80米。拱碹是半圆形纵联分段并列式结构，由8道纵联石和9段拱碹石构成，碹脸的外立面为凹字形（两边凸起），每道拱碹石的接缝上嵌有一块铁锔子。碹脸凸出于侧墙。跨径13.10米。

78. 无锡兴隆桥

兴隆桥原名"兴朗桥",俗称"外吊桥",位于无锡市梁溪区棉花巷,跨外环河上,东西走向。明万历元年(1573年)建石台木面桥,桥面宽 3.50 米,桥长 6.00 米,清乾隆十八年(1753年)被水毁,乾隆二十年(1755年)改建成石拱桥,命名"兴隆桥"。

兴隆桥是一座单孔石拱桥。桥面中部(拱顶上)高起为平面,两端是阶梯式坡道,两侧有节间式石栏杆,桥面宽 3.50 米,桥长 21.60 米。

侧墙用花岗岩石板砌筑,上顶有单层青石仰天石。桥台是凹字形,也用花岗岩石板砌筑,前墙长 3.90 米。拱碹是半圆形纵联分段并列式结构,有拱眉,拱眉凸出于碹脸,拱眉与侧墙平。跨径 4.00 米。

79. 无锡承先桥

承先桥又名"崇村桥",位于无锡市锡山区与江阴市交界的崇村白荡窄口处。始建年代无考,清康熙晚年(1700—1722年)重修。

承先桥是一座单孔石拱桥。桥面中部(拱顶上)高起为平面,两端是阶梯式坡道,两侧原有节间式石栏杆,今已无存,桥面宽 3.80 米,桥面长 18.00 米,全长 34.00 米,侧墙用料石砌筑,上顶有单层仰天石。桥台是凹字形。拱碹是半圆形纵联分段并列式结构,有拱眉,拱眉凸出于碹脸,拱眉与侧墙平。

80. 无锡大成桥

大成桥位于无锡市锡山区安镇大成村,跨宛山荡中的大堤上,始建于清乾隆五十年(1785年)。

大成桥是一座单孔石拱桥。桥面中部(拱顶上)高起为平面,两端是阶梯式坡道,两侧有节间式石栏杆,桥面宽 3.85 米,桥长 22.00 米。

桥台是凹字形。拱碹是半圆形纵联分段并列式结构,有拱眉,拱眉凸出于碹脸,又凸出于侧墙。跨径 20.00 米。

81. 无锡耕读桥

耕读桥原名西"菰渎桥"，位于无锡市南门外耕读河上，南北走向，始建年代不详。清光绪二十三年（1897年）重建，更名"耕读桥"。

耕读桥是一座单孔石拱桥。桥面中部（拱顶上）高起为平面，两端是阶梯式坡道，南北各有22级台阶，两侧有节间式石栏杆，桥面宽3.00米。桥长27.00米。

侧墙用料石砌筑，上顶有单层较宽的仰天石，拱顶上面的仰天石上刻有"耕读桥"三个大字。桥台是凹字形，前墙长3.50米。拱碹是半圆形纵联分段并列式结构，有拱眉，拱眉錾出双层拱眉线，拱眉凸出于碹脸，又凸出于侧墙。跨径6.60米。

两面碹脸上方两侧各有两个石雕龙头。桥孔两边的侧墙上各有一根桥联柱，上顶有勾头石。桥联柱上有对联。东面的上联是"沃壤植桑麻抱布贸丝人利涉"，下联是"佳名易耕读高车驷马管留题"。

西面的上联是"南里岁丰穰风送稻花香匝地"，下联是"西溪波潋滟云沉菰米水如天"。

82. 常熟永济桥

永济桥位于常熟市城南门外，跨元和塘上，东西走向。清康熙四十六年（1707年）兴工修建，屡建屡毁，直至康熙五十九年（1720年）始建成。

今存永济桥是一座3孔薄拱薄墩轻型石拱桥。桥面中部（中孔上）高起为平面，两端是阶梯式坡道。两侧有板式石栏杆。无地伏，桥栏杆置于仰天石上。桥面宽4.55米，桥塊端宽6.60米，桥长50.18米。

侧墙用料石砌筑，上顶有双层仰天石组成的金边线。桥台是凹字形，前面和两边有小出台，前墙长约5.00米，端墙很长，端部有八字燕翅墙。桥墩的两端与拱脚取齐，四周有小出台，桥墩厚70厘米，桥墩长约5.00米。拱碹是半圆形纵联分段并列式结构，中孔拱碹由10道纵联石和 11 段拱碹石构成，边孔拱碹由 6 道纵联石和 7 段拱碹石构成，碹脸外边有拱眉石，拱眉凸出于碹脸，拱眉与侧墙取平。中孔跨径 12.40 米，矢高约 6.25 米，边孔跨径 5.70 米，矢高约 3.00 米。

83. 常熟李家桥

李家桥位于常熟市李桥村，清乾隆三十七年（1772 年）建。

李家桥是一座单孔石拱桥。桥面中部（拱顶上）高起为平面，两端是阶梯式坡道。两侧有节间式石栏杆。桥面宽 3.56 米，桥长 27.78 米。

侧墙用料石砌筑，上面有单层仰天石，桥台是凹字形，前墙长 3.60 米。拱碹是半圆形分段并列式结构，碹脸的龙门上有石雕龙头，碹脸外边有拱眉石，拱眉凸出于碹脸，拱眉凸出于侧墙。跨径 7.60 米。

84. 常熟拂水桥

拂水桥又名"福庆桥"，俗称"三条桥"，位于常熟市虞山镇，在二条桥以西一公里处，跨山前河上，南北走向，始建于明代，清代重修。

拂水桥是一座单孔石拱桥。桥面中部（拱顶上）高起为平面，两端是阶梯式坡道，南北坡道各有 27 级台阶，两侧有节间式石栏杆。桥面宽 3.00 米，桥长 30.00 米。

侧墙用料石砌筑，上顶有单层仰天石。桥台是凹字形，拱碹是半圆形纵联分段并列式结构，有拱眉，跨径 9.20 米，矢高 4.60 米。

85. 常熟文学桥

文学桥位于常熟市庐山镇，在东陵口言子墓前，故又称言子墓道桥。建造年代为明代末年。

今存文学桥是一座单孔石拱桥。桥面中部高起为平面，两端是阶梯式坡道。两侧各有一道很矮的石板，无地伏。桥面 3.00 米，桥长

21.00 米。

侧墙用料石砌筑，上面有单层仰天石。桥台是凹字形，前墙长 3.00 米。拱碹是半圆形纵联分段并列式结构，碹脸外边有拱眉石，拱眉凸出于碹脸，拱眉与侧墙平。跨径 9.00 米。

桥孔两侧的桥联柱上有对联，南面的上联是"道接东山远"，下联是"源分墨井香"；北面的上联是"东南开道脉"，下联是"今古挹文澜"。

86. 常熟月河桥

月河桥又名紫薇桥，位于常熟市梅李镇，跨月河上，始建于宋代。明弘治九年（1496 年）重建，改名"紫薇桥"。

月河桥是一座单孔石拱桥。桥面中部高起为平面，两端是阶梯式坡道，两坡各设 20 级踏级，桥面全部铺砌五康石板，两侧各有矮式青石板栏杆，无地伏，桥栏杆置于侧墙上。桥面全宽 3.61 米，桥长 17.37 米。

侧墙用料石砌筑，上面有单层仰天石。桥台是凹字形，前墙长 3.60 米。拱碹是分段并列式结构，由 7 段拱碹石构成，碹脸外边有拱眉石，拱眉凸出于碹脸，拱眉与侧墙平。跨径 6.61 米。

拱碹上方两边的侧墙上各有一个勾头石。

87. 常熟甸桥

甸桥又名"头条桥"，位于常熟市虞山镇，清乾隆十一年（1746 年）建。

甸桥是一座单孔石拱桥。桥面中部（拱顶上）高起为平面，两端是阶梯式坡道。两侧有节间式石栏杆，每侧有 4 根望柱，3 段栏板，2 块抱鼓石。桥面宽 2.85 米，桥长 25.88 米。

桥堍翼墙和桥身侧墙用花岗岩石板砌筑，上面有单层青石仰天石。桥台是凹字形。拱碹是半圆形纵联石结构，碹脸外边有拱眉石，拱眉凸出于碹脸，拱眉与侧墙平。拱碹是半圆形纵联分段并列式结构，碹脸外边有拱眉石，拱眉凸出于碹脸，又凸出于侧墙。跨径 9.44 米。

88. 常熟广嗣桥

广嗣桥又名"退戍戊桥"，位于常熟市虞山镇小东门外，跨于莲墩浜上，南北走向，又称"莲墩浜桥"。

《常熟县志》载："莲墩浜桥即广嗣桥，又名退戍戊桥，俗称联登桥。"又据记载，广嗣桥始建于明万历年间（1573—1620 年），清乾隆三十九年（1774 年）重建。

现存广嗣桥是一座单孔石拱桥。桥面中部（拱顶上）高起为平面，两端是阶梯式坡道，南坡道长 10.40 米，北坡道长 12.40 米。两侧有节间式石栏杆，每侧有望柱 6 根，栏板 5 块，抱鼓石 2 块。无地伏，桥栏杆置于仰天石上。桥面全宽 4.20 米，净宽 3.28 米，桥长 21.25 米。

侧墙用花岗岩石板砌筑，上顶有单层青石仰天石组成的金边线，仰天石的外面与侧墙取平。桥台是凹字形，前墙长 4.20 米。前面和两侧皆有小出台。拱碹是半圆形纵联分段并列式结构，由 8 道纵联石和 9 段拱碹石构成，碹脸外有拱眉石，拱眉凸出于碹脸，又凸出于侧墙。跨径 12.50 米，矢高 6.30 米。

碹脸上方两边的侧墙上各有一个勾头石，桥孔两边（桥台上）的侧墙上各有一根桥联柱，上顶有勾头石。

桥联柱上刻有对联，东面的上联是"百尺长虹横雪浪"，下联是"并轮皎月锁寒烟"。西面的上联是"西挹吴山朝气爽"，下联是"东延沧海暮澜回"。

89. 常熟顺民桥

顺民桥位于常熟市虞山镇北门外李桥村与张坝村交界处，又名李家桥，跨福山塘上。始建年代无考，据清乾隆年间《常昭合志》记载："顺民桥，弘治间都御史侣钟建，弘治十一年学士李杰居此，改名金马桥。清乾隆三十七年（1772 年）重建。"

顺民桥是一座单孔石拱桥。桥堍和桥面上铺砌花岗石，桥面中部（拱顶上）高起为平面，两端是阶梯式坡道。两侧有节间式石栏杆，无地伏。桥面宽3.60米，桥长26.30米。

桥堍翼墙和桥身侧墙是用花岗岩石板砌筑，上面有单层青石仰天石。桥台是凹字形，端墙很长，前面和两侧有出台。拱碹是半圆形分段并列式结构，碹脸外边有拱眉石，拱眉凸出于碹脸，又凸出于侧墙。跨径11.60米，矢高5.80米。

碹脸上方两边的侧墙上各有一个勾头石，桥孔两边（桥台上）的侧墙上各有一根桥联柱，上顶有勾头石。

90. 常熟香花桥

香花桥位于常熟虞山寺山门前，跨拂水岩上，南北走向。清言如泗《常昭合志稿》记载："拂水岩上有拂水禅院，门外有石桥跨山涧。"文中所说石桥即"香花桥"。民国《藏海寺志》记载："香花桥，光绪辛卯三月寺主道机募建。"

香花桥是一座单孔石拱桥。桥堍和桥面上铺砌花岗岩石板，桥面中部（拱顶上）高起为平面，两端是阶梯式坡道，各有踏步16级。两侧有节间式石栏杆，每侧有望柱4根，栏板3段，抱鼓石2块。无地伏，桥栏杆置于仰天石上。桥面宽3.25米，桥面长10.50米，桥长50.00米。

桥堍翼墙和桥身侧墙是用花岗岩石板砌筑，上面有单层青石仰天石。桥台是凹字形，前面和左右两面皆有出台。

拱碹是半圆形纵联石结构，碹脸外边有双线拱眉石，拱眉凸出于碹脸，拱眉与侧墙平。拱碹是半圆形纵联分段并列式结构，碹脸外边有拱眉石，拱眉凸出于碹脸，又凸出于侧墙。跨径5.40米。碹脸上方两边的侧墙上各有一个勾头石。拱碹两边（桥台上）的侧墙上各有一根桥联柱，上顶有勾头石。

桥联柱上有对联，东面的上联是"弓影腾空流通万壑"，下联是

"花名独表香透重门"。西面的上联是"雁齿横排去烟出没",下联是
"虹腰高卧泉石奔腾"。

91. 常熟玉带桥

玉带桥位于常熟市虞山公园内,建造年代不详。

玉带桥是一座 7 孔石拱桥。桥面呈正圆弧形,两侧有节间式石栏
杆,桥面宽 4.30 米,桥长 51.50 米。

侧墙使用料石砌筑,上顶有双层仰天石。桥台是凹字形,桥墩两端
与拱脚齐平,桥墩长 4.30 米。拱碹是半圆形纵联式结构,有拱眉,拱
眉凸出于碹脸,拱眉与侧墙平。各孔跨径依次是 5.00 米、5.50 米、
6.00 米、6.50 米、6.00 米、5.50 米、5.00 米。

92. 常熟云庆桥

云庆桥又名"钓渚渡桥""鸟嘴渡桥",位于常熟市张桥镇卫浜村,
跨运河次航道(羊尖塘)上,始建于明嘉靖十年(1531 年),崇祯二年
(1629 年)重建。清康熙十年(1671 年)重修。嘉庆元年(1796 年)
重修。同治十年(1871 年)建成三孔石拱桥。

云庆桥是一座 3 孔石拱桥。桥面中部(中孔拱顶上)高起为平面,
两端是阶梯式坡道,两侧有节间式石栏杆,望柱上顶与栏板齐平,每侧
有望柱 8 根,栏板 7 块,抱鼓石 2 块,无地伏,桥栏杆置于仰天石上。
桥面全宽 3.20 米,净宽 2.50 米,桥长 59.00 米。

侧墙用料石砌筑,上顶有单层仰天石组成的金边线。桥台是凹字
形,前墙长 2.90 米。桥墩两端是方形,桥墩厚 95 厘米,桥墩长 2.90
米。拱碹是半圆形纵联分段并列式结构,碹脸外边有拱眉石,拱眉凸出
于碹脸,又凸出于侧墙。中孔跨径 8.00 米,边孔跨径 4.50 米。

各孔碹脸上方两边的侧墙上各有一个勾头石,桥墩上和边孔拱碹外
边(桥台上)的侧墙上各有一根桥联柱,上顶皆有勾头石。

93. 江阴万安桥

万安桥位于江阴市，跨夏港河上。始建于宋绍圣年间（1094—1098年），明代重建，更名"延陵桥"。清代重修，复名"万安桥"。

万安桥是一座3孔石拱桥。桥面中部（中孔拱顶上）高起为平面，两端是阶梯式坡道，两侧有节间式石栏杆，桥面宽5.50米，桥长57.00米。

侧墙用料石砌筑，上顶有单层仰天石。桥台是凹字形，桥墩两端是方形。拱碹是半圆形纵联分段并列式结构，有拱眉，拱眉凸出于碹脸，又凸出于侧墙。中孔跨径15.00米，边孔跨径12.00米。

94. 江阴五云桥

五云桥位于江阴市城南门外，跨古锡澄运河上。明万历年间（1573—1620年）建。清康熙二十二年（1683年）重修，乾隆五年（1740年）重修。嘉庆四年（1799年）桥圮，当年重建。道光四年（1824年）重修，道光八年（1828年）重修，同治十年（1871年）重修。

五云桥是一座单孔石拱桥。桥面中部（拱顶上）高起为平面，两端是阶梯式坡道，两侧有节间式石栏杆，桥面宽4.60米，桥长21.00米。

侧墙用料石砌筑，上顶有单层仰天石。桥台是凹字形，拱碹是半圆形纵联分段并列式结构，有拱眉，拱眉凸出于碹脸，又凸出于侧墙。跨径18.50米。

桥孔两侧的侧墙上有桥联柱，上顶有勾头石。南面上联是"桥卧长虹亿万姓咸歌利济"，下联是"江镇净练百千年常庆安澜"。北面上联是"建一邑之鸿规会其有拯"，下联是"乐四民之利济惠节无疆"。

95. 宜兴画溪桥

画溪桥位于宜兴市丁罗镇，清康熙四十四年（1705年）建。

画溪桥是一座 3 孔石拱桥。桥面中部（中孔拱顶上）高起为平面，两侧有节间式石栏杆，桥面 4.00 米，桥长 33.00 米。

侧墙用料石砌筑，上顶有单层仰天石。桥台是凹字形，前墙长 4.00 米，前面和两侧下部有小出台。拱碹是半圆形分段并列式结构（龙门碹是纵联石），由 8 段拱碹石构成，无拱眉，碹脸与侧墙平。中孔跨径 9.50 米，边孔跨径 8.60 米。

96. 宜兴鲸塘桥

鲸塘桥位于宜兴市，跨鲸溪河上。明嘉靖三十年（1551 年）建，清光绪十八年（1892 年）重建。

今存鲸塘桥是一座 3 孔薄拱薄墩轻型石拱桥。桥面中部是平面，两端是阶梯式坡道，上下各有 42 级踏步。两侧有板式分节石栏杆，无地伏，桥栏杆置于仰天石上。桥面全宽 5.46 米，净宽 4.50 米，桥长 44.20 米。

侧墙用料石砌筑，上顶有双层仰天石组成的金边线。桥台是凹字形，前墙长 5.50 米，前面和两侧下部有小出台。桥墩两端是方形，四周有小出台，桥墩厚 1.00 米，桥墩长 5.90 米。拱碹是半圆形纵联分段并列式结构，碹脸外边镶有拱眉石，拱眉凸出于碹脸，又凸出于侧墙。中孔跨径 8.00 米，边孔跨径 7.70 米。

中孔碹脸上方两边的侧墙上各有一个勾头石，桥墩上和边孔外边的侧墙上各有一根桥联柱，上端有勾头石。

桥联柱上有对联，东面的上联是"荷叶地钟灵料有才人题柱去"，下联是"鲸溪波效顺迎凤仙客泛槎回"。

西面的上联是"左墨岭右烟峰积翠千寻排对岸"，下联是"南桃溪北濑水长虹一道跨中流"。

97. 盐城庆丰桥

庆丰桥又名"广丰桥"，位于盐城市大丰区草堰乡丁溪村，跨丁溪夹河上，始建于宋淳熙年间，明代重修。清道光九年（1829年）重建。

庆丰桥是一座单孔石拱桥。桥面中部（拱顶上）高起为平面。两端是阶梯式坡道，两侧有节间式石栏杆，桥面宽5.00米，净宽4.10米，桥堍端宽7.00米，桥面长25.00米，全长31.80米。

侧墙用料石砌筑，上顶有单层仰天石。桥台是凹字形。拱碹是半圆形纵联分段并列式结构，有拱眉。跨径7.80米。

98. 扬州二十四桥

二十四桥位于扬州市，跨于瘦西湖上，清乾隆年间（1736—1795年）建。该桥仿照北京颐和园内的玉带桥建造。至于该桥为何取名"二十四桥"，史料中无记载，民间有多种传说，皆无根据。

扬州二十四桥

今存二十四桥是一座单孔石拱桥。桥梁立面呈穹隆形，俗称"单驼峰式"，桥面中部（拱顶上）是圆弧形，两端是阶梯式坡道，各有12级踏步，桥堍的平面呈梯形，俗称喇叭形。两侧有节间式石栏杆，每侧有

12 根望柱，11 块栏板，2 块抱鼓石。桥面宽 2.40 米，桥长 24.00 米。

桥塊翼墙和侧墙用料石砌筑，上面有双层仰天石组成的金边线。桥台是凹字形，端墙的外端有燕翅墙，前墙长 3.00 米。拱碹是近似三心圆弧形（俗称鸭蛋形）分段并列式结构，碹脸外边有拱眉石，拱眉凸出于碹脸，拱眉凸出于侧墙。跨径 10.50 米。

唐诗人杜牧有写二十四桥的名句："二十四桥明月夜，玉人何处教吹箫。"

99. 扬州五亭桥

五亭桥原名"莲花桥"，位于扬州市，跨瘦西湖上。清乾隆二十二年（1757 年）建。桥上建有五座木结构亭，故名"五亭桥"。

今存五亭桥是一座 15 孔造型特殊的石拱桥。中间是一个大跨径孔，桥面上建一座大亭子和两座小亭子。

中孔的拱碹是半圆形纵联分段并列式结构，由 6 道纵联石和 7 段拱碹石构成，碹脸外边镶有双线拱眉石，拱眉与侧墙齐平。跨径 7.00 米。

中孔的两边各是一个大型桥墩，又是更大亭子的台座，上面为平面，四周有节间式石栏杆。顶面顺河方向长 19.00 米，顺桥方向宽 20.00 米。

台座（大桥墩）下面，顺河方向各有一孔，拱碹是半圆形纵联分段并列式结构，碹脸外边镶有双线拱眉石，拱眉与侧墙齐平。顺桥方面小孔跨径 4.50 米。

台座（大桥墩）下面的两端，顺桥方向各有一孔（该孔与顺河方向的孔连通），拱碹也是半圆形纵联分段并列式结构，碹脸外边镶有双线拱眉石，拱眉与侧墙齐平。顺桥方向跨径 4.50 米。

两个大桥墩（台座）下面，从外表看各有 5 孔，实际上是 3 孔。两个大桥墩以外各有 2 孔，内侧（靠大桥墩）孔的拱碹是半幅，实际上各是一孔半。拱碹也是半圆形纵联分段并列式结构，碹脸外边镶有双线拱眉石，拱眉与侧墙齐平。跨径 3.50 米。

扬州五亭桥

桥台是凹字形，桥墩两端是方形。从外面看，全桥共有大小15孔（包括两个半跨孔），实际上是10孔，而且包括两个半幅孔。桥梁全长55.00米。

100. 镇江丁卯桥

丁卯桥位于镇江市丹徒区，始建于晋代，清道光年间（1821—1850年）重建。

丁卯桥是一座单孔闸桥合一的石拱桥。桥面中部（拱顶上）为平面，两端是阶梯式坡道。两侧有节间式石栏杆，每侧有4根望柱，3段栏板，2块抱鼓石。桥面宽3.00米，桥长25.00米。

桥堍翼墙和桥身侧墙是用花岗岩石板砌筑，上面有单层青石仰天石。桥台是凹字形，前墙的上游端伸出桥身以外为闸台。拱碹是半圆形纵联分段并列式结构，碹脸外边有拱眉石，拱眉凸出于碹脸，拱眉与侧墙取平。跨径 9. 44 米。

第十节 安徽省石拱桥

全省石拱桥 26 座。

1. 九华山迎仙桥

迎仙桥位于池州市青阳县九华山大门口，清乾隆年间（1736—1795年）建。

迎仙桥是一座单孔石拱桥，桥上有节间式石栏杆，望柱为方形柱头，栏板为实体板，地伏和仰天石均为矩形断面。桥面宽 7. 00 米，桥长 15. 00 米。

侧墙用料石砌筑，上顶有单层仰天石。桥台是燕翅形，前墙长约 8. 20 米。拱碹是半圆形纵联分段并列式结构，碹脸外有拱眉石，拱眉与侧墙取平。跨径 7. 60 米。

2. 滁州广惠桥

广惠桥古名"宏济桥"，位于滁州市区四牌楼街和古楼街交接处，始建于唐永徽年间（650—655 年），明嘉靖年间（1522—1566 年）重建。

现存桥是一座 3 孔石拱桥，桥面为正圆弧形，两侧有节间式石栏杆，望柱置于地伏上，栏板是两条横板式。桥面宽 6. 30 米，桥长 36. 00 米。

侧墙用料石砌筑，上顶有单层仰天石组成的金边线。桥台两侧有燕翅墙，前墙长约 7. 50 米。桥墩两端均为尖形，拱碹是半圆形纵联石结构，无拱眉，碹脸后退于侧墙。中孔跨径 8. 00 米，边孔跨径 6. 50 米。

3. 滁州薛老桥

薛老桥位于滁州琅琊山中醉翁亭前，元至正十一年（1351 年）建。

薛老桥是一座单孔石拱桥，桥塆和桥面上铺砌青石板，桥面略显弧形，无栏杆。桥面宽 4.50 米，桥长 6.00 米。

侧墙用乱石砌筑，上顶有一层平牙石。桥台是凹字形，前墙长 4.50 米。拱碹是半圆形纵联式结构，碹脸外边有拱眉，拱眉、碹脸与侧墙取平。跨径 3.50 米。

1990 年添建有节间式石栏杆，每侧有望柱 3 根，栏板 2 块，抱鼓石 2 块，更换边牙石为地伏。

4. 黄山长虹桥

长虹桥位于黄山市徽州区，西溪南镇，明嘉靖十年（1531 年）建。

长虹桥是一座 11 孔石拱桥。桥面大致为平面，桥栏杆大部分已损坏，地伏和仰天石的断面均为矩形，桥面宽 7.20 米，桥长 147.00 米。

侧墙用块石砌筑，上顶有单层仰天石。桥台是燕翅形。桥墩上游端是尖形，下游端是方形，桥墩厚数据暂缺，桥墩长数据暂缺。拱碹是半圆形纵联式结构，有拱眉，碹脸、拱眉与侧墙平。最大跨径 11.00 米。

5. 黄山麟凤桥

麟凤桥位于黄山市黄山区仙源镇东门外，跨麻川河上，南北走向，始建于清乾隆二十七年（1762 年），于乾隆三十三年（1768 年）竣工，曾于清光绪五年（1879 年）维修。

麟凤桥是一座 5 孔石拱桥，桥塆和桥面上铺砌红砂岩石板，桥面呈圆弧形，两侧有节间式石栏杆，每侧 34 根望柱，33 块栏板，2 块抱鼓石。桥面宽 7.65 米，桥长 91.90 米。

侧墙用料石砌筑，上顶有单层仰天石组成的金边线。桥台是带燕翅形，前墙长 8.80 米。桥墩上游端是尖形，下游端是方形，拱碹是半圆形纵联式结构，碹脸外边有拱眉石，拱眉凸出于碹脸，拱眉与侧墙平。跨径均为 14.50 米。

6. 祁门平政桥

平政桥位于黄山市祁门县，跨阊江河上。该桥始建于元大德十一年（1307 年），初建是一座木桥。明嘉靖元年（1522 年）重修，嘉靖十九年（1540 年）改建成五孔石拱桥。清同治七年（1868 年）被水毁，同年修复。阊江上有平政桥和仁济桥，二桥相距 250 米，通称阊江姊妹桥。

现存平政桥是一座 5 孔石拱桥。桥堍和桥面上铺砌砂岩石板，桥面是正圆弧形竖曲线，两侧有节间式石栏杆，下面有砂岩地伏。桥面宽 7.00 米，桥长 79.40 米。

侧墙用料石砌筑，上顶有单层仰天石组成的金边线。桥台是凹字形，前墙长 7.00 米。桥墩两端是方形（与拱脚齐），桥墩厚 2.00 米，桥墩长 7.00 米。拱碹是半圆形纵联式结构，碹脸外边有拱眉石，拱眉凸出于碹脸，又凸出于侧墙。中孔跨径 15.00 米，次边孔跨径 13.05 米，边孔跨径 10.50 米。

7. 祁门仁济桥

仁济桥位于黄山市祁门县祁门乡，跨阊江河上，在平政桥下游 250 米，俗称仁济桥和平政桥是"姊妹桥"。始建于明嘉靖元年（1522 年），嘉靖十年（1532 年）重修。清同治七年（1868 年）遭水毁，当年重建。

仁济桥是一座 5 孔石拱桥。其结构形式与平政桥相同，桥堍和桥面上铺砌砂岩石板，桥面中部（中三孔上）高起为平面，两端（边孔上和桥堍上）是缓坡面。两侧有节间式石栏杆，下面有地伏石。桥面宽 7.00 米，桥长 79.40 米。

侧墙用条形石板砌筑，上面有单层仰天组成的金边线。桥台是凹字形，前墙长约 7.00 米。桥墩两端均为方形，桥墩厚 1.50 米，桥墩长约 7.00 米。拱碹是半圆形镶边纵联式结构，碹脸外边有拱眉石，拱眉凸出于碹脸，又凸出于侧墙。中三孔跨径均为 15.00 米，边孔跨径均为 10.50 米。

8. 歙县北岸桥

北岸桥位于黄山市歙县北岸镇，跨棉溪河上，建于清代中叶。

北岸桥是一座 5 孔石拱桥。桥上建有砖木结构廊，南端门额是"乡贤星"，北端门额是"谦庵旧址"。桥面宽 4.70 米，桥长 33.00 米。

侧墙用料石砌筑，上顶有单层仰天石。桥台建在山脚下，两侧有燕翅墙，前墙长 5.90 米。桥墩两端是尖形，拱碹是半圆形纵联式结构，碹脸外边有拱眉石，碹脸、拱眉与侧墙齐平。跨径均为 5.50 米。

9. 歙县高阳桥

高阳桥位于黄山市歙县，建造年代无记载。

高阳桥是一座双孔等跨径石拱桥，全桥为平面，桥面宽 6.00 米，桥长 19.00 米。桥上建砖木结构屋。

侧墙用料石砌筑，上顶有单层仰天石。桥台是燕翅形。桥墩上游端是尖形，下游端是方形。跨径 6.20 米。

10. 歙县太平桥

太平桥又名"河西桥"，俗称"寡妇桥"，位于黄山市歙县城西门外，跨池河上，始建于南宋端平元年（1234 年），明弘治年间（1488—1505 年）重建，明万历元年（1573 年）重建。歙县的太平桥、万年桥、紫阳桥，号称"古歙三桥"。

今存太平桥是一座 16 孔厚拱厚墩重型石拱桥。桥面大致是平面，两侧有节间式石栏杆，地伏为矩形断面。桥面宽 7.10 米，桥长 267.60 米。

侧墙用料石砌筑，上顶有单层仰天石（矩形断面）组成的金边线。桥台两侧有燕翅墙，桥墩较厚，上游端为尖形，下游端为方形，桥墩下部四周有出台（宽约 20 厘米），拱碹为半圆形纵联式结构，无拱眉，碹脸与侧墙取平。跨径均为 13.50 米。

11. 歙县万年桥

万年桥位于黄山市歙县城北门外北关村，跨扬之河上，南北走向，是歙县三大古桥（太平桥、万年桥、紫阳桥）之一，明万历元年（1573年）建。时任兵部侍郎（歙县人）汪道坤曾赋《万年桥诗》一首："使君遗泽五溪东，驱石桥成利涉功。地踞金汤三辅郡，天回砥柱万年同。参差石势疑乌鹊，缥缈江流见白虹。亭上至今留醉处，莲花面面似山公。"清光绪二十年（1894年）重修。

万年桥是一座 9 孔石拱桥。桥堍和桥面上铺砌花岗岩石板，桥面呈穹隆形，两侧有节间式石栏杆，无地伏，桥栏杆置于双层仰天石上。桥面宽 6.70 米，桥长 153.00 米。

翼墙和侧墙用花岗岩石板砌筑，上顶有双层青石仰天石组成的金边线。桥台为凹字形，前墙长 6.70 米，端墙外有石砌燕翅墙。桥墩为梭形，底部四周皆有出台（宽约 30 厘米），桥墩厚 1.30 米，桥墩长 7.30 米。

拱碹是半圆形纵联式结构，碹脸外缘錾出拱眉线，拱眉凸出于侧墙。跨径均为 14.00 米。

桥东端旧有一座石牌坊，北面石匾上刻"北钥云龙"，南面石匾上刻"道岸津梁"。

12. 歙县紫阳桥

紫阳桥又名"寿民桥"，位于黄山市歙县城东南渔梁坝下紫阳村，跨练江上，东西走向。桥因靠近紫阳山，故名"紫阳桥"。明万历三十八年（1610年）兴工修建，万历四十二年（1614年）建成。清光绪十三年（1887年）重修。

现存紫阳桥是一座9孔石拱桥。该桥的特点是，桥面是东高西低，呈斜坡式平面。桥台和桥墩上顶的高程是东桥台最高，向西逐渐减小。桥垛和桥面上铺砌红砂岩石板，两侧有节间式石栏杆，地伏是矩形断面。桥面宽10.00米，桥长140.00米。

侧墙用料石砌筑，上顶有单层仰天石组成的金边线。桥台建在山脚岩石上，两侧有燕翅墙，燕翅墙很高，前墙长11.20米。桥墩两端是尖形，分水尖上顶在仰天石下面，拱碹均系半圆形纵联式结构，东孔的跨径最大，是12.40米，其他各孔跨径均为11.00米。

13. 休宁登封桥

登封桥位于黄山市休宁县，在齐云山北麓，跨横江上，桥梁南北走向，桥北接皖赣公路，桥南接齐云山登山道。明万历十五年（1587年）建，清嘉庆年间（1796—1820年）重修。乾隆五十三年（1788年）被水毁，当年重修，历时四年，乾隆五十七年（1792年）告竣。

今存登封桥是一座9孔等跨径石拱桥。桥垛和桥面上用条形石板铺砌，桥面大致为平面，两侧有宇墙式砖砌桥栏杆，上顶有青石墙帽，无地伏，桥栏杆置于仰天石上。桥面宽7.50米，桥长180.00米。

侧墙用青石板砌筑，上顶有单层青石仰天石组成的金边线。桥台在河岸上，桥墩两端均为方形，四周有出台（宽出拱脚约30厘米），拱碹是半圆形纵联式结构，拱眉凸出于碹脸，拱眉与侧墙平。跨径均为16.00米。

14. 黄山镇海桥

镇海桥位于黄山市屯溪区，明嘉靖十五年（1536年）建，清康熙十二年（1673年）重建，清乾隆年间（1736—1795年）重修。

现存镇海桥是一座7孔石拱桥。桥面大致为平面，桥栏杆残存约半数。桥长130.00米。

侧墙用块石砌筑，上顶有单层仰天石。桥台是凹字形，端墙外有燕翅墙。桥墩两端与拱脚齐平，拱碹为半圆形纵联式结构，碹脸、拱眉与侧墙取平。跨径均为 13.00 米。

15. 六安道桥

道桥位于安徽省六安市，跨沟渠（排水沟）上，清嘉庆十七年（1812 年）建。

现存道桥是一座单孔石拱桥。桥面略显圆弧形，桥上无栏杆，桥面宽 3.80 米，桥长 10.00 米。

侧墙用料石砌筑，上顶有单层较厚的仰天石。桥台是燕翅形，前墙长约 5.00 米。拱碹用不规则石料砌筑，属于半圆形纵联式结构，碹脸外边有拱眉石，拱眉与侧墙平。跨径 5.50 米。

16. 当涂叶家桥

叶家桥位于马鞍山市当涂县丹阳镇跨丹阳河上，南北走向。明弘治（1485—1505 年）年间建。

今存叶家桥是一座 5 孔石拱桥。桥面中部（中孔上）高起，两端是坡道。两侧有节间式青石栏杆，每侧有望柱 12 根，栏板 11 块，抱鼓石 2 块。桥面宽 8.00 米，桥长 54.50 米。

侧墙用料石砌筑，上顶有双层仰天石组成的金边线。桥台两端有燕翅墙，前墙长 9.20 米。桥墩上游端是尖形，下游端是方形，拱碹是半圆形镶边纵联式结构，碹脸外边有拱眉石，拱眉凸出于碹脸，又凸出于侧墙。中孔跨径 8.00 米，次边孔跨径 7.00 米，边孔跨径 6.00 米。

东面各孔拱碹以上两边的侧墙上各有一对石雕龙头，西面对应位置上各有一对龙尾。

17. 宿州三环桥

三环桥位于宿州市埇桥区，跨望洲河上，明万历十八年（1590

年）建。

三环桥是一座 3 孔石拱桥。桥面是圆弧形，无栏杆。桥面宽 4.00 米，桥长 24.50 米。

侧墙用料石砌筑，上顶有单层仰天石。桥台是燕翅形，前墙长约 5.20 米。桥墩上游端是尖形，下游端是方形，中孔跨径 4.50 米。

18. 泗县众善桥

众善桥位于宿州市泗县，跨石梁河上。始建于唐代，清乾隆二十三年（1758 年）重建，于 2004 年改修并加宽桥面。

众善桥是一座 5 孔等跨径石拱桥。桥垛和桥面上铺砌青石板，全桥为平面，原有桥栏杆被更换，桥面宽数据暂缺，桥长 37.00 米。

侧墙用料石砌筑，上顶有单层仰天石。桥台是燕翅形。桥墩上游端是尖形，下游端是方形，跨径均为 5.50 米。

19. 枞阳钱家桥

钱家桥位于铜陵市枞阳县，《枞阳县志》记载："钱家桥建成于明弘治十六年（1503 年）。"

今存钱家桥是一座 3 孔石拱桥。桥垛和桥面纵向铺砌花岗岩条形石板，桥面呈圆弧形。两侧有节间式栏杆，栏板上雕刻狮子、飞蝶、龙、花卉等图案。桥面宽 5.00 米，桥梁全长 31.50 米。

侧墙用花岗岩条形石板砌筑，上顶有双层仰天石组成的金边线。桥台两侧有燕翅墙，前墙长 6.20 米。桥墩两端是尖形。拱碹是半圆框形纵联式结构，碹脸外边有拱眉石，拱眉凸出于碹脸，拱眉与侧墙齐平。中孔跨径 10.00 米，边孔跨径 7.00 米。

20. 绩溪来苏桥

来苏桥位于宣城市绩溪县，建造年代无考。

今存来苏桥是一座5孔石板梁桥。桥面略显弧形，两侧有节间式石栏杆，望柱与栏板齐平。桥面宽4.00米，桥长40.00米。

侧墙用料石砌筑，上顶有单层仰天石组成的金边线。桥台两侧有较高的燕翅墙，前墙长5.20米。桥墩两端均为尖形，端部较高，尖端的立面，上面长于下面，桥墩厚数据暂缺，桥墩长数据暂缺。拱碹是半圆形纵联式结构，无拱眉。跨径均为4.45米。

21. 绩溪杨川桥

杨川桥位于宣城市绩溪县云川村，跨龙溪河的支流云川上。清道光十七年（1837年）建。

杨川桥是一座单孔石拱桥。桥面略显圆弧形，无栏杆，桥面宽数据暂缺，桥长数据暂缺。

侧墙用垮石砌筑，上顶有单层较厚的仰天石。桥台是燕翅形。拱碹用不规则石料砌筑，属于半圆形纵联式结构，碹脸外边有拱眉石，拱眉与侧墙平。跨径9.00米。

22. 绩溪中王桥

中王桥位于宣城市绩溪县，始建于明代，清道光二十二年（1842年）重建。

中王桥是一座5孔石拱桥。桥上无栏杆，桥面宽6.00米，桥长74.00米。

侧墙用块石砌筑，上顶有单层仰天石。桥台是燕翅形，前墙长7.20米。桥墩上游端是尖形，下游端是方形，拱碹是半圆框形纵联式结构，碹脸外边有拱眉，拱眉凸出于碹脸，又凸出于侧墙。中孔跨径10.00米，次边孔跨径9.00米，边孔跨径8.00米。

23. 旌德乐成桥

乐成桥俗称"三溪大桥"，又称"南河桥"，位于宣城市旌德县三

中国古桥志

157

溪镇三溪村。跨三溪河上,始建于明嘉靖二十二年（1543年）。清初被水毁,清康熙（1662—1722年）年间重建。

乐成桥是一座11孔石拱桥。桥面略显圆弧形,两侧有节间式石栏杆,桥面宽6.20米,桥长156.00米。

侧墙用料石砌筑,上顶有单层仰天石。桥台是燕翅形。桥墩上游端是尖形,下游端是方形,桥孔净跨度尺寸不一,最大跨径11.50米,最小跨径6.50米。

24. 旌德三溪桥

三溪桥又名南河桥,位于宣城市旌德县三溪镇,始建于明嘉靖二十二年（1543年）,清康熙年间（1662—1722年）重修。

今存三溪桥是一座11孔石拱桥,属于厚拱厚墩重型石拱桥。桥垛和桥面上铺砌青石板,桥面为穹隆形,两侧有节间式石栏杆,柱头为方形,栏板为实体板,无地伏,桥栏杆置于仰天石上。桥面宽7.00米,桥面长149.00米,桥梁全长156.00米。

侧墙用条形石板砌筑,上顶有双层仰天石组成的金边线,桥台为凹字形,前墙长7.00米。两侧有块石砌筑的护岸墙。桥墩两端是方形,拱碹是半圆框形纵联式结构,每孔由8道纵联石和9块碹脸石构成,框内砌筑拱碹石。中孔龙门上有石雕龙头,各孔碹脸外边皆有拱眉石,拱眉凸出于碹脸,拱眉与侧墙取平。中孔跨径11.60米,边孔跨径9.60米。

25. 郎溪飞鲤桥

飞鲤桥位于宣城市郎溪县,始建于明代。清乾隆十六年（1751年）重建的飞鲤桥是一座3孔石拱桥。桥面中部高起为平面,两端是阶梯式坡道。两侧有石栏杆,地伏是矩形断面。桥面宽5.50米,桥长25.00米。

侧墙用料石砌筑,上顶有单层仰天石,上半部是垂直平面,下半部是斜面。桥台是凹字形，前墙长约5.50米。桥墩两端是方形，桥墩厚1.50米，桥墩长5.50米。拱碹是半圆形纵联分段并列式结构，碹脸外有拱眉石。中孔跨径4.70米，边孔跨径4.20米。

26. 宁国河沥溪桥

河沥溪桥位于宁国市，明正德十五年（1520年）建，清光绪二十四年（1898年）重建。

今存河沥溪桥是一座9孔石拱桥。全桥（桥堍和桥面）为平面，桥栏杆无存，地伏亦无存。桥面宽7.00米，桥长148.00米。

侧墙用料石砌筑，上顶有单层仰天石。桥台的前墙建在石板砌筑的河岸上。桥墩的下部两端均为圆形，周圈宽出拱脚，桥墩上部（与拱脚同宽）的两端是尖形，拱碹是半圆形框形纵联式结构，碹脸外边有拱眉石，拱眉凸出于碹脸，又凸出于侧墙。跨径5.50—13.80米。

第十一节　湖北省石拱桥

全省石拱桥共计214座。

1. 赤壁白沙桥

白沙桥位于赤壁市官塘驿镇叶家井村。跨沙洲河支流上，南北走向。始建于清雍正四年（1726年），光绪二年（1876年）维修。

白沙桥是一座单孔石拱桥。桥面上为平面，铺砌石板，两侧有板式石栏杆，桥堍上是阶梯式坡道，桥面宽5.60米，桥面长15.70米。

2. 赤壁金龙桥

金龙桥位于赤壁市中伙铺镇长山村。跨凉湖支流上，东西走向。清光绪八年（1882年）建。

金龙桥是一座单孔石拱桥。桥面上铺砌石板,略显弧形,两侧有板式石栏杆,桥面宽 3.00 米,桥面长 8.00 米。

侧墙用料石砌筑,上顶有单层仰天石。桥台建在山脚基岩上,不规整。拱碹是半圆形纵联式结构,无拱眉,碹脸与侧墙平。跨径 4.00 米。

3. 巴东济川桥

济川桥位于恩施土家族苗族自治州巴东县东瀼口镇雷家坪村,跨县桥沟上,东西走向,始建于明代,清代重修。

济川桥是一座单孔石拱桥。桥面中部是平面,两侧有节间式石栏杆,两端是阶梯式坡道,无栏杆。桥面宽 4.60 米,桥长 16.10 米。

侧墙用料石砌筑,上顶无仰天石。桥台是凹字形,前墙长 4.60 米。拱碹是半圆形纵联式结构,无拱眉,碹脸与侧墙平。跨径 5.50 米。

4. 巴东寅宾桥

寅宾桥位于恩施土家族苗族自治州巴东县东瀼口镇绿竹筏村,跨韩家河上,南北走向,建于清代。

寅宾桥是一座单孔石拱桥。桥堍和桥面上横向铺砌条形石板,全桥为平面,两侧有节间式石栏杆,桥面宽 5.80 米,桥全长 50.20 米。

侧墙用料石砌筑,上顶无仰天石。桥台是凹字形,前墙长 7.00 米。拱碹是半圆形纵联式结构,无拱眉,碹脸与侧墙平。跨径 12.70 米。

5. 恩施丰乐桥

丰乐桥原名"济政桥",位于恩施土家族苗族自治州恩施市高桥坝村。跨巴公溪上,南北走向。始建于明嘉靖年间(1522—1566 年),为木桥。万历年间(1573—1620 年)建石桥。清嘉庆十六年(1811 年)重修,改名"丰乐桥"。

丰乐桥是一座单孔石拱桥。桥堍和桥面上铺砌石板,略显弧形面,无栏杆。桥面宽 6.00 米，桥全长 24.30 米。

侧墙用料石砌筑，上顶有单层仰天石。桥台两侧有燕翅墙，前墙长7.20 米。拱碹是半圆形纵联式结构，无拱眉，碹脸与侧墙平。跨径6.72 米。

6. 恩施老拱桥

老拱桥位于恩施土家族苗族自治州恩施市芭蕉乡，在龙滨桥下游，跨马鹿河上，南北走向。建造年代不详。

老拱桥是一座单孔石拱桥。桥面为平面，桥堍上是阶梯式坡道，无栏杆。桥面宽 4.30 米，桥全长 27.00 米。

侧墙用块石砌筑，上顶无仰天石。桥台前墙与石砌河岸连接。拱碹是半圆形纵联式结构，无拱眉，碹脸与侧墙平。跨径 10.00 米。

7. 恩施龙滨桥

龙滨桥位于恩施土家族苗族自治州恩施市芭蕉乡芭蕉河村。跨马鹿河上，西北东南走向。清光绪三年（1877 年）建。

龙滨桥是一座单孔石拱桥。桥面上铺砌石板略显弧形面，无栏杆。桥面宽 5.60 米，桥全长 32.20 米。

侧墙用料石砌筑，上顶有单层仰天石。桥台两侧有燕翅墙，前墙长6.80 米。拱碹是半圆形纵联式结构，无拱眉，碹脸与侧墙平。跨径10.80 米。

8. 鹤峰九峰桥

九峰桥位于恩施土家族苗族自治州鹤峰县容美镇张家村，跨深潭溪上，南北走向，建于清康熙二十五年（1686 年）。

九峰桥是一座单孔石拱桥，桥堍和桥面上铺砌石板，全桥桥面略显弧形，两侧有板式石栏杆，桥面宽 4.00 米，桥长 25.10 米。

侧墙用料石砌筑，上顶有单层仰天石。桥台是凹字形，前墙长约 4.00 米。拱碹是半圆形纵联式结构，有拱眉，拱眉凸出于碹脸，拱眉与侧墙平。跨径 6.00 米。

9. 鹤峰南村桥

南村桥位于恩施土家族苗族自治州鹤峰县五里乡南村，跨让口河上，东西走向，建于清代。

南村桥是一座单孔石拱桥。桥面上铺砌石板为平面，无栏杆，桥堍上是阶梯式坡道。桥面宽 2.60 米，桥长 5.20 米。

侧墙用料石砌筑，上顶有单层仰天石。桥台建在山脚岩石上，不规整。拱碹是半圆形纵联式结构，无拱眉，碹脸与侧墙平。跨径 4.00 米。

10. 鹤峰三多桥

三多桥又名"龚家桥"，位于恩施土家族苗族自治州鹤峰县铁炉乡江口村，跨龚家溪上，南北走向，建于清乾隆五十年（1785 年）。

三多桥是一座单孔石拱桥，桥堍和桥面上铺砌石板，全桥桥面略显弧形，两侧有板式石栏杆，桥面宽 3.10 米，桥长 7.80 米。

侧墙用料石砌筑，上顶有单层仰天石。桥台是凹字形，下部前面和两边有出台，前墙长 3.10 米，下部长约 3.70 米。拱碹是半圆形纵联式结构，有拱眉，拱眉凸出于碹脸，拱眉与侧墙平。跨径 4.60 米。

11. 鹤峰四里潭桥

四里潭桥位于恩施土家族苗族自治州鹤峰县铁炉乡唐家村，跨溇水支流上，东西走向，建于明代。

四里潭桥是一座单孔石拱桥。桥堍和桥面上铺砌石板，全桥桥面略显弧形，两侧有板式石栏杆，桥面宽 4.80 米，桥长 14.80 米。

侧墙用料石砌筑，上顶有单层仰天石。桥台与石砌河岸为一体。拱碹是半圆形纵联式结构，有拱眉，拱眉凸出于碹脸，拱眉与侧墙平。跨径 8.80 米。

12. 建始安乐桥

安乐桥位于恩施土家族苗族自治州建始县花坪乡落水坪村，跨小河沟上，南北走向，于清光绪年间（1875—1908 年）修建。

安乐桥是一座单孔石拱桥，桥面为弧形，无栏杆，桥面宽 5.10 米，桥长 8.00 米。

侧墙用块石砌筑，上顶有单层仰天石。无正规桥台，拱脚落在山崖岩石上。拱碹是半圆形纵联式结构，有拱眉，拱眉凸出于碹脸，拱眉与侧墙平。跨径 6.80 米。

13. 建始通济桥

通济桥位于恩施土家族苗族自治州建始县高坪镇，跨石门河谷上，东西走向。建造年代不详。

通济桥是一座单孔石拱桥。桥面为平面，桥堍上是阶梯式坡道，无栏杆，桥面宽 3.50 米，桥长 17.00 米。

侧墙用块石砌筑，上顶有单层仰天石。无桥台拱脚落在山崖岩石上。拱碹是半圆形纵联式结构，有拱眉，拱眉凸出于碹脸，拱眉与侧墙平。跨径 7.00 米。

14. 建始瓦子院桥

瓦子院桥位于恩施土家族苗族自治州建始县长梁乡瓦子院村，跨盛竹河支流上，南北走向，建于清代。

瓦子院桥是一座单孔石拱桥。桥面为弧形，无栏杆，桥面宽 3.00 米，桥长 16.00 米。

侧墙用块石砌筑，上顶无仰天石。桥台即是山崖岩石。拱碹是半圆形纵联式结构，无拱眉，碹脸与侧墙平。跨径 6.00 米。

15. 建始万寿桥

万寿桥位于恩施土家族苗族自治州建始县业州镇杨柳池村，跨龙驹河上，东北西南走向，于清光绪二十三年（1897 年）修建。

万寿桥是一座单孔石拱桥。桥面为弧形，无栏杆，桥堍上是阶梯式坡道。桥面宽 5.65 米，桥长 54.40 米。

侧墙用料石砌筑，上顶有单层仰天石。桥台建在山脚岩石上，不规整。拱碹是半圆形纵联式结构，无拱眉，碹脸与侧墙平。跨径 7.80 米。

16. 建始一阳桥

一阳桥位于恩施土家族苗族自治州建始县官店镇雅池坝村，跨金家河上，南北走向，始建于清嘉庆十五年（1810 年），于光绪三十年（1904 年）重修。

一阳桥是一座单孔石拱桥。桥堍和桥面上铺砌不规则石板，全桥略显弧形，两侧有板式石栏杆，桥面宽 3.40 米，桥全长 26.00 米。

侧墙用料石砌筑，上顶单层仰天石。桥台是凹字形，前墙长 3.40 米。拱碹是半圆形纵联式结构，无拱眉，碹脸与侧墙平。跨径 6.80 米。

17. 来凤广福桥

广福桥俗称"寡妇桥"，位于恩施土家族苗族自治州来凤县三胡乡石桥村，跨山间小河上，东西走向，建造年代不详。

广福桥是一座两孔不等跨石拱桥（东孔跨径大，西孔跨径小）。桥堍和桥面上铺砌石板，因为两孔的拱顶高程不同，桥面纵断面呈反正弧形，两侧有垛口式石栏杆。桥面宽 4.30 米，桥梁全长 47.00 米。

侧墙用料石砌筑，无仰天石。东桥台的前墙与石砌河岸为一体，西桥台是凹字形，前墙长约4.30米。桥墩两端是方形，东孔拱碹是圆弧形纵联式结构，有拱眉，拱眉凸出于碹脸，拱眉与侧墙平。东孔跨径16.00米。西孔的拱碹是半圆形纵联式结构，有拱眉，拱眉凸出于碹脸，拱眉与侧墙平。西孔跨径14.50米。

18. 来凤霁虹桥

霁虹桥位于恩施土家族苗族自治州来凤县，跨老虎洞河上。始建年代无考。清嘉庆十三年（1808年）建双孔石拱桥。

今存霁虹桥是同在一条路上的两座单孔石拱桥，二桥之间有一段石堤，二桥相距约40米。二桥的结构形式相同，桥面略显圆弧形，无栏杆。东桥长29.00米，西桥长24.00米，二桥总长（包括石堤）85.00米。

侧墙用料石砌筑，上顶有单层仰天石。桥台均为凹字形。拱碹均系圆弧形镶边纵联式结构，碹脸外边有拱眉石，拱眉与侧墙平。东桥跨径15.00米，西桥跨径10.00米。

19. 来凤接龙桥

接龙桥位于恩施土家族苗族自治州来凤县翔凤镇，跨南拦河上，东西走向。建造年代不详。

接龙桥是一座双孔不等跨石拱桥。东孔跨径较大，西孔跨径较小，因为两孔分别跨于同一河道的两条分岔上，两孔之间有一段石堤，石堤侧面有上下桥的阶梯。

桥堍和桥面上铺砌石板，全桥为平面，两侧有节间式石栏杆。桥面宽5.30米，桥梁全长80.45米。

侧墙用料石砌筑，上顶有单层仰天石。大孔的外桥台与石砌河岸为一体，内侧桥台是凹字形，小孔的两个桥台是凹字形，前墙长约5.50米。拱碹均系半圆形纵联式结构，大孔的龙门上有石雕龙头，小孔的龙门上无龙头，皆有拱眉，拱眉凸出于碹脸，拱眉与侧墙平。大孔跨径15.00米，小孔跨径10.00米。

20. 利川步青桥

步青桥位于恩施土家族苗族自治州利川市毛坝乡双泉村，跨太平河支流上，南北走向。清同治十三年（1874年）建。

步青桥是一座单孔石拱桥。桥面为平面，无栏杆。桥面宽3.00米，桥长10.00米。

侧墙用块石砌筑，上顶有单层仰天石。桥台前墙与石砌河岸连接。拱碹是半圆形纵联式结构，无拱眉，碹脸与侧墙平。跨径8.80米。

21. 利川福寿桥

福寿桥又名"永兴桥"，位于恩施土家族苗族自治州利川市忠路镇老屋基村，跨木坝河上，东西走向。清乾隆十七年（1752年）建。

福寿桥是一座单孔石拱桥。桥面为平面，桥堍上是阶梯式坡道，两侧有板式石栏杆。桥面宽4.80米，桥全长7.60米。

侧墙用块石砌筑，上顶有单层仰天石。桥台前墙与石砌河岸连接。拱碹是半圆形纵联式结构，拱碹厚40厘米，无拱眉，碹脸与侧墙平。跨径6.50米。

22. 利川康济桥

康济桥位于恩施土家族苗族自治州利川市汪营镇大跳墩村，跨清江河上，东北西南走向，建于清代。

康济桥是一座双孔石拱桥，桥堍和桥面上铺砌石板为平面，两侧有铁栏杆，桥面宽5.40米，桥长30.00米。

侧墙用块石砌筑，上顶有单层仰天石。桥台的前墙与石砌河岸相连。桥墩两端是方形，拱碹是半圆形纵联式结构，无拱眉，碹脸与侧墙平。跨径 7.60 米。

23. 利川两会滩桥

两会滩桥位于恩施土家族苗族自治州利川市东城街道，跨元堡河上，东西走向，建于明代。

两会滩桥是一座单孔石拱桥。桥面为平面，桥堍上是阶梯式坡道，两侧有板式石栏杆。桥面宽 6.50 米。

侧墙用块石砌筑，上顶有单层仰天石。桥台前墙与石砌河岸连接。拱碹是半圆形纵联式结构，无拱眉，碹脸与侧墙平。跨径 13.00 米。

24. 利川农科桥

农科桥恩施土家族苗族自治州位于利川市毛坝乡农科村，跨毛坝河上，南北走向，建于清代。

农科桥是一座单孔石拱桥。桥面为平面，无栏杆，桥堍上是阶梯式坡道，桥面宽 7.00 米，桥长 15.00 米。

侧墙用块石砌筑，上顶有单层仰天石。桥台的前墙与石砌河岸相连。拱碹是半圆形纵联式结构，有拱眉，拱眉凸出于碹脸，拱眉与侧墙平。跨径 8.50 米。

25. 利川陶家沟桥

陶家沟桥位于恩施土家族苗族自治州利川市凉雾乡陶家沟村，跨曾家河上，东南西北走向。清同治年间（1862—1874 年）建，光绪年间（1875—1908 年）重修。

陶家沟桥是一座单孔石拱桥。桥面中部（拱顶上）为平面，两端是阶梯式坡道，无栏杆。桥面宽 4.00 米，桥长 10.00 米。侧墙用块石砌筑，上顶有单层仰天石。桥台是凹字形，前墙长 4.00 米。拱碹是半圆形纵联式结构，无拱眉，碹脸与侧墙平。跨径 8.00 米。

26. 利川西门桥

西门桥位于恩施土家族苗族自治州利川市，跨清江河上，南北走向，始建于清嘉庆八年（1803年），道光十五年（1889年）重修。

西门桥是一座3孔等跨径石拱桥。桥垛和桥面上铺砌石板，无栏杆。桥面净宽6.20米，桥长72.00米。

侧墙是用料石砌筑，上顶有单层仰天石。桥台是凹字形，前墙长约7.00米。桥墩两端是方形，桥墩厚1.30米，桥墩长7.40米。拱碹是半圆形纵联式结构，有拱眉，拱眉凸出于碹脸，拱眉与侧墙平。跨径均为20.00米。

27. 利川曾家河桥

曾家河桥位于恩施土家族苗族自治州利川市凉雾乡陶家沟村，跨曾家河上，东西走向。建于清代。

曾家河桥是一座单孔石拱桥。桥面为平面，无栏杆，桥垛上是阶梯式坡道，桥面宽3.00米，桥长7.30米。

侧墙用块石砌筑，上顶有单层仰天石。桥台的前墙与石砌河岸相连。拱碹是半圆形纵联式结构，有拱眉，拱眉凸出于碹脸，拱眉与侧墙平。跨径6.10米。

28. 咸丰跑马坪桥

跑马坪桥位于恩施土家族苗族自治州咸丰县丁寨乡跑马坪村。跨无名小河上，东西走向。建造年代不详。

跑马坪桥是一座单孔石拱桥。桥面上铺砌石板为平面无栏杆，桥垛上是阶梯式坡道。桥面宽2.00米，桥长9.00米。

侧墙用料石砌筑，上顶有单层仰天石。桥台建在山脚岩石上，不规整。拱碹是半圆形纵联式结构，无拱眉，碹脸与侧墙平。跨径12.00米。

29. 咸丰太平沟桥

太平沟桥位于恩施土家族苗族自治州咸丰县高乐山镇太平沟村，跨邢家沟上，南北走向，于清宣统三年（1911 年）修建。

太平沟桥是一座单孔石拱桥。桥面上铺砌石板略显弧形面，两侧有板式石栏杆。桥面宽 4.80 米，桥长 15.00 米。

侧墙用料石砌筑，上顶有单层仰天石。桥台两侧有燕翅墙，前墙长 6.00 米。拱碹是半圆形纵联式结构，无拱眉，碹脸与侧墙平。跨径 9.20 米。

30. 咸丰土乐坪桥

土乐坪桥位于恩施土家族苗族自治州咸丰县丁寨乡土乐坪村，跨高滩河上，东西走向，于明洪武二年（1369 年）修建。

土乐坪桥是一座单孔石拱桥。桥面上铺砌石板为平面无栏杆，桥垛上是阶梯式坡道。桥面宽 3.74 米，桥长 23.80 米。

侧墙用料石砌筑，上顶有单层仰天石。桥台两侧有燕翅墙，前墙长 5.00 米。拱碹是半圆形纵联式结构，无拱眉，碹脸与侧墙平。跨径 5.14 米。

31. 咸丰杨家庄桥

杨家庄桥位于恩施市土家族苗族自治州咸丰县清坪镇杨家庄村，跨唐崖河上，东北西南走向，于清光绪年间（1875—1908 年）修建。

杨家庄桥是一座单孔石拱桥。桥面上铺砌石板略显弧形面，无栏杆。桥面宽 2.80 米，桥长 13.40 米。

侧墙用料石砌筑，上顶有单层仰天石。桥台两侧有燕翅墙，前墙长 4.00 米。拱碹是半圆形纵联式结构，无拱眉，碹脸与侧墙平。跨径 3.70 米。

32. 宣恩川箭河桥

川箭河桥位于恩施土家族苗族自治州宣恩县李家河乡川大河村，跨黑龙河上，南北走向，始建于清雍正六年（1728 年），于同治十年（1871 年）重修。

川箭河桥是一座单孔石拱桥。桥面为平面，两侧有板式石栏杆，桥面宽 4.80 米，桥长 18.00 米。

侧墙用块石砌筑，上顶有单层仰天石。桥台与石砌河岸为一体。拱碹是半圆形纵联式结构，有拱眉，拱眉凸出于碹脸，拱眉与侧墙平。跨径 6.90 米。

33. 宣恩南北桥

南北桥又名"连心桥"，位于恩施土家族苗族自治州宣恩县沙道沟镇沙河溪村，跨沙河溪上，东西走向，建于清代。

南北桥是一座单孔石拱桥。桥面为平面，两侧有板式石栏杆，桥塊上是阶梯式坡道，桥面宽 3.00 米，桥长 8.00 米。

侧墙用块石砌筑，上顶有单层仰天石。桥台与石砌河岸为一体。拱碹是半圆形纵联式结构，无拱眉，碹脸与侧墙平。跨径 6.20 米。

34. 红安宝剑桥

宝剑桥位于黄冈市红安县八里湾镇宝剑桥村，跨无名小河上，东西走向。该桥始建于明嘉靖年间（1522—1566 年），于清光绪年间（1875—1908 年）重修。

宝剑桥是一座单孔石拱桥。桥面为弧形，桥面宽 3.52 米，桥长 1.30 米。

侧墙用块石砌筑，上顶有单层仰天石。桥台用块石砌筑，形式不规整。拱碹是半圆形镶边纵联式结构，有拱眉，碹脸、拱眉与侧墙平。跨径 4.80 米。

35. 红安高桥河桥

高桥河桥位于黄冈市红安县高桥河乡高桥河村，跨倒水河上，东北西南走向。该桥建于乾隆年间（1736—1795 年）。

高桥河桥是一座 3 孔石拱桥。桥面略显弧形，两侧有节间式石栏杆。桥面宽 5.35 米，桥长 44.20 米。

侧墙用块石砌筑，上顶有单层仰天石。桥台用料石砌筑，两侧有燕翅墙，前墙长 5.35 米。拱碹是三心圆弧形（俗称"鸭蛋形"）镶边纵联式结构，无拱眉，碹脸与侧墙平。中孔跨径 8.65 米，边孔跨径 7.26 米。

36. 红安卷棚桥

卷棚桥位于黄冈市红安县七家畈村，跨倒水河上，南北走向。该桥建于明天启年间（1621—1627 年）。

卷棚桥是一座单孔石拱桥。桥面中部（拱顶上）为平面，两端是阶梯式坡道，桥面宽 3.40 米，桥长 10.00 米。

侧墙用块石砌筑，上顶无仰天石。桥台用块石砌筑，形式不规整。拱碹是半圆形纵联式结构，无拱眉，碹脸与侧墙平。跨径 5.00 米。

37. 红安桥岗桥

桥岗桥位于黄冈市红安县高桥镇桥头边村，跨新桥河上，东西走向。该桥始建于明万历年间（1573—1620 年）。

桥岗桥是一座单孔石拱桥。桥堍和桥面为弧形，桥堍平面呈喇叭形，两侧有板式石栏杆。桥面宽 5.30 米，桥梁全长 30.00 米。

侧墙用料石砌筑，上顶有单层仰天石。桥台用料石砌筑，为凹字形，前墙长 5.30 米。拱碹是半圆形纵联式结构，无拱眉，碹脸与侧墙平。跨径 10.50 米。

38. 红安桥岗小桥

桥岗小桥位于黄冈市红安县高桥河乡桥岗村，跨倒水河上，东西走向。该桥建于明代。

桥岗小桥是一座单孔石拱桥。桥面为弧形，两侧有板式石栏杆。桥面宽 6.00 米，桥长 24.00 米。

侧墙用块石砌筑，上顶有单层仰天石。桥台用料石砌筑，大致为凹字形，前墙长 6.00 米。拱碹是半圆形镶边纵联式结构，有拱眉，碹脸、拱眉与侧墙平。跨径 8.80 米。

39. 红安王家冲桥

王家冲桥位于黄冈市红安县赵河乡王家冲村，跨无名河上，东西走向。该桥建于清光绪年间（1875—1908 年）。

王家冲桥是一座单孔石拱桥，桥面为弧形，无栏杆。桥面宽 3.50 米，桥长 10.50 米。

侧墙用块石砌筑，上顶无仰天石。桥台与料石砌筑的河岸为一体。拱碹是半圆形纵联式结构，无拱眉，碹脸与侧墙平。跨径 5.80 米。

40. 红安新桥

新桥位于黄冈市红安县高桥河乡栗林嘴村，跨倒水河上，东西走向。该桥建于明万历年间（1573—1620 年）。

新桥是一座单孔石拱桥。桥面为弧形，两侧有板式石栏杆。桥面宽 5.31 米，桥长 28.00 米。

侧墙用块石砌筑，上顶有单层仰天石。桥台用料石砌筑，大致为凹字形，前墙长 5.30 米。拱碹是半圆形纵联式结构，无拱眉，碹脸与侧墙平。跨径 4.00 米。

41. 红安熊河桥

熊河桥位于黄冈市红安县叶河乡张店村，跨举水河上，东西走向。该桥建于清乾隆年间（1736—1795 年）。

熊河桥是一座单孔石拱桥。桥面为平面，两侧有边牙石，桥堍上是坡面，两侧无牙石。桥面宽 5.10 米，桥长 15.50 米。

侧墙用块石砌筑，上顶无仰天石。桥台的前墙与石板砌筑的河岸为一体。拱碹是半圆形纵联式结构，无拱眉，碹脸与侧墙平。跨径 7.00 米。

42. 红安永寿桥

永寿桥位于黄冈市红安县上新集镇李氏畈村，跨滠水上，东北西南走向。该桥建于明嘉靖元年（1522 年）。

永寿桥是一座单孔石拱桥。桥面为平面，桥面宽 6.00 米，桥长 33.00 米。

侧墙用料石砌筑，上顶有单层仰天石。桥台是凹字形，前墙长 6.00 米。拱碹是半圆形镶边纵联式结构，无拱眉，碹脸与侧墙平。跨径 8.00 米。

43. 黄梅飞虹桥

飞虹桥原名"道源桥"，位于黄冈市黄梅县，跨于无名沟渠上。始建年代不详。清乾隆五十八年（1793 年）重建，更名飞虹桥。

飞虹桥是一座单孔石拱桥。桥面为平面，无栏杆。桥上建有砖木结构廊，两端有门楼。桥面宽 5.16 米，桥长 33.65 米。

侧墙用料石砌筑，上顶有单层仰天石。桥台是凹字形，前墙长 5.20 米。拱碹是半圆形纵联式结构，碹脸外边有拱眉石，拱眉凸出于碹脸，拱眉与侧墙平。跨径 12.60 米。

44. 黄梅灵润桥

灵润桥位于黄冈市黄梅县四祖寺村，跨山涧河上，东西走向。该桥始建于元至正十年（1350年）。

灵润桥是一座单孔石拱桥。桥面为平面，桥面宽6.10米，桥长20.00米。桥上建砖木结构廊。

侧墙是用料石砌筑，上顶有单层仰天石。桥台是凹字形，前墙长6.10米。拱碹是半圆形纵联式结构，有拱眉，碹脸、拱眉与侧墙平。跨径7.35米。

45. 麻城枫树湾桥

枫树湾桥位于麻城市阎家河镇万家湾村，跨举水支流上，西北东南走向。该桥建于清代。

枫树湾桥是一座单孔石拱桥。桥面略显弧形，桥面宽4.80米，桥长12.00米。

侧墙用料石砌筑，上顶有单层仰天石。桥台是凹字形，前墙长4.80米。拱碹是半圆形镶边纵联式结构，无拱眉，碹脸与侧墙平。跨径6.00米。

46. 麻城河西桥

河西桥位于麻城市三河口镇河西村，跨无名小河沟上，东西走向。该桥建于清代。

河西桥是一座单孔石拱桥。桥面为平面，桥面宽5.60米，桥长8.00米。

侧墙用料石砌筑，上顶有单层仰天石。桥台是凹字形，前墙长5.60米。拱碹是半圆形镶边纵联式结构，无拱眉，碹脸与侧墙平。跨径4.80米。

47. 麻城铁牛桥

铁牛桥位于麻城市水寨村，跨举水支流上，西北东南走向。该桥建于清代。

铁牛桥是一座单孔石拱桥。桥面略显弧形，桥面宽 4.20 米，桥长 14.00 米。

侧墙用料石砌筑，上顶有单层仰天石。桥台是凹字形，前墙长 4.20 米。拱碹是半圆形纵联式结构，无拱眉，碹脸与侧墙平。跨径 8.90 米。

48. 麻城万石桥

万石桥位于麻城市宋埠镇郝铺村，跨浮桥河支流上，东西走向。该桥建于清代。

飞虹桥是一座单孔石拱桥。桥面为平面，桥面宽 3.00 米，桥长 12.00 米。

侧墙用料石砌筑，上顶有单层仰天石。桥台是凹字形，前墙长 3.00 米。拱碹是半圆形镶边纵联式结构，有拱眉，拱眉凸出于碹脸，拱眉与侧墙平。跨径 6.00 米。

49. 蕲春龙井河桥

龙井河桥位于黄冈市蕲春县龙井河村，跨龙井河上，东北西南走向。该桥建于清代。

龙井河桥是一座单孔石拱桥。桥面大致为平面，无栏杆。桥面宽 3.65 米，桥长 6.00 米。

侧墙用料石砌筑，上顶有单层仰天石。桥台建在山涧石壁上，形式不规整。拱碹是半圆形纵联式结构，无拱眉，碹脸与侧墙平。跨径 3.36 米。

50. 武穴功德桥

功德桥位于武穴市余川镇双城驿村，跨袁山河上，东西走向。该桥建于明代。

功德桥是一座单孔石拱桥。桥面为弧形，铺砌石板，无栏杆。桥面宽 7.30 米，桥长 25.70 米。

侧墙用块石砌筑，上顶有单层仰天石。桥台建在山涧石壁上，形式不规整。拱碹是半圆形纵联式结构，无拱眉，碹脸与侧墙平。跨径 6.25 米。

51. 浠水黄泥嘴桥

黄泥嘴桥位于黄冈市浠水县团陂镇黄泥嘴村，跨黄河港上，东南西北走向。该桥建于清代。

黄泥嘴桥是一座 3 孔石拱桥。桥面为平面，有节间式石栏杆。桥面宽 5.40 米，桥长 22.00 米。

侧墙用料石砌筑，上顶有单层仰天石。桥台两侧有燕翅墙，前墙长约 6.60 米。桥墩两端是圆形。拱碹是半圆形纵联式结构，无拱眉，碹脸与侧墙平。中孔跨径 5.00 米，边孔跨径 4.00 米。

52. 浠水尽街桥

尽街桥位于黄冈市浠水县清泉镇十月村，跨尽街河港上，南北走向。该桥建于明成化年间（1465—1487 年）。清康熙年间（1662—1722 年）重修。

尽街桥是一座 3 孔等跨径石拱桥。桥面为平面，有板式石栏杆。桥面宽 7.00 米，桥长 24.00 米。

桥台两侧有燕翅墙，前墙长 8.20 米。桥墩两端是尖形。拱碹是半圆形纵联式结构，有拱眉，碹脸、拱眉与侧墙平。跨径均为 5.00 米。

53. 浠水苦竹港桥

苦竹港桥位于黄冈市浠水县巴驿镇苦竹港村，跨苦竹港河上，南北走向。该桥建于清代。

苦竹港桥是一座 3 孔石拱桥。桥面为平面，有板式石栏杆。桥面宽5.00 米，桥长 36.00 米。

侧墙用料石砌筑，上顶有单层仰天石。桥台两侧有燕翅墙，前墙长约 6.20 米。桥墩两端是尖形，拱碹是半圆形纵联式结构，无拱眉，碹脸与侧墙平。中孔跨径 5.00 米，边孔跨径 4.00 米。

54. 浠水闽家新桥

闽家新桥位于黄冈市浠水县蔡河镇闽新桥村，跨倒水河上，南北走向。该桥建于清乾隆三十年（1765 年）。

闽家新桥是一座 3 孔石拱桥。全桥为平面，两侧有板式石栏杆。桥面宽 3.80 米，桥长 34.00 米。北二孔上有砖木结构廊。

侧墙用料石砌筑，上顶有单层仰天石。桥台两侧有燕翅墙，前墙长5.00 米。桥墩两端是尖形，拱碹是半圆形纵联式结构，无拱眉，碹脸与侧墙平。跨径均为 4.50 米。

55. 浠水石磜桥

石磜桥位于黄冈市浠水县官桥畈村，跨小溪上，南北走向。该桥始建于清光绪三年（1877 年）。

石磜桥是一座单孔石拱桥。桥面为弧形，有节间式石栏杆。桥面宽2.90 米，桥长 6.00 米。

侧墙用料石砌筑，上顶有单层仰天石。桥台建在山涧石壁上，形式不规整。拱碹是半圆形纵联式结构，无拱眉，碹脸与侧墙平。跨径3.00 米。

56. 英山百丈河桥

百丈河桥位于黄冈市英山县百丈河村，跨百丈河上，东西走向。该桥始建于清光绪二十六年（1900年）。

百丈河桥是一座单孔石拱桥。桥面为平面，无栏杆。桥面宽4.50米，桥长19.00米。

侧墙用料石砌筑，上顶有单层仰天石。桥台在山涧石壁上开凿而成。拱碹是半圆形纵联式结构，碹脸外边有拱眉，碹脸、拱眉与侧墙平。跨径9.00米。

57. 大冶姜桥

姜桥位于大冶市金湖乡。明嘉靖庚子《大冶县志》记载，元代至元年间（1341—1368年）建姜桥。

姜桥是一座3孔石拱桥。桥面为平面，无栏杆，桥面宽5.00米，桥长20.00米。

侧墙用料石砌筑，上顶有单层仰天石。桥台是凹字形，前墙长约5.00米。拱碹是半圆形纵联式结构，无拱眉，碹脸与侧墙平。跨径5.80米。

58. 江门济川桥

济川桥位于江门市蓬江区棠下镇中心村陈田围，始建于清康熙四十六年（1707年），原为木桥。雍正十一年（1733年）重建。

乾隆三十五年（1770年）改建成石拱桥。

济川桥是一座单孔石拱桥。桥面高起为平面，铺砌青石板，无栏杆。桥堍上是阶梯式坡道。桥面宽2.30米，桥面长6.90米，桥梁全长30.00米。

侧墙用块石砌筑，上顶有单层仰天石。桥台是凹字形。拱碹是半圆形纵联式结构，有拱眉，拱眉、碹脸与侧墙平。跨径9.00米。

59. 荆门板桥

板桥位于荆门市东宝区龙泉街，跨竹碧河上，南北走向。建于清代。

板桥是一座双孔石拱桥。桥面中部为平面，两端是弧形坡面，无栏杆，桥面宽 6.00 米，桥长 16.72 米。

侧墙用料石砌筑，上顶有单层仰天石。桥台是凹字形，前墙长 6.00 米。桥墩两端是尖形。拱碹是半圆形纵联式结构，碹脸外边无拱眉。跨径 6.20 米。

60. 荆门北门桥

北门桥位于荆门市东宝区北门路北端，跨竹碧河上，南北走向，建于明代。

北门桥是一座双孔石拱桥。桥面略显弧形，两侧有板式石栏杆，桥面宽 7.00 米，桥长 16.90 米。

侧墙用料石砌筑，上顶有单层仰天石。桥台是凹字形，前墙长约 7.00 米。桥墩两端是方形，桥墩长约 7.30 米。拱碹是半圆形纵联式结构，碹脸外边有拱眉，拱眉凸出于碹脸，拱眉与侧墙平。跨径均为 6.20 米。

61. 荆门会仙桥

会仙桥位于荆门市东宝区上泉村，跨汉水支流上，南北走向，建于清代。

会仙桥是一座单孔石拱桥。桥面略显弧形，两侧有板式石栏杆，桥面宽 3.75 米，桥长 6.40 米。

侧墙用料石砌筑，上顶有单层仰天石。桥台是凹字形，前墙长约 3.80 米。拱碹是半圆形纵联式结构，无拱眉，碹脸与侧墙平。跨径 4.50 米。

62. 荆门来龙桥

来龙桥位于荆门市东宝区龙泉公园内，跨竹碧河上，南北走向，建于清代。

来龙桥是一座单孔石拱桥。桥面为圆弧形，有块石砌筑的宇墙式栏杆，桥面宽 9.50 米，桥长 16.20 米。

侧墙用块石砌筑，上顶无仰天石，侧墙与桥栏杆为同一墙面。桥台是凹字形，前墙长约 10.00 米。拱碹是半圆形纵联式结构，碹脸外边有拱眉，拱眉凸出于碹脸，拱眉与侧墙平。跨径 8.60 米。

63. 荆门清水桥

清水桥位于荆门市东宝区龙泉公园内，跨文明湖汊上，东西走向，建于明代。

清水桥是一座单孔石拱桥。桥面为圆弧形，无栏杆，桥面宽 3.00 米，桥长 15.00 米。

侧墙用料石砌筑，上顶有双层仰天石。桥台是凹字形，前墙长 3.00 米。拱碹是半圆形纵联式结构，碹脸外边有拱眉，拱眉凸出于碹脸，拱眉与侧墙平。跨径 5.15 米。

64. 荆门文运福桥

文运福桥位于荆门市东宝区龙泉街，跨竹碧河上，南北走向，始建于明嘉靖年间（1522—1566 年），于清道光十二年（1832 年）重修。

文运福桥是一座 3 孔石拱桥。桥面略显弧形，两侧有花墙式石栏杆，桥面宽 6.80 米，桥长 31.50 米。

侧墙用料石砌筑，上顶有单层仰天石。桥台两侧有燕翅墙，前墙长 8.00 米。桥墩上游端是尖形，下游端是方形，拱碹是半圆形纵联式结构，碹脸外边有拱眉，拱眉凸出于碹脸，拱眉与侧墙平。中孔跨径 6.20 米，边孔跨径 5.75 米。

65. 监利仙弈桥

仙弈桥位于荆门市监利县棋盘村，跨无名小河上，南北走向，建于明洪武十七年（1384 年）。

仙弈桥是一座单孔石拱桥。桥面略显弧形，无栏杆，桥面宽 4.50 米，桥长 18.00 米。

侧墙用料石砌筑，上顶有单层仰天石。桥台是凹字形，前墙长约 4.50 米。拱碹是半圆形纵联式结构，无拱眉，碹脸与侧墙平。跨径 3.80 米。

66. 钟祥丽阳桥

丽阳桥位于钟祥市丽阳村，跨丽水上，南北走向，建于明代。

丽阳桥是一座 3 孔石拱桥。桥面为弧形，无栏杆，桥面宽 68 厘米，桥长 16.50 米。

侧墙用块石砌筑，上顶有单层仰天石。桥台的前墙与河岸石墙为一体。拱碹是半圆形纵联式结构，无拱眉。

中孔跨径 4.23 米，边孔跨径 3.48 米。

67. 钟祥利涉桥

利涉桥位于钟祥市元佑路，跨龟鹤池与宫塘之间渠道上，东西走向，建于明代。

利涉桥是一座单孔石拱桥。桥面略显弧形，无栏杆，两侧各有一道边牙石，桥面宽 6.80 米，桥长 22.00 米。

侧墙用料石砌筑，上顶有单层仰天石。桥台是凹字形，前墙长约 6.80 米。拱碹是三心圆弧形（俗称"鸭蛋形"）纵联式结构，有 3 层拱眉（也可能是拱碹加强层），碹脸与侧墙平。跨径 7.24 米。

68. 钟祥显陵桥

显陵桥位于钟祥市城东皇陵内，在皇陵前御道上，同跨于陵前玉带河上，是 3 座并排的 3 孔石拱桥，统称"显陵桥"。显陵于明嘉靖二年（1523 年）动工兴建，历时 36 年，嘉靖三十八年（1559 年）竣工，同期修建显陵桥。

显陵桥是 3 座并排的 3 孔石拱桥。结构与形式相同，桥墩和桥面上铺砌长方形石板，桥面均为圆弧形，两侧有节间式白石栏杆，每侧 8 根望柱，7 块栏板。中桥的栏端是 1 只石雕蹲兽，边桥的栏端是抱鼓石。中桥的桥面宽 6.40 米，边桥的桥面宽 4.40 米，桥长均为 14.60 米。

侧墙用料石砌筑，上顶有单层仰天石。桥台是带燕翅形，中桥前墙长 7.60 米，边桥前墙长 5.60 米。桥墩两端是尖形。拱碹是镶边纵联式结构，碹脸外缘錾出拱眉线，拱眉凸出于侧墙。中孔跨径 3.50 米，边孔跨径 3.00 米。

69. 荆州梅槐桥

梅槐桥位于荆州市荆州区，跨太湖港河上，南通荆江大堤，清康熙四十六年（1707 年）建。

梅槐桥是一座 3 孔石拱桥。桥面呈正圆弧竖曲线，两侧有节间式石栏杆，倭瓜形柱头，实体栏板，栏板上雕刻人物、花鸟、云龙图案，无地伏，桥栏杆置于仰天石上。桥面宽 5.40 米，桥长 33.00 米。

侧墙用料石砌筑，上顶有单层仰天石。桥台是凹字形，前墙长 5.40 米。桥墩上游端是尖形，下游端是方形，拱碹是圆弧形纵联式结构，中孔碹脸龙门上有伸出较长的龙头，碹脸外有拱眉石，拱眉与侧墙取平。中孔跨径 6.60 米，边孔跨径 5.50 米。

70. 神农架万福桥

万福桥位于神农架林区阳日镇后河万福村，跨后河上，东北西南走向。清代修建。

万福桥是一座单孔石拱桥。桥面上铺砌石板，中部为平面，两端是坡道，无栏杆，桥面宽4.00米，桥长8.00米。

侧墙用块石砌筑，上顶有单层仰天石。桥台建在山脚岩石上，不规整。拱碹是半圆形纵联式结构，无拱眉，碹脸与侧墙平。跨径4.60米。

71. 神农架一心桥

一心桥位于神农架林区宋洛乡蛇草坪村。跨冯家沟上，东西走向。清代修建。

一心桥是一座单孔石拱桥。桥面中部为平面，两端是阶梯式坡道，无栏杆，桥面宽3.80米，桥长8.00米。

侧墙用块石砌筑，上顶有单层仰天石。桥台是凹字形，前墙长5.00米。拱碹是半圆形纵联式结构，有拱眉，碹脸、拱眉与侧墙平。跨径3.50米。

72. 丹江口天津桥

天津桥又名剑河桥，位于丹江口市，跨武当山九渡涧上。元泰定元年（1324年）建。桥面高程是海拔355.80米。

现存天津桥是一座3孔厚拱厚墩重型石拱桥。桥面为穹隆形，两侧有节间式石栏杆，每侧有望柱22根，均系桃形柱头，栏板21块，均为寻杖下镂空式，两端是抱鼓石。其中，桥身上有望柱18根，栏板17块，桥堍上的八字栏杆，各有望柱2根，栏板2块，抱鼓石1块。柱头是桃形，栏板是寻杖下镂空式。下面有矩形断面的地伏石。桥面宽9.42米，桥长52.10米。

侧墙用料石砌筑，上顶有单层仰天石，每隔一块仰天石，伸出一个方形装饰勾头石。桥台是带燕翅形，前墙长10.60米。桥墩上游端是尖形，下游端是方形，拱碹是半圆形镶边纵联式结构，碹脸外边有拱眉石，拱眉凸出于碹脸，又凸出于侧墙。中孔跨径9.60米，边孔跨径6.70米。

73. 丹江口武当复真桥

复真桥位于丹江口市武当山景区内，跨山涧小溪上，南北走向，始建于唐贞观年间（627—649年），明代重建。

复真桥是一座单孔石拱桥。桥堍和桥面上铺砌青石板，全桥为弧形桥面，两侧有节间式石栏杆。桥面宽4.00米，桥长22.00米。

侧墙用块石砌筑，上顶有单层仰天石。桥台是凹字形，前墙长4.00米。拱碹是半圆形纵联式结构，有拱眉，拱眉凸出于碹脸，拱眉与侧墙平。跨径10.00米。

74. 丹江口武当金仙桥

金仙桥又名"摘星桥"，位于丹江口市武当山下，始建于明永乐年间（1403—1424年），于隆庆五年（1571年）重修；又于清乾隆年间至嘉庆年间（1736—1820年）重修。

金仙桥是一座单孔石拱桥。桥堍和桥面上铺砌石板，全桥为弧形桥面，两侧有节间式石栏杆。桥面宽3.90米，桥长9.70米。

侧墙用料石砌筑，上顶有单层仰天石。桥台是凹字形，前墙长3.90米。拱碹是半圆形纵联式结构，有拱眉，碹脸、拱眉与侧墙平。跨径6.40米。

75. 丹江口武当天津桥

天津桥又名"剑河桥"，位于丹江口市武当山景区内，跨山涧小溪上，东西走向，始建于元代，于明永乐年间（1403—1424年）重修。

天津桥是一座3孔石拱桥。桥堍和桥面上铺砌石板，全桥为弧形桥面，两侧有节间式石栏杆。桥面宽9.42米，桥长52.10米。

侧墙用料石砌筑，上顶有单层仰天石。桥台是凹字形，前墙长9.40米，端墙外端有燕翅墙。桥墩两端是尖形，拱碹是半圆形纵联式结构，有双层拱眉，拱眉凸出于碹脸，拱眉与侧墙平。中孔跨径9.20米，边孔跨径 6.70 米。

76. 丹江口武当正门桥

正门桥位于丹江口市武当山紫霄宫正门外，跨护宫河上，南北走向。始建于元代，明代重修。

正门桥是一座单孔石拱桥。桥堍和桥面上铺砌石板，全桥为弧形桥面，两侧有节间式石栏杆。桥面宽 4.00 米，桥长 16.00 米。

侧墙用料石砌筑，上顶有单层仰天石。桥台是凹字形，前墙长 4.00 米。拱碹是半圆形镶边纵联式结构，有拱眉，拱眉凸出于碹脸，拱眉与侧墙平。跨径 6.50 米。

77. 郧西渡春桥

渡春桥位于十堰市郧西县原城关镇，跨直峪河上，建于清康熙二十九年（1690 年）。

渡春桥是一座单孔石拱桥。桥面上铺砌青石板为弧形，桥堍上是阶梯式坡道，两侧有节间式石栏杆。桥面宽 4.00 米，桥长 20.00 米。

侧墙用块石砌筑，上顶有单层仰天石。桥台是凹字形，前墙长 4.00 米。拱碹是半圆形纵联式结构，无拱眉，碹脸与侧墙平。跨径 10.00 米。

78. 竹山长寿桥

长寿桥又名"得胜桥"，位于十堰市竹山县得胜镇大桥村，南北走向，始建于清嘉庆十年（1805 年），道光二十五年（1845 年）重修，光绪二十二年（1896 年）重修。

长寿桥是一座单孔石拱桥。桥堍和桥面上铺砌石板，全桥为弧形桥面，两侧有节间式石栏杆。桥面宽 9.00 米，桥长 31.00 米，两端各有引道 20.00 米，桥全长 71.00 米。

侧墙用料石砌筑，上顶有单层仰天石。桥台是凹字形，前墙长 9.00

米。拱碹是半圆形纵联式结构，龙门上有石雕龙头，有拱眉，拱眉凸出于碹脸，拱眉与侧墙平。跨径 8.30 米。

79. 广水马坪桥

马坪桥又名"会馆桥"，位于广水市马坪镇，跨府河支流上，东西走向，建于清代。

马坪桥是一座单孔石拱桥，桥塊和桥面上铺砌青石板，桥面略显弧形，两侧有节间式石栏杆。桥面宽 3.35 米，桥长 14.30 米。

侧墙用料石砌筑，上顶有单层仰天石。桥台是凹字形，前墙长约 3.35 米。拱碹是半圆形纵联式结构，有拱眉，拱眉凸出于碹脸，拱眉与侧墙平。跨径 4.83 米。

80. 广水平靖关桥

平靖关桥位于广水市蔡河镇平靖关村，跨三潭河上，东西走向，建于清乾隆九年（1744 年）。

平靖关桥是一座 3 孔石拱桥。桥塊和桥面上铺砌青石板，全桥为平面，两侧有节间式石栏杆。桥面宽 5.00 米，桥长 18.50 米。

侧墙用料石砌筑，上顶有单层仰天石。桥台是凹字形，前墙长约 500 米。桥墩两端是方形，拱碹是半圆形纵联式结构，有拱眉，拱眉凸出于碹脸，拱眉与侧墙平。中孔跨径 4.10 米，边孔跨径 4.00 米。

81. 随州马燕坳桥

马燕坳桥位于随州市曾都区洛阳镇易家湾村，跨紫金河上，东西走向，建于清代。

马燕坳桥是一座单孔石拱桥。桥面上铺砌条形石板，两侧有板式石栏杆。桥面宽 3.00 米，桥面长 15.00 米。

侧墙用料石砌筑，上顶有单层仰天石。桥台凹字形，前墙长 3.00

米。拱碹是半圆形镶边纵联式结构，无拱眉，碹脸稍后退于侧墙。跨径7.60米。

82. 随州平安桥

平安桥位于随州市曾都区淅河镇白龙港村，跨白龙港河上，东西走向，建于清代。

平安桥是一座单孔石拱桥。桥垛和桥面铺砌条形石板，两侧有节间式石栏杆。桥面宽3.50米，桥面长9.00米。

侧墙用块石砌筑，上顶有单层仰天石。桥台是凹字形，前墙长350米。拱碹是半圆形纵联式结构，无拱眉，碹脸与侧墙平，跨径6.00米。主拱碹两端各有一个小孔洞，拱碹是圆弧形纵联式结构，无拱眉，碹脸与侧墙平，碹脸与侧墙平，跨径3.50米。

83. 随州泉水冲桥

泉水冲桥位于随州市曾都区泉水冲村，跨无名小河上，南北走向，建于清代。

泉水冲桥是一座单孔石拱桥。桥面上铺砌不规则石板，无栏杆。桥面宽2.40米，桥面长10.00米。

侧墙用乱石砌筑，上顶有单层仰天石。桥台形状不规整。拱碹是半圆形纵联式结构，无拱眉，碹脸与侧墙平，跨径5.80米。

84. 随州岁丰桥

岁丰桥位于随州市曾都区双龙寺村，跨花溪河上，明成化十五年（1479年）建，两次被水毁。弘治十年（1497年）改建成石拱桥。清咸丰二年（1852年）重修。

岁丰桥是一座单孔石拱桥。桥垛和桥面上铺砌青石板，桥面略显弧形，无栏杆。桥面宽3.00米，桥长10.00米。

侧墙用料石砌筑,上顶有单层仰天石。桥台是凹字形,前墙长约3.00米。拱碹是半圆形纵联式结构,无拱眉,碹脸与侧墙平。跨径4.50米。

85. 随州万福桥

万福桥位于随州市曾都区王家畈村,跨椒藤河上,东西走向,建于清代。

万福桥是一座3孔等跨径石拱桥。桥垛和桥面上铺砌石板,全桥为平面,无栏杆。桥面宽3.00米,桥长14.00米。

侧墙用块石砌筑,上顶有单层仰天石。桥台是凹字形,前墙长约3.00米。桥墩两端是方形,拱碹是半圆形纵联式结构,无拱眉,碹脸与侧墙平。跨径5.00米。

86. 随县八角庙桥

八角庙桥位于随州市随县洪山镇杜家店村,跨无名小河上,东北西南走向,建于清代。

八角庙桥是一座3孔等跨径石拱桥。桥垛和桥面上铺砌石板,全桥为平面,无栏杆。桥面宽6.00米,桥长25.00米。

侧墙用块石砌筑,上顶有单层仰天石。桥台两侧有燕翅墙,前墙长约7.20米。桥墩两端是尖形,拱碹是半圆形纵联式结构,有拱眉,拱眉凸出于碹脸,拱眉与侧墙平。跨径6.00米。

87. 随县鸡鸣山桥

鸡鸣山桥位于随州市随县吴山镇种菜牛场村,跨砂子河上,东西走向,建于清代。

鸡鸣山桥是一座单孔石拱桥。桥垛和桥面上无铺装,桥面为弧形,无栏杆。桥面宽2.40米,桥面长4.00米。

侧墙用块石砌筑，上顶无仰天石。桥台形式不规整。拱碹是半圆形纵联式结构，无拱眉，碹脸与侧墙平。跨径2.20米。

88. 随县天地长春桥

天地长春桥位于随州市随县两水村，跨浸水支流上，东西走向。建于清代。

天地长春桥是一座单孔石拱桥。桥面上无铺装，桥面为弧形，无栏杆。桥面宽3.00米，桥面长6.00米。

侧墙用块石砌筑，上顶无仰天石。桥台形式不规整。拱碹是半圆形纵联式结构，无拱眉，碹脸与侧墙平。跨径3.20米。

89. 天门雁桥

雁桥俗称"雁叫桥"，位于天门市西寺路。清道光《天门县志》记载："明万历十五年（1587年）建，清康熙二十一年（1682年）重修，乾隆十一年（1746年）、道光二十七年（1847年）重修。"

雁桥是一座单孔石拱桥。桥堍和桥面上铺砌青石板，桥面中部（拱顶上）为平面，两端是阶梯式坡道，两侧有节间式石栏杆，桥面宽5.93米，桥长14.20米。

侧墙用块石砌筑，上顶单层仰天石。桥台是凹字形，前墙长约6.00米。拱碹是圆弧形纵联式结构，碹脸外边有拱眉，拱眉凸出于碹脸，拱眉与侧墙平。跨径5.24米。

90. 武汉韬光桥

韬光桥又名"马城桥"，位于武汉市蔡甸区索河镇彭新集村，跨汉水支流上，南北走向。始建年代不详，清嘉庆十三年（1808年）重修。

韬光桥是一座单孔石拱桥。桥上无栏杆，桥面宽4.60米，桥长31.00米。

侧墙用料石砌筑，上顶有单层仰天石。桥台是凹字形，前墙长 4.60 米。拱碹是半圆形（拱顶略显尖形）纵联式结构，有拱眉，拱眉凸出于碹脸，拱眉与侧墙平。跨径 5.00 米。

91. 武汉北洋桥

北洋桥又名"白杨桥"或"白洋桥"，位于武汉市洪山区北洋桥村，跨东湖港上，始建于唐代，明万历三十年（1602 年）重建。

今存北洋桥是一座单孔石拱桥。桥面为平面，无栏杆。桥面宽 7.76 米，桥长 50.00 米。

侧墙用料石砌筑，上顶有单层较厚的仰天石。桥台是凹字形，前墙长 9.00 米。拱碹是三心圆弧形（俗称鸭蛋形）纵联式结构，有拱眉，拱眉凸出于碹脸，拱眉与侧墙平。跨径 10.00 米。

92. 武汉青石桥

青石桥位于武汉市黄陂区木兰乡，跨无名小河上。该桥建于明末。

青石桥是一座单孔石拱桥，桥上无栏杆，桥面宽 5.20 米，桥长 15.00 米。

侧墙用块石砌筑，上顶单层仰天石。桥台是凹字形，前墙长 5.20 米。拱碹是三心圆弧形（俗称鸭蛋形）纵联式结构，碹脸外边有拱眉，拱眉凸出于碹脸，拱眉与侧墙平。跨径 7.00 米。

93. 武汉张都桥

张都桥位于武汉市黄陂区张都桥村，跨滠水支流上，东西走向。该桥建于明代。

张都桥是一座单孔石拱桥。桥上无栏杆，桥面宽 5.20 米，桥长 15.00 米。

侧墙用块石砌筑，上顶无仰天石。无桥台。拱脚建在山脚基岩上。

拱碹是多圆心圆弧形纵联式结构，碹脸外边有拱眉，拱眉凸出于碹脸，拱眉与侧墙平。跨径 4.50 米。

94. 武汉程子桥

程子桥位于武汉市江夏区八一村，跨程子港汊上，南北走向。该桥建于清代。

程子桥是一座单孔石拱桥。桥上无栏杆，桥面宽 3.80 米，桥长 19.00 米。

侧墙用块石砌筑，无仰天石。桥台是不规则形。拱碹是半圆形纵联式结构，无拱眉。跨径 5.00 米。

95. 武汉枫树桥

枫树桥位于武汉市江夏区劳四村，跨无名小河上，东西走向。该桥建于清代。

枫树桥是一座单孔石拱桥。桥上有混凝土栏杆，桥面宽 4.20 米，桥长 15.00 米。

侧墙用料石砌筑，上顶有单层仰天石。桥台是凹字形，前墙长 4.20 米。拱碹是半圆形纵联式结构，有双层拱眉。跨径 7.50 米。

96. 武汉浮山桥

浮山桥位于武汉市江夏区浮山村。该桥建于清代。

浮山桥是一座单孔石拱桥。桥上无栏杆，桥面宽 5.47 米，桥长 22.40 米。

侧墙用料石砌筑，上顶有单层仰天石。桥台是凹字形，前墙长 5.50 米。拱碹是半圆形分段并列式结构，有拱眉，拱眉凸出于碹脸，拱眉与侧墙平。跨径 12.50 米。

97. 武汉黄斌桥

黄斌桥位于武汉市江夏区张林村。该桥建于清代。

黄斌桥是一座单孔石拱桥。桥上无栏杆，桥面宽 2.60 米，桥长 11.70 米。

侧墙用块石砌筑，无仰天石。桥台是不规则形。拱碹是半圆形纵联式结构，无拱眉。跨径 3.20 米。

98. 武汉灵港桥

灵港桥位于武汉市江夏区宁港村，跨宁港河上，东西走向。该桥建于清代。

灵港桥是一座单孔石拱桥。桥上有板式石栏杆，桥面宽 4.57 米，桥长 17.00 米。

侧墙用料石砌筑，上顶有单层仰天石。桥台是凹字形，前墙长 4.60 米。拱碹是半圆形纵联式结构，无拱眉。跨径 7.62 米。

99. 武汉南桥

南桥位于武汉市江夏区山坡乡贺站镇大屋饶村，建于元至正九年（1349 年），于清康熙三十六年（1697 年）重修。

今存南桥是一座单孔石拱桥。无栏杆，桥面宽 6.30 米，桥长 26.70 米。

侧墙用料石砌筑，上顶有单层较厚的仰天石。桥台建在山脚下，为不规则形。拱碹是半圆形分段并列式结构，无拱眉。跨径 6.90 米。

100. 武汉狮子山桥

狮子山桥位于武汉市江夏区狮子山村，跨鱼塘上，南北走向。该桥建于清代。

狮子山桥是一座 3 孔石拱桥。桥上无栏杆，桥面宽 5.10 米，桥长 35.00 米。

侧墙用料石砌筑，上顶有单层仰天石。桥台是凹字形，前墙长 5.10 米。拱碹是半圆形纵联式结构，有拱眉。中孔跨径 4.50 米，边孔跨径 3.70 米。

101. 武汉寺王桥

寺王桥位于武汉市江夏区泉岗村。该桥建于清代。

寺王桥是一座单孔石拱桥。桥上无栏杆，桥面宽 2.90 米，桥长 15.40 米。

侧墙用料石砌筑，上顶有单层仰天石。桥台是凹字形，前墙长 2.90 米。拱碹是半圆形纵联式结构，有拱眉，拱眉凸出于碹脸，拱眉与侧墙平。跨径 6.50 米。

102. 仙桃东梁桥

东梁桥位于仙桃市沔城回族镇七红村，跨沔阳城护城河上，南北走向，建于清代。

东梁桥是一座单孔石拱桥。桥面略显弧形，无栏杆，桥面宽 4.50 米，桥长 13.00 米。

侧墙用料石砌筑，上顶无仰天石。桥台是凹字形，前墙长 4.50 米。拱碹是半圆形纵联式结构，碹脸外边有双层拱眉，碹脸、拱眉与侧墙齐平。跨径 5.50 米。

103. 仙桃官粮桥

官粮桥位于仙桃市沔城回族镇九贺门街，跨沔阳城护城河上，南北走向，建于清代。

官粮桥是一座单孔石拱桥。桥面中部为平面，两端是阶梯式坡面，两侧有板式石栏杆，桥面宽 4.60 米，桥长 16.00 米。

侧墙用块石砌筑，上顶无仰天石。桥台的前墙与石砌河岸为一体。拱碹是半圆形纵联式结构，用三层片石砌筑，无拱眉。跨径 4.00 米。

104. 仙桃司马桥

司马桥位于仙桃市沔城回族镇金华村，跨沔阳城护城河上，南北走向。始建年代不详，清光绪年间（1875—1908 年）重建。

司马桥是一座单孔石拱桥。桥面两侧有罗汉板式石栏杆，桥面宽 5.00 米，桥长 14.00 米。

侧墙用料石砌筑，上顶无仰天石。桥台是凹字形，前墙长 5.00 米。拱碹是半圆形纵联式结构，碹脸外边有拱眉，拱眉凸出于碹脸，拱眉与侧墙平。跨径 6.00 米。

105. 仙桃文明桥

文明桥位于仙桃市沔城回族镇金华村，跨沔阳城护城河上，南北走向，建于清代。

文明桥是一座单孔石拱桥。桥面略显弧形，无栏杆，桥面宽 4.00 米，桥长 14.00 米。

侧墙用料石砌筑，上顶有单层仰天石。桥台是凹字形，前墙长 4.00 米。拱碹是半圆形纵联式结构，碹脸外边无拱眉，碹脸稍后退于侧墙。跨径 5.50 米。

106. 仙桃万寿桥

万寿桥位于仙桃市皂市镇，跨长汀河上，南北走向，于清乾隆年间（1736—1795 年）修建。

万寿桥是一座 7 孔等跨径石拱桥。桥面是平面，两侧有砖栏杆，桥面宽 5.00 米，桥面净宽 2.50 米，桥长 90.00 米。

侧墙用乱石砌筑，上顶有单层仰天石。桥台是燕翅形，前墙长 6.20
米。桥墩上游端是尖形，下游端是方形，拱碹是半圆形纵联式结构，中
孔龙门上有石雕龙头，碹脸外边有拱眉，拱眉凸出于碹脸，拱眉与侧墙
平。跨径 10.00 米。

107. 赤壁七宝桥

七宝桥位于赤壁市茶庵岭镇七宝桥村。跨无名小河上，南北走向，
建于清光绪五年（1879 年）。

七宝桥是一座单孔石拱桥。桥塸和桥面上铺砌石板，全桥为平面，
无栏杆，桥面宽 8.50 米，桥面长 27.00 米。

侧墙用料石砌筑，上顶有单层仰天石。桥台是凹字形，前墙长 8.50
米，端墙很长。拱碹是半圆形纵联式结构，有拱眉，拱眉突出于碹脸，
拱眉与侧墙平。跨径 4.00 米。

108. 赤壁枫桥

枫桥位于赤壁市车埠镇枫桥村。跨横板港上，西北东南走向。明代
末年建。

枫桥是一座单孔石拱桥。桥塸和桥面上铺砌青石板，桥面略显弧
形，两侧有节间式石栏杆，无地伏，桥栏杆置于仰天石上。桥面宽 3.60
米，桥长 25.00 米。

侧墙用料石砌筑，上顶有单层仰天石。桥台是凹字形，前墙长 3.60
米，端墙很长。拱碹是半圆形纵联式结构，有拱眉，碹脸、拱眉与侧墙
平。跨径 6.00 米。

109. 赤壁斗门桥

斗门桥位于赤壁市车埠镇斗门桥村，跨陆水上，南北走向，于清同
治五年（1866 年）修建。

斗门桥是一座单孔石拱桥。桥垛和桥面上铺砌青石板，略显弧形面，无栏杆。桥面宽 3.60 米，桥长 9.00 米。

侧墙用料石砌筑，上顶有单层仰天石。桥台是凹字形，前墙长 3.60 米。拱碹是半圆形纵联式结构，有拱眉，碹脸、拱眉与侧墙平。跨径 4.00 米。

110. 赤壁任家桥

任家桥位于赤壁市官塘驿镇矮岭村，跨汀泗河支流上，南北走向，建于清光绪二十七年（1901 年）。

任家桥是一座单孔石拱桥。桥垛和桥面上铺砌石板，全桥为平面，两侧有板式石栏杆，桥面宽 4.10 米，桥长 13.50 米。

侧墙用块石砌筑，上顶无仰天石。桥台建在山脚基岩上，不规整。拱碹是半圆形纵联式结构，无拱眉，碹脸与侧墙平。跨径 5.50 米。

111. 赤壁新田桥

新田桥位于赤壁市官塘驿镇随阳村，跨双石河上，西北东南走向，建于清同治九年（1870 年）。

新田桥是一座单孔石拱桥。桥垛和桥面上铺砌石板，全桥为平面，两侧有板式石栏杆，桥面宽 9.50 米，桥长 16.60 米。

侧墙用料石砌筑，上顶有单层仰天石。桥台是凹字形，前墙长 9.50 米，端墙外有燕翅墙。拱碹是半圆形纵联式结构，有拱眉，碹脸、拱眉与侧墙平。跨径 6.00 米。

112. 赤壁熊家桥

熊家桥位于赤壁市官塘驿镇熊家村。跨山涧上，西北东南走向。清光绪十八年（1892 年）建。

熊家桥是一座单孔石拱桥。桥垛和桥面略显弧形，无栏杆，桥面宽

3.10 米，桥长 22.00 米。

侧墙用块石砌筑，上顶有单层仰天石。桥台建在山脚基岩上，不规整。拱碹是半圆形纵联式结构，无拱眉，碹脸与侧墙平。矢高 7.00 米，跨径 14.00 米。

113. 赤壁谢家湾新桥

谢家湾新桥位于赤壁市泉口镇独山村，跨西凉湖上，东西走向，于清康熙五十七年（1718 年）修建。

谢家湾新桥是一座 3 孔等跨径石拱桥。桥垛和桥面上铺砌石板，全桥为平面，两侧有板式石栏杆，桥面宽 3.80 米，桥长 20.00 米。

侧墙用料石砌筑，上顶有单层仰天石。桥台两侧有燕翅墙，前墙长约 5.00 米，桥墩两端是尖形，拱碹是半圆形纵联式结构，无拱眉，碹脸与侧墙平。跨径均为 3.80 米。

114. 赤壁永宁桥

永宁桥位于赤壁市泉口镇任家村，跨西凉湖支流上，东西走向，于清康熙十五年（1676 年）修建。

永宁桥是一座 3 孔等跨径石拱桥。桥垛和桥面上铺砌石板，桥面略显弧形，两侧有板式石栏杆，桥面宽 5.10 米，桥长 24.00 米。

侧墙用料石砌筑，上顶有单层仰天石。桥台两侧有燕翅墙，前墙长约 6.30 米，桥墩两端是尖形，拱碹是半圆形纵联式结构，无拱眉，碹脸与侧墙平。中孔跨径为 5.00 米，边孔跨径为 4.30 米。

115. 赤壁方家桥

方家桥位于赤壁市神山镇马家铺村，跨西凉湖支流上，南北走向，于清光绪二十八年（1902 年）修建。

方家桥是一座 3 孔等跨径石拱桥。桥垛和桥面上铺砌石板，全桥为平面，无栏杆，桥面宽 5.00 米，桥长 25.00 米。

侧墙用料石砌筑，上顶有单层仰天石。桥台是凹字形，前墙长约 5.00 米，端墙后部有燕翅墙。桥墩两端是尖形，拱碹是半圆形纵联式结构，有拱眉，拱眉凸出于碹脸，拱眉与侧墙平。跨径均为 6.00 米。

116. 赤壁竭家桥

竭家桥位于赤壁市中伙铺镇竭家村，跨无名小河上，东西走向，于清乾隆二十三年（1758 年）修建。

竭家桥是一座单孔石拱桥。桥埌和桥面上铺砌青石板，略显弧形，无栏杆，桥面宽 3.00 米，桥长 12.00 米。

侧墙用料石砌筑，上顶有单层仰天石。桥台是凹字形，前墙长 3.00 米。拱碹是半圆形纵联式结构，无拱眉，碹脸与侧墙平。跨径 5.20 米。

117. 赤壁李港桥

李港桥位于赤壁市中伙铺镇李港村，跨无名小河上，西北东南走向，于清光绪二十七年（1901 年）修建。

李港桥是一座单孔石拱桥。桥面上铺砌石板，略显弧形，无栏杆，桥面宽 5.00 米，桥面长 13.00 米。

侧墙用料石砌筑，上顶有单层仰天石。桥台建在山脚基岩上，不规整。拱碹是半圆形纵联式结构，有拱眉，拱眉凸出于碹脸，拱眉与侧墙平。跨径 6.00 米。

118. 赤壁宁益桥

宁益桥位于赤壁市中伙铺镇官庄村，跨排洪港上，西北东南走向，于清光绪二十八年（1902 年）修建。

宁益桥是一座单孔石拱桥。桥面上铺砌石板，略显弧形，两侧有板式石栏杆，桥面宽 4.60 米，桥长 15.00 米。

侧墙用料石砌筑，上顶有单层仰天石。桥台是凹字形，前墙长 4.60 米。拱碹是半圆形纵联式结构，无拱眉，碹脸与侧墙平。跨径 8.30 米。

119. 赤壁三眼桥

三眼桥位于赤壁市中伙铺镇熊湾村，跨无名小河上，南北走向，于清乾隆二十三年（1758 年）修建，道光年间（1821—1850 年）重修。

三眼桥是一座 3 孔等跨径石拱桥。桥面为平面，两侧有板式石栏杆，桥面宽 3.50 米，桥长 35.00 米。

侧墙用块石砌筑，上顶有单层仰天石。桥台两侧有燕翅墙，前墙长 4.70 米，桥墩两端是尖形，拱碹是半圆形纵联式结构，无拱眉，碹脸与侧墙平。跨径均为 8.00 米。

120. 赤壁袁家桥

袁家桥位于赤壁市中伙铺镇三眼桥村，跨无名小河上，南北走向，于清光绪十四年（1888 年）修建。

袁家桥是一座 3 孔等跨径石拱桥。桥塊和桥面上铺砌石板，略显弧形，无栏杆，桥面宽 3.70 米，桥长 29.00 米。

侧墙用料石砌筑，上顶有单层仰天石。桥台是凹字形，前墙长约 3.70 米。桥墩两端是方形，拱碹是半圆形纵联式结构，无拱眉，碹脸与侧墙平。跨径均为 4.80 米。

121. 赤壁钟鸣桥

钟鸣桥位于赤壁市神山镇钟鸣桥村，跨聂家湖上，西北东南走向，建于清同治元年（1862 年）。

钟鸣桥是一座单孔石拱桥。桥塊和桥面上铺砌石板，全桥为平面，原桥无栏杆（现有铁栏杆），桥面宽 4.50 米，桥面长 23.50 米。

侧墙用料石砌筑，上顶有单层仰天石。桥台是凹字形，前墙长 4.50

米，端墙很长。拱碹是半圆形纵联式结构，有拱眉，拱眉突出于碹脸，拱眉与侧墙平。跨径 5.00 米。

122. 崇阳大梅亭桥

大梅亭桥位于咸宁市崇阳县港口乡大梅村，跨无名小河上，南北走向，建于清代，于清嘉庆二十年（1815 年）重修，同时修建"大梅亭"。

大梅亭桥是一座单孔石拱桥。桥面为弧形，无栏杆，桥面宽 3.18 米，桥长 7.60 米。

侧墙用料石砌筑，上顶有单层仰天石。桥台是在山崖岩石上开凿而成。拱碹是半圆形纵联式结构，有拱眉，拱眉凸出于碹脸，拱眉与侧墙平。跨径 4.30 米。

123. 崇阳斤丝桥

斤丝桥位于咸宁市崇阳县桂花泉镇双港村，跨虎爪河上，南北走向，建于明代。

斤丝桥是一座单孔石拱桥。桥面中部为弧形，两端是阶梯式坡道，桥面宽 3.60 米，桥长 11.20 米。

侧墙用块石砌筑，上顶有单层仰天石。桥台用料石砌筑在山脚岩石上，形式不规整。拱碹是半圆形纵联式结构，无拱眉，碹脸与侧墙平。跨径 6.30 米。

124. 崇阳印墩桥

印墩桥位于咸宁市崇阳县肖岭乡蟹形村，跨石壁港上，东西走向，建于清代。

印墩桥是一座单孔石拱桥。桥面为弧形，无栏杆，桥面宽 3.80 米，桥长 10.50 米。

侧墙用料石砌筑，上顶有单层仰天石。桥台在山脚岩石上，形式不规整。拱碹是半圆形纵联式结构，无拱眉，碹脸与侧墙平。跨径6.80 米。

125. 嘉鱼净堡桥

净堡桥位于咸宁市嘉鱼县渡普镇烟墩静宝村，跨峡港上，东西走向，分别于始建元至正时期（1362—1366 年），清光绪三十三年（1907年）重修。

净堡桥是一座单孔石拱桥。桥塨和桥面上铺砌青石板，桥面为弧形，两侧有石板栏杆，桥塨上为平面，无栏杆，桥面宽 4.00 米，桥长60.00 米。

侧墙用料石砌筑，上顶有单层仰天石。桥台是凹字形，前墙长 4.00米，端墙很长。拱碹是半圆形纵联式结构，有拱眉，拱眉凸出于碹脸，拱眉与侧墙平。跨径 8.00 米。

126. 嘉鱼温家桥

温家桥位于咸宁市嘉鱼县官桥镇温家村，跨舒桥港上，南北走向，于清乾隆二十八年（1763 年）修建。

温家桥是一座单孔石拱桥。桥面为平面，两侧有石板桥栏杆，桥面宽 3.00 米，桥长 10.00 米。

侧墙用料石砌筑，上顶有单层仰天石。桥台是凹字形，前墙长约3.00 米。拱碹是半圆形纵联式结构，无拱眉，碹脸与侧墙平。跨径6.00 米。

127. 嘉鱼下舒桥

下舒桥位于咸宁市嘉鱼县官桥镇舒桥大屋陈村，跨舒桥港上，西北东南走向，于元至正元年（1341 年）修建。

中国古桥志

下舒桥是一座单孔石拱桥。桥墩和桥面上铺砌青石板，桥面为弧形，两侧有石板栏杆，桥面宽 3.40 米，桥长 11.00 米。

侧墙用料石砌筑，上顶有单层仰天石。桥台是凹字形，前墙长 3.40 米。拱碹是半圆形纵联式结构，有拱眉，碹脸、拱眉与侧墙平。跨径 4.50 米。

128. 嘉鱼周家桥

周家桥位于咸宁市嘉鱼县官桥镇大屋周家村，跨舒桥港上，南北走向，始建于明正德十一年（1516 年），清道光八年（1828 年）重修。

周家桥是一座 3 孔石拱桥。桥面为弧形，两侧有石板栏杆，桥面净宽 3.50 米，桥长 50.00 米。

侧墙用料石砌筑，上顶有单层仰天石。桥台前墙与石砌河岸为一体。桥墩两端是尖形，拱碹是半圆形纵联式结构，无拱眉，碹脸与侧墙平。中孔跨径 4.50 米，边孔跨径 3.50 米。

129. 嘉鱼属湖桥

属湖桥位于咸宁市嘉鱼县官桥镇桥头雷村，跨属茶湖港上，东西走向。《嘉鱼县志》记载："元至正二十五年（1365 年）修建属湖桥。"

属湖桥是一座单孔石拱桥。桥面中部无铺装（拱碹外露），为弧形，两端是石板路面，无栏杆，桥面宽 4.00 米，桥长 10.00 米。

侧墙用料石砌筑，上顶有单层仰天石。桥台在山脚岩石上。拱碹是半圆形纵联式结构，有拱眉，拱眉凸出于碹脸，拱眉与侧墙平。跨径 5.00 米。

130. 通城灵官桥

灵官桥位于咸宁市通城县灵官村，跨溪港上，东西走向。建造年代不详。

灵官桥是一座单孔石拱桥。桥面中部为平面，两端是阶梯式坡道，桥面宽 5.00 米，桥长 18.00 米。

侧墙用块石砌筑，上顶有单层仰天石。桥台用料石砌筑，形式不规整。拱碹是半圆形纵联式结构，无拱眉，碹脸与侧墙平。跨径 12.00 米。

131. 通城南虹桥

南虹桥位于咸宁市通城县塘湖镇大虹村，跨陆水河上，东西走向，于清咸丰七年（1857 年）修建。

南虹桥是一座 5 孔等跨径石拱桥。桥面为平面，两侧有板式石栏杆，桥面宽 5.00 米，桥长 64.50 米。

侧墙用料石砌筑，上顶有单层仰天石。桥台两侧有燕翅墙，前墙长约 6.20 米。桥墩两端是尖形，拱碹是圆弧形纵联式结构，无拱眉，碹脸与侧墙平。跨径 8.20 米。

132. 通城招贤桥

招贤桥位于咸宁市通城县，始建于南宋景定元年（1260 年）。

今存招贤桥是一座单孔石拱桥。桥面是平面，无栏杆。桥面宽 5.00 米，桥长 18.00 米。

侧墙用料石砌筑，上顶有单层仰天石。桥台是凹字形，前墙长 6.20 米。拱碹是半圆形纵联式结构，碹脸外有拱眉石，拱眉与侧墙取平。跨径 12.00 米。

133. 通山福神嘴桥

福神嘴桥位于咸宁市通山县新铺村，跨小河沟上，南北走向，建于清代。

福神嘴桥是一座单孔石拱桥。桥面中部为平面，两端是阶梯式坡道，桥面宽 3.35 米，桥长 9.00 米。

侧墙用块石砌筑，上顶有单层仰天石。桥台用料石砌筑，形式不规整。拱碹是半圆形纵联式结构，无拱眉，碹脸与侧墙平。跨径 4.00 米。

134. 通山南门桥

南门桥位于咸宁市通山县，始建于元代，于明正德五年（1510 年）重修。

南门桥是一座 7 孔石拱桥。桥墩和桥面上铺砌条形石板，全桥为平面，两侧有节间式石栏杆，桥面宽 5.50 米，桥长 33.00 米。

侧墙用乱石砌筑，上顶有单层仰天石。桥台是燕翅形，前墙长 6.70 米。桥墩上游端是尖形，下游端是方形，拱碹为圆弧形纵联式结构，中孔跨径 12.00 米，相邻两孔跨径 11.00 米，次边孔跨径 9.50 米，边孔跨径 8.00 米。

135. 通山石桥头桥

石桥头桥位于咸宁市通山县闯王镇南城村，跨小河沟上，东西走向，建于清末。

石桥头桥是一座单孔石拱桥。桥面中部为弧形，用青石板铺面，两端是阶梯式坡道，桥面宽 3.50 米，桥长 9.00 米。

侧墙用块石砌筑，上顶有单层仰天石。桥台用料石砌筑，形式不规整。拱碹是半圆形纵联式结构，有拱眉，拱眉凸出于碹脸，拱眉与侧墙平。跨径均为 4.00 米。

136. 通山宋家祠桥

宋家祠桥位于咸宁市通山县，始建于清顺治三年（1646 年），于咸丰八年（1858 年）重建，光绪十五年（1889 年）重修。

宋家祠桥是一座 3 孔石拱桥。桥面是圆弧形，无栏杆。桥面宽 5.20

米，桥长 24.50 米。

侧墙用料石砌筑，上顶有单层仰天石。桥台是带燕翅形，前墙长 6.40 米。桥墩上游端是尖形，下游端是方形，拱碹是圆弧形纵联式结构。跨径 5.80 米。

137. 通山吴家桥

吴家桥位于咸宁市通山县大畈镇下杨村，跨杨河上，东西走向，建于清代。

吴家桥是一座 3 孔等跨径石拱桥。桥面全部为平面，两端各有一段阶梯坡道，桥面宽 4.50 米，桥长 22.00 米。

侧墙用块石砌筑，上顶有单层仰天石。桥台是凹字形，前墙长 4.50 米。桥墩两端是尖形，拱碹是半圆形纵联式结构，有拱眉，拱眉凸出于碹脸，拱眉与侧墙平。跨径 5.30 米。

138. 通山犀港桥

犀港桥位于咸宁市通山县大路乡犀港村，跨犀港河上，东西走向。始建年代不详，清光绪十四年（1888 年）重修。

犀港桥是一座 3 孔等跨径石拱桥。桥面全部为平面，两端各有一段阶梯坡道，桥面宽 5.20 米，桥长 20.60 米。

侧墙用块石砌筑，上顶有单层仰天石。桥台是凹字形，前墙长 5.20 米。桥墩两端是尖形，拱碹是半圆形镶边纵联式结构，有拱眉，拱眉凸出于碹脸，拱眉与侧墙平。跨径 4.60 米。

139. 咸宁白泉桥

白泉桥位于咸宁市咸安区白河镇白泉村，跨无名小河上，东西走向，于明弘治年间（1488—1505 年）修建。

白泉桥是一座双孔石拱桥。桥面为平面，桥垛上是阶梯式坡道。桥

中国古桥志

205

面宽 3.60 米，桥面长 18.00 米，全长 26.00 米。

侧墙用块石砌筑，上顶有单层仰天石。桥台两侧有燕翅墙，桥墩端部是尖形，拱碹是半圆形纵联式结构，有拱眉，碹脸、拱眉与侧墙平。跨径 10.00 米。

桥墩上有一小孔洞。拱碹是半圆形纵联结构，有拱眉，碹脸、拱眉与侧墙平。跨径 0.50 米。

140. 咸宁刘家二桥

刘家二桥位于咸宁市咸安区白沙乡刘家桥村，跨白泉河上，南北走向，于清道光十一年（1831 年）修建。

刘家二桥是一座双孔石拱桥。桥面为平面，两侧有板式石栏杆，桥面宽 4.20 米，桥长 29.00 米。

侧墙用料石砌筑，上顶有单层仰天石。桥台两侧有燕翅墙，前墙长约 5.40 米。桥墩两端是尖形，拱碹是圆弧形纵联式结构，有拱眉，拱眉凸出于碹脸，拱眉与侧墙平。跨径均为 5.00 米。

141. 咸宁泉山桥

泉山桥位于咸宁市咸安区大幕乡桃花尖村，跨无名河上，南北走向。始建年代不详，清代末年重建。

泉山桥是一座单孔石拱桥。桥面中部为平面，两端是阶梯式坡道，桥面宽 4.00 米，桥长 20.00 米。

侧墙用块石砌筑，上顶有单层仰天石。桥台用料石砌筑，形式不规整。拱碹是半圆形纵联式结构，有拱眉，拱眉凸出于碹脸，拱眉与侧墙平。跨径 11.50 米。

142. 咸宁石家桥

石家桥位于咸宁市咸安区大幕乡石桥村，跨无名河上，南北走向，始建于明代，于清光绪二十六年（1900年）重修。

石家桥是一座3孔石拱桥，桥面为平面，两侧有节间式石栏杆，桥面宽4.00米，桥长35.00米。

侧墙用料石砌筑，上顶有单层仰天石。桥台两侧有燕翅墙，前墙长约5.20米。桥墩两端是尖形，拱碹是圆弧形纵联式结构，有拱眉，拱眉凸出于碹脸，拱眉与侧墙平。跨径均为7.10米。

143. 咸宁宋坑新桥

宋坑新桥位于咸宁市咸安区大幕乡东坑村，跨高桥河上，东西走向，于清光绪二十五年（1899年）修建。

宋坑新桥是一座单孔石拱桥。桥面为弧形，两端是坡道，桥面宽3.00米，桥长8.00米。

侧墙用料石砌筑，上顶有单层仰天石。桥台是凹字形，前墙长约3.00米，拱碹是半圆形纵联式结构，无拱眉，碹脸与侧墙平。跨径5.50米。

144. 咸宁坳头桥

坳头桥位于咸宁市咸安区高桥镇宋银村，跨高桥河上，南北走向，于清道光五年（1825年）修建。

坳头桥是一座单孔石拱桥。桥面为平面，铺砌条形石板，无栏杆，桥面宽4.30米，桥长9.00米。

侧墙用料石砌筑，上顶有单层仰天石。桥台是凹字形，前墙长约4.30米，拱碹是半圆形纵联式结构，有拱眉，拱眉凸出于碹脸，拱眉与侧墙平。跨径6.00米。

145. 咸宁陈桥

陈桥位于咸宁市咸安区高桥镇，于清乾隆十八年（1753年）修建。

陈桥是一座单孔石拱桥。桥长 8.50 米。

侧墙用料石砌筑，上顶有单层仰天石。桥台均为凹字形。拱碹均系圆弧形镶边纵联式结构，碹脸外边有拱眉石，拱眉与侧墙平。跨径 5.00 米。

146. 咸宁福禄桥

福禄桥位于咸宁市咸安区高桥镇，于清光绪二十一年（1895 年）修建。

福禄桥是一座单孔石拱桥。桥面大致为平面，两侧各有一道边牙石，桥面宽 4.00 米，桥长 17.00 米。

侧墙用块石砌筑，上顶有单层仰天石。桥台是凹字形，前墙长 4.00 米。拱碹是半圆形纵联式结构，无拱眉，碹脸与侧墙平。跨径 10.00 米。

147. 咸宁高桥

高桥位于咸宁市咸安区高桥镇高桥村，跨高桥河上，东西走向，于清同治八年（1869 年）修建。

高桥是一座 5 孔石拱桥。桥面为平面，两侧有节间式石栏杆，桥面宽 4.80 米，桥长 55.00 米。桥上建砖木结构廊。

侧墙用料石砌筑，上顶有单层仰天石。桥台两侧有燕翅墙，前墙长 6.00 米，桥墩两端是尖形。拱碹是半圆形纵联式结构，有拱眉，拱眉凸出于碹脸，拱眉与侧墙平。跨径均为 8.00 米。

148. 咸宁刘秉桥

刘秉桥位于咸宁市咸安区高桥镇夏林，跨无名小河上，南北走向。建造年代不详。

刘秉桥是一座单孔石拱桥。桥面为平面，铺砌不规则石板，无栏杆，桥面宽 3.50 米，桥长 14.00 米。

侧墙用块石砌筑，上顶有单层仰天石。桥台是凹字形，前墙长约 3.50 米，拱碹是半圆形纵联式结构，无拱眉，碹脸与侧墙平。跨径 4.50 米。

149. 咸宁孟家桥

孟家桥位于咸宁市咸安区高桥镇高桥村，跨无名小河上，东西走向，于清乾隆二十九年（1764 年）修建。

孟家桥是一座 3 孔石拱桥。桥面为平面，两侧有节间式石栏杆，桥面宽 3.00 米，桥长 30.00 米。

侧墙用料石砌筑，上顶有单层仰天石。桥台两侧有燕翅墙，前墙长 4.20 米。桥墩两端是尖形，拱碹是半圆形纵联式结构，有拱眉，碹脸、拱眉与侧墙平。跨径均为 8.50 米。

150. 咸宁吴私桥

吴私桥位于咸宁市咸安区高桥镇刘英村，跨无名小河上，南北走向，于清光绪十六年（1890 年）修建。

吴私桥是一座单孔石拱桥。桥面为平面，铺砌不规则石板，两侧有板式石栏杆，桥面宽 4.30 米，桥长 10.00 米。

侧墙用块石砌筑，上顶有单层仰天石。桥台是凹字形，前墙长约 4.30 米，拱碹是半圆形纵联式结构，有拱眉，拱眉凸出于碹脸，拱眉与侧墙平。跨径 3.00 米。

151. 咸宁游家桥

游家桥位于咸宁市咸安区高桥镇孙家畈村，跨无名小河上，南北走向，于清宣统元年（1909 年）修建。

游家桥是一座单孔石拱桥。桥面中部（拱顶上）为平面，两端是阶梯式坡道，两侧有节间式石栏杆，无地伏，栏杆置于仰天石上，桥面宽5.00米，桥长17.00米。

侧墙用块石砌筑，上顶有单层仰天石。桥台是凹字形，前墙长约5.00米，拱碹是半圆形纵联式结构，有拱眉，拱眉凸出于碹脸，拱眉与侧墙平。跨径11.00米。

152. 咸宁朱家桥

朱家桥位于咸宁市咸安区高桥镇程家村，跨无名小河上，南北走向。建造年代不详。

朱家桥是一座单孔石拱桥。桥面为平面，铺砌条形石板，无栏杆，桥面宽4.30米，桥长9.00米。

侧墙用料石砌筑，上顶有单层仰天石。桥台两侧有燕翅墙，前墙长约4.30米，拱碹是半圆形纵联式结构，有拱眉，拱眉凸出于碹脸，拱眉与侧墙平。跨径6.00米。

153. 咸宁官桥

官桥位于咸宁市咸安区官埠桥镇，跨淦水河上，东西走向，于清道光七年（1827年）修建。

官桥是一座3孔等跨径石拱桥。桥面为平面，铺砌条形石板，无栏杆，桥面宽5.50米，桥长25.00米。桥上建砖木结构廊。

侧墙用料石砌筑，上顶有单层仰天石。桥台是凹字形，前墙长5.50米，桥墩两端是尖形，拱碹是半圆形纵联式结构，有拱眉，碹脸、拱眉与侧墙平。跨径均为6.67米。

154. 咸宁白沙桥

白沙桥位于咸宁市咸安区桂花镇白沙村，在万寿桥与刘家桥之间，于明弘治年间（1488—1505年）建，正德十二年（1517年）重修，清嘉庆二十四年（1819年）重建。

白沙桥是一座3孔等跨径石拱桥。桥面为平面，桥面宽5.00米，桥长34.00米。桥上有砖木结构廊。

侧墙用块石砌筑，上顶有单层仰天石。桥台两侧有燕翅墙。桥墩两端是尖形，拱碹是半圆形纵联式结构，有拱眉，碹脸、拱眉与侧墙平。跨径均为10.30米。

两个桥墩上各有一个小跨径孔，拱碹是半圆形纵联式结构，有拱眉，碹脸、拱眉与侧墙平。跨径数据暂缺。

155. 咸宁胜安桥

胜安桥位于咸宁市咸安区桂花镇柏墩村，跨无名河上，东西走向，于清代末年修建。

胜安桥是一座3孔石拱桥，桥面为平面，无栏杆，桥面宽3.00米，桥长23.00米。

侧墙用料石砌筑，上顶有单层仰天石。桥台两侧有燕翅墙，前墙长约4.20米。桥墩两端是尖形，桥墩厚数据暂缺，桥墩长数据暂缺。拱碹是半圆形纵联式结构，有拱眉，拱眉凸出于碹脸，拱眉与侧墙平。跨径均为4.20米。

156. 咸宁石城桥

石城桥位于咸宁市咸安区桂花镇港下雷村，跨淦水河上，东西走向，于清光绪三年（1877年）修建。

石城桥是一座3孔石拱桥，桥面为平面，两侧有石砌栏杆，无地伏，栏杆砌筑在仰天石上，桥面宽4.20米，桥长24.00米。

侧墙用块石砌筑，上顶有单层仰天石。桥台两侧有燕翅墙，前墙长约5.40米。桥墩上游端是尖形，下游端是方形，拱碹是半圆形并列式结构，有拱眉，拱眉凸出于碹脸，拱眉与侧墙平。跨径均为6.67米。

157. 咸宁水口桥

水口桥位于咸宁市咸安区桂花镇中田畈村，跨双河口上，东西走向。始建年代不详，民国十三年（1924年）重建。

水口桥是一座单孔石拱桥。桥面为平面，桥面宽4.20米，桥长25.00米。

侧墙用料石砌筑，上顶有单层仰天石。桥台是凹字形，前墙长约4.20米，拱碹是半圆形纵联式结构，无拱眉，碹脸与侧墙平。跨径21.00米。

158. 咸宁万寿桥

万寿桥位于咸宁市咸安区桂花镇万寿桥村，跨白沙河上，南北走向，于清道光二十六年（1846年）修建。

万寿桥是一座3孔等跨径石拱桥。桥面为平面，无栏杆，桥面宽4.80米，桥长34.40米。桥上建砖木结构廊。

侧墙用块石砌筑，上顶有单层仰天石。桥台两侧有燕翅墙，前墙长约6.00米。桥墩上游端是尖形，下游端是方形，拱碹是半圆形并列式结构，有拱眉，拱眉凸出于碹脸，拱眉与侧墙平。跨径均为10.80米。

159. 咸宁余家桥

余家桥位于咸宁市咸安区桂花镇柏墩村，跨无名河上，南北走向，于清代末年修建。

余家桥是一座双孔石拱桥。桥面为平面，两侧有板式石栏杆，桥面宽3.00米，桥长20.00米。

侧墙用料石砌筑，上顶有双层仰天石。桥台两侧有燕翅墙，前墙长约4.20米。桥墩两端是尖形，拱碹是圆弧形纵联式结构，有拱眉，拱眉凸出于碹脸，拱眉与侧墙平。跨径均为4.60米。

160. 咸宁玉丰桥

玉丰桥位于咸宁市咸安区桂花镇毛坪村,跨无名河上,东西走向。始建于明代,清代重修。

玉丰桥是一座 5 孔石拱桥。桥面为平面,两侧有节间式石栏杆,桥面宽 4.80 米,桥长 53.70 米。

侧墙用料石砌筑,上顶有单层仰天石。桥台两侧有燕翅墙,前墙长约 6.20 米。桥墩两端是尖形,拱碹是圆弧形纵联式结构,有拱眉,拱眉凸出于碹脸,拱眉与侧墙平。跨径均为 6.20 米。

161. 咸宁鹿过桥

鹿过桥位于咸宁市咸安区横沟桥镇鹿过村,跨高桥河支流上,东西走向。该桥始建于明万历年间(1573—1620 年),于清康熙五十年(1711 年)重修。

鹿过桥是一座单孔石拱桥。桥面宽 4.80 米,桥面长 9.00 米。

侧墙用料石砌筑,上顶有单层仰天石。桥台是凹字形,前墙长 4.80 米。拱碹是半圆形镶边纵联式结构,有拱眉,拱眉凸出于碹脸,拱眉与侧墙平。跨径 6.00 米。

162. 咸宁毛桥

毛桥位于咸宁市咸安区横沟桥镇,跨高桥河支流上,东西走向,于清嘉庆二十五年(1820 年)修建。

毛桥是一座单孔石拱桥。桥面略显弧形,铺砌条形石板,无栏杆,桥面宽 2.80 米,桥面长 8.00 米。

侧墙用料石砌筑,上顶有单层仰天石。桥台是凹字形,前墙长 2.80 米。拱碹是半圆形纵联式结构,有拱眉,碹脸、拱眉与侧墙平。跨径 5.50 米。

163. 咸宁舒德口桥

舒德口桥位于咸宁市咸安区横沟桥镇舒家村，跨高桥河支流上，西北东南走向，于清乾隆五十六年（1791年）修建。

舒德口桥是一座单孔石拱桥。桥面宽4.30米，桥面长9.20米。

侧墙用料石砌筑，上顶有单层仰天石。桥台是凹字形，前墙长4.30米。拱碹是半圆形纵联式结构，无拱眉，碹脸与侧墙平。跨径6.50米。

164. 咸宁下屋杨桥

下屋杨桥位于咸宁市咸安区横沟桥镇杨畈村，跨高桥河支流上，西北东南走向，于清代末年修建。

下屋杨桥是一座单孔石拱桥。桥面略显弧形，铺砌条形石板，无栏杆，桥面宽2.20米，桥面长8.30米。

侧墙用料石砌筑，上顶有单层仰天石。桥台是凹字形，前墙长2.20米。拱碹是半圆形纵联式结构，有拱眉，碹脸、拱眉与侧墙平。跨径3.00米。

165. 咸宁义录桥

义录桥位于咸宁市咸安区横沟桥镇官山村。跨高桥河支流上，东西走向，于清道光十九年（1839年）修建。

义录桥是一座3孔石拱桥。桥面为平面，铺砌条形石板，无栏杆，桥面宽4.35米，桥面长46.00米。

侧墙用料石砌筑，上顶有单层仰天石。桥台是凹字形，前墙长4.35米。桥墩两端是尖形，拱碹是半圆形纵联式结构，有拱眉，碹脸、拱眉与侧墙平。跨径12.00米。

166. 咸宁三班口新桥

三班口新桥位于咸宁市咸安区龙潭乡三班口村，跨淦河上，西北东南走向，于清代末年修建。

三班口新桥是一座 3 孔等跨径石拱桥。桥面为平面，铺砌条形石板，无栏杆，桥面宽 4.30 米，桥面长 27.00 米。

侧墙用料石砌筑，上顶有单层仰天石。桥台是凹字形，前墙长 4.30 米。桥墩两端是尖形，拱碹是半圆形纵联式结构，有拱眉，碹脸、拱眉与侧墙平，跨径均为 5.50 米。

167. 咸宁龙潭桥

龙潭桥原名"小龙潭桥"，位于咸宁市咸安区，跨淦水河上。《咸宁县志》记载："小龙潭桥建于清同治五年（1866 年）至光绪八年（1882 年）之间。民国十七年（1928 年）重修。"

龙潭桥是一座 5 孔等跨径石拱桥。桥面为平面，铺砌条形石板，有板式石栏杆，桥面宽 5.50 米，桥面长 70.00 米。

侧墙用料石砌筑，上顶有单层仰天石。桥台是凹字形，前墙长 5.50 米。桥墩两端是方形，拱碹是半圆形纵联式结构，有拱眉，拱眉凸出于碹脸，拱眉与侧墙平。

168. 咸宁麦湾桥

麦湾桥位于咸宁市咸安区双溪桥镇潘桥村，跨高桥河支流上，东西走向，于清同治二年（1863 年）修建。

麦湾桥是一座单孔石拱桥。桥面略显弧形，铺砌条形石板，无栏杆，桥面宽 2.80 米，桥面长 12.50 米。

侧墙用料石砌筑，上顶有单层仰天石。桥台是凹字形，前墙长 2.80 米。拱碹是半圆形纵联式结构，无拱眉，碹脸、拱眉与侧墙平。跨径 2.83 米。

169. 咸宁潘家桥

潘家桥位于咸宁市咸安区双溪桥镇潘桥村，跨高桥河支流上，西北东南走向，于清嘉庆七年（1802 年）修建。

潘家桥是一座单孔石拱桥。桥面略显弧形，铺砌条形石板，无栏杆，桥面宽 5.50 米，桥面长 17.00 米。

侧墙用料石砌筑，上顶有单层仰天石。桥台是凹字形，前墙长 5.50 米。拱碹是半圆形纵联式结构，有拱眉，拱眉凸出于碹脸，拱眉与侧墙平。跨径 9.50 米。

170. 咸宁程益桥

程益桥位于咸宁市咸安区汀泗桥镇程益桥村，跨无名河上，南北走向，建于明万历年间（1573—1620 年）。

程益桥是一座 3 孔等跨径石拱桥。桥面为平面，铺砌条形石板，有板式石栏杆，桥面宽 5.00 米，桥面长 30.00 米。

侧墙用料石砌筑，上顶有单层仰天石。桥台两侧有燕翅墙，前墙长 6.20 米，桥墩两端是尖形，拱碹是半圆形纵联式结构，有拱眉，拱眉凸出于碹脸，拱眉与侧墙平。跨径均为 5.20 米。

171. 咸宁山下桥

山下桥位于咸宁市咸安区汀泗桥镇洪口村，跨无名河上，东西走向。修建年代不详。

山下桥是一座单孔石拱桥。桥面为平面，铺砌条形石板，有板式石栏杆，桥面宽 2.00 米，桥长 5.00 米。

侧墙用块石砌筑，上顶无仰天石。桥台是凹字形，用料石砌筑，前墙长 2.00 米，拱碹是半圆形纵联式结构，无拱眉，碹脸与侧墙平。跨径 3.00 米。

172. 咸宁双姑桥

双姑桥位于咸宁市咸安区汀泗桥镇古田村，跨无名河上，南北走向。修建年代不详。

双姑桥是一座 3 孔等跨径石拱桥。桥面为平面，铺砌条形石板，有板式石栏杆，桥面宽 3.10 米，桥梁全长 20.00 米。桥上建砖木结构廊。

侧墙用料石砌筑，上顶有单层仰天石。桥台两侧有燕翅墙，前墙长 4.30 米，桥墩两端是尖形，拱碹是半圆形纵联式结构，有拱眉，拱眉凸出于碹脸，拱眉与侧墙平。跨径均为 4.20 米。

173. 咸宁汀泗桥

汀泗桥位于咸宁市咸安区汀泗桥镇，始建于南宋淳祐七年（1247年），于明嘉靖二十六年（1547年）重修。

今存汀泗桥是一座 3 孔石拱桥。桥面是圆弧形，两侧有节间式石栏杆。桥面宽 6.20 米，桥长 31.20 米。

侧墙用乱石砌筑，上顶有一层平牙石。桥台是凹字形。桥墩两端是方形，拱碹为半圆形纵联式结构。中孔跨径 9.20 米，边孔跨径 7.20 米。

174. 咸宁新桥

新桥位于咸宁市咸安区汀泗桥镇洪口村，跨无名河上，南北走向。始建年代不详，民国十九年（1930年）重建。

新桥是一座单孔石拱桥。桥面为平面铺砌条形石板，有板式石栏杆，桥面宽 4.00 米，桥长 7.00 米。桥上建砖木结构廊。

侧墙用料石砌筑，上顶有单层仰天石。桥台是凹字形，前墙长 4.00 米，拱碹是半圆形纵联式结构，有拱眉，拱眉凸出于碹脸，拱眉与侧墙平。跨径 5.00 米。

175. 咸宁刘家桥

刘家桥位于咸宁市咸安区桂花镇，跨白泉河上，南北走向，始建于明朝崇祯三年（1630年）。清道光十二年（1832年）重建。

刘家桥是一座单孔石拱桥。桥面中部为平面，两端是阶梯式坡道，全桥上有砖木结构廊，两端有门楼。桥面宽 5.00 米，桥长 20.00 米。

咸宁刘家桥

侧墙用料石砌筑，上顶有单层仰天石。桥台是凹字形，前墙长 5.00 米。拱碹是半圆形纵联式结构，碹脸外有拱眉石，碹脸后退于拱眉，拱眉与侧墙取平。跨径 10.00 米。

176. 保康马万桥

马万桥位于襄阳市保康县点垭镇潮水村，跨沮河支流上，南北走向，建于清代。

马万桥是一座单孔石拱桥。桥墈和桥面铺砌不规则石板，无栏杆。桥面宽 2.80 米，桥全长 19.00 米。

侧墙用料石砌筑，上顶有单层仰天石。桥台在山脚岩石上。拱碹是半圆形纵联式结构，无拱眉，碹脸与侧墙平。跨径 3.80 米。

177. 保康三仙观桥

三仙观桥位于襄阳市保康县两峪乡麻坪村，跨西汉河上，东西走向，建于清代。

三仙观桥是一座单孔石拱桥。桥面上无铺装，无栏杆。桥面宽 2.50 米，桥长 12.00 米。

侧墙用块石砌筑，上顶有单层仰天石。桥台在山脚岩石上。拱碹是半圆形纵联式结构，无拱眉，碹脸与侧墙平。跨径 5.80 米。

178. 襄阳南门桥

南门桥位于襄阳市樊城区团山镇，在邓城遗址南门外，跨邓城护城河上，南北走向。始建年代不详，明代重建。

南门桥是一座 3 孔等跨径石拱桥。桥面上铺砌条形石板为平面，无栏杆。桥面宽 3.50 米，桥面长 16.00 米。

侧墙用料石砌筑，上顶有单层仰天石。桥台被埋没，桥墩被埋没。拱碹是半圆形纵联式结构，无拱眉，碹脸与侧墙平。跨径均为 3.20 米。

179. 谷城大王庙桥

大王庙桥位于襄阳市谷城县当铺镇大王庙村，跨白水河上，南北走向，建于清代。

大王庙桥是一座单孔石拱桥。桥塄和桥面上铺砌石板为平面，无栏杆。桥面宽 2.67 米，桥长 18.60 米。

侧墙用料石砌筑，上顶有单层仰天石。桥台是凹字形，前墙长约 2.67 米。拱碹是半圆形纵联式结构，无拱眉，碹脸与侧墙平。跨径 5.65 米。

180. 谷城万寿桥

万寿桥位于襄阳市谷城县庙滩镇万寿桥村，跨黄畈河上，东北西南走向，建于清代。

万寿桥是一座单孔石拱桥。桥面上无铺装，无栏杆。桥面宽 2.72
米，桥长 10.00 米。

侧墙用料石砌筑，上顶有单层仰天石。桥台在山脚岩石上。拱碹是
半圆框形纵联式结构，无拱眉，碹脸与侧墙平。跨径 4.70 米。

181. 南漳红石桥

红石桥位于襄阳市南漳县九集镇九仙观村，跨无名小河上，东西走
向，建于明代。

红石桥是一座单孔石拱桥。桥塸和桥面上铺砌石板为平面，无栏
杆。桥面宽 4.10 米，东桥塸端宽 5.60 米，西桥塸端宽 4.20 米，桥长
14.30 米。

侧墙用料石砌筑，上顶有单层仰天石。桥台是凹字形，前墙长 4.10
米。拱碹是半圆形纵联式结构，无拱眉，碹脸与侧墙平。跨径 6.80 米。

182. 南漳遇事湾桥

遇事湾桥位于襄阳市南漳县九集镇古林坪村，跨泗堵河上，东西走
向，建于明代。

遇事湾桥是一座单孔石拱桥。桥塸和桥面上铺砌石板为平面，无栏
杆。桥面宽 3.94 米，桥长 6.25 米。

侧墙用料石砌筑，上顶有单层仰天石。桥台是凹字形，前墙长 4.00
米。拱碹是半圆形纵联式结构，无拱眉，碹脸与侧墙平。跨径 4.75 米。

183. 襄阳发源桥

发源桥位于襄阳市襄州区双沟镇郑张村，跨无名小河上，东西走
向，建于清乾隆十六年（1751 年）。

发源桥是一座单孔石拱桥。桥面上铺砌条形石板，无栏杆。桥面宽

3.70 米，桥面长 14.00 米。

　　侧墙用料石砌筑，上顶有单层仰天石。桥台凹字形，前墙长 3.70 米。拱碹是尖顶形镶边纵联式结构，无拱眉，碹脸与侧墙平。跨径 8.48 米。

184. 襄阳龙桥

　　龙桥位于襄阳市襄州区双沟镇大岗坡村，跨无名小河上，南北走向，建于清代。

　　龙桥是一座单孔石拱桥。桥面上铺砌条形石板，无栏杆。桥面宽 4.40 米，桥面长 9.60 米。

　　侧墙用料石砌筑，上顶有单层仰天石。桥台是凹字形，前墙长 4.40 米。拱碹是半圆形纵联式结构，龙门上有石雕龙头，无拱眉，碹脸稍后退于侧墙。跨径 6.25 米。

185. 安陆河边湾桥

　　河边湾桥位于安陆市棠棣镇金泉村，跨浸水河支流上，南北走向，建于清代。

　　河边湾桥是一座单孔石拱桥。桥塇和桥面上铺砌石板，全桥为弧形面，无栏杆，桥面宽 2.50 米，桥长 10.00 米。

　　侧墙用块石砌筑，上顶无仰天石。桥台建在山脚岩石上，不规整。拱碹是半圆形纵联式结构，有拱眉，拱眉凸出于碹脸，拱眉与侧墙平。跨径 5.00 米。

186. 大悟铁店桥

　　铁店桥位于孝感市大悟县姚畈乡铁店村，跨无名小河上，东南西北走向，建于明代。

　　铁店桥是一座单孔石拱桥。桥塇和桥面上铺砌石板，全桥为弧形面，无栏杆，桥面宽 2.50 米，桥长 10.70 米。

侧墙用块石砌筑，上顶有单层仰天石。桥台建在山脚岩石上，不规整。拱碹是半圆形纵联式结构，有拱眉，拱眉凸出于碹脸，拱眉与侧墙平。跨径 5.50 米。

187. 汉川马城桥

马城桥位于汉川市马口镇枣树村，跨无名小河上，东西走向，建于清代。

马城桥是一座单孔石拱桥。桥堍和桥面上铺砌石板，全桥为平面，无栏杆，桥面宽 4.00 米，桥长 12.00 米。

侧墙用料石砌筑，上顶有单层仰天石。桥台是凹字形，端墙很长，前墙长约 4.00 米。拱碹是半圆形纵联式结构，有拱眉，拱眉凸出于碹脸，拱眉与侧墙平。跨径 5.00 米。

188. 孝感埠镇桥

埠镇桥位于孝感市孝南区三汊镇三汊埠，跨三汊河上，南北走向，建于清代。

埠镇桥是一座 3 孔石拱桥。桥堍和桥面上铺砌青石板，桥面略显弧形，两侧有节间式石栏杆，桥面宽 6.00 米，桥长 39.00 米。

侧墙用块石砌筑，上顶有单层仰天石。桥台两侧有燕翅墙，前墙长约 7.20 米。桥墩上游端是尖形，下游端是方形。拱碹是半圆形纵联式结构，有拱眉，拱眉凸出于碹脸，拱眉与侧墙平。中孔跨径 6.00 米，边孔跨径 4.80 米。

189. 孝感东王桥

东王桥位于孝感市孝南区三汊镇东桥村，跨三汊河上，东西走向，建于清代。

东王桥是一座 5 孔石拱桥。桥堍和桥面上铺砌青石板，桥面略显弧形，两侧有节间式石栏杆，桥面宽 5.60 米，桥长 46.30 米。

侧墙用块石砌筑，上顶有单层仰天石。桥台两侧有燕翅墙，前墙长约 6.80 米。桥墩上游端是尖形，下游端是方形。拱碹是半圆形纵联式结构，无拱眉，碹脸与侧墙平。中孔跨径 5.50 米，次边孔跨径 5.20 米，边孔跨径 5.00 米。

190. 孝感福禄桥

福禄桥又名"董永桥"，位于孝感市孝南区毛陈镇老屋村，跨古代护城河上，东西走向，建于清代。

福禄桥是一座单孔石拱桥。桥堍和桥面上铺砌石板，全桥为平面，桥面较窄，桥堍外端较宽。两侧有板式石栏杆，桥面宽 3.00 米，桥堍外端宽 5.00 米，桥长 12.00 米。

侧墙用块石砌筑，上顶有单层仰天石。桥台是凹字形，端墙端部有燕翅墙，前墙长约 4.20 米。拱碹是半圆形纵联式结构，有拱眉，拱眉凸出于碹脸，拱眉与侧墙平。跨径 4.00 米。

191. 孝感西湖桥

西湖桥位于孝感市书院西门外，跨古代护城河上，东西走向，始建于明正统四年（1439 年），万历四十四年（1616 年）重修。

西湖桥是一座单孔石拱桥。桥堍和桥面上铺砌石板，全桥为平面。两侧有节间式石栏杆，桥面宽 4.75 米，桥长 26.30 米。

侧墙用块石砌筑，上顶有单层仰天石。桥台两侧有燕翅墙，前墙长约 6.00 米。拱碹是半圆形纵联式结构，有拱眉，拱眉凸出于碹脸，拱眉与侧墙平。跨径 7.20 米。

192. 孝昌拱子河桥

拱子河桥位于孝感市孝昌县花西乡冯庙村，跨无名小河上，南北走向，建于清代。

拱子河桥是一座单孔石拱桥。桥堍和桥面上铺砌石板，全桥为弧形面，无栏杆，桥面宽 2.20 米，桥长 15.00 米。

侧墙用块石砌筑，上顶有单层仰天石。桥台建在山脚岩石上，不规整。拱碹是半圆形纵联式结构，有拱眉，拱眉凸出于碹脸，拱眉与侧墙平。跨径 6.00 米。

193. 孝昌桂花桥

桂花桥位于孝感市孝昌县季店乡大二村，跨无名小河上，南北走向，建于清代。

桂花桥是一座单孔石拱桥。桥堍和桥面上铺砌石板，全桥为弧形面，无栏杆，桥面宽 2.70 米，桥长 8.00 米。

侧墙用块石砌筑，上顶有单层仰天石。桥台建在山脚岩石上，不规整。拱碹是半圆形纵联式结构，无拱眉，碹脸与侧墙平。跨径 6.00 米。

194. 孝昌郭家桥

郭家桥位于孝感市孝昌县小河镇友二村，跨无名小河上，南北走向。建造年代不详。

郭家桥是一座单孔石拱桥。桥堍和桥面上铺砌石板，全桥为弧形面，无栏杆，桥面宽 2.40 米，桥长 10.00 米。

侧墙用块石砌筑，上顶有单层仰天石。桥台建在山脚岩石上，不规整。拱碹是半圆形纵联式结构，无拱眉，碹脸与侧墙平。跨径 6.00 米。

195. 孝昌孟宗桥

孟宗桥位于孝感市孝昌县花园镇长胜村，跨无名小河上，南北走向，建于清代。

孟宗桥是一座单孔石拱桥。桥堍和桥面上铺砌石板，全桥为弧形面，无栏杆，桥面宽 2.20 米，桥长 8.00 米。

侧墙用块石砌筑，上顶有单层仰天石。桥台建在山脚岩石上，不规整。拱碹是半圆形纵联式结构，有拱眉，拱眉突出于碹脸，拱眉与侧墙平。跨径 6.00 米。

196. 孝昌桥湾桥

桥湾桥位于孝感市孝昌县小悟乡桥湾村，跨无名小河上，南北走向，建于清代。

桥湾桥是一座单孔石拱桥。桥堍和桥面上铺砌石板，全桥为弧形面，两侧有板式石栏杆，桥面宽 3.50 米，桥长 10.00 米。

侧墙用块石砌筑，上顶有单层仰天石。桥台建在山脚岩石上，不规整。拱碹是半圆形纵联式结构，有拱眉，拱眉凸出于碹脸，拱眉与侧墙平。跨径 8.00 米。

197. 孝昌汤家桥

汤家桥位于孝感市孝昌县季店乡硚店村，跨无名小河上，南北走向，建于清代。

汤家桥是一座单孔石拱桥。桥堍和桥面上铺砌石板，全桥为弧形面，无栏杆，桥面宽 2.00 米，桥长 10.00 米。

侧墙用块石砌筑，上顶有单层仰天石。桥台建在山脚岩石上，不规整。拱碹是半圆形纵联式结构，无拱眉，碹脸与侧墙平。跨径 6.00 米。

198. 孝昌乌石砦桥

乌石砦桥位于孝感市孝昌县小河镇仙人石村，跨无名小河上，建于清代。

乌石砦桥是一座单孔石拱桥。桥堍和桥面上铺砌石板，全桥为弧形面，无栏杆，桥面宽 1.85 米，桥长 8.00 米。

侧墙用块石砌筑，上顶有单层仰天石。桥台建在山脚岩石上，不规整。拱碹是半圆形纵联式结构，有拱眉，碹脸、拱眉与侧墙平。跨径6.00米。

199. 孝昌邹家桥

邹家桥位于孝感市孝昌县小河镇友二村，跨无名小河上，建于清代。

邹家桥是一座单孔石拱桥。桥堍和桥面上铺砌石板，全桥为弧形面，无栏杆，桥面宽2.10米，桥长8.00米。

侧墙用块石砌筑，上顶有单层仰天石。桥台建在山脚岩石上，不规整。拱碹是半圆形纵联式结构，有拱眉，碹脸、拱眉与侧墙平。跨径6.00米。

200. 当阳普济桥

普济桥位于宜昌市当阳县庙前镇普济寺村，跨漳水支流上，西北东南走向。清代修建。

普济桥是一座单孔石拱桥。桥面为平面，铺砌青石板，有板式石栏杆，桥面宽6.00米，桥长24.00米。

侧墙用块石砌筑，上顶无仰天石。桥台是凹字形，前墙长6.00米。拱碹是半圆形纵联式结构，无拱眉，碹脸与侧墙平。跨径8.00米。

201. 宜昌执笏山桥

执笏山桥位于宜昌市点军区艾家镇七里冲村，跨执笏山山涧上，东北西南走向。清代修建。

执笏山桥是一座单孔石拱桥。桥面为弧形，无栏杆，桥面宽2.00米，桥长5.00米。

侧墙用块石砌筑，上顶有双层仰天石。桥台建在山脚基岩上，不规整。拱碹是半圆形纵联式结构，无拱眉，碹脸与侧墙平。跨径 3.80 米。

202. 宜昌龙门桥

龙门桥位于宜昌市夷陵区黄花乡黄花村，跨丁家河上，东北西南走向。清代修建。

龙门桥是一座单孔石拱桥。桥面为平面，两侧有板式石栏杆，桥面宽 7.20 米，桥长 20.50 米。

侧墙用块石砌筑，上顶有单层仰天石。桥台是凹字形，前墙长 7.20 米。拱碹是半圆形纵联式结构，龙门上有石雕龙头，有拱眉，拱眉凸出于碹脸，拱眉与侧墙平。跨径 9.40 米。

203. 长阳丁公桥

丁公桥位于宜昌市长阳县贺家坪镇三友坪村，跨庇子河上，南北走向。清代修建。

丁公桥是一座单孔石拱桥，桥面为弧形，无栏杆，桥面宽 5.50 米，桥长 25.00 米。

侧墙用块石砌筑，上顶无仰天石。桥台是凹字形，前墙长 5.50 米。拱碹是半圆形纵联式结构，无拱眉，碹脸与侧墙平。跨径 8.00 米。

204. 五峰安化桥

安化桥位于宜昌市五峰县五峰镇，跨春涨河上，东西走向。清乾隆二年（1737 年）修建。

安化桥是一座双孔等跨径石拱桥。桥堍和桥面上铺砌石板，全桥为平面，两侧有节间式石栏杆，桥面宽 4.80 米，桥长 22.40 米。

侧墙用料石砌筑，上顶有单层仰天石。桥台两侧有燕翅墙，前墙长约 6.00 米，桥墩两端是尖形，拱碹是半圆形纵联式结构，有拱眉，拱眉凸出于碹脸，拱眉与侧墙平。跨径均为 5.00 米。

205. 五峰汉阳桥

汉阳桥位于宜昌市五峰县渔洋关镇曹家坪村，跨汉阳河上，西北东南走向。清嘉庆年间（1796—1820 年）修建。

汉阳桥是一座双孔石拱桥。桥面为平面，无栏杆，桥面宽 3.20 米，桥长 29.50 米。

侧墙用块石砌筑，上顶有单层仰天石。桥台建在山脚基岩上，不规整。桥墩两端是尖形，桥墩厚 3.20 米，桥墩长 6.60 米。拱碹是半圆形纵联式结构，无拱眉，碹脸与侧墙平。大孔（东）跨径 9.70 米，小孔（西）跨径 3.20 米。

206. 五峰六里桥

六里桥位于宜昌市五峰县五峰铺镇六里桥村，跨檀江。清道光十六年（1836 年）修建。

六里桥是一座 3 孔石拱桥。全桥为平面，无栏杆。桥面宽 5.50 米，桥长 28.00 米。桥上有砖木结构桥屋。

侧墙用料石砌筑，上顶与桥屋的墙面相连。桥台是燕翅形，前墙长 6.50 米。桥墩两端尖形，拱碹是半圆形纵联式结构，无拱眉。跨径 6.50 米。

207. 五峰楠木桥

楠木桥位于宜昌市五峰县南木村，跨中溪河上，西北东南走向。清道光年间（1821—1850 年）修建。

楠木桥是一座单孔石拱桥。桥面为弧形，无栏杆，桥面宽 3.70 米，桥长 12.30 米。

侧墙用块石砌筑，上顶无仰天石。桥台建在山脚基岩上，不规整。拱碹是半圆形纵联式结构，无拱眉，碹脸与侧墙平。跨径 5.50 米。

208. 兴山百羊桥

百羊桥位于宜昌市兴山县南阳镇百羊村，跨无名小溪上，南北走向。明末清初修建。

百羊桥是一座单孔石拱桥。桥面为弧形，无栏杆，桥面宽 3.00 米，净宽 2.30 米，桥长 9.60 米。

侧墙用块石砌筑，上顶无仰天石。桥台建在山脚岩石上，不规整。拱碹是类似半圆形纵联式结构，无拱眉，碹脸与侧墙平。跨径 4.80 米。

209. 秭归千善桥

千善桥位于宜昌市秭归县屈原镇龙马溪村，跨无名小溪上，东西走向。清光绪二十七年（1901 年）修建。

千善桥是一座单孔石拱桥，桥面为平面，无栏杆，木结构廊。

侧墙用料石砌筑，上顶有单层仰天石。桥台是凹字形，前墙长 3.40 米。拱碹是半圆形纵联式结构，无拱眉，碹脸与侧墙平。跨径 3.40 米。

210. 秭归屈子桥

屈子桥位于宜昌市秭归县屈原镇西陵村，跨无名小溪上，东西走向。清代修建。

屈子桥是一座单孔石拱桥。桥面为平面，两侧有节间式石栏杆，无地伏，桥栏杆置于仰天石上。桥面宽 3.60 米，桥长 13.30 米。

侧墙用料石砌筑，上顶有单层仰天石。桥台是凹字形，前墙长 3.60 米。拱碹是半圆形纵联式结构，有拱眉，碹脸、拱眉与侧墙平。跨径 6.70 米。

211. 钟祥升仙桥

升仙桥位于钟祥市龙山，跨越山冲上，东南西北走向，建于明代。

升仙桥是一座单孔石拱桥。桥面略显弧形，两侧有板式石栏杆，桥面宽 10.50 米，桥长 13.60 米。

侧墙用料石砌筑，上顶有单层仰天石。桥台是凹字形，前墙长约 10.50 米。拱碹是半圆形纵联式结构，无拱眉，碹脸与侧墙平。跨径 7.56 米。

第十二节　湖南省石拱桥

全省石拱桥共 92 座。

1. 宁乡毛公桥

毛公桥位于宁乡市巷子口镇谷石村（今改称直田村），跨沩水河上，南北走向，始建于清乾隆年间（1736—1795 年），于民国三十七年（1948 年）重修。

毛公桥是一座 4 孔石拱与石梁混合结构桥。东边孔是石拱桥，桥面中部（拱顶上）高起为平面，两侧有石板栏杆，两端是阶梯式坡道，坡道上无栏杆。桥面宽 5.00 米，桥长约 28.00 米。侧墙用块石砌筑，上顶有单层仰天石。桥台是凹字形。拱碹是半圆形纵联式结构，无拱眉。跨径 14.80 米。

其余 3 孔是石板梁桥，桥上无栏杆。桥面宽 2.50 米，桥长约 30.00 米。桥台是凹字形，桥墩上游端是尖形，下游端是方形，桥墩厚 90 厘米，桥墩长 6.00 米。跨径 6.00—8.00 米。

2. 长沙吴杨桥

吴杨桥又名"芙蓉桥"，位于长沙市长沙县金井镇涧山村，跨金井河上，始建于宋代，于清乾隆四十三年（1778 年）重建。民国三年（1914 年）重修。

吴杨桥是一座单孔石拱桥。桥面铺砌花岗岩石板，略显弧形，无栏杆。桥面宽 4.70 米，桥长 27.80 米。

侧墙用块石砌筑。桥台用块石砌筑，大致是凹字形。拱碹是半圆形纵联式结构，无拱眉。跨径 15.50 米。

3. 澧县多安桥

多安桥位于常德市澧县城东门外，跨澧水上。据《澧县志》记载，清乾隆四十九年（1784 年）建十一孔石拱桥，桥长六十六丈（198.00 米），桥面宽二丈四尺（8.70 米），中孔阔五丈（15.00 米），高三丈二尺（10 余米），命名"澧州桥"。嘉庆年间被水毁，嘉庆二十四年（1819 年）重修石拱桥。翌年（1820 年）更名"多安桥"。

今存多安桥是一座 11 孔石拱桥。桥面上铺砌青石板，桥面稍显圆弧形，纵坡度1%。两侧有节间式石栏杆，下面有青石地伏。桥面全宽 8.70 米，净宽 7.70 米，桥长 198.00 米。

侧墙用料石砌筑，上顶有单层仰天石组成的金边线，桥台是凹字形，前墙长 8.70 米。桥墩的两端是尖形，四周宽出拱脚，两端的上部是锥体，桥墩厚 1.25 米，桥墩长 9.30 米。拱碹是三心圆弧形（顶部是小圆弧形，两侧是大圆弧形）纵联式结构，碹脸外边有拱眉石，拱眉凸出于碹脸，拱眉与侧墙平。各孔跨径依次是 9.50 米、10.00 米、10.40 米、11.00 米、11.00 米、11.00 米、11.00 米、11.00 米、10.40 米、10.00 米、9.50 米。

4. 澧县花瓦桥

花瓦桥位于常德市澧县宜万乡花瓦村，跨于湘鄂两省分界河上，南北走向。桥头有碑记"唐尉迟敬德监造"。据《澧县志》记载，唐贞观初年建单孔石拱桥，民国初年，在两端各增建一小孔，成为 3 孔石拱桥。

现存花瓦桥是一座 3 孔石拱桥。桥墩和桥面铺砌条形石板为平面，两侧有节间式石栏杆，每侧有 16 根望柱，15 块栏板，2 块抱鼓石。柱头是桃形，栏板是实体板。桥面宽 5.30 米，桥长 30.00 米。

侧墙用料石砌筑，上顶有单层仰天石。桥台是凹字形，前墙长 5.30 米，端墙的端部与石板砌筑的河岸连砌为一体。桥墩属于薄型，两端为方形，桥墩厚 75 厘米，桥墩长 5.30 米。拱碹是半圆形纵联分段并列式结构，碹脸外边有拱眉石，拱眉凸出于碹脸，又凸出于侧墙。中孔跨径 7.50 米，边孔跨径 5.00 米。

5. 澧县松竹桥

松竹桥又名"嵩祝桥"，位于常德市澧县火连坡镇松竹村，跨涔水河上，南北走向。清乾隆六十年（1795 年）兴工修建，嘉庆元年（1796 年）建成。

松竹桥是一座单孔石拱桥。桥面中部（拱顶上）高起为平面，两端是阶梯式坡道，两侧有节间式石栏杆。桥面宽 8.00 米，桥长 37.00 米。

侧墙用料石砌筑，上顶有单层仰天石。桥台是凹字形。拱碹是半圆形纵联分段并列式结构，拱眉凸出于碹脸，拱眉与侧墙平。跨径 18.00 米。

6. 临澧余市桥

余市桥原名道源桥，位于常德市临澧县余市桥镇，跨澧水支流道水上，南北走向。南宋宝庆元年（1225 年）始建石墩台木梁桥，南宋咸淳四年（1268 年）改建石梁桥。元至顺二年（1331 年）兴工改建石桥，至元二年（1336 年）建成 9 孔石拱桥。清乾隆五十六年（1791 年）洪水冲毁四墩，乾隆五十九年（1794 年）修复。

余市桥是一座 9 孔石拱桥。桥面上铺砌青石板，桥面为平面，两侧有节间式青石栏杆及青石地伏。桥面宽 9.00 米，桥长 83.30 米。桥上建砖木结构廊 26 楹。

侧墙用料石砌筑，上顶有单层仰天石。桥台是燕翅形，前墙长 10.20 米。桥墩的上游端是尖形，下游端是方形，桥墩厚 1.40 米，桥墩长 10.60 米。拱碹是半圆形镶边纵联式结构，碹脸外边有拱眉石，拱眉凸出于碹脸，又凸出于侧墙。跨径 4.70 米。

7. 桂阳七拱桥

七拱桥又名"永济桥"，位于郴州市桂阳县春陵江门下渡，跨春陵江上，于明万历十二年（1584 年）修建。

今存七拱桥是一座 7 孔石拱桥。桥面为平面，铺砌花岗岩石板，两侧有节间式石栏杆，望柱与栏板同高，栏板高 60 厘米，厚 20 厘米。桥面宽 10.00 米，桥梁全长 146.00 米。

侧墙用料石砌筑，上顶有单层仰天石。桥台两侧有燕翅墙，前墙长 11.20 米。桥墩上游端是方形，下游端是尖形，拱碹是半圆形纵联式结构，碹脸外边有拱眉石，拱眉凸出于碹脸，又凸出于侧墙。跨径均为 16.60 米。

8. 嘉禾桐梁桥

桐梁桥位于郴州市嘉禾县行廊镇沙坪村，跨芹溪河上，于明嘉靖三十年（1551 年）修建，清咸丰八年（1858 年）重修。

今存桐梁桥是一座 3 孔石拱桥。桥堍和桥面上铺砌青石板，无栏杆，桥面平。桥面宽 5.40 米，桥长 35.20 米。

侧墙用料石砌筑，上顶有单层仰天石。桥台是凹字形，端墙与河岸石墙连砌为一体，前墙长 5.40 米。桥墩两端与拱脚齐平，桥墩厚 1.20 米，桥墩长 5.40 米。拱碹是半圆形纵联分段并列式结构，碹脸外边有拱眉石，拱眉凸出于碹脸，拱眉又凸出于侧墙。跨径均为 8.00 米。

9. 汝城四拱桥

四拱桥原名"天寿桥"，位于郴州市汝城县城西，跨浙水河上。明弘治年间（1488—1505 年）始建石板梁桥，命名为"天寿桥"。嘉靖八年（1529 年）重建，改建成 4 孔石拱桥。清乾隆十四年（1749 年）

重修。

今存四拱桥是一座 4 孔石拱桥。桥堍和桥面上铺砌青石板，无栏杆，桥面平，桥面宽 5.60 米，桥梁全长 63.00 米。

侧墙用料石砌筑，上顶有单层仰天石。桥台是凹字形，前墙长 5.60 米。桥墩两端是方形，两端与拱脚取齐，桥墩厚 3.00 米，桥墩长 5.60 米。拱碹是半圆形纵联式结构，无拱眉。跨径均为 10.50 米。

10. 汝城万年桥

万年桥位于郴州汝城县暖水镇双联村，跨沤江上，东西走向，始建于清嘉庆年间（1796—1820 年），咸丰二年（1852 年）被水毁，同治年间（1862—1874 年）修复，翌年又被水毁，当年修复。光绪元年（1875 年）重修，光绪十一年（1885 年）重建。光绪二十年（1894 年）重修，光绪三十年（1904 年）被洪水冲坏六孔拱碹。民国二年（1913 年）重建。1956 年改修桥面，填堵东边孔。

万年桥是一座 5 孔等跨径石拱桥。桥堍和桥面上铺砌青石板，全桥为平面，无栏杆。桥面宽 5.50 米，桥长 80.60 米。

侧墙用块石砌筑，上顶有单层仰天石。桥台是凹字形，用块石砌筑。桥墩两端是尖形，桥墩厚 1.50 米，桥墩长 7.40 米。拱碹是半圆形纵联式结构，无拱眉。跨径均为 13.50 米。

11. 汝城兴隆桥

兴隆桥位于郴州市汝城县小垣瑶族镇后洞村，于清乾隆十四年（1749 年）孟冬开工兴建，翌年（1750 年）竣工。

今存兴隆桥是一座单孔石拱桥。桥堍和桥面上铺砌花岗岩石板。无栏杆，桥面宽 3.50 米，桥长 17.00 米。

侧墙用花岗岩石板砌筑，上顶有单层仰天石。桥台前墙与石砌河岸为一体。拱碹是半圆形纵联式结构，无拱眉。跨径 5.00 米。

12. 郴州万岁桥

万岁桥又名"万寿桥"，位于郴州北湖区石盖塘镇万寿桥村。该桥始建于秦嬴政三十三年（公元前214年），原系石板梁桥。清道光九年（1829年）改建成石拱桥。

今存万岁桥是一座5孔等跨径石拱桥。全桥用青石料砌筑，桥垛和桥面上铺砌青石板，桥面为平面，两侧有板式石栏杆。桥面宽5.10米，桥长21.50米。

侧墙用青石板砌筑，上顶有单层仰天石。桥台是凹字形，前墙长5.10米。桥墩上游端是尖形，尖端的上部直达金边线。下游端是方形。拱碹是半圆形纵联式结构，无拱眉。跨径均为3.00米。

13. 衡山白果桥

白果桥原名"镇岳桥"，位于衡阳市衡山县白果镇，跨涓水上，于明嘉靖三十九年（1560年）修建。20世纪80年代，加宽桥面，安装混凝土桥栏杆。

原有白果桥是一座9孔石拱桥。桥面上铺砌红砂岩石板，大致是平面，桥面原宽7.00米，桥长102.40米。

侧墙用料石砌筑，上顶有单层仰天石。桥台是凹字形，前墙长约7.00米。桥墩两端是方形，拱脚以下四周有出台，桥墩厚1.80米，桥墩长7.00米。拱碹是半圆形纵联式结构，碹脸外边有拱眉石，碹脸、拱眉与侧墙平。各孔跨径稍有出入，最大跨径9.20米，最小跨径8.60米。

14. 祁东清江桥

清江桥又名"七拱桥"，位于衡阳市祁东县城连圩乡锡坪村，跨清江上，始建于清同治十二年（1873年）。

清江桥是一座7孔石拱桥。桥垛和桥面上铺砌红砂岩石板，全桥为平面，两侧有石板栏杆。桥面宽 7.00 米，桥梁全长 84.00 米。

侧墙用料石砌筑，上顶有单层仰天石。桥台是凹字形。桥墩两端是方形，桥墩厚 1.20 米，桥墩长 7.50 米。拱碹是半圆形纵联式结构，无拱眉。跨径均为 7.00 米。

15. 祁东状元桥

状元桥又名"归阳桥"，位于衡阳市祁东县归阳镇，跨白河入湘江之汇合口。始建年代无考，清同治年间（1862—1874 年）重建。民国三十三年（1944 年），大桥遭日军轰炸，桥亭全部烧毁，桥头石狮仅留下 1 个。1958 年重建桥上砖木结构廊。

状元桥是一座 5 孔等跨径石拱桥。桥塴和桥面上铺砌条形石板，桥面宽 8.00 米，桥长 80.00 米。桥上建砖木结构廊。

侧墙用块石砌筑，上顶有单层仰天石。桥台是燕翅形，前墙长 9.00 米。桥墩两端是尖形，桥墩厚 1.30 米，桥墩长 9.30 米。拱碹是半圆形纵联式结构。跨径 12.00 米。

16. 衡阳青草桥

青草桥俗称"草桥"，位于衡阳市城北，跨湘江支流蒸水河上。宋景祐二年（1035 年）建石墩台木梁桥，南宋淳熙三年（1176 年）重建，取名"青草渡木桥"。明正统三年（1438 年）重建，明嘉靖二十四年（1545 年）毁于火，翌年（1546 年）改建成石桥，改名"永济桥"。万历四十四年（1616 年）被水毁，翌年（1617 年）兴工重修，万历四十六年（1618 年）告竣。清康熙五十年（1711 年）被水毁，当年动工重建，屡修屡塌，康熙六十年（1721 年）三月告竣。清雍正二年（1724 年）重修，乾隆年间（1736—1795 年）重修，复用旧名"青草桥"。

青草桥于民国二十二年（1933 年）被水毁，在民国二十四年（1935 年）修复时，减少一孔，成为 7 孔石拱桥。民国三十三年（1944

年）被日寇炸毁。1956 年重修。

青草桥原是一座 8 孔石拱桥。桥塅和桥面上铺砌青石板，两侧有节间式石栏杆。今存桥是 7 孔，桥面是弧形，两侧有铁栏杆。桥面宽 10.00 米，桥长 166.35 米。

侧墙用料石砌筑，上顶有单层仰天石。桥台前墙与石砌河岸为一体，桥墩两端是圆形，桥墩厚 2.10 米，桥墩长 11.60 米。拱碹是圆弧形纵联式结构，无拱眉。跨径均为 15.00 米。

17. 衡阳台源桥

台源桥原名"紫霞桥"，位于衡阳市台源镇台源村，东西走向，于清光绪年间（1875—1908 年）修建。

台源桥是一座 7 孔石拱桥。桥塅和桥面上铺砌红砂岩石板，全桥为平面，两侧有石板栏杆。桥面宽 7.00 米，桥长 120.00 米。

侧墙用料石砌筑，上顶有单层仰天石。桥台是凹字形。桥墩两端是方形，桥墩厚 1.20 米，桥墩长 7.50 米。拱碹是半圆形纵联式结构，无拱眉。跨径 14.00 米。

18. 靖州桂花桥

桂花桥位于怀化市靖州县寨牙乡芳团村，始建于清代。

桂花桥是一座 3 孔石拱桥，桥面宽 3.20 米，桥长 43.40 米。桥上建砖木结构廊和亭 15 间。

侧墙用块石砌筑，上顶有单层仰天石。桥台是凹字形，前墙及下部用石料砌筑，上部用砖材砌筑，前墙长 3.20 米。桥墩下部用石料砌筑，上部用砖材砌筑，两端是方形，桥墩厚 1.40 米，桥墩长 3.80 米。跨径均为 10.00 米。

19. 靖州马王桥

马王桥又名"通济桥"，位于怀化市靖州苗族侗族自治县城南门外，跨异溪上，始建于五代后晋天福年间（936—943 年）。《靖州直隶州志》记载："清乾隆十九年（1754 年）五月初三，九龙山发大水，马王桥被水毁。"当年修复。

马王桥是一座单孔石拱桥。桥面上铺砌不规则青石板，两边的边牙石上凿有流水槽，无栏杆。桥面宽 5.40 米，桥长 31.00 米。

侧墙用块石砌筑，上顶有单层较厚的仰天石，上面高出桥面，成为边牙石。桥台与弧形石砌河岸为一体。拱碹是半圆形纵联分段并列式结构（拱碹石很短），有拱眉，拱眉凸出于碹脸，拱眉与侧墙平。跨径 14.00 米。

20. 通道普济桥

普济桥位于怀化市通道侗族自治县坪坦乡坪坦村，跨坪坦河上，始建于清乾隆二十五年（1760 年）。清光绪二十一年（1895 年）桥廊毁于火，当年复修。民国三年（1914 年）维修。

普济桥是一座单孔石拱桥。桥面宽 3.80 米，桥全长 31.40 米。桥上建悬梁穿斗式木构架廊。

侧墙用块石砌筑，上顶有单层仰天石。桥台是燕翅形，前墙长约 5.00 米。拱碹是半圆形纵联式结构，无拱眉。跨径 19.80 米。

21. 通道永定桥

永定桥位于怀化市通道侗族自治县坪坦乡高团村，始建于清乾隆五十年（1785 年），嘉庆十年（1805 年）重修，清光绪三十二年（1906 年）重修，民国二十五年（1936 年）重修。

永定桥是一座单孔石拱桥。桥面宽 3.55 米，桥全长 26.40 米。桥上建穿斗式木构架廊。

侧墙用块石砌筑，上顶有单层仰天石。桥台是燕翅形，前墙长约 4.70 米。跨径 15.30 米。

22. 武冈渡头桥

渡头桥位于武冈市渡头桥镇渡头村，始建于明代，于清嘉庆二十一年（1816年）改建成石拱桥。1974年桥亭倒塌。1982年东边孔坍塌，当年修复。

今存渡头桥是一座3孔石拱桥。桥垛和桥面上铺砌花岗岩石板，全桥为平面，两侧有板式石栏杆，桥面宽6.00米，桥长45.00米。

侧墙用花岗岩石板砌筑，上顶有单层仰天石。桥台是凹字形，前墙长6.00米。桥墩两端是方形，桥墩厚1.50米，桥墩长6.60米。拱碹是半圆形镶边纵联式结构，有拱眉，拱眉凸出于碹脸，拱眉与侧墙平。跨径8.50米。

23. 溆浦万寿桥

万寿桥又名"画桥"，位于怀化市溆浦县黄茅园镇万寿村及湾潭村之间，跨龙潭河上，东西走向，始建于明崇祯九年（1636年）。清乾隆八年（1743年）重修，嘉庆三年（1798年）重修，道光十四年（1834年）重建，咸丰九年（1859年）重修。民国十八年（1929年）、民国三十四年（1945年）维修。

万寿桥是一座3孔石拱桥。桥面宽4.00米，桥长72.00米。桥上建砖木结构廊。

侧墙用料石砌筑，上顶有单层仰天石。桥台是燕翅形，前墙长5.20米。桥墩两端是尖形，跨径均为17.50米。

24. 沅陵耍溪桥

耍溪桥位于怀化市沅陵县盘古乡跳岩村，跨沅江支流耍溪溪口上，始建于明万历四年（1576年），于清乾隆二十八年（1763年）重修。

今存耍溪桥是一座单孔石拱桥。桥面中部高起为平面，两端是坡道。无栏杆，无边牙石。桥面宽6.70米，桥长40.00米。

侧墙用料石砌筑，上顶有单层仰天石。桥台是凹字形，前墙长6.70米。端墙端部有八字石墙。拱碹是半圆形纵联式结构，碹脸外边有拱眉石，拱眉凸出于碹脸，又凸出于侧墙。跨径10.00米。

25. 浏阳新安桥

新安桥位于浏阳市社港镇新安村，始建于明成化十年（1474年），于清嘉庆八年（1803年）重建。民国三十六年（1947年）整修桥面，中间一条更换成青石板。

新安桥是一座单孔石拱桥。桥堍和墙面上铺砌红砂岩石板。桥面宽4.50米，桥长19.00米。桥上建木结构廊。

侧墙用料石砌筑，上顶有单层仰天石。桥台是凹字形，前墙长4.50米。拱碹是半圆形纵联式结构，碹脸外边有拱眉。跨径数据4.60米。

26. 浏阳沿溪桥

沿溪桥位于浏阳市，跨大光河上，始建于宋仁宗年间（1023—1063年）。清乾隆四十三年（1778年）被洪水冲塌东端两孔，当年修理，改成七孔石拱桥。1983年在沿溪桥上游新建一座混凝土大桥，命名"沿溪新桥"，古桥保留。

沿溪桥是一座7孔石拱桥。桥堍和桥面铺砌条形石板，全桥为平面，两侧有石栏杆。桥面宽5.00米，桥长66.00米。

侧墙用料石砌筑，上顶有单层仰天石。桥台是燕翅形。桥墩两端是尖形，桥墩厚1.80米，桥墩长7.20米，拱碹是半圆形纵联式结构，拱眉凸出于碹脸，拱眉与侧墙平。跨径约6.00米。

27. 娄底大埠桥

大埠桥又名"永济桥"，位于娄底市城区东部，跨山间排水沟上。明万历四十四年（1616年）建，清光绪二十二年（1896年）重建。

今存大埠桥是一座 3 孔等跨径石拱桥。桥堍和桥面上铺砌青石板，桥面（三孔拱碹上）是平面，两端是阶梯式坡道。桥面两端中间的石板上，雕有一个圆形云龙图案。两侧有板式石栏杆（最长的一块条石长 7.00 米），中间的一块栏板上刻"永济桥"三个大字。栏杆端部各有一个大狮子。桥面宽 6.00 米，桥长 56.00 米。

侧墙用料石砌筑，上顶有单层仰天石。桥台是凹字形，前墙长 6.00 米。桥墩两端是方形，桥墩厚约 3.00 米，桥墩长 6.00 米。拱碹是半圆形纵联式结构，碹脸外边有拱眉石，拱眉凸出于碹脸，又凸出于侧墙。跨径均为 12.20 米。

28. 涟源蓝溪桥

蓝溪桥位于涟源市蓝溪镇，跨涟水河上。始建年代无考。《蓝溪桥记》记载："蓝溪镇为大都会，有桥曰柳江，因久遭泛滥遂倾陨，道光五年（1825 年）重建，改名蓝溪桥。"

今存蓝溪桥是一座 3 孔石拱桥。两侧有节间式石栏杆（望柱与栏板高度相同），无地伏，桥栏杆置于仰天石上。桥面宽 7.80 米，桥长 33.40 米。

侧墙用料石砌筑，上顶有单层仰天石。桥台前墙与石砌河岸为一体。桥墩上游端是尖形，下游端是方形，桥墩厚 1.40 米，桥墩长 9.00 米。拱碹是半圆形分段并列式结构，碹脸外边有较窄的拱眉石，拱眉凸出于碹脸，与侧墙平，跨径均为 9.50 米。

29. 双峰定胜桥

定胜桥又名"永丰桥"，位于娄底市双峰县永丰镇，跨湄水河支流测水河上，始建于北宋真宗大中祥符三年（1010 年），明成化年间（1465—1487 年）被水毁，改建成石拱桥。

《大清一统志》载："永丰桥在湘西县西南一百里，旧名定胜桥，宋祥符中建，明成化重修。"又据记载，"清道光年间重修。"

今存定胜桥是一座 5 孔石拱桥。桥塌和桥面上铺砌青石板，桥面平。两侧有节间式石栏杆（局部损坏）。桥面宽 8.00 米，桥长 50.00 米。

侧墙用料石砌筑，上顶有单层仰天石。桥台是凹字形，前墙长 8.00 米。桥墩两端是尖形，拱碹是半圆形纵联分段并列式结构，无拱眉。跨径均为 5.60 米。

30. 双峰龟灵桥

龟灵桥位于娄底市双峰县洪山殿镇龟灵村，跨崖凉河上，于明代修建，清乾隆元年（1736 年）重修，道光元年（1821 年）重修。

今存龟灵桥是一座单孔石拱桥。桥面中部（桥孔上）是平面，两端是阶梯式坡道。无栏杆。桥面宽 5.50 米，桥长 35.00 米。

侧墙用料石砌筑，上顶有单层仰天石。桥台是凹字形，前墙长 5.50 米。拱碹是圆弧形纵联式结构，无拱眉，跨径 15.00 米。

31. 双峰峡山桥

峡山桥位于娄底市双峰县峡山村，于清光绪二十六年（1900 年）修建。

峡山桥是一座单孔石拱桥。桥面略显圆弧形，两侧各有一道用两层石板砌筑的护栏。桥面宽 3.50 米，桥长 6.50 米。

侧墙用块石砌筑，上顶有单层仰天石。桥台为凹字形，前墙长 3.50 米。拱碹为半圆形纵联式结构，用片石砌筑，无拱眉，碹脸与侧墙平。跨径 4.00 米。

32. 双峰咸新桥

咸新桥位于娄底市双峰县，于清光绪二十一年（1895 年）修建。

咸新桥是一座单孔石拱桥。桥面略显圆弧形，两侧各有一道用两层石板砌筑的护栏。桥面宽 3.00 米，桥长 8.00 米。

侧墙用块石砌筑，上顶有单层仰天石。桥台也用块石砌筑，为凹字形，前墙长 3.00 米。拱碹是半圆形纵联式结构，用片石砌筑，无拱眉，碹脸与侧墙平。跨径 5.00 米。

33. 新化油溪桥

油溪桥原名"横溪桥"，位于娄底市新化县晨光乡，跨油溪河上，南北走向。清乾隆十二年（1747 年）建，同治十年（1871 年）重修。

油溪桥是一座单孔石拱桥，桥面上铺砌不规则石板，无栏杆。桥面宽 8.00 米，桥长 33.00 米。

侧墙用不规则石板砌筑，上顶有单层仰天石，仰天石略高出桥面。桥台是凹字形，前墙长 8.00 米。拱碹是半圆形纵联式结构，拱碹厚 70 厘米，有拱眉，拱眉凸出于碹脸，拱眉与侧墙齐平。跨径 28.00 米。

34. 洞口大坪桥

大坪桥位于邵阳市洞口县罗溪乡，跨宝瑶河上，东西走向，始建于清嘉庆十二年（1807 年）。2004 年整修桥面及桥上砖木结构廊。

大坪桥是一座 4 孔石拱桥。桥垛和桥面上铺砌青石板，全桥为平面。桥面宽 4.50 米，桥长 31.00 米。桥上建砖木结构廊。

侧墙用料石砌筑，上顶有单层仰天石，桥台是凹字形，前墙长 4.50 米。桥墩也用青石板砌筑，两端与拱脚齐平，桥墩长 4.50 米，跨径由东向西依次是 8.00 米、12.00 米、6.00 米、6.00 米。

35. 洞口双龙桥

双龙桥位于邵阳市洞口县双龙村与舒家村交界处。该桥始建于清乾隆八年（1743 年），于民国六年（1917 年）重修。

双龙桥是一座单孔石拱桥。桥上无栏杆。桥面宽 5.40 米，桥长

50.00 米。桥上建砖木结构廊。

侧墙用料石砌筑，上顶有单层仰天石。桥台是燕翅形，前墙长约6.60 米。跨径 20.00 米。

36. 邵东洪桥

洪桥位于邵阳市邵东县洪桥村，该桥始建于明正德元年（1506年），嘉靖十六年（1537 年）春被水毁。清道光四年（1824 年）重建。

洪桥是一座 6 孔等跨径石拱桥。桥塊和桥面上铺砌条形石板，全桥为平面，桥面宽 6.70 米，桥长 68.00 米。桥上建砖木结构廊。

侧墙用料石砌筑，上顶有单层仰天石。桥台是凹字形，下部三面有小出台，前墙长约 7.00 米，后面与石砌河岸相连。桥墩两端是方形（两端与拱脚齐平），下部四面有小出台，桥墩厚 1.50 米，桥墩长 8.60米。拱碹是半圆形纵联式结构，无拱眉，跨径均为 7.50 米。

37. 邵东老青石桥

老青石桥位于邵阳市邵东县仙槎桥镇平阳村，建于清代。

老青石桥是一座单孔石拱桥。桥塊和桥面上无铺装，无栏杆。桥面宽 4.50 米，桥长 15.00 米。

侧墙用块石砌筑，上顶有单层仰天石。桥台是燕翅形，前墙长 5.60米。拱碹是半圆形纵联式结构，无拱眉。

38. 邵东三多桥

三多桥位于邵阳市邵东县堆头村，始建于明代，初建为木桥。清乾隆年间（1736—1795 年）建石墩台木梁桥，同治十二年（1873 年）增建桥亭，光绪三十年（1904 年）建石桥。

今存三多桥是一座 3 孔石拱桥。桥面宽 4.10 米，桥长 18.50 米。桥上建砖木结构廊。

侧墙用料石砌筑，上顶有双层仰天石。桥台是燕翅形，前墙长 5.30 米。桥墩两端是方形，桥墩厚 1.50 米，桥墩长 4.70 米。拱碹是半圆形纵联式结构，有拱眉，碹脸、拱眉与侧墙平。跨径均为 4.00 米。

39. 邵东时荣桥

时荣桥位于邵阳市邵东县坪上镇竹畔村，始建于明嘉靖三年（1524 年）。

时荣桥是一座 3 孔石拱桥。桥堍和桥面上铺砌条形石板，全桥为平面。无栏杆，桥面宽 4.00 米，桥梁全长 100.00 米。桥上建砖木结构廊。

侧墙用料石砌筑，上顶有单层仰天石。桥台两侧有燕翅墙，前墙（与桥身齐）长 4.00 米。桥墩两端是尖形，桥墩厚 2.60 米，桥墩长 7.00 米。拱碹是半圆形纵联式结构，无拱眉。跨径均为 20.00 米。

40. 绥宁定远桥

定远桥位于邵阳市绥宁县关峡苗族乡关峡村，跨兰溪上，南北走向。清代《绥宁县志》记载："定远桥始建于康熙二十三年（1684 年），桥长一十二丈六尺，宽二丈六尺，高五丈六尺。"

定远桥是一座单孔石拱桥。桥面上铺砌青石板为平面，桥堍上原是阶梯式坡道，今已改平。桥面宽 7.66 米，桥长 36.97 米。桥上建砖木结构重檐轩。

侧墙用料石砌筑，上顶有单层仰天石。桥台是凹字形，前墙长 7.66 米。拱碹是鸭蛋形纵联式结构，龙门碹上镌刻"定远桥"，无拱眉。跨径 26.00 米。

41. 绥宁赖家坊桥

赖家坊桥位于邵阳市绥宁县唐家坊镇赖梅村，于清同治五年（1866 年）修建。

清安桥是一座单孔石拱桥。桥塊和桥面上铺砌青石板，桥面宽 4.60 米，桥梁全长 18.00 米。桥上建砖木结构廊。

侧墙用块石砌筑，上顶有单层仰天石。桥台是凹字形，前墙长 4.60 米。拱碹是半圆形纵联式结构，无拱眉。跨径 6.00 米。

42. 绥宁清安桥

清安桥位于邵阳市绥宁县乐铺苗族侗族乡大团村，跨乐安溪上，于清同治年间（1862—1874 年）修建。

清安桥是一座单孔石拱桥。桥面宽 8.00 米，桥梁全长 30.00 米。桥上建宝塔形砖木结构亭。

侧墙用料石砌筑，上顶有单层仰天石。桥台是凹字形，前墙长 8.00 米。拱碹是半圆形纵联式结构，无拱眉。跨径 10.50 米。

43. 武冈攀龙桥

攀龙桥位于武冈市旧城区，跨渠水上，南北走向，始建于明嘉靖四十年（1561 年），于清康熙二年（1663 年）重修。

攀龙桥是一座双孔等跨径石拱桥。桥面平，无栏杆。桥面宽 5.05 米，桥梁全长 20.00 米。

侧墙用料石砌筑，上顶有双层仰天石。桥台是凹字形，前墙长 5.10 米。桥墩较薄，两端与拱脚齐平，桥墩厚 80 厘米，桥墩长 5.60 米。拱碹半圆形纵联式结构，无拱眉，跨径 12.60 米。

44. 武冈升平桥

升平桥又名"三元桥"，俗称"关家桥"，位于武冈市荆竹镇平村，跨资水上，东西走向，于清乾隆十四年（1749 年）修建。

升平桥是一座 7 孔等跨径石拱桥。桥面中部（中孔拱顶上）高起为平面，两端是阶梯式坡道，两侧有节间式石栏杆。桥宽 5.70 米，桥长

86.00 米。

侧墙用料石砌筑，上顶有单层仰天石。桥台是凹字形，前墙长约5.70 米。拱碹是半圆形纵联式结构，无拱眉。桥墩较薄，两端与拱脚齐平，桥墩厚 1.20 米，桥墩长 5.70 米。跨径均为 5.50 米。

45. 武冈石羊桥

石羊桥位于武冈市头塘乡石羊村，跨资水上，南北走向，始建于南宋淳熙年间（1174—1189 年），清康熙二年（1663 年）重修，道光十年（1830 年）重修。

石羊桥是一座 7 孔等跨径石拱桥。桥塅和桥面上铺砌方形青石板，全桥为平面，无栏杆。桥面宽 5.55 米，桥梁全长 84.45 米。

侧墙用料石砌筑，上顶有单层仰天石。桥台是凹字形，前墙长 5.50 米。桥墩两端是方形，桥墩厚 3.00 米，桥墩长 6.20 米。跨径 11.10 米。

46. 新宁上石桥

上石桥位于邵阳市新宁县万塘乡双石村，始建年代无考，清光绪年间（1875—1908 年）重修。

上石桥是一座单孔拱桥。桥面中部（拱顶上）为平面，两端是阶梯式坡道。无栏杆，桥面宽 3.00 米，桥长 18.00 米。

侧墙用块石砌筑，上顶有单层仰天石。桥台是凹字形，前墙长 3.00 米。拱碹是半圆形。跨径 8.50 米。

47. 新宁下石桥

下石桥位于邵阳市新宁县万塘乡双石村，始建年代无考，清光绪年间（1875—1908 年）重修。

上石桥是一座单孔拱桥。桥面中部（拱顶上）为平面，两端是阶梯式坡道。无栏杆，桥面宽 3.40 米，桥长 18.00 米。

侧墙用块石砌筑，上顶有单层仰天石。桥台是凹字形，前墙长 3.40 米。拱碹是半圆形。跨径 8.50 米。

48．新宁遇仙桥

遇仙桥位于邵阳市新宁县莨山镇联合村，跨深莨溪上，东西走向。始建年代无记载，于清乾隆年间（1736—1795 年）重建。

遇仙桥是一座单孔石拱桥。桥面中部（拱顶上）为平面，两端是阶梯式坡道。桥面宽 5.10 米，桥长 18.60 米。

侧墙用块石砌筑，上顶有单层仰天石。桥台与块石砌筑的河岸为一体，拱碹是半圆形纵联式结构，无拱眉。跨径 15.00 米。

49．邵阳兴龙桥

兴龙桥旧名"武陵桥"，位于邵阳城内武陵井东，跨渠水上，始建年代不详，于清康熙二年（1663 年）重修。民国十四年（1925 年）仲夏，山洪暴发，石基崩塌，当年修复。

兴龙桥是一座双孔石拱桥。桥面平，两侧有石板栏杆。桥面宽 4.60 米，桥长 13.00 米。

侧墙用料石砌筑，上顶有单层仰天石。桥台是凹字形，前墙长 4.60 米。桥墩较薄，两端是方形，桥墩厚 1.30 米，桥墩长 4.60 米。拱碹是半圆形分段并列式结构，无拱眉。跨径 3.00 米。

50．湘潭汉城桥

汉城桥位于湘潭市花石镇马珑村，跨花石水上。始建年代无考，清雍正三年（1725 年）重修。

汉城桥是一座单孔石拱桥。桥面上无铺装，拱碹的上部即桥面，两端是阶梯式坡道，无栏杆。桥面宽 5.00 米，桥长 12.00 米。

侧墙用红砂岩石料砌筑，上顶有一层较厚的红砂岩石板。桥台是在山脚岩石上开凿一段平面。拱碹是圆弧形纵联式结构，用红砂岩片石砌筑，无拱眉。跨径 10.70 米。

51. 湘潭石灵桥

石灵桥原名"湘宁桥"，位于湘潭市响塘乡，始建于清乾隆（1736—1795 年）年间，清光绪二十三年（1897 年）改建成。

今存石灵桥是一座 5 孔石拱桥。桥面为平面，两侧有节间式石栏杆，桥面宽 6.40 米，桥长 52.00 米。

侧墙用料石砌筑，上顶有单层仰天石。桥台是燕翅形，前墙长 7.60 米。桥墩上游端是尖形，下游端是方形，桥墩厚 2.00 米，桥墩长 10.00 米。跨径均为 9.25 米。

52. 湘乡万福桥

万福桥位于湘乡市洙津渡，又称"洙津渡桥"，跨涟水上，东西走向。清雍正元年（1723 年）秋兴工修建，雍正四年（1726 年）夏竣工。民国十二年（1923 年）加宽桥面，加固桥台。

今存万福桥是一座 9 孔厚拱厚墩等跨径石拱桥。全桥（桥塿和桥面）大致为平面，两侧有节间式石栏杆，望柱上顶与栏杆取平，无地伏，桥栏杆置于仰天石上。桥面宽 6.70 米，桥长 166.80 米。

侧墙用料石砌筑，上顶面有单层仰天石。桥台是凹字形，前墙宽出拱脚约 15 厘米，前墙长 7.00 米，端墙外有燕翅墙。桥墩两端是尖形，尖端顶面高至仰天石，桥墩以上的侧墙上伸出一个方形勾头石，桥墩上部与拱脚同宽，下部比上部周边宽出约 15 厘米，桥墩厚 1.60 米，桥墩长 7.10 米。

拱碹是半圆形纵联式结构，碹脸外边有拱眉石，拱眉凸出于碹脸，拱眉与侧墙取平。跨径均为 13.40 米。

桥东端有石牌坊一座，石匾上刻"楚南大观"。石牌坊前面有桥名碑，镌刻"万福桥"三个凹形大字。

53. 凤凰桥

凤凰桥位于湘西土家族苗族自治州凤凰县，跨万溶江上，于明永乐三年（1405年）修建。

凤凰桥是一座3孔石拱桥。全桥上面为平面，桥面宽6.70米，桥长31.00米。桥上建砖木结构楼阁。

侧墙用料石砌筑，上顶有单层仰天石。桥台是凹字形，两侧有料石砌筑的弧形挡墙，前墙长6.70米。桥墩两端是尖形，尖端的上部较高，桥墩厚2.25米，桥墩长7.80米。

拱碹是卵形镶边纵联式结构，孔龙门上有石雕龙头，碹脸外边有拱眉石，拱眉凸出于碹脸，又凸出于侧墙。跨径均为8.00米。

54. 凤凰虹桥

虹桥原名"卧虹桥"，位于湘西土家族苗族自治州凤凰县，跨沱江上，始建于明洪武七年（1374年），于清康熙九年（1670年）重修。民国三年（1914年），沱江河涨特大洪水，卧虹桥受到严重损毁。随后，按原样重修，更名为"虹桥"。桥头有桥名碑，镌刻"虹桥"二字。

凤凰虹桥

虹桥是一座 3 孔石拱桥。全桥是平面，桥面宽 8.50 米，桥长 80.00 米。桥上建有楼阁。

侧墙用红砂条石砌筑，上顶有单层仰天石。桥台是燕翅形，前墙长约 9.70 米。桥墩上游端是尖形，下游端是方形，桥墩厚 2.25 米，桥墩长 10.10 米。拱碹是近似半圆形（拱顶略显尖形）纵联式结构，无拱眉。跨径 16.50 米。

55. 凤凰两叉河桥

两叉河桥位于湘西土家族苗族自治州凤凰县千工坪乡田冲村，跨沱江支流两叉河上。桥头有碑记，两叉河桥建于后唐天成年间（926—930 年）。

今存两叉河桥是一座单孔石拱桥。桥面上无铺装，无栏杆。桥面宽 4.70 米，桥长 11.00 米。

侧墙用不规则石料砌筑，上顶有一层较厚的仰天石（边牙石）。桥台是凹字形，前墙长 4.70 米。拱碹用不够规整的石板砌筑，属于半圆形（有变形）纵联式结构，拱碹厚 40 厘米，无拱眉，碹脸与侧墙平。跨径 9.00 米。

56. 凤凰西门江桥

西门江桥位于湘西土家族苗族自治州凤凰县得胜营（今吉信镇），跨万溶江上，于明万历四十四年（1616 年）修建。

今存西门江桥是一座单孔石拱桥。桥面中间高起是平面，两侧有板式石栏杆，两端是阶梯式坡道，两端各有 36 级台阶。桥面宽 8.70 米，桥梁全长 33.00 米。

侧墙用石板砌筑，上顶有双层仰天石组成的金边线。桥台是凹字形，前墙长 8.70 米。拱碹是卵形纵联式结构，碹脸外边有拱眉石，拱眉凸出于碹脸，拱眉与侧墙平。跨径 17.00 米。

57. 永顺同仁桥

同仁桥位于湘西土家族苗族自治州永顺县沙坝镇盐卡村，建造年代无考，于民国初年重修。

同仁桥是一座单孔石拱桥。桥面上铺砌青石板，两侧有青石板栏杆，桥堍上是阶梯式坡道，无栏杆。桥面宽 6.70 米，桥长 29.00 米。

侧墙用料石砌筑，上顶有单层仰天石。桥台是凹字形，用料石砌筑。拱碹是半圆形纵联分段并列式结构，拱眉凸出于碹脸，拱眉与侧墙平。跨径 17.80 米。

58. 安化大福桥

大福桥位于益阳市安化县大福镇，于清嘉庆十五年（1810 年）修建。

大福桥是一座 4 孔等跨径石拱桥。桥堍和桥面上铺砌青石板，全桥是平面。两侧有节间式石栏杆，无地伏，桥栏杆置于仰天石上。桥面宽 7.50 米，桥长 95.00 米。

侧墙用料石砌筑，上顶有单层仰天石。桥台是凹字形，前墙长 9.00 米。桥墩两端是方形，拱碹是半圆形纵联式结构，无拱眉。跨径 16.50 米。

59. 安化联珠桥

联珠桥又名"株系口桥"，位于益阳市安化县东坪镇株溪村，于清道光二十八年（1848 年）兴工修建，咸丰六年（1856 年）建成。

联珠桥是一座双孔等跨径石拱桥。桥堍和桥面上铺砌红砂岩石板，全桥为平面，两侧有石栏杆。桥面宽 7.00 米，桥长 52.00 米。

侧墙用块石砌筑，上顶有单层仰天石。桥台是燕翅形，桥墩两端是尖形，拱碹是半圆形纵联式结构，无拱眉。跨径均为 15.50 米。

60. 益阳枫林桥

枫林桥位于益阳市兰溪镇枫林村，跨兰溪河上，南北走向，始建于明万历年间（1573—1620 年），清雍正年间（1723—1735 年）重修，清嘉庆二年（1797 年）重修。

枫林桥是一座单孔石拱桥。桥面两侧有节间式石栏杆，中间栏板上刻"枫林胜迹，资江一桥"，桥面宽 6.50 米，桥长 64.00 米。

侧墙用料石砌筑，上顶有单层仰天石。桥台是凹字形。拱碹是半圆形纵联式结构，拱眉凸出于碹脸，拱眉与侧墙平。跨径 21.50 米。

61. 道县长田桥

长田桥位于永州市道县寿雁镇长田村，跨洑水河上，始建于明正统年间（1436—1449 年）。清光绪《道州志》记载："长田桥在州西二十里进贤乡，明正统间坊民何宗源、国朝康熙坊民黄云仅等先后重修。"

今存长田桥是一座 5 孔石拱桥。桥面（五孔上）为平面，两端原是阶梯式坡道（今已改平）。两侧有板式石栏杆，地伏是青石矩形断面。桥面宽 5.50 米，桥长 59.00 米。

侧墙用料石砌筑，上顶有双层仰天石。桥台是凹字形，下部前面和左右有出台，端墙与河岸石墙连砌为一体，前墙长 5.50 米。桥墩两端与拱脚齐平，下部四周有出台，桥墩厚 1.00 米，桥墩长 5.50 米。拱碹是半圆形纵联分段并列式结构，碹脸外边有拱眉石，拱眉凸出于碹脸，拱眉又凸出于侧墙。跨径均为 10.00 米。

62. 道县皋陶桥

皋陶桥位于永州市道县乐福堂乡大莲塘村，跨乐福堂河上，始建于宋嘉定年间（1208—1224 年）。清光绪三年（1877 年）《道州志》记载："在州西三十五里进贤乡，嘉定年间建。"

今存皋陶桥是一座双孔石拱桥。桥面中部（拱碹上）为平面，两侧有石栏杆，两端是阶梯式坡道，无栏杆。桥面宽 6.00 米，桥长 38.00 米。

侧墙用料石砌筑，上顶有单层仰天石。桥台是凹字形，前墙长 6.00 米，两侧有块石铺砌的护坡。桥墩两端与拱脚齐平，桥墩厚 90 厘米，桥墩长 6.00 米。拱碹是半圆形纵联式结构，碹脸外边有拱眉石，拱眉凸出于碹脸，拱眉与侧墙平。跨径均为 9.00 米。

63. 道县十里桥

十里桥位于永州市道县寿雁镇阳家铺村，跨洑水河支流中坪河上，于明洪武年间（1368—1398 年）建。

今存十里桥是一座 5 孔薄拱薄墩石拱桥。桥面中部（五孔拱碹上）原是平面，两端是坡道（今已改平），无栏杆。桥面宽 3.40 米，桥长 37.00 米。

侧墙用料石砌筑，上顶有单层仰天石。桥台是凹字形。桥墩两端与拱脚齐平，拱碹是半圆形纵联分段并列式结构，碹脸外缘錾有较窄的拱眉线，拱眉与侧墙平。中 3 孔跨径 6.30 米，两边孔跨径是 4.50 米。

64. 道县杏仁桥

杏仁桥位于永州市道县清塘镇幸福洞村，跨濂溪河上。始建年代无考，民国十六年（1927 年）重建。

杏仁桥是一座 5 孔石拱桥。中 3 孔桥面高起为平面，两个边孔拱顶上的桥面为平面，中孔上的桥面和边孔上的桥面之间是一段坡面，桥堍上又是坡面。全桥无栏杆。桥面宽 5.50 米，桥长 53.00 米。

侧墙用块石砌筑，上顶有单层仰天石。桥台是凹字形，用块石砌筑。桥墩两端是方形，桥墩厚 1.05 米，桥墩长 6.00 米。拱碹是半圆形纵联式结构，无拱眉。中 3 孔跨径 11.00 米，边孔跨径 8.00 米。

65. 东安广利桥

广利桥位于永州市东安县紫溪镇花桥村，跨湘江支流紫水河，始建于清乾隆三十八年（1773年），于光绪二十年（1894年）重修。

广利桥是一座3孔等跨径石拱桥。桥垛和桥面上铺砌青石板，群桥为平面，无栏杆。桥面宽4.50米，桥长36.80米。桥上建砖木结构廊。

侧墙是用青石板砌筑，上顶有单层仰天石。桥台是凹字形，前墙长4.50米。桥墩两端与拱脚齐平，桥墩厚33厘米，桥墩长4.50米。拱碹是半圆形纵联式结构，无拱眉。跨径12.00米，矢高6.00米。

66. 东安斩龙桥

斩龙桥位于永州市东安县卢洪市镇，跨泸江上，始建于北宋庆历年间（1041—1048年）。

斩龙桥是一座3孔石拱桥。桥垛和桥面上铺砌不规则形石板，全桥是平面。两侧有节间式石栏杆，桥面宽2.20米，桥长56.00米。

侧墙用块石砌筑，上顶有单层仰天石。桥台前墙与石砌河岸连砌在一起。桥墩较薄，两端与拱脚齐平，桥墩厚75厘米，桥墩长2.20米。拱碹是半圆形纵联式结构，无拱眉。跨径均为12.00米。

67. 江华安乐桥

安乐桥位于永州市江华瑶族自治县桥头铺镇下蒋村，东西走向，于清光绪二十四年（1898年）修建。

安乐桥是一座单孔石拱桥。桥面中部（拱顶上）高起为平面，两侧有石板栏杆，两端是阶梯式坡道，东西两坡上各有10级台阶，坡道上无栏杆。桥面宽430米，桥长28.00米。

侧墙是用料石砌筑，上顶有单层仰天石。桥台是凹字形。拱碹是半圆形纵联式结构，无拱眉。跨径12.00米。

68. 江华西佛桥

西佛桥位于永州市江华瑶族自治县沱江镇，跨沱江上，于清光绪二十三年（1897年）修建。

西佛桥是一座7孔石拱桥。桥堍和桥面上铺砌红砂岩石板，全桥为平面，两侧有节间式石栏杆，望柱上有千姿百态的小狮子。栏板上雕刻龙、鸟、兽以及，八仙过海、文王求贤等图案。栏端各设一对大狮子。桥面宽7.00米，桥长120.00米。

侧墙用料石砌筑，上顶有单层仰天石。桥台是燕翅形，前墙长约8.20米。桥墩上游端水尖形，下游端水方形，桥墩厚1.20米，桥墩长7.50米。拱碹是半圆形纵联式结构，无拱眉。跨径14米。

69. 江永步瀛桥

步瀛桥又名"渡仙桥"，位于永州市江永县上甘棠村，跨谢沐河上，于北宋靖康元年（1126年）修建，元、明、清均有修葺。

步瀛桥是一座3孔石拱桥。桥堍和桥面上铺砌砂岩石板，桥面（三孔拱碹上）为平面，两端各有一小段阶梯式坡面，无栏杆。桥面宽4.50米，桥长30.00米。

侧墙用料石砌筑，上顶有单层仰天石。桥台是燕翅形，前墙长约5.80米。桥墩上游端是尖形，下游端是方形，端部长出拱脚约30厘米，桥墩厚1.00米，桥墩长约6.00米。拱碹是大圆弧形（不够半圆形）纵联式结构（拱碹石不够规整），无拱眉，碹脸与侧墙平，跨径均为8.50米。

70. 江永高成桥

高成桥位于永州市江永县，又名接龙桥，建造年代不详。

今存高成桥是一座单孔石拱桥。桥面略显圆弧形，桥栏杆无存，地伏尚在。桥面宽5.10米，净宽4.30米，桥长20.00米。

侧墙用料石板砌筑，上顶有单层仰天石。桥台是凹字形，前墙长5.10米。拱碹是半圆形纵联式结构，无拱眉，碹脸与侧墙平。跨径11.50米。

71. 永州接履桥

接履桥位于永州市零陵区接履桥镇。该桥始建于三国时期（桥梁结构与形式无记载），明天启七年（1627年）改建成单孔石拱桥，清乾隆六年（1741年）重修。

今存接履桥是一座单孔石拱桥。桥面为平面，无栏杆。桥面宽8.00米，桥长13.00米。

侧墙用料石砌筑，上顶有单层仰天石（代边牙石）。桥台两侧有燕翅墙，前墙长9.20米。拱碹是半圆形镶边纵联式结构，无拱眉。跨径6.00米。

72. 蓝山万年桥

万年桥位于永州市蓝山县所城乡羊车岭峡谷中，跨舜水河上。始建于清乾隆五十三年（1788年）。

万年桥是一座单孔石拱桥。桥堍和桥面上铺砌砂岩石板，无栏杆。桥面宽7.30米，桥梁全长23.00米。

侧墙用砂岩石料砌筑，上顶有一层较厚的仰天石。桥台是在山脚岩石上开凿的一段平面。拱碹是半圆形纵联式结构，有拱眉，碹脸、拱眉与侧墙平。跨径8.00米。

73. 蓝山万年桥

万年桥原名"望娘桥"，位于永州市蓝山县羊车岭峡谷中，跨舜水河上。始建年代无记载，明嘉靖年间（1522—1566年）重建，更名"万年桥"。清乾隆五十三年（1788年）重修，道光六年（1826年）重建。立碑于桥头，镌文"万寿无疆"。

万年桥是一座单孔石拱桥。桥堍和桥面上铺砌青石板，桥面略显弧形，两侧有节间式石栏杆。桥面宽 7.30 米，桥长 23.30 米。

侧墙用块石砌筑，上顶有单层仰天石。拱碹是半圆形纵联式结构，拱眉凸出于碹脸，拱眉与侧墙平，拱碹厚 1.10 米。跨径 17.00 米。

74. 祁阳枫林铺桥

枫林铺桥位于永州市祁阳县下马渡镇枫林铺村，跨祁水河上，于明嘉靖年间（1522—1566 年）修建，清道光二十五年（1845 年）重修。

今存枫林铺桥是一座 5 孔等跨径石拱桥。桥面铺砌的是青石板，大致是平面，两侧有板式石栏杆，桥面净宽 6.20 米，桥梁全长 92.00 米。

侧墙用料石砌筑，上顶有单层仰天石。桥台燕翅形，前墙长 7.40 米。桥墩两端是尖形，桥墩厚 1.30 米，桥墩长 7.80 米。拱碹是半圆形纵联式结构，无拱眉。跨径均为 13.00 米。

75. 祁阳杉树桥

杉树桥位于永州市祁阳县高码头青云村，跨祁水上，始建于明万历年间（1573—1620 年）。清光绪十二年（1886 年）在桥上建亭。

杉树桥是一座 3 孔石拱桥。桥堍和桥面上铺砌青石板，桥面为平面，两侧有板式石栏杆，桥面宽 5.70 米，桥长 40.00 米。

侧墙用块石砌筑，上顶有单层仰天石。桥台是凹字形，前墙长 5.70 米。桥墩两端是方形，桥墩宽 1.30 米，桥墩长 6.30 米。拱碹是半圆形纵联式结构，无拱眉。跨径均为 8.40 米。

76. 祁阳小陂桥

小陂桥位于永州市祁阳县蓝桥乡小陂村街口，跨白河支流清江上，于清乾隆五十八年（1793 年）修建。

小陂桥是一座 3 孔石拱桥。桥面上铺砌青石板，两侧有节间式石栏杆，桥面宽 4.30 米，桥梁全长 27.00 米。

侧墙用块石砌筑，上顶有单层仰天石。桥台是凹字形，前墙长 4.30 米。桥墩两端是尖形，拱碹是半圆形纵联式结构，无拱眉。跨径均为 4.80 米。

77. 新田洪城桥

洪城桥位于永州市新田县高山乡程家村，跨春陵河上，南北走向，于清乾隆年间（1736—1795 年）修建，嘉庆十七年（1812 年）重修。

洪城桥是一座 3 孔等跨径石拱桥。桥堍和桥面上铺砌花岗岩石板，两侧有石栏杆。桥面宽 8.00 米，桥长 56.00 米。

侧墙用块石砌筑，上顶有单层仰天石。桥台是燕翅形。桥墩两端是尖形。跨径均为 16.00 米。

78. 岳阳三眼桥

三眼桥又名"万年桥"，亦称"岳阳桥"，位于岳阳市东郊，跨南湖水面上，东西走向，始建于北宋庆历年间（1041—1048 年），于明嘉靖四十一年（1562 年）重修，清光绪元年（1875 年）重修。

三眼桥是一座 3 孔等跨径石拱桥。桥堍和桥面上铺砌花岗岩石板，全桥为平面。两侧有板式石栏杆，无地伏，桥栏杆望柱栽在侧墙上，栏板两端和望柱之间有铸铁锔子连接，栏板下面有泄水孔。桥面宽 8.89 米，桥长 46.80 米。

侧墙用料石砌筑，上顶有单层仰天石。桥台是凹字形（前墙两端与拱脚齐平）。前墙长 8.90 米，端墙后部有八字墙。桥墩上游端是尖形，下游端是方形，桥墩厚数据暂缺，桥墩长数据暂缺。拱碹是半圆形纵联式结构，有拱眉，碹脸、拱眉与侧墙取平。跨径均为 13.00 米。

79. 岳阳桥

岳阳桥俗称"三眼桥"，位于岳阳市奇家岭村，始建于宋庆历年间（1041—1048年），清光绪元年（1875年）重修。

岳阳桥是一座3孔厚拱厚墩石拱桥。桥堍和桥面铺砌青石板，桥面中部隆起，两侧有节间式石栏杆，无地伏，桥栏杆置于仰天石上。桥栏杆两端各有一个石狮子，狮身连同石座全高1.65米。桥面宽8.89米，桥长48.60米。

侧墙用料石砌筑，上顶有单层仰天石。桥台是凹字形，前墙长8.90米，端墙的端部有八字石墙。桥墩两端是尖形，拱碹是半圆形纵联式结构，碹脸外边有拱眉石，碹脸、拱眉与侧墙齐平。中孔跨径12.00米，边孔跨径8.00米。

80. 汨罗女子桥

女子桥位于岳阳市汨罗县古仓乡黄道村，跨汨罗江支流蓝向河上，东西走向，于明万历三十七年（1609年）修建。传说是由女子捐资修桥，故取名"女子桥"。

女子桥是一座3孔石拱桥。桥堍和桥面上铺砌花岗岩石板，全桥为平面，无栏杆。桥面宽5.00米，桥长35.00米。

侧墙用块石砌筑，上顶有单层较厚的仰天石，高出桥面而成边牙石。桥台是凹字形，前墙长5.00米。桥墩两端是尖形，拱碹是半圆形纵联式结构，碹脸外边有拱眉石，碹脸、拱眉与侧墙齐平。跨径均为8.30米。

81. 茶陵岭北桥

岭北桥位于株洲市茶陵县马江镇玄武村，跨马伏江上。清嘉庆十五年（1810年）建。

岭北桥是一座5孔等跨径砖拱桥。桥堍和桥面上铺砌青砖，无栏杆。桥面宽 2.70 米，桥长 29.00 米。

侧墙用青砖砌筑，上顶有单层仰天石。桥台是燕翅形，用青石料砌筑，下部是石料砌筑的基础。

桥墩用青石料砌筑，下部是石料砌筑的基础，两端是尖形，拱碹是半圆形，用青砖砌筑。跨径均为 5.00 米。

82. 醴陵德星桥

德星桥位于醴陵市船湾镇星桥村，跨沙河上，南北走向。始建年代无考，民国五年（1916 年）重修。

德星桥是一座 6 孔等跨径石拱桥。桥面上铺砌花岗岩石板，两侧有节间式青石栏杆。桥面宽 5.50 米，桥长 75.00 米。

侧墙用料石砌筑，上顶有单层仰天石。桥台是燕翅形，用料石砌筑。桥墩两端是尖形，桥墩厚 2.20 米，桥墩长 8.10 米。拱碹是半圆形纵联式结构，拱眉凸出于碹脸，拱眉与侧墙平。跨径 10.00 米。

83. 醴陵冠南桥

冠南桥又名"清水江桥"，位于醴陵市清水江乡文山村，跨石河上，南北走向，始建于清嘉庆二十一年（1816 年），于宣统三年（1911 年）重建。1958 年洪水冲毁中二孔拱碹，再未修复，桥面上长满藤蔓杂草。

冠南桥是一座 6 孔等跨径石拱桥。桥面上铺砌红砂岩石板，全桥为平面，无栏杆。桥面宽 5.50 米，桥长 68.70 米。

侧墙用料石砌筑，上顶有单层仰天石。桥台是凹字形。桥墩两端是方形，桥墩厚 1.80 米，桥墩长 6.10 米，拱碹是半圆形纵联式结构，无拱眉。跨径均为 8.20 米。

84. 醴陵横岭桥

横岭桥又名"符犯桥"，位于醴陵市泗汾镇湛田村，跨横岭河上。

《醴陵县志》记载："横岭桥始建于明，清乾隆年间修石桥。"

今存横岭桥是一座双孔石拱桥。桥面上铺砌红砂岩石，桥孔上是平面，两侧有矮墙式红砂岩石栏杆，两端是阶梯式坡道，无栏杆。桥面宽3.40米，桥长21.00米。

侧墙用料石砌筑，上顶有单层仰天石。桥台两侧有燕翅墙，前墙长4.60米。桥墩上游端是尖形，尖端上部是锥形，下游端是方形，伸出桥身外约70厘米，桥墩厚2.80米，桥墩长4.80米。拱碹是半圆形纵联式结构，无拱眉。跨径均为9.50米。

85. 醴陵化龙桥

化龙桥位于醴陵市沈潭镇庞龙村，跨大障河上，始建于清代，民国年间（1912—1949年）重修，1971年重修。

化龙桥是一座3孔等跨径石拱桥。桥堍和桥面上铺砌红砂岩石板，全桥为平面，两侧有石栏杆。桥面宽5.50米，桥长29.50米。

侧墙用红砂岩石板砌筑，上顶有单层仰天石。桥台是燕翅形，桥墩两端是圆形，桥墩厚2.10米，桥墩长6.70米。拱碹是半圆形纵联式结构，无拱眉。跨径均为7.00米。

86. 醴陵渌江桥

渌江桥位于醴陵市城南，跨渌江上。南宋宝祐年间（1253—1258年）建石墩台木面桥。明洪武十二年（1379年）重修，永乐年间（1403—1424）毁于火，成化十八年（1482年）以舟桥维持交通，清代改建成石拱桥。

今存渌江桥是一座10孔等跨径石拱桥。桥堍和桥面上铺砌红砂岩石板，全桥为平面，两侧有节间式青石栏杆和青石地伏。桥面宽8.00米，桥长186.70米。

侧墙用料石砌筑，上顶有单层仰天石。桥台是凹字形，端墙外有燕翅墙，前墙长8.00米。桥墩两端与拱脚齐平，桥墩厚2.10米，桥墩长

8.00 米。拱碹是圆弧形分段并列式结构，碹脸外边有拱眉石，拱眉凸出于碹脸，拱眉与侧墙平。跨径均为 16.00 米。

87. 醴陵曾家滩桥

曾家滩桥位于醴陵市清水江乡曾家滩村，东西走向。始建年代无考，民国五年（1916 年）重修。2004 年改建并加宽桥面。

曾家滩桥是一座 6 孔等跨径石拱桥。原桥面上铺砌花岗岩石板，两侧有节间式青石栏杆。桥面宽 5.65 米，桥长 88.60 米。

侧墙用料石砌筑，上顶有单层仰天石。桥台是燕翅形，用料石砌筑。桥墩两端是尖形，桥墩厚 2.50 米，桥墩长 8.00 米。拱碹是半圆形纵联式结构，拱眉凸出于碹脸，拱眉与侧墙平。跨径均为 16.50 米。

88. 株洲罗正坝桥

罗正坝桥又名"神仙桥"，位于株洲市雷打石镇扶椅山村，跨小溪罗正坝上，建于明代末年。

罗正坝桥是一座 3 孔石拱桥。桥垛和桥面上铺砌青石板，桥面略显弧形，两侧有石栏杆。桥面宽 4.30 米，桥长 28.75 米。

侧墙用块石砌筑，上顶有单层仰天石。桥台是凹字形，用块石砌筑。桥墩两端是尖形，拱碹是半圆形纵联分段并列式结构，拱眉凸出于碹脸，拱眉与侧墙平。中孔跨径 8.10 米，边孔跨径 6.30 米。

89. 炎陵接龙桥

接龙桥位于株洲市炎陵县，南北走向，于清咸丰元年（1851 年）修建。

接龙桥是一座双孔等跨径石拱桥。桥垛和桥面上铺砌红砂岩石板，全桥为平面，两侧有石栏杆。桥面宽 3.70 米，桥长 31.90 米。

侧墙用块石砌筑，上顶有单层仰天石。桥台是燕翅形。桥墩上游端是尖形，下游端是方形，桥墩厚2.80米，桥墩长5.60米。拱碹是半圆形纵联式结构，拱眉凸出于碹脸，拱眉与侧墙平。跨径22.50米。

90. 攸县兰塘桥

兰塘桥位于株洲市攸县皇图岭镇龙和村，南北走向。建筑年代无考，民国二十三年（1934年）重建。

兰塘桥是一座单孔石拱桥。桥面高起为平面，两侧有石板栏杆，桥堍上是阶梯式坡道，坡道上无栏杆。桥面宽4.20米，桥长20.00米。

侧墙用块石砌筑，上顶有单层仰天石。桥台是凹字形，用块石砌筑。拱碹是半圆形纵联式结构，无拱眉。跨径6.00米。

91. 攸县南溟桥

南溟桥位于株洲市攸县黄丰桥镇南溟桥村，跨无名沟渠上，于明正统四年（1439年）修建，清乾隆年间（1736—1795年）重修。清代《宝都双桥记》中记载："攸县有南溟和黄丰二桥。"

今存南溟桥是一座6孔石拱桥。桥面铺砌红砂岩石板，桥面为平面，无栏杆。桥面宽3.65米，桥长60.00米。

侧墙用料石砌筑，上顶有单层仰天石。桥台两侧有燕翅墙，前墙长4.85米。桥墩两端是尖形，尖端上部较高，拱碹是半圆形分段并列式结构，碹脸外边有拱眉石，碹脸、拱眉与侧墙齐平。跨径7.80米。

92. 攸县重兴桥

重兴桥位于株洲市攸县石羊塘镇谭家垄村，清同治《攸县志》记载："宋宣和六年（1124年）建，明洪武元年（1368年）重修。"

重兴桥是一座单孔砖石拱桥。桥面铺筑三合土为弧形。无栏杆，桥面宽3.60米，桥长13.90米。

侧墙用料石砌筑，上顶有单层仰天石。桥台是凹字形，拱碹半圆形，用砖材砌筑，碹脸及其他部位用料石砌筑。跨径 7.00 米。

第十三节　浙江省石拱桥

浙江省石拱桥共计 183 座。

1. 杭州断桥

断桥位于杭州市西湖苏堤的北端，跨西湖上，始建于宋代，于清同治三年（1864 年）重修。

断桥是一座单孔石拱桥。桥面是穹隆形，桥上无栏杆，桥面宽 9.10 米，桥长 8.80 米。

侧墙用料石砌筑，上顶有单层仰天石。桥台是凹字形，前墙长 9.70 米。拱碹是半圆形分段并列式结构，碹脸、拱眉与侧墙平。跨径 6.10 米。

杭州断桥

2. 杭州拱宸桥

拱宸桥位于杭州市，跨于大运河上，始建于明崇祯四年（1631 年）。《杭州府志》记载："清顺治八年（1651 年）桥身坍塌，康熙五十三年（1714 年）重修，雍正四年（1726 年）重修，同治二年（1863 年）重修，清光绪十一年（1885 年）重建。"

杭州拱宸桥

拱宸桥是一座 3 孔薄拱薄墩轻型石拱桥。桥面中部（中孔上）高起为平面，两端是阶梯式坡道。两侧有节间式石栏杆，每侧有望柱 10 根，栏板 9 块，抱鼓石 2 块。地伏和仰天石均系矩形断面。桥面宽 5.90 米，桥堍端宽 12.20 米，桥梁全长 92.10 米。

侧墙用料石砌筑，上顶有双层仰天石。桥台是凹字形，前面和两侧皆有小出台，前墙长 6.50 米。桥墩两端为方形，四周（拱脚周围）有出台，桥墩厚 1.25 米，桥墩长 6.50 米。拱碹均系半圆形纵联分段并列式结构，拱碹厚 30 厘米，碹脸外边镶有拱眉石，拱眉凸出于碹脸，也凸出于侧墙。中孔跨径 15.80 米，边孔跨径 11.90 米。

3. 杭州忠义桥

忠义桥位于杭州市留下镇大街，跨西溪上，东西走向，于南宋嘉定十一年（1218 年）修建。清《西溪·梵隐志》记载："忠义桥，溪市三桥，惟此最巨，居中虹起，石色光莹，宋孙侯所建也。兄弟恺笃，故名忠义。"

忠义桥是一座单孔石拱桥。桥面是圆弧形，两侧有节间式石栏杆，桥面宽 3.65 米，桥长 15.20 米。

桥台的前墙与石板砌筑的河岸为一体。拱碹是半圆形分段并列式结构，无拱眉。跨径 8.00 米。

4. 杭州恩波桥

恩波桥位于杭州市富阳区，跨苋浦河上，东西走向，临近富春江。始建年代无考，宋治平二年（1065 年）重建，改名"通济"，绍兴四年（1134 年）重修，更名"惠政"。嘉定年间（1208—1224 年）改名"恩波"。明嘉靖四十四年（1565 年），以石易木，改建成石桥。

清光绪《富阳县志》载：恩波桥原名"苋浦桥"，今名"永济"。北宋治平二年（1065 年）邑人孙道长重建，改名"通济"。南宋绍兴四年（1134 年）县令王衮重修，更名"惠政"。嘉定年间（1208—1224 年）县令程珌于桥下放生，改名"恩波"。明嘉靖四十四年（1565 年）县令施阳得以石易木，改建为石桥，改名"永济桥"。清顺治和康熙年间（1644—1722 年）两度重修，命名"恩波桥"。

今存恩波桥是一座 3 孔石拱桥。桥堍和桥面满铺石板，中间略显隆起，两侧有节间式石栏杆，每侧有望柱 24 根，栏板 23 块，抱鼓石两块。望柱的柱头有垂莲、莲蓬、狮子等。栏板为实体板，也有雕刻，风化严重。无地伏，桥栏杆置于仰天石上。桥面宽 6.00 米，桥长 57.00 米。

侧墙用料石砌筑，上顶有单层仰天石。桥台是凹字形，后部有燕翅墙，前墙长 7.20 米。桥墩两端为尖形，桥墩厚 3.20 米，桥墩长 9.70 米。拱碹是半圆形纵联式结构，碹脸外边有拱眉，拱眉凸出于碹脸，拱眉与侧墙齐平。中孔跨径 18.4 米，边孔跨径 15.3 米。

桥墩上各有一个小孔洞，其立面呈馒头形，拱碹是半圆形纵联式结构，碹脸外边有拱眉，拱眉凸出于碹脸，拱眉与侧墙齐平。跨径1.00米。

5. 杭州桂芳桥

桂芳桥位于杭州市，跨街河上，于南宋宝庆元年（1225年）修建。

今存桂芳桥是一座单孔石拱桥。桥上无栏杆，桥面宽3.80米，桥长21.40米。

桥台前墙与河岸连砌为一体。拱碹是半圆形纵联分段并列式结构，拱眉凸出于碹脸，又凸出于侧墙。跨径8.20米。

6. 杭州日新桥

日新桥位于杭州市临安区三口镇葱坑村，在富阳区和临安区交界处。

日新桥是一座3孔石拱桥。桥面为正圆弧形，两侧有节间式石栏杆，每侧有望柱8根，栏板7块，抱鼓石2块，地伏与金边合一。桥面宽6.20米，桥长42.00米。

侧墙用料石砌筑，上顶有单层仰天石。桥台两侧有燕翅墙。桥墩两端为尖形，拱碹是并列式结构，无拱眉，碹脸与侧墙取平。中孔跨径13.20米，边孔跨径11.00米。

7. 杭州白燕桥

白燕桥位于杭州市萧山区，建造年代无记载。

白燕桥是一座7孔石拱桥。桥堍和桥面上铺砌条形石板，两侧有节间式石栏杆，桥面宽7.20米，桥长74.00米。

侧墙用料石砌筑，上顶有单层仰天石。桥台是凹字形。桥墩两端是方形，桥墩厚95厘米，桥墩长7.70米。拱碹是半圆形纵联分段并列式

杭州广济桥

结构，碹脸外边有拱眉，拱眉凸出于碹脸，又凸出于侧墙。中孔跨径9.50米，第三、第五孔跨径8.50米，第二、第六孔跨径8.20米，第一、第七孔跨径7.50米。

8. 杭州广济桥

广济桥又名"通济桥""碧天桥"，俗称"长桥"，位于杭州余杭区塘栖镇西北，跨京杭大运河上，南北走向，是古运河上仅存的一座七孔石拱桥。明弘治二年（1489年）兴工修建，历时九年，弘治十一年（1498年）竣工，建成七孔石拱桥，命名"通济"。嘉靖九年（1530年），桥裂，当年重修，两端各填堵一孔，使之成为五孔。清康熙二年（1663年），广济桥又危在旦夕，里人捐资，复又修葺，里人卓天寅书《重修长桥碑铭》。康熙五十三年（1714年）重修，恢复七孔长桥，恢复原名"广济桥"。

广济桥是一座7孔薄拱薄墩轻型石拱桥。桥面中部（中孔上）高起为平面，两端是阶梯式坡道。两侧有节间式石栏杆，无地伏，桥栏杆置于仰天石上。桥面宽 6.12 米，桥长 78.70 米。

侧墙用料石砌筑，上顶有单层仰天石。桥台是凹字形，前墙长约 5.80 米。桥墩两端是方形，桥墩厚 1.25 米，桥墩长约 5.80 米。拱碹均系半圆形纵联分段并列式结构，碹脸外边有拱眉，拱眉凸出于碹脸，又凸出于侧墙。中孔跨径 15.60 米，向两端对应的各孔跨径依次是 11.80 米、8.00 米、5.40 米。

9. 桐庐上江桥

上江桥位于杭州市桐庐县横村，跨街河上，建造年代无考。

今存上江桥是一座单孔石拱桥。桥面中部（拱顶上）高起为平面，两端是阶梯式坡道。桥栏杆无存。桥面宽 4.50 米，桥长 21.00 米。

侧墙用块石砌筑，上顶有单层仰天石。桥台的前墙与石板砌筑的河岸为一体。拱碹是半圆形纵联式结构，无拱眉，碹脸与侧墙平。跨径 15.00 米。

10. 长兴小乌桥

小乌桥位于湖州市长兴县夹浦镇夹浦村，跨夹浦港上，在大乌桥下游约百米处。始建年代不详，民国八年（1919 年）重建。

小乌桥是一座单孔石拱桥。桥面中部（拱顶上）高起为平面，两端是阶梯式坡道，两侧有节间式石栏杆。桥面宽 3.50 米，桥长 33.00 米。

侧墙用料石砌筑，上顶有单层仰天石。桥台是凹字形，也用料石砌筑。拱碹是半圆形纵联分段并列式结构，拱眉凸出于碹脸，又凸出于侧墙。跨径 12.00 米。

11. 长兴兴隆桥（大乌桥）

兴隆桥又名"大乌桥"，位于湖州市长兴县夹浦镇夹浦村，跨夹浦港上。始建年代不详，清嘉庆五年（1800 年）重建，嘉庆二十二年（1817 年）重修。

兴隆桥是一座 3 孔石拱桥，桥面中部（中孔拱顶上）高起为平面，两端是阶梯式坡道，两侧有节间式石栏杆。桥面宽 3.55 米，桥长 40.00 米。

侧墙用料石砌筑，上顶有单层仰天石。桥台是凹字形。桥墩两端是方形，桥墩厚 1.05 米，桥墩长 4.00 米。拱碹是半圆形纵联分段并列式结构，拱眉凸出于碹脸，又凸出于侧墙。中孔跨径 12.00 米，边孔跨径 7.80 米（总跨径 27.60 米）。

12. 湖州潮音桥

潮音桥位于湖州市，俗称桥里桥，是湖州城三绝之一。明嘉靖十八年（1539 年）以前，此处是渡口，名"潮音渡"。明嘉靖十八年建成一座 3 孔石拱桥，万历三十年（1602 年）重修。明崇祯《乌程县志》记载，潮音渡"以迎奉观音大士，故名"。清光绪《乌程县志》记载："潮音渡以慈感寺奉观音大士，故名，亦称慈感寺渡。"明嘉靖十八年渡口建桥时，以潮音渡为桥名，故名潮音桥。

现存桥是一座 3 孔薄拱薄墩轻型石拱桥。桥面为穹隆形，两侧有宇墙式石栏杆，地伏与金边合一。桥面宽 5.00 米，桥长 54.20 米。

侧墙用料石砌筑，上顶有双层仰天石。桥台前墙与石板砌筑的河岸为一体。桥墩两端是方形，桥墩厚 1.25 米，桥墩长 5.60 米。拱碹是半圆形纵联分段并列式结构，中孔由 8 道纵联石和 9 段拱碹石构成，边孔由 6 道纵联石和 7 段拱碹石构成，碹脸外边有拱眉石，拱眉凸出于碹脸，拱眉与侧墙取平。三孔跨径之和是 29.00 米。中孔拱碹上方两边的侧墙上各有一个勾头石，两个桥墩上（拱碹之间）的侧墙上各有一根桥联柱，上顶有勾头石。

13. 湖州潘公桥

潘公桥位于湖州北门，跨苕霅两溪汇流处，南北走向。明嘉靖年间（1522—1566年），著名水利学者潘秀驯主持修建此桥，故名"潘公桥"。明万历十二年（1584年）潘秀驯被贬官回乡，见北门外两溪汇合处水流湍急，民渡艰难，遂捐资建桥，于万历十三年（1585年）兴工，历时五年，于万历十八年（1590年）竣工，建成一座五孔石墩台木面桥。清道光二十年（1840年）改建成三孔石拱桥。

现存潘公桥是一座3孔薄拱薄墩轻型石拱桥。桥面中部（中孔上）高起为平面，两端是阶梯式坡道。两侧有板式石栏杆，无地伏，桥栏杆置于仰天石上。桥面宽6.60米，桥长57.50米。

侧墙用料石砌筑，上顶有单层仰天石。桥台是凹字形，前面和两侧皆有小出台，前墙长约7.00米，端墙很长。桥墩两端是方形，拱脚四周有出台，桥墩厚70厘米，桥墩长约7.00米。拱碹是半圆形纵联分段并列式结构，中孔由8道纵联石和9段拱碹石构成，边孔由6道纵联石

湖州潘公桥

和 7 段拱碹石构成，碹脸外边有拱眉石，拱眉凸出于碹脸，拱眉与侧墙取平。中孔跨径 15.50 米，矢高约 8.00 米，边孔跨径 9.30 米，矢高约 5.00 米。

各孔拱碹上方两边的侧墙上各有一个勾头石，中孔与边孔之间（桥墩上）和边孔外侧的侧墙上各有一根桥联柱，上端有勾头石。

14. 湖州安澜桥

安澜桥位于湖州市菱湖镇，明万历二十八年（1600 年）建。据史料记载，清康熙四十三年（1704 年），菱湖镇祇园寺僧松岩，募化动工重建，三年后石桥筑成，取名"安澜"。乾隆四十二年（1777 年），里人捐资重修。

安澜桥是一座 3 孔薄拱薄墩轻型石拱桥。桥面中部（中孔拱顶上）高起为平面，两端是阶梯式坡道，上下踏步各 33 级。两侧有节间式石栏杆，每侧有 4 根望柱，3 段石栏板，两端是抱鼓石。无地伏，桥栏杆置于仰天石上。桥面宽 4.55 米，桥长 99.00 米。

侧墙用料石砌筑，上顶有单层仰天石。桥台为凹字形，端墙很长，前面和两侧皆有小出台，前墙长 5.20 米。桥墩两端是方形，桥墩厚 1.05 米，桥墩长 4.90 米。拱碹是半圆形纵联分段并列式结构，碹脸外边镶有拱眉石，拱眉凸出于碹脸，拱眉与侧墙取平。中孔跨径 20.00 米，边孔跨径 16.60 米。

三孔拱碹上方两边的侧墙上各有一个勾头石，三孔之间（桥墩上）的侧墙上各有一根桥联柱，上端有勾头石，边孔外边的侧墙上各有两根桥联柱，上端有勾头石。

15. 湖州广惠桥

广惠桥位于湖州市南浔镇，跨街河上，始建年代无考，于清嘉庆五年（1800 年）重修，同治五年（1866 年）重建。

现存桥是一座单孔石拱桥。桥面中部高起为平面，两端是阶梯式坡道。两侧有节间式石栏杆，每侧有望柱 4 根，栏板 3 块，抱鼓石 2 块。无地伏，桥栏杆置于双层仰天石上。桥面宽 3.30 米，桥长 18.00 米。

侧墙用条形石板砌筑，上顶有双层仰天石组成的金边线。桥台是凹字形，前面和两侧皆有出台，前墙长 3.90 米，端墙的外端与条石砌筑的河岸相连。拱碹是半圆形纵联分段并列式结构，由 8 道纵联石和 9 段拱碹石构成，碹脸外边有双线拱眉石，拱眉凸出于碹脸，又凸出于侧墙。跨径 10.00 米。拱碹上方两边的侧墙上各有一个勾头石。桥孔两边的侧墙上各有一根桥联柱，上顶有勾头石。

16. 湖州通津桥

通津桥原名"浔溪桥"，位于湖州南浔镇，始建于宋代，于清嘉庆三年（1798 年）重建。

通津桥是一座单孔石拱桥，跨于街河上，桥面中部（拱顶上）为平面，两端是阶梯式坡道，上下各有踏步 33 级。两侧有节间式石栏杆，每侧有望柱 4 根，栏板 3 块，地伏与金边合一。桥栏杆的两端与河岸上建筑物相连。桥面宽 4.00 米，桥长 28.00 米。

侧墙用料石砌筑，上顶有单层仰天石。桥台前墙与石板砌筑的河岸为一体。拱碹是半圆形纵联分段并列式结构，由 6 道纵联石和 7 段拱碹石构成，碹脸外有双线拱眉石，拱眉凸出于碹脸，拱眉与侧墙取平。跨径 15.20 米，矢高 7.60 米。

17. 湖州双林虹桥

双林虹桥位于湖州市双林镇，是望月桥和虹桥的统称。望月桥又称"大虹桥"。虹桥又称"小虹桥"。虹桥是元至大元年（1308 年）建砖石拱桥，明洪武十六年（1383 年）改建成石拱桥。清乾隆年间（1736—1795 年）重修，光绪二十六年（1900 年）重建。每遇晴天晚霞，水光环照如虹，故名虹桥。

望月桥始建年代无记载，清康熙四十七年（1708 年）重建，乾隆年间（1736—1795年）重修，光绪二十六年（1900年）重建。虹桥与望月桥相邻，两桥垂直相接。

虹桥是一座单孔石拱桥。桥面中部（拱顶上）高起为平面，两端有阶梯式坡道，两坡各有13级踏步。两侧有节间式石栏杆，每侧有6根望柱，5段石栏板，2块抱鼓石。无地伏，栏杆置于仰天石上。桥面宽3.44米，桥长6.84米。

侧墙用砖材砌筑，上顶有双层仰天石。桥台是凹字形，端墙很长，前面和两边有出台，前墙长4.00米。桥墩两端是方形，桥墩厚1.25米，桥墩长4.00米。

拱碹是半圆形纵联分段并列式结构，由8道纵联石和9段拱碹石构成，碹脸外边有拱眉石，拱眉凸出于碹脸，又凸出于侧墙。跨径9.00米。

望月桥也是一座单孔石拱桥。桥面中部（拱顶上）高起为平面，两端有阶梯式坡道，两侧有节间式石栏杆，无地伏，栏杆置于仰天石上。桥面宽2.35米，桥长15.63米。二桥全长22.37米。

侧墙用料石砌筑，上顶有单层仰天石。桥台是凹字形，前墙长约4.00米。拱碹是半圆形纵联分段并列式结构，有拱眉，拱眉凸出于碹脸，拱眉与侧墙平。跨径8.50米。拱碹上方两侧各有一个勾头石，在拱碹两边（桥台上）的侧墙上各有一根桥联柱，顶端有勾头石。

18. 湖州化成桥

化成桥位于湖州双林镇，又名"塘桥"。元延祐年间（1314—1320年）塘口化成僧人捐资建木桥，故名"化成桥"。明嘉靖年间（1522—1566年）改建石桥，崇祯三年（1630年）重修，清乾隆五十八年（1793年）重修。

化成桥是一座3孔薄拱薄墩轻型石拱桥。桥面中部为平面，两侧有节间式石栏杆，地伏与金边合一。桥面宽3.40米，桥长46.00米。

侧墙用砖材砌筑，上顶有双层仰天石。桥台是凹字形，前面和两侧皆有小出台，前墙长 4.00 米。桥墩两端是方形，桥墩厚 1.25 米，桥墩长 4.00 米。拱碹是半圆形纵联分段并列式结构，碹脸外边有双线拱眉石，拱眉凸出于碹脸，拱眉与侧墙取平。中孔跨径 13.00 米，边孔跨径 7.25 米。

19. 湖州万魁桥

万魁桥位于湖州市双林镇，跨街河上，在同一条不到 400 米的河道上有 3 座古桥，化成桥居中，往东 225 米是万元桥，往西 122 米是万魁桥。

万魁桥在禹王庙以北，始建年代不详。康熙元年（1662 年）兴工改建木桥为石桥，历时七年，至康熙八年（1669 年）建成。康熙五十七年（1718 年）重修。乾隆五十五年（1790 年）重建，五十八年（1793 年）与化成桥同时落成。

万魁桥是一座 3 孔薄拱薄墩轻型石拱桥。桥面中部高起为平面，两端是阶梯式坡道，两侧有节间式石栏杆，地伏与金边合一。桥面宽 3.20 米，桥面长 46.00 米，桥梁全长 51.00 米。

侧墙用砖材砌筑，上顶有双层仰天石。桥台是凹字形，前面和两侧皆有小出台，前墙长 3.80 米。桥墩两端是方形，桥墩厚 1.25 米，桥墩长 3.80 米。拱碹是半圆形纵联分段并列式结构，碹脸外边有拱眉石，拱眉凸出于碹脸，拱眉与侧墙取平。中孔跨径 12.45 米，边孔跨径 7.25 米。

20. 湖州万元桥

万元桥位于湖州双林镇，清雍正八年（1730 年）建石桥，道光十四年（1834 年）动工重建，历时 6 年，道光二十年（1840 年）建成。

万元桥是一座 3 孔薄拱薄墩轻型石拱桥，实际上是三座单跨石拱桥，中间有石堤相连，桥面中部为平面，两端是阶梯式坡道，两端有阶式梯坡道与石堤连接。两侧有石栏杆，地伏与金边合一，桥面宽 3.50

米，桥梁全长（包括石堤）51.00米。

侧墙用砖材砌筑，上顶有双层仰天石。桥台是凹字形，前面和两侧皆有小出台，前墙长4.10米。桥墩两端是方形，桥墩厚1.25米，桥墩长4.10米。拱碹是半圆形纵联分段并列式结构，碹脸外有拱眉石，拱眉凸出侧墙。中孔跨径13.60米，边孔跨径7.70米。

21. 德清寿昌桥

寿昌桥位于湖州市德清县三合乡二都村，建于南宋咸淳年间（1265—1274年）。

现存寿昌桥是一座单孔石拱桥。桥面中部高起为平面，两端是阶梯式坡道，两侧有节间式石栏杆，无地伏，桥栏杆置于仰天石上。桥面宽3.24米，桥长52.30米。

侧墙用块石砌筑，上顶有单层仰天石组成的金边线。桥台是凹字形，下部前面和两侧有小出台，前墙长约3.50米。拱碹是卵形纵联分段并列式结构，无拱眉，碹脸与侧墙平。跨径17.40米。

22. 嘉兴长虹桥

长虹桥位于嘉兴市王江泾，跨古运河上，东西走向，始建于明万历年间（1573—1620年），清嘉庆年间（1796—1820年）重修。

今存长虹桥位于嘉兴县王江泾，是一座三孔薄拱薄墩轻型石拱桥。桥面中部（中孔上）高起为平面，两端是阶梯式坡道，各有踏步57级。两侧有节间式石栏杆，无地伏，桥栏杆置于仰天石上。桥面宽4.90米，桥梁全长72.80米。

侧墙用料石砌筑，上顶有双层仰天石。桥台为凹字形，前面和两侧有出台，前墙长5.50米，端墙很长。桥墩两端是方形，拱脚四周有出台，桥墩厚1.25米，桥墩长5.50米。拱碹均为半圆形纵联分段并列式结构，碹脸外边镶有双线拱眉石，拱眉凸出于碹脸，又凸出于侧墙。中孔跨径16.20米，边孔跨径9.80米。东边孔内桥台两边和前面有纤道。

各孔碹脸的上方两边侧墙上各有一个石勾头，各孔之间（桥墩上）的侧墙上各有一桥联柱，柱顶有石勾头。在边孔外边（桥台上）的侧墙上各有两个桥联柱，柱顶有石勾头。

中孔两侧联柱上的对联，北面的上联是"淑气风光架岭送登彼岸"，下联是"洞天云汉横梁稳步长堤"。南面的上联是"福泽长流物阜民安国泰"，下联是"慈航普渡江平海晏河清"。边孔外侧联柱上的对联，北面的上联是"劝人为善"，下联是"愿天作福"，南面的上联是"千秋永庆"，下联是"万古长龄"。

23. 嘉兴秀城桥

秀城桥位于嘉兴市区，跨街河上，东西走向。据《竹林八圩志》记载，桥始建于明景泰元年（1450 年）。桥身楹联北侧上联为"帝道遐昌兴水利而济涉"，下联为"皇口巩固乐民便以成梁"。南侧上联已风化，字迹不可辨。下联为"凭眺一濠，是号秀城之胜概"。

秀城桥是一座单孔石拱桥。桥面中部（拱顶上）高起为平面，两端是阶梯式坡道，两侧有节间式石栏杆，每侧有望柱 7 根，栏板刻有花草纹饰，并有铭文"重建秀城桥"阳刻楷书。南北桥堍上各有 36 级台阶。桥面宽 3.80 米，桥身长 35.00 米。

侧墙用料石砌筑，上顶有单层仰天石。桥台是凹字形，前墙长约 4.20 米。拱碹是半圆形纵联式结构，碹脸外边有拱眉，拱眉凸出于碹脸，又凸出于侧墙。跨径 12.10 米。

24. 嘉兴秋泾桥

秋泾桥位于嘉兴市南湖区，东西向横跨秋泾河上，始建年代不详，明崇祯十四年（1641 年）重修，清嘉庆十一年（1806 年）又重修。

现存秋泾桥是一座单孔石拱桥。桥面中部（拱顶上）高起为平面，两端是阶梯式坡道。两侧有节间式石栏杆，无地伏，桥栏杆置于仰天石上。桥面宽 4.80 米，桥长 60.00 米。

侧墙用条形石板砌筑，上顶有双层仰天石。桥台是凹字形，前墙长5.40米。拱碹是半圆形纵联分段并列式结构，碹脸外镶有拱眉石，拱眉凸出于侧墙。跨径 20.00 米。

25. 嘉兴环秀桥

环秀桥位于嘉兴市嘉善县西塘镇，跨小桐圩和北翠圩汇合处，于明万历九年（1581 年）修建。民国三十三年（1944 年）环秀桥上部结构塌毁，次年修复。1997 年重修。

嘉兴环秀桥

环秀桥是一座单孔石拱桥。桥面中部（拱顶上）高起为平面，两端是阶梯式坡道，两侧有节间式石栏杆，桥面宽 3.65 米，桥长 23.00 米。

侧墙用料石砌筑，上顶有单层仰天石。桥台是凹字形。拱碹是半圆形纵联分段并列式结构，有拱眉，拱眉凸出于碹脸，又凸出于侧墙，跨径 8.50 米。

26. 平湖当湖桥

当湖桥位于平湖市，当湖街道西小街安吉弄北口，跨街河上，南北走向，始建于明代，清咸丰九年（1859年）重建。

现存当湖桥是一座3孔薄拱薄墩石拱桥。桥面中部（中孔拱顶上）高起为平面，两端是阶梯式坡道，两侧有板式石栏杆，无地伏，桥栏杆置于仰天石上。桥面宽3.35米，桥长26.30米。

侧墙用料石砌筑，上顶有双层仰天石。桥台是凹字形，前墙长约4.00米，端墙的外端与石砌河岸相连。桥墩两端是方形，桥墩厚1.05米，桥墩长4.00米。拱碹是半圆形纵联分段并列式结构，中孔的拱碹由10道纵联石和11段拱碹石构成，边孔的拱碹由6道纵联石和7段拱碹石构成，碹脸外边有拱眉石，拱眉凸出于碹脸，又凸出于侧墙。中孔跨径8.60米，边孔跨径4.70米。

中孔碹脸上方两边的侧墙上各有一个勾头石，三孔之间（桥墩上）的侧墙上各有一根桥联柱，边孔外边（桥台上）的侧墙上各有一根桥联柱，上端皆有勾头石，柱面上皆有对联。

东面的上联是"影接梯云万里程开腾骥足"，下联是"湖来柘水一声胪唱冠鳌峰"；西面的上联是"雄踞西关一水潆洄钟淑美"，下联是"恩迎北阙群英次第践清华"。

27. 桐乡仁济桥

仁济桥位于桐乡市乌镇，跨于街河上，乌镇水网密布，桥梁甚多，素有"百步一桥"之说。仁济桥属于乌镇古桥之一，于明正德十三年（1518年）修建。仁济桥与通济桥相邻，二桥通称"乌镇双桥"。

仁济桥是一座单孔石拱桥。桥面中部（拱顶上）高起为平面，两端是阶梯式坡道，两侧有节间式石栏杆，每侧有望柱4根，栏板3块，抱鼓石2块。无地伏，桥栏杆置于单层仰天石上。桥面宽3.75米，桥长28.00米。

侧墙用料石砌筑，上顶有单层仰天石。桥台是凹字形，前面和两侧有出台，端墙外有石板砌筑的河道护岸。拱碹是半圆形纵联分段并列式结构，由6道纵联石和7段拱碹石构成，碹脸外边有拱眉石，拱眉凸出于碹脸，又凸出于侧墙。跨径16.00米。

碹脸上方两边的侧墙上各有一个勾头石。桥孔两边的侧墙上各有一根桥联柱，上端有勾头石。

28. 金华通济桥

通济桥位于金华市，跨婺江上，南北走向。据史料记载，通济桥于元代元统二年（1334年）建成，为11孔石墩台木梁桥。桥上建屋五十间，两端各有一座亭，其间共有16座亭。清嘉庆十四年（1809年）重建，改建成13孔石拱桥。

今存通济桥是一座13孔厚拱厚墩重型石拱桥。桥塊和桥面上铺砌不规则石板，桥面大致为平面，两侧有节间式石栏杆，下面有青石地伏石。桥面宽7.00米，桥面长206.16米，桥梁全长254.50米。

侧墙用料石砌筑，上顶有单层仰天石组成的金边线。桥台是凹字形，下部前面和两边有小出台，前墙长7.00米。桥墩两端与拱脚取齐，下部四周有小出台，桥墩厚4.50米，桥墩长7.00米。拱碹为半圆形纵联式结构，拱碹厚48厘米，碹脸外边有拱眉石，拱眉凸出于碹脸，拱眉与侧墙平。跨径由北往南依次是10.70米、11.50米、11.90米、11.80米、11.90米、12.00米、11.95米、11.68米、11.88米、11.88米、12.06米、12.06米、10.85米。

29. 兰溪通州桥

通州桥位于兰溪市，跨于兰江的支流梅溪上，于清宣统三年（1911年）修建。

通州桥是一座5孔等跨径石拱桥。桥面为平面，两侧有砖砌护栏，下面有矩形断面的地伏石，桥面宽4.00米，桥长84.80米。桥上建有

19 间砖木结构长廊，两端有门楼。

侧墙用规整的石料砌筑，上顶有单层矩形断面仰天石，仰天石与侧墙平。桥台是凹字形，前墙长 4.00 米。

桥墩的两端是尖形，两端上面有较高的锥体。拱碹为半圆形纵联式结构，无拱眉，碹脸与侧墙取平。跨径均为 9.00 米。

30. 浦江合济桥

合济桥位于金华市浦江县白马镇，始建年代无考，清末重修。1996年 11 月，加宽桥面。

合济桥是一座 5 孔等跨径石拱桥。桥垛和桥面上用块石铺砌，两侧有石栏杆。桥面宽 6.20 米，桥长 96.50 米。

侧墙用块石砌筑，上顶有单层仰天石。桥台是燕翅形。桥墩上游端是尖形，下游端是方形，跨径 16.00 米。

31. 浦江双虹桥

双虹桥位于金华市浦江县城东门外，跨浦江河上，始建年代不详，于清嘉庆元年（1796 年）重建。

现有双虹桥是一座 9 孔石拱桥。桥上有节间式石栏杆，柱头有石狮子，栏板为实体板。无地伏，桥栏杆置于仰天石上。桥长 107.60 米。

侧墙用条形石板砌筑，上顶有双层仰天石组成的金边线。桥台两侧有燕翅墙，桥墩两端为尖形，桥墩宽 1.60 米，桥墩长 8.10 米。拱碹是二心圆弧形（尖形）纵联式结构，拱眉凸出于碹脸，拱眉与侧墙平。跨径均为 11.00 米。

32. 武义水口桥

水口桥位于金华市武义县郭洞村，跨乡间排水沟上，建造年代不详。

今存水口桥是一座单孔石拱桥。桥面中部（拱顶上）高起为平面，上面建有一座木结构亭子。两端是阶梯式坡道，坡道上有砖石栏杆，上面有青石帽（扶手），无地伏，桥栏杆砌在仰天石上。桥面宽 4.70 米，桥长 37.80 米。桥上建砖木结构亭子。

侧墙用条石砌筑，上顶有双层仰天石。桥台前墙与石砌河岸为一体。拱碹是圆弧形分段并列式结构，碹脸外有拱眉石，拱眉与侧墙取平。跨径 20.50 米。

33. 永康性田桥

性田桥位于永康市，建造年代无记载。

性田桥是一座 5 孔砖石混合结构拱桥。桥面大致为平面，无栏杆，桥面宽 6.00 米，桥长 20 余米。

侧墙用砖材砌筑，上顶有一层较厚的仰天石，高出桥面成边牙石。桥台是凹字形，前墙长 6.00 米。

桥墩两端与拱脚齐平，桥墩长 6.00 米。拱碹是半圆形纵联式结构，碹脸外边有拱眉石，拱眉凸出于碹脸，拱眉与侧墙平。跨径 3.00 米。

34. 景宁永济桥

永济桥又名"庆安桥"，位于丽水市景宁畲族自治县东坑镇章坑村，跨北溪上，建于清嘉庆九年（1804 年）。

永济桥是一座单孔石拱桥，桥面中部（拱顶上）为平面，两端是阶梯式坡道，两侧有节间式石栏杆。桥面宽 6.00 米，桥长 40.00 米。

侧墙用料石砌筑，上顶有单层仰天石。桥台是凹字形。拱碹是半圆形纵联分段并列式结构，拱眉凸出于碹脸，又凸出于侧墙。跨径 19.00 米。

35. 龙泉古溪桥

古溪桥位于龙泉市小梅镇黄南村，跨古溪上，东西走向。始建年代不详，清道光十八年（1838 年）重建。

古溪桥是一座单孔石拱桥。桥堍和桥面上铺砌青石板，全桥为平面。桥面宽 5.60 米，桥长 29.30 米。桥上建砖木结构廊。

侧墙用块石砌筑，上顶有单层仰天石。桥台是凹字形，也用块石砌筑。拱碹是半圆形分段并列式结构，无拱眉。跨径 10.50 米。

36. 庆元坝头桥

坝头桥位于丽水市庆元县江根乡坝头村，南北走向，于清嘉庆十四年（1809 年）修建。

坝头桥是一座单孔石拱桥。桥堍和桥面上铺砌石板，全桥为平面。桥面宽 4.30 米，桥长 29.40 米。桥上建砖木结构廊。

侧墙用块石砌筑，上顶有单层仰天石。桥台是凹字形。拱碹是半圆形纵联式结构，无拱眉。跨径 12.00 米。

37. 庆元半山桥

半山桥位于丽水市庆元县龙溪乡大茅坪村，东西走向，于清道光二十年（1840 年）修建。

半山桥是一座单孔石拱桥。全桥是平面，铺砌条形石板，桥面宽 4.20 米，桥长 12.87 米。桥上建砖木结构廊。

侧墙用块石砌筑，上顶有单层仰天石。桥台是凹字形，用块石砌筑。拱碹是半圆形纵联式结构，无拱眉，跨径 6.90 米。

38. 庆元步蟾桥

步蟾桥位于丽水市庆元县举水乡月山村，东北西南走向，始建于明永乐年间（1403—1424 年），民国六年（1917 年）重修。

步蟾桥是一座单孔石拱桥。桥堍和桥面上铺砌石板，全桥为平面。桥面宽 5.20 米，桥长 51.60 米。桥上建砖木结构廊。

侧墙用块石砌筑，上顶有单层仰天石。桥台是凹字形。拱碹是半圆形纵联式结构，无拱眉。跨径 17.76 米。

39. 庆元来凤桥

来凤桥位于丽水市庆元县举水乡月山村，跨举溪上，东南西北走向，始建于清道光年间（1821—1850 年），于咸丰年间（1851—1861年）重修。

来凤桥是一座单孔石拱桥。桥堍和桥面上铺砌石板，全桥为平面，桥面宽 5.50 米，桥长 30.00 米。桥上建砖木结构廊。

侧墙用块石砌筑，上顶有单层仰天石。桥台是凹字形。拱碹是半圆形纵联式结构，无拱眉。跨径 16.70 米。

40. 庆元垄桥

垄桥位于丽水市庆元县龙溪乡鱼川村，跨夹浦港上，东西走向，于清乾隆四年（1739 年）修建。

垄桥是一座单孔石拱桥。全桥是平面，铺砌条形石板，桥面宽 4.00米，桥长 22.00 米。桥上建砖木结构廊。

侧墙用块石砌筑，上顶有单层仰天石。桥台是凹字形，用块石砌筑。拱碹是半圆形纵联式结构，无拱眉，跨径 11.80 米。

41. 庆元木桥头桥

木桥头桥位于丽水市庆元县左溪镇木桥头村，东南西北走向。建造年代无记载。2000 年重建。

木桥头桥是一座单孔石拱桥。桥堍和桥面上铺砌石板，全桥为平面。桥面宽 3.40 米，桥长 26.0 米。桥上建砖木结构廊。

侧墙用块石砌筑，上顶有单层仰天石。桥台是凹字形。拱碹是半圆形纵联式结构，无拱眉。跨径 7.50 米。

42. 庆元青田桥

青田桥位于丽水市庆元县江根乡青田村，东西走向，于清雍正年间（1723—1735年）修建。

青田桥是一座单孔石拱桥，桥塊和桥面上铺砌石板，全桥为平面。桥面宽3.60米，桥长10.70米。桥上建砖木结构廊。

侧墙用块石砌筑，上顶有单层仰天石。桥台是凹字形。拱碹是半圆形纵联式结构，无拱眉。跨径6.80米。

43. 宁波永济桥

永济桥又名"长山桥"，位于宁波市北仑区长山桥村，于明洪武年间（1368—1398年）修建，取名"长山桥"，成化年间（1465—1487年）重修，万历二十四年（1596年）重建。清顺治十五年（1658年）永济桥被水毁，康熙七年（1668年）重修，更名为"永济桥"。

永济桥是一座3孔石拱桥。无栏杆，桥面宽4.00米，桥塊外端宽8.00米，桥长50.00米。

侧墙用块石砌筑，上顶有单层仰天石。桥台建在山脚下用块石砌筑的河岸上。桥墩两端是尖形。中孔跨径10.00米，边孔跨径7.20米。

44. 宁波灞桥

灞桥位于宁波市奉化区，跨东江支流上。始建年代不详，清乾隆年间（1736—1795年）重修。

灞桥是一座单孔石拱桥。桥面中部（拱顶上）高起为平面，两端是阶梯式坡道，两侧有节间式石栏杆，桥面宽4.40米，桥长30.00米。

侧墙用料石砌筑，上顶有单层仰天石。桥台是凹字形，端墙很长，前墙长4.70米。拱碹是半圆形纵联分段并列式结构，有拱眉，拱眉凸出于碹脸，又凸出于侧墙。跨径12.50米。

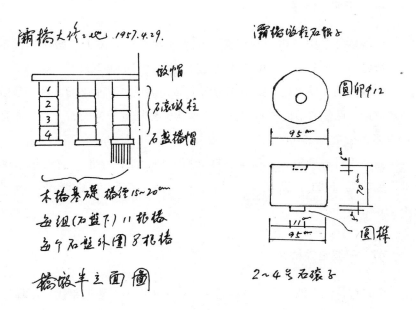

作者手稿：灞桥

45．宁波福星桥

福星桥位于宁波市奉化区大堰镇常照村，跨奉化江上，始建于清光绪十八年（1892 年），光绪二十四年（1898 年）重修。

福星桥是一座 5 孔石拱桥。桥塸和桥面上铺砌条形石板，全桥为平面，两侧有节间式石栏杆，每侧有望柱 26 根，栏板 25 块，抱鼓石 2 块。望柱的柱头上有石狮子。无地伏，望柱安装在仰天石上，栏板的两端下面各有一块方形石块。桥面宽 6.35 米，桥长 96.50 米。

侧墙用料石砌筑，上顶有单层仰天石。桥台前墙与石砌河岸为一体。桥墩两端是尖形，拱碹是半圆形纵联式结构，无拱眉，碹脸与侧墙平。中孔跨径 14.90 米，其余 4 孔跨径均为 12.60 米。

46. 宁波广济桥

广济桥位于宁波市奉化区溪口镇岩头村，跨岩溪上。始建年代不详，清光绪二十七年（1901 年）重建，定名"广济桥"。

广济桥是一座单孔石拱桥。桥面中部（拱顶上）是平面，两端是阶梯式坡道，两侧有节间式石栏杆，无地伏，栏杆置于仰天石上。桥面宽4.00 米，桥全长 25.00 米。

侧墙用料石砌筑，上顶单层仰天石。桥台是凹字形，前墙长 4.00米。拱碹是半圆形纵联式结构，无拱眉，碹脸与侧墙平。跨径10.00 米。

47. 宁波金井桥

金井桥位于宁波市奉化区斑竹乡，跨茶坑溪上。建造年代无记载。

金井桥是一座单孔石拱桥。桥堍和桥面上铺砌条形石板，呈圆弧形，无栏杆，桥面宽 5.00 米，桥长 15.00 米。

侧墙用条形石板砌筑，上顶有单层仰天石。桥台是凹字形，前墙长5.30 米。拱碹是半圆形纵联式结构，无拱眉。跨径 10.00 米。

48. 宁波居敬桥

居敬桥位于宁波市奉化区西邬镇居敬村，于明嘉靖十九年（1540年）修建。

居敬桥是一座 3 孔薄拱薄墩轻型石拱桥。桥面中部高起为平面，两端是阶梯式坡道，两侧有节间式石栏杆，每侧有望柱 16 根，栏板 15块，抱鼓石 2 块，望柱是方形柱头，栏板是寻杖下镂空式，下面有地伏石。桥面净宽 3.60 米，桥长 29.60 米。

侧墙用料石砌筑，上顶有单层仰天石。桥台为凹字形，前墙长 5.00米。桥墩两端是方形，下部四周有出台，桥墩厚 1.20 米，桥墩长 5.00米。拱碹是纵联分段并列式结构，碹脸外边镶有拱眉石，拱眉凸出于碹脸，拱眉凸出于侧墙。中孔跨径 8.30 米，边孔跨径 5.40 米。拱碹之间的侧墙上（桥墩上）各有一根桥联柱，上端有勾头石。边孔外边的侧墙上（桥台上）各有一根桥联柱，上端有勾头石。

49. 宁波商山桥

商山桥位于宁波市奉化区。建造年代无记载。

商山桥是一座单孔石拱桥。桥面中部为平面，两端是阶梯式坡道，两侧有节间式石栏杆，无地伏，桥栏杆置于仰天石上。桥面宽 2.60 米，桥长 11.00 米。

桥台设在用块石砌筑的河岸上，拱碹是半圆形纵联式结构，无拱眉，碹脸与侧墙平。跨径 7.00 米。

50. 宁波石泉桥

石泉桥位于宁波市奉化区岩头乡，是一座单孔石拱桥，桥面中部（拱顶上）高起为平面，两端是阶梯式坡道。两侧有节间式石栏杆，无地伏，桥栏杆置于仰天石上。桥面宽 4.50 米，桥长 19.00 米。

侧墙用料石砌筑，上顶有单层仰天石。桥台建在山脚岩石上，形状不规则。拱碹是半圆形纵联分段并列式结构，碹脸外边有拱眉，拱眉、碹脸与侧墙平。跨径 5.00 米。

51. 宁波望春桥

望春桥位于宁波市海曙区望春街道，跨街河上，始建于北宋元符元年（1098 年），于南宋绍兴初年重建。南宋宝庆年间（1225—1227 年）更名为"宝庆桥"。清光绪丁酉年（光绪二十三年，公元 1897 年）重修。

今存望春桥是一座单孔石拱桥。桥面中部（拱顶上）高起为平面，两端是阶梯式坡道。两侧有节间式石栏杆，每侧有望柱 8 根，栏板 7

块，抱鼓石 2 块。无地伏，桥栏杆置于仰天石上。桥面宽 4.00 米，桥堍外端宽 5.00 米，桥长 28.00 米。

侧墙用料石砌筑，上顶有单层仰天石。桥台的前墙与石砌河岸连砌为一体，前面有出台。拱碹是半圆形纵联式结构，碹脸外边有拱眉石，拱眉凸出于碹脸，又凸出于侧墙。跨径 9.00 米。

52. 宁波惠明桥

惠明桥位于宁波市海曙区洞桥镇洞桥村，跨日月湖上（原南塘河），东西走向，始建于唐代，宋代多次重修。明正统五年（1440 年）重修。

惠明桥是一座双孔薄拱薄墩轻型石拱桥。桥面为平面，桥堍上是阶梯式坡道，东西两坡各有 10 级台阶。两侧有节间式石栏杆，每侧有望柱 8 根，栏板 7 块，抱鼓石 2 块，无地伏，桥栏杆置于仰天石上。桥面宽 3.70 米，桥长 26.00 米，侧墙用料石砌筑，上顶有双层仰天石。桥台与石砌河岸为一体。桥墩两端是方形，桥墩厚 1.00 米，桥墩长 4.00米。拱碹是半圆形纵联分段并列式结构，无拱眉，碹脸与侧墙平。跨径 8.30 米。

两孔拱碹之间的侧墙上有桥联柱，有对联，上端有石雕龙头。北面对联是"惠泽周流交注日月双湖"，南面对联是"明山绵亘远通三郡轮蹄"。

53. 宁波启文桥

启文桥原名"沈店桥"，位于宁波市海曙区，跨南塘河上，于清道光二十四年（1844 年）修建。

启文桥是一座单孔石拱桥。桥面中部（拱顶上）高起为平面，两端是阶梯式坡道，两侧有节间式石栏杆，桥面宽 4.00 米，桥全长21.50 米。

侧墙用块石砌筑，上顶有单层仰天石。桥台是凹字形，前墙长 4.30米，拱碹是半圆形纵联分段并列式结构，有拱眉，拱眉的外边凸出于碹脸，拱眉凸出于侧墙。跨径 7.00 米。

54. 宁波甬水桥

甬水桥又名"夏家桥"，位于宁波城南，跨甬河上，于北宋元符三年（1100 年）修建，明天顺二年（1458 年）重建。

甬水桥是一座单孔石拱桥。桥面中部（拱顶上）高起为平面，两端是阶梯式坡道，两侧有节间式石栏杆，无地伏，桥栏杆置于仰天石上。桥面宽 2.75 米，桥堍外端宽 5.00 米。桥长 23.00 米。

侧墙用料石砌筑，上顶有单层仰天石。桥台是凹字形，前墙长 3.20 米。拱碹是半圆形纵联分段并列式结构，有拱眉，拱眉凸出于碹脸，拱眉与侧墙平。跨径 7.80 米。

55. 宁波月湖桥

月湖桥又名"湖心东桥"，位于宁波市区月湖公园内，始建于宋元丰七年（1084 年），清乾隆四十六年（1781 年）重建，更名"月湖桥"。

月湖桥是一座单孔石拱桥。桥面中部（拱顶上）高起为平面，两端是阶梯式坡道，两侧有节间式石栏杆，无地伏，桥栏杆置于仰天石上。桥面宽 4.35 米，桥堍外端宽 5.00 米。桥长 15.70 米。

侧墙用料石砌筑，上顶有单层仰天石。桥台是凹字形，前墙长 3.60 米。拱碹是半圆形纵联分段并列式结构，有拱眉，拱眉凸出于碹脸，拱眉与侧墙平。跨径 5.00 米。

56. 宁波张斌桥

张斌桥位于宁波市江东区，始建于宋代，1988 年被拆除。

张斌桥是一座单孔石拱桥。桥面中部（拱顶上）高起为平面，两端是阶梯式坡道，两侧有节间式石栏杆，无地伏，桥栏杆置于仰天石上，桥面宽 4.40 米，桥长 30.00 米。

侧墙用料石砌筑，上顶无仰天石。桥台是凹字形，端墙很长，前墙长 4.70 米。拱碹是半圆形纵联分段并列式结构，有拱眉，拱眉凸出于碹脸，又凸出于侧墙。跨径 10.00 米。

57. 宁波碧环桥

碧环桥位于鄞州区五乡镇仁久村，南北走向，始建于明洪武年间（1368—1398 年），嘉靖十三年（1534 年）重修。

碧环桥是一座单孔石拱桥。桥面中部（拱顶上）高起为平面，两端是阶梯式坡道。两侧有节间式石栏杆，桥面宽 2.40 米，桥堍外端宽 4.00 米。桥长 11.00 米。

桥台是凹字形，前墙长 4.50 米。拱碹是半圆形纵联分段并列式结构，无拱眉，跨径 4.40 米。

58. 宁波定桥

定桥位于宁波市鄞州区姜山镇，跨无名排水沟上。建成年代无考。

现存定桥是一座 3 孔薄拱薄墩轻型石拱桥。桥面中部（中孔上）高起为平面，两端是阶梯式坡道，各有 22 级踏步。两侧有节间式石栏杆，每侧有 8 根望柱，7 块石栏板，2 块抱鼓石。无地伏，桥栏杆置于仰天石上。桥面宽 3.05 米，桥长 23.90 米。

侧墙用料石砌筑，上顶有单层仰天石。桥台是凹字形，前面和两侧皆有小出台，前墙长约 3.50 米。桥墩两端为方形，四周有出台，桥墩厚 1.30 米，桥墩长约 3.50 米。拱碹是半圆形纵联分段并列式结构，中孔由 8 道纵联石和 9 段拱碹石构成，边孔由 6 道纵联石和 7 段拱碹石构成，碹脸外边镶有拱眉石，拱眉凸出于碹脸，又凸出于侧墙。中孔跨径 13.00 米，边孔跨径 11.50 米。

59. 宁波洞桥

洞桥位于宁波市鄞州区大隐镇,跨大隐溪上,始建于明洪武十五年(1382 年),几经被水毁。民国十二年(1923 年)洞桥异地重建,仍保持原结构原形式,沿用旧名。

原有古洞桥是一座单孔石拱桥。桥堍和桥面上铺砌条形石板,呈圆弧形,无栏杆,桥面宽 3.50 米,桥堍是喇叭形,外端宽 7.00 米,桥梁全长 30.00 米。

侧墙用条形石板砌筑,上顶有单层仰天石。桥台是凹字形,端墙后部有燕翅墙,前墙长 7.30 米。拱碹是半圆形纵联式结构,无拱眉。跨径 17.50 米。

60. 宁波高桥

高桥位于鄞州区高桥镇,始建年代无考,于南宋宝祐四年(1256 年)重建。清光绪八年(1882 年)重修。

高桥是一座单孔石拱桥。桥面中部(拱顶上)高起为平面,两端为阶梯式坡道。无栏杆,桥面宽 4.65 米,桥面长 28.50 米,全长 37.80 米。

侧墙用条石砌筑,上顶有双层仰天石。桥台前墙与石砌河岸连砌为一体,拱碹是半圆形纵联分段并列式结构,由 8 道纵联石和 9 段拱碹石构成,碹脸外有拱眉石,拱眉凸出于碹脸,又凸出于侧墙。跨径 10.30 米。

61. 宁波光溪桥

光溪桥位于宁波市鄞州区鄞江镇光溪村,跨光溪上,南北走向,始建于明成化年间(1465—1487 年)。嘉靖三年(1524 年)改建木桥为石桥,命名"光溪桥"。清嘉庆三年(1798 年)重修,光绪十八年(1892 年)重修。

光溪桥是一座单孔石拱桥。桥面中部高起为平面,两端是阶梯式坡道。桥上两侧有石栏杆，望柱上雕有石狮子，无地伏，栏杆置于仰天石上。桥面宽 4.15 米，桥长 35.95 米。

侧墙用料石砌筑，上顶有单层仰天石。北桥台前墙与石砌河岸为一体。南桥台是凹字形，前墙长 4.60 米。拱碹是半圆形纵联分段并列式结构，碹脸外边镶有拱眉石，拱眉凸出于碹脸，又凸出于侧墙。跨径 12.00 米。拱顶上面有一石匾，刻"光溪桥"。

62. 宁波皎溪桥

皎溪桥位于宁波市鄞州区五乡镇，跨东塘大河上。始建年代无考，清嘉庆七年（1802 年）重修。

皎溪桥是一座 3 孔石拱桥。桥面中部（中孔拱顶上）高起为平面，两端是阶梯式坡道，两侧有节间式石栏杆。桥面宽 3.30 米，桥堍外端宽 5.00 米，桥长 30.00 米。

侧墙用料石砌筑，上顶有单层仰天石。桥台是凹字形，前墙长 3.70 米。桥墩两端是方形，桥墩厚 1.05 米，桥墩长 3.70 米。拱碹是半圆形纵联分段并列式结构，有拱眉，拱眉凸出于碹脸，拱眉与侧墙平。中孔跨径 6.00 米，边孔跨径 4.50 米。

63. 宁波权相墓桥

权相墓桥又称"墓前桥"，位于宁波市鄞州区东钱湖福泉山下，在南宋丞相史弥远的墓前，建于南宋时期。

墓前桥是一座单孔石拱桥。桥面为弧形面，两侧有板式石栏杆，无地伏，桥栏杆置于仰天石上。桥面宽 4.50 米，桥长 11.50 米。

侧墙用料石砌筑，上顶有单层仰天石。桥台是凹字形，前墙长 5.00 米。拱碹是半圆形纵联式结构，无拱眉，碹脸与侧墙平。跨径 4.60 米。

64. 宁波桃源万安桥

万安桥又名"二洞桥"，位于宁波市鄞州区桃源林村，跨桃源溪上。

始建于宋代，明洪武年间（1368—1398 年）重建，清康熙年间（1662—1722 年）重修，道光年间（1821—1850 年）重修。

万安桥是一座双孔石拱桥。桥面中部为平面，两端桥堍上是阶梯式坡道。桥面宽 3.20 米，桥长 16.00 米。桥上建木结构廊。

侧墙用料石砌筑，上顶有双层仰天石。桥台是凹字形，前墙长 3.50 米。桥墩两端是方形（两端与拱脚齐平），桥墩长 3.50 米。拱碹是半圆形纵联式结构，无拱眉。跨径 5.00 米。

65. 宁波五港桥

五港桥位于宁波市鄞州区西席乡，始建年代无考，清同治八年（1869 年）重修。

五港桥是一座 3 孔薄拱薄墩轻型石拱桥。桥面中部（中孔上）为平面，两端是阶梯式坡道，两侧有节间式石栏杆，无地伏，桥栏杆置于仰天石上，桥面宽 3.00 米，全长 20.00 米。

侧墙用料石砌筑，上顶有单层仰天石。桥台是凹字形，下部前面和两边皆有 30 厘米出台，前墙长 3.60 米。桥墩两端是方形，四周皆有 30 厘米出台，桥墩厚 1.25 米，桥墩长 3.60 米。拱碹是半圆形纵联分段并列式结构，有拱眉，拱眉凸出于碹脸，又凸出于侧墙。中孔跨径 6.00 米，边孔跨径 4.00 米。

66. 宁波斗门桥

斗门桥位于宁波市镇海区五乡镇夹塘村，于清同治年间（1862—1874 年）修建。

斗门桥是一座单孔石拱桥和一座双孔石板梁桥连接而成。石拱桥的桥面高起为平面，两端是阶梯式坡道。两侧有节间式石栏杆。桥面宽 4.00 米，桥长 15.00 米。

侧墙用料石砌筑，上顶有单层仰天石。桥台是凹字形，前墙长 4.60 米。拱碹是半圆形分段并列式结构，有拱眉，拱眉凸出于碹脸，又凸出于侧墙。跨径 5.00 米。

石板梁桥的桥面宽也是 4.00 米，桥长 10.00 米。桥台是凹字形，前墙长 4.60 米。桥墩两端是方形，桥墩厚 80 厘米，桥墩长 4.60 米。跨径均为 3.00 米。

67. 宁波觐祖桥

觐祖桥位于宁波市镇海区田胡村，始建于唐大和二年（828 年），初建为木桥。明成化十九年（1483 年）改建成石拱桥，命名"觐祖桥"。

觐祖桥是一座单孔石拱桥。桥面中部（拱顶上）是平面，两端是阶梯式坡道，两侧有节间式石栏杆，无地伏，栏杆置于仰天石上。桥面宽 2.80 米，桥堍宽 3.80 米，桥长 11.50 米。

侧墙用料石砌筑，上顶有双层仰天石。桥台是凹字形，前墙长 3.10 米。拱碹是半圆形纵联分段并列式结构，有拱眉，拱眉的外边凸出于碹脸，又凸出于侧墙。跨径 4.50 米。

68. 慈溪吉利桥

吉利桥位于慈溪市掌起镇叶家村，建于明代晚期。

吉利桥是一座单孔石拱桥。桥面大致为平面，两侧有节间式石栏杆，无地伏，桥栏杆置于仰天石上。桥面净宽 3.80 米，桥长 12.00 米。

侧墙用料石砌筑，上顶有单层仰天石。桥台是凹字形，前墙长 4.20 米，端墙外端有燕翅墙。拱碹是圆弧形纵联分段并列式结构，有拱眉，拱眉的外边錾凸出的拱眉线，拱眉线凸出于侧墙。跨径 4.00 米。

69. 慈溪七星桥

七星桥位于慈溪市横河境，跨横河上，于明洪武年间（1368—1398 年）修建。清道光年间（1821—1850 年）重修。

七星桥是一座 3 孔石拱桥。桥面中部（中孔拱顶上）高起为平面，两端是阶梯式坡道。两侧有节间式石栏杆，无地伏，桥栏杆置于仰天石上。桥面宽 3.50 米，桥长 25.00 米。

侧墙用料石砌筑，上顶有双层仰天石。桥台是凹字形，前墙长 3.80 米。桥墩两端是方形，桥墩厚 95 厘米，桥墩长 3.80 米。拱碹是半圆形纵联分段并列式结构，有双线拱眉。中孔跨径 6.50 米，边孔跨径 5.20 米。

桥墩上的侧墙上各有一根桥联柱，上顶有勾头石。桥台上的侧墙上各有一根桥联柱，上顶有勾头石。

70. 慈溪运河桥

运河桥位于慈溪市鸣鹤古镇，跨运河上。建造年代无记载。

运河桥是一座单孔石拱桥。桥面中部（拱顶上）高起为平面，两端是阶梯式坡道，两侧有节间式石栏杆，无地伏，桥栏杆置于仰天石上，桥面宽 3.00 米，桥全长 12.00 米。

侧墙用料石砌筑，上顶有双层仰天石。桥台是凹字形，前墙长 3.30 米。拱碹是半圆形纵联分段并列式结构，有拱眉，拱眉的外边凸出于碹脸，拱眉与侧墙平。跨径 6.00 米。

71. 宁海道士桥

道士桥位于宁波市宁海县道士桥村，跨西南溪谷上。相传，此桥是郑道士募捐所建，故名道士桥，于南宋绍兴七年（1137 年）修建。

今存道士桥是一座单孔石拱桥。桥面为圆弧形，两端有较缓的坡道，桥上无栏杆，亦无边牙石。桥面宽 5.50 米，桥长 23.60 米。

侧墙用乱石砌筑。桥台建在山脚岩石上，形状不规则。拱碹用片石砌筑，大致呈半圆形，属于纵联式结构，无拱眉，碹脸与侧墙平。跨径 12.00 米。

72. 宁海登瀛桥

登瀛桥位于宁波市宁海县白峤村，南北走向，始建于明代，清代重修。

登瀛桥是一座单孔石拱桥。桥面中部（拱顶上）是弧形面，两端是阶梯式坡道，两侧有节间式石栏杆。桥面宽 3.40 米，桥全长 13.00 米。

侧墙用料石砌筑，上顶无仰天石。桥台是凹字形，前墙长 3.40 米。拱碹是半圆形纵联式结构，无拱眉，碹脸与侧墙平。跨径 8.30 米。

73. 宁海福应桥

福应桥又名"陈家桥"，位于宁波市宁海县白峤村。建造年代无记载。

福应桥是一座单孔石拱桥。桥面中部（拱顶上）高起为平面，两端是阶梯式坡道，两侧有节间式石栏杆，无地伏，桥栏杆置于仰天石上。桥面宽 3.10 米，桥全长 12.00 米。

侧墙用块石砌筑，上顶有单层仰天石。桥台建在山脚岩石上，不规整。拱碹是半圆形纵联式结构，无拱眉，碹脸与侧墙平。跨径 6.00 米。

74. 宁海缑北桥

缑北桥又名"深甽桥"，位于宁波市宁海县深甽镇，南北走向，于清光绪十五年（1889 年）修建。

缑北桥是一座 5 孔石拱桥。桥面宽 5.50 米，桥长 80.00 米。桥南北两端各有引道 35.00 米，全长 150.00 米。

侧墙用料石砌筑，上顶有单层仰天石。桥台是燕翅形，前墙长 5.50 米。桥墩上游端是尖形，拱碹是半圆形纵联式结构，无拱眉。中孔跨径 13.00 米，次边孔跨径 12.00 米，边孔跨径 11.00 米。

75. 宁海惠德桥

惠德桥俗称"四狮桥",位于宁波市宁海县长街镇西岙村,跨村内小溪上,南北走向。建造年代无记载。

惠德桥是一座单孔石拱桥。桥面中部(拱顶上)高起为弧形面,两端是阶梯式弧形面,两侧有节间式石栏杆,无地伏,桥栏杆置于仰天石上。桥面宽 4.50 米,桥长 11.50 米。

侧墙用料石砌筑。上顶有单层仰天石。桥台前墙与石砌河岸连砌为一体。拱碹是半圆形纵联分段并列式结构,无拱眉,碹脸与侧墙平。跨径 6.95 米。

76. 宁海甲子桥

甲子桥位于宁波市宁海县,跨凫溪上。清同治三年(1864 年)建。

甲子桥是一座 3 孔石拱桥。桥面上是平面,桥堍上是坡面,两侧有节间式石栏杆,无地伏,桥栏杆置于仰天石上。桥面宽 4.30 米,桥全长 42.50 米。

侧墙用乱石砌筑,上顶有单层仰天石。桥台建在山脚岩石上,不规整。桥墩两端是方形,桥墩厚 1.25 米,桥墩长 4.60 米。拱碹是半圆形纵联式结构,无拱眉,碹脸与侧墙平。中孔跨径 13.00 米,边孔跨径 11.50 米。

77. 宁海阆风桥

阆风桥位于宁波市宁海县西店村,跨岩溪上,始建于清乾隆年间(1736—1795 年),初建为木桥,道光七年(1827 年)在桥上建棚,光绪十二年(1886 年)改建成石拱桥,定名"阆风桥"。

阆风桥是一座单孔石拱桥。桥面中部(拱顶上)是平面,两端是阶梯式坡道,两侧有节间式石栏杆。桥面宽 4.50 米,桥全长 16.50 米。

侧墙用料石砌筑,上顶无仰天石。桥台是凹字形,前墙长 4.50 米。

拱碹是半圆形纵联式结构，无拱眉，碹脸与侧墙平。跨径7.90米。

78. 宁海书院桥

书院桥位于宁波市宁海县桑州镇田洋卢村。建造年代无记载。

书院桥是一座单孔石拱桥。桥面为弧形面，桥面宽3.20米，桥全长10.00米。

侧墙用块石砌筑，上顶有单层仰天石。桥台建在山脚岩石上，不规整。拱碹是半圆形纵联式结构，无拱眉，碹脸与侧墙平。跨径5.00米。

79. 宁海万年桥

万年桥又名"榧坑桥"，位于宁波市宁海县榧坑村，跨大松溪上，建于明洪武二年（1369年）。

万年桥是一座单孔石拱桥。桥面中部（拱顶上）为弧形，两端是较缓的阶梯式坡道。无栏杆，桥面宽4.80米，桥长34.00米。

侧墙用块石砌筑，上顶平铺一层石板，墙面自下而上有很大收分，桥体上顶（桥面）厚4.80米，底部（拱脚处）厚7.40米。无桥台，拱碹用片石砌筑，近似半圆形纵联式结构，无拱眉。跨径18.00米。

80. 宁海义门桥

义门桥位于宁波市宁海县西店镇邬氏祠堂内，跨院内池塘上。

义门桥是一座单孔石拱桥。桥面中部（拱顶上）高起为平面，两端是阶梯式坡道，两侧有节间式石栏杆，无地伏，桥栏杆置于仰天石上。桥面宽2.50米，桥全长7.00米。

侧墙用料石砌筑，上顶有单层仰天石。桥台是凹字形，前墙长2.50米。拱碹是半圆形纵联分段并列式结构，有拱眉，拱眉凸出于碹脸，又凸出于侧墙。跨径4.50米。

81. 宁海永迎桥

永迎桥位于台州市天台县与宁波市宁海县之交界处，跨天台山深谷溪涧上。

永迎桥是一座单孔石拱桥。桥面为弧形面，无栏杆，桥面宽 4.80 米，桥全长 21.50 米。

桥台利用山脚下岩石河岸开凿而成，拱碹用乱石砌筑，属于半圆形纵联式结构，无拱眉，碹脸与侧墙平。跨径 11.20 米。

82. 宁海摘星桥

摘星桥位于宁波市宁海县摘星岭北坡，跨山涧中溪流上。建造年代无记载。

摘星桥是一座单孔石拱桥。桥面为弧形面，无栏杆，桥面宽 3.80 米，桥全长 20.00 米。

桥台利用山脚下岩石河岸开凿而成，拱碹用片石砌筑，属于半圆形纵联式结构，无拱眉，碹脸与侧墙平。跨径 9.00 米。

83. 象山欧阳桥

欧阳桥位于宁波市象山县西周镇儒雅洋村，跨西沙岭下的缘溪上，始建于宋代，初建为木桥，命名"儒雅洋桥"。明代重建，改名"欧阳桥"。

欧阳桥是一座 3 孔石拱桥。桥塅和桥面上铺砌块石面层。无栏杆，两边各有一道块石砌的边牙。桥面宽 4.50 米，桥梁全长 5.30 米。

侧墙用块石砌筑，上顶有块石砌的边牙。桥台是凹字形，前墙长 4.80 米。桥墩两端是方形，桥墩厚 1.25 米，桥墩长 4.80 米。拱碹是半圆形纵联式结构，无拱眉。中孔跨径 10.00 米，边孔跨径 8.50 米。

84. 象山瑞安桥

瑞安桥位于宁波市象山县墙头镇方家岙，跨方家岙溪上。

瑞安桥是一座单孔石拱桥。桥面为弧形，无栏杆。桥面宽 4.50 米，桥长 32.00 米，两端有引道，桥全长 62.50 米。侧墙用料石砌筑，上顶无仰天石。桥台是凹字形，前墙长 4.50 米。拱碹是半圆形纵联分段并列式结构，无拱眉，碹脸与侧墙平。跨径 10.50 米。

85. 余姚白岩桥

白岩桥位于余姚市陆埠镇，跨于山涧中。始建年代无记载。

白岩桥是一座 3 孔石拱桥。桥面大致是弧形，两端是阶梯式坡道，无栏杆，桥面宽 3.30 米，桥长 25.00 米。

桥台前墙与石砌河岸为一体。桥墩两端是尖形，拱碹是半圆形纵联式结构，无拱眉，碹脸与侧墙平。中孔跨径 8.50 米，边孔跨径 7.50 米。

86. 余姚大方桥

大方桥俗称"洞桥"，位于余姚市鹿亭乡晓云村，始建于清乾隆五十五年（1790 年），于光绪十一年（1905 年）重修。

大方桥是一座单孔石拱桥。桥面中部（拱顶上）高起为平面，两侧有节间式石栏杆，中间一块栏板上刻着"大方桥"三个大字，无地伏，桥栏杆置于仰天石上。桥面宽 5.00 米，桥长 26.30 米。

侧墙用料石砌筑，上顶有单层仰天石。桥台是凹字形，前墙长 5.40 米，端墙外端有燕翅墙。拱碹是半圆形纵联分段并列式结构，有拱眉，拱眉的外边錾凸出的拱眉线，拱眉线凸出于侧墙。跨径 13.00 米。

87. 余姚福泉桥

福泉桥位于余姚市河姆渡镇河姆渡村，跨姚江支流上。建造年代无记载。

福泉桥是一座单孔石拱桥。桥面中部（拱顶上）高起为平面，两端是阶梯式坡道。两侧有节间式石栏杆，无地伏，桥栏杆置于仰天石上。

桥面宽 2.50 米，桥堍外端宽 3.50 米，桥长 47.00 米。

侧墙用料石砌筑，上顶有双层仰天石。桥台是凹字形，前墙长 3.80 米。拱碹是半圆形纵联分段并列式结构，有双线拱眉。跨径 13.00 米。桥台上的侧墙上各有一根桥联柱，上顶有勾头石。

88. 余姚季卫桥

季卫桥位于余姚市，跨候青江上，于清道光十五年（1835 年）修建，命名为"季卫桥"。

季卫桥是一座 5 孔薄拱薄墩轻型石拱桥。桥堍和桥面上铺砌条形石板，两侧有板式石栏杆，无地伏，栏杆置于仰天石上。桥面宽 5.00 米，桥长 51.00 米。

侧墙用料石砌筑，上顶有单层仰天石。桥台是凹字形，前墙长 5.30 米。桥墩两端与拱脚取齐，桥墩厚 1.00 米，桥墩长 5.30 米。拱碹是半圆形纵联分段并列式结构，有拱眉，拱眉的外边凸出于碹脸，拱眉与侧墙平。中孔跨径 10.22 米，次边孔跨径 9.00 米，边孔跨径 8.00 米。各孔拱碹之间（桥墩上）的侧墙上各有一根桥联柱，上顶有一个石雕龙头。

89. 余姚赤水桥

赤水桥位于余姚市柿林村，跨赤水溪上。建造年代无记载。

赤水桥是一座单孔石拱桥。桥面中部（拱顶上）高起为平面，两端是阶梯式坡道，两侧有节间式石栏杆，无地伏，桥栏杆置于仰天石上。桥面宽 5.30 米，桥长 39.00 米。

侧墙用料石砌筑，上顶有单层仰天石。桥台前墙与石砌河岸为一体。拱碹是圆弧形纵联式结构，无拱眉，碹脸与侧墙平。跨径 14.50 米。

90. 余姚通济桥

通济桥又名"舜江桥"，位于余姚市，跨姚江上，始建于宋庆历八年（1048年），初建是一座木桥，命名为"德惠桥"。南宋咸淳三年（1267年）重建，易名"虹桥"，又名"舜江桥"。元至顺三年（1332年）重建，改建成3孔石拱桥，定名"通济桥"。桥头立碑，碑面题字"海舶过而风帆不解"。清雍正七年（1729年）又兴工重建，雍正九年（1731年）竣工，仍系3孔石拱桥，桥名依旧。

今存通济桥是一座3孔石拱桥。桥面中部（中孔上）高起为平面，两端是阶梯式坡道。两侧有节间式石栏杆，每侧有望柱14根，栏板13块，抱鼓石2块。无地伏，桥栏杆置于仰天石上。桥面宽5.61米，桥长43.39米。

侧墙用条石砌筑，上顶有单层仰天石组成的金边线。桥台是凹字形，前面和两侧有出台，前墙长约6.20米。桥墩两端是方形，四周有出台，桥墩厚1.25米，桥墩长6.20米。拱碹是半圆形纵联分段并列式结构，中孔由8道纵联石和9段拱碹石构成，边孔由6道纵联石和7段拱碹石构成，碹脸外边有拱眉石，拱眉凸出于碹脸，拱眉与侧墙平。中孔跨径15.40米，边孔跨径12.50米。

碹脸之间（桥墩上）的侧墙上各有一根桥联柱，上顶有勾头石，分别刻有对联，东面的上联是"千时遥吞沧海月"，下联是"万年独抵大江浪"；西面的上联是"一曲蕙兰飞彩鹢"，下联是"双城烟雨卧长虹"。

91. 余姚武胜桥

武胜桥位于余姚市武胜门外，跨护城河上，于明洪武二十年（1387年）修建，嘉靖三十五年（1556年）重修。清乾隆二十七年（1762年）重修。

武胜桥是一座单孔石拱桥。桥面中部（拱顶上）高起为平面，两端是阶梯式坡道，两侧有节间式石栏杆，无地伏，桥栏杆置于仰天石上。桥面宽3.50米，桥长33.00米。

侧墙用料石砌筑，上顶有单层仰天石。桥台是凹字形，前墙长3.80米。拱碹是半圆形纵联分段并列式结构，有双线拱眉，拱眉凸出于碹脸，拱眉与侧墙平。跨径 9.00 米。

92. 余姚镇东桥

镇东桥位于余姚市四明山镇梨洲庙下村，建于明代。

镇东桥是一座单孔石拱桥。桥面宽 4.60 米，桥长 7.80 米。桥上建砖木结构廊。

侧墙用料石砌筑，上顶无仰天石。桥台是凹字形，前墙长 4.30 米。拱碹是半圆形纵联式结构，无拱眉，碹脸与侧墙平。跨径 8.00 米。

93. 绍兴东双桥

东双桥位于绍兴市城内东街，跨街河上。据宋嘉泰《会稽志》记载，东双桥于庆元年间（1195—1200 年）修建。

今存东双桥是一座单孔石拱桥。桥面中部高起为平面，两端各有一段缓坡，东端与平面桥塊连接，西端有一段阶梯式坡道（长 5.00 米），坡道下面是一孔石板梁桥。两侧有节间式石栏杆，每侧有 6 根望柱，5 段石栏板，2 块抱鼓石。无地伏，桥栏杆置于仰天石上。桥面宽 8.40 米，桥长 20.00 米。

侧墙用料石砌筑，上顶有双层仰天石组成的金边线。桥台为凹字形，前面和两侧有 10 厘米出台，端墙外有燕翅墙，前墙长 8.60 米。拱碹是半圆形分段并列式结构，由 7 段拱碹石构成，碹脸外缘錾出双线拱眉，拱眉凸出于侧墙。跨径 4.80 米。

94. 绍兴府桥

府桥位于绍兴市区，跨街河上，桥两端是建筑物。建造年代无考。

今存桥是一座单孔石拱桥。桥面中部高起为平面，两端是阶梯式坡道。两侧有节间式石栏杆，无地伏，桥栏杆置于双层仰天石上。桥面宽 3.50 米，桥长 14.00 米。

侧墙用料石砌筑，上顶有单层仰天石。桥台前墙与石砌街河两岸相连接。拱碹是半圆形镶边纵联式结构，碹脸外边有拱眉石，拱眉与侧墙平。跨径 7.60 米。

95. 绍兴光相桥

光相桥位于绍兴，跨古运河上。据史料记载，此桥原建于晋代。宋嘉泰《会稽志》记载："光相桥建于东晋。"又据记载，"元代重修。"

今存光相桥是一座单孔石拱桥。桥面中部高起为平面，两端是阶梯式坡道。两侧有节间式石栏杆，每侧有 4 根望柱，3 段栏板，2 块抱鼓石。无地伏，桥栏杆置于仰天石上。桥面宽 4.90 米，桥长 30.28 米。

侧墙上顶有单层仰天石组成的金边线，侧墙建在块石砌筑的河岸平台上。桥台与块石砌筑的河岸为一体，高程相同。拱碹是半圆形分段并列式结构，共 11 段拱碹石，无拱眉，碹脸与侧墙平。跨径 10.00 米。

拱碹上方两边各有 1 个勾头石，桥孔两边（桥台以上）的侧墙上各有 1 根桥联柱，上顶有勾头石。

96. 绍兴凰仪桥

凰仪桥位于绍兴市鲁迅西路与红旗路交叉口，俗称"黄泥桥"，始建年代不详。南宋嘉泰《会稽志》中有载，说明该桥建成于南宋嘉泰以前。《嘉庆山阴县志》中称凰仪桥为"王仪桥"。

凰仪桥是一座单孔石拱桥。跨街河上，桥面中部（拱顶上）高起为平面，两端是阶梯式坡道，东坡 12 阶，西坡 11 阶。两侧有节间式石栏杆。桥面宽 3.05 米，桥长 10.55 米。

侧墙用条形石板砌筑，上顶有双层仰天石。桥台是凹字形，前墙长 3.60 米。拱碹是半圆形纵联分段并列式结构，碹脸外镶有拱眉石，拱眉凸出于碹脸，拱眉与侧墙平。跨径 7.30 米。

97. 绍兴题扇桥

题扇桥位于绍兴城区蕺山街，跨街河上。据宋嘉泰《会稽志》记载，题扇桥建于南宋嘉泰以前，因王羲之在此为老妪题扇而得名。清道光八年（1828年）重建。

今存题扇桥是一座单孔石拱桥。桥面为穹隆形，两侧有节间式石栏杆，每侧有4根望柱，3段石栏板，2块抱鼓石。无地伏，桥栏杆置于仰天石上。桥面宽4.30米，桥面长4.95米，桥长20.00米。

侧墙上顶有双层仰天石组成的金边线，两层石板均为矩形断面，上层石板很薄，下层石板很厚（约为上层石板的4倍）。桥台的前墙与石砌河岸为一体，拱碹是半圆形分段并列式结构，共7段拱碹石，无拱眉，碹脸与侧墙平。跨径5.00米。

98. 绍兴安吉桥

安吉桥位于绍兴市柯桥区安昌镇，跨街河上，建造年代无考。

安吉桥是一座单孔石拱桥。桥面中部（拱顶上）高起为平面，两端是阶梯式坡道。两侧有板式石栏杆，无地伏，桥栏杆置于仰天石上。桥面宽4.30米，桥长30.00米。

侧墙用条形石板砌筑，上顶有双层仰天石组成的金边线。桥台是凹字形，前面和两侧皆有小出台。拱碹是马蹄形分段并列式结构，碹脸外边有双线拱眉石，拱眉凸出于碹脸，又凸出于侧墙。跨径8.60米。

99. 绍兴存德桥

存德桥位于绍兴市柯桥区漓渚镇，跨于街河上，于清康熙六年（1667年）修建。

今存存德桥是一座单孔石拱桥。桥面中部（拱顶上）高起为平面，两端是阶梯式坡道。两侧有节间式石栏杆，每侧有望柱4根，栏板3块，抱鼓石2块，无地伏，桥栏杆置于仰天石上。桥面宽3.00米，桥长 10. 00 米。

侧墙用料石砌筑，上顶有单层仰天石。桥台前墙与石砌河岸为一体，拱碹是半圆形纵联分段并列式结构，由 8 道纵联石和 9 段拱碹石构成，碹脸外缘錾出拱眉线，拱眉与侧墙平。跨径 4. 70 米。

100. 绍兴大木桥

大木桥位于绍兴市区柯桥区，在鲤鱼桥东侧，跨街河上，名为大木桥，实为石拱桥，因该桥原系木桥，改建成石桥后，桥名未改。建造年代无记载。

大木桥是一座单孔石拱桥。桥面中部（拱顶上）高起为平面，两端是阶梯式坡道。两侧有节间式石栏杆，每侧有望柱 4 根，栏板 3 块，无地伏，桥栏杆置于仰天石上，桥栏杆的两端与建筑物相连。桥面宽数据暂缺，桥面长 17. 50 米，全长 21. 00 米。

桥台是凹字形，前面和两侧有出台，端墙两侧与河岸连砌。拱碹是半圆形纵联分段并列式结构，由 8 道纵联石和 9 段拱碹石构成，碹脸外边有拱眉石，拱眉凸出于碹脸，又凸出于侧墙。跨径 4. 80 米。

101. 绍兴待驾桥

待驾桥位于绍兴市柯桥区华舍街道人利村，跨街河上，南北走向。建造年代无考。

今存待驾桥是一座单孔石拱桥。桥面中部（拱顶上）高起为平面，两端是阶梯式坡道，南北坡各有 12 级台阶。两侧有节间式石栏杆，每侧有望柱 6 根，栏板 5 块，抱鼓石 2 块，无地伏，桥栏杆置于仰天石上。桥面宽 3. 10 米，净宽 2. 70 米，桥长 20. 00 米。

侧墙用条石砌筑，上顶有单层仰天石。桥台是凹字形，前墙长 3. 60 米，端墙很长。拱碹是半圆形纵联分段并列式结构，由 6 道纵联石和 7 段拱碹石构成，碹脸外缘錾出拱眉线，拱眉凸出于侧墙。跨径 6. 80 米。

102. 绍兴管宁桥

管宁桥位于绍兴市柯桥区管墅村，跨街河上，于清光绪年间 (1875—1908 年) 修建。

管宁桥是一座单孔石拱桥。桥面中部（拱顶上）为平面，两端是阶梯式坡道。两侧有矮石板栏杆。桥面宽 2.28 米，净宽 1.60 米，桥长 14.40 米。

侧墙用料石砌筑，上顶有双层仰天石。桥台是凹字形，前墙长 2.20 米。跨径 3.80 米。

绍兴管宁桥

103. 绍兴广济桥

广济桥位于绍兴市柯桥区安昌镇，建造年代无考。

今存广济桥是一座单孔石拱桥。桥面中部（拱顶上）高起为平面，两端是阶梯式坡道。两侧有节间式石栏杆，无地伏，桥栏杆置于仰天石上。桥面宽 4.20 米，桥长 21.00 米。

侧墙用料石砌筑，上顶有双层仰天石。桥台是凹字形，前面和两侧下部皆有小出台。拱碹是马蹄形纵联分段并列式结构，拱碹由 8 道纵联石和 9 段拱碹石构成，碹脸外边有拱眉石，拱眉凸出于碹脸，拱眉与侧墙平。跨径 8.50 米。

104. 绍兴广溪桥

广溪桥位于绍兴市柯桥区广溪村，据南宋嘉泰《会稽志》记载，应该是南宋早期所建。

广溪桥是一座单孔石拱桥。桥面中部（拱顶上）高起为平面，两端是阶梯式坡道。两侧有节间式石栏杆，每侧有 6 根望柱，5 段石栏板，一端有抱鼓石，另一端的端望柱与建筑物连接。无地伏，桥栏杆置于仰天石上。桥面宽 4.10 米，桥长 21.40 米。

侧墙用条形石板砌筑，上顶有单层仰天石。桥台是凹字形，拱碹是半圆形纵联分段并列式结构，由 8 道纵联石和 9 段拱碹石构成，碹脸外边有拱眉石，拱眉凸出于碹脸，拱眉又凸出于侧墙。跨径 6.20 米。

105. 绍兴荷花桥

荷花桥位于绍兴市柯桥区蜀埠村，东西走向。建造年代无记载。

荷花桥是一座单孔石拱和两边各 1 孔石梁组合而成的 3 孔混合结构石桥。全桥共 3 孔，全长 23.00 米。

拱桥的桥面中部（拱顶上）高起为平面，两端是阶梯式坡道，两侧有节间式石栏杆，每侧有望柱 4 根，栏板 3 块，抱鼓石 2 块。桥面宽 2.30 米。

桥台是凹字形（和石梁桥共用），前墙长约 2.90 米，端墙长约 4.00 米。拱碹是半圆形纵联分段并列式结构，由 6 道纵联石和 7 段拱碹石构成，碹脸外有拱眉石，拱眉凸出于碹脸，又凸出于侧墙。跨径 3.20 米。

石板梁桥的桥面均为平面，无栏杆，桥面宽均为2.30米。外桥台是凹字形，前墙长约2.90米。跨径6.00米。

绍兴荷花桥

106. 绍兴花浦桥

花浦桥位于绍兴市柯桥区斗门镇，于清乾隆二十四年（1759年）修建。

今存花浦桥是一座单孔石拱桥。桥面中部高起为平面，两端是阶梯式坡道。两侧有节间式石栏杆，每侧有望柱8根，栏板7块，抱鼓石2块，无地伏，桥栏杆置于双层仰天石上。桥面宽2.42米，桥长22.00米。

侧墙用料石砌筑，上顶有单层仰天石。桥台是凹字形，前面和两侧皆有出台，前墙长3.00米。拱碹是马蹄形纵联分段并列式结构，由8道纵联石和9段拱碹石构成，碹脸外缘錾出拱眉线，拱眉与侧墙平。跨径5.00米。碹脸两侧上方各有一个勾头石。

107. 绍兴华春桥

华春桥位于绍兴市柯桥区，建造年代无考。

今存华春桥是一座单孔石拱桥，跨于街河上。桥面中部高起为平面，两端是阶梯式坡道。两侧有节间式石栏杆，桥面宽 3.50 米，桥长 9.00 米。

侧墙用料石砌筑，上顶有单层仰天石。桥台是凹字形，前墙长 3.80 米。拱碹是马蹄形纵联分段并列式结构，由 8 道纵联石和 9 段拱碹石构成，碹脸外有拱眉石，拱眉凸出于侧墙。跨径 3.30 米。

108. 绍兴接渡桥

接渡桥位于绍兴市柯桥区，跨鸡笼江上，东西走向。建造年代无考。

今存接渡桥是由一座 3 孔等跨径石拱桥和两端各一座单孔石梁桥对接而成。石拱桥的桥面是平面，两端桥堍是阶梯式坡道。两侧有节间式石栏杆，有望栏 10 根，石栏板 9 块，为实体板，均无抱鼓石，柱顶有石狮子，无地伏，桥栏杆置于双层仰天石上。桥面宽 2.80 米，桥面长 42.00 米，全长 50.00 米。

侧墙用条形石板砌筑，上顶有双层仰天石组成的金边线，上层仰天石的外立面是平面，下层托石的外立面是弧形面。桥台是凹字形，端墙很长，前面和两侧下部皆有小出台。桥墩两端为方形，四周下部有出台，桥墩厚 10.50 米，桥墩长 3.00 米。拱碹均系马蹄形纵联分段并列式结构，各孔均为 6 道纵联石，7 段拱碹石，碹脸外边有拱眉石，拱眉凸出于碹脸，拱眉与侧墙平。跨径 4.20 米。

石梁桥的桥面均为平面，无栏杆，桥面宽 2.80 米。桥梁全长 50.00 米。跨径 3.90 米。

109. 绍兴柯桥

柯桥位于绍兴市柯桥区。

柯桥是一座单孔石拱桥。桥上有石栏杆，桥面中部高起为平面，两端均为阶梯式坡道。桥面宽 6.00 米，桥长 17.00 米。

侧墙用料石砌筑，上顶有单层仰天石。桥台为凹字形，前墙长 6.60 米。拱碹为圆弧形并列式结构。跨径 10.00 米。

110. 绍兴螺山桥

螺山桥位于绍兴市柯桥区吴村，跨于西小江上，东西走向。建造年代无记载。

螺山桥是一座 3 孔石拱桥和西端 1 孔石梁桥、东端 6 孔石梁桥对接成的一座混合结构石桥。全桥共 10 孔，梁总长 23.00 米。

石拱桥的桥面呈正圆弧形，栏杆无存，地伏犹在。桥面宽 2.30 米，桥堍是反圆弧形，与石板梁桥相接。

侧墙用料石砌筑，上顶有单层仰天石。桥台（拱桥和石梁桥合用）是凹字形，前墙长 2.90 米。桥墩两端是方形，拱碹是半圆形纵联分段并列式结构，碹脸外边有拱眉石，拱眉与侧墙平。中孔跨径 10.00 米，西边孔跨径 6.65 米，东边孔跨径 7.30 米。

西端的石梁桥是 1 孔，无栏杆，桥面宽 2.30 米。外桥台是凹字形，前墙长约 2.90 米。

东端的石梁桥是 6 孔，无栏杆，桥面宽 2.30 米。外桥台是凹字形，前墙长约 2.90 米。桥墩两端均为方形。

111. 绍兴融光桥

融光桥位于绍兴市柯桥区，原名柯桥，跨运河故道上，据南宋嘉泰《会稽志》记载，此桥始建于汉代。

现存融光桥是一座单孔石拱桥。桥面中部高起为平面，两端是阶梯式坡道。两侧有节间式石栏杆，每侧有 4 根望柱，3 段石栏板，两端的望柱与河岸上的石栏杆相连。无地伏，桥栏杆置于仰天石上。桥面宽 6.00 米，桥长 17.00 米。

侧墙的上顶有单层仰天石组成的金边线。桥台前墙与块石砌筑的河岸为一体，桥台与河岸的高程相同。拱碹是圆弧形纵联分段并列式结构，由 6 道纵联石和 7 段拱碹石构成，无拱眉，碹脸与侧墙平。跨径 10.00 米。

112. 绍兴阮社桥

阮社桥位于绍兴市柯桥区阮社镇，跨于运河旁边的支流上。南宋嘉泰《会稽志》有记载，阮社桥应该是南宋初年建。

阮社桥原是一座纤道桥。其中有一孔石拱桥，现今纤道桥无存，保留了石拱桥。

阮社桥是一座单孔石拱桥。桥面中部（拱顶上）高起为平面，两端是阶梯式坡道。无栏杆。桥面宽 2.50 米，桥长 12.00 米。

侧墙用条形石板砌筑，上顶有双层仰天石。桥台是凹字形，桥台的前面和西侧有出台，前墙长 3.10 米。东侧前墙与石板砌筑的河岸连砌为一体。拱碹是马蹄形纵联分段并列式结构，由 6 道纵联石和 7 段拱碹石构成，碹脸外缘錾出双线拱眉线，拱眉凸出于侧墙。跨径 4.00 米。

113. 绍兴沈家桥

沈家桥位于绍兴市柯桥区沈家桥村，又名花洞桥，于明正德六年（1511 年）修建。

今存桥是一座单孔石拱桥。桥面中部（拱顶上）高起为平面，两端是阶梯式坡道。两侧有节间式石栏杆，无地伏，桥栏杆置于双层仰天石上。桥面宽 2.20 米，桥长 12.00 米。

侧墙上顶有双层仰天石组成的金边线。桥台是凹字形，前面和两侧有出台，前墙长 2.80 米。拱碹是半圆形纵联分段并列式结构，由 4 道纵联石和 5 段拱碹石构成，无拱眉，碹脸与侧墙平。跨径 3.95 米。

114. 绍兴太平桥

太平桥位于绍兴市柯桥区阮社镇，明万历四十八年（1620 年）建。

太平桥是一座由 1 孔石拱桥和 9 孔石梁桥组成。石拱桥在东端，石梁桥的桥面由石拱桥一端向西逐孔有所降低。

石拱桥的桥面中部（拱顶上）高起为平面，两端是阶梯式坡道，两侧有节间式石栏杆。桥面宽 5.60 米，桥长 22.00 米。

侧墙用料石砌筑，上顶有单层仰天石。内侧桥台是凹字形，与石梁桥的桥台为同一个。拱碹是半圆形纵联分段并列式结构，碹脸外缘錾出拱眉线，拱眉凸出于碹脸，又凸出于侧墙。跨径 8.40 米。东桥台两侧和前面有石板砌筑的人行道。

石梁桥的桥面由东往西逐孔有所降低，无栏杆。桥面宽 5.60 米，桥长 30.00 米，石拱桥和石梁桥总长 50.00 米。

东桥台与石拱桥共用，西桥台是凹字形，桥墩两端是方形。跨径 3.00—4.00 米。

115. 绍兴宣桥

宣桥亦称"登仙桥"，位于绍兴市柯桥区郑家闸村，跨于乡间排水沟上。南宋嘉泰《会稽志》中有记载，宣桥应该是建于南宋早期。清乾隆十九年（1754 年）重修。嘉庆《山阴会稽志》记载，宣桥是一座单孔石拱桥。桥面为弧形，无栏杆，两侧各有一道边牙石。桥面宽 5.00 米，桥长 12.00 米。

侧墙用乱石砌筑，上顶有一层较厚的边牙石。桥台建在天然基岩上，形状不规则。拱碹是半圆形纵联分段并列式结构，无拱眉，碹脸与侧墙平。

116. 绍兴永丰桥

永丰桥位于绍兴市柯桥区，跨于街河上。建造年代无考。

今存永丰桥是一座单孔石拱桥，桥面中部（拱顶上）高起为平面，两端是阶梯式坡道。两侧有板式石栏杆，无地伏，桥栏杆置于仰天石上。桥面宽 2.80 米，长 10.00 米。

侧墙用条石砌筑，上顶有单层仰天石。桥台是凹字形，前墙长 3.40
米。拱碹是马蹄形并列式结构，无拱眉，碹脸与侧墙平。跨径 4.50 米。

117. 绍兴越联桥

越联桥位于绍兴市柯桥区越联村，跨街河上。建造年代无考。

今存越联桥是一座单孔石拱桥。桥面中部（拱顶上）高起为平面，
两侧有板式石栏杆，两端是阶梯式坡道，无栏杆。桥面宽 5.20 米，桥
长 14.50 米。

侧墙用乱石砌筑，上顶有单层仰天石。桥台的前墙两端有乱石砌筑
的高大燕翅墙。拱碹是用料石砌筑的半圆形纵联式结构，无拱眉，碹脸
与侧墙平。跨径 8.80 米。

118. 绍兴寨口桥

寨口桥位于绍兴市柯桥区莲增村，跨于乡间排水沟上，于清嘉庆年
间（1796—1820 年）修建，光绪十二年（1886 年）重修。

寨口桥是一座单孔石拱桥。桥面为圆弧形，无栏杆，亦无边牙石。
桥面宽 2.60 米，桥长 30.00 米。

无正规桥台，拱脚建在山脚下的岩石上，拱碹是圆弧形纵联式结
构，无拱眉，碹脸与侧墙平。跨径 15.00 米。

119. 绍兴中南桥

中南桥位于绍兴市柯桥区，跨于街河上。建造年代无考。

今存中南桥是一座单孔石拱桥。桥面中部高起为平面，两端是阶梯
式坡道。两侧有板式石栏杆，无地伏，桥栏杆置于仰天石上，桥栏杆及
地伏多有损坏。桥面宽 3.30 米，桥长 22.00 米。

侧墙用料石砌筑，上顶有单层仰天石。桥台是凹字形，前面和两侧
皆有小出台。拱碹是半圆形并列式结构，由 4 道纵联石和 5 段拱碹石构

成，碹脸外缘錾出拱眉线，拱眉凸出于侧墙。跨径 15.00 米。

120. 绍兴周家桥

周家桥位于绍兴市柯桥区迎驾桥村，跨街河上。建造年代无考。

今存周家桥是一座单孔石拱桥。桥面中部高起为平面，两端是阶梯式坡道。两侧有节间式石栏杆，每侧有望柱 4 根，栏板 3 块，无地伏，桥栏杆置于仰天石上，桥栏杆两端与建筑物连接。桥面宽 2.00 米，桥长 13.00 米。

侧墙用料石砌筑，上顶有单层仰天石。桥台前墙与石砌河岸为一体，拱碹是半圆形纵联分段并列式结构，由 6 道纵联石和 7 段拱碹石构成，无拱眉，碹脸与侧墙平。跨径 4.75 米。

121. 绍兴孔庙桥

孔庙桥位于绍兴市，始建造年代无考。今存桥建造年代无考。

今存孔庙桥是一座单孔石拱桥。桥面是圆弧形，无栏杆。桥面宽 5.00 米，桥长 13.00 米。

侧墙用不规则石料砌筑，上面有单层仰天石。桥台是凹字形，前墙长 5.60 米。拱碹是半圆形纵联式结构，无拱眉，碹脸与侧墙平。跨径 3.60 米。

122. 绍兴八字桥（上虞）

八字桥位于绍兴市上虞区丰惠镇，该桥实际上由通济桥和望稼桥非直线对接而成。其中，通济桥俗称"大八字桥"，望稼桥俗称"小八字桥"，二桥斜向对而成八字形，故通称"八字桥"。

通济桥是一座单孔石拱桥。桥面中部（拱顶上）高起为平面，两端是阶梯式坡道。桥面两侧有平直形石栏杆，无地伏，栏杆置于仰天石上，梯道上无栏杆。桥面宽 5.50 米，桥长 18.00 米。

侧墙用料石砌筑，上顶有单层仰天石。外桥台的前墙与石砌河岸为一体，内桥台是凹字形，前墙长 6.10 米。端墙很长，与望稼桥的内端桥台对接。拱碹是半圆形纵联分段并列式结构，由 8 道纵联石和 9 段拱碹石构成，碹脸外有拱眉石，拱眉凸出于碹脸，与侧墙平。跨径 6.80 米。

望稼桥也是一座单孔石拱桥。桥面中部（拱顶上）高起为平面，两端是阶梯式坡道。两侧有节间式石栏杆，每侧有望柱 6 根，栏板 5 块，抱鼓石 2 块。无地伏，栏杆置于仰天石上。桥面宽 5.50 米，桥长 13.00 米。

内桥台与通济桥的桥台对接，外桥台也是凹字形，前墙长 6.10 米。拱碹是圆弧形纵联分段并列式结构，由 6 道纵联石和 7 段拱碹石构成，碹脸外有拱眉石，拱眉凸出于碹脸，与侧墙平。跨径 4.00 米。

绍兴八字桥

123. 绍兴泾口桥

泾口桥位于绍兴市上虞区陶堰镇泾口村，跨浙东运河上。始建年代无考，清宣统三年（1911 年）重建。

泾口桥是 3 孔石拱桥和 3 孔石梁桥连接而成，二桥连接处既是二桥的桥台，又是全桥的桥墩。

石拱桥是一座3孔等跨径薄拱薄墩轻石拱桥。桥面（三孔拱碹上）为平面，两端的桥堍是阶梯式坡道。两侧有节间式石栏杆，每侧有12根望柱，11块栏板，2块抱鼓石。无地伏，桥栏杆直接置于单层仰天石上。桥面宽3.40米，桥面长20.00米。

桥台是凹字形，前面和两边下部皆有出台，前墙长约3.50米。桥墩较薄，两端与拱脚齐平，下部四周有出台。拱碹是马蹄形纵联分段并列式结构，均系6道纵联石，7段拱碹石。碹脸外有拱眉石，拱眉凸出于碹脸，又凸出于侧墙。跨径均为10.00米。

中孔碹脸上方两边侧墙上各有一个勾头石，边孔碹脸上方内侧有一个勾头，桥台上的侧墙上各有一根桥联柱，上顶有勾头石。

石梁桥是一座3孔石板梁桥。两侧有节间式石栏杆，桥面宽3.40米，桥面长15.00米，全长27.00米。

侧墙用料石砌筑，上顶有单层仰天石。桥台是凹字形，前面和两边下部皆有出台，前墙长4.00米。桥墩两端是方形，桥墩厚1.25米，桥墩长4.00米。跨径均系6.20米。

石板梁桥也是3孔，桥面宽是3.40米。桥台是凹字形，前面和两边下部皆有出台，前墙长4.00米。桥墩两端是方形，桥墩厚数据暂缺，桥墩长4.00米。中孔跨径6.70米，西边孔跨径6.60米，东边孔跨径5.85米。二桥以外有石堤，桥梁全长（包括石堤）60.00米。

124. 绍兴九狮桥

九狮桥又名"等慈桥"，位于绍兴上虞区丰惠镇，跨街河上。据南宋嘉泰《会稽志》记载，南宋嘉定七年（1214年）重修等慈桥。又据记载，元朝至正年间等慈寺僧永贻等人募捐重修等慈桥。桥侧有"宋嘉定七年重修"刻石，说明宋嘉定七年重修过此桥。

今存九狮桥是一座单孔石拱桥，桥面中部（拱顶上）为平面，两端是阶梯式坡道，无栏杆，两侧各有一道边牙石。桥面宽6.00米，桥长

26.00 米。

　　侧墙用条石砌筑，上顶有双层仰天石。桥台是凹字形，前墙长 6.60 米。端墙的外端与石砌河岸相连。拱碹是半圆形纵联式结构，无拱眉，碹脸与侧墙平。跨径 10.40 米。

125. 绍兴广济桥

　　广济桥位于绍兴上虞区西里村。建造年代无考。

　　今存桥是一座 3 孔石拱桥。桥堍为坡道与河岸连接，桥面中部（中孔上）高起为平面，两个边孔上桥面较低，也都是平面，中部桥面与两端的桥面之间有三步台阶连接。全桥无栏杆，桥面宽 4.00 米，桥梁全长 40.00 米。

　　侧墙用料石砌筑，上顶有单层仰天石。桥台属于带燕翅形，前墙长 5.20 米。桥墩两端为尖形，桥墩长 4.00 米。拱碹均为半圆形纵联式结构，无拱眉，碹脸与侧墙平。中孔跨径 11.30 米，北边孔跨径 9.50 米，南边孔跨径 8.90 米。

126. 绍兴虹桥

　　虹桥又名灵芝桥，位于绍兴市越城区灵芝村。《越中杂识》记载："宋理宗少时尝浴于此，稍东有会龙堰，为余天锡遇宋理宗处。"虹桥因此而闻名。

　　今存虹桥位于绍兴县灵芝村，是一座单孔石拱桥。跨于街河上，桥面中部高起为平面，两端是阶梯式坡道。两侧有节间式石栏杆，每侧有望柱 4 根，石栏板 3 块，端望柱与建筑物连接，无地伏，桥栏杆置于双层仰天石上，桥面宽 2.50 米，桥长 16.00 米。

　　桥台前墙与石砌河岸为一体，拱碹是纵联分段并列式结构，由 6 道纵联石和 7 段拱碹石构成，碹脸外边有双线拱眉石，拱眉凸出于碹脸，拱眉又凸出于侧墙。跨径 4.50 米。

127. 绍兴壶觞桥

壶觞桥位于绍兴市越城区壶觞村。建造年代无考。

今存壶觞桥是一座单孔石拱桥。桥面中部（拱顶上）高起为平面，两端是阶梯式坡道。桥面中部两侧有板式石栏杆，桥面宽 3.00 米，桥长 11.00 米。

侧墙用料石砌筑，上顶有单层仰天石。桥台是凹字形，前墙长 3.60 米。拱碹是马蹄形纵联分段并列式结构，由 4 道纵联石和 5 段拱碹石构成，碹脸外缘錾出拱眉线，拱眉凸出于侧墙。跨径 4.50 米。

128. 绍兴龙门桥

龙门桥位于绍兴市越城区，跨街河上，东西走向。建造年代不详。

龙门桥是一座单孔石拱桥。桥面中部（拱顶上）高起为平面，两端是阶梯式坡道，两侧有节间式石栏杆。桥面宽 4.60 米，桥长 18.50 米。

侧墙用料石砌筑，上顶有单层仰天石。桥台是凹字形。拱碹是半圆形纵联分段并列式结构，有拱眉，拱眉凸出于碹脸，又凸出于侧墙，跨径 11.50 米。

129. 绍兴泗龙桥

泗龙桥位于绍兴市越城区东浦镇鲁东村，据南宋嘉泰《会稽志》记载，应该是宋代所建，重建于清。

泗龙桥由一座 3 孔石拱桥和 20 孔石梁桥连接而成。石拱桥在东端，石板梁桥在西端，全长 96.40 米。

石拱桥的桥面中部（中孔上）高起为平面，两端是阶梯式坡道。两侧有节间式石栏杆，每侧有 6 根望柱，5 块石栏板，2 块抱鼓石。无地伏，桥栏杆置于单层仰天石上。桥面宽 3.00 米，桥长约 21.00 米。

侧墙用料石砌筑，上顶有单层仰天石。桥台是凹字形，前面和两侧有小出台，前墙长 3.60 米，端墙较长。桥墩两端是方形，四周有小出台，桥墩厚 1.05 米，桥墩长 3.50 米。拱碹是半圆形纵联分段并列式结构，碹脸外边有拱眉石，拱眉凸出于碹脸，又凸出于侧墙。中孔跨径 6.20 米，边孔跨径 5.40 米。

中孔碹脸上方两边的侧墙上各有一个勾头石，边孔碹脸上方内侧的侧墙上各有一个勾头石，两孔之间（桥墩上）的侧墙上各有一根桥联柱，上顶有勾头石。北面的桥联柱上有对联，上联是"建近千年路达南北"，下联是"名驰廿眼水通西东"。

石板梁桥的桥面是花岗岩石板梁，无栏杆，桥面宽 3.00 米，桥梁全长 96.40 米。桥台是凹字形，前墙长 3.60 米。桥墩的两端均为方形，跨径 3.20 米。

130. 绍兴新桥

新桥位于绍兴市越城区东浦镇，建造年代无考。

今存新桥是一座 3 孔薄拱薄墩轻型石拱桥。桥面的中部（中孔）高起为平面，两端是阶梯式坡道。桥面两侧有节间式石栏杆（坡道上无栏杆），每侧有 4 根望柱，3 段石栏板，2 块抱鼓石。无地伏，桥栏杆置于双层仰天石上。桥面宽 2.50 米，桥长 10.50 米。

侧墙用料石砌筑，上顶有单层仰天石。桥台为凹字形，前面和两侧下部皆有小出台，端墙与石砌河岸连砌。中孔拱碹是马蹄形纵联分段并列式结构，边孔拱碹是半圆形纵联分段并列式结构，各孔的拱碹均为 4 道纵联石，5 段拱碹石，碹脸外镶有拱眉石，拱眉凸出于碹脸，又凸出于侧墙。中孔跨径 4.40 米，边孔跨径均为 2.20 米。

中孔拱碹两边的侧墙上（桥墩上）各有一根桥联柱，上顶有勾头石。

131. 绍兴徐公桥

徐公桥位于绍兴市越城区栖凫村，跨于街河上，东西走向。建造年代无考。

今存徐公桥是一座单孔石拱桥。桥面中部（拱顶上）高起为平面，两端是阶梯式坡道。两侧有节间式石栏杆，每侧有望柱6根，栏板5块，抱鼓石2块，无地伏，桥栏杆置于仰天石上。桥面宽2.50米，桥长14.00米。

侧墙是用料石砌筑，上顶有单层仰天石。桥台是凹字形，前墙长3.80米。拱碹是半圆形纵联分段并列式结构，碹脸外有拱眉石，拱眉凸出于侧墙。跨径5.10米。

132. 嵊州大安桥

大安桥位于嵊州市，跨于乡间溪流上，建造年代无考。

今存大安桥是一座单孔石拱桥。桥面的中部（拱顶上）高起为平面，两端各有一段坡道和一段平道与河岸相连，全桥无栏杆。桥面宽3.50米，桥长11.00米。

侧墙用块石砌筑，上顶有单层较厚的仰天石。桥台用块石砌筑，大致是凹字形。拱碹是用片石砌筑的半圆形纵联式结构，无拱眉，碹脸与侧墙平。跨径6.60米。

133. 嵊州大汶桥

大汶桥位于嵊州市，建造年代无记载。

大汶桥是一座单孔石拱桥。桥堍和桥面是铺砌石板，桥面中部（拱顶上）为平面，两端是阶梯式坡道，两侧有块石砌筑的栏杆，无地伏，桥栏杆置于仰天石上。桥面宽6.50米，桥长24.20米。

侧墙用块石砌筑，上顶有单层仰天石。桥台建在山脚岩石上。拱碹是半圆形纵联式结构，无拱眉。跨径6.90米。

134. 嵊州砥流桥

砥流桥位于嵊州市逯溪村，建造年代无考。

今存砥流桥是一座单孔石拱桥。全桥采用不规则块石砌筑。桥面大致为平面，无栏杆，又无边牙石。桥面宽 3.44 米，桥长 18.00 米。

侧墙用块石砌筑，无仰天石。桥台是凹字形，前墙长 4.00 米。拱碹是半圆形纵联式结构，碹脸与侧墙平。跨径 5.80 米。

135. 嵊州凤仙桥

凤仙桥位于嵊州市，跨于乡间排水沟上，建造年代无考。

今存凤仙桥是一座单孔石拱桥。桥堍和桥面上铺砌块石面层，全桥桥面略显圆弧形，无栏杆。桥面宽 3.60 米，桥长 10.20 米。

侧墙用块石砌筑，上顶平铺一层较厚的石板。桥台用块石砌筑，前墙与块石砌筑的河岸为一体。拱碹用片石砌筑，是半圆形纵联式结构，无拱眉，碹脸与侧墙平。跨径 3.00 米。

136. 嵊州福德桥

福德桥位于嵊州市双桥村，建造年代无考。

今存福德桥是一座单孔石拱桥，跨于山涧排水沟上。桥面为圆弧形，两端各有一段坡道与山脚下河岸连通，桥上无栏杆。桥面宽 5.50 米，桥长 11.00 米。

侧墙用乱石砌筑，上顶平铺两层石板。桥台前墙与乱石砌筑的河岸为一体。拱碹是半圆形纵联式结构，碹脸与侧墙平。跨径 8.00 米。

137. 嵊州何村桥

何村桥位于嵊州市下王镇何村，建造年代无考。

今存何村桥是一座单孔石拱桥。桥面是穹隆形，无栏杆，也无边牙石。桥面宽 4.40 米，桥长 37.00 米。

侧墙用乱石砌筑，上顶无仰天石，桥台用块石砌筑，是凹字形，前墙长 4.70 米。拱碹是椭圆形纵联式结构，也是用块石砌筑，无拱眉，碹脸与侧墙平。跨径 12.50 米。

138. 嵊州金兰桥

金兰桥位于嵊州市金庭乡，建造年代无记载。

金兰桥是一座4孔等跨径石拱桥。桥堍和桥面上铺砌青石板，全桥为平面。两侧有节间式石栏杆，桥面宽4.40米，桥长84.00米。侧墙用料石砌筑，上顶有单层仰天石。桥台建在山脚岩石上。

桥墩上游端是尖形，下游端是方形，拱碹是半圆形纵联式结构，无拱眉，碹脸与侧墙平。跨径18.50米。

139. 嵊州龙门桥

龙门桥位于嵊州郊区乡间，跨山涧溪流上，建造年代无考。

今存龙门桥是一座单孔石拱桥。桥面中部（拱顶上）为圆弧形，无铺装，两端是用石板铺砌的阶梯式坡道。桥面宽5.5米，桥长20.00米。

侧墙用块石砌筑。桥台建在基岩上，用块石砌筑，前墙与块石砌筑的护坡为一体。拱碹是用片石砌筑的不规则拱形（拱顶较平）纵联式结构，无拱眉，碹脸与侧墙平。跨径18.10米。

140. 嵊州龙亭桥

龙亭桥位于嵊州东林村，建造年代无考。

今存龙亭桥是一座单孔石拱桥。桥面上铺砌不规则片石，近似圆弧形，无栏杆，又无边牙石。桥面宽4.20米，桥长11.00米。

侧墙用块石砌筑，无仰天石。两个桥台的高程不相等，相差80厘米，砌筑在基岩上。拱碹用片石砌筑，是圆弧形纵联式结构，无拱眉，碹脸与侧墙平。跨径6.00米。

141. 嵊州隆庆桥

隆庆桥位于嵊州毫石村，跨乡间排水沟上，建于明隆庆年间

（1567—1572 年）。

今存隆庆桥是一座单孔石拱桥。桥上无栏杆，两边各有一道边牙石。桥面宽 3.70 米，桥长 12.50 米。

侧墙用块石砌筑，上顶无仰天石。桥台前墙与石砌河岸为一体，拱碹是半圆形纵联分段并列式结构，无拱眉，碹脸与侧墙平。跨径 10.00 米。

142. 嵊州强口桥

强口桥位于嵊州强口村，建造年代无考。

今存强口桥是一座单孔石拱桥，跨于山涧排水沟上。桥面为圆弧形，桥西端在山脚下，东端有一段较长的坡道，桥上无栏杆。桥面宽 6.00 米，桥长 21.50 米。

侧墙用乱石砌筑，桥台是凹字形。拱碹是半圆形纵联式结构，用不规则石料砌筑，碹脸与侧墙平。跨径 7.80 米。

143. 嵊州三连桥

三连桥位于嵊州郊区乡间，跨山涧溪流上，建造年代无考。

今存三连桥是一座单孔石拱桥。拱顶上无铺装，拱顶即是桥面，两端是坡道。桥面宽 6.20 米，桥长 21.00 米。

侧墙用乱石砌筑。桥台是用乱石砌筑的不规则形，前墙与乱石砌筑的护坡相连。拱碹近似半圆形，是用片石砌筑的纵联式结构，无拱眉，碹脸与侧墙平。跨径 14.50 米。

144. 嵊州善济桥

善济桥位于嵊州市郊区，跨无名排水沟上。建造年代无记载。

善济桥是一座单孔石拱桥。桥墩和桥面为弧形，无铺装，无栏杆。桥面宽 4.60 米，桥长 26.50 米。

侧墙用乱石砌筑，无仰天石。桥台的前墙与石砌河岸为一体。拱碹用片石砌筑,是近似半圆形纵联式结构,无拱眉。跨径 11.80 米。

145. 嵊州狮岸坑桥

狮岸坑桥位于嵊州郊区,跨山涧溪流上,建造年代无考。

今存狮岸坑桥是一座单孔石拱桥。桥面中部为圆弧形,两端是较缓的坡道,无铺装,全是土路面。桥上无栏杆,亦无边牙石。桥面宽 4.20 米,桥长 21.00 米。

侧墙用块石砌筑,桥台用块石砌筑,建在河床中的基岩上,前墙与块石砌筑的河岸为一体。拱碹是用片石砌筑的半圆形纵联式结构,无拱眉,碹脸与侧墙平。跨径 16.80 米。

146. 嵊州双虹桥

双虹桥位于嵊州市郊区乡间,跨山涧溪流上,建造年代无考。

今存双虹桥是一座双孔石拱桥。桥塊和桥面上铺砌块石面层,两侧各有一道块石砌筑的边牙。桥面宽 6.10 米,桥长 22.00 米。

侧墙用乱石砌筑,桥台也用乱石砌筑,前墙两侧有乱石砌筑的燕翅墙。桥墩也用乱石砌筑,两端均为尖形,桥墩厚 2.40 米,桥墩长 8.00 米。拱碹是用片石砌筑的半圆形纵联式结构,无拱眉,碹脸与侧墙平。跨径 6.50 米。

147. 嵊州双喜桥

双喜桥位于嵊州郊区乡间,跨山涧溪流上,建造年代无考。

今存双喜桥是一座单孔石拱桥。桥塊和桥面是坡度较缓的圆弧形,无铺装,桥上无栏杆,亦无边牙石。桥面宽 4.60 米,桥长 13.50 米。

侧墙用块石砌筑,桥台用块石砌筑,建在河床中的基岩上,前墙与块石砌筑的河岸为一体。拱碹是用片石砌筑的半圆形纵联式结构,无拱眉,碹脸与侧墙平。跨径 7.80 米。

148. 嵊州太平桥

太平桥位于嵊州市，跨山涧溪流上，建造年代无考。

今存太平桥是一座单孔石拱桥。桥面略显圆弧形，桥上无栏杆。桥面宽 2.35 米，桥长 9.00 米。

侧墙用块石砌筑，桥台建在山脚下的基岩上，前墙与石砌河岸为一体。拱碹是用片石砌筑的半圆形纵联式结构，无拱眉，碹脸与侧墙平。跨径 6.60 米。

149. 嵊州梯云桥

梯云桥位于嵊州市，建造年代无考。

今存梯云桥是一座单孔石拱桥。桥面中部高起为平面，两端是阶梯式坡道。两侧有宇墙式石栏杆，无地伏，桥栏杆置于仰天石上。桥面宽 6.60 米，桥长 16.50 米。

侧墙用料石砌筑，上顶有单层仰天石。桥台是凹字形，前面和两侧皆有出台。拱碹是半圆形纵联式结构，无拱眉，碹脸与侧墙平。跨径 9.80 米。

150. 嵊州通济桥

通济桥位于嵊州市，跨于乡间溪流上，建造年代无考。

今存通济桥是一座单孔石拱桥。桥堍和桥面上铺砌块石面层，全桥的桥面为平面，无栏杆，两侧各有一道边牙石。桥面宽 5.50 米，桥长 16.00 米。

侧墙用块石砌筑，上顶有一层较厚的仰天石，上面高出桥面，成为边牙石。桥台建在基岩上，均系用两层石板砌筑的条形构造，两侧有块石护岸墙。两个桥台的高程不相同，南桥台比北桥台高。拱碹是不对称圆弧形纵联分段并列式结构，龙门碹两边的纵联石和拱碹石数目不相等。一边是 2 道纵联石和 2 段拱碹石，另一边是 3 道纵联石和 3 段拱碹石，共计 5 道纵联石和 5 段拱碹石。碹脸外边有拱眉石，拱眉凸出于侧墙。跨径 5.20 米。

151. 嵊州万年桥

万年桥位于嵊州市，跨苦竹溪上，于清道光二十五年（1845 年）修建。

万年桥是一座双孔等跨径石拱桥。桥面为平面，桥堍上是阶梯式坡道。两侧有节间式石栏杆，每侧有 12 根望柱（桥面上 8 根，桥堍上各 2 根），栏杆下面有地伏。桥面宽 5.00 米，桥长 28.00 米。

侧墙用料石砌筑，上顶有单层仰天石。桥台的前墙与石砌河岸为一体。桥墩两端为尖形，尖端的上面高出拱脚许多（约矢高 1/3）。拱碹是半圆形纵联式结构，无拱眉，碹脸与侧墙取平，跨径均为 10.00 米。

152. 嵊州洗履桥

洗履桥位于嵊州逵溪村，建造年代无考。

今存洗履桥是一座单孔石拱桥。桥面上铺砌块石，大致为平面，无栏杆，又无边牙石。桥面宽 3.60 米，桥长 10.20 米。

侧墙用块石砌筑，无仰天石。桥台是凹字形，前墙长 3.60 米。拱碹用片石砌筑，是半圆形纵联式结构，碹脸与侧墙平。跨径 8.00 米。

153. 嵊州永昌桥

永昌桥位于嵊州北漳镇任坞村，跨水沟上。建造年代无记载。

永昌桥是一座单孔石拱桥。桥堍上无铺装，全是土路面。桥面上也无铺装，石拱碹裸露在外面，上面是圆弧形，两端有 3 级石板踏步，桥上可以行人。桥面宽 6.50 米，桥长 19.00 米。

无侧墙，桥台建在山脚岩石上，只有 3 层石板。拱碹是圆弧形纵联分段并列式结构，由 2 道纵联石和 3 段拱碹石构成，每段是 5 块拱碹石。跨径 10.00 米。

154. 嵊州余庆桥

余庆桥位于嵊州市，跨山涧溪流上，建造年代无考。

今存余庆桥是一座单孔石拱桥。桥面略显圆弧形，平铺不规则石板，无栏杆。桥面宽 3.50 米，桥长 12.50 米。

侧墙用块石砌筑，桥台建在山脚下的基岩上，前墙与块石砌筑的河岸为一体。拱碹是半圆形纵联式结构，无拱眉，碹脸与侧墙平。跨径 6.20 米。

155. 嵊州玉成桥

玉成桥位于嵊州谷来镇砩头村，跨于乡村排水沟上，于清道光十六年（1836 年）修建。

现存玉成桥是一座单孔石拱桥。桥面上铺砌片石，无栏杆，两边各有一道边牙石（侧墙上顶的仰天石）。桥面宽 4.70 米，桥长 12.15 米。

侧墙用块石砌筑，上顶有一层较厚的仰天石。桥台建在岩石上，是用两层石板砌筑成的长条形，前面和两边皆有出台，前墙长 5.00 米。拱碹是近似悬链线形纵联式结构，无拱眉，碹脸与侧墙平。跨径 6.50 米。

156. 嵊州招隐桥

招隐桥位于嵊州市逵溪村，建造年代无考。

今存招隐桥是一座单孔石拱桥。桥面大致为平面，无栏杆，又无边牙石。桥面宽 2.80 米，桥长 12.35 米。

侧墙用块石砌筑，无仰天石。桥台是凹字形，前墙长 3.20 米。拱碹是半圆形纵联式结构，碹脸与侧墙平。跨径 4.40 米。

157. 嵊州镇东桥

镇东桥位于嵊州市谷来镇袁家村，跨于排水沟上，于清光绪五年（1879 年）修建。

今存镇东桥是一座单孔石拱桥。桥面中部是平面，两端是阶梯式坡道。两侧有节间式石栏杆，每侧有 4 根望柱，5 段石栏板，2 块抱鼓石。无地伏，桥栏杆置于单层仰天石上。桥面宽 3.10 米，桥面长 5.40 米，全长 24.50 米。

侧墙用块石砌筑，上顶有单层仰天石。桥台是凹字形，前面和两边有出台，前墙长 3.70 米。拱碹是半圆形纵联分段并列式结构，碹脸外边有拱眉石，拱眉凸出于碹脸，拱眉与侧墙平。跨径 9.60 米。

158. 新昌大庆桥

大庆桥位于绍兴市新昌县真诏村，跨真诏溪上。清咸丰十一年（1861 年）七月七日告成。七月乃大庆之月，故名大庆桥。

今存大庆桥是一座 3 孔石拱桥。桥面为平面，桥堍上是阶梯式坡道，两边各有 32 级石阶，两侧有石栏杆，多有损坏，无地伏，桥栏杆置于仰天石上。桥面宽 4.70 米，桥长 56.00 米。

侧墙用料石砌筑，上顶有双层仰天石。桥台建在基岩上，形状不规则。桥墩上游端是尖形，下游端是方形（与拱脚齐），桥墩厚 1.30 米，桥墩长 5.30 米。拱碹是半圆形纵联式结构，碹脸外边有拱眉，碹脸、拱眉与侧墙平。中孔跨径 13.90 米，南边孔跨径 13.00 米，北边孔跨径 13.20 米。

159. 新昌丁公桥

丁公桥又名"如意桥"，位于绍兴市新昌县，始建年代无记载，于明万历三十三年（1605 年）重修。

丁公桥是一座单孔石拱桥。桥面上铺砌乱石片，桥面大致为圆弧形，无栏杆，两侧各有一道边牙石。桥面宽 6.80 米，桥长 24.00 米。

侧墙用乱石砌筑，桥台与石砌河岸为一体。拱碹是类似悬链线形纵联式结构，用乱石砌筑，无拱眉。跨径 11.50 米。

160. 新昌皇渡桥

皇渡桥位于绍兴市新昌县儒岙镇，始建于南宋年间，明代改称"王渡桥"。清道光二十四年（1844 年）重建。

今存皇渡桥是一座单孔石拱桥。桥面是圆弧形，两侧有节间式石栏杆，两端有损坏，每侧尚存望柱 10 根，栏板 9 块，抱鼓石 2 块。地伏和仰天石均为矩形断面。桥面宽 5.00 米，桥长 23.90 米。

侧墙用料石砌筑，上面是单层仰天石（矩形断面）组成的金边线。桥台两侧有燕翅墙，雁翅墙较高（高达侧墙一半），前墙长 6.20 米。拱碹是半圆形纵联式结构，无拱眉，碹脸与侧墙平。跨径 17.00 米。

161. 新昌跨湖桥

跨湖桥位于绍兴市新昌县湖塘村，跨十里湖塘的终点处。南宋嘉泰《会稽志》记载，该桥应该始建于宋代。明万历四年（1576 年）重修。

跨湖桥是一座单孔石拱桥。桥面中部（拱顶上）高起为平面，两端是阶梯式坡道。桥面宽 4.00 米，桥长 20.00 米。

侧墙用青石板砌筑，上顶有单层仰天石。桥台是凹字形，前墙长 4.00 米。拱碹是半圆纵联分段并列式结构，碹脸外边有拱眉，拱眉凸出于碹脸，又凸出于侧墙。跨径 6.00 米。

162. 新昌乐取桥

乐取桥位于绍兴市新昌县儒岙镇王渡溪村，跨万年溪上，东西走向，于清光绪二十二年（1896 年）修建。

乐取桥是一座 3 孔石拱桥。桥墩和桥面上铺砌块石，桥面略显弧形，两侧有块石砌筑的桥栏杆。桥面宽 4.60 米，桥长 34.00 米。

侧墙用块石砌筑，上顶有单层仰天石。桥台是燕翅形。桥墩两端是尖形。拱碹是半圆形纵联式结构，中孔南面龙门碹上刻"乐取桥"。中孔跨径 9.20 米，边孔跨径均为 8.20 米。

163. 新昌灵鹤桥

灵鹤桥位于绍兴市新昌县小将村，建造年代无考。

今存灵鹤桥是一座单孔石拱桥。跨于街河上，桥面中部（拱顶上）高起为平面，两侧有板式石栏杆，无地伏，桥栏杆置于仰天石上。两端是阶梯式坡道，坡道上无栏杆。桥面宽 5.00 米，桥长 28.00 米。

侧墙用块石砌筑，上顶有单层仰天石。南桥台前墙与石砌河岸为一体，北桥台是凹字形，前墙长 5.60 米。拱碹是半圆形纵联分段并列式结构，由 8 道纵联式和 9 段拱碹石构成，无拱眉，碹脸与侧墙平。跨径 18.00 米。

164. 新昌落马桥

落马桥位于绍兴市新昌县斑竹村，始建于东晋，名为"司马悔桥"。据南宋嘉泰《会稽志》记载，司马悔桥在县城东 40 里，又称落马桥。

落马桥是一座单孔石拱桥。桥面略显圆弧形，无栏杆，亦无边牙石。桥面宽 5.80 米，桥长 32.00 米。

侧墙和拱碹用不规则石料砌筑，桥台建在山涧基岩上，拱碹是近似半圆形镶边纵联式结构，无拱眉，碹脸与侧墙齐平。跨径 10.00 米。

165. 新昌如意桥

如意桥亦称"丁公桥"，位于绍兴市新昌县拔茅镇丁公村，跨乡间排水沟上，东西走向，建于清道光年间（1821—1850 年）。据村史记载，此桥是本村丁天松所建。为了纪念丁天松，命名为"丁公桥"。

如意桥是一座单孔石拱桥。桥塊和桥面上铺砌青石板，桥面中部（拱顶上）高起为平面，两端是阶梯式坡道，东坡有12级台阶，西坡有9级台阶，原有石栏杆，今已无存。桥面宽3.40米，桥长20.80米。

　　侧墙用块石砌筑，上顶有单层仰天石。桥台建在基岩上，大致呈凹字形。拱碹用片石砌筑，大致为半圆形，属于纵联式结构。跨径5.5米。

166. 新昌沙溪桥

　　沙溪桥位于绍兴市新昌县沙溪村，建造年代无考。

　　今存沙溪桥是一座单孔石拱桥。桥面略显圆弧形，无栏杆，又无边牙石。桥面宽4.40米，桥长26.70米。

　　桥台用不规则石料砌筑，建在岩石上。拱碹是近似半圆形纵联式结构，用片石砌筑，碹脸与侧墙平。跨径11.50米。

167. 新昌迎仙桥

　　迎仙桥位于绍兴市新昌县桃源乡，在104国道旁边。明万历《新昌县志》有载，迎仙桥应该是明万历年间（1573—1620年）建。清代道光年间（1821—1850年），丁天松重修。

　　迎仙桥是一座单孔石拱桥。桥面上铺砌乱石片，桥面大致为圆弧形，无栏杆，两侧各有一道边牙石。桥面宽4.60米，桥长29.00米。

　　侧墙用乱石砌筑，上顶有一层较厚的边牙石。桥台建在基岩上，只有两层石板，前面和两端有小出台，前墙长5.00米。拱碹是类似悬链线形纵联式结构，用乱石砌筑，无拱眉。跨径15.60米。

168. 诸暨宝珠桥

　　宝珠桥位于诸暨市下张村，跨无名排水沟上，于清嘉庆四年（1799年）修建。

　　今存宝珠桥是一座单孔石拱桥。桥面中部（拱顶上）高起为平面，两端是阶梯式坡道，两侧有节间式石栏杆，每侧有望柱 4 根，栏板 3 块，抱鼓石 2 块，无地伏，桥栏杆置于仰天石上。桥面宽 3.20 米，桥长 17.00 米。

侧墙用料石砌筑，上顶有单层仰天石。桥台建在山脚岩石上。拱碹是半圆形纵联分段并列式结构，碹脸外有拱眉石，拱眉凸出于碹脸，又凸出于侧墙。跨径 9.70 米。

169. 诸暨枫林桥

枫林桥原名"凤林桥"，又名"永宁桥"，位于诸暨市，始建年代无考，于明万历四十二年（1614 年）重建，命名为"枫林桥"。

枫林桥是一座 3 孔石拱桥。桥栏杆无存，尚存地伏。桥面宽 4.00 米，桥长 26.00 米。

侧墙用料石砌筑，上顶有单层仰天石。桥台是凹字形，前墙长 4.60 米。桥墩两端与拱脚齐平，桥墩厚 65 厘米，桥墩长 4.60 米。拱碹是半圆形纵联分段并列式结构，碹脸外边有拱眉，拱眉凸出于碹脸，又凸出于侧墙。中孔跨径 11.00 米，边孔跨径 10.70 米。

170. 诸暨金雁桥

金雁桥位于诸暨市，跨农村排水沟上，建造年代无考。

今存金雁桥是一座单孔石拱桥。桥面大致为平面，无栏杆。桥面宽 5.50 米，桥长 18.50 米。

侧墙用乱石砌筑，无桥台，拱脚建在岩石上，拱碹是片石砌筑，近似半圆形结构，碹脸与侧墙平。跨径 12.50 米。

171. 诸暨媲美桥

媲美桥位于诸暨市马剑镇栗树坪村，清光绪三十年（1904 年）建。

媲美桥是一座双孔石拱桥。桥面高起为平面，两端是阶梯式坡道，两侧有石板栏杆。桥面宽 3.40 米,桥长 25.00 米。

侧墙用块石砌筑,上顶有单层仰天石。桥台是燕翅形。桥墩两端是尖形。拱碹是半圆形纵联式结构,无拱眉。跨径均为 9.80 米。

172. 诸暨石砩桥

石砩桥又名永宁桥,位于诸暨市枫桥镇石砩村,建成年代无考。

石砩桥是一座 3 孔石拱桥。桥上无栏杆,桥面(3 孔拱碹上)为平面,桥堍上是阶梯式坡道。桥面宽 4.00 米,桥长 56.00 米。

侧墙用料石砌筑,上顶有单层仰天石。桥台是燕翅形,前墙长约 5.20 米。桥墩两段均为尖形,分水尖的上顶很高,拱碹是半圆形纵联分段并列式结构,由 8 道纵联石和 9 段拱碹石构成,碹脸外有拱眉石,拱眉凸出于碹脸,又凸出于侧墙。中孔跨径 11.00 米,边孔跨径 10.70 米。

173. 诸暨崖下桥

崖下桥位于诸暨市马剑村,跨于山涧排水沟上,清光绪二十三年(1897 年)建。

今存崖下桥是一座双孔石拱桥。桥面中部高起为平面,桥堍上是阶梯式坡道。桥上无栏杆,两侧各有一道边牙石。桥面宽 4.00 米,桥长 27.00 米。桥台是燕翅形。桥墩两端为尖形。拱碹是半圆形纵联式结构,碹脸与侧墙平。跨径均为 9.00 米。

174. 诸暨永宁桥

永宁桥位于诸暨市枫桥镇,建造年代无考。2001 年为修建永宁水库,永宁桥被拆除。

永宁桥是一座 3 孔石拱桥。两侧有板式石栏杆。桥面宽 4.00 米,桥长 26.00 米。

侧墙用料石砌筑,上顶有双层仰天石。桥台燕翅形,前墙长约 5.00

米。桥墩两端是尖形，中孔跨径 11.00 米，边孔跨径 10.70 米。

175. 天台岙高桥

岙高桥位于台州市天台县湖窦镇，跨山间排水沟上，建造年代不详。

岙高桥是一座单孔石拱桥。桥堍和桥面上铺砌不规则石板，无栏杆，桥面宽 3.80 米，桥长 15.00 米。

无桥台，拱脚砌筑在山脚岩石上，拱碹是类似双抛物线形纵联式结构，跨径 9.60 米，矢高 3.50 米。

176. 天台岙杨村桥

岙杨村桥位于台州市天台县岙杨村，跨山间排水沟上，建造年代不详。

岙杨村桥是一座单孔石拱桥。桥堍和桥面上铺砌不规则石板，两侧有节间式石栏杆，无地伏，望柱安装在金边石上，栏板下面有空隙，桥面宽 3.90 米，桥长 24.65 米。

无桥台，拱碹砌筑在山脚岩石上，是椭圆形变截面纵联式结构，无拱眉。跨径 9.60 米，矢高 3.50 米。

177. 天台丰干桥

丰干桥位于台州市天台县国清寺门前，国清寺建于隋代，相传丰干桥与大寺同期建成，以神仙"丰干"命桥名。

现存桥是一座单孔石拱桥，跨于排水沟上。桥面为正圆弧形，无栏杆，两侧各有一道边牙石。桥面宽 5.00 米，桥长 18.00 米。

侧墙是用乱石砌筑的不规则石墙，两端与乱石砌筑的河岸连接。桥台非正式构造，前面宽出拱脚 35 厘米，拱脚建在乱石砌筑的河岸底部，拱碹是不规则半圆形纵联式结构，用乱石砌筑，无拱眉，碹脸与侧墙平。跨径 9.00 米。

1988 年，丰干桥安装节间式石栏杆，每侧有望柱 10 根，栏板 9 块，抱鼓石 2 块，拆去旧边牙石，新配置地伏。

178. 天台灵水桥

灵水桥又名"磐寿桥"，亦称"过虹桥"，位于台州市天台县，跨灵溪上。南宋嘉定《赤城志》记载："灵水桥淳化三年（992 年）建。"清咸丰四年（1854 年）秋动工重建，五年（1855 年）孟夏竣工。

今存灵水桥是一座单孔石拱桥。桥上两侧有石板栏杆，桥面全宽 6.80 米，净宽 5.00 米，桥长 26.80 米。

无正规桥台，拱脚砌筑在山脚基岩上，拱碹是圆弧形纵联式结构，无拱眉。跨径 19.50 米。

179. 天台灵镇桥

灵镇桥位于台州市天台县灵镇村，建造年代不详。

灵镇桥是一座单孔石拱桥。桥上无栏杆，桥面净宽 3.40 米，桥长 12.50 米。

无正规桥台，拱脚砌筑在山脚基岩上，拱碹是圆弧形纵联式结构，拱碹厚 50 厘米，无拱眉。跨径 8.00 米。

180. 泰顺霞光桥

霞光桥位于温州泰顺县横坑镇华洋村，始建于清雍正元年（1723 年），咸丰二年（1852 年）重建，同治十三年（1874 年）重建。

霞光桥是一座单孔石拱桥。桥面宽 4.42 米，桥长 17.26 米。桥面上建有屋。侧墙用料石砌筑，上顶有双层仰天石。桥台是凹字形，前墙长 4.50 米。拱碹是半圆形纵联式结构，无拱眉，碹脸与侧墙平。跨径 13.30 米。

181. 余姚白云桥

白云桥位于余姚市鹿亭乡中村（古称"白云村"），跨鹿溪上，始建于唐贞观年间（627—649年）。清光绪十六年（1890年）重建。

白云桥是一座单孔石拱桥。桥面中部（拱顶上）高起为平面，两端是阶梯式坡道。两侧有节间式石栏杆，无地伏，桥栏杆置于仰天石上。桥面宽3.30米，桥长25.30米。

侧墙用料石砌筑，上顶有双层仰天石。桥台是凹字形，前墙长3.60米。拱碹是半圆形纵联分段并列式结构，有双线拱眉。跨径12.65米。

桥台的侧墙上各有两根桥联柱，上顶皆有勾头石。

第十四节　福建省石拱桥

福建省石拱桥共有75座。

1. 福清波澜桥

波澜桥位于福清市波澜村，跨波澜溪上，于明成化十九年（1483年）修建，万历年间（1573—1620年）重建。清乾隆元年（1736年）重修。

波澜桥是一座单孔石拱桥。桥面上铺砌不规则形石板，桥面大致为平面。两侧有节间式石栏杆，每侧有望柱10根，栏板9块，无地伏，桥栏杆置于仰天石上。桥面宽4.50米，桥长11.20米。

侧墙用不规则形石板砌筑，上顶有单层仰天石。桥台是凹字形，前墙长4.50米。拱碹用不规则石板砌筑，是椭圆形纵联式结构，拱碹厚0.37米，碹脸外边有拱眉石，拱眉与侧墙平。跨径6.60米，矢高3.30米，矢跨比1/2。

2. 福州馆驿桥

馆驿桥位于福州市鼓楼区衣锦坊，在原五代闽国罗城西门外，跨罗城的护城河上，东西走向。始建年代不详，明成化十四年（1478 年）改建成石板平桥。清道光十八年（1838 年）春，改建成石拱桥。

馆驿桥是一座单孔石拱桥。桥上两侧有石板栏杆，每侧有望柱 4 根，栏板 3 块，北侧栏板上刻"道光戊戌年建"，南侧栏板上刻"馆驿桥"。桥台是凹字形。拱碹是半圆形纵联式结构，有拱眉，跨径 7.00 米。

3. 回龙桥

回龙桥位于福州市马尾区闽安镇，跨邢港（旧河道）上，南北走向。建造年代无考。

回龙桥是一座单孔石拱桥。桥面中部（拱顶上）高起为平面，两端是阶梯式坡道，两侧有节间式石栏杆，桥面宽 4.80 米，桥长 66.00 米。

侧墙用料石砌筑，上顶有单层仰天石。桥台是凹字形。拱碹是半圆形纵联分段并列式结构，无拱眉。跨径 13.00 米。

4. 福州彬德桥

彬德桥位于福州市台江区，于清光绪二十二年（1896 年）修建。

彬德桥是一座 3 孔石桥。中孔是石拱，两边孔是石板梁，桥面中部（中孔上）高于两端（边孔上），桥面宽 4.80 米，桥长 33.00 米。

桥台是凹字形，桥墩两端是方形。中孔拱碹是圆弧形纵联式结构，无拱眉，跨径 7.00 米。边孔是石板梁，跨径 5.00 米。

5. 福州仁德桥

仁德桥又名"六柱桥"，位于福州市台江区八一七中路，跨茶亭河上。始建年代无考，民国十七年（1928 年）重建。

仁德桥是一座单孔石拱桥。桥堍和桥面上铺砌石板为平面，两侧有节间式石栏杆，桥面宽 2.30 米，桥长 13.50 米。

侧墙用料石砌筑，上顶有单层仰天石。桥台是凹字形，用方形条石横顺相间砌筑，前墙长 2.30 米。拱碹是半圆形纵联式结构，无拱眉。跨径 4.20 米。

6. 福州三通桥

三通桥位于福州市台江区，跨三捷河上，东西走向，建于明代，清嘉庆十一年（1806 年）重建。1996 年，因为中亭街实施改扩建工程，将三通桥拆卸易地重建，改为南北走向。桥梁结构与形式依旧。

三通桥是一座 3 孔石拱桥。桥面略呈弧形，桥堍上是阶梯式坡道，两侧有节间式石栏杆。桥面宽 6.20 米，桥长 36.70 米。

侧墙用料石砌筑，上顶有单层仰天石。桥台是燕翅形。桥墩两端是尖形，拱碹是半圆形纵联分段并列式结构，无拱眉，中孔跨径 8.00 米，边孔跨径 7.00 米。

7. 福州沙合桥

沙合桥俗称"小桥"，位于福州市台江区中亭街，始建于元代。《闽都别记》载，南宋绍兴十一年（1141 年）改浮桥为"石墩桥"，桥墩为方形石柱，而后，又改建成石梁桥，命名"沙合桥"。明成化六年（1470 年）改建成单孔石拱桥，俗称"小桥"。

沙合桥是一座单孔石拱桥。桥堍和桥面上铺砌条形石板，两侧有节间式石栏杆，桥面宽 1.50 米，桥长 10.80 米。

侧墙用块石砌筑，上顶有单层仰天石。桥台是凹字形，用方形条石砌筑。拱碹是圆弧形纵联式结构，无拱眉。跨径 7.20 米。

8. 福州透龙桥

透龙桥位于福州市台江区后洲街，于清同治五年（1866 年）修建。

透龙桥是一座单孔石拱桥。桥面为弧形，桥面宽 5.70 米，桥长 15.70 米。

侧墙用料石砌筑，上顶有单层仰天石。桥台是凹字形，前墙长 4.50 米。拱碹是纵联式结构，无拱眉。跨径 4.00 米。

9. 福州星安桥

星安桥位于福州市台江区双杭街，跨星安河上，南北走向，始建于清乾隆五十一年（1786 年），嘉庆十年（1805 年）重修，光绪十六年（1890 年）重修，宣统二年（1910 年）重修。民国十四年（1925 年）重修。

星安桥是一座 3 孔石拱桥。中孔上桥面较高，边孔上桥面较低，高低桥面之间有台阶相连，两侧有节间式石栏杆，东面栏板上刻"乾隆丙午新建""嘉庆乙丑年重修""垂裕堂张重修憔善社监督"。桥面宽 3.10 米，净宽 2.10 米，桥面长 17.30 米，桥全长 100.00 米。

侧墙用料石砌筑，上顶有单层仰天石。桥台是凹字形，桥墩两端是方形，桥墩厚 2.50 米，桥墩长 3.00 米。拱碹是镶边纵联式结构，碹脸由 9 块弧形石板组成，无拱眉。跨径 18.00 米。

10. 闽侯柴头溪桥

柴头溪桥位于福州市闽侯县南通镇瓜山村，跨柴头溪上，南北走向。《闽侯县志》记载："瓜山在四十八都，联方山西，有三峦直下，分排如瓜，宋潘柄、元郑潜居之。"始建年代不详。

柴头溪桥是一座单孔石拱桥。桥面大致为平面，无栏杆，桥面宽 1.75 米，桥梁全长 11.00 米。

侧墙用块石砌筑，上顶有单层较厚的仰天石，石板上面高出桥面，成为边牙石。桥台建在山脚下。拱碹是半圆形纵联式结构，无拱眉，跨径 4.80 米。

11. 闽侯登云桥

登云桥位于福州市闽侯县小箬乡坪坡村，跨小箬溪支流上，南北走向，始建于五代闽国，曾数次被洪水冲圮。清乾隆三十年（1765 年）重建。

登云桥是一座单孔石拱桥。桥面隆起，桥上无栏杆，桥面宽 2.30 米，桥梁全长 6.50 米。

侧墙用块石砌筑，上顶有单层较厚的仰天石，石板上面高出桥面，成为边牙石。桥台建在山脚岩石上。拱碹是半圆形纵联分段并列式结构，跨径 5.50 米。

12. 闽侯拱桥头桥

拱桥头桥位于福州市闽侯县武竹村，跨安前溪上，南北走向。建造年代不详。

拱桥头桥是一座单孔石拱桥。桥上无栏杆，桥面宽 2.40 米，桥梁全长 13.00 米。

侧墙用块石砌筑，上顶有单层较厚的仰天石，石板上面高出桥面，成为边牙石。桥台建在山脚岩石上。拱碹是半圆形纵联式结构，无拱眉，跨径 6.60 米。

13. 闽侯拱头桥

拱头桥位于福州市闽侯县洋里乡锡地村，建造年代无考。

拱头桥是一座单孔石拱桥。桥面中部（拱顶上）高起为平面，两端各有 3 级台阶，无栏杆。桥面宽 2.10 米，桥长 8.40 米。

侧墙用块石砌筑，上顶无仰天石。桥台建在山脚岩石上。拱碹用片石砌筑，是半圆形纵联式结构，跨径 6.60 米。

14. 闽侯鼓响桥

鼓响桥位于福州市闽侯县荆溪镇关中村，跨山涧沟上，东西走向，始建于元延祐七年（1320 年），清乾隆四十三年（1778 年）重修。

鼓响桥是一座单孔石拱桥。桥面中部即拱磴，两端是阶梯式石板踏步，桥面宽 3.35 米，桥长 11.30 米。

无正式桥台，拱脚建在山崖岩石上，拱磴是半圆形纵联式结构，无拱眉，跨径 9.00 米。

15. 闽侯合龙桥

合龙桥又名双溪桥，位于福州市闽侯县南屿镇九都村，跨山涧无名溪上，南北走向，于清同治二年（1863 年）修建。

合龙桥是一座单孔石拱桥。桥上无栏杆，桥面宽 2.74 米，桥梁全长 7.80 米。

侧墙用块石砌筑，上顶有单层较厚的仰天石，石板上面高出桥面，成为边牙石。桥台建在山脚岩石上。拱磴是半圆形纵联式结构，无拱眉，跨径 6.52 米。

16. 闽侯护龙桥

护龙桥位于福州市闽侯县上街镇下市大街，跨街河上，东西走向，建于清代。

护龙桥是一座单孔石拱桥。桥面平，两侧有块石砌筑的栏杆。桥面宽 2.80 米，桥长 6.00 米。

侧墙用块石砌筑，上顶有单层仰天石。桥台是凹字形，前墙长 2.80 米。拱磴是半圆形纵联式结构，无拱眉。跨径 3.20 米。

17. 闽侯金鳌桥

金鳌桥位于福州市闽侯县雪峰村，跨山涧上，东西走向，始建于五代闽国，曾数次被洪水冲圮。清乾隆二十八年（1763 年）重建。

金鳌桥是一座单孔石拱桥。桥上两侧有块石砌筑的栏杆，桥面宽 5.00 米，净宽 3.30 米，桥梁面长 13.60 米，全长 17.00 米。

侧墙用块石砌筑，上顶有单层较厚的仰天石，石板上面高出桥面，成为边牙石。桥台建在山脚岩石上。拱碹是半圆形纵联式结构，无拱眉，跨径 12.00 米。

18. 闽侯金桥

金桥位于福州市闽侯县碘坑村，跨山涧上，南北走向，建于明代。

金桥是一座单孔石拱桥。桥上无栏杆，桥面宽 4.80 米，桥梁全长 17.00 米。

侧墙用块石砌筑，上顶有单层较厚的仰天石，石板上面高出桥面，成为边牙石。桥台建在山脚岩石上。拱碹是半圆形纵联式结构，无拱眉，跨径 9.40 米。

19. 闽侯金沙桥

金沙桥位于福州市闽侯县荆溪镇六垱村，跨金沙溪上，南北走向。建造年代不详。

金沙桥是一座单孔石拱桥。桥上无栏杆，桥面宽 4.30 米，桥梁全长 8.30 米。

侧墙用块石砌筑，上顶有单层较厚的仰天石，石板上面高出桥面，成为边牙石。桥台建在山脚基岩上。拱碹是半圆形纵联式结构，无拱眉，跨径 6.30 米。

20. 闽侯凉伞桥

凉伞桥位于福州市闽侯县上街镇新峰村，跨玉浦河上，东西走向，始建于明代。

凉伞桥是一座单孔石拱桥。桥面略显弧形，原有桥栏杆无存，现有混凝土柱铁管栏杆。桥面宽 2.70 米，桥梁全长 20.00 米。

侧墙用块石砌筑，上顶有单层较厚的仰天石，石板上面高出桥面，成为边牙石。桥台是凹字形，拱碹是圆弧形纵联式结构，无拱眉，跨径10.00米。

21. 闽侯美人桥

美人桥俗称"鲤鱼尾桥"，位于福州市闽侯县大湖乡箬洋村，跨鲤鱼溪上，东西走向。清代建。

美人桥是一座单孔石拱桥。桥面上铺砌青石板，桥面为弧形，无栏杆，桥面宽2.50米，桥梁全长7.10米。

侧墙用块石砌筑，上顶有单层较厚的仰天石，石板上面高出桥面，成为边牙石。桥台建在山脚基岩上。拱碹是半圆形纵联式结构，拱碹厚53厘米，无拱眉，跨径4.70米。

22. 闽侯上拱桥

上拱桥位于福州市闽侯县澎湖村，跨安溪上，南北走向，于清道光二十八年（1848年）修建。

上拱桥是一座单孔石拱桥。桥面高起为平面，桥墩上是阶梯式坡道，各有5级台阶，无栏杆，桥面宽2.30米，桥梁全长12.30米。

侧墙用块石砌筑，上顶有单层较厚的仰天石，石板上面高出桥面，成为边牙石。桥台建在山脚岩石上。拱碹是半圆形纵联式结构，无拱眉，跨径6.30米。

23. 闽侯寺院桥

寺院桥位于福州市闽侯县小箬乡尚锦村，跨寺院溪上，东西走向。建造年代无记载。

寺院桥是一座单孔石拱桥。桥面平，无栏杆。桥面宽2.70米，桥长8.50米。

侧墙用块石砌筑，上顶有单层仰天石。桥台是凹字形，前墙长2.70

米。拱碹是半圆形纵联式结构，无拱眉。跨径 3.50 米。

24．闽侯无里拱桥

无里拱桥位于福州市闽侯县青口镇幸福村，跨山涧溪上，东西走向，于明永乐年间（1403—1424 年）修建。

无里拱桥是一座单孔石拱桥。无栏杆，桥面宽 2.10 米，桥梁全长 12.00 米。

侧墙用块石砌筑，上顶有单层仰天石。桥台是凹字形，前墙长约 2.10 米。拱碹是半圆形纵联式结构，无拱眉，跨径 5.10 米。

25．闽侯武竹拱桥

武竹拱桥位于福州市闽侯县江洋农场武竹村，跨安前溪上，南北走向。建造年代不详。

武竹拱桥是一座单孔石拱桥。桥墩和桥面上铺砌不规则石板，桥面呈弧形，无栏杆，桥面 2.40 米，桥长 13.00 米。

侧墙用块石砌筑，无仰天石。桥台建在山脚岩石上。拱碹用片石砌筑，是半圆形纵联式结构，拱碹厚 40 厘米，无拱眉，跨径 6.60 米。

26．闽侯仙坂桥

仙坂桥位于福州市闽侯县荆溪镇六墘村，跨横坂溪上，南北走向，始建于五代闽国，曾数次被洪水冲圮。清乾隆三十年（1765 年）重建。

仙坂桥是一座单孔石拱桥。桥墩是山腰岩石，桥上两侧有块石砌筑的栏杆，桥面宽 2.20 米，桥梁全长 22.70 米。

侧墙用块石砌筑，上顶有单层较厚的仰天石，石板上面高出桥面，成为边牙石。桥台建在山脚岩石上。拱碹是半圆形纵联式结构，无拱眉，跨径 8.00 米。

27. 闽侯御杨溪桥

御杨溪桥位于福州市闽侯县甘蔗街道云石村，跨御杨溪上，东西走向，始建于宋代，明代重建。

今存御杨溪桥是一座单孔石拱桥。桥墩和桥面上铺砌不规则石板，无栏杆，桥面宽 2.50 米，桥梁全长约 20.00 米。

侧墙用块石砌筑，上顶有单层较厚的仰天石，石板上面高出桥面，成为边牙石。桥台建在山脚岩石上。拱碹是圆弧形纵联式结构，无拱眉，跨径 8.00 米。

28. 闽侯怨命桥

怨命桥位于福州市闽侯县箬洋村，跨山涧上，南北走向。始建年代不详。

怨命桥是一座双孔石拱桥。桥上无栏杆，桥面宽 1.90 米，桥梁全长 27.00 米。

侧墙用块石砌筑，上顶有单层较厚的仰天石，石板上面高出桥面，成为边牙石。桥台建在山崖上。北孔拱碹是半圆形纵联式结构，无拱眉，跨径 4.50 米。南孔拱碹是马蹄形纵联式结构，无拱眉，跨径 8.80 米。

29. 闽清龙门桥

龙门桥位于福州市闽清县池园村，跨小溪上。《龙门桥碑志》记载："清嘉庆年间（1796—1820 年）建，民国二十三年（1934 年）修葺。"

龙门桥是一座单孔石拱桥。桥面铺砌石板为平面，无栏杆，桥面宽 4.50 米，桥长 17.80 米。桥上建木结构廊。

侧墙的下部用大卵石砌筑，上部用块石砌筑，上顶无仰天石，栏杆置于侧墙上。

桥台是凹字形，用料石砌筑，前墙长 4.50 米。拱碹是类似抛物线形纵联式结构，无拱眉。跨径 6.50 米。

30. 永泰崇福桥

崇福桥位于福州市永泰县苍霞村，始建于清乾隆十年（1745年）。

崇福桥是一座单孔石拱桥。桥面上铺砌条形石板，桥面略显弧形，两侧有板式石栏杆，桥面宽3.30米，桥长22.50米。

侧墙用不规则石块砌筑，上顶有单层仰天石组成的金边线。桥台是凹字形，前墙长3.30米。拱碹是半圆形纵联式结构，无拱眉。跨径14.50米。

31. 永泰三捷桥

三捷桥位于福州市永泰县三捷村，于清道光二年（1822年）修建。

三捷桥是一座单孔石拱桥。原有桥面中部铺砌石板为平面，两端是阶梯式坡道，各有12级踏步，1992年拆除踏步，改建成斜面坡道。桥面宽3.50米，桥长26.20米。

侧墙用料石砌筑，上顶有单层仰天石。桥台是凹字形，前墙长3.50米。拱碹是半圆形纵联式结构，无拱眉。跨径4.20米。

32. 永泰西塘桥

西塘桥位于福州市永泰县西塘村。始建年代无考，清乾隆四十九年（1784年）重建。

西塘桥是一座单孔石拱桥。桥面上铺砌石板为平面，桥面宽4.20米，桥长29.00米。桥上建木结构廊。

侧墙用块石砌筑，无仰天石。桥台是凹字形，用料石砌筑，前墙长4.20米，拱碹是类似抛物线形纵联式结构，无拱眉。跨径20.20米。

33. 永泰珠坑桥

珠坑桥位于福州市永泰县椿阳村，建于清乾隆三十年（1765年）。

珠坑桥是一座单孔石拱桥。桥面上用乱石铺砌，桥面略显弧形，无栏杆，桥面宽 3.60 米，桥长 21.50 米。

侧墙用乱石块砌筑，无桥台，拱脚建在山脚岩石上，拱碹是半圆形纵联式结构，无拱眉。跨径 16.50 米。

34. 长汀永济桥

永济桥位于龙岩市长汀县濯田镇街上村，跨田河上。始建年代无考，重修年代无记载。

永济桥是一座 7 孔石拱桥。桥堍和桥面上铺砌条形石板，桥面为平面，桥堍为坡面，两侧有节间式石栏杆，桥面宽 3.50 米，桥长 62.00 米。

侧墙用料石砌筑，上顶有单层仰天石。桥台是燕翅形，前墙长约 4.50 米。桥墩两端是尖形，拱碹是半圆形纵联式结构，碹脸外边有拱眉，拱眉凸出于碹脸，拱眉与侧墙平。跨径均为 6.50 米。

35. 上杭驷马桥

驷马桥位于龙岩市上杭县城西，于宋乾道三年（1167 年）修建，明隆庆六年（1572 年）重修。

驷马桥是一座单孔石拱桥。桥面宽 7.80 米，桥长 21.00 米。

侧墙用块石砌筑，上顶有单层仰天石。桥台与石砌河岸连砌为一体，拱碹是半圆形纵联式结构，无拱眉。跨径 7.50 米。

36. 武平古成德桥

古成德桥位于龙岩市武平县高梧村，跨高梧溪上，于清乾隆四十一年（1776 年）修建。

古成德桥是一座 3 孔石拱桥。桥堍和桥面上铺砌花岗岩石板，桥面宽 6.00 米，桥面长 63.40 米，桥堍长各 5.80 米，桥梁全长 75.00 米。

侧墙用料石砌筑，上顶有单层仰天石组成的金边线。桥台是凹字形，前墙长 6.00 米，端墙后部有用料石砌筑的燕翅墙，桥墩两端是尖形。拱碹是半圆形纵联式结构，无拱眉，碹脸后退于侧墙。跨径 9.50 米。

37. 武平永安桥

永安桥原名"通济桥"，位于龙岩市武平县中山镇，于清道光十年（1830 年）修建。

永安桥是一座 8 孔等跨径石拱桥。桥上两侧有石栏杆。桥面宽 3.70 米，桥长 113.00 米。

侧墙用料石砌筑，上顶有单层仰天石。桥台是燕翅形，桥墩两端是尖形，桥墩厚 2.10 米，桥墩长 5.10 米。拱碹是半圆形纵联分段并列式结构，无拱眉，跨径均为 10.90 米。

38. 永安永宁桥

永宁桥位于龙岩市永安区青水乡青水村，于清雍正二年（1724 年）修建。

永宁桥是一座单孔石拱桥。桥面宽 7.00 米，桥长 21.00 米。桥上建砖木结构廊。

侧墙用料石砌筑，上顶有单层仰天石。桥台是凹字形。拱碹是半圆形纵联式结构，无拱眉。跨径 12.00 米。

39. 永定高陂桥

高陂桥原名"深度桥"，位于龙岩市永定区高陂镇和兴村，跨永定河支流上，于明成化三年（1467 年）修建，嘉靖三十七年（1558 年）被水毁后，改建成木桥；清康熙三年（1664 年）又被水毁，改建石桥；康熙四十年（1701 年）再次被水毁，乾隆二十一年（1756 年）重建；乾隆四十年（1775 年）重修。

今存高陂桥是一座单孔石拱桥。桥面略显弧形，两侧有节间式石栏杆。桥面宽 7.40 米，桥长 60.00 米。

侧墙用块石砌筑，上顶有单层仰天石。桥台是凹字形，前墙长 7.40
米。拱碹是三心圆弧形纵联式结构，碹脸外边有拱眉石，拱眉与侧墙
平。跨径 20.00 米。

40. 漳平香山桥

香山桥位于漳平市赤水镇香山村，跨乡村排水沟上，于清嘉庆二十
四年（1819 年）修建。

香山桥是一座单孔石拱桥。桥面上铺砌条形石板，无栏杆，桥面宽
5.20 米，桥长 24.50 米。

侧墙用块石砌筑，上顶有单层仰天石。拱碹是半圆形纵联式结构，
无拱眉，跨径 10.00 米。

41. 光泽万安桥

万安桥位于南平市光泽县止马镇，于明宣德四年（1429 年）修建。

万安桥是一座双孔石拱桥。桥堍和桥面上铺砌条形石板，桥面为平
面，桥堍上是坡面，两侧有砖砌花栏杆。桥面宽 6.60 米，桥长
34.60 米。

桥台建在山脚岩石上，跨乡村排水沟上。桥墩两端是方形。拱碹是
半圆形纵联式结构，无拱眉，跨径 12.50 米。

42. 光泽吴屯桥

吴屯桥位于南平市光泽县吴屯村，跨吴屯溪上。《八闽通志》记载，
吴屯桥建于明洪武六年（1373 年）。

吴屯桥是一座双孔石拱桥。桥堍上铺砌石板踏步，桥面（拱碹上）
为平面，桥面宽 4.70 米，桥长 37.70 米。

侧墙用块石砌筑，上顶有单层仰天石。桥台与石砌河岸建在一起。

桥墩两端是方形，建在基岩上，拱碹是半圆形纵联式结构，有拱眉，拱眉凸出于碹脸，拱眉与侧墙平。跨径9.00米。

43. 建瓯水西桥

水西桥位于建瓯水西村，东西走向，于明万历年间（1573—1620年）修建。

现存桥是一座8孔厚拱厚墩重型石拱桥。全桥（桥塊和桥面）为平面，两侧有节间式式石栏杆。桥面宽4.30米，桥长104.00米。

侧墙用料石砌筑，上顶有单层仰天石。桥台两侧有燕翅墙，前墙长5.50米。桥墩上游端为鹅胸形，下游端是方形，拱碹是半圆形纵联式结构，碹脸外边有拱眉石，拱眉与侧墙取平。跨径6.00米。

44. 建阳长见桥

长见桥俗称"太子岭桥"，位于南平市建阳区长见村。《建宁府志》记载："长见桥建于宋代，清康熙年间（1662—1722年）重建。"

长见桥是一座单孔石拱桥。拱碹上面中部即桥面，两端是土坡道。桥面宽6.00米，桥长22.20米。

侧墙用块石砌筑，上顶有单层仰天石。桥台建在山崖基岩上，拱碹是半圆形纵联式结构，无拱眉。跨径5.20米。

45. 建阳太子岭桥

太子岭桥位于南平建阳区黄坑镇长见村，建于宋代。

太子岭桥是一座单孔石拱桥。桥面中部（拱顶上）高起为平面，两端是阶梯式坡道，两侧有石栏杆，桥面宽6.00米，桥长22.60米。

侧墙用料石砌筑，上顶有单层仰天石。桥台是凹字形，拱碹是半圆形纵联式结构，无拱眉，跨径17.60米。

46. 邵武铜青桥

铜青桥位于邵武市新丰村，跨于铜山与青山之间山涧上，东西走向。《八闽通志》记载，铜青桥建于元代元统年间（1333—1335 年），明永乐年间（1403—1424 年）毁于洪水。正统四年（1439 年）重建，成化十七年（1481 年）复坏其半，当年修复。嘉靖二十一年（1542 年）重建。清顺治四年（1647 年）重修，雍正六年（1728 年）重修。

今铜青桥是一座 3 孔石拱桥。桥面铺砌不规则石板，桥面宽 6.70 米，桥长 55.60 米。

侧墙用块石砌筑，上顶有单层仰天石。桥台是"一"字形，建在山脚岩石上。桥墩用方形条石横顺相间砌筑，两端是尖形，尖端高出拱脚许多，桥墩厚 1.25 米，桥墩长 8.70 米。拱碹是半圆形纵联式结构，无拱眉。跨径均为 16.00 米。

47. 顺昌登云桥

登云桥位于南平市顺昌县曲村，跨小溪涧上。《顺昌县志》记载："登云桥始建于元至顺年间（1330—1333 年）。"明正德六年（1511 年）重建。

登云桥是一座单孔石拱桥。桥面宽 6.60 米，桥长 45.00 米。桥上有木结构廊。

侧墙用料石砌筑，上顶有双层仰天石，桥台是凹字形，用料石砌筑，端墙与侧墙为同一整体，前墙长 6.60 米。拱碹是半圆形纵联式结构，无拱眉，跨径 18.00 米。

48. 松溪花桥

花桥位于南平市松溪县花桥村，跨越杉溪上。桥头有重修花桥碑记，花桥始建于清雍正年间（1723—1735 年）。

花桥是一座 3 孔等跨径石拱桥，桥面宽 3.50 米，桥长 36.90 米。桥上有木结构廊。

侧墙用料石砌筑，上顶有单层仰天石。桥台是凹字形，用料石砌筑，前墙长3.50米。桥墩两端是方形（端面与侧墙齐平），用料石砌筑，桥墩厚1.35米，桥墩长3.90米。

拱碹是半圆形纵联式结构，无拱眉，跨径均为11.50米。

49. 松溪溪桥

溪桥位于南平市松溪县项溪村，桥头立有碑记："溪桥建于明洪武三年（1370年）。"

溪桥是一座单孔石拱桥。桥面宽4.50米，桥长16.00米。桥上有木结构廊。

侧墙用乱石砌筑，上顶有单层仰天石，桥台是凹字形，用乱石砌筑，端墙与侧墙为同一整体，前墙长4.50米。拱碹是半圆形纵联式结构，无拱眉，跨径10.50米。

50. 武夷山巨口桥

巨口桥位于武夷山市星村镇巨口村，建于清代。

巨口桥是一座单孔石拱桥。桥墩和桥面上铺砌石板，桥面全桥弧形，无栏杆。桥面宽4.90米，桥长17.00米。

侧墙用块石砌筑，上顶有单层较厚的仰天石，石板高出桥面。桥台是凹字形，用块石砌筑，前墙长5.00米，拱碹是类似抛物线形纵联式结构，无拱眉。跨径8.00米。

51. 政和花桥

花桥位于南平市政和县杨源乡坂头村，跨潘溪上，南北走向，建于明正德六年（1511年）。

花桥是一座单孔石拱桥。桥上是平面，两端有台阶，桥面全宽8.00

米，净宽 7.50 米，桥长 38.00 米。桥上有木结构廊，中间部位有木结构阁。

侧墙用不规则石板砌筑，上顶有单层仰天石。桥台是凹字形，前墙长 8.00 米，端墙和侧墙为同一墙面。拱碹是半圆形纵联式结构，无拱眉。跨径 12.20 米。

52. 屏南白玉西桥

白玉西桥位于宁德市平南县寿山乡白玉村。清嘉庆八年（1803 年）癸亥十月初十建成。嘉庆九年（1804 年）立碑，建碑亭。2004 年重建。

白玉西桥是一座单孔石拱桥。桥塝和桥面上铺砌青石板。全桥为平面。桥面宽 5.50 米，桥长 29.00 米。

桥台与块石砌筑的河岸为一体。跨径 12.50 米。

53. 柘荣永安桥

永安桥位于宁德市柘荣县溪口乡东狮山村，跨山间排水沟上。建造年代无考。

今存永安桥是一座单孔石拱桥。桥面中部（拱顶上）为平面，两端是阶梯式坡道，无栏杆。桥面宽 4.00 米，桥长 27.50 米。

侧墙用不规则块石砌筑，上顶有矩形断面的仰天石。桥台是凹字形，拱碹是半圆形纵联式结构，无拱眉，碹脸与侧墙平。跨径 13.50 米。

54. 周宁赤岩虹桥

赤岩虹桥位于宁德市周宁县泗桥乡赤岩村，据《周宁交通志》记载，赤岩虹桥始建于清康熙四十一年（1702 年），初建为木桥，桥上建廊。嘉庆十六年（1811 年）重建。光绪三十四年（1908 年）改建成石拱桥，桥上建廊。

赤岩虹桥是一座单孔石拱桥。桥面铺砌石板为平面，两侧安装石板栏杆，桥面宽5.00米，桥长27.00米。桥上建木结构廊和阁。

侧墙用块石砌筑，上顶无仰天石，石板栏杆置于侧墙上。桥台是凹字形，用料石砌筑，前墙长5.00米。拱碹是半圆形纵联式结构，无拱眉。跨径14.40米。

55. 安溪仙瀛桥

仙瀛桥位于泉州市安溪县剑斗镇圳下村，于清光绪二十三年（1897年）动工修建，光绪二十七年（1901年）竣工。

仙瀛桥是一座单孔石拱桥，桥面中部（拱顶上）高起为平面，两端是阶梯式坡道，两侧有节间式石栏杆。桥面宽4.20米，桥长54.60米。

侧墙用料石砌筑，上顶有单层仰天石。桥台是凹字形，用料石砌筑。拱碹是半圆形纵联分段并列式结构，拱眉凸出于碹脸，又凸出于侧墙。跨径22.30米。

56. 德化拱桥

拱桥位于泉州市德化县雷峰镇蕉溪村，跨蕉溪涧支流上，于清乾隆二十九年（1764年）兴工修建，乾隆三十三年（1768年）建成。

拱桥是一座单孔石拱桥，桥墩和桥面上铺砌不规则石板，桥面为平面，桥墩上是阶梯式坡道，各有10级台阶，无栏杆，桥面宽3.30米，桥长31.00米。

侧墙用块石砌筑，上顶有单层仰天石。桥台建在山脚岩石上。拱碹是半圆形纵联式结构，无拱眉，跨径19.50米。

57. 大田通泗桥

通泗桥位于三明市大田县华兴乡杞溪村，建于明代。

通泗桥是一座单孔石拱桥。桥面宽7.20米，桥长29.00米。桥上建砖木结构廊。

侧墙用块石砌筑，上顶有单层仰天石。桥台建在山脚岩石上。拱碹是圆弧形纵联式结构，无拱眉，跨径 13.20 米。

拱碹上面两端各有一个小孔洞，拱碹是半圆形纵联式结构，无拱眉。跨径 1.30 米。

58. 大田镇东桥

镇东桥俗称"大田桥"，位于三明市大田县均溪镇，跨均溪上。明成化八年（1472 年）建木桥。清康熙十二年（1673 年）重修，康熙三十三年（1694 年）毁于火，当年再建。乾隆十七年（1752 年）改建成石拱桥，而后桥身出现裂缝。1985 年 11 月动工，按照原桥旧貌重建，1987 年 1 月竣工，恢复旧貌。施工期间，在 4 个桥墩内发现 4 件铸有"乾隆十七年"的铸铁件。

镇东桥是一座 5 孔石拱桥。北起第二孔上桥面高起为平面，两端是坡道，两侧有节间式石栏杆，桥面宽 4.50 米，桥长 74.00 米。

侧墙用不规则石块砌筑，上顶有双层仰天石。桥台两侧有块石砌筑的八字墙，前墙长 4.50 米。桥墩两端是尖形，跨径由南向北依次是 6.00 米、14.40 米、13.20 米、11.50 米、9.80 米。

59. 建宁万安桥

万安桥原名"镇安桥"，位于三明市建宁县，跨濉溪上。南宋绍定元年（1228 年）建 7 孔石墩台木梁桥。清乾隆元年（1736 年）改建成石拱桥，改名"万安桥"，乾隆十五年（1750 年）重修。2002 年被水毁，当年重建，改建成混凝土桥，旧桥模样不复存在。

万安桥是一座 5 孔等跨径石拱桥。桥面宽 6.10 米，桥长 92.70 米。

侧墙用料石砌筑，上顶有单层仰天石。桥台是燕翅形，桥墩两端是尖形。拱碹是半圆形纵联式结构，无拱眉，跨径 19.40 米。

60. 将乐古厝桥

古厝桥位于三明市将乐县白莲镇余家坪村，跨莲花溪上。清道光十一年（1831年）建。

古厝桥是一座单孔石拱桥。桥面宽4.80米，桥长20.00米。桥上有木结构廊和阁。

侧墙用块石砌筑，上顶有单层仰天石。桥台建在山脚岩石上，拱碹是半圆形纵联式结构，无拱眉。跨径6.50米。

61. 宁化高潭桥

高潭桥位于三明市宁化县水茜乡安寨村，建造年代无考。

高潭桥是一座单孔石拱桥。桥面宽4.60米，桥长24.00米。桥上建砖木结构廊。

侧墙用料石砌筑，上顶有单层仰天石。桥台建在山脚岩石上。拱碹是半圆形纵联式结构，无拱眉。跨径12.50米。

62. 宁化鹊架桥

鹊架桥位于三明市宁化县曹坊乡双石村，建造年代无考。

鹊架桥是一座双孔等跨径石拱桥。上部结构是圆弧形拱碹，拱碹上面两端各有一个小孔洞。桥面宽6.60米，桥长32.00米。桥上建砖木结构廊。

侧墙用料石砌筑，上顶有单层仰天石。桥台是燕翅形，桥墩两端是尖形。拱碹是圆弧形纵联式结构，有拱眉，跨径16.00米。

63. 宁化双虹桥

双虹桥位于三明市宁化县水茜村，跨水茜河上。《八闽通志》和《宁化县志》记载，双虹桥始建于宋咸平年间（998—1003年），屡圮屡建。

双虹桥是一座 5 孔等跨径石拱桥。桥堍和桥面铺砌石板为平面，桥上建木结构廊。桥面宽 6.50 米，桥长 75.00 米。桥上有木结构廊。

侧墙用料石砌筑，上顶有单层仰天石，桥台是凹字形，下部有扩大基底，前墙上部长 6.50 米。桥墩两端是方形，下部有扩大基底，桥墩上部厚 1.40 米，桥墩上部长 7.00 米。拱碹是半圆形纵联式结构，碹脸外边有拱眉，拱眉凸出于碹脸，又凸出于侧墙。跨径均为 14.25 米。

64. 沙县进谷桥

进谷桥位于三明市沙县夏茂镇大布村，跨进谷溪上，始建于明代，清嘉庆六年（1801 年）重建。

进谷桥是一座双孔石拱桥。桥面宽 7.00 米，桥长 45.00 米。桥上有木结构廊。

侧墙用料石砌筑，上顶有单层仰天石。桥台是凹字形，前墙长 7.00 米，端墙和侧墙为同一墙面。拱碹是半圆形纵联式结构，无拱眉。跨径 12.30 米。

65. 沙县石镇桥

石镇桥位于三明市沙县高砂镇渔溪湾石镇村，于清道光四年（1824 年）修建。

石镇桥是一座单孔石拱桥。桥面宽 6.50 米，桥长 16.50 米。桥上建砖木结构廊。

侧墙用块石砌筑，上顶有单层仰天石。桥台建在山脚岩石上。拱碹是半圆形纵联式结构，无拱眉。跨径 12.30 米。

66. 永安会清桥

会清桥位于永安市贡川镇集凤村，跨贡川溪与沙溪汇合处，始建于明天启六年（1626 年）秋，清道光二十年（1840 年）重修。

会清桥是一座 3 孔石拱桥。桥面宽 8.20 米，桥长 41.80 米。桥上有砖木结构廊。

侧墙用料石砌筑，上顶有单层仰天石。桥台是凹字形，前墙长 9.00 米。桥墩两端是方形（桥墩长等于桥身宽），桥墩长 9.00 米。拱碹是半圆形纵联式结构，无拱眉。中孔跨径 13.20 米，边孔跨径 11.70 米。

永安会清桥

67. 永安聚福桥

聚福桥位于永安市大湖镇吴坊村，建于清光绪十八年（1892 年）。

聚福桥是一座 3 孔等跨径石拱桥。桥面宽 6.70 米，桥长 37.00 米。桥上建砖木结构廊。

侧墙用块石砌筑，上顶有单层仰天石。桥台是燕翅形。桥墩两端是尖形。拱碹是半圆形纵联式结构，无拱眉，跨径 9.50 米。

68. 华安流长桥

流长桥位于漳州市华安县良村，于明嘉靖四十五年（1566年）修建。

流长桥是一座双孔石拱桥。桥上两侧无栏杆，桥面宽5.60米，桥长50.00米。

侧墙用料石砌筑，上顶有双层仰天石。桥台建在山脚岩石上。桥墩两端是尖形，拱碹是半圆形纵联式结构。跨径14.00米。

69. 华安温水溪桥

温水溪桥位于漳州市华安县，建造年代无考。

温水溪桥是一座7孔石拱桥。两侧有节间式石栏杆，桥面宽6.20米，桥长102.00米。

侧墙用料石砌筑，上顶有单层仰天石。桥台是燕翅形。桥墩两端是尖形，跨径均为8.00米。

70. 华安西浦桥

西浦桥又名"流长桥""刘塘桥"，位于漳州市华安县良村，跨温水溪上，始建于明嘉靖年间（1522—1566年）。

西浦桥是一座双孔石拱桥，桥面上铺砌条形石板，全桥为平面，两侧有节间式石栏杆，无地伏。桥面宽6.50米，桥长36.00米。桥堍以外有很长的坡道。

侧墙用料石砌筑，上顶有双层仰天石。桥台只有3层石板，建在山岩基岩上，是凹字形，前墙长6.50米。桥墩两端是方形，桥墩厚3.00米，桥墩长6.50米。拱碹为半圆形纵联式结构，有拱眉，碹脸、拱眉与侧墙平。跨径均为14.00米。

71. 南靖古弯桥

古弯桥位于漳州市南靖县南坪村，跨古桥溪上，始建于明万历二年

（1574 年）。

古弯桥是一座双孔石拱桥。桥面南高北低为坡面，无栏杆，桥面宽 3.00 米，桥长 26.00 米。

侧墙用料石砌筑，上顶有双层仰天石。桥台建在山崖基岩上。桥墩两端是尖形。拱碹是半圆形纵联式结构，无拱眉，南孔跨径 6.00 米，北孔跨径 3.00 米。

72. 南平瑞龙桥

瑞龙桥原名"睡龙桥"，位于南平市茂地村，跨山涧上，始建于清乾隆十年（1745 年），初建为木桥，命名为"睡龙桥"。乾隆十八年（1753 年）改建成石拱桥，改名"瑞龙桥"，光绪六年（1880 年）重修。

瑞龙桥是一座单孔石拱桥。桥面铺砌石板为平面，两侧有石栏杆，无地伏，桥栏杆置于仰天石上，桥面宽 6.00 米，桥长 18.00 米。桥上建木结构廊。

侧墙用料石砌筑，上顶无仰天石，石板栏杆置于侧墙上。桥台是凹字形，用料石砌筑，前墙长 6.00 米。拱碹是半圆形纵联式结构，无拱眉。跨径 6.00 米。

73. 宁德朝天桥

朝天桥位于宁德市蕉城区，跨护城河上，南北走向。《八闽通志》记载："宋元丰元年（1078 年）建，其上有亭。"亭已废。

朝天桥是一座单孔石拱桥。桥堍上是阶梯式坡道，各有 11 级踏步，桥面上铺砌条形石板，桥面宽 4.60 米，桥长 9.00 米。

侧墙用块石砌筑，上顶有单层仰天石。桥台是燕翅形，前墙长 5.50 米。拱碹是半圆形纵联式结构，无拱眉。跨径 7.80 米。

74. 宁德花桥

宁德县花桥位于宁德市梅鹤村，始建于宋代，于明万历二十三年（1595年）重修，清乾隆三十四年（1769年）被水毁，乾隆四十三年（1778年）重修。

花桥是一座3孔等跨径石拱桥。桥面宽3.50米，桥长36.00米。桥上有木结构廊。

侧墙用块石砌筑，上顶有单层仰天石。桥台是凹字形，用方形条石横顺相间砌筑，端墙后部有燕翅墙，前墙长3.50米。桥墩两端是尖形，用方形条石横顺相间砌筑，桥墩厚1.35米，桥墩长6.40米。拱碹是半圆形纵联式结构，无拱眉，跨径均为11.00米。

第十五节　江西省石拱桥

江西省石拱桥共计13座。

1. 崇仁黄洲桥

黄洲桥位于抚州市崇仁县城内，跨崇仁河上，于南宋淳祐八年（1248年）兴工修建，历时15年，景定四年（1263年）竣工。咸淳六年（1270年）重建。同期在桥上建屋，两端设门楼。文天祥题桥名"黄洲桥"，遂刻匾安装在门楼上。

清顺治初年桥圮，屡修屡圮，屡圮屡修，遂改为浮桥，其间，改称德平桥、天启桥。清道光十九年（1839年）兴工重建，翌年（1840年）竣工，复用旧名"黄洲桥"。

现存桥是一座9孔等跨径石拱桥。全桥（桥埁和桥面）为平面，两侧有节间式石栏杆，桥面宽6.25米，桥长139.00米。

侧墙用料石砌筑，上顶单层仰天石。桥台为凹字形，前面和两侧皆有出台，前墙长7.00米。桥墩的两端为方形，四周有出台，桥墩厚

2.75 米，桥墩长 7.90 米。拱碹是半圆形纵联式结构，碹脸外有拱眉石，碹脸、拱眉、侧墙三者取平。跨径均为 14.50 米。

该桥于 2014 年拆除，原因不明。

2. 南城万年桥

万年桥位于抚州市南城县城东北歇羊渡，跨盱江上，始建于南宋时期，明崇祯八年（1635 年）兴工重建，清顺治四年（1647 年）建成。清乾隆四十六年（1781 年）重建。1949 年因战乱，十数孔毁坏，1953 年因为石料开采有困难，其中 5 孔用混凝土结构修复，桥栏杆改用混凝土栏杆。

今存桥是一座 23 孔厚拱厚墩重型石拱桥。桥面大致是平面，两侧有节间式石栏杆，桥面全宽 6.30 米，净宽 5.80 米，桥长 411.00 米。

侧墙用料石砌筑，上顶有单层仰天石。桥台是燕翅形，前墙长约 7.00 米。桥墩上游端是尖形，下游端是方形，桥墩顶面厚 3.40 米，桥墩顶面长 7.40 米。拱碹是半圆形镶边纵联式结构，跨径 13.40—15.00 米（大部分是 14.00 米）。

3. 万安古城桥

古城桥位于吉安市万安县水南村，跨横江上。明万历十年（1582 年）徽州知府高时倡主持修建石桥，为纪念高时倡，取桥名"高公桥"。清康熙五十五年（1716 年）重修，咸丰三年（1853 年）桥圮，14 年后，即同治六年（1867 年），当地人捐资重修。

古城桥是一座 11 孔石拱桥。桥垛和桥面上铺砌红砂岩石板，桥面大致为平面，两侧原有节间式石栏杆，损坏多处。地伏石完整存在。桥面宽 6.40 米，桥梁全长 180.00 米。

侧墙用料石砌筑，上顶有单层仰天石组成的金边线。桥台两侧有燕翅墙，前墙长 7.60 米，桥墩上游端是尖形，下游端是方形，拱碹是半圆形纵联式结构，碹脸外边有拱眉石，碹脸、拱眉与侧墙齐平。河水较深，跨径未能测量，估计约 14.00 米。

4. 永丰恩江桥

恩江桥位于吉安市永丰县，俗称恩江大桥，始建于元至元年间（1264—1294 年），初建为浮桥，而后又经历木桥、石墩木梁桥等阶段。

清顺治四年（1647 年）建 9 孔石拱桥，命名为"济川桥"。清乾隆四十六年（1781 年）又接长 3 孔。光绪年间（1875—1908 年）又在小江上建成一座 10 孔石拱桥，命名为"平政桥"，二桥统称"恩江桥"。

今存恩江桥由济川桥和平政桥连接而成，统称恩江桥。济川桥在北面，平政桥在南面，两桥相距 35.75 米，二桥并非直线对接，二桥的中心线有一交角，因而全桥的平面图形呈"人"字形。

平政桥跨于小恩江上，是一座 10 孔石拱桥。桥面大致为平面，两侧有石栏杆，桥面宽 5.40 米，净宽 4.50 米，桥长 168.00 米。

侧墙用青石板砌筑，上顶有单层仰天石组成的金边线。桥台是凹字形，前墙长约 4.50 米。桥墩两端是方形，桥墩长 5.00 米。拱碹为半圆形纵联式结构，碹脸外边有拱眉石，拱眉凸出于碹脸，拱眉与侧墙平。最大跨径 10.20 米，最小跨径 9.80 米。

济川桥跨大恩江上，是一座 9 孔石拱桥。桥面略显圆弧形，两侧有节间式青石栏杆和地伏。桥面宽 6.10 米，净宽 5.30 米。桥长 152.00 米。

侧墙用青石板砌筑，上顶有单层仰天石组成的金边线。桥台是凹字形，前墙长 6.50 米。桥墩的上游端是尖形，下游端是方形，桥墩长 7.00 米。拱碹为半圆形纵联式结构，碹脸外边有拱眉石，拱眉凸出于碹脸，拱眉与侧墙平。中孔跨径 13.00 米，边孔跨径 10.00 米。

全桥共 19 孔，全长（包括二桥之间距离）355.75 米。

1956 年，南端 5 孔被改建成混凝土结构，其他部位仍保持原结构。

5. 永新龙源口桥

龙源口桥又名"久大桥",位于吉安市永新县龙源口村（七里溪岭下），跨于山涧上，于清道光十七年（1837年）修建。

现存龙源口桥是一座单孔石拱桥。桥面高起为平面，桥堍均为阶梯式坡道，无栏杆，两侧各有一道边牙石。桥面宽4.95米，净宽4.30米，桥长23.00米。

侧墙用料石砌筑，上顶有单层仰天石。桥台是燕翅形，前墙长约6.00米。拱碹是半圆形纵联分段并列式结构，由10道纵联石和11段拱碹石构成，碹脸外边有拱眉石，拱眉凸出于碹脸，又凸出于侧墙。跨径14.90米。

6. 庐山观音桥

观音桥原名"栖贤桥"，位于庐山市白鹿镇，跨栖贤谷上，东西走向，栖贤谷又称"三峡涧"，故桥名又称"三峡桥"。北宋祥符七年（1014年）建。

观音桥是一座单孔石拱桥。桥堍和桥面上铺砌大块石板，两侧有节间式石栏杆和石地伏。桥面宽4.00米，桥长24.40米。

侧墙用料石砌筑，上顶有单层仰天石。桥台是燕翅形，前墙长4.00米。拱碹是半圆形并列式结构，由7道拱碹石构成，拱碹石两端采取凹凸形榫接，无拱眉。跨径10.00米。

7. 进贤钟陵桥

钟陵桥坐落在南昌市进贤县，跨钟陵河上，南北走向，于明正德年间修建（1506—1521年），清乾隆年间（1736—1795年）重建。

钟陵桥是一座3孔石拱桥。桥堍和桥面上铺砌红砂岩石板，桥略显圆弧形，桥栏杆无存，地伏尚存，地伏的断面是矩形。桥面宽5.45米，桥长25.90米。

侧墙用料石砌筑，上顶有断面为矩形的仰天石。桥台是燕翅形，前墙长约 7.00 米。桥墩上游端是尖形，下游端是方形，桥墩厚 1.50 米，桥墩长 7.00 米。拱礓为半圆形纵联式结构，无拱眉，礓脸与侧墙取平。中孔跨径 5.45 米，边孔跨径 4.00 米。

8. 铅山大义桥

大义桥位于上饶市铅山县永平镇，建造年代无考。

今存大义桥是一座 7 孔石拱桥。桥塅和桥面上铺砌石板面层，全桥为平面，两侧有节间式石栏杆，地伏是矩形断面。桥面宽 6.50 米，桥长 110.00 米。

侧墙用石板砌筑，上顶有双层仰天石。桥台是凹字形，桥墩两端与拱脚取平，拱礓是半圆形纵联式结构，无拱眉，礓脸与侧墙平。跨径 12.00 米。

9. 抚州文昌桥

文昌桥原名"通济桥"，位于抚州市区，跨汝水（今抚河）上，始建于南宋乾道元年（1165 年）。文昌桥初建是一座木桥，后被水毁，改建成浮桥。南宋嘉泰年间（1201—1204 年）建石墩台木梁桥，宝庆二年（1226 年）重修，改名"文昌桥"。《抚郡文昌桥志》记载，清嘉庆八年（1803 年）兴工建石拱桥，嘉庆十八年（1813 年）告竣。

现存文昌桥是一座 12 孔石拱桥。桥塅和桥面上铺砌青石板，桥面大致是平面，两侧有石砌宇墙式栏杆，无地伏，桥栏杆砌筑在仰天石上。桥面宽 6.40 米，桥长 230.00 米。

侧墙用条形石板砌筑，上面有单层仰天石组成的金边线。桥台两侧有燕翅墙。桥墩上游端是尖形，下游端是方形，桥墩厚 1.50 米，桥墩长 7.90 米。拱礓是半圆形纵联式结构，无拱眉，礓脸与侧墙平。跨径 17.50 米。

1958 年实施文昌桥大修工程，更换石栏杆为混凝土桥栏杆，在石板桥面上铺筑沥青面层。桥梁长度和桥面宽依旧。2002 年，实施文昌桥桥面加宽工程，完工后，桥面宽 11.00 米，桥长 255.40 米。

10. 宜春步瀛桥

步瀛桥又名"度仙桥"，位于宜春市三阳镇上甘棠村，北宋宣和元年（1119 年）十二月兴工修建，靖康元年（1126 年）二月竣工。

步瀛桥是一座 3 孔石拱桥。全桥为平面，两侧有石板栏杆。桥面宽 4.50 米，桥长 30.00 米。

侧墙用料石砌筑，上顶有单层仰天石。桥台是燕翅形。桥墩两端是尖形。拱碹是半圆形纵联式结构，跨径均为 8.50 米。

11. 宜春长桥

长桥位于宜春市，于清道光十年（1830 年）修建。

今存长桥是一座 5 孔石拱桥。桥面是弧形，桥栏杆无存，地伏石尚存。桥面宽 5.50 米，桥长 63.00 米。

侧墙用石板砌筑，上顶有双层仰天石。桥台在河岸上，桥墩上游端为尖形，下游端是方形。拱碹是半圆形纵联式结构。中孔跨径 10.00 米，次边孔跨径 9.50 米，边孔跨径 9.00 米。

12. 宜春升瀛桥

升瀛桥俗称"新桥"，位于宜春市温汤乡刘坊村，跨仰溪河与其支流上。清道光十一年（1831 年）建。

升瀛桥是一座 4 孔石拱桥。东 3 孔跨仰溪河上，桥面长 50.00 米。西 1 孔跨支流上，桥面长 6.00 米，两段桥相隔约 50.00 米。全桥为平面，桥面宽 6.00 米，全桥长约 100.00 米。

侧墙用块石砌筑，上顶有单层仰天石。桥台是燕翅形，桥墩两端是尖形，跨径 17.50 米。

13. 宜丰逢渠桥

逢渠桥位于宜春市宜丰县洞山村，始建于南宋绍圣五年（1098年），明嘉靖十七年（1538年）重修。

今存逢渠桥是一座单孔石拱桥。桥面为平面，桥堍为缓坡道，无栏杆。桥面宽4.70米，桥长11.40米。

侧墙用块石砌筑，上顶有一层较高仰天石，而成边牙石。桥台被埋于河岸中，拱碹是半圆形纵联式结构，碹脸外有较厚的拱眉石，碹脸、拱眉与侧墙取平。跨径4.28米，矢高2.10米。

碹脸上方有一块石匾，镌刻"逢渠桥"三个大字。桥孔两边的侧墙上各立有一个石雕护桥神像。

第十六节　广东省石拱桥

广东省石拱桥共计14座。

1. 紫金安贞桥

安贞桥位于河源市紫金县黄塘镇拱桥村，俗称"黄塘拱桥"，建造年代无记载。

安贞桥是一座单孔石拱桥。桥面上铺砌条形石板，两侧有石板栏杆。桥面宽3.80米，桥长33.60米。

侧墙用料石砌筑。上顶有单层仰天石。桥台建在山脚岩石上，形状不规则。拱碹是半圆形纵联式结构，有拱眉，拱眉、碹脸与侧墙平。跨径27.00米。

2. 博罗通济桥

通济桥位于惠州市博罗县，跨松源河上，建于明代。

通济桥是一座双孔石拱桥。桥堍和桥面上铺砌条形石板，两侧有节间式石栏杆，桥面宽6.00米，桥长27.50米，侧墙用料石砌筑，上顶有单层仰天石。桥台是燕翅形。

桥墩两端是尖形。拱碹是半圆形纵联式结构，中孔龙门上有石雕龙头，有拱眉，拱眉凸出于碹脸，拱眉与侧墙平。跨径均为17.80米。

3. 新会见龙桥

见龙桥位于江门市新会区，建造年代无考。

今存见龙桥是一座单孔石拱桥。桥面为平面，两端桥堍是阶梯式坡道。全桥无栏杆。桥面宽4.20米，桥长21.00米。

侧墙用花岗岩石板砌筑，上顶有单层仰天石。桥台是凹字形，拱碹是半圆形纵联式结构，无拱眉，碹脸与侧墙平。跨径6.50米。

4. 新会步天桥

步天桥位于江门市新会区，建造年代无考。

步天桥是一座3孔厚拱厚墩重型石拱桥。全桥为平面，两侧有节间式石栏杆，望柱均为方形柱头，栏板是实体板，无地伏，桥栏杆置于仰天石上。桥面宽6.20米，桥长66.50米。

侧墙用花岗岩石板砌筑，上顶有单层仰天石。桥台前墙与石板砌筑的河岸相连。桥墩上游端是尖形，下游端是方形，拱碹是半圆形纵联式结构，无拱眉，碹脸与侧墙平。跨径9.20米。

5. 鹤山惠济桥

惠济桥位于鹤山市沙坪镇玉桥村，跨沙坪河上，东西走向，于清道光五年（1825年）修建。

惠济桥是一座3孔石拱桥。桥面中部（中孔上）高起为平面，两端是阶梯式坡道。两侧有节间式石栏杆。桥面宽3.00米，桥长26.00米。

侧墙使用料石砌筑，上顶有单层仰天石。桥台平面是凹字形，桥台立面是梯形，前墙上顶长 5.50 米，底部长 7.00 米，端墙后部有燕翅墙。桥墩两端是尖形，拱碹是半圆形纵联式结构，有拱眉，拱眉凸出于碹脸，拱眉与侧墙平。中孔跨径 7.00 米，边孔跨径 6.00 米。

6. 梅州砥柱桥

砥柱桥位于梅州市梅县区姚尧镇显朝村，跨山涧水沟上，南北走向，始建于清咸丰年间（1801—1861 年），同治年间（1862—1874 年）重修。

砥柱桥是一座 4 孔石拱桥。南二孔上的桥面高起为平面，北二孔上的桥面较低，也是平面，两段桥面之间有坡道相连，南北两桥堍上面均为坡道。全桥两侧有石板栏杆。桥面宽 3.00 米，桥长 83.50 米。

侧墙用块石砌筑，上顶有单层仰天石。桥台建在山脚岩石上。桥墩用块石砌筑，平面形状不规则。南二孔拱碹是半圆形纵联式结构，北二孔拱碹是圆弧形纵联式结构，无拱眉。跨径均为 12.50 米。

7. 南雄接龙桥

接龙桥位于南雄市田边水村，于明成化元年（1465 年）修建，清道光三年（1823 年）重修。

接龙桥是一座 8 孔厚拱厚墩重型石拱桥。桥堍和桥面上为平面，用137 块青石板铺砌，两侧有节间式石栏杆。桥面宽 3.60 米，桥长60.28 米。

侧墙用料石砌筑，上顶有单层仰天石。桥台是带燕翅形，桥墩两端是尖形，拱碹为半圆形纵联式结构，碹脸外边有拱眉石，拱眉凸出于碹脸，又凸出于侧墙。跨径均为 7.00 米。

8. 广州龙津桥

龙津桥位于广州市石楼镇大岭村，于清康熙年间（1662—1722 年）

修建。

现存龙津桥是一座双孔石拱桥。东西走向，桥面为平面，桥堍上是阶梯式坡道，两侧有节间式石栏杆，每侧有 14 根望柱（桥面上 10 根，桥堍上各 2 根），栏板 13 块（桥面上 9 块，桥堍上各 2 块），抱鼓石 2 块。无地伏，桥栏杆置于仰天石上。桥面宽 4.00 米，桥长 55.00 米。

侧墙用花岗岩石板砌筑，上顶有单层仰天石。桥台是凹字形，端墙很长。桥墩很厚，上游端为尖形，下游端是方形。拱碹是半圆形纵联式结构，碹脸外边有拱眉石，拱眉凸出于碹脸，拱眉与侧墙取平。跨径 5.20 米。

9. 龙川洋溪桥

洋溪桥位于河源市龙川县老隆镇，南北走向，于清道光十五年（1835 年）正月修建。

今存洋溪桥是一座单孔石拱桥。桥面中部（拱顶上）高起为平面，两端是阶梯式坡道，两侧有节间式石栏杆。桥面宽 2.58 米，桥堍端宽 2.90 米，桥长 12.20 米。

侧墙用料石砌筑，上顶有双层仰天石。桥台是凹字形，下部的前面和两边有出台，前墙长 3.00 米。拱碹是半圆形纵联分段并列式结构，碹脸外边有拱眉石，拱眉与侧墙平。跨径均为 4.90 米，桥台间距离 4.00 米。

10. 梅州甜济桥

甜济桥位于梅州市梅县区，跨西枝江上游的泔溪河上，于清道光十九年（1839 年）修建。

甜济桥是一座单孔石拱桥。桥面中部为平面，两端是阶梯式坡道，两侧有节间式石栏杆，桥面宽 3.00 米，桥长 21.20 米。

侧墙用料石砌筑，上顶有单层仰天石。桥台建在山脚岩石上。拱碹是半圆形纵联式结构，有拱眉，拱眉凸出于碹脸，拱眉与侧墙平。跨径

12.20 米。

11. 梅州聚奎桥

聚奎桥位于梅州市梅县区松源镇桥背村,建造年代无记载。

聚奎桥是一座单孔石拱桥。全桥为平面。两侧有块石砌筑的桥栏杆。桥面宽 5.50 米,桥长 68.00 米。

侧墙用块石砌筑,上顶有单层仰天石。桥台建在山脚岩石上。拱碹是圆形纵联分段并列式结构,有拱眉,拱眉凸出于碹脸,又凸出于侧墙。跨径 47.60 米。

12. 梅州天成桥

天成桥位于梅州市梅县区松源镇宝坑村,建造年代无考。

天成桥是一座单孔石拱桥。桥面中部高起为平面,两侧有石板栏杆,两端是坡道,坡道上无栏杆。桥面宽 5.50 米,桥长 54.00 米。

侧墙用料石砌筑,上顶有单层仰天石。桥台建在山脚岩石上,不规则。拱碹是半圆形纵联式结构,有拱眉,拱眉凸出于碹脸,拱眉与侧墙平。跨径 47.60 米。

13. 丰顺普济桥

普济桥位于梅州市丰顺县丰良镇,南北走向,始建于清道光十四年(1834 年)。

普济桥是一座 7 孔石拱桥。桥面大致为平面,两侧有节间式石栏杆。桥面宽 3.00 米,桥长 92.00 米。

侧墙用料石砌筑。上顶有单层仰天石。桥台是燕翅形。桥墩上游端是尖形,下游端是方形,桥墩厚 2.20 米,桥墩长 4.50 米。拱碹是半圆形纵联式结构,有拱眉,碹脸、拱眉与侧墙平。跨径均为 11.50 米。

14. 深圳永兴桥

永兴桥位于深圳沙井镇新桥村，于清康熙年间（1662—1722 年）始建，乾隆年间（1736—1795 年）重建。

永兴桥是一座 3 孔石拱桥。桥面中部（中孔上）高起为平面，边孔上及桥堍上是缓坡面，两侧有节间式石栏杆，每侧有望柱 20 根，栏板 19 块，地伏为矩形断面。桥栏杆两端与河岸上的石栏杆相连。桥面宽 3.40 米，桥长 50 米。

侧墙用花岗岩石板砌筑，上顶有单层矩形断面的仰天石。桥台是凹字形，也用花岗岩石板砌筑，前墙长约 3.70 米。桥墩也用花岗岩石板砌筑，两端是方形，拱碹是半圆形纵联式结构，碹脸外边有拱眉石，拱眉凸出于碹脸，拱眉与侧墙平。中孔跨径 16.00 米，边孔跨径 15.00 米。

第十七节　广西壮族自治区石拱桥

广西壮族自治区石拱桥共计 13 座。

1. 靖西鹤泉桥

鹤泉桥位于靖西市新靖镇鹤泉村，始建于清代。

鹤泉桥是一座 15 孔石拱桥（实际上属于涵洞）。桥堍和桥面上铺砌石板，全桥为平面，两侧有矮石板栏杆。桥面宽 1.50 米，桥长 60.00 米。

侧墙用块石砌筑，上顶有单层仰天石。桥台是凹字形，前墙长 2.00 米。桥墩两端是方形，桥墩厚 1.20 米，桥墩长 2.00 米。拱碹是半圆形纵联式结构，无拱眉，跨径均为 2.60 米。

2. 桂林观音桥

观音桥位于桂林市通湖路馆驿巷天盛小区内，跨安泰河上，始建于明成化年间（1465—1487 年），为木桥，而后改为石桥。清道光十八年

（1838 年）重修，光绪三十三年（1907 年）重修。

观音桥是一座单孔石拱桥。桥上无栏杆。桥面宽 5.10 米，桥长 8.50 米。

侧墙用块石砌筑，上顶有单层仰天石。桥台是凹字型，拱碹是半圆形纵联式结构，无拱眉，跨径 5.00 米。

3. 桂林花桥

花桥位于广西桂林市，跨于小东江和灵剑溪汇合处，于南宋嘉熙年间（1237—1240 年）修建。因为旧桥拱碹损坏，1965 年利用旧桥台及桥墩用青石料重建拱碹。

今存花桥是一座 4 孔等跨径石拱桥。桥面为平面，两侧有节间式石栏杆，无地伏，桥栏杆置于仰天石上。桥面宽 7.00 米。桥梁全长 135.00 米。桥上建砖木结构廊。

侧墙用青石板砌筑，上顶有单层仰天石。南桥台建在山脚岩石上。北端桥台是凹字形。桥墩两端与拱脚齐平，桥墩厚 1.20 米。拱碹为半圆形纵联式结构，拱碹较薄，无拱眉，碹脸与侧墙齐平。跨径均为 26.00 米。四个拱碹之间的侧墙上各有一个石雕龙头。

4. 阳朔富里桥

富里桥位于桂林市阳朔县，跨乌龟河上，于明永乐年间（1403—1424 年）修建。民国十七年（1928 年）重修。

富里桥是一座单孔石拱桥。桥面中部（拱顶上）高起为平面，两侧有板式石栏杆，两端是阶梯式坡道，无栏杆。桥面宽 5.00 米，桥长 30.00 米。

侧墙用料石砌筑，上顶有单层仰天石。桥台是凹字形，前墙长 5.00 米。拱碹是半圆形纵联分段并列式结构，碹脸外边有拱眉石，碹脸、拱眉与侧墙取平。跨径 20.00 米。

5. 阳朔仙桂桥

仙桂桥位于桂林市阳朔县白沙镇旧县村，始建于宋宣和五年（1123年）。

仙桂桥是一座打孔石拱桥。桥面略显弧形，无栏杆。桥面宽 4.16米，桥长 25.80 米。

侧墙用块石砌筑，上顶有单层仰天石。桥台是凹字形，前墙长 4.60米。拱碹是半圆形并列式结构，有拱眉，跨径 5.50 米。

6. 阳朔遇龙桥

遇龙桥位于桂林市阳朔县，建于明朝永乐十年（1412 年）。

阳朔遇龙桥

今存遇龙桥是一座单孔薄拱薄墩轻型石拱桥。桥面略显弧形，桥上无栏杆，亦无地伏。桥面宽 5.00 米，桥长 60.00 米。

侧墙用料石砌筑，上顶有双层仰天石，上下两层均为矩形断面。桥台是凹字形，前面和两侧下部皆有出台，前墙长 5.00 米。拱碹是半圆形纵联分段并列式结构，无拱眉，碹脸与侧墙平。跨径 18.00 米。

7. 东兰益寿桥

益寿桥位于河池市东兰县，跨九曲河上，于明万历六年（1578 年）修建。

今存益寿桥是一座 3 孔石拱桥。桥面略显弧形，无栏杆，桥面宽 4.65 米，桥长 38.20 米。

侧墙用料石砌筑，上顶有单层仰天石。桥台是凹字形，前墙长 4.65 米。桥墩两端是方形，桥墩厚 1.20 米，桥墩长 5.05 米。拱碹是半圆形纵联式结构，碹脸外边有拱眉，碹脸、拱眉与侧墙平。中孔跨径 12.30 米，边孔跨径 11.50 米。

8. 贺州五桂桥

五桂桥位于贺州市八步区沙田镇马峰村。建造年代无考。

五桂桥是一座 3 孔石拱桥。桥面中部（3 孔拱上）高起为平面，两侧有石板栏杆，两端是阶梯式坡道，两端各有 23 级台阶，无栏杆。桥面宽 5.50 米，桥长 44.50 米。

侧墙用料石砌筑，上顶有单层仰天石。桥台是凹字形，前墙长 5.50 米。桥墩两端是方形，桥墩厚 1.00 米，桥墩长 6.00 米。拱碹是半圆形纵联式结构，无拱眉，跨径均为 12.00 米。

9. 富川青龙回澜桥

青龙回澜桥位于贺州市富川县油沐乡沐笼村，跨黄沙河上，始建于明万历年间（1573—1620 年），明崇祯十四年（1641 年）重修。

青龙回澜桥是一座 3 孔等跨径石拱桥。桥面是平面，桥面宽 4.70 米，桥长 26.70 米。桥上建有木结构廊，桥头建 2 层式亭。

侧墙用料石砌筑，上顶有单层仰天石。桥台是凹字形。桥墩两端是方形，拱碹是半圆形纵联式结构，无拱眉。跨径均为 6.00 米。

10. 忻城思练桥

思练桥位于来宾市忻城县，建造年代无记载。

思练桥是一座双孔石拱桥。桥面为平面，两端的桥堍为坡面，全部铺砌青石板。桥上无栏杆，地伏和仰天石犹存，其断面均为矩形。桥面宽 3.30 米，桥长 36.00 米。

侧墙用料石砌筑，上顶有单层仰天石。桥台为凹字形，前墙长 3.30 米。桥墩两端是方形，拱碹为半圆形纵联式结构，有拱眉，碹脸、拱眉与侧墙平。跨径均为 6.00 米。

11. 三江永济桥

永济桥位于柳州市三江侗族自治县林溪乡，跨澄江河上。始建于清同治六年（1867 年），是年正月兴工修建，同治八年（1869 年）三月竣工。

永济桥是一座 5 孔石拱桥。桥堍和桥面上铺砌花岗岩石板，全桥大致为平面，两侧有节间式石栏杆，桥面宽 4.00 米，桥长 96.00 米。

侧墙用花岗岩石板砌筑，上顶有单层仰天石。桥台上游端是尖形，下游端是方形。拱碹是半圆形纵联式结构，有拱眉，拱眉凸出于碹脸，拱眉与侧墙平。跨径数据暂缺。

12. 灵山接龙桥

接龙桥位于钦州市灵山县灵城镇，清康熙三十一年（1692 年）建成石墩台木梁桥，清乾隆二十五年（1760 年）改建成石拱桥。

接龙桥是一座 5 孔石拱桥。桥堍和桥面上铺砌青石板，两侧有节间式石栏杆。桥面宽 3.80 米，桥长 57.70 米。

侧墙用料石砌筑，上顶有单层仰天石。桥台是燕翅形，前墙长约5.00米。桥墩上游端是尖形，下游端是方形，跨径均为15.00米。

13. 玉林云龙桥

云龙桥原名"安远桥"，俗称"南桥""旧南桥"，位于玉林市大南路与沿江北路交叉口处，跨南流江上，南北走向。元代延祐二年（1315年）建木桥，命名"安远桥"。明永乐八年（1410年）改建成墩台木梁桥。成化年间（1465—1487年）重修，嘉靖年间（1522—1566年）重修，改名"瑞龙桥"，万历三年（1575年）改建成石桥，更名为"云龙桥"。清康熙年间（1662—1722年）重修，乾隆年间（1736—1795年）重修，嘉庆二十二年（1817年）被水毁，嘉庆二十四年（1819年）改建为3孔石拱桥。

云龙桥是一座3孔等跨径石拱桥。桥面上铺砌条形石板，两侧有节间式石栏杆。桥面宽7.00米，桥长39.00米。

侧墙用料石砌筑，上顶有单层仰天石。桥台是凹字形，桥墩两端是方形，拱碹是半圆形纵联式结构，无拱眉，跨径均为11.00米。

第十八节 贵州省石拱桥

全省石拱桥共计35座。

1. 大方何家桥

何家桥位于毕节市大方县柿树村，跨于蚂蚁河上，清乾隆二十三年（1758年）建。

何家桥是一座单孔石拱桥。桥面宽3.00米，桥长18.00米。

侧墙用料石砌筑，上顶有单层仰天石。桥台燕翅形，前墙长4.20米。拱碹是半圆形纵联式结构，无拱眉，跨径11.60米。

2. 大方蚂蚁河桥

蚂蚁河桥位于毕节市大方县柿树村，跨于蚂蚁河上，清嘉庆七年（1802年）建。

蚂蚁河桥是一座单孔石拱桥。桥面宽2.30米，桥长9.36米。

侧墙用料石砌筑，上顶有单层仰天石。桥台是燕翅形，前墙长3.50米。拱碹是半圆形纵联式结构，无拱眉。

3. 织金回龙桥

回龙桥原名"通济桥"，位于毕节市织金县城关镇清泉路东段，跨贯城河上，东西走向。建于清康熙八年（1669年）。

回龙桥是一座双孔石拱桥。桥面为平面，桥堍上为坡道，原有石栏杆，今已无存。桥面宽4.50米，桥长20.00米。

侧墙用块石砌筑，上顶有单层仰天石。桥台是凹字形。桥墩两端是方形，桥墩宽1.25米，长5.00米。拱碹是半圆形纵联式结构，无拱眉。跨径12.00米。

4. 织金奢香桥

奢香桥位于毕节市织金县，跨贯城河（古称卜牛河）上。明洪武十七年（1384年）建，清顺治十八年（1661年）重修。

今存织金奢香桥是一座3孔石拱桥。桥面宽3.00米，桥长40.00米。

侧墙用条形石板砌筑，上顶有单层青石仰天石。桥台是燕翅形，前墙长4.20米。桥墩的两端是尖形，拱碹为半圆形纵联式结构，碹脸外边有拱眉石，碹脸、拱眉与侧墙齐平。中孔跨径15.70米，边孔跨径10.00米。

5. 织金太平桥

太平桥又名"永安桥"，位于毕节市织金县城关镇，跨贯城河上，东西走向。清康熙年间（1662—1722 年）建。

太平桥是一座双孔石桥。由一孔石拱桥（桥面较高）和一孔石梁桥（桥面较低）相连而成。

西桥是石拱桥，桥面中部（拱顶上）高起为平面，两端是阶梯式坡道，两侧有节间式石栏杆，桥面宽 13.50 米。

侧墙用料石砌筑，上顶有单层仰天石。桥台是凹字形。拱碹是半圆形纵联分段并列式结构，有拱眉，拱眉凸出于碹脸，又凸出于侧墙。跨径 23.00 米。

东桥是石梁桥，桥面是石板梁，无栏杆。桥面宽 13.50 米。桥梁全长 28.50 米。东桥的桥台也是凹字形，跨径 17.00 米。

6. 织金童生桥

童生桥原名"永安桥"，俗称"下水关"，位于毕节市织金县城关镇，跨贯城河上，南北走向。始建于清乾隆十三年（1748 年），次年（1749 年）告竣。1962 年改修桥面，竣工后，更名"重兴桥"。

童生桥是一座单孔石拱桥。桥面中部（拱顶上）高起为平面，两端是阶梯式坡道，两侧有石栏杆，桥面宽 7.00 米，桥长 25.00 米。

侧墙用料石砌筑，上顶有单层仰天石。桥台是凹字形。拱碹是半圆形纵联分段并列式结构，有拱眉，跨径 19.00 米。

该桥现已改为混凝土结构。

7. 织金兴隆桥

兴隆桥又名"半边桥"，位于毕节市织金县城关镇小东门，跨凉江河上，东北西南走向。始建年代无记载，清嘉庆十五年（1810 年）重修。

兴隆桥是一座双孔等跨径石拱桥。桥面为平面，两侧有石板栏杆，桥塊是坡道，桥面宽 2.50 米，净宽 2.10 米，桥面长 7.00 米，全长 16.00 米。

侧墙用块石砌筑，上顶有单层仰天石。桥台是凹字形。桥墩两端是方形，桥墩厚约 1.50 米，桥墩长 3.00 米。拱碹是半圆形纵联式结构，无拱眉，跨径 4.50 米。

2010 年改建成混凝土桥。

8. 织金月华桥

月华桥位于毕节市织金县城内，跨贯城河上，东西走向。始建于明洪武二十一年（1388 年），当时是一座临时便桥，取名"碎石桥"。清顺治十八年（1661 年）建石桥，取名"月华桥"。康熙五十四年（1715 年）重修。乾隆十三年（1748 年）重修，光绪十三年（1887 年）重修。

月华桥是一座 3 孔石拱桥。桥面大致呈圆弧形，两侧有石栏杆，桥面宽 4.70 米，桥长 18.50 米。

侧墙用块石砌筑，上顶有单层仰天石。桥台是凹字形，桥墩两端是方形，桥墩厚约 1.10 米，桥墩长 5.10 米。拱碹是半圆形纵联式结构，无拱眉。中孔跨径 15.70 米，边孔跨径 10.00 米。

9. 织金仲机桥

仲机桥位于毕节市织金县三甲白族苗族自治乡三甲村东，跨纳弓河上，南北走向。建于清雍正元年（1723 年）。

仲机桥是一座单孔石拱桥。桥面上铺砌条形石板，全桥为平面，无栏杆，桥面宽 2.50 米，桥面长 4.00 米，全长 8.00 米。

侧墙用块石砌筑，上顶有单层仰天石。桥台建在山脚岩石上。拱碹是半圆形纵联式结构，无拱眉，跨径 4.90 米，矢高 2.50 米。

10. 黄平"玉峡晴虹"双桥

"玉峡晴虹"双桥位于黔东南苗族侗族自治州黄平县东坡乡晒金石村，东西走向，在桥东岩壁上刻"玉峡晴虹"，在"玉峡晴虹"上方约15米处还有一座很小的石桥，大小二桥统称双桥。建于明代。

"玉峡晴虹"双桥的主桥是一座单孔石拱桥。桥面为弧形，两端各有5级台阶，无栏杆。桥面宽6.00米，桥面长8.80米。

侧墙是用块石砌筑。桥台建在山脚岩石上，拱碹是圆弧形纵联式结构，有拱眉，拱眉凸出于碹脸，碹脸、拱眉与侧墙平。跨径约8.00米。

11. 黄平安澜桥

安澜桥位于黔东南苗族侗族自治州黄平县谷陇镇岩英村西南山涧中，跨于山涧岩壁上，大致是南北走向。史料记载，安澜桥于清乾隆三十一年（1766年）建。立于清乾隆四十二年（1777年）的石碑上有《安澜桥记》。安澜桥今毁无踪。

根据照片和史书记载，安澜桥是一座单孔石拱桥。桥面为平面，两侧有矮式石栏杆，两端是阶梯式坡道，北坡上有11级台阶，南坡上有12级台阶。桥面宽6.50米，桥长9.90米。

侧墙是用块石砌筑，上顶有单层仰天石。桥台建在山崖上，拱碹是半圆形纵联式结构，无拱眉，跨径12.70米。

12. 黄平崇德桥

崇德桥又名"三拱桥"，位于黔东南苗族侗族自治州黄平县老城北门外，跨东门河上，始建年代无考，桥头有碑记，字迹漫漶："此下伏有老桥一拱，以昔年河形低下，水流直达大河，后修对岸码头勒堵，泥沙渐积深厚，其存拱故被溺。兹就老桥接修，较前高丈余，宽四尺。略纪情形。以□万世，如亲目耶。经手□纪。民国壬戌年（1922年）□□□□□□□。分析认为，最后七字可能是：重修更名崇德桥。

崇德桥原是一座双孔石拱桥。两大孔拱碹之间上面有一个小孔拱碹，如今仅外露一大孔拱碹上部和一个小孔拱碹。大孔拱顶上的桥面较高，为平面，两侧有石栏杆，两端是坡道，北坡道下面有一小孔拱碹。桥面宽 7.20 米，桥长 34.20 米。

侧墙用块石砌筑，上顶有单层仰天石。桥台和桥墩被埋于河床下，大孔拱碹是半圆形纵联式结构，无拱眉。小孔拱碹是圆弧形纵联式结构，无拱眉。大孔跨径 24.00 米，小孔跨径 7.50 米。

13. 黄平丁未桥

丁未桥原名"石龙桥"，位于黔东南苗族侗族自治州黄平县，属于古代滇楚驿道上的一座石桥。始建年代无记载，清乾隆五十二年（1787年）被水毁，同年重建，是年系丁未年，遂更名为"丁未桥"。光绪三十年（1904 年）两岸被洪水冲塌，桥台倾圮。民国二十二年（1933年）修筑湘黔公路，加固丁未桥。

丁未桥是一座单孔石拱桥。原有桥面状况不详（无记载），原桥桥面宽 6.80 米，桥面长 19.87 米。

侧墙用料石砌筑。桥台与石板砌筑的河岸为一体。拱碹是半圆形纵联式结构，无拱眉，跨径 17.80 米。

14. 黄平福众桥

福众桥位于黔东南苗族侗族自治州黄平县旧州镇，据清嘉庆《黄平州志》记载，福众桥始建于明代，初建是一座 12 孔石梁桥，取名"古梁桥"。清康熙二十七年（1688 年）被水毁，当年重建，更名"会通桥"。乾隆十五年（1750 年）重修，乾隆三十七年（1772 年）再次被水毁，当年重建成一座 5 孔石拱桥，取名"福众桥"。道光十八年（1838 年）又被水毁，当年修复。民国二十四年（1935 年）为修建飞机场，将古桥遗迹填平。

福众桥是一座 5 孔石拱桥。桥塊和桥面铺砌青石板（现在是沥青面），两侧有石栏杆（改建成混凝土桥栏杆），原桥桥面宽 7.30 米，桥面长 67.70 米。

侧墙用料石砌筑，上顶有单层仰天石。桥台是燕翅形，桥墩两端是尖形，拱碹是半圆形纵联式结构，无拱眉，跨径 9.20 米。

15. 黄平平播桥

平播桥位于黔东南苗族侗族自治州黄平县旧州镇，跨冷水河上。始建年代不详，明万历年间（1573—1620 年）贵州巡抚郭子章平定黄平县乱事，重修石桥，命桥名"平播桥"。清雍正十三年（1735 年）因兵乱石桥局部被毁。乾隆元年（1736 年）修复。乾隆五十四年（1789 年），于其上游 200 米处重建，仍为单孔石拱桥。

平播桥是一座单孔石拱桥。桥面为平面，无栏杆，桥面宽 5.87 米，桥长 23.60 米。

侧墙用块石砌筑。桥台是在山崖上开凿出一段平面。拱碹是半圆形纵联式结构，无拱眉。跨径 16.00 米。

16. 黄平平龙桥

平龙桥原名"永安桥""通济桥"，位于黔东南苗族侗族自治州黄平县，跨苗里河上。始建于明洪武年间（1368—1398 年），建 3 孔石梁桥。嘉靖二十二年（1543 年）被水毁。嘉靖二十三年（1544 年）兴工修建，历时六年，嘉靖二十九年（1550 年）建成 7 孔等跨径石拱桥。万历二十七年（1599 年）因兵乱将桥拆毁，万历二十九年（1601 年）重建。改名"平龙桥"。清乾隆五十二年（1787 年）五月再次被水毁。当年开始修复，第二年（1788 年）二月竣工。

平龙桥是一座 7 孔石拱桥。桥塥和桥面上铺砌石板，全桥为平面，两侧有石栏杆。桥面宽 7.25 米，桥长 79.40 米。

侧墙用料石砌筑，上顶有单层仰天石。桥台是燕翅形。桥墩两端是尖形。拱碹是半圆形纵联式结构，有拱眉，碹脸、拱眉与侧墙平。跨径

7.64 米。

17. 黄平圣果桥

圣果桥原名"东陵桥",位于黔东南苗族侗族自治州黄平县城东飞云崖景区,跨秀水溪上。始建于明崇祯年间,清乾隆六十年(1795 年)桥圮,嘉庆四年(1799 年)重修,更名"圣果桥"。

今存圣果桥是一座单孔石拱桥。桥面为平面,两端是坡面,两侧有石板栏杆。桥面宽 4.32 米,桥面长 12.20 米。

侧墙用块石砌筑。桥台建在山脚岩石上。拱碹是圆弧形纵联式结构,无拱眉,跨径 16.20 米。

18. 黄平四灵桥

四灵桥位于黔东南苗族侗族自治州黄平县兴隆街和南街之间,重安观音阁遗址旁,跨皎沙河口。清光绪十九年(1893 年)十月,建成一座 3 孔石墩台木梁桥。桥上建木结构廊。光绪二十九年(1903 年)改建成一座双孔石拱桥。

四灵桥是一座双孔石拱桥。桥面高起为平面,两端是阶梯式坡道,南坡有 25 级台阶,北坡有 13 级台阶。两侧有石栏杆。桥面宽 6.40 米,桥面长 16.20 米,全长 22.50 米。

侧墙用料石砌筑,南北两端的侧墙上各有 3 个圆孔洞,孔洞的直径自下而上逐孔减小,上顶有单层仰天石。桥台与石板砌筑的河岸为一体。桥墩两端是方形,桥墩厚 1.10 米,桥墩长 6.80 米,桥墩上有石雕麟、凤、龟、龙,统称"四灵"。拱碹是半圆形纵联式结构,龙门上有石雕龙头,无拱眉,跨径 12.00 米。

19. 黄平万福桥

万福桥位于黔东南苗族侗族自治州黄平县城西南上塘乡,跨里溪河上。清道光七年（1827 年）建。

万福桥是一座单孔石拱桥。桥塂和桥面上铺砌青石板，大致为平面，两侧有石栏杆。桥面宽 7.20 米，桥面长 16.30 米，全长 22.00 米。

侧墙用料石砌筑，上顶有单层仰天石。桥台是凹字形。拱碹是半圆形纵联式结构，有拱眉，拱眉凸出于碹脸，拱眉与侧墙平。跨径 16.40 米。

20. 黄平瓮梅河桥

瓮梅河桥又名"乌梅桥"，位于黔东南苗族侗族自治州黄平县城西南上塘乡乌梅河村（原名瓮梅河村），跨乌梅河上。始建年代无考，清乾隆四十五年（1780 年）重建。

瓮梅河桥是一座双孔石拱桥。桥面高起为平面，两侧有石板栏杆，桥塂上是阶梯式坡道，无栏杆。桥面宽 6.80 米，桥面长 26.30 米，全长 35.00 米。

侧墙用块石砌筑，上顶有单层仰天石。桥台建在山脚岩石上。桥墩两端是方形，桥墩厚 1.20 米，桥墩长 7.40 米。拱碹是半圆形纵联式结构，无拱眉，跨径 12.50 米。

21. 黄平永宁桥

永宁桥位于黔东南苗族侗族自治州黄平县城北门外，跨苗里河上。始建于明宣德年间（1426—1435 年），弘治年间（1488—1505 年）被水毁，当年修复。

永宁桥是一座单孔石拱桥。桥面略显弧形，铺砌青石板，两侧有石栏杆，桥面宽 7.06 米，桥长 14.40 米。

侧墙用块石砌筑，上顶有单层仰天石。桥台是凹字形。拱碹是半圆形纵联式结构，无拱眉，跨径 6.50 米。

22. 黄平折桂桥

折桂桥原名"云泉桥",又名"灵泉桥",位于黔东南苗族侗族自治州黄平县南门外,故俗称"南门桥"。据《贵州通志》记载,折桂桥建于明代,清代重修,取"月中折桂"之意,命名"折桂桥"。民国二十二年(1933年)修筑湘黔公路,将折桂桥改建。

折桂桥是一座单孔石拱桥。桥面略显弧形,铺砌青石板,两侧有石栏杆,桥面宽 7.50 米,桥长 12.00 米。

侧墙用块石砌筑,上顶有单层仰天石。桥台是凹字形。拱碹是半圆形纵联式结构,无拱眉,跨径 8.50 米。

23. 荔波双溪桥

双溪桥又名"大七孔桥",位于黔东南苗族侗族自治州荔波县王蒙乡孟塘村,跨孟塘河上,东西走向。清道光二十年(1840年)兴工修建,道光三十年(1850年)建成。同治十三年(1874年)被水毁。光绪三年(1877年)重修,改名"双溪桥"。

双溪桥是一座 7 孔等跨径石拱桥。全桥为平面,桥上无栏杆,两侧各有一道边牙石。桥面宽 4.50 米,桥长 35.00 米。

侧墙不规则石料砌筑,上顶有单层仰天石。桥台是凹字形,前墙长 4.80 米。桥墩两端是方形,拱脚四周有小出台,桥墩厚 1.25 米,桥墩长 4.80 米。拱碹是半圆形纵联式结构,无拱眉,碹脸与侧墙平。跨径 3.50 米。

24. 荔波荔波桥

荔波桥位于黔东南苗族侗族自治州荔波县,又名大七孔桥,跨于响水河上,清道光十五年(1835年)建。属于黔桂(贵州至广西)驿道上的一座古桥。

荔波桥是一座 7 孔厚拱厚墩重型石拱桥。桥面为平面,无栏杆,无地伏。桥面宽 4.00 米，桥长 50.50 米。

侧墙用条形石板砌筑，上顶有单层青石仰天石。桥台是凹字形。桥墩两端是方形，桥墩厚 1.50 米，桥墩长 4.50 米。拱碹为半圆形纵联式结构，碹脸外边有拱眉石，碹脸、拱眉与侧墙齐平。跨径 4.50 米。

荔波荔波桥

25. 荔波小七孔桥

小七孔桥位于黔东南苗族侗族自治州荔波县王蒙乡孟塘村，跨涵碧潭上，东西走向。清道光十五年（1835 年）建。

小七孔桥是一座 7 孔等跨径石拱桥。全桥为平面，桥上无栏杆，两侧各有一道边牙石。桥面宽 2.20 米，桥面长 40.00 米，全长 50.00 米。

侧墙用不规则石料砌筑，上顶有单层仰天石。桥台是凹字形，前墙长 3.00 米。桥墩两端是方形，拱脚四周有小出台，桥墩厚 1.25 米，桥墩长 3.00 米。拱碹是半圆形纵联式结构，无拱眉，碹脸与侧墙平。跨径 4.50 米。

26. 镇远祝圣桥

祝圣桥位于黔东南苗族侗族自治州镇远县，清康熙年间（1662—1722年）为康熙帝祝寿建此桥，命名"祝圣桥"。

祝圣桥是一座5孔等跨径石拱桥。桥面全桥为平面，两侧有节间式石栏杆，地伏是矩形断面。桥面宽7.00米，桥长数据暂缺。在北起第一墩上建一座木结构三层六角翘檐亭。

侧墙用条形石板砌筑，上顶有单层仰天石组成的金边线。桥台与块石砌筑的河岸相连，桥墩两端为尖形，外端高出拱脚一层石板，拱碹是三心圆弧形分段并列式结构，碹脸外边有拱眉石，拱眉与侧墙平。各孔跨径均为12.50米。

镇远祝圣桥

27. 都匀百子桥

百子桥又名"唐家桥"，位于黔南布依族苗族自治州都匀县。清乾隆五十五年（1790年）建。

百子桥是一座 7 孔等跨径石拱桥。桥面宽 8.00 米，桥长 140.00 米。侧墙用料石砌筑，上顶有单层仰天石。桥台是燕翅形，前墙长 9.00 米。桥墩上游端是尖形，下游端是方形，桥墩厚 1.50 米，桥墩长 10.15 米。拱碹是半圆形纵联式结构，拱眉凸出于碹脸，拱眉与侧墙平。跨径均为 16.00 米。

28. 独山深河桥

深河桥位于黔南布依族苗族自治州独山县兔场村，明隆庆五年（1571 年）建，清顺治七年（1651 年）重修，康熙八年（1669 年）重建，乾隆十七年（1752 年）重修（增高），嘉庆三年（1798 年）再次增高，使桥身增高三尺。道光十五年（1835 年）重修。

深河桥是一座单孔石拱桥。桥面宽 5.70 米，桥长 37.00 米。

侧墙用条形石板砌筑，上顶有单层青石仰天石。桥台是燕翅形，前墙长 6.90 米。拱碹为半圆形纵联式结构，碹脸外边有拱眉石，拱眉凸出于碹脸，拱眉与侧墙齐平。跨径 19.50 米。

29. 福泉葛镜桥

葛镜桥位于黔南布依族苗族自治州福泉市，跨麻哈江上。明万历十六年（1588 年）兴工修建，河道狂波怒涛，深不可测，屡建屡毁，历时三十年，万历四十六年（1618 年）建成。该桥是平越里人葛镜捐资所建，时任云贵总督张鹤鸣题名"葛镜桥"。

葛镜桥是一座 3 孔石拱桥。桥面略显圆弧形，两侧有节间式石栏杆，地伏是矩形断面。桥面宽 8.50 米，桥长 51.44 米。

侧墙用不规则石料砌筑，上顶有单层仰天石组成的金边线。桥台前墙与河岸连砌为一体，桥墩较厚，两端是尖形，拱脚以上为攒尖，高出拱脚许多，桥墩厚 2.00 米，桥墩长 11.00 米。拱碹用片石砌筑，属于尖形纵联式结构，无拱眉，碹脸与侧墙平。中孔跨径 25.62 米，南边孔跨径 12.30 米，北边孔跨径 6.26 米。

30. 福泉吴公桥

吴公桥亦称"吴家桥",位于黔南布依族苗族自治州福泉市吴家村,跨于山涧上,建造年代无考。

吴公桥是一座单孔石拱桥。桥面为平面,无栏杆。桥面宽6.00米,桥面长13.00米。

桥下净空约40.00米。

31. 贵定瓮城桥

瓮城桥位于黔南布依族苗族自治州贵定县,始建于明弘治六年(1493年),未成,督办卒,万历十二年(1584年)继续建成。

瓮城桥是一座7孔石拱桥。桥面宽6.00米。桥长66.00米。桥上建有木结构亭。

侧墙用条形石板砌筑,上顶有单层仰天石。桥台是燕翅形,前墙长7.20米。桥墩的两端是尖形,桥墩厚1.75米,桥墩长8.20米。拱碹为半圆形纵联式结构,碹脸外边有拱眉石,碹脸、拱眉与侧墙齐平。跨径均为8.50米。

32. 石阡启灵桥

启灵桥位于铜仁市石阡县城西,跨龙底江上,明万历十年(1582年)建石桥,命名"启灵桥"。清光绪四年(1878年)重修。

现存启灵桥是一座单孔石拱桥。桥面中部(拱顶上)为平面,两端是阶梯式坡道,两侧有板式石栏杆,无地伏,桥栏杆置于仰天石上。桥面宽4.20米,桥长21.50米。

侧墙用不规则石料砌筑,上顶有单层仰天石。桥台建在山崖上。拱碹是圆弧形纵联式结构,无拱眉,碹脸与侧墙取平。跨径7.20米。

33. 瓮安岚关风雨桥

岚关风雨桥位于黔南布依族苗族自治州瓮安县，清嘉庆年间
（1796—1820 年）建。

今存岚关桥是一座单孔石拱桥。桥面宽 5.00 米，桥长 30.00 米。

侧墙用料石砌筑，上顶有单层仰天石。桥台是凹字形，前墙长 5.30
米。拱碹是半圆形纵联式结构，拱眉凸出于碹脸，拱眉与侧墙平。跨径
21.00 米。

34. 贵定窑上桥

窑上桥位于黔南布依族苗族自治州贵定县窑上村，清光绪十年
（1884 年）兴工修建，十六年（1890 年）建成。

窑上桥是一座 3 孔石拱桥。桥面宽 7.20 米，桥长 96.00 米。

侧墙用料石砌筑，上顶有单层仰天石。桥台建在山崖上，拱碹是半
圆形纵联式结构，无拱眉，跨径 21.00 米。

35. 贵阳浮玉桥

浮玉桥位于贵阳市，明万历二十五年（1597 年）兴工修建，二十
六年（1598 年）建成一座 9 孔石拱桥。20 世纪 70 年代，河水大为减
少，因为修筑滨河路，废去东端二孔，成为 7 孔石拱桥。

今存浮玉桥是一座 7 孔石拱桥。由于主河道东边有一分岔儿，主河道
与东岔儿之间有一个梭形小岛，岛上建一大桥墩，上面建一座三层式楼
阁。小岛西边（主河道上）是 6 孔，小岛东边（东岔儿上）是 1 孔。桥面
全部为平面，两侧有节间式石栏杆。桥面宽 7.00 米，桥梁全长 92.00 米。

侧墙用不规则石料砌筑，上顶有单层仰天石。桥台是凹字形，前墙
长 8.20 米，端墙外有燕翅墙。桥墩两端均为尖形，桥墩厚 1.35 米，桥
墩长 9.00 米。拱碹是半圆形纵联式结构，无拱眉，碹脸与侧墙齐平。
跨径均为 11.60 米。

第十九节 云南省石拱桥

全省石拱桥共计 16 座。

1. 楚雄青龙桥

青龙桥位于楚雄彝族自治州楚雄市，明万历年间（1573—1620 年）建，清康熙五年（1666 年）重建，康熙五十二年（1713 年）因地震桥圮，康熙五十四年（1715 年）重修。

今存青龙桥是一座 3 孔石拱桥。桥面中部（中孔上）高起为平面，两端（边孔上和桥埭上）为坡面。桥上无栏杆，两侧各有一道边牙石。桥面宽 7.65 米，净宽 6.66 米，桥长 56.50 米。

侧墙用料石砌筑，上顶有单层仰天石。桥台是凹字形，前墙长 7.65 米。桥墩上游端是尖形，下游端是方形，拱碹均为圆弧形纵联石结构，有拱眉，碹脸，拱眉与侧墙取平。中孔跨径 11.70 米，边孔跨径 9.30 米。

2. 禄丰星宿桥

星宿桥又名七星桥，俗称"西门大桥"，位于楚雄彝族自治州禄丰县西门外，跨禄衣河（又称星宿江）上，东西走向。据桥上《修建星宿桥碑记》载，早年在这里架竹舟浮桥，至明万历四十三年（1615 年）始建石拱桥。清康熙年间（1662—1722 年），石桥屡遭水患，三修三塌。雍正五年（1727 年）重修，又坍塌。道光五年至十二年（1825—1832 年）重建。康熙《云南府志》记载："渊深莫测，众石垒落，状如列垦，故称星宿江。"桥因江得名。

星宿桥是一座 7 孔石拱桥。桥埭和桥面上铺砌条形石板，全桥为平面，两侧有节间式石栏杆，桥面宽 9.80 米，桥面长 96.50 米，全长 119.99 米。

侧墙用红砂岩石板砌筑，上顶有双层仰天石。桥台是燕翅形。桥墩两端是尖形，桥墩厚 4.30 米，桥墩长 18.00 米。拱碹是半圆形纵联式结构，龙门上有石雕龙头，碹脸外边有拱眉，拱眉凸出于碹脸，凸出于侧墙。跨径均为 11.30 米。

3. 南华灵官桥

灵官桥又名瑞应桥，坐落在楚雄彝族自治州南华县灵官村，明万历三十八年（1610 年）建。

灵官桥是一座 3 孔石拱桥。在两个桥墩上各有一个小孔洞。桥面呈弧形，无栏杆，桥面宽 7.00 米，桥长 51.50 米。

侧墙用料石砌筑，上顶有单层仰天石。桥台是燕翅形，前墙长 8.20 米。桥墩两端是尖形，拱碹是半圆形纵联式结构，碹脸外边有拱眉，拱眉与侧墙平。中孔跨径 8.80 米，边孔跨径 8.50 米。

4. 宾川南薰桥

南薰桥位于大理白族自治州宾川县，跨钟良溪上。始建于明嘉靖二十三年（1544 年），清光绪二十三年（1897 年）九月重修，在桥上建木结构廊。

南薰桥是一座单孔石拱桥。桥面为平面，桥面全宽 5.20 米，净宽 4.00 米，桥长 17.00 米。桥上建砖木阁和亭。

侧墙用块石砌筑，上顶有单层仰天石。桥台是凹字形，前墙长 5.50 米。拱碹是半圆形纵联式结构，碹脸龙门上有龙头，碹脸外有拱眉石，拱眉凸出于碹脸，拱眉与侧墙取平。跨径 11.00 米。

5. 剑川玉津桥

玉津桥位于大理白族自治州剑川县沙溪镇。清康熙年间（1662—1722 年）建，民国二十年（1931 年）重建。

玉津桥是一座单孔石拱桥。桥塊和桥面上铺砌条形石板，桥面呈圆弧形，两侧有节间式石栏杆，栏杆端部各有一只石雕"娃娃鱼"。桥面宽 5.00 米，桥长 35.40 米。

侧墙用料石砌筑。上顶有单层仰天石。桥台是燕翅形。拱碹是半圆形纵联式结构，上游龙门上有石雕鳌头，下游龙门上有石雕鳌尾，无拱眉。跨径 12.00 米。

6. 大理观音寺桥

观音寺桥位于大理白族自治州大理市，在观音寺院内，跨于水塘上，池塘中有一块巨石，用巨石为桥基，上面建一座单孔石板梁桥，清光绪二年（1876 年）建。

观音寺桥是一座单孔石梁桥和两个单孔石拱桥连接而成的 3 孔石桥。石梁桥居中，两端各一孔石拱桥，统称观音寺桥。桥上建一座二层楼阁。

石梁桥的桥面宽 3.00 米，桥面长 8.00 米。石梁桥的桥墩两端是方形，桥墩长 3.00 米。

石拱桥的桥面宽 3.00 米，桥长均为 8.00 米。桥台是凹字形，前墙长 4.00 米。

7. 建水见龙桥

见龙桥位于红河哈尼族彝族自治州建水县西庄镇，跨泸江上，南北走向，始建年代无考，清乾隆六十年（1795 年）重建，在（3 孔石拱）桥北头增建一孔，两端各修筑一段引道。民国十年（1921 年）重建，在南端又加长一孔。中 3 孔通称主桥，两端的桥和引道通称辅桥。

今存见龙桥是一座 5 孔石拱桥。由一座 3 孔主桥和两座单孔辅桥组成，主桥的桥面呈穹隆形，两侧有节间式石栏杆。桥面宽均为 4.80 米，桥长 48.00 米。桥面中部建桥亭。

侧墙用条形石板砌筑，上顶有单层仰天石组成的金边线。桥台又是桥墩，拱碹是三心圆弧形纵联式结构，碹脸外边有拱眉，拱眉与侧墙平。中孔跨径 6.35 米，次边孔跨径 5.80 米，边孔的跨径是 5.20 米。

南桥台是燕翅形，北桥台是凹字形。南端第一桥墩（利用原桥台改建而成）又厚又大，两端为尖形，其余二桥墩两端均为尖形。

辅桥外端各有一段引道（石堤），南北引道总长 67.00 米，全桥总长（包括引道）115.00 米。

8. 建水双龙桥

双龙桥位于红河哈尼族彝族自治州建水县张家营村，跨泸江河与榻冲河之交汇处。清乾隆年间（1736—1795 年）建 3 孔石拱桥。道光十九年（1839 年）因榻冲河改道并加宽，河道中间形成一长岛，是年（1839 年）在原桥以西续建 14 孔，成为 17 孔石拱桥。

长岛上有一座木结构楼阁，楼阁两侧各有一座亭子。清咸丰六年（1856 年）亭与楼阁毁于大火，光绪二十二年（1896 年）重建桥上的亭与阁。

今存双龙桥是一座 17 孔石拱桥。中间有楼阁及其台座，台座东西长 20.00 米，南北宽 15.00 米。台座下面有一个大桥孔，拱碹是半圆形纵联分段并列式结构，碹脸外边有拱眉石，拱眉凸出于碹脸，拱眉与侧墙平。

楼阁台座将全桥分为两段，楼阁以西有 6 孔，楼阁以东有 10 孔，东西两段桥的结构与形式相同，桥塊和桥面上铺砌青石板，全桥是平面，两侧有青石砌成的宇墙式栏杆。桥面宽均为 3.50 米，西段桥长 48.00 米，东段桥长 80.00 米，台座长 20.00 米，桥梁全长 148.00 米。

侧墙用料石砌筑，上顶有双层仰天石。西桥台是燕翅形，前墙长约 3.50 米。东桥台是凹字形，前墙长 3.50 米。桥墩上游端均为尖形，下游端均为方形，拱碹均系半圆形纵联式结构，碹脸外边有拱眉石，拱眉凸出于碹脸，拱眉与侧墙平。跨径 6.50 米。

9. 建水天缘桥

天缘桥位于红河哈尼族彝族自治州建水县城东十里，跨泸江河上，南北走向。清雍正六年（1728 年）建，嘉庆三年（1798 年）重修。

天缘桥是一座 3 孔石拱桥。桥堍和桥面上铺砌条形石板为平面，两侧有宇墙式石栏杆，无地伏，桥栏杆置于仰天石上。南端有一对石狮子，北端有一对石象。桥面宽 7.20 米，桥长 43.00 米。中孔上建一座重檐八角攒尖顶亭阁。桥梁两端各有一段用石板铺砌的引道，引道分别向东西弯曲，全桥形成"S"形。桥梁全长（包括引道）121.00 米。

侧墙用料石砌筑，上顶有双层仰天石。桥台是带燕翅形。桥墩上游端是尖形，下游端是方形，拱碹是半圆框形纵联式结构，无拱眉，碹脸后退于侧墙。跨径均为 17.30 米。

10. 沾益德泽桥

德泽桥位于曲靖市沾益县，跨牛栏江上，清乾隆四十年（1775年）建。

德泽桥是一座 6 孔石拱桥。桥面大致为平面，无栏杆，桥面宽 7.00 米，桥长 110.00 米。

侧墙用料石砌筑，上顶有单层仰天石。桥台是燕翅形。桥墩两端是尖形，桥墩厚 2.50 米，桥墩长 9.70 米。拱碹是圆弧形分段并列式结构，碹脸外边有拱眉，拱眉凸出于碹脸，拱眉与侧墙平。跨径均为 18.50 米。

11. 沾益九龙桥

九龙桥位于曲靖市沾益县，清乾隆三十年（1765 年）建。

九龙桥是一座 9 孔石拱桥。桥堍和桥面上铺砌条形石板，全桥桥面略显弧形，两侧有石板栏杆。桥面宽 6.50 米，桥长 80.00 米。

侧墙用料石砌筑，上顶有单层仰天石。桥台是燕翅形。桥墩上游端是尖形，下游端是方形，桥墩厚 2.20 米，桥墩长 8.60 米。拱碹是半圆形纵联式结构，无拱眉。中孔跨径 12.00 米，其跨径分别为 8.00 米、9.00 米、10.00 米、11.00 米、11.00 米、10.00 米、9.00 米、8.00 米。

12. 沾益廊坊桥

廊坊桥位于曲靖市沾益县德泽乡。清乾隆四十年（1775 年）建。

廊坊桥是一座 7 孔等跨径石拱桥。桥面上铺砌条形石板，两侧有石板栏杆。桥面宽 6.00 米，桥长 95.00 米。

侧墙用料石砌筑，上顶有单层仰天石。桥台是燕翅形，前墙长 6.60 米。桥墩两端是尖形，拱碹是半圆形纵联式结构，无拱眉，跨径均为 10.40 米。

13. 沾益太平桥

太平桥位于曲靖市沾益县东门外，跨于南盘江上，明洪武十四年（1381 年）建。《沾益州志》记载，明天启三年（1623 年）重修。

太平桥是一座 3 孔石拱桥。两侧有节间式石栏杆。桥面宽 6.00 米，桥梁全长 40.00 米。

侧墙用块石砌筑，上顶有单层仰天石。桥台是燕翅形，前墙长 7.00 米。桥墩两端是尖形，桥墩厚 1.85 米，桥墩长 8.60 米。拱碹是半圆形纵联式结构，有拱眉，拱眉凸出于碹脸，又凸出于侧墙。中孔跨径 7.00 米，边孔跨径 6.20 米。

14. 广南田房桥

田房桥位于文山壮族苗族自治州广南县八宝镇田房村，跨山涧水沟上，东西走向。建造年代不详。

田房桥是一座 3 孔等跨径石拱桥。全桥桥面为平面，两侧有石栏杆。桥面宽 3.50 米，桥长 33.00 米。

侧墙用料石砌筑，上顶有单层仰天石。桥台建在山脚岩石上。桥墩两端是方形。拱碹是半圆形纵联式结构，无拱眉。跨径 6.00 米。

15. 华宁金锁桥

金锁桥位于玉溪市华宁县，跨洗澡塘河上，清乾隆三十四年（1769年）建。

金锁桥是一座单孔石拱桥。桥面宽 8.00 米，桥长 31.00 米。

侧墙用块石砌筑，上顶有单层仰天石。桥台是燕翅形，前墙长 9.00 米。拱碹是三心圆弧形纵联式结构，碹脸外无拱眉，碹脸与侧墙取平。跨径 17.00 米。

16. 丽江黑龙潭桥

黑龙潭桥位于丽江市，建造年代无考。

今存黑龙潭桥是一座 5 孔石拱桥。桥墩和桥面上铺砌青石板，桥面呈穹隆形，两侧有节间式石栏杆，每侧有望柱 20 根，栏板 19 块，抱鼓石两块。桥面宽 6.50 米，桥长 46.00 米。

丽江黑龙潭桥

中国古桥志

侧墙用料石砌筑，上顶有单层仰天石。桥台是凹字形，端墙外有八字石砌墙。桥墩两端是圆形，拱碹是半圆形纵联式结构，有拱眉，拱眉凸出于碹脸，拱眉与侧墙平。跨径均为 7.60 米。

第二十节　四川省石拱桥

全省石拱桥共计 23 座。

1. 成都安顺桥

安顺桥原名"长虹桥"，位于成都市，跨府河与南河交汇处，南北走向。始建年代无考，清康熙初年重建，命名"长虹桥"，乾隆十一年（1746 年）重修，改名"安顺桥"。

安顺桥是一座 3 孔石拱桥。桥塊和桥面上铺砌青石板，桥面中部高起为平面，边孔上桥面较低，也是平面，两段平桥面之间有阶梯连接。桥面宽 6.00 米，桥长 81.00 米。桥上建双层楼阁式长廊。

成都安顺桥

侧墙用料石砌筑，上顶有双层仰天石。桥台是燕翅形。桥墩两端是尖形，桥墩上各有一个小孔洞。拱碹是圆弧形，无拱眉。中孔跨径20.00 米，边孔跨径 15.00 米。

2. 成都九眼桥

九眼桥原名"宏济桥"，又名"镇江桥"，位于成都市锦江区，跨锦江上，南北走向。始建于明万历二十一年（1593 年），清乾隆五十三年（1788 年）重修，改名"九眼桥"，乾隆五十五年（1790 年）重修。

九眼桥是一座 9 孔石拱桥。桥上两侧有石栏杆，桥面宽三丈，桥长4 丈。原有九眼桥位于成都市广安区，是一座 9 孔石拱桥，桥面略显弧形，两侧有石栏杆，桥面宽 7.20 米，桥长 120.00 米，侧墙是用料石砌筑，上顶有单层仰天石。桥台是燕翅形，桥墩两端是尖形，跨径由北向南依次是 6.50 米、7.30 米、8.00 米、8.75 米、9.40 米、8.75 米、8.00米、7.25 米、6.55 米。

1988 年在九眼桥西侧新建一座混凝土大桥，桥面宽 25.00 米，桥长120.00 米，桥北边孔下面修筑沿江道路，构成半立交桥。1992 年将九眼桥拆除。

3. 成都毗河桥

毗河桥位于成都新都区，跨毗河上，清乾隆三十年（1765 年）建。

毗河桥是一座 7 孔石拱桥。全桥是平面，两侧有石栏杆，桥面宽8.40 米，桥长 91.00 米。

侧墙用料石砌筑，上顶有单层仰天石。桥台是燕翅形，前墙长 9.00米。桥墩上游端是尖形，下游端是方形，拱碹是半圆形纵联式结构，有拱眉，碹脸、拱眉与侧墙平。跨径均为 9.00 米。

4. 成都七里桥

七里桥位于成都市，始建于秦，清康熙年间（1662—1722 年）

重建。

南门桥是一座 7 孔石拱桥。桥面大致为平面。桥面宽 10.50 米，桥长 112.00 米。

侧墙用料石砌筑，上顶有单层仰天石。桥台是燕翅形。桥墩上游端是尖形，下游端是方形，桥墩厚 1.45 米，桥墩长 13.00 米。拱碹是半圆形纵联式结构，有拱眉、碹脸、拱眉与侧墙平。跨径均为 15.00 米。

5. 成都万里桥

万里桥俗称"老南门大桥"，位于成都老城南门外，跨锦江上，南北走向。清康熙五十一年（1712 年）重建，乾隆年间（1736—1795 年）重修，光绪三十三年（1907 年）重修。

万里桥是一座 7 孔石拱桥。桥塊和桥面上铺砌青石板，两侧有节间式石栏杆。桥面宽 15.00 米，桥长 85.00 米。

侧墙用条形石板砌筑，上顶有双层仰天石。桥台是燕翅形。桥墩两端是尖形，桥墩厚 2.00 米，桥墩长 17.50 米。拱碹是半圆形纵联式结构，无拱眉。跨径均为 8.50 米。

1988 年维修万里桥期间，在河床中发现秦汉时期的砖砌构筑物和石砌构筑物，石板上有成排的圆孔及数排木桩，这是当时建桥的技术和形式。证明万里桥始建于秦汉时期，可能是用砖和木修建的桥梁。

6. 成都望仙桥

望仙桥位于成都市青羊横街，跨清水河上，南北走向。始建年代无考，据《光绪三十一年图》中标注"望仙桥"，望仙桥应该是建于清光绪年间（1875—1908 年），或更早。

望仙桥原是一座 5 孔石拱桥。桥塊和桥面上铺砌青石板，两侧有节间式石栏杆。桥面宽 20.00 米，桥长 110.00 米。

侧墙用料石砌筑，上顶有单层仰天石。桥台是燕翅形，桥墩两端是尖形，桥墩厚 1.30 米，桥墩长 22.90 米。拱碹是半圆形纵联式结构，碹脸外边有拱眉，拱眉凸出于碹脸，拱眉与侧墙平。跨径均为 19.50 米。

7. 崇州永利桥

永利桥位于崇州市元通镇，清嘉庆十五年（1810 年）建 3 孔石拱桥。民国二十七年（1938 年），桥梁上部结构被水毁，当年动工修复，用砖材代替石材砌筑拱碹，翌年竣工，使之成为砖石混合结构拱桥。

永利桥是一座 3 孔砖石拱桥。桥面为穹隆形，两侧有节间式石栏杆，桥面宽 7.50 米，桥长 44.10 米。

侧墙用料石砌筑，上顶有单层仰天石。桥台是燕翅形，桥墩两端是尖形，中孔拱碹是卵形纵联式结构，边孔拱碹是半圆形纵联式结构，无拱眉。中孔跨径 15.00 米，边孔跨径 13.60 米。

崇州永利桥

8. 德昌大高桥

大高桥位于凉山彝族自治州德昌县，清康熙二年（1663 年）建。

大高桥是一座单孔石拱桥。桥堍和桥面上铺砌不规则石板，两侧有石栏杆，宽 4.00 米，桥长 14.40 米。

侧墙用料石砌筑，上顶有单层仰天石。桥台是燕翅形，前墙长约 5.00 米。拱碹是半圆形纵联式结构，无拱眉。跨径 3.00 米。

9. 德昌会仙桥

会仙桥位于凉山彝族自治州德昌县，清康熙六年（1667 年）建。

会仙桥是一座单孔石拱桥。桥堍和桥面上铺砌不规则石板，无栏杆，桥面宽 4.50 米，桥长 10.80 米。

侧墙用料石砌筑，上顶有单层仰天石。桥台是燕翅形，前墙长约 5.50 米。拱碹是半圆形纵联式结构，无拱眉。跨径 8.00 米。

10. 泸县白鹤村观音桥

观音桥位于泸州市泸县毗卢镇白鹤村，跨于马溪河上，西北东南走向，建于清代。

观音桥是一座单孔石拱桥。无栏杆，桥面宽 3.45 米，桥长 22.74 米。

侧墙用料石砌筑，上顶有单层仰天石。桥台是凹字形，前墙长 3.50 米。拱碹半圆形纵联式结构，无拱眉。跨径 4.45 米。

11. 泸县福寿桥

福寿桥位于泸州市泸县百和镇高洞社区，跨大鹿溪上，西南东北走向，建于明代成化年间（1465—1487 年）。

今存福寿桥是一座 3 孔石拱桥。桥堍和桥面上铺砌石板，两侧有石板栏杆，栏板厚 30 厘米，栏板高 82 厘米。桥面宽 5.80 米，桥长 41.90 米。

侧墙用料石砌筑，上顶有双层仰天石。桥台是燕翅形，前墙长约 7.00 米。桥墩下部是船形，上部构造较薄，厚约 60 厘米，桥墩长 8.40

米，桥墩外端上有石雕龙头。拱碹是半圆形纵联式结构，碹脸外边有拱眉石，拱眉凸出于碹脸，拱眉与侧墙平。跨径 11.50 米。

12. 泸县黄泥沱小桥

黄泥沱小桥位于泸州市泸县福集镇赵岩村，跨无名溪上，东北西南走向。建造于清代。

黄泥沱小桥是一座单孔石拱桥。桥面微呈弧形，无栏杆。桥面宽 2.65 米，桥长 12.4 米。

侧墙用料石砌筑，上顶有单层仰天石。桥台是凹字形，前墙长约 3.00 米。拱碹是半圆形纵联式结构，龙门上有石雕龙头，碹脸外边有拱眉，拱眉凸出于碹脸，拱眉与侧墙平。拱跨 4.80 米。

13. 泸县惠济桥

惠济桥原名七里桥，又名伏龙桥。位于泸州市泸县福集镇，跨濑溪河上，东北西南走向。始建年代无考，明万历三年（1575 年）修葺，明崇祯四年（1631 年）重建，清嘉庆十九年（1814 年）修缮，道光年间（1821—1850 年）改建成石拱桥。

今存惠济桥是一座 9 孔等跨径石拱桥。桥塊和桥面铺砌条形石板，两侧有石砌"品"字形花饰栏杆。桥面宽 7.90 米，桥长 105.60 米。

侧墙用料石砌筑，上顶有双层仰天石。桥台是凹字形，前墙长 9.00 米，桥墩两端是方形，桥墩厚 1.25 米，桥墩长 9.00 米。拱碹是半圆形纵联式结构，碹脸外边有拱眉石，拱眉凸出于碹脸，拱眉与侧墙平。跨径均约为 10.00 米。

14. 泸县水笛滩大桥

水笛滩大桥位于泸州市泸县云龙镇战旗村与石洞顺江村交界处，跨龙溪河上，东西走向。建造于明代。

今存水笛滩大桥是一座 14 孔等跨径石拱桥。桥面是平面,两侧有石栏杆和地伏石。桥面宽 5.70 米,桥梁全长 36.40 米。

侧墙用料石砌筑,上顶有单层仰天石组成的金边线。桥台是凹字形,前墙长 6.00 米。桥墩两端是方形,拱碹是半圆形纵联式结构,无拱眉,第五孔和第八孔龙门上有石雕龙头,碹脸与侧墙平。跨径 6.50 米。

2001 年维修,改为水泥桥面,桥面宽 5.70 米,桥面长 36.40 米。

15. 泸县王家桥

王家桥位于泸州市泸县喻寺镇赵南村,跨濑溪河大湾河段支流上,东北西南走向。建于清咸丰二年(1852 年)。

王家桥是一座单孔石拱桥。桥堍和桥面上铺砌条形石板,两侧有矮式石板栏杆,桥面宽 4.30 米,桥长 35.55 米。

侧墙用料石砌筑,上顶有单层仰天石。桥台是凹字形,前墙长 5.00 米。拱碹是半圆形纵联式结构,上游面龙门上有石雕龙头,下游面龙门上有石雕龙尾。拱眉凸出于碹脸,拱眉与侧墙平,跨径 7.20 米。

16. 泸县永济桥

永济桥位于泸州市泸县兆雅镇永和村,跨于永济溪上,东北西南走向,始建于清乾隆二十五年(1760 年),乾隆四十九年(1784 年)重修,光绪二十五年(1899 年)重修(据碑记)。

永济桥是一座 3 孔石拱桥。桥面上铺砌条形石板,无栏杆。桥面宽 4.25 米,桥长 18.8 米。

侧墙用料石砌筑,上顶有单层仰天石。桥台是凹字形,前墙长 4.30 米,端墙外有燕翅墙。桥墩的两端是八字形,桥墩厚 1.10 米,桥墩长 6.05 米。拱碹是半圆形纵联式结构,碹脸外边有拱眉石,拱眉凸出于碹脸,碹脸与侧墙平。跨径均为 6.00 米。

17. 泸县永嘉桥

永嘉桥位于泸州市泸县嘉明镇秀水社区，跨于九曲河上，东北西南走向。始建于清嘉庆元年（1796年），道光五年（1825年）被洪水冲塌部分，道光六年（1826年）重修。

永嘉桥是一座5孔石拱桥。桥堍和桥面上铺砌条形石板，两侧有条石护栏，护栏高0.8米，宽0.4米。桥面宽7.13米，桥长50.12米。

侧墙用料石砌筑，上顶有单层仰天石。桥台是凹字形，前墙长约8.00米，端墙外有燕翅墙。桥墩的两端是八字形，桥墩1.10米，桥墩长8.90米。拱碹是半圆形纵联式结构，龙门上有石雕龙头，碹脸外边有拱眉石，拱眉凸出于碹脸，拱眉与侧墙平。跨径均为6.60米。

18. 泸县皂角滩桥

皂角滩桥原名皂角滩拱桥，位于泸州市泸县百和镇楼方嘴村，跨大鹿溪上，东北西南走向，建于清代，道光四年（1824年）重修。

皂角滩桥是一座5孔石拱桥。桥面两侧有石板栏杆，桥面宽5.30米，桥长约56.00米。

侧墙用料石砌筑，上顶有单层仰天石。桥台是燕翅形，前墙长约6.00米。桥墩两端是尖形，拱碹是半圆形纵联式结构，上游面龙门上原有大小龙头各一，如今只在第一孔龙门尚存一小龙头，碹脸外边有拱眉，拱眉凸出于碹脸，拱眉与侧墙平。跨径有大有小，2.70—11.20米。

19. 绵阳太平桥

太平桥位于绵阳市安州区，建造年代无记载。

太平桥是一座单孔石拱桥。桥面高出两岸很多，桥面顶部为弧形，两端是阶梯式坡道，两侧有节间式石栏杆。桥面宽7.50米，桥长52.00米。

侧墙用料石砌筑，上顶有单层仰天石。桥台是凹字形，端墙的后部与石砌河岸相连。拱碹是半圆形纵联式结构，碹脸外边有拱眉，拱眉凸出于碹脸，又凸出于侧墙。跨径32.00米。

20. 梓潼天仙桥

天仙桥位于绵阳市梓潼县，建造年代无记载。

天仙桥是一座9孔石拱桥。桥面大致为平面。

侧墙用料石砌筑，上顶有单层仰天石。桥台是燕翅形。桥墩上游端是尖形，下游端是方形。拱碹是半圆形纵联式结构，有拱眉，碹脸、拱眉与侧墙平。跨径数据暂缺。

21. 达州彩虹桥

彩虹桥原名"高拱桥"，位于达州市达川区大风乡，跨明月江上，南北走向。清同治七年（1868年）建，命名"万元桥"。

彩虹桥是一座单孔石拱桥。石桥立面呈单驼峰式，桥面的顶面是微弧形面，两侧有平直石板栏杆，长6.00米，净宽9.00米。两端是阶梯式弧形坡面，各有76级台阶，两侧有石板栏杆。桥面全宽10.30米，净宽9.00米，桥长45.00米。

侧墙用条形石板砌筑，上顶有单层仰天石。桥台是在山脚下岩石上开凿成平台。拱碹是半圆形分段并列式结构，碹脸外边有拱眉，拱眉凸出于碹脸，拱眉与侧墙平。跨径37.60米。

22. 广安平桥

平桥原名"平滩桥"，位于广安市，跨于西溪河汇入渠江入口处。据《广安县志》记载，平桥建于清道光三年（1823年）。据清光绪《广安州志》记载，平滩桥系石板平桥，嘉庆十五年（1810年）重修。

平桥是一座5孔等跨径石拱桥。桥面两侧有石栏杆，栏杆两端各有一只石狮子。桥面宽6.60米，桥长76.00米。

侧墙用料石砌筑，上顶有单层仰天石。桥台是燕翅形，桥墩两端是尖形，拱碹是半圆形纵联式结构，有拱眉，跨径8.60米。

23. 广安五福桥

五福桥又名"板桥"，位于广安市，跨罗渡溪上。始建年代无记载。据史料记载，五福桥原系石墩台木梁桥，桥上有廊。清嘉庆三年（1798年）毁于战火，嘉庆十一年（1806年）改建为石拱桥，宽三丈，长六丈。两侧有石栏杆，栏板上刻五个"福"字，故名"五福桥"。

五福桥是一座5孔等跨径石拱桥。桥埠和桥面上铺砌条形石板，两侧有节间式石栏杆，栏杆两端有石狮子。桥面宽7.50米，桥长79.00米。

侧墙用料石砌筑，上顶有单层仰天石。桥台是燕翅形，桥墩两端是尖形，拱碹是半圆形纵联式结构，有拱眉，拱眉凸出于碹脸，拱眉与侧墙平。跨径9.80米。

24. 广安中桥

中桥位于广安市，东西走向。清雍正《广安州志·津梁》有记载，但无具体记载。清光绪《广安州志》记载，咸丰年间（1851—1861年）中桥圮，当年稍移位于上游重建，原桥处发掘出桥名碑，刻有"至喜桥"三个大字。同治九年（1870年）被水毁，当年重建，更名"致中桥"。

中桥是一座5孔石拱桥。桥面大致为平面，两侧有节间式石栏杆，北面栏板上刻"致中桥"，南面栏板上刻"皇图巩固"。桥面宽8.20米，桥长88.00米。

侧墙用料石砌筑，上顶有单层仰天石。桥台是燕翅形。桥墩两端是尖形，拱碹是半圆形纵联式结构，无拱眉，跨径11.00米。

第二十一节　重庆市石拱桥

全市石拱桥共计5座。

1. 涪陵龙门桥

龙门桥位于涪陵区，清同治八年（1869 年）兴建，光绪七年（1881 年）始建成。

现存龙门桥是一座 3 孔石拱桥。桥面呈穹隆形，两侧有节间式石栏杆，桥面宽 8.00 米，桥长 170.00 米。

侧墙用料石砌筑，上顶有单层仰天石。桥台为带燕翅形，前墙长 9.00 米。桥墩上游端是尖形，下游端是方形，拱碹是半圆形，碹脸外边有双线拱眉石，拱眉凸出于侧墙。中孔跨径 26.50 米。

2. 开州三拱桥

三拱桥位于开州区三拱桥乡三拱桥村，跨万溶江上。始建于唐代开元年间（713—741 年）。明永乐三年（1405 年）重修。1955 年修建吉首至凤凰公路，拆去桥上的廊，加宽桥面。1972 年吉凤公路改道，三拱桥保留。

三拱桥原是一座 3 孔薄拱薄墩轻型石拱桥。桥面为平面，原有桥栏杆，今无存。两端是阶梯式坡道，各有 24 级台阶，无栏杆，桥面宽 6.70 米，桥长 31.00 米。桥上建砖木结构廊。

侧墙用料石砌筑，上顶有单层仰天石。南端桥台在山脚岩石上开凿而成。北端桥台是凹字形，端墙很长。桥墩两端是方形（两端与拱脚齐平），桥墩厚 1.10 米，桥墩长 7.10 米。拱碹是卵形纵联式结构，碹脸外边有拱眉，拱眉凸出于碹脸，拱眉与侧墙平。跨径 8.00 米。

3. 开州铁锁桥

铁锁桥位于开州区铁桥镇，清乾隆年间（1736—1795 年）建 3 孔石拱桥。民国四年（1915 年）西起第一孔塌，民国六年（1917 年）修复。

铁锁桥是一座 3 孔石拱桥。桥面为穹隆形，桥上无栏杆。桥长 68.00 米。

侧墙用料石砌筑，上顶有单层仰天石。桥台是燕翅形，桥墩两端是尖形，拱碹是圆弧形纵联式结构，无拱眉。跨径均为 15.00 米。

4. 万州陆安桥

陆安桥位于万州区，跨苎溪河上。始建于清同治十年（1871 年）。

今存陆安桥是一座单孔石拱桥。桥面中部（拱顶上）高起为平面，两端是较长的阶梯式坡道，两侧有节间式石栏杆，桥面上每侧有 4 根望柱，3 块石栏板。坡道上的栏杆是阶梯形。桥面宽 9.40 米，桥长 41.00 米，全长 55.00 米。桥下净空约 15.00 米。

侧墙用料石砌筑，上顶有双层仰天石。桥台为凹字形，前墙长约 9.40 米。拱碹是半圆形纵联分段并列式结构，碹脸外边有拱眉石，拱眉凸出于碹脸，又凸出于侧墙。跨径 32.40 米。

在龙门碹上方（金边线下面）两面各有一块石匾，镌刻"陆安桥"三个凹形大字。

5. 云阳述先桥

述先桥位于云阳县盐渠乡，又名盐渠大桥。建造年代不详。

述先桥是一座单孔石拱桥。桥面中部（拱顶上）高起为平面，两端为阶梯式坡道，两侧有节间式石栏杆，每侧有 6 根望柱，5 块石栏板，两块抱鼓石。桥面宽 7.33 米，桥长 48.25 米。

侧墙用料石砌筑，上顶有单层仰天石。桥台的前墙与石板砌筑的河岸为一体，拱碹是半圆形并列式结构，碹脸外边有拱眉石，拱眉凸出于碹脸，也凸出于侧墙。跨径 28.00 米，矢高 14.00 米。

第二十二节　陕西省石拱桥

全省石拱桥共计7座。

1. 凤翔塔寺桥

塔寺桥位于宝鸡市凤翔县，跨塔寺河上，清顺治三年（1646年）建。

塔寺桥是一座3孔石拱桥。桥面宽8.00米，桥长39.00米。

侧墙用料石砌筑，上顶有单层仰天石。桥台是燕翅形，前墙长9.00米。桥墩上游端是尖形，下游端是方形，桥墩厚1.60米，桥墩长10.50米。拱碹是半圆形纵联式结构，碹脸龙门上皆有龙头，碹脸外有拱眉石，拱眉凸出于侧墙。中孔跨径7.00米，边孔跨径6.00米。

2. 韩城毓秀桥

毓秀桥又名"据水桥"，位于韩城市，跨据水河上，南北走向。清康熙四十一年（1702年）动工兴建，因河水湍急，屡修屡毁，历时五年，于康熙四十六年（1707年）竣工，建成一座11孔石拱桥。清道光二年（1822年）重修，宣统二年（1910年），南边孔及桥台塌毁，未修复，成为10孔石拱桥。

今存毓秀桥是一座10孔厚拱厚墩重型石拱桥。桥面为穹隆形，两侧有节间式青石桥栏杆，每侧有99根望柱，98块栏板，抱鼓石无存。地伏是青石料，矩形断面。桥面宽4.50米，桥身长180.00米。

翼墙和侧墙是用花岗岩石料砌筑，上顶有单层青石仰天石组成的金边线。桥台是燕翅形，前墙长5.50米。桥墩上游端是尖形，分水尖的上部宽度与拱脚同宽，上顶高出拱脚许多。下游端是方形，凤凰台的宽度与拱脚同宽，桥墩的下部周围皆宽出拱脚约15厘米，桥墩长7.00米。拱碹是半圆框形纵联式结构，各孔拱碹的龙门上各有一石雕龙头，碹脸外边有拱眉石，拱眉凸出于碹脸，拱眉与侧墙取平。前墙宽出（拱脚后退于前墙）约 15 厘米。中 8 孔跨径 15.00 米，边孔跨径 13.50 米。

3. 咸阳沙河桥

沙河桥位于咸阳市郊区，建于明代。

今存沙河桥是一座 9 孔石拱桥。桥堍和桥面上用不规则石板铺砌，桥面大致为平面，两边各有一道边牙石（仰天石），其断面为矩形。桥上无栏杆，青石地伏犹存，为矩形断面。桥长 47.30 米。

侧墙用料石砌筑，上顶有单层仰天石。桥台为凹字形，端墙很短，两侧有块石砌筑的河岸。桥墩上游端是尖形，下游端是方形，桥墩厚 1.45 米，桥墩长 9.70 米。拱碹采用片石砌筑，是半圆形纵联式结构，碹脸外镶有拱眉石，拱眉与侧墙取平。跨径均为 2.60 米。

4. 三原龙桥

龙桥俗称"三眼桥"，坐落在咸阳市三原县，跨清河河谷半坡上，南北走向。始建于明万历十九年（1591 年），在清河河谷上兴工修建石桥，历时十二年，于万历三十一年（1603 年）建成，命名为龙桥。

龙桥是一座 3 孔等跨径石拱桥。桥堍和桥面为平面，两侧有节间式石栏杆，地伏为矩形断面。桥面宽 11.00 米。石桥两端皆有很长的引道，桥梁包括引道全长 110.00 米。

侧墙用料石砌筑，上顶有单层仰天石。桥台是燕翅形，前墙长 11.00 米。桥墩两端是尖形，拱碹是半圆形纵联式结构，无拱眉。跨径均为 14.00 米。

有诗曰"水从碧玉环中过，人在苍龙背上行"，是对古龙桥的形象描绘。

5. 子长廖公桥

廖公桥位于子长市，跨清水沟小河上，清康熙五十二年（1713

年）建。

廖公桥是一座单孔石拱桥。桥上无栏杆，桥面宽 5.00 米，桥长 10.00 米。

侧墙用料石砌筑，上顶有单层仰天石。桥台是燕翅形，前墙长 5.00 米。拱碹是半圆形纵联式结构，无拱眉，碹脸与侧墙取平。跨径 6.00 米。

6. 渭南桥上桥

桥上桥位于渭南市华州区赤水镇，跨赤水河上，东西走向。据《三续华州志》记载，清顺治十七年（1660 年）动工兴建（下层桥），康熙六年（1667 年）竣工，建成一座 7 孔石拱桥。而后，河床逐年淤积，桥孔被堵塞，遂于道光十二年（1832 年），在 7 孔桥上再建一层 9 孔石拱桥，形成双层石拱桥。

桥上桥是一座双层石拱桥。上层桥是 9 孔，下层桥是 7 孔，上下桥的桥墩相对。上层桥的桥塌和桥面上铺砌花岗岩石板，两侧有节间式石栏杆，望柱的柱头是方形，栏板是实体板。下面有矩形断面的地伏石。桥面宽 5.00 米，桥长 70.00 米。

侧墙用料石砌筑，上顶有单层仰天石。桥台是凹字形，前墙长 5.00 米。桥墩两端与拱脚齐平，桥墩厚 1.50 米，桥墩长 5.00 米。拱碹均为半圆形纵联式结构，碹脸外边皆有拱眉石，拱眉凸出于碹脸，拱眉与侧墙取平。第二至第八孔北面的碹脸龙门上各有一个龙头，在南面的对应位置处各有一个龙尾。跨径均为 8.50 米。

下层桥为 7 孔，桥面是平面，铺砌花岗岩石，桥面宽 5.00 米。侧墙是用料石砌筑，上顶有单层仰天石。桥台和桥墩被埋没，拱碹是半圆形纵联式结构，碹脸外边有拱眉石，拱眉凸出于碹脸，拱眉与侧墙取平。各孔碹脸龙门上各有一个龙头。跨径 8.50 米。

7. 榆林榆阳桥

榆阳桥位于榆林市南门外,建造年代无记载。

榆阳桥是一座3孔砖石拱桥。桥上有矮墙式砖栏杆,无地伏,桥栏杆砌筑在单层仰天石上。桥面宽8.00米,桥长20.00米。

侧墙用料石砌筑,上顶有单层仰天石。桥台是燕翅形,前墙长9.00米。桥墩上游端是尖形,下游端是方形,桥墩厚1.35米,桥墩长9.50米。拱碹为半圆形,拱顶距仰天石很高(数十厘米),无拱眉,跨径3.00米。

第二十三节　辽宁省石拱桥

全省石拱桥只有1座。

1. 沈阳永安桥——砖石拱桥

永安桥位于沈阳市于洪区永安村,明崇祯十四年(1641年)建。

永安桥是一座3孔砖石拱桥。桥垛和桥面上横向铺砌青石板,桥面略显隆起。两侧有节间式石栏杆,望柱为方形莲花瓣平顶式柱头,栏板是寻杖下镂空式(寻杖下面是3个方洞),栏杆端是抱鼓石。抱鼓石以外各有一个方形石磴,上面是一只大狮子。桥长32.12米。

侧墙用花岗岩石板砌筑,上顶有单层青石仰天石,其外立面的上部是平面,下部是斜面。桥台是燕翅形。桥墩上游端是尖形,下游端是方形。

拱碹是半圆形,主拱圈是用砖材砌筑,碹脸是用花岗岩石料,碹脸外边有拱眉石,碹脸、拱眉与侧墙平。中孔跨径3.77米。

北面桥墩以上的侧墙上各有一个龙头,南面桥墩以上的侧墙上各有一个龙尾。

第二十四节　内蒙古自治区石拱桥

全区石拱桥只有 1 座。

1. 赤峰普渡桥

普渡桥位于赤峰市克什克腾旗，跨西拉木伦河上。

普渡桥是一座 3 孔石拱桥。桥面是弧形，无栏杆，桥面宽数据暂缺，桥长 69.00 米。

侧墙用料石砌筑，上顶有单层仰天石。桥台是燕翅形。桥墩上游端是尖形，下游端是方形，桥墩厚 1.40 米，桥墩长 9.65 米。拱碹是半圆形纵联式结构，无拱眉。中孔跨径 16.00 米，西边孔跨径 6.00 米，东边孔跨径 9.00 米。

第二十五节　黑龙江省石拱桥

全省石拱桥只有 1 座。

1. 宁安桥

宁安桥位于宁安市，后金天聪八年（1634 年）建。

宁安桥是一座单孔石拱桥。桥面宽 4.50 米，桥长 25.00 米。

侧墙用料石砌筑，上顶有单层仰天石。桥台是燕翅形，前墙长 5.50 米。拱碹是半圆形纵联式结构，无拱眉，碹脸与侧墙取平。跨径 8.00 米。

中国古桥研究
与保护委员会推荐

孔繁盛 —————— 资料整理

中国古桥志

（下）

孔庆普—

著

人民东方出版传媒
东方出版社

第二章

石梁桥

第一节　概述

石梁桥是古代石桥发展之始，最初的石梁桥是简支石板梁桥，进而出现悬臂式石板梁桥、撑架式石板梁桥，在撑架式石梁桥的基础上，又建造出多边折线形石梁桥。

以上四种石梁桥现在在我国均有留存。

简支石板梁桥多分布在北京和四川；悬臂式和撑架式石板梁桥多分布在江南一带；多边折线形石梁桥，多分布在浙江和福建两省。

一、简支石板梁桥是最简单的一种石板梁桥，其做法是，将石板梁的两端直接搭在用石板砌筑的桥台上和桥墩上。

二、悬臂式石板梁桥和撑架式石板梁桥，多分布在华中和华南诸省。悬臂式石板梁桥的做法是，在石砌桥台上设置一层或多层单悬臂石板，在石砌桥墩上设置一层或多层双悬臂石板。在悬臂石板上面架设石板梁而成桥面。

三、单孔撑架式石板梁桥的基本做法是，在两个桥台的前墙上顶设置一对（并排的若干块）相对向内倾斜的石板，形成石板撑架。在撑架石板的上顶架设石板梁构成桥面。在撑架石板的后面砌筑石板，上面与桥面取平。

多孔撑架式石板梁桥的基本做法是，在桥墩台和桥墩上顶设置一对（并排的若干块）相对向内倾斜石板，形成石板撑架，在撑架石板的上顶架设石板梁构成桥面。在桥台上撑架石板的后面砌筑石板，在桥墩上撑架石板之间砌筑石板，上面均与桥面取平。

四、多边折线形石梁桥的基本做法是，用数段（五段或七段）并列的平面石板和数道（四道或六道）横系条石（纵联石）组成多边折线形框架。该多边折线形框架自身不能独立存在，只有在其背后砌筑石板构造以后，在背后石砌体的辅助下，才能与背后石砌体共同承受荷载。

多边形框架的具体构造是，中段石板水平设置，其他数段石板两两相对向内倾斜设置，各段石板之间均置一根横系条石（纵联石）。在多边折线形框架背后用石板砌筑辅助构造，构成石桥的上部结构。

根据结构力学分析，此种多边折线形框架，其立面形似"拱"，实际上未构成"拱"，属于平面石板组合体，不属于石拱桥，仍属于石梁桥。

此种多边折线形石板框架的各段构件均系平面石板，框架基本构造属于纵联分段并列式。其形式与纵联分段并列式结构石拱碹有所相似。纵联分段并列式结构石拱碹，很有可能是在多边折线形框架的基础上改进而成，也可以说，多边折线形石板框架是纵联分段并列式结构石拱碹的雏形。

全国收集到各种石梁桥共有 580 余座，具有基本技术数据的石梁桥549 座。

第二节　北京石梁桥

全市石板梁桥共计 96 座。

1. 北京马坊桥

马坊桥位于昌平区马坊村以南，1956 年年初，昌平县划归北京市，是年 4 月，北京市道路工程局养路工程事务所接管昌平县道路和桥梁。

桥梁档案资料记载：马坊桥跨温榆河上，南北走向，始建于明代，属于京古驿道（北京至古北口）上的一座石桥，清康熙年间（1662—1722 年）重修。清代早期，皇帝去往承德避暑山庄，出安定门，过马坊桥。

民国二十五年（1936 年）河北省公路局档案记载："今年二季度实施马坊桥大修工程，……四月十一日开工，二十二日竣工。主要项目是加高桥面，更换桥栏杆。……桥垛上的石板全部掀开，加工后重新铺砌。拆卸全部花岗岩石板梁，稍作加工，剔换石板梁二块。在桥台和桥墩上现浇混凝土，加高 68 厘米，重新安装旧石板梁，桥面两侧现场浇筑混凝土地伏，安装铁管桥栏杆，桥栏杆长 64 米。"

马坊桥档案中记载："桥梁大修后，每孔仍为 12 块石板梁，桥面全宽 7.50 米，净宽 7.00 米。桥面长 58.10 米，桥垛长均为 4.50 米，桥梁全长约 67.10 米。"

1956 年 6 月调查马坊桥，该桥是一座 13 孔石板梁桥。属于立汤路（立水桥至小汤山）上的桥梁，跨温榆河上，南北走向。桥垛上铺砌花岗岩石板，桥面是花岗岩石板梁，每孔有 13 块石板梁。两侧有钢管栏杆和混凝土地伏。桥面宽 7.50 米，净宽 7.00 米。桥面长 58.10 米，桥垛长均为 4.50 米，桥梁全长约 67.10 米。

桥台为凹字形，前墙的下部用石板砌筑，上部是混凝土，前墙长 10.15 米，端墙全是石板构造，端墙长 3.50 米。桥墩下部是原有石砌构造，两端为尖形，上部是混凝土，两端为方形。桥墩厚 1.25—1.32 米，桥墩长 11.40 米。净跨径均为 3.20 米（少数跨径为 3.25 米）。

1958 年夏季，养工所综合技术工程队实施马坊桥大修工程，将桥面全部更换为预制混凝土板梁，并向两边加宽，两侧安装预制混凝土栏杆。桥面上铺筑沥青面层。桥面改建后，全宽达到 10.00 米，净宽为 9.40 米。

1967 年第二季度，养工所六工区实施立汤路扩建工程，综合技术工程队配合道路工程，将马坊桥拆除，改建成混凝土梁式桥。根据桥梁结构考察，该桥属于明代所建。

2. 归宗桥

归宗桥位于昌平区前沙涧村南，桥北端有两块不完整的石碑，字迹漫漶，碑文记载："归宗□□元至元建，……大明正统□□□重建，……大清乾隆一十六年重修，大清乾隆□□□□秋立。"

归宗桥跨于南沙河上游的南支流上，南北走向，是一座5孔石板梁桥。桥堍上是花岗岩石板，桥面是花岗岩石板梁，桥上无栏杆，青石地伏尚存局部。桥面宽8.75米，桥面长23.90米，北桥堍长7.80米，南桥堍长7.50米，桥梁全长39.20米。

桥台带燕翅形，前墙长9.95米，上游燕翅墙长8.90米，下游燕翅墙长8.30米。桥墩两端均为尖形，桥墩厚稍有出入，由北向南依次为1.84米、1.90米、1.88米、1.85米，桥墩长均为11.20米。桥梁净跨径，由北向南依次为2.00米、3.15米、3.35米、3.10米、3.10米。

元代开挖白浮泉至瓮山泊引水渠，同期修建石桥，明正统年间（1436—1449年）重修，命名归宗桥。清乾隆年间（1736—1795年）重修。

民国二十七年（1938年）修建温阳路（温泉至阳坊），在新路上修建温泉新桥、辛庄新桥、归宗新桥、沙涧新桥，旧驿道作废，旧驿道上的温泉桥、辛庄桥、归宗桥、沙涧桥则成为农村路上的桥梁。

1966年京密引水渠建成以后，归宗桥上游的河道被截断，温泉公社归宗桥拆除。根据桥梁结构考察，该桥应属元代所建，有明代修理痕迹。

3. 后沙涧桥

后沙涧桥位于昌平区后沙涧村前街东头，跨沙涧排水沟上，南北走向，是一座5孔石板梁桥。因为无桥名，遂取名"后沙涧桥"。建造年代无记载。

桥堍上是花岗岩石板，桥面是花岗岩石板梁，每孔有13块花岗岩石板梁。桥上无栏杆，两侧各有一道石边牙。桥面宽8.10米，桥面长

23.30 米，桥塅长均为 6.50 米，桥梁全长 36.30 米。

桥台带燕翅形，前墙长 9.50 米，上游燕翅墙长 9.00 米，下游燕翅墙长 8.50 米。桥墩两端均为尖形，桥墩厚 1.80 米，桥墩长 11.30 米。中孔净跨径 3.20 米，次边孔净跨径 2.90 米，边孔净跨径约 2.75 米。

4. 景陵桥

景陵桥，亦称景皇桥，位于青龙桥镇北街北口，跨北旱河上，是一座 5 孔石板梁桥。桥塅上是花岗岩石板，桥面是花岗岩石板梁，每孔有 5 块石板梁。桥上无栏杆，两边各有一道缘石。桥面宽 4.10 米，桥面长 18.70 米，桥塅长 4.90 米，外端宽约 9.00 米。桥梁全长 28.50 米。

桥台两侧有燕翅墙，前墙长 5.50 米，燕翅墙长均为 5.50 米。桥墩上游（西）端是尖形，下游端是方形，桥墩厚 1.20 米，桥墩长 5.10 米。各孔净跨径均为 2.60 米。

据史料记载，元代以前，由京城去往大觉寺上香人，由安河桥过清河，不走青龙桥。元代开挖白浮泉引水渠以后，安河桥至温泉的道路被截断，因而去往温泉、西山，或去大觉寺，则经过青龙桥、景陵桥、红石山口。

《日下旧闻考》记载："明景帝陵在玉泉山北，登山可望见。"

民国二十年（1931 年）档案记载："京西青龙桥北有景陵桥，亦称景皇桥，因桥西有景帝皇陵而得名。四月，桥面石板梁折断，剔换石板梁二块。"

民国二十五年（1936 年）北平市工务局的《郊区桥梁状况表》中记载："桥梁名称：景皇桥。坐落地点：青龙桥北街。所属路线：青龙桥西北旺路。结构种类：石板平桥。桥脚构造：条石砌筑。桥梁孔数：5 孔。桥面幅度：3.50 米。桥梁载重：6 吨。桥梁状况：基本完整。附注：明正统间建，清乾隆间重修。"

1958 年 5—6 月间实施景陵桥桥面改建工程。将旧桥面全部拆除，改建成木结构桥面，两侧设人行步道，安装木栏杆。桥面改建后，桥面全宽为 6.00 米，其中车行道宽 4.50 米，两侧步道宽均为 75 厘米。拆下来的旧石板梁，用于禹行桥修补桥面。

1982 年，实施景陵桥桥面改建工程，将木桥面全部拆除，安装预制混凝土板梁，上面铺筑沥青混凝土面层，两侧安装混凝土桥栏杆。

5. 沙涧东桥

沙涧东桥位于昌平区前沙涧村东口，跨于温阳路西侧的排水沟上，东西走向，是一座 5 孔石板梁桥。桥埭上铺砌花岗岩石板，桥面是花岗岩石板梁，每孔有 10 块石板梁，桥上无栏杆，桥面宽 6.60 米，桥面长 18.60 米，西桥埭长约 6.00 米，东桥埭尚存长约 4.50 米，桥梁全长 29.10 米。

桥台两侧有燕翅墙，前墙长 8.00 米，西桥台燕翅墙长 7.50 米，东桥台燕翅墙长 4.00 米。桥墩两端均为尖形，桥墩厚 1.30 米，桥墩长 9.30 米，中 3 孔净跨径均为 2.60 米，边孔净跨径均为 2.35 米。

1952 年 4 月，养工所综合技术工程队，实施沙涧东桥小修工程，在石板梁外侧安装一根木纵梁，上面安装木栏杆。1956 年将石桥的东桥台和四个桥墩拆除，利用西桥台和旧石板海墁，建成一座单孔混凝土板梁桥。根据沙涧东桥结构考察，该桥属于明代所建。

6. 沙涧桥

沙涧桥位于昌平区前沙涧村南口外，在归宗桥以北，跨南沙河上游支流上，南北走向，是一座 5 孔石板梁桥。因为无桥名，遂取名"沙涧桥"。

桥埭上铺砌花岗岩石板，桥面是花岗岩石板梁，每孔有 13 块石板梁，桥栏杆无存，两侧的青石地伏尚存。桥面宽 8.65 米，桥面长 21.70 米，北桥埭长约 7.00 米，南桥埭长 6.50 米，桥梁全长 35.20 米。

桥台带燕翅形，燕翅端部有损坏，前墙长 10.05 米，上游燕翅墙（弯形）长 9.00 米，下游燕翅墙长 8.50 米。桥墩两端为尖形，桥墩厚

1. 80 米。桥墩长 11. 85 米。桥孔净跨径由北向南依次为 2. 50 米、2. 80 米、3. 10 米、2. 80 米、2. 50 米。

元代开挖白浮泉至瓮山泊引水渠，同期修建石桥，明正统年间（1436—1449 年）重建。

民国二十七年（1938 年）修建温阳路（温泉至阳坊），在新路上修建温泉新桥、辛庄新桥、归宗新桥、沙涧新桥，旧驿道作废，旧驿道上的温泉桥、辛庄桥、归宗桥、沙涧桥则成为农村路上的桥梁。

7. 辛庄桥

辛庄桥位于昌平区辛庄村东，南北走向，跨于周家巷排水沟上，是一座 5 孔石板梁。桥垛上是花岗岩石板，桥面上的花岗岩石板梁，每孔原有 13 块石板梁，有残缺。桥上无栏杆，亦无地伏，桥面原宽 8. 50 米，现状最宽处 6. 80 米。桥面长 22. 25 米，桥垛长均为 5. 20 米，桥梁全长 32. 60 米。

桥台两侧有燕翅墙，前墙长 9. 90 米，西侧燕翅墙长约 7. 00 米，东侧燕翅墙长约 6. 00 米。桥墩上游端为尖形，下游端为方形，桥墩厚 1. 80 米，墩长 9. 75 米。桥梁净跨径，由北往南依次为 2. 60 米、2. 90 米、3. 20 米、2. 90 米、2. 60 米。

元代开挖白浮泉至瓮山泊引水渠，同期修建石桥。明正统年间（1436—1449 年）重建，在桥的南面逐渐形成村落，取名"新庄"，久而久之，演变成"辛庄村"。

民国二十七年（1938 年）修建温阳路（温泉至阳坊），在新路上修建温泉新桥、辛庄新桥、归宗新桥、沙涧新桥，旧驿道作废，旧驿道上的温泉桥、辛庄桥、归宗桥、沙涧桥则成为农村路上的桥梁。

1966 年京密引水工程期间，温泉公社将辛庄桥拆除。根据桥梁结构考察，该桥属于明代所建。

8. 安贞桥

安贞桥位于朝阳区东小关村南口，俗称小关桥，跨北土城沟上，南北走向，是一座双孔石板梁桥。桥埻上铺砌花岗岩石板，桥面是花岗岩石板梁，两侧有罗汉板式青石栏杆和青石地伏。桥身上有栏板 3 块，桥埻上的八字栏杆均为 1 块抱鼓石。桥面宽 7.60 米，净宽 6.80 米，桥面长 8.40 米，南北桥埻长 5.30 米，桥梁全长 19.00 米。

桥台带燕翅形，前墙长 8.80 米，燕翅墙长约 5.50 米。桥墩两端为尖形，桥墩厚 1.75 米，墩长为 10.65 米。跨径均为 2.90 米。

1953 年第二季度，实施安贞桥桥面加宽工程。拆卸桥栏杆，利用龙须沟工程剩余的混凝土板梁，在桥面两边桥台和桥墩的端部上各架设两块混凝土板梁，两侧依旧安装罗汉板式石栏杆，桥面上铺筑沥青面层。桥面加宽后，全宽达到 8.80 米，净宽 8.10 米。

1956 年春季，实施安贞桥加宽工程，将桥埻石板和桥面石板梁全部拆除，利用旧石料，加宽并加高桥台和桥墩，上部结构采取现场浇注混凝土连续板梁，依旧安装原有罗汉板式石栏杆，桥面上铺筑沥青面层。桥梁加宽后，桥面全宽达到 12.00 米，净宽 11.20 米。

1987 年，亚洲运动会工程中，将安贞桥全部拆除，改建成一座混凝土桥。

9. 北湖渠桥

北湖渠桥始建年代无考，桥头石碑记载："……大清乾隆十五年重修。"

今存北湖渠桥位于北湖渠村南，跨于北小河上，南北走向，是一座 3 孔石板梁桥，桥埻上横向铺砌花岗岩石板，桥面是花岗岩石板梁，每孔 11 块石板梁。两侧有罗汉板式青石栏杆和地伏。桥面全宽 7.20 米，净宽 6.50 米，桥面长 12.15 米。桥梁全长 23.00 米。

桥台带燕翅形，前墙长 8.60 米，燕翅墙长约 6.60 米。桥墩上游端是尖形，下游端是方形，桥墩厚 1.75 米，桥墩长 10.40 米。中孔净跨径 3.00 米，边孔净跨径 2.75 米。桥下有石板海墁。

1956 年 9 月，实施北湖渠桥大修工程。将石桥面和桥墩拆除，利用旧桥台，中间设一木排架桥墩，建成一座双孔石台木面桥。

1958 年 5—6 月间，在北湖渠村东（北湖渠桥下游）修筑新路，新建一座木桥，随后将旧石桥拆除。根据桥梁结构考察，该桥属于明代所建。

10. 大望京桥

大望京桥位于朝阳区大望京村北，跨于北小河上，南北走向，是一座 3 孔石墩台木面桥。桥塊上是花岗岩石板，桥面是圆木纵梁，上面铺双层木桥面板，两侧有木栏杆。桥面宽 5.50 米，净宽 5.20 米，桥面长 11.90 米，南北桥塊长 5.20 米，桥梁全长 22.30 米。

桥台两侧有燕翅墙，前墙长 6.40 米，西侧燕翅墙长 5.50 米，东侧燕翅墙长 5.00 米。桥墩上游端是尖形，桥墩厚 1.35 米，桥墩长 7.80 米。跨径由北向南依次为 2.60 米、3.00 米、2.70 米。

据大望京村农民介绍，村北的这座桥，原是一座石板桥，因为桥面很低，每年雨季大水漫过桥面。民国二十五年（1936 年）村里人家捐资，利用桥面石板把桥台和桥墩加高，架上木桥面，没安桥栏杆。

1958 年 10 月，为支援人民公社建设，二工区在大望京村东修筑新路。综合技术工程队在新路上建成一座三孔木梁桥。新路通车后，将石桥拆除。根据大望京桥结构考察，该桥属于明代所建。

11. 东坝桥

东坝桥位于朝阳区东郊东坝镇南门外，跨坝河上，南北走向，是一座 5 孔闸桥合一的石板梁桥。桥塊上铺砌花岗岩石板，桥面是花岗岩石板梁，每孔 12 块石板梁。桥上无栏杆，东侧的青石地伏尚存，地伏高 16 厘米，宽 27 厘米。桥面宽 7.85 米，桥面长 23.50 米，南北桥塊长均约为 5.00 米。桥梁全长约 33.50 米。

桥台两侧有燕翅墙，前墙长 10.40 米，燕翅墙长约 6.00 米。桥墩上游（西）端为尖形，下游端为方形，桥墩厚 2.40 米，墩长 11.60 米。中孔净跨径 3.30 米，其余 4 孔净跨径均为 2.75 米。

始建年代不详，明正统末年（1448—1449 年）重建，乾隆二十年（1755 年）重修，光绪二十五年（1899 年）重建。

民国二十五年（1936 年）档案记载："二十五年桥梁维修工程，……东坝桥位于东坝镇南门外，五孔石板闸桥合一桥，剔换石板梁三块，整修桥垛石板，维修桥栏杆。五月二十一日竣工。"

1952 年冬季，实施东坝桥改建工程，将石桥拆除。

12. 东坝石板桥

东坝石板桥位于朝阳区东坝镇南门外东边的板桥村，跨于东坝南门外的排水沟上，东西走向，是一座 3 孔石板梁桥。桥垛上是花岗岩石板，桥面是花岗岩石板梁，每孔有 7 块石板梁，桥上无栏杆，亦无地伏。桥面宽 6.70 米，桥面长 12.00 米，东西桥垛长 4.30 米，桥梁全长 20.60 米。

桥台两侧有燕翅墙，前墙长 5.90 米，四角燕翅墙长 5.20 米。桥墩两端均为尖形，桥墩厚 1.30 米，长 7.20 米。中孔净跨径 3.00 米，边孔跨径 2.80 米。

1958 年秋季，由东坝公社将石桥拆除，石料用于修建养猪场。

拆桥施工期间，王怀厚曾前去查看过，根据桥台中的清代城砖判断，该桥属于清代所建。

13. 东大桥

东大桥在朝阳区朝阳门外跨于二道河上，是一座 3 孔石板梁桥。桥垛上铺砌花岗岩石板，桥面是花岗岩石板梁，每孔有 13 块石板梁，两侧有罗汉板式青石栏杆和地伏。桥面宽 8.60 米，净宽 7.95 米，桥面长

13.25 米，桥墩长均为 5.00 米，桥梁全长约 23.00 米。

桥台带燕翅形，前墙长 10.00 米，燕翅墙长 6.40 米。桥墩两端为尖形，桥墩厚 1.40 米，桥墩长 11.45 米。各孔的净跨径均为 3.20 米。桥下有石板海墁。

据史料记载，东大桥位于元大都城平则门外（朝阳门外），始建于元代，明正统十一年（1446 年）重建，清乾隆年间修筑朝阳路石板路面，重修东大桥。

民国八年（1919 年）《市政公报》记载（摘要）："二季度完成之桥梁维修工程计七座——德胜门桥、安定门桥、东直门桥、东外关厢桥、朝阳门桥、东大桥、大通桥。……东大桥系五孔石板桥，广二丈，长三丈八尺。洞阔十尺二寸。明正统十一年建石桥，清乾隆末年重修，至今又逾百年。桥面石梁多有损坏，沟渠水量较少，今改修三孔足矣。"

民国十八年（1929 年）工务局档案记载（摘要）："东大桥坐落于朝阳门外关厢东口，明正统十一年（1446 年）建，石桥五孔。清乾隆年间修筑朝阳路石板路面，重修东大桥。"

1953 年 4—5 月，实施朝阳门外道路改扩建工程（朝阳门笃桥至东郊粮食市场）期间，实施东大桥加宽工程。

加宽部分的桥面，因为找不到合适的石板，于是采用木结构，上面铺筑焦渣石灰垫层和沥青面层。桥面向北加宽 3.40 米，向南侧加宽 3.00 米，桥面全宽达到 15.00 米。

1956 年 5 月，实施东大桥大修工程，将旧桥面全部拆除，更换成预制混凝土板梁，铺筑沥青混凝土面层，安装预制混凝土桥栏杆。

1958 年实施二道河上游段（呼家楼以西河段及其南北支流）改暗沟工程，于是将东大桥拆除。根据桥梁结构考察，该桥原是一座 5 孔石板梁桥，属于明代所建，清代废弃两个边孔，改成 3 孔石桥。

14. 东岗桥

东岗桥位于东坝乡东岗村以东，跨北小河上，东西走向，是一座闸桥合一的 3 孔石板梁桥。水闸在桥面北侧，绞关石架齐全，桥垛上铺砌花岗岩石板，桥面是花岗岩石板梁，桥栏杆无存，青石地伏犹存。地伏宽 32 厘米，高 16 厘米。桥面宽 7.80 米，桥面长 16.30 米，东西桥垛长 5.70 米，桥梁全长约 27.70 米。

桥（闸）台两侧有燕翅墙，前墙长 10.60 米，上游燕翅墙长约 9.40 米，燕翅墙以外有石砌驳岸，驳岸长约 9.00 米。下游燕翅墙长 6.50 米，燕翅以外的石砌驳岸长约 5.00 米。桥（闸）墩的上游端为尖形，下游端为方形，墩厚 2.75 米，墩长 12.70 米。净跨径均为 3.30 米。

1951 年 5 月，拆除桥面石板梁，废水闸，拆除绞关石架，改建成石墩台木面桥，安装木栏杆，桥面宽达到 10.00 米。

1953 年上旬之前，将东岗桥的桥面和桥墩拆除，利用 2 个桥台和旧海墁，在中间设一个桥墩，改建成一座双孔混凝土梁式桥。

根据桥梁结构考察，该桥应属明代所建。

15. 光熙桥

光熙桥原系元大都城光熙门的瓮桥，位于光熙门村西，跨东土城沟上，东西走向。桥垛上铺砌花岗岩石板，桥面是花岗岩石板梁，缺少多块石板梁，可以通行人。桥面原宽 7.60 米，桥面长 8.25 米，东西桥垛长均为 5.50 米，桥梁全长 19.75 米。

桥台带燕翅形，前墙长 8.80 米，燕翅墙长约 6.10 米。桥墩两端为尖形，桥墩厚 1.75 米，墩长 10.60 米。跨径均为 2.85 米。

1953 年 6 月，将肃清桥和光熙桥的桥面改建成木面，两侧安装木栏杆。

1954 年第二季度，实施土城沟疏浚工程，将肃清桥和光熙桥拆除。

16. 健德桥

健德桥位于西小关村南口，属于元大都城健德门的瓮桥，跨北土城沟上，南北走向，原是一座双孔石板梁桥。桥垛上铺砌花岗岩石板，桥面及桥墩无存。

桥台带燕翅形，前墙长 8.80 米，燕翅墙长约 6.00 米。根据石板海墁上遗留的桥墩痕迹，桥墩两端为尖形，桥墩厚 1.75 米，墩长 10.60 米。跨径均为 2.85 米。

据史料记载，明洪武四年（1371 年），在元大都城北城墙以南修筑明城北面城墙，城墙外面开挖护城河，俗称"北土城沟"，设两座城门，西边的城门仍称"健德门"，东边的城门仍称"安贞门"，在城门外面修建弯桥。

民国二十七年（1938 年）伪华北建设总署按照日本人的计划，在德清路（德胜门至清河镇）东边新建德清新路（德胜门外功德林东口至清河镇北口），同期，在北土城上开辟豁口，取名"祁家豁子"。为了在祁家豁子修建炮楼，将健德桥桥面石板梁和桥墩拆除，旧石料用于修建炮楼。

1954 年上汛前，实施土城沟疏浚工程，将健德桥遗址拆除。

17. 九孔闸桥

九孔闸桥位于南郊萧村以南，跨凉水河上，由于河道为斜向，桥梁属于东北西南走向，是一座 9 孔石板梁桥。桥垛上只有 3 道横铺的花岗岩石板，桥面为花岗岩石板梁，每孔有 4 块石板梁，桥上无栏杆，亦无地伏。桥面宽 2.50 米，桥面长 56.80 米，桥垛长均为 2.10 米，桥梁全长 61.00 米。

桥台两侧有燕翅墙，前墙长 3.40 米，燕翅墙的原有长度约为 7.50 米，其端部均有损坏，最短的燕翅墙长约 3.50 米，最长约 7.50 米。桥墩上游（西）端为尖形，下游端为方形，桥墩厚 2.90 米，桥墩全长 4.80 米，其中分水尖长 1.40 米。两个边孔的净跨径为 2.70 米，其余 7 孔的净跨径为 3.20 米。桥下有石板海墁。

石桥两端皆有石灰土路面（海子围墙的基础），桥北的石灰土长约 55.00 米，桥南的石灰土路长约 25.00 米，灰土路宽均约为 5.50 米。

据史料记载（摘要）："明宣德三年（1428 年）十一月，兴工修筑南海子围垣，凉水河流经海子围垣内，北面围垣跨越凉水河，在河上修建一座 9 孔石板水关桥，为防止猎物从桥下逃出，在桥孔中立设铸铁柱，故通称九孔闸。"

民国二十年（1931 年）北平市工务局档案中记载："查南郊大红门以东之九孔闸桥，原系海子墙跨越凉水河之水关铁梘闸，实为九孔石板梁桥。十年前，民众为使桥上通行，拆去桥上之城砖围墙，以利通行，通称九孔闸桥。"

1953 年 5 月，修筑大红门东路（大红门至小红门）期间，加宽九孔闸桥桥面。在石板梁两侧架设圆木纵梁，上面铺双层木桥面板，两侧安装木栏杆，桥面加宽后达到 4.40 米。

1974 年第二季度，实施九孔闸桥桥面改建工程，工程做法是，拆除桥墩上的石板及桥面石板梁，在桥台和桥墩上横置预制混凝土悬臂式梁，上面架设预制混凝土板梁，两侧安装预制混凝土桥栏杆。

刚开工不久，突然接到市政府通知"南郊九孔桥暂停施工"。原来是房山至北京东郊的油气管道打算从九孔闸桥上通过。数日后，时任油气管道工程总指挥部副总指挥的李瑞环带领有关人员，来到九孔闸桥工地查看。

经研究决定，在桥墩上各安装一根工字钢双悬臂梁，钢梁的两端伸出桥面以外，将油气管道安装在钢梁上。因此，九孔闸桥面改建工程推迟到 1974 年 7 月 25 日竣工。

1991 年春季，实施凉水河治理工程，九孔闸桥附近的河道将向南扩宽，九孔闸桥的北半截（约 6 孔）被埋于河岸内。

1992 年 6 月，将桥梁的上部结构全部拆除，又拆除南桥台及其以北的 3 个桥墩和部分海墁，北桥台和 5 个桥墩被埋于河岸中。根据桥台的构造考察，该桥属于明代所建。

18. 酒仙桥

酒仙桥的始建年代不详，明弘治元年（1488 年）年建八仙庙，同期建石桥，乾隆二十年（1755年）重建，光绪二十五年（1899年）重修。

民国十八年（1929年）档案中有桥梁维修工程记录：其中，"酒仙桥位于九仙庙西侧，跨于坝河上，是一座五孔石板梁桥。整修桥堍石板路面，维修桥栏杆。五月二十日竣工"。

酒仙桥位于东北郊大清寺东面（小陈各庄村西），酒仙桥以东路北是酒仙桥小学校，据学校陈老师介绍，该校原址是九仙庙，再早称八仙庙。

酒仙桥跨于坝河上，东西走向，是一座5孔石板梁桥，桥堍上铺砌花岗岩石板，桥面是花岗岩石板梁，桥栏杆无存，青石地伏犹存。桥面宽6.60米，桥面长23.80米，桥堍长均为6.50米，桥梁全长36.80米。

桥台带燕翅形，前墙长8.00米，燕翅墙长7.00米，上游燕翅墙以外有石砌驳岸，驳岸长约11.00米。桥墩两端均为尖形，东二桥墩厚2.45米，墩长10.50米，其余桥墩厚均为1.80米，墩长9.80米。桥孔净跨由西向东依次为2.85米、3.05米、2.85米、3.20米、3.20米。

1952年冬季，卫生工程局为配合酒仙桥电子城建设，实施坝河上游段（小陈各庄村以西）治理工程，将河道裁弯取直。

养工所综合技术工程队将酒仙桥拆除，根据桥梁结构考察，该桥原是一座3孔石板梁桥，属于明代所建，清代又向东加长两孔。

19. 立水桥

立水桥位于立水桥南口外，跨清河上，南北走向，是一座双孔石板梁桥。桥堍上横向铺砌花岗岩石板，桥面是花岗岩石板梁，两侧有罗汉板式桥栏杆，桥面宽6.50米，桥面长9.65米，南北桥堍长2.70米，桥梁全长15.00米。

桥台两侧有燕翅墙，前墙长7.90米，燕翅长4.00米以上。桥墩两端为尖形，桥墩厚1.20米，桥墩长9.20米，跨径2.60米。

据史料记载，立水桥建于元代，从元大都城通往古北口的驿道，出安贞门过立水桥。清康熙年间整修去往承德避暑山庄行宫的官道，出安定门过立水桥，同期重修立水桥。

民国二十四年（1935 年）九月，北平市工务局《关于汛期桥梁水毁及修复报告》中有关于立水桥的记述："立水桥是安立路跨越清河的一座双孔石板梁桥，七月中旬以来连降大雨，立水桥严重阻水，其上游多处溢流，桥北过水断路，石桥东北燕翅石墙受损。鉴于立水桥属于元代古桥，为保留古桥，遂采取因地制宜措施，在石桥以北开挖一条溢流渠，修筑一段块石过水路面。在立水桥上游北岸上修建溢流堰，溢流渠在石桥以东再汇入清河。"

1980 年，实施安立路北段（东小关至立水桥）道路大修工程，将路基加高许多，为保留元代古桥——立水桥，在立水桥上面新建一座混凝土板梁桥，将古桥盖于新桥下面。

因为立水桥不再属于市政设施，于是移交给文物局管理，文物局又将其交给朝阳区政府文化局管理。

2000 年，朝阳区文化局报请文物局批准，将立水桥拆除。

20. 南岗桥

南岗桥位于南岗村以东（西门村西南），跨坝河上，南北走向，是一座 5 孔石板梁桥。桥面低于河堤许多，桥垛上铺砌花岗岩石板，桥面是花岗岩石板梁，每孔有 10 块石板梁。桥栏杆无存，青石地伏犹存。桥面宽 6.60 米。净宽 5.96 米，桥面长 23.60 米，南北桥垛长 5.00 米，桥梁全长约 33.60 米。

桥台带燕翅形，前墙长 8.00 米，燕翅墙外露长 4.00—4.60 米。桥墩的上游（西）端为尖形，下游端为方形，桥墩厚 1.80 米，桥墩长 8.90 米。跨径由北向南依次为 3.00 米、3.15 米、3.25 米、3.10 米、3.05 米。桥下有石板海墁。

据史料记载，南岗桥始建年代不详，明万历四年（1576 年）重建，乾隆二十年（1755 年）重修，光绪二十五年（1899 年）重修。

民国二十五年（1936 年）档案记载："二十五年桥梁维修工程，……南岗桥位于东坝镇西门外以南，五孔石板梁桥，整修桥垛石板路面，维修桥栏杆。五月二十六日竣工。"

1953 年第二季度，在石桥西侧新建一座 3 孔木梁桥，随后将石桥拆除。根据桥梁结构考察，该桥属于明代所建。

21. 珊瑚桥

珊瑚桥位于东南郊小红门村南，跨凉水河上，南北走向，是一座 5 孔石板梁桥。桥垛上横铺花岗岩石板，桥面是花岗岩石板梁，每孔有 8 块石板梁。两侧有城砖宇墙式桥栏杆，上面有青石墙帽，两端有迎面石，八字栏杆的折角处立有青石护角石。桥面全宽 5.10 米，净宽 4.05 米，桥面长 23.40 米，两端桥垛长 3.90 米，桥梁全长 31.20 米。

桥台带燕翅形，前墙长 6.50 米，燕翅墙长均约为 6.40 米。上下游燕翅墙以外均有与燕翅墙形式相同的石砌驳岸。桥墩两端均为尖形，桥墩厚 2.25 米，墩长 8.80 米。桥孔净跨径，除北边孔为 2.50 米外，其余 4 孔均为 2.75 米。

据史料记载，明宣德三年（1428 年）十一月，兴工修筑南海子围垣。

《日下旧闻考》记载："南海子旧辟四门，本朝增之为九门。……南海子缭垣为门凡九，正南曰南红门，东南曰回城门，西南曰黄村门，正北曰大红门，稍东曰小红门，正东曰东红门，东北曰双桥门，正西曰西红门，西北曰镇国寺门。"

《大兴县志》记载："清崇德七年增建南海子围垣回城门、双桥门、小红门、镇国寺门、黄村门等五门，修各门内外桥路，次年完竣。"

《大兴县志》又记载："清崇德七年增建小红门，同期在凉水河上建石桥，取名沙窝桥。顺治元年（1644 年），石桥被水毁，主持建桥官员被杀于桥头，从此沙窝桥俗称杀官桥。清道光年间重修沙窝桥，民国初年改名珊瑚桥。"

1952 年 8 月上旬，洪水将珊瑚桥上游北驳岸及局部燕翅墙冲毁，当即采用石龙及草袋装土进行保护。

1953 年 3 月，实施珊瑚桥加长工程，主要项目是，改建北桥台为桥墩，于其北面新建木桩式北桥台，架设复合式木纵梁及桥面系。

1954 年汛期，珊瑚桥北孔木桥下的块石海墁冲毁，因而木桩桥台背后的填土流失，桥头路塌陷，于 8 月下旬，将木桥向北再加长一孔。

1958 年 9 月，改建珊瑚桥上部结构为混凝土板梁，两侧安装混凝土栏杆，桥面铺筑沥青面层。1979 年 5 至 6 月间，在珊瑚桥下游（东侧）建成一座 9 孔混凝土梁式桥，旧珊瑚桥作废。遂与北京市文物局商量，将珊瑚桥移交给文物局，文物局不同意接管，于 1991 年 6 月上旬，将珊瑚桥拆除。根据桥梁结构考察，该桥属于清代所建。

22. 铁塔桥

铁塔桥位于东直门外，亦称东直门关厢桥，跨亮马河上，东西走向。桥塝上铺砌花岗岩石板，桥面是花岗岩石板梁，每孔 10 块石板梁。桥栏杆无存，青石地伏残存大部。桥面宽 6.60 米，桥面长 11.80 米，桥塝长均为 5.50 米，桥梁全长 22.80 米。

桥台带燕翅形，前墙长 7.60 米，燕翅墙长约 6.00 米。桥墩的两端为尖形，桥墩厚 1.40 米，桥墩长 9.00 米。中孔净跨径 3.20 米，边孔净跨径 2.95 米。

北平市工务局档案记载："三十六年（1947 年）四月，应意国等使馆之申请，整修东直门至外国人坟茔道路，关厢桥以东至坟茔约一公里多为土路，修筑泥结砾石路面。关厢桥桥面石板梁有缺损，桥面宽仅 4.00 米，依其墩台宽度加宽到 6.00 米，石料取自二闸存放之花岗岩条石。"

1951 年秋季，将铁塔桥拆除，在原位上建成一座 3 孔木桥。根据桥梁结构考察，该桥属于明代所建。

23. 五里桥

五里桥位于东郊五里桥村，跨于二道沟（下游）上，南北走向，是一座 5 孔石板梁桥。桥塊上铺砌花岗岩石板，桥面是花岗岩石板梁，每孔有 10 块石板梁。桥栏杆无存，青石地伏尚存。桥面全宽 6.60 米，净宽 5.96 米，桥面长 20.30 米，南北桥塊长均为 6.50 米，桥梁全长约 33.30 米。

桥台两侧有燕翅墙，端部被河坡土埋没，前墙长 7.80 米，燕翅墙长约 7.00 米。桥墩两端均为尖形，桥墩厚 1.35 米，桥墩长 9.20 米。中孔净跨径 3.15 米，次边孔净跨径 2.85 米，边孔净跨径 2.60 米。

1952 年 7 月发大水，桥面漫水，是年 9 月，将五里桥的桥面加高。将桥塊上的石板全部拆除，利用旧石板，将桥台和桥墩加高两层石板，石板梁和地伏石依旧安装。用太平湖仓库存放的旧青石料，加工成罗汉板式桥栏杆，安装在旧地伏上。

1956 年将桥面石板梁全部拆除，更换成木桥面，安装木栏杆。

1959 年春季，实施二道沟治理工程，将五里桥中间的两个桥墩拆除，上部结构更换成混凝土板梁，成为 3 孔石墩台混凝土板梁桥。

1982 年因为二道沟的中部改道，下游河道水流量减少，五里桥的两个边孔淤塞，是年第三季度，将五里桥的两个桥台拆除，将桥墩改建成凹字形桥台，成为单孔石台混凝土板梁桥。根据桥台的构造状况，该桥属于明代所建。

24. 叶家坟桥

叶家坟桥位于叶家坟村北，跨于北小河上，南北走向，是一座 3 孔石墩台木面人行桥。桥塊上是花岗岩石板，桥面是圆木纵梁，上面铺单层木桥面板，两侧有木栏杆。桥面宽 3.50 米，净宽 2.90 米。桥面长 11.60 米，南北桥塊长 4.50 米，桥梁全长 20.60 米。

桥台是凹字形，用花岗岩石板砌筑，前墙长 7.00 米，燕翅墙长约

5.00米。桥墩上游（西）端为尖形，下游端为方形，桥墩厚1.30米，桥墩长约7.60米。中孔净跨径2.90米，边孔净跨径2.60米。

据叶家坟村农民介绍，村北的这座桥，原是清朝乾隆年间（1736—1795年）修建的一座石板桥。民国二十五年（1936年）桥面被水冲毁，由叶姓人家捐资，把桥面加高，改成木面桥。

25. 磁器口红桥

1950年夏季，卫生工程局实施龙须沟改暗沟工程，将红桥拆除。拆桥之前，我和关维良前去进行红桥调查，并于拆桥期间进行红桥结构考察。据考察考证，红桥原是一座单孔石拱桥，跨径约5.60米。清代改建成3孔石板梁桥。

红桥坐落在崇文门外磁器口大街南口外，跨于龙须沟上，南北走向，是一座3孔石板梁桥。为区别于其他红桥，遂取名"磁器口红桥"。桥塊上铺砌花岗岩石板，桥面是花岗岩石板梁，两侧有罗汉板式石栏杆。桥面宽6.90米，净宽6.70米，桥面长13.90米，南北桥塊长均为2.50米，桥梁全长19.00米。

桥台两侧有燕翅墙，前墙长8.10米，燕翅墙长5.00米。桥墩两端均系尖形，桥墩厚2.25米，桥墩长10.40米。中孔跨径5.60米，边孔跨径均为1.50米。

民国十八年（1919年）北平市工务局档案记载："崇文门外红桥，因为桥面低于南北路面，不便通行。遂将其墩台加高一层石板，高一尺七寸。原石板梁复架其上，原罗汉板石栏杆修理再利用。桥头填土取平，市民称便。"

26. 二道桥

二道桥位于东城区火药局二条胡同南口，跨御河（东西河段）上，南北走向，是一座3孔石板梁桥。其结构与形式和头道桥完全相同。

1956年，实施御河排水支线（北箭亭胡同至东步粮桥）工程，将二道桥拆除。根据桥梁结构考察，该桥始建于明代，原是一座 5 孔石板梁桥，清代废去南二孔，改建成 3 孔石板梁桥。

27. 汉花园桥

汉花园桥位于汉花园大街东口，跨御河上，东西走向，是一座 3 孔石板梁桥。桥塅上是花岗岩石板，桥面是花岗岩石栏板梁，每孔有 16 块石板梁。两侧有青砖砌成花墙式栏杆，下面有青石地伏。桥面宽 10.60 米，净宽 9.90 米，桥身长 12.30 米，东西桥塅长 5.10 米，桥梁全长 22.50 米。

桥台带燕翅形，前墙长 12.00 米，北面燕翅墙长 6.50 米，南面燕翅墙长 5.60 米。桥墩两端均为尖形，桥墩厚 1.35 米，桥墩长 13.40 米。跨径由东向西依次为 2.60 米、2.85 米、3.20 米。

京都市营造局档案记载（摘要）："民国五年（1916 年）在汉花园桥以东（双辇胡同西口）皇城城墙上开辟豁口，开通汉花园大街至猪市大街交通。"

又据记载（摘要）："民国七年（1918 年）加宽汉花园桥。二十四年（1935 年），罗汉板式石栏杆被撞坏，改为砖砌花墙式栏杆。"

1956 年，实施御河排水干线工程，将汉花园桥拆除。拆桥过程中，发现此桥南半幅与北半幅的结构有所不同。

北半幅的桥台和桥墩结构经考察证实属于明代所建，是 5 孔石板梁桥。清代废弃西 2 孔，改成 3 孔石板梁桥。

南半幅桥的东西桥台，石墙后面的城砖墙，是清代城砖，证明南半幅桥是清代所加宽。

28. 箭亭桥

箭亭桥位于北箭亭胡同南口，跨御河（东西河段）上，南北走向，是一座 3 孔石板梁桥。其结构与形式和头道桥、二道桥完全相同。

桥塅上横铺花岗岩石板，桥面是花岗岩石板梁，每孔 10 块石板梁，桥上无栏杆，两侧各有一道边牙石。桥面宽 6.60 米，净宽 5.90 米，桥面长 11.95 米，北桥堍长 4.00 米，南桥堍长 3.85 米，桥梁全长 19.80 米。

桥台两侧有燕翅墙，前墙长 8.00 米，燕翅墙（端部被埋没）长 4.50 米以上。桥墩两端均为尖形，桥墩厚 1.35 米，墩长 9.40 米。北边孔跨径 3.10 米，中孔跨径 2.75 米，南边孔跨径 2.50 米。

1956 年，实施御河排水支线工程（北箭亭胡同至东步粮桥），将箭亭桥拆除。根据桥梁结构考察，该桥始建于明代，原是一座 5 孔石板梁桥，清代废去南 2 孔，改建成 3 孔石板梁桥。

29. 箭亭南桥

箭亭南桥位于大取灯胡同西口，跨御河上（南北向河段），东西走向，是一座 3 孔石板梁桥。桥堍上横铺花岗岩石板，桥面是花岗岩石板梁，每孔 12 块石板梁，桥上无栏杆，两侧各有一道青石边牙；桥面宽 7.80 米，净宽 7.10 米，桥面长 12.10 米，东桥堍长 6.50 米，西桥堍长 6.00 米，桥梁全长 24.60 米。

桥台两侧有燕翅墙，前墙长 9.20 米，燕翅墙长约 7.20 米，桥墩两端为尖形，桥墩厚 1.25 米，长 10.50 米。中孔跨径 3.15 米，边孔跨径 2.75 米。

1956 年实施御河排水干线工程，将箭亭南桥拆除。根据桥梁结构考察，该桥属于清代所建。

30. 孟公桥

孟公桥位于孟公府胡同东口，桥东是乃兹府胡同。跨御河上，东西走向，是一座 3 孔石板梁桥。桥堍上是花岗岩石板，桥面是花岗岩石栏板梁，每孔有石板梁 10 块，桥栏杆无存，青石地伏尚在。桥面宽 6.60 米，桥身长 12.20 米，东西桥堍长 4.40 米，桥梁全长 21.00 米。

桥台带燕翅形，前墙长 7.80 米，燕翅墙（端部被埋没）外露长

4.50 米。桥墩两端为尖形，桥墩厚 1.35 米，桥墩长 9.20 米。跨径由东向西依次为 2.55 米、2.85 米、3.20 米。

1956 年实施御河排水干线工程，将孟公府桥拆除。根据桥梁的结构考察，证实孟公桥系明代所建，原是一座 5 孔石板梁桥，清代废其西 2 孔，改建成 3 孔石板梁桥。

31. 牛郎桥

牛郎桥位于南池子大街南口内，在太庙以东，跨银丝沟上，始建于明代末期，清康熙八年（1669 年）重建，取名"牛郎桥"。乾隆年间（1736—1795 年）重修。

民国三年（1914 年），开辟南池子皇城豁口，打通南池子和长安街道路。同期，加高牛郎桥桥面，依旧安装石板梁和罗汉板式桥栏杆。次年（1915 年）将豁口建成三洞券式门楼。

民国十八年（1929 年）四月，修筑南北池子道路，铺筑砾石路面，两侧保留边沟（排水沟），维修牛郎桥。

1950 年 9 月下旬，为配合第一个国庆节群众游行队伍在南池子南口内集合，建设局养路工程事务所实施牛郎桥临时加宽工程，拆卸石栏杆，在桥面两侧用木材加宽，桥上两侧依旧安装旧石栏杆。10 月上旬，拆除加宽部分，恢复石栏杆，同时进行桥梁调查登记。

牛郎桥位于南池子大街南口内，跨银丝沟上，南北走向，是一座 3 孔石板梁桥。桥堍上是花岗岩石板，桥面是花岗岩石板梁，桥面每孔 12 块石板梁。两侧有罗汉板式青石栏杆，下面有青石地伏，每侧桥身上有 3 块栏板，桥堍上是八字栏杆，均系抱鼓石。

桥面宽 7.95 米，桥面长 12.55 米，桥堍长均约为 5.00 米，外端宽 11.80 米。桥梁全长 22.20 米。

桥台两边有燕翅墙，前墙长 9.40 米，燕翅墙长 5.50 米。桥墩两端均为尖形，桥墩厚 1.30 米，长 10.70 米。中孔净跨径 3.20 米，边孔净跨径 2.90 米。桥下有石板海墁，东西全宽 17.00 米。

1951 年 9 月中旬，实施牛郎桥加宽工程，拆卸青石桥栏杆，拆除桥埭上的石板及桥面石板梁，利用旧石料，将桥台前墙加长到 19.50 米，桥墩加长到 20.80 米。上部结构改用预制混凝土板梁，两侧依旧安装旧地伏，上面依旧安装旧石栏杆。桥面全部铺筑沥青面层，加宽后，桥面全宽达到 18.00 米。

1982 年，东城区政府建议将银丝沟改为暗沟。市政局于是制定出《银丝沟改暗沟工程方案》，报请市政府批准。是年 9 月，实施银丝沟（包括金丝沟）改暗河工程，将飞龙桥、牛郎桥、太妃闸全部拆除。

根据结构考察，飞龙桥、牛郎桥、太妃闸均属于明代所建。

32. 骑河楼桥

骑河楼桥位于骑河楼街东口，跨御河上，东西走向，是一座 3 孔石板梁桥。桥埭上是花岗岩石板，桥面是花岗岩石栏板梁，每孔有 9 块石板梁，两侧有罗汉板式青石栏杆，下面有青石地伏。桥面宽 5.90 米，净宽 5.26 米，桥面长 11.70 米，东西桥埭长 5.10 米，桥梁全长 22.00 米。

桥台带燕翅形，前墙长 7.30 米，四角燕翅墙长 6.50 米，桥墩两端均为尖形，桥墩厚 1.35 米，桥墩长 8.65 米。中孔跨径 3.20 米，边孔跨径 2.50 米。

民国十八年（1919 年）北平市工务局档案记载："四月上旬，修理骑河楼桥石栏板。"

1956 年，实施御河排水干线工程，将骑河楼桥拆除。根据桥梁结构考察，该桥属于清代所建。

33. 嵩祝桥

嵩祝桥位于嵩祝寺后身胡同东口外，跨御河上，东西走向，是一座 3 孔石板梁桥。桥埭上横铺花岗岩石板，桥面是花岗岩石栏板梁，每孔有 9 块石板梁，桥栏杆无存，青石地伏尚在。桥面宽 6.10 米，桥面长

12.00 米，东西桥塂长 4.80 米，桥梁全长 21.60 米。

桥台两侧有燕翅墙，前墙长 7.50 米，燕翅墙长 5.50 米。桥墩两端均为尖形，桥墩长 8.90 米，桥墩厚 1.35 米。桥梁跨径，由西向东依次为 3.20 米、2.75 米、2.50 米。

民国十八年（1919 年）北平市工务局档案记载："四月上旬，嵩祝桥石板梁折断，剔换石板梁一块，维修石栏板。"

1956 年，实施御河排水支线工程（北箭亭胡同至东步粮桥），将嵩祝桥拆除。根据桥梁结构考察，该桥始建于明代，原是一座 5 孔石板梁桥，清代废去西 2 孔，改建成 3 孔石板梁桥。

34. 头道桥

头道桥位于东城区火药局头条胡同南口，跨御河（东西河段）上，南北走向，是一座 3 孔石板梁桥。桥塂上横铺花岗岩石板，桥面是花岗岩石板梁，每孔 9 块石板梁。桥上无栏杆，两侧各有一道青石边牙。桥面宽 6.10 米，净宽 5.50 米，桥面长 11.95 米，北桥塂长 4.10 米，南桥塂长 3.75 米，桥梁全长 19.80 米。

桥台两侧有燕翅墙，前墙长 7.30 米，燕翅墙（端部被埋没）长 4.50 米以上。桥墩两端均为尖形，桥墩厚 1.35 米，墩长 8.70 米。北边孔跨径 3.10 米，中孔跨径 2.75 米，南边孔跨径 2.50 米。

1956 年，实施御河排水支线工程（北箭亭胡同至东步粮桥），将头道桥拆除。根据桥梁结构考察，该桥始建于明代，原是一座 5 孔石板梁桥，清代废去南 2 孔，改建成 3 孔石板梁桥。

35. 莲花北桥

莲花北桥位于莲花桥北端，两桥相距 18.00 米，梁桥之间有花岗岩石板路面相连。莲花北桥跨莲花河进口处，南北走向，是一座闸桥合一的 3 孔石墩台木面桥。南北桥塂上铺砌花岗岩石板，桥面是圆木纵梁上铺双层木桥面板，桥面西侧设水闸，桥面东侧有木栏杆，西侧是一道护木。

桥面宽 4.50 米，桥面长 13.70 米，南北桥堍长 5.50 米，桥梁全长 24.70 米。

桥台的两侧有燕翅墙，前墙长 8.60 米（其中闸台长 2.40 米），燕翅墙长 5.50 米，闸台上有绞关石架。桥（闸）台的西南燕翅以外有石砌驳岸，其端部与莲花桥上游的驳岸墙相连接，构成分水尖。

桥（闸）墩上游端为尖形，下游端为方形，闸墩上有绞关石架，墩厚 2.35 米，墩长 9.80 米。跨径均为 2.50 米。

1953 年第二季度，养工所第四工区修筑北蜂窝至六里桥道路期间，综合技术工程队实施莲花北桥大修工程。更换全部桥面板，上面铺筑焦砟石灰面层，两边安装木栏杆，桥面加宽到 6.50 米。

1958 年 5 月间，水利局实施莲花河疏浚工程，养工所综合技术工程队实施莲花北桥改建工程，将旧桥全部拆除，建成一座 3 孔木梁桥。

根据莲花北桥结构考察，该桥属于明代所建。

36. 东红门桥

东红门桥位于南苑东红门村东口，跨凉水河上，东西走向，是一座 5 孔石板梁桥。桥堍上是花岗岩石板，桥面是花岗岩石板梁，每孔 10 块石板梁，桥栏杆无存，青石地伏尚存。桥面宽 7.14 米，净宽 6.50 米，桥面长 20.40 米，东西桥堍长均为 5.30 米，桥堍外端宽 9.50 米，桥梁全长 31.00 米。

桥台带燕翅形，前墙长 7.90 米，燕翅墙长约 6.00 米，上游燕翅墙以外有石砌驳岸，长约 10.00 米。桥墩两端均为尖形，桥墩厚 1.50 米，桥墩长 9.50 米。跨径由东向西依次为 2.50 米、2.75 米、3.15 米、2.70 米、2.55 米。

据史料记载，明宣德三年（1428 年）修筑南海子围墙，四面各设一门，东面为东红门，同期，在凉水河上建石桥。而后，逐渐形成村落，称东红门村。正统七年（1442 年）重修四门，重建东红门桥。正统十年（1445 年）正月，重修东红门与桥梁。

1951 年春季，在太平湖仓库，把旧青石料（拆城墙豁口剩余的石料）加工成东红门桥的桥栏杆。是年 6 月上旬，实施东红门桥维修工程（安装桥栏杆）。

1958 年 4 月，实施鹿圈村至东红门道路整修工程及东红门桥大修工程。将桥面全部拆除，改为预制混凝土板梁，现浇混凝土面层，两侧安装混凝土桥栏杆。

1965 年 4—5 月间，实施东红门桥改建工程，将东红门桥拆除，建成一座混凝土梁式桥。根据桥梁结构考察，该桥属于明代所建。

37. 高丽庄桥

1950 年 7 月下旬，建设局接到西红门镇政府来信，称西红门村西，在通往高丽庄的路上有一座石桥，桥面石板塌落好几块，行人还可以通行，车辆只得从河里走，希望市里把此桥修理好。

工作人员前去查看，所说桥梁位置在西红门和高丽庄之间，跨于高米店排水沟上，东西走向。因为此桥无名称，遂取名"高丽庄桥"。

高丽庄桥是一座 5 孔石板梁桥。桥堍上是横铺砌花岗岩石板，桥面是花岗岩石板梁，每孔原有 10 块石板梁，桥上无栏杆，也没有地伏。西起第一墩因北端下沉而变形。桥台前墙两侧有燕翅墙，燕翅墙的端部皆有损坏。桥墩两端都是尖形。桥下有水，桥基状况不详。

高丽庄桥大修工程，采取发包给营造厂承建，通过招标投标，德茂营造厂中标承建西红门桥改建工程和高丽庄桥大修工程。高丽庄桥的维修方案是，将西起第一墩的北段拆卸，掀开桥基石板，下面是梅花桩，木桩基本无腐朽，桩间的填料坚实。桥墩用旧石料依旧恢复。桥面用新石料配齐，两侧安装青石地伏和罗汉板式桥栏杆。

竣工后，桥梁全长 34.80 米，其中，东西桥堍长 5.00 米，桥头宽约 17.30 米，桥面宽 6.60 米，桥面长 24.80 米。桥台前墙长 7.90 米，燕翅墙长 7.00 米。桥墩厚 2.25 米，桥墩长 10.20 米。中三孔净跨径 3.10

米，边孔净跨径 2.80 米。

1956 年 6 月上旬，养工所综合技术工程队实施高丽庄桥桥面改建工程，将桥塊石板和桥面石板梁拆除，更换成混凝土板梁，两侧安装混凝土桥栏杆，桥面上铺筑沥青面层。

1965 年 5 月，大兴区水利局实施高丽庄排水沟治理工程，将高丽庄桥拆除。拆桥期间，派王怀厚前去查看，完工后，写出高丽庄桥结构考察报告。根据桥梁结构考察，该桥属于明代所建。

38. 莲花东桥

莲花东桥位于莲花池东面，跨莲花河上，南北走向，是一座闸桥合一的 3 孔石板梁桥。属于莲花池的出水闸桥，水闸在桥面西侧，闸台与闸墩上有绞关石架。桥上东侧有罗汉板式青石栏杆，西侧是一道青石边牙，桥面较窄，只能通行人。

桥塊上铺砌花岗岩石板，桥面是花岗岩石板梁，每孔有石板梁 4 块，桥面宽 2.90 米，桥面长 13.70 米。桥塊长 5.50 米，桥梁全长约 14.80 米。

桥台与闸台上下游有燕翅墙，前墙长 5.60 米（其中闸台长 2.10 米），燕翅墙长 6.60 米。

桥（闸）墩西端有分水尖，下游端为方形，墩厚 2.30 米，墩长 9.50 米。跨径均为 2.75 米。桥下有石板海墁。

1953 年 4 月下旬至 6 月上旬，由卫生工程局河道队将莲花东桥拆除，改建成一座丝杠升降式水闸。拆桥期间，养工所综合技术工程队于德魁进行桥梁结构考察。

根据莲花东桥结构考察，该桥属于明代所建。

39. 莲花桥

莲花桥位于莲花池西北隅，跨新开渠上，南北走向。该桥是一座闸桥合一的 3 孔石板梁桥。属于莲花池的进水闸桥，水闸在桥面西侧，闸台上各有一对绞关石架。

桥上东侧有罗汉板式青石栏杆，西侧有一道青石边牙。桥垛上是花岗岩石板，桥面是花岗岩石板梁，每孔有 6 块花岗岩石板梁，桥面宽 5.50 米，桥面长 13.80 米，南北桥垛长 5.50 米，桥梁全长 24.80 米。

桥（闸）台两侧有燕翅墙，桥（闸）台前墙长 8.60 米，其中，闸台长 2.40 米，燕翅墙长约 6.00 米，左侧燕翅以外的石砌驳岸长 9.50 米。右侧燕翅以外的石砌驳岸长约 20.00 米（至河渠分岔处）。

桥（闸）墩的上游端有分水尖，下游端为方形，桥（闸）墩厚 2.30 米，墩长 9.80 米。桥孔净跨径均为 2.75 米。桥下有石板海墁。

1953 年上半年大中修工程计划中包括，新建北蜂窝至六里桥道路工程。其中包括，莲花桥和莲花北桥修理工程。道路工程由第四工区施工，桥梁工程由综合技术工程队施工。

莲花桥因为桥面较窄，为配合道路宽度，利用佟桥拆下来的旧石板梁，将桥面加宽，因为水闸依然在用，桥面东侧安装旧栏杆，西侧依旧安装边牙石。加宽后桥面全宽为 6.50 米。

北蜂窝至六里桥道路建成以后，该路的交通流量迅速增长，致使石板梁经常被压断。遂于 1958 年 5 月间，养工所综合技术工程队将莲花桥和莲花北桥拆除，莲花桥利用北桥台，建成一座木桥。

根据莲花桥的结构考察，该桥属于明代所建。

40. 马尾桥

1950 年年初，河北省宛平县划入北京市，是年 4 月北京市建设局接管宛平县境内的道路和桥梁等市政设施。是年 6 月，建设局养路工程事务所实施京门路西段道路整修工程及桥梁维修工程。

马尾桥位于模式口的北口外，在桥北面的山坡石崖上刻"马尾桥"三个大字，桥名左侧刻大明正统十一年仲夏□□（下面的字被毁）。该桥跨于模式口山涧排水沟的下游端，桥的下游是高井排水沟。

马尾桥是一座 5 孔石板梁桥。桥垛上铺砌青石板，桥面是青石石板梁，每孔有 13 块石板梁，桥塸和桥面上两侧各有一道石边牙，桥面宽 9.20 米，净宽为 8.60 米，桥面长 17.90 米，南北桥塸长 7.00 米，桥梁全长 31.90 米。

桥台为凹字形，前墙长 11.00 米，端墙长 4.50 米。上游的端墙以外有石砌驳岸墙，驳岸长 8.00 米，下游端墙以外也有石砌驳岸墙，驳岸是弯形，左边的墙长约 11.50 米，右边的墙长约 14.00 米。桥墩两端均为尖形，桥墩厚 80 厘米，墩长约 12.00 米，跨径均为 2.75 米。

同期清除桥下淤积的砂石，下面是基岩，桥下最大净空是 2.50 米，最小净空 1.80 米。

民国十八年（1929 年）直隶省公路局档案记载（摘要）："十八年（1929 年）九至十月，整修京门路河北段（鲁谷村至门头沟），扩建磨石口山口。同时，北平市工务局整修京门路北平段（阜成门至鲁谷村）。"

民国十八年北平市工务局档案记载（摘要）："山口始建于金代，元代扩建，以通马车。明初整修扩建道路和山口，乃至清代、民国，仍属煤炭进京道路。"

1952 年 5 月，养工所综合技术工程队将马尾桥向两端各加长 3 孔，同时将桥面向两边各加宽 90 公分，取消边牙石，于桥面两侧各立一排石柱做标志，一旦遇有洪水漫桥时，可显示桥位。

1953 年农村开始组建农业生产合作社，此后，农业社每年都在山上做一部分水土保持工程，因而马尾桥的桥下不再淤堵，变成常年流水不断。

1954 年永定河三家店拦河闸开工。1955 年永定河引水渠开工，水渠由模式口北侧开凿隧道穿过，将刻有马尾桥桥名的石崖炸毁。引水渠建成后，马尾桥下的过水量很少。

1956 年，第一道路工程公司实施模式口道路改扩建工程，拆除马尾桥，改建成一座 5 排水泥管涵洞。

根据马尾桥结构考察，该桥应属于金代或元代所建。

41. 草桥

南郊草桥位于右安门外草桥村村北，跨马草河上，南北走向，是一座 5 孔石板梁桥。桥堍上铺砌花岗岩石板，桥面是花岗岩石板梁，每孔 10 块石板梁，两侧有较矮的花岗岩石板桥栏杆，栏板高 0.50 米，栏板厚 0.24 米，地伏宽 0.30 米，高 0.17 米，每侧栏杆长 33.20 米。桥面宽 6.60 米，净宽 5.80 米，桥面长 29.60 米，南北桥堍长 6.30 米，桥梁全长 42.20 米。

桥台带燕翅形，前墙长 7.80 米，燕翅墙长 6.50 米，上下游燕翅墙以外皆有石板砌筑的驳岸，上游的驳岸长 7.20 米，下游的驳岸长 6.00 米。桥墩上游（西）端为尖形，下游端为方形，桥墩厚 3.20 米，墩长 9.40 米。桥梁净跨径均为 3.20 米。

光绪《顺天府志》记载：草桥在右安门外南十里，去丰台十里，跨凉水河。

《日下旧闻考》记载：右安门外南十里草桥，唐时有万福寺，寺废而桥存，……草桥众水所归，种水稻者资以为利，十里居民皆莳花为业。

民国二十五年（1936 年）四月份的《北平市桥梁状况月报表》记载："桥梁名称：草桥。坐落地点：右安门外草桥村北口。所属路线：右安门至陈留村路。结构种类：石板梁平桥。桥脚构造：石板砌筑。桥面幅度：6.00 米。桥梁载重：10 公吨。桥梁状况：完整。附注：清光绪二十四年（1898 年）重修，有碑为证。"

工务局档案记载："右安门外草桥，二十年（1931 年）修理桥面，剔换石板梁三块，至今完好。草桥属古建石板桥最坚固者之一。……草桥位于右安门外，始建于元代，初建桥梁为石墩台木梁桥，木梁上铺秸草垫土而成桥面，因此而得名草桥。明初建成石板梁桥，明嘉靖年间（1522—1566 年）重修。清光绪二十四年（1898 年）重修，清光绪二十五年（1899 年）重修。"

1964 年 8 月下旬至 9 月中旬，市政工程管理处五工区实施马家堡路

（右安门至丰台南路）改善工程，同期实施草桥大修工程。

草桥大修工程由机械所桥梁队施工，将旧桥面全部拆除，安装预制钢筋混凝土板梁，两侧安装预制混凝土地伏和桥栏杆，板梁上铺筑沥青混凝土面层。竣工后，桥面全宽达到 7.00 米，净宽 6.40 米，桥梁载重达到汽-18 级。从此，草桥成为一座 5 孔石墩台混凝土板梁桥。

42. 五孔桥

《宛平县志》中记载，明代以前自卢沟桥至北京清河店、沙河店之官道经五孔桥。……石桥五孔而得名。

民国二十三年（1934 年）北平市工务局档案中记载（摘要）："五孔桥位于西郊，在北平市与河北省宛平县分界线上，属大井村至海淀镇路上的一座石板梁桥。二十三年（1934 年）八月，北平市工务局维修五孔桥石栏杆，三科主持招标，富升石厂中标承做，资费贰百伍拾元伍角。"

民国二十七年（1938 年）北平新市区道路规划设计总图显示，新市区中心区的一条南北干线称"中央大路"，该路南起岳各庄，往北过五棵松、五孔桥至黄庄，与西直门至西苑机场路相接。

据伪华北建设总署新市区工程处档案记载（摘要）："二十八年（1939 年）开辟新市区中央大路，南起岳各庄，北至西黄庄，通过五孔桥。"

1950 年 7—9 月，北京市建设局道路工程事务所第一施工所，实施新建中央大路混凝土路工程（五棵松至玉泉山），一期工程从五棵松至西黄庄。其中包括五孔桥改建工程。

五孔桥位于西郊恩济庄村以西（朱各庄村以北），跨于南旱河上，南北走向，是一座 5 孔石板梁桥。桥墩上横铺花岗岩石板，桥面花岗岩石板梁，每孔 10 块石板梁。两侧有罗汉板式青石栏杆，每侧桥身上有栏板 5 块，八字栏杆各是 1 块抱鼓石。桥面宽 7.40 米，净宽 6.75 米，桥面长 21.50 米，南北桥墩长 4.90 米，桥梁全长 31.30 米。桥台带燕翅形，前墙长 8.60 米，燕翅墙长 5.50 米。桥墩的两端均为尖形，桥墩厚 1.80 米，桥墩长 10.50 米。跨径由北向南依次为 2.45 米、2.75 米、3.00 米、2.80 米、2.40 米。

经探查，桥基和海墁是用花岗岩石板铺砌的整体平台，上面平整，局部探查海墁基础，下面是梅花桩基础，木桩和填料稳固。

五孔桥改建工程，拆去桥墈上的石板，拆去桥面上的石板梁。利用下部结构，现浇混凝土板梁，新桥面向两边稍有加宽，两侧依旧安装原有的罗汉板式青石栏杆。改建后，桥面宽 8.60 米，净宽 7.90 米。

1953 年 5—6 月，建设局道路工程事务所第一施工所实施阜成路（甘家口至五孔桥）改扩建工程。该路西端与中央大路相接处形成丁字路口，五孔桥正位于此路口偏北处，为扩大路口，将五孔桥向东加宽 2.20 米。

1956 年永定河引水渠建成后，半壁店村以南的旧南旱河作废，逐渐形成农田，五孔桥的主体被埋入地下，桥面和栏杆依然外露。

1970 年 5 月，市政工程管理处第七管理所实施五棵松路（中央大路）中段（阜成路路口至田村路路口）路面翻修工程。

关于五孔桥的处理问题，军宣队组织三结合（军宣队领导、技术干部、工人代表）集体研究。技术人员说，1950 年修建的混凝土桥面，设计载重标准较低，载重汽车的总重量越来越大，为避免桥面被压断，建议将旧桥面全部拆除，将桥孔内填土夯实。干部袁凤洲建议，桥梁既然作废，索性将桥台和桥墩全部拆除，旧石料可以利用。

军宣队采纳建议，于是决定将五孔桥全部拆除。

1970 年 5 月 26 日开始拆桥，开工后不久，军宣队要求此项工程的竣工日期不能超过 5 月底。因工期限制太短，到 5 月 31 日，只拆除桥面和墩台上部各 6 层石板，其余部分埋于地下。

根据五孔桥结构考察，该桥属于明代所建。

43. 镇国寺桥

镇国寺桥位于南郊镇国寺村南口以东（今丰台区草桥东南），跨于旱河上，大致是东西走向，是一座 3 孔石板梁桥。桥塝上满铺花岗岩石板，桥面是花岗岩石板梁，每孔有 10 块石板梁，两侧只有青石地伏，无栏杆。桥面宽 6.80 米，桥面长 14.40 米。东西桥塝长 4.50 米，桥梁全长 23.40 米。

桥台带燕翅形，前墙长 8.20 米，燕翅墙长约 5.10 米。桥墩两端均为尖形，桥墩厚 2.25 米，桥墩长 10.50 米。中孔净跨径 3.20 米，边孔净跨径均为 2.90 米。

1951 年 5 月，养工所综合技术工程队，实施镇国寺桥小修工程，在旧地伏上砌筑砖栏杆。

1958 年 6 月，综合技术工程队实施镇国寺桥改建工程。将桥塝上的石板和桥面全部拆除，桥面更换为混凝土板梁，上面铺筑沥青面层。两侧安装预制混凝土桥栏杆。

1964 年第二季度，市政工程管理处配合南苑公社修筑农村道路和河道治理工程，五工区整修旱河路，机械所桥梁队，将旧桥全部拆除，利用旧桥台，建成一座双孔石墩台混凝土板梁桥。根据考察，该桥属于清代所建。

44. 巴沟桥

巴沟桥位于海淀巴沟村东，跨万泉河上，东西走向，是一座 3 孔石板梁桥。桥上无栏杆，青石地伏犹存。桥塝平面呈喇叭形，铺砌花岗岩石板，桥塝外端宽 10.60 米，东桥塝长 5.50 米，西桥塝长 6.10 米。桥面每孔 11 块石板梁，桥面宽 7.10 米，桥面长 10.25 米，桥梁全长约 20.50 米。

桥台前墙长 7.30 米，燕翅墙长约 6.10 米。桥墩两端是尖形，桥墩厚 1.25 米，桥墩长 9.00 米。中孔跨径 3.00 米，边孔跨径 2.10 米。

1951 年 5—6 月，修理巴沟桥，在原地伏上砌筑砖栏杆。

1956 年，为配合农业生产的发展，将石板梁桥面改建成木桥面，两边用木材加宽，安装木栏杆。加宽后，桥面全宽为 9.80 米。

1958 年将石桥拆除，改建成单孔石台混凝土板梁桥。根据结构考察，该桥属于清代所建。

45. 巴沟西桥

1951 年春季调查海淀一带桥梁，巴沟西桥位于巴沟村西，跨万泉西河上，东西走向，是一座 3 孔石板梁桥。桥上无栏杆，桥塸平面呈喇叭形，铺砌花岗岩石板，外端宽 10.60 米，桥塸长均为 5.80 米。桥面每孔有 11 块石板梁，桥面宽 7.10 米，桥身长 10.50 米，桥梁全长约 22.10 米。

桥台带燕翅形，前墙长 8.30 米，南侧燕翅墙长 6.10 米，北侧燕翅墙长 5.85 米。

桥墩两端均为尖形，桥墩厚 1.25 米，墩长 9.60 米。中孔净跨径 3.00 米，边孔净跨径 2.10 米。桥下有石板海墁。

1951 年春季，养工所综合技术工程队修理万泉河上的桥梁，巴沟西桥在地伏上砌筑砖栏杆。

1956 年，将巴沟西桥拆除，利用旧石料，建成一座单孔石台混凝土板梁涵洞。

46. 成府桥

成府桥位于成府村西街北口，在燕京大学（今北京大学）东北角，跨于万泉河上，南北走向，是一座 3 孔石板梁桥。桥塸上满铺花岗岩石板，桥面为石板梁，每孔有 8 块石板梁，桥上无栏杆。桥面宽 5.20 米，桥面长 15.00 米，桥塸外端宽 8.80 米，桥塸长均为 5.00 米，桥梁全长 25.00 米。

桥台两侧有燕翅墙，前墙长 7.80 米，西侧燕翅墙长约 6.50 米，东侧燕翅墙长约 6.00 米。东侧燕翅墙以外有石砌驳岸。桥墩属于薄型墩，上游（西）端为尖形，下游端为方形，桥墩厚 90 厘米，墩长 8.30 米。桥梁净跨径均为 4.05 米。桥下有石板海墁，桥梁上下游皆有多处涌泉，俗称自流井。

据史料记载，清康熙年间，修建圆明园、长春园、绮春园期间，修建成府桥。清咸丰十年（1860年），英法联军烧毁圆明园等皇家园林，成府桥被毁。光绪初年修复绮春园期间，重建成府桥。

民国二十四年（1935年）北平市工务局应燕京大学之申请，维修成府桥。工程项目：剔换石板梁二块；利用绮春园内之旧石料，添设青石罗汉板式桥栏杆。维修工程业于四月底竣工。工程款由燕京大学与工务局各负其半。

1951年9月，维修成府桥，将桥面加宽，在桥面两边各架设3根木纵梁，上面铺装双层木桥面板，两边安装木栏杆。加宽后，桥面全宽达到7.50米。

1965年6月，实施成府桥桥面改建工程，利用1950年龙须沟改暗沟工程中剩余的预制混凝土板梁，将上部结构更换成混凝土板梁，两侧安装混凝土桥栏杆，桥面铺筑沥青面层。

1984年，在万泉河治理工程中将成府桥拆除。

47、48. 宫门左桥和宫门右桥

宫门左桥和宫门右桥分别位于绮春园大宫门前东西两侧，清康熙年间修建绮春园期间修建宫门左桥和宫门右桥。清咸丰十年（1860年）英法联军烧毁圆明园等皇家园林，宫门左桥和宫门右桥被毁。光绪初年修复绮春园期间，重建宫门左桥和宫门右桥。

民国十四年（1925年），实施绮春园南面道路砾石路面工程，同期修理绮春园大宫门左右的两座石桥桥面，并添配白石桥栏杆，栏杆石件取自绮春园内之旧栏杆石件。竣工后，命名该路为清华西路，宫门东边的桥为清华西路一号桥，宫门西边的桥为清华西路二号桥。

民国三十五年（1946年）实施新建清华西路洋灰（混凝土）路面工程，同期维修一号桥和二号桥桥面。

1951年春季，调查清华西路一号桥和二号桥，该二桥分别位于绮春园遗址大宫门前东西两侧，遂取名东桥为"宫门左桥"，西桥为"宫门右桥"。

宫门左桥和宫门右桥的结构相同，均系3孔石板梁桥，跨万泉东河流入绮春园的溪流上，东西走向，属于清华西路上的桥梁，桥上无栏杆，桥塅上铺砌花岗岩石板，桥面为花岗岩石板梁。

宫门右桥：桥塅长3.50米，桥塅外端宽9.20米。桥面每孔9块石板梁，桥面宽6.20米，桥面长11.70米，桥梁全长约19.30米。

桥台为凹字形，前墙长7.60米，端墙长3.80米，南侧驳岸长（弯形）约12.00米，北侧驳岸长（弯形）约5.00米。

桥墩两端均为方形，桥墩厚1.25米，墩长7.60米。净跨径均为2.80米。

宫门左桥：桥塅长4.65米，桥塅外端宽9.50米。桥面每孔9块石板梁，桥面宽6.50米，桥面长11.70米，桥梁全长21.00米。

桥台为凹字形，前墙长7.60米，端墙长4.80米，南侧驳岸长（弯形）约12.00米，北侧驳岸长（弯形）约30.00米。

桥墩两端均为方形，桥墩厚1.25米，墩长7.60米。净跨径均为2.80米。其他情况与宫门右桥相同。

1951年9月，维修宫门左桥和宫门右桥，在桥面两边各架设一根木纵梁，安装木栏杆。

1953年5月，实施宫门左桥和宫门右桥桥面加宽工程。加宽后宫门右桥的桥面宽度达到8.80米。宫门左桥的桥面宽度达到8.70米。依旧安装木栏杆。在此期间，从桥下挖出数块损坏的罗汉板式白石栏杆石件，用于维修清华园内的漱春桥等。

1965年5—6月，实施宫门左桥和宫门右桥桥面改建工程，将石板梁全部拆去，更换为预制钢筋混凝土板梁，两侧安装预制混凝土桥栏杆，板梁上面铺筑沥青面层。改建后桥面宽度均为9.15米，桥梁载重为汽-13级。

1984年，在万泉河治理工程中，将宫门左桥、宫门右桥全部拆除。

49. 海淀草桥

草桥位于海淀镇西街北口外以西，为区别于其他草桥，故称此桥为

"海淀草桥"。该桥跨万泉河上，是一座3孔石板梁桥。桥堍上是花岗岩石板，桥面是花岗岩石板梁，每孔有13块石板梁，青石罗汉板式桥栏杆残缺不全。桥面宽8.80米，桥面长11.05米，桥堍长均为5.50米，桥梁全长约22.05米。

桥台带燕翅形，前墙长10.00米，燕翅墙长6.10米。东侧的燕翅墙以外皆有石板砌筑的驳岸，东北驳岸长约12.00米，东南驳岸长约30.00米。桥墩上游端均为尖形，下游端为方形，桥墩厚1.35米，长约10.70米。中孔净跨径3.20米，边孔净跨径2.15米。

1951年7月，利用虹桥存放的旧青石板，修复桥栏杆。

民国二十一年（1932年）北平市工务局档案记载（摘要）："今年维修万泉河上的桥梁。草桥位于海淀镇北口以西，据说，此桥的桥面是在木梁上横铺秫秸（高粱秸）把子，上面铺土，故称'草桥'。清康熙年间修建畅春园以后，因为原有道路被占去，于是在畅春园以南修建一座3孔石板桥，仍称'草桥'。"

1956年为配合农村道路建设，实施草桥改建工程。拆除桥面和桥墩，架设预制混凝土宽幅T形梁，上面浇筑混凝土面层，两侧安装预制混凝土桥栏杆，栏杆内侧设人行步道。改建后桥面全宽12.80米，车行道宽10.80米。

1984年全面治理万泉河，将草桥拆除。

50. 河滩南桥

河滩南桥位于南河滩村东南方，跨西山排水沟上，南北走向，是一座3孔石墩台混凝土板梁桥。桥堍上是花岗岩石板，桥面是混凝土板梁桥，两侧有青石罗汉板式桥栏杆和青石地伏。每侧有三块栏杆和两块抱鼓石，栏杆长16.90米，地伏长17.20米。桥面宽7.00米，净宽6.30米，桥面长12.50米，南北桥堍长5.80米，桥梁全长24.10米。

桥台两侧有燕翅墙，前墙长7.80米，上游（西侧）燕翅墙长约9.00米，下游（东侧）燕翅墙长6.50米。上游燕翅墙以外皆有石砌驳岸。桥墩两端为尖形，墩厚 1.30 米，长约 9.10 米。中孔净跨径 3.20 米，边孔净跨径 2.90 米。

1956 年，在新建香山南路工程施工期间，将河滩南桥拆除。根据石桥结构考察，该桥属于清代所建。

51. 虹桥

1951 年春季调查虹桥，该桥位于北京西北郊，燕京大学（今北京大学）西北方，跨于万泉河上，南北走向，是一座 5 孔石板梁桥。桥塊上铺砌花岗岩石板，桥面为花岗岩石板梁，每孔有 11 块花岗岩石板梁。两侧有汉白玉罗汉板式桥栏杆和地伏，桥身上每侧有栏板 5 块，桥塊上的八字栏杆各是 1 块抱鼓石。桥面宽 7.35 米，净宽 6.65 米，桥面长 12.00 米。北桥塊长 4.85 米，南桥塊长 5.15 米，桥梁全长 22.00 米。桥台两侧有燕翅墙，墙面自上而下皆逐层加宽约 5 厘米，前墙上顶长 8.95 米，燕翅墙上顶长 6.00 米。桥墩两端皆为尖形，四周墙面自上而下逐层加宽约 5 厘米。桥墩上顶厚 1.20 米，上顶长 10.20 米。净跨径由北向南依次为 2.00 米、2.30 米、2.60 米，2.30 米、2.00 米。

据史料记载，清康熙年间修建圆明园等皇家园林，同期修建虹桥。清咸丰十年（1860 年）英法联军烧毁圆明园等皇家园林。光绪初年修复绮春园期间，重修虹桥。

1953 年 9—11 月，实施西颐路翻修扩建工程，同期，将虹桥向两侧加宽，废弃两个边孔，桥面全部改为混凝土板梁，两侧依旧安装原有的石栏杆，栏杆内侧设人行步道，车行道上铺筑沥青面层。该工程于 9 月 16 日正式开工，同年 11 月 20 日竣工。

1984 年实施万泉河治理工程，将虹桥全部拆除，根据桥梁结构考察，该桥属于清代所建。

52. 洪茂沟桥

洪茂沟又称"三里河"，在阜成门外，西起亮甲店，东至乐道庄村东接入内城西护城河。1950年第二季度，四海清淤工程期间，洪茂沟的西段（洪茂沟桥以西）用淤泥填平。

洪茂沟桥位于阜成门外洪茂沟村东，跨洪茂沟（三里河）上，东西走向，属于阜成门至门头沟路上的一座3孔石板梁桥。桥堍上铺砌花岗岩石板，桥面是花岗岩石板梁，两侧有青石罗汉板式桥栏杆和青石地伏，每侧有栏板3块，抱鼓石2块（八字栏杆）。栏杆长16.70米，地伏长16.90米。桥面每孔有11块花岗岩石板梁，桥面宽7.40米，净宽6.70米，桥面长13.30米，东西桥堍长5.30米，桥梁全长23.90米。桥台带燕翅形，前墙长8.60米，燕翅墙长6.00米，桥墩两端均为尖形，桥墩厚1.80米，长10.50米。中孔净跨径3.10米，边孔净跨径2.90米。

1951年4—5月，卫生工程局河道队实施阜成门外地区的排水系统综合治理工程，洪茂沟作废。此后，洪茂沟很快被农民填平成为农田，洪茂沟桥被埋于地下，桥栏杆和桥面依然外露。

1652年养路工程事务所三工区实施阜成门关厢西口至亮甲店道路整修改造工程，养工所综合技术工程队将洪茂沟桥拆除。根据桥梁结构考察，该桥属于明代所建。

53. 乐道庄桥

乐道庄桥位于月坛东南角，在乐道庄村中（路东有几户人家也属于乐道庄），跨洪茂沟（三里河）上，南北走向，属于南礼士路上的一座石桥，是一座3孔石板梁桥。桥堍上是花岗岩石板，桥面是花岗岩石板梁，每孔有12块花岗岩石板梁，两侧有青石罗汉板式桥栏杆和地伏，桥面全宽8.00米，净宽7.30米，桥面长13.90米，南北桥堍长5.00米，桥梁全长23.90米。桥台带燕翅形，前墙长9.20米，四角燕翅墙长5.80米。桥墩上游（西）端有分水尖，下游端为方形，墩厚1.83米，墩长12.20米。中孔净跨径3.25米，边孔净跨径3.05米。

1951年6月，实施新建三里河道路工程（东起六号豁口，西至玉渊潭南北线），将乐道庄桥拆除。根据桥梁结构考察，该桥属于明代所建。

54. 六郎庄桥

六郎庄桥位于六郎庄村东，跨万泉河上，东西走向，是一座 3 孔石板梁桥。桥塎上铺砌花岗岩石板，桥面是花岗岩石板梁，每孔有 13 块石板梁。两侧有罗汉板式桥栏杆，桥身段为 3 块栏板，八字栏杆为抱鼓石。桥面宽 8.80 米，桥面长 10.75 米，东桥塎长 5.00 米，西桥塎长 5.15 米，桥梁全长约 20.90 米。

桥台带燕翅形，桥台前墙长 10.00 米，燕翅墙长约 6.10 米。桥墩两端均为尖形，桥墩厚 1.25 米，桥墩长 11.30 米。中孔跨径 3.20 米，边孔跨径 2.10 米。

民国二十一年（1932 年）北平市工务局档案记载（摘要）："六郎庄桥位于六郎庄村东，始建于清康熙年间，乾隆十五年重修。今年修理桥栏杆。"

1956 年农业生产合作社升级为高级农业生产合作社，为配合农业生产，将六郎庄桥向东加长一孔，并将桥面改建成混凝土板梁，两侧安装混凝土桥栏杆，桥面上铺筑沥青面层。

1958 年 6 月间，实施六郎庄路扩建工程，同期实施六郎庄桥改建工程。将该桥的桥面和桥墩拆除，利用旧桥台，上部结构采用预制混凝土宽幅 T 形梁，上面浇筑混凝土面层，两侧安装混凝土桥栏杆。

1984 年，全面治理万泉河，将该桥拆除。

55. 马掌桥

民国二十年（1931 年）北平市工务局档案记载（摘要）："马掌桥（亦称马厂桥）位于颐和园以东，在同庆街西口，跨万泉西河上，东西走向。此桥始建于元代，清康熙初年重建，光绪二十六年（1900 年）梁桥被毁后重建。是年修理桥面及桥栏杆。"

1951 年春季，调查圆明园一带桥梁，马掌桥位于颐和园以东同庆街西口，跨万泉河西支流上，东西走向，是一座双孔石板梁桥。桥塎上铺砌花岗岩石板，桥面是花岗岩石板梁，桥面每孔有 12 块石板梁。两侧有罗汉板式青石桥栏杆，桥身上每侧有 3 块栏板，八字栏杆各是 1 块抱鼓石。地伏石每侧有 6 块。桥面宽 7.70 米，净宽 7.00 米，桥面长 9.00 米，东西桥堍长 3.85 米，桥梁全长 16.70 米。

桥台两侧有燕翅墙，前墙长 9.10 米，燕翅墙长 5.50 米。桥墩两端均为尖形，桥墩厚 1.80 米，桥墩长 10.90 米，跨径均为 3.20 米。

1951 年春季，实施西颐路（西直门至颐和园）西段改线工程，新路建在马掌桥的南面，又新建一座混凝土板梁桥，命名梅花桥。此后，同庆街道路不再通行汽车。

2000 年 4 月，拆除马掌桥，根据结构考察，该桥应属于元代所建。

56. 南辛庄桥

南辛庄桥位于南辛庄村东以北，跨西山排水沟上，南北走向，是一座 3 孔石墩台混凝土板梁桥。桥堍上是花岗岩石板，桥面是混凝土板梁，两侧有青石罗汉板式桥栏杆和青石地伏，每侧有石栏板 3 块和抱鼓石两块，栏杆全长 15.95 米，地伏长 16.15 米。桥面全宽 7.00 米，净宽 6.30 米，桥面长 12.50 米，南北桥堍长 6.90 米，桥梁全长 26.30 米。

桥台两侧有燕翅墙，前墙长 7.80 米，上下游燕翅墙长均约为 7.50 米。桥墩厚 1.30 米，长约 9.10 米。中孔净跨径 3.20 米，边孔净跨径均为 2.90 米。

1956 年，在新建香山南路工程施工期间，将南辛庄桥拆除。根据石桥结构考察，该桥属于清代所建。

57. 山后黑桥

黑桥位于颐和园北宫门外以东，为区别于其他黑桥，取名"山后黑桥"。黑桥跨于万寿山后湖至圆明园一条溪流上，东西走向，建成于清康熙初年（1662—1665 年间），光绪二十六年（1900 年）以后重修。

1949 年 6 月，实施颐香路（颐和园至香山）大修工程，将颐和园北面（黑桥附近）的一段道路裁弯取直，黑桥则作废，遂将其拆除。

黑桥是一座双孔石板梁桥。桥塅上铺砌花岗岩石板，桥面是花岗岩石板梁，每孔有 10 块石板梁，两侧有罗汉板式青石桥栏杆，每侧有 3 块栏板，2 块抱鼓石（抱鼓石八字形放置）。桥面宽 7.10 米，净宽 6.40 米，桥面长 9.00 米，东西桥塅长 3.85 米，桥梁全长 16.70 米。

桥台带燕翅形，桥台前墙长 8.30 米，燕翅墙长 5.30 米。桥墩两端都是尖形，桥墩厚 1.80 米，墩长 9.60 米，跨径均为 3.20 米。桥下有石板海墁。根据结构考察，该桥应属于元代所建。

58. 肃清桥

肃清桥位于元大都城肃清门外，属于肃清门的笆桥，跨西土城沟上，东西走向，是一座双孔石板梁桥。桥塅上铺砌花岗岩石板，桥面是花岗岩石板梁，每孔石板梁皆有缺损（原有 11 块石板梁）。桥栏杆无存，尚存局部青石地伏。桥面宽 7.60 米，桥面长 8.25 米，东西桥塅长均为 5.50 米，桥梁全长 19.75 米。

桥台带燕翅形，前墙长 8.80 米，燕翅墙长约 6.10 米。桥墩两端为尖形，桥墩厚 1.75 米，墩长 10.60 米。跨径均为 2.85 米。

1953 年维修肃清桥，修复桥面，利用太平湖材料库存放的旧青石板制作罗汉板式桥栏杆，安装在肃清桥上。

1954 年全面治理土城沟，将肃清桥拆除。根据结构考察，该桥属于元代所建。

59. 太平桥（东北郊）

太平桥位于北郊关庄村，据当地农民介绍，太平桥原是一座 3 孔石板桥，民国二十六年（1937 年）将北端接长 1 孔。

今存太平桥是一座 4 孔木结构与石结构梁式桥。北边孔是石墩台木面结构，南 3 孔是石板梁结构，桥塅上铺砌花岗岩石板。两侧有木栏杆。桥面宽 6.00 米，净宽 5.30 米，桥面长 13.10 米，桥堍长 3.50 米，桥梁全长 21.00 米。

桥台是凹字形，前墙长 8.20 米，端墙（端部有损坏）长约 3.50 米。桥墩两端均为尖形，北第二墩厚 2.50 米，墩长 9.40 米，其余两个桥墩厚 1.80 米，桥墩长 10.00 米。北边孔净跨径 3.75 米，其余 3 孔净跨径均为 2.50 米。

1956 年 4 月，实施太平桥大修工程，将旧桥面全部拆除，改建成木面，并将桥面加宽，两侧安装木栏杆，桥面板上铺筑石灰焦砟面层。加宽后桥面宽 7.00 米。

1958 年，在关庄村东修建一座木桥，仍称太平桥，随后将旧太平桥拆除。根据桥梁结构考察，该桥属于明代所建。

60. 万泉西桥

1951 年春季调查海淀一带桥梁，万泉西桥位于万泉庄村西。该桥是万泉西河上南端第一座石桥，东西走向，是一座 3 孔石板梁桥。桥上无栏杆，桥堍平面呈喇叭形，铺砌花岗岩石板，桥面是花岗岩石板梁，每孔有 11 块石板梁。桥堍外端宽 10.60 米，桥堍长均为 5.60 米，桥梁全长约 21.80 米。

桥台带燕翅形，桥台前墙长 8.30 米，燕翅墙长约 6.10 米。桥墩两端均为尖形，桥墩厚 1.25 米，长约 9.60 米。中孔跨径 3.00 米，边孔跨径 2.10 米。桥下有石板海墁。

1956 年，养工所综合技术工程队将万泉西桥拆除，利用旧石料，改建成一座单孔石台混凝土板梁涵洞。

61. 万泉庄桥

万泉庄桥位于万泉庄村东，该桥是万泉东河上游第一座桥，是一座 3 孔石板梁桥。桥堍平面呈喇叭形，铺砌花岗岩石板，桥面是花岗岩石板梁，每孔有 10 块石板梁。桥上无栏杆，两侧各有一道边牙石。桥堍外端宽 10.60 米，桥塳长均为 5.60 米。桥面宽 6.50 米，桥身长 10.60 米，桥梁全长 21.80 米。

桥台带燕翅形，桥台前墙长 8.35 米，燕翅墙长 6.10 米。桥墩两端均为尖形，桥墩厚 1.25 米，墩长 9.60 米。中孔跨径 3.00 米，边孔跨径 2.10 米。桥下有石板海墁。

1951 年 5—6 月，维修万泉庄桥，在桥面两侧各安装一道圆木纵梁，外侧安装木栏杆。加宽后，桥面净宽达到 7.50 米。

1956 年农业生产合作社升级为高级农业生产合作社，为配合农业生产，将石板梁桥面改建成木面桥，并向两边加宽，仍旧安装木栏杆。加宽后，桥面净宽达到 9.50 米。

1958 年，应海淀公社请求，将石桥拆除，改建成单孔石台混凝土板梁桥。

62. 温泉桥

温泉桥位于西北郊温泉村北口，跨南安河上，南北走向，是一座 5 孔石板梁桥。桥塳上是花岗岩石板，桥面是花岗岩石板梁，每孔有 13 块石板梁。两侧有青石罗汉板式桥栏杆和青石地伏，桥身上每侧有 7 块栏板，桥塳上的八字栏杆，均系 1 块抱鼓石。栏杆石件有残缺。桥面宽 8.50 米，桥面长 22.35 米，桥塳长 5.20 米，桥塳外端宽 10.40 米，桥梁全长 26.00 米。

桥台两侧有燕翅墙，前墙长 9.90 米，西侧燕翅墙长约 8.00 米，东侧燕翅墙长约 5.20 米。桥墩上游端为尖形，下游端为方形，桥墩厚 1.80 米，桥墩长 10.80 米。桥梁净跨径，由北往南依次为 2.65 米、2.90 米、3.20 米、2.90 米、2.65 米。

元代开挖白浮泉至瓮山泊引水渠期间，修建石桥，明正统年间（1436—1449 年）重建。在桥南逐渐形成村落，因为在南山根儿有温泉村，故新村取名"温泉新村"，久而久之，统称"温泉村"。清乾隆年间（1736—1795 年）重修，命名"温泉桥"。

民国二十七年（1938 年）修建温阳路（温泉至阳坊），在新路上修建温泉新桥、辛庄新桥、归宗新桥、沙涧新桥，旧驿道作废，旧驿道上的温泉桥、辛庄桥、归宗桥、沙涧桥则成为农村路上的桥梁。

1966 年实施京密引水工程，引水渠从温泉桥以北通过，温泉桥作废，由温泉公社将温泉桥拆除。拆桥期间，派人进行桥梁结构考察，该桥属于明代所建。

63. 西苑桥

民国二十年（1931 年）北平市工务局档案记载（摘要）："西苑桥建于清康熙年间，光绪年间重修。是年维修桥面及桥栏杆。"

1951 年春季调查西苑桥，该桥位于西苑村东口外，跨万泉河西河上，东西走向，是一座 3 孔石板梁桥。桥墩上是花岗岩石板，桥面是花岗岩石板梁，每孔有 12 块石板梁。桥上有矮式青石栏杆和青石地伏，桥面宽 8.20 米，桥面长 10.40 米，桥墩长均为 5.40 米，桥梁全长约 21.20 米。

桥台两侧有燕翅墙，前墙长 10.20 米，燕翅墙长约 6.00 米。桥墩两端均为尖形，桥墩厚 1.30 米，墩长 11.50 米。中孔跨径 2.75 米，边孔跨径 2.10 米。

1956 年实施海苑路（海淀至西苑）扩建工程，将西苑桥拆除，利用旧石料改建成一座石台混凝土板梁涵洞。

64. 香山红桥

红桥位于香山门楼北下坡北端，在北辛村村东，其区别于其他红桥，取名"香山红桥"，俗称北辛村桥。

香山红桥是一座 5 孔石板梁桥。跨于牛角沟（亦称香山排水沟）上，桥下平时无水。桥墩上铺砌花岗岩石板，桥面是花岗岩石板梁，上面有沥青面层，沥青面沿石板接缝普遍已开裂，每孔有板梁 8 块。桥上两侧有青石罗汉板式桥栏杆和青石地伏，每侧有栏板 7 块，其中桥身上有栏板 5 块，八字栏杆是 1 块抱鼓石，桥栏杆全长 19.60 米；桥身段栏杆长 14.30 米，八字栏杆各长 2.65 米。桥面全宽 6.40 米，净宽 5.64 米，桥面长 14.60 米，南北桥堍长 2.50 米，桥梁全长 19.60 米。桥台两侧有燕翅墙，桥台前墙长 6.90 米，上游燕翅墙长 6.20 米，下游燕翅墙长约 7.00 米。上游燕翅墙以外有较长的护岸石墙。桥墩的上游（西）端有分水尖，下游端为方形。桥墩厚 1.30 米，桥墩长 7.40 米。跨径由北向南依次为 1.70 米、1.83 米、2.40 米、1.90 米、1.60 米。桥下有石板海墁，下游海墁有损坏，石板流失，河床受冲刷。

据史料记载，西山牛角沟有石桥。明弘治年间（1488—1505 年）重修牛角沟石桥，命名"红桥"，桥头立"红桥"碑。

民国二十四年（1935 年）1 月《北平市郊区桥梁调查报告》中记载："香山红桥位于香山北辛村，属青龙桥香山路上之桥，跨牛角沟，石板桥五孔，属古建桥梁，建于明代。清乾隆十五年（1750 年）遭水患后重修，筑石壁三十丈于其上游两岸。二十二年（1757 年）重修，技术状况完整。"

民国二十七年（1938 年）北平市工务局档案中记载：经报局批准，由香山慈幼院出资翻修红桥桥面及其南北石板路面，七月二日已验收。工务课二十七年七月三日。

民国二十八年（1939 年）工务局档案记载，是年秋后，在红桥以西大沟的两岸各砌筑石墙。

1953 年秋季，道路工程事务所实施碧云寺石板道工程，其间，更换红桥上磨损较重的石板梁数块，又将桥栏杆修整一新。

1956 年新香山南路建成后，旧香山南路遂作废，红桥则成为进出香山专用路上的桥梁，桥上不再通行重型汽车，桥面得以长期保持完整。直到 1964 年，香山公园的建筑工程运料汽车将红桥上的石板梁压断两块，未与市政管理部门联系，擅自连夜将压断的板梁用混凝土补修。

1983 年春季，香山公园内新建香山饭店工程开工，此后，重型汽车多次将红桥上的石板梁压断。经市政工程管理处同意，由香山饭店承包商将红桥的桥面全部更换为混凝土桥面，桥栏杆依旧使用原罗汉板石栏杆。

1983 年 6 月，海淀区水利局实施南旱河上游河道（红桥上下游）治理工程，由于牛角沟上游的汇水范围产生变化，拟将河道断面缩窄，两岸上的道路可以加宽。经市政工程管理处同意，将红桥的两个边孔堵塞，保留中 3 孔过水。从此，红桥则成为一座 3 孔石墩台混凝土板梁桥。

65. 萧家河桥

萧家河桥位于海淀区萧家河村东口，跨于清河上，是一座 5 孔石板梁桥，东西走向。桥塨上满铺花岗岩石板，桥面是花岗岩石板梁，每孔有 6 块石板梁。两侧各有一道较矮的青石板栏杆。桥面全宽 3.80 米，净宽 2.90 米，桥面长 24.60 米，东桥塨长 2.60 米，西桥塨长 3.50 米，桥梁全长 31.70 米。

桥台带燕翅形，前墙长 5.20 米，燕翅墙长 5.40 米。桥墩两头均为尖形，东起第二墩与其他三墩的构造不同，既厚又长。该墩厚 2.40 米，长 7.60 米，其余 3 个墩的厚度均为 1.25 米，长 6.50 米。各孔净跨径由西向东依次为 2.75 米、3.20 米、2.75 米、3.00 米、3.00 米。桥下有石板海墁。

据史料记载，萧家河桥位于北京颐和园以北萧家河村，始建于元代，明正统元年（1436 年）重建为 3 孔石板梁桥。清顺治初年，在萧家河村以北建起正黄旗，萧家河村以东、以北的土地（农田）都划归正黄旗。旗人为便于收租，修理石桥。清道光末年（1850 年），将石桥又向东接长两孔。

《日下旧闻考》记载："萧家河旧有桥闸，今仍其制，其水由青龙桥来。"

66. 一亩园北桥

一亩园桥位于一亩园以北圆明园西北角，遂取名"一亩园北桥"。

该桥跨于颐和园流向圆明园的溪流上，南北走向，是一座双孔石板梁桥。桥塬上铺砌花岗岩石板，桥面是花岗岩石板梁，两侧有罗汉板式青石桥栏杆，每侧有 3 块栏板，2 块抱鼓石（抱鼓石八字形放置）。桥面每孔有 8 块石板梁，桥面宽 6.00 米，净宽 5.40 米，桥面长 9.00 米，南北桥塬长 3.85 米，桥梁全长 16.70 米。

桥台带燕翅形，前墙长 7.40 米，燕翅墙长 5.50 米。桥墩两端为尖形，桥墩厚 1.80 米，墩长 8.30 米，跨径均为 3.20 米。

据史料记载，清康熙初年在圆明园西北建石桥，光绪二十六年（1900 年）石桥被毁，而后重建。

1953 年第二季度，实施一亩园之马连洼道路扩建工程，将一亩园北桥的桥面加宽，在石板桥面两边架设圆木纵梁，上面铺木板，两边安装木栏杆。加宽后，桥面全宽达到 9.00 米。

1956 年 9 月，将石板梁全部拆除，利用旧石料，加宽下部结构，桥面改用混凝土板梁，上面铺筑沥青面层，两侧安装混凝土桥栏杆。加宽后，桥面全宽达到 9.50 米。

1962 年，因为平时河道无水，雨季水量也很少，于是将一亩园北桥拆除，改建成一座混凝土箱形涵洞。根据桥梁结构考察，该桥应该是元代所建。

67. 一亩园红桥

民国二十年（1931 年）北平市工务局档案记载（摘要）："红桥位于颐和园同庆街南口，跨万泉河上。始建于元代，清康熙初年重建，光绪二十六年（1900 年）梁桥被毁后重建。是年七月修理罗汉板式石栏杆。"

1951 年春季，实施西颐路（西直门至颐和园）西段改线工程，新路从红桥南面通过，遂将红桥拆除，改建成一座涵洞。根据桥梁结构考察，该桥应属于元代所建。

拆除之前，进行调查，为区别于其他红桥，该桥取名"一亩园红桥"。红桥位于颐和园以东同庆街（同庆街东段折向南）南口，跨万泉西河上，南北走向，两侧有青石罗汉板式栏杆，下面有青石地伏。桥身上有3块栏板，八字栏杆各有1块抱鼓石。桥梁主体全是花岗岩石料，桥面每孔有12块石板梁，桥面宽7.70米，净宽7.00米，桥面长9.00米，南北桥堍长3.80米，桥梁全长16.60米。

桥台带燕翅形，前墙长9.10米，燕翅墙长5.50米。桥墩两端为尖形，桥墩厚1.80米，桥墩长10.90米，北孔跨径3.20米，南孔跨径3.15米。

68. 永福桥

永福桥位于西北郊玉河村，亦称玉河桥，跨南沙河上，由于河道为斜向，桥梁属西北东南走向。该桥始建于元代，初建为木桥。明正统年间（1436—1449年）改建为石桥，称玉河桥，亦称榆河桥。清康熙年间（1662—1722年）重建，命名"永福桥"。

永福桥是一座5孔闸桥合一的石板梁桥。桥堍上是花岗岩石板，桥面是花岗岩石板梁，每孔有11块石板梁。桥上无栏杆。桥面宽6.75米，桥面长22.00米，两端桥堍长均为6.90米，桥梁全长35.80米。

桥台带燕翅形，前墙长10.70米，燕翅墙长6.60米。桥墩两端为尖形，桥墩厚1.50米，桥墩长12.70米。桥孔净跨径由北向南依次为2.85米、3.15米、3.20米、3.20米、2.80米。

1958年，由温泉公社在该桥的上游另建新水闸，于是将桥面加宽并更换成混凝土板梁，上面浇注混凝土面层，两侧安装钢管栏杆。加宽后桥面宽度达到10.00米。

1984年在玉河村以西修筑新路，在永福桥的上游新建一座混凝土梁式桥，随后将永福桥拆除。

69. 永通桥

永通桥位于西北郊，跨南沙河上，始建年代不详，明正统年间

（1436—1449 年）重建。

1951 年春季，永通桥位于西北郊东、西马坊村之间，俗称"马坊桥"，是一座 5 孔石板梁桥。桥塊上是花岗岩石板，桥面是花岗岩石板梁，每孔有 9 块石板梁。桥栏杆无存，尚存部分青石地伏，地伏宽 30 厘米，高 16 厘米。桥面宽 5.90 米，桥面长 23.60 米，桥塊长均为 5.50 米，桥梁全长 34.00 米。

桥台带燕翅形，前墙长 8.40 米，燕翅墙长 6.20 米。桥墩上游端有分水尖，下游端为方形，桥墩厚 1.85 米，桥墩长 9.40 米。中 3 孔净跨径均为 3.20 米，边孔均为 2.80 米。桥下有石板海墁。

1958 年 9 月，温泉公社用木材将桥面加宽，两侧安装木栏杆。加宽后桥面全宽达到 7.40 米。

1958 年 5 月，温泉公社在马坊村北新建一座闸桥合一的 3 孔混凝土闸桥。新桥建成以后，将旧桥拆除。

70. 禹行桥

禹行桥位于海淀区温泉村以东，始建年代无考，明代初年重建，清康熙八年（1669 年）重修。

1949 年北京市第一届各界人民代表会议提案中，有一项《重建温泉村东公路大桥建议》案。提案称："颐和园至温泉路上，温泉村东大桥，年久失修，桥面石板多有折断者，车辆只能由桥下通行，桥头无照明，行人亦有危险，应予重建。"北京市人民政府在提案上批注："建设局主办，十六区政府协办。"北京市建设局当即派郑鸿蔚和陈大魁前去调查处理。处理完以后，向市政府作书面汇报。

《提案处理报告》称（摘要）："关于重建温泉村东公路大桥提案，经查，所指温泉村东公路大桥即禹行桥。该桥是一座五孔石板梁桥。桥面石板多有断裂，亦有塌落，业于十二月十三日，派员前往十六区，会同勘察并觅取石料发动村民，以工代赈，即日动工。于一九五零年一月二日，已将损坏之桥面石板及桥台全部修复，通行无阻。建设局一九五零年一月三日。"

1951 年春季，调查温泉一带桥梁，调查资料记载（摘要）："禹行桥属于温泉路上的一座桥梁，跨温泉排水沟上，东西走向，是一座 5 孔石板梁桥。跨于温泉排水沟上。桥上两边各有一道花岗岩边缘石，桥面为花岗岩石板梁。桥台为凹字形，桥墩两头均为尖形，桥墩和桥台皆用花岗岩石板砌筑而成。桥梁基础及桥区海墁是用花岗岩石板铺墁成的整体平台，其上下游也有花岗岩石板海墁，全部海墁大致平整。桥梁全长 19.50 米，其中桥面长 13.70 米，东西桥埭长 2.90 米。桥面全宽 8.60 米，桥面净宽 7.90 米。每孔有 11 块石板梁，石板梁长 2.90 米，宽 0.77—0.78 米，石板厚，两端为 0.33 米，跨中在 0.50 米以上。桥台前墙长 9.40 米，端墙长 3.30 米。桥墩厚 0.60 米，墩长约 10.00 米。各孔净跨径均为 2.13 米。桥下净空高约 1.50 米。"

1951 年以后，汽车经常将石板梁压断，随即用木材补修，屡坏屡修。

1958 年利用景陵桥拆下来的石板梁，将补修的木梁全部更换为石板梁，将旧桥栏杆全部拆除，在桥面两边外侧安装木栏杆，使桥面净宽达到 8.30 米。

1965 年 6—8 月，实施禹行桥加宽工程，向南侧加宽，加宽部分的基础，拆开局部旧石板海墁，挖深基槽，浇注混凝土基础，用块石砌筑墩台，浇注混凝土台帽和墩帽。旧桥墩台原结构未动，只做勾缝维修。将桥面全部更换为预制混凝土板梁，上面浇注混凝土面层，两侧安装混凝土桥栏杆。

桥梁加宽后，桥面全宽达到 15.00 米，桥梁载重达到汽车-15 级。从此，禹行桥则成为石墩台混凝土板梁桥。

71. 玉泉山东桥

玉泉山东桥原名"五孔桥"，位于玉泉山五孔闸东面，属于颐香路上的桥梁，因为北京地区有多座五孔桥，故称此桥为"玉泉山东桥"。1949 年 6—8 月，修筑颐香路（颐和园至香山）期间，在玉泉山东桥的石板桥面上加铺一层沥青面层。

玉泉山东桥，跨于玉泉河上，南北走向，是一座5孔石板梁桥。桥上无栏杆，桥塝上铺砌花岗岩石板，桥面是花岗岩石板梁，每孔有6块石板梁，桥面宽4.15米，桥面长14.10米，南北桥塝长2.45米，桥梁全长约19.00米。桥台带燕翅形，前墙长5.55米，燕翅墙长3.20米。桥墩上游（桥西）端有分水尖，下游端为方形，桥墩厚1.30米，桥墩长6.20米。中孔净跨径1.90米，其余4孔的净跨径均为1.60米。桥下有石板海墁。

工务局档案记载："金代修建玉泉山芙蓉殿行宫期间，建五孔闸桥，属于闸桥合一石板桥，称玉泉山五孔闸，亦称五孔桥，玉泉山主泉之水过五孔闸桥入玉泉河。玉泉山东门以南有一座单孔水闸，称玉泉山一孔闸，闸以东有一座单孔石拱桥，称玉泉山一孔桥。清康熙年间重修澄心园，完工后更名为静明园。同期，将五孔闸桥重建，静明园大墙下建五孔闸，命名五孔闸。五孔闸东面建五孔桥，命名五孔桥。"

民国二十五年（1936年）九月的《北平市桥梁状况月报表》中记载："桥梁名称：玉泉山东桥。坐落地点：玉泉山东面。所属路线：青龙桥至香山路。结构种类：石板平桥。桥脚构造：条石砌筑。桥面幅度：4米。桥梁载重：10吨。桥梁状况：基本完整。附注：属古建石桥，本月中旬维修。"

1953年5月，养路工程事务所综合技术工程队实施玉泉山东桥小修工程。主要是加宽桥面，在石板梁的外侧，现场浇注一根75厘米宽的混凝土梁，于其外侧安装木制桥栏杆。将全桥石板接缝用水泥砂浆勾抹平整。加宽后桥面净宽达到5.70米。

1971年夏季，中央军委政治部命北京市革命委员会，要求改善颐香路中段（中坞路北口至镶官路南口）道路技术状况。该工程由市政工程管理处第七所施工，由中央警卫局直接指挥。此工程于6月1日开工，7月5日竣工。其中，将玉泉山东桥向两边加宽，桥梁加宽工程于6月7日开工，6月29日完工。

原石板梁桥未予改动，将原桥台和桥墩向两边接长，上面盖以预制混凝土板梁，桥上满铺沥青混凝土面层，安装混凝土桥栏杆。

具体做法是，原桥台带燕翅形，未予改动，利用原石板海墁为基础，用块石砌筑加宽部分的桥台，前墙上面浇注混凝土台帽，加宽后改为凹字形。原桥墩未予改动，只将中孔的两个桥墩加长，利用原石板海墁为基础，用块石砌筑加宽部分的桥墩，上面浇注混凝土墩帽，两端改为圆形。加宽部分由于减少两个桥墩，中孔仍保持原跨径，两端的两孔合并为一孔，因而加宽部分则成为3孔。加宽部分的上部结构，采用预制混凝土板梁，两边安装预制混凝土地伏和桥栏杆，桥面上面满铺沥青混凝土面层。桥梁加宽后桥面全宽达到7.65米，净宽7.05米，桥面长依旧。其立面则成为3孔石墩台混凝土板梁桥，原石板梁古桥仍保留于其中。

72. 正红旗桥

正红旗桥位于正红旗村东以南，跨西山排水沟上，南北走向，是一座3孔石墩台混凝土板梁桥。桥塊上是花岗岩石板，桥面是混凝土板梁，桥上两侧有青石罗汉板式桥栏杆和青石地伏，每侧栏杆长15.90米。下面有青石地伏，每侧地伏长16.20米。桥面全宽7.00米，净宽5.80米，桥面长12.25米，南北桥塊长7.50米，桥梁全长27.30米。

桥台两侧有燕翅墙，前墙长7.75米，上游（西侧）燕翅墙长约8.80米，下游（东侧）燕翅墙长6.50米。桥墩两端为尖形，桥墩厚1.25米，长9.00米。中孔净跨径3.10米，边孔净跨径2.90米。

1956年，将正红旗桥拆除，根据石桥结构考察，该桥属于清代所建。

73. 正黄旗桥

正黄旗桥位于正黄旗村东以南，跨西山排水沟上，南北走向，是一座3孔石板梁桥。桥塊是花岗岩石板，桥面是花岗岩石板梁，每孔有9块花岗岩石板梁，两侧有青石罗汉板式桥栏杆和青石地伏，每侧有3块栏板和2块抱鼓石。每侧栏杆长14.60米，每侧地伏长14.80米。桥面宽 6.10 米，净宽 5.40 米，桥面长 12.35 米，南北桥堍长 7.50 米，桥梁全长 27.35 米。

桥台两侧有燕翅墙，前墙长 7.60 米，上游（西侧）燕翅墙长 9.50 米，下游（东侧）燕翅墙长 6.20 米。桥墩两端为尖形，桥墩厚 1.30 米，桥墩长 8.95 米。中孔净跨径 3.15 米，边孔净跨径 2.85 米。

1956 年，在新建香山南路工程施工期间，将正黄旗桥拆除。根据石桥结构考察，该桥属于清代所建。

74. 植物园桥

植物园桥位于植物园西墙外，跨西山排水沟上（排水沟由植物园穿过），南北走向，是一座 3 孔石板梁桥。桥堍上铺砌花岗岩石板，桥面是花岗岩石板梁，每孔有 9 块石板梁，两侧有青石罗汉板式桥栏杆，下面有青石地伏。桥面宽 6.00 米，净宽 5.40 米，桥面长 12.45 米，南北桥堍长 7.50 米，桥梁全长 27.40 米。

桥台两侧有燕翅墙，前墙长 7.60 米，上游（西侧）燕翅墙长 8.50 米，下游（东侧）燕翅墙长 6.20 米。桥墩两端为尖形，桥墩厚 1.30 米，长 8.95 米。中孔净跨径 3.05 米，边孔净跨径均为 2.95 米。

民国十八年（1929 年）《北平郊区桥梁状况年报》中记载："香山南路上共有石板梁桥八座，均系古代桥梁，去年拆除一座，改建成过水路面。因石板梁极易断裂，经常需要剔换，遂于去年改修正红旗、南河滩、河滩南、南辛村四桥之桥面为混凝土结构，原有之桥栏杆依旧安装。尚存完整古桥三座。"

1953 年 9—10 月，养工所第三工区整修香山南路北段（杏石口以北路段），综合技术工程队配合维修全线桥梁。该段路上共有石桥 7 座，桥面宽度均小于路基宽度，根据各桥的具体情况予以加宽。

植物园桥的做法是，拆去桥栏杆，在石板桥面两侧用木材各架设两根木纵梁，上面铺双层木桥面板，外侧安装木制桥栏杆。

1956 年 3—6 月，道路二公司开辟香山南路新线，新路线在故道东面，北起卧佛寺路口，一直向南，绕过杏石口山头转向西，与西黄村至八大处路相接。

施工期间，为利用旧石料修建新桥，于是将旧路上的7座石桥全部拆除。

拆桥期间，北京市养路工程事务所综合技术工程队李卓屏协助二公司工程师周铭敬进行桥梁结构考察。

完工后，李卓屏写出《香山南路桥梁结构考察报告》。根据石桥结构考察，该桥属于清代所建。

75. 八大处桥

八大处是八座庙宇，统称八大处。其中包括四寺、二庵、一堂、一洞。八大处桥位于一处长安寺门前，原名"长安寺桥"，因长安寺已毁，长安寺桥改名为"八大处桥"。

八大处桥跨于八大处排水沟上，东西走向，是一座5孔石板梁桥。桥垛上满铺青石板，桥面是花岗岩石板梁，每孔12块石板梁，两侧有青石罗汉板式桥栏杆，下面有青石地伏。每侧栏杆长22.10米，地伏长22.40米。桥面全宽8.00米，净宽7.50米，桥面长18.50米，东西桥垛长6.50米，桥梁全长33.10米。

桥台用青石板砌筑，两侧有燕翅墙，前墙长9.30米，四角燕翅墙的斜度不一致，长度也不一致。上游（北）燕翅墙的斜度大致是45度，长3.00—3.50米。下游燕翅墙的斜度均明显小于45度，西南燕翅墙（弯形）长约18.00米，东南燕翅墙（弯形）长约12.00米。桥墩也是用青石板砌筑而成，两头均为尖形，桥墩厚80—100厘米，桥墩长10.10米。桥孔净跨径，由东向西依次为2.50米、2.80米、3.10米、2.75米、2.45米。桥下流水清澈，河床基岩，无铺装海墁。

石桥两头皆有青石板路面，石板道宽2.70米，桥西的石板道至八大处大门内，桥东头的石板道长约70米。

1952年7月，为配合灵光寺修缮工程，将八大处桥的石板梁更换为混凝土板梁,并向北加宽 2.30 米,桥面加宽后达到 10.00 米,净宽 9.40 米。将旧青石罗汉板式桥栏杆石件加以整修,更换两块损坏较严重的栏板,依旧安装。

1956 年,第二道路工程公司修筑军区南门至八大处混凝土路面,将长安寺桥拆除,改建成一座混凝土梁式桥。

76. 东下庄桥

东下庄桥位于石景山区东下庄村西口以北,跨于陈家坟排水沟上,东西走向,是一座 3 孔石板梁桥。桥塊上铺青石板,桥面是花岗岩石板梁,每孔有 10 块石板梁。两侧有青石罗汉板式桥栏杆和青石地伏,桥身上有 5 块栏板,桥塊上各有 1 块抱鼓石(八字栏杆)。每侧的栏杆长 14.60 米。每侧地伏长 14.80 米。桥面宽 6.75 米,净宽 6.15 米,桥面长 11.00 米,东西桥塊长 4.50 米,桥梁全长 20.00 米。

桥台两侧有燕翅墙,前墙长 8.20 米,燕翅墙长约 3.00 米。桥墩两端均为尖形,桥墩厚 1.20 米,长 9.50 米。中孔净跨径 2.80 米,边孔净跨径 2.50 米。

77. 四平台桥

四平台桥位于四平台村南(八大处桥以东),跨于四平台排水沟上,属于香山至八大处路上的一座石桥,东西走向,是一座五孔石板梁桥。全部用青石板砌筑,桥塊上铺砌青石板,桥面也是青石石板梁,每孔有 12 块花岗岩石板梁。两侧有青石罗汉板式桥栏杆和地伏,桥身上每侧有 7 块栏板,桥塊上是八字栏杆,各是 1 块抱鼓石,每侧栏杆长 21.70 米,地伏长 22.00 米。桥面宽 7.70 米,净宽 7.10 米,桥面长 18.10 米,东西桥塊长 4.00 米,桥梁全长 26.10 米。

桥台砌筑在山脚基岩上,两侧有燕翅墙,前墙长 9.10 米,上游燕翅墙长 4.50 米,下游燕翅墙长 3.00 米。

桥墩砌筑在山脚基岩上,两头均为尖形,桥墩厚 1.00 米,墩长约

10.20 米。跨径由东向西依次为 2.45 米、2.65 米、3.00 米、2.65 米、2.45 米。桥下平时无水流。桥梁基本完整、坚固。

石桥两头皆有一段青石板路面，石板道宽 2.70 米，桥西石板路长约 50.00 米，桥东石板路面铺至丁字路口（路口往南至西黄村）。

78. 西下庄桥

西下庄桥位于石景山区西下庄村东南边（东下庄桥的南边），跨于陈家坟排水沟上，是一座 3 孔石板梁桥。桥塊上铺青石板，桥面是花岗岩石板梁，每孔有 10 块石板梁。

桥上两侧有青石罗汉板式桥栏杆和青石地伏，桥身上有 5 块栏板，八字栏杆各是 1 块抱鼓石。每侧的栏杆长 14.60 米，地伏长 14.80 米。桥面宽 6.75 米，净宽 6.15 米，桥面长约 11.00 米，东西桥塊长 4.50 米，桥梁全长 20.00 米。

桥台两侧有燕翅墙，前墙长 8.20 米，燕翅墙长约 3.00 米。桥墩两端均为尖形，桥墩厚 1.20 米，长 9.50 米。中孔净跨径 2.80 米，边孔净跨径 2.50 米。

1953 年北京军区在北山上进行建设，1955 年将陈家坟排水沟上游段（军区内部）改建成暗沟，军区以外的河段随之改道。1956 年道路工程局第一道路公司实施八大处路北段改线工程（从军区南门往西，再往北至八大处）。同期，养工所三工区实施八大处路南段（西黄村至军区南门）改扩建工程，路线有所调整。综合技术工程队，将东下庄桥和西下庄桥拆除，向西移位，在新路上重建。根据两座桥梁的结构考察，该二桥均属于明代所建，清代重修。

79. 西黄村桥

西黄村桥位于西黄村西口外，在八大处路南口，跨磨石口排水沟上，南北走向，属于八大处路上一座古代石桥。桥塊上铺砌青石板，桥面是花岗岩石板梁，每孔有 12 块石板梁，两侧有青石罗汉板式桥栏杆，桥身上有 5 块栏板,两端各有 1 块抱鼓石(呈八字放置)。每侧栏杆长 16.10 米,地伏长 16.35 米。桥面宽 8.20 米,净宽 7.60 米,桥面长约 12.50 米,南北桥堍长 5.80 米,桥梁全长约 24.10 米。

桥台两侧有燕翅墙,桥台前墙长 9.80 米,燕翅墙长 6.40 米。上游燕翅以外有石砌驳岸,驳岸(弯形)长约 8.00 米。桥墩两端均为尖形,桥墩厚 1.25 米,长 11.10 米。中孔净跨径 3.20 米,南边孔净跨径 3.00 米,北边孔净跨径 2.95 米。

民国十八年(1929 年)工务局档案记载:西黄村桥坐落在西黄村村西,跨磨石口排水沟上,是一座 3 孔石板梁桥,建于明代,清代重修。

1951 年北京市养工所综合技术工程队实施西黄村桥小修工程,因为此桥正在丁字路口的北侧,为扩大由东向北转弯的半径,此次小修,主要是将桥面向东侧加宽。利用六号豁口存放的旧花岗岩石板梁,在东侧加宽两块石板梁,更换 1 块抱鼓石,将旧栏杆依旧安装。加宽后桥面全宽 9.60 米,净宽 9.00 米。

1953 年 4—5 月,养工所四工区实施五孔桥至八大处道路整修、扩建工程。综合技术工程队配合,将西黄村桥拆除,建成一座石台混凝土板梁涵洞。西黄村桥结构考察证实,该桥始建于明代,清代重修。

80. 杏石口北桥

杏石口北桥位于石景山区杏石口山口北面,在建设局采石场的东南方,跨西山排水沟上,南北走向,是一座 3 孔石板梁桥。桥堍上是花岗岩石板,桥面是花岗岩石板梁,每孔有 14 块石板梁。两侧有青石罗汉板式桥栏杆和青石地伏,每侧有石栏板 3 块和抱鼓石 2 块,栏杆全长 17.70 米,地伏长 17.90 米。桥面宽 9.10 米,桥面长 14.10 米,南北桥堍长 5.80 米,桥梁全长 31.10 米。

桥台带燕翅形,建在基岩上,前墙长 10.50 米,上游(西侧)燕翅墙长(弯形)约 6.00 米,下游(东侧)燕翅墙长 6.50 米。桥墩两端为尖形,也是建在基岩上,桥墩厚 1.80 米,长 12.30 米。跨径均为 3.20

米。中孔净空高 4.65 米，南边孔净空高 4.00—4.60 米，北边孔净空高 4.30—4.65 米。

1956 年在新建香山南路工程施工期间，将杏石口北桥拆除。根据石桥结构考察，该桥属于清代所建。

81．白桥（东北郊）

白桥位于通州区。

桥梁资料记载，白桥始建年代不详，清康熙年间重建，命名白桥。白桥位于白桥村村东，跨北小河上，东西走向，是一座 3 孔石板梁桥。桥面比河岸低许多，桥墩上是花岗岩石板，桥面是花岗岩石板梁。桥栏杆无存，青石地伏犹存，地伏宽 32 厘米，高 16 厘米。桥面宽 7.20 米，桥面长 13.90 米，东西桥墩长约 6.00 米，桥梁全长 25.90 米。

桥台带燕翅形，前墙长 8.60 米，上游（北）燕翅墙长 6.40 米，燕翅墙以外皆有石砌驳岸，东北驳岸长约 7.00 米，西北驳岸长约 5.00 米。桥墩的上游（北）端为尖形，下游端为方形，墩厚约 1.90 米，墩长 10.50 米。中孔净跨径 3.25 米，边孔净跨径 3.00 米。

民国二十五年（1936 年）河北省公路局档案记载（摘要）："民国二十五年（1936 年）河北省水利局治理富河，维修沿河闸桥。竣工后，改富河为北小河。"

1952 年汛期，白桥的东桥台背后被冲空，翌年第二季度，将白桥拆除，改建成一座 3 孔木桥，仍称白桥。

施工期间，从桥下挖出多块旧残石件，其中有青石栏板（罗汉板式）3 块，抱鼓石 2 块，地伏石（青石）11 块。地伏石大部分完整，断面为矩形，其高与宽有两种规格，一种高 16 厘米，宽 27 厘米；另一种高 17 厘米，宽 32 厘米。

根据桥梁结构考察，该桥应属明代所建。

82. 黑桥

黑桥位于通州区。

桥梁资料记载,民国二十五年（1936 年）河北省水利局治理富河,维修沿河闸桥。竣工后,改富河为北小河。黑桥位于黑桥村村北,跨北小河上,南北走向,是一座 3 孔石板梁桥。桥面比河岸低许多,桥塎上是花岗岩石板,桥面是花岗岩石板梁,桥上无栏杆,两侧各有一道石边牙。桥面宽 6.50 米,桥面长 13.70 米,南北桥塎长约 5.50 米,桥梁全长 24.70 米。

桥台带燕翅形,前墙长 8.60 米,上游（西侧）燕翅长 7.50 米,下游燕翅墙长 6.30 米。桥墩上游（西）端为尖形,下游端为方形。桥墩厚 1.85 米,墩长 10.50 米。桥梁净跨径由北向南依次为 2.95 米、3.25 米、3.00 米。

1952 年汛期,黑桥被水毁,翌年（1953 年）4 月,实施黑桥改工程。于其原位上建成一座 3 孔木桥,仍称黑桥。

施工期间,在桥下挖出多块青石罗汉板式桥栏杆及青石地伏的残损件,于其下游挖出多块花岗岩石板。拆桥期间进行桥梁结构考察,根据考察,该桥应属明代所建。

83. 东板桥

东板桥位于地安门以东,东板桥大街北口,跨御河（东西河段）上,南北走向,是一座 3 孔石板梁桥。桥塎上横铺花岗岩石板,桥面是花岗岩石板梁,每孔 14 块石板梁。桥上无栏杆,两侧各有一道较矮的青石栏板和青石地伏。桥面宽 9.10 米,净宽 8.40 米,桥面长 11.95 米,北桥塎长 4.10 米,南桥塎长 3.75 米,桥梁全长 19.80 米。

桥台两侧有燕翅墙,前墙长 10.30 米,燕翅墙长 5.50 米。桥墩两端均为尖形,桥墩厚 1.35 米,墩长 11.70 米。北边孔跨径 3.10 米,中孔跨径 2.75 米,南边孔跨径 2.50 米。

1956 年，实施御河排水支线（北箭亭胡同至东步粮桥）工程，将东板桥拆除。根据桥梁结构考察，该桥始建于明代，原是一座 5 孔石板梁桥，清代废去南 2 孔，改建成 3 孔石板梁桥。

84. 恭王府后身桥

1950 年第二季度，在四海清淤工程中，将月牙河改建成排水管道，月牙河上共有 5 座桥，全部拆除。

其中，恭王府后身桥位于恭王府后身街与定阜大街之间，南北走向，是一座 3 孔石板梁桥。桥堍上铺砌花岗岩石板，桥面是花岗岩石板梁，每孔 10 块石板梁。桥栏杆无存，青石地伏尚存。桥面宽 6.50 米，桥面长 10.80 米，南北桥堍长 3.50 米，桥梁全长 17.80 米。桥台两侧有燕翅墙，前墙长 7.70 米，燕翅长 4.50 米。桥墩两端为尖形，桥墩厚 1.20 米，桥墩长 8.00 米。中孔跨径 3.00 米，边孔跨径 2.30 米。根据桥梁结构考察，此桥属于清代所建。

85. 拐棒桥

拐棒桥位于地安门外拐棒胡同东口（雨儿胡同西口），跨御河上，东西走向，是一座 3 孔石板梁桥。桥堍上横铺花岗岩石板，桥面是花岗岩石板梁，每孔 10 块石板梁，桥栏杆无存，青石地伏尚存，桥面宽 6.50 米，净宽 6.00 米，桥面长 11.95 米，东西桥堍长 3.50 米，桥梁全长 18.95 米。

桥台两侧有燕翅墙，前墙长 7.70 米，燕翅墙长约 6.00 米。

桥墩上游端是分水尖，下游端是方形，桥墩厚 1.25 米，桥墩长 7.25 米。中孔跨径 3.15 米，边孔跨径 2.75 米。

1953 年，实施御河北段（东不压桥以北）改暗河工程，将拐棒桥拆除。根据桥梁结构考察，该桥属于清代所建。

86. 孟家桥

孟家桥位于广安门外孟家桥村东口外，是一座闸桥合一的 3 孔石板梁桥。桥埝上铺砌花岗岩石板，桥面是花岗岩石板梁，每孔有石板梁 12 块。桥上无栏杆，两侧有青石地伏。桥面宽 8.10 米，桥面长 14.90 米，东西桥埝长 5.50 米，桥梁全长 25.90 米。

桥台的两侧有燕翅墙，前墙全长 11.10 米，其中闸台长 2.40 米。燕翅墙长 7.00 米，上游燕翅墙以外的石砌驳岸长约 7.50 米，下游燕翅墙以外的石砌驳岸长约 11.00 米。

桥墩上游端是尖形，下游端是方形，闸台和闸墩上的绞关石架尚存，墩厚 2.40 米，桥（闸）墩全长 12.30 米。各孔净跨径均为 3.05 米。

1969 年第四市政工程公司实施莲花河下游段改道工程，从青年湖进水支渠往南开挖新河道，直至万泉寺村北折而向东，接入凉水河。新河道由孟家桥西边通过，因而孟家桥作废。

1969 年冬季，卢沟桥公社六里桥生产大队拟将孟家桥拆除。

87. 佟桥

佟桥位于右安门祖家庄村南，跨凉水河上，南北走向，是一座闸桥合一的 5 孔石板梁桥。桥埝上铺砌花岗岩石板，桥面是花岗岩石板梁，每孔有 10 块石板梁。桥上无栏杆，青石地伏尚存。桥面宽 6.50 米，净宽 5.60 米，桥面长 23.65 米，南北桥埝长 5.70 米，桥梁全长约 35.00 米。

水闸在桥面西边，闸台和闸墩上有绞关石架。桥（闸）台的两侧有燕翅墙，前墙长 9.70 米，燕翅墙长约 6.60 米。上下游的燕翅墙以外皆有石砌驳岸，上游两边的驳岸石墙长均为 21.00 米，下游两边的驳岸墙端部皆有损坏，各长约 16.00 米。

桥（闸）墩的上游端是尖形，下游端为方形，桥（闸）墩厚 2.25 米，墩长 11.00 米。各孔的净跨径均为 2.75 米。

1951 年 9 月，北京市建设局道工所第四施工所实施佟桥改建工程，将佟桥拆除，建成一座 3 孔复合梁木桥。佟桥拆除期间，从桥下挖出 10 块青石栏板和 4 块抱鼓石。养工所综合技术工程队技术员于德奎配合周铭敬对石桥内部结构进行考察，根据佟桥结构考察，该桥属于明代所建。

拆下来的旧石料，除木桥工程用去一部分外，剩余的旧石料和铸铁件移交给养工所。以后，较好的石料用于天安门石板道工程，一部分能做石板梁的石板用于加宽鸭子桥等桥面，大块石料用于做修理桥梁，小块石料加工成道牙。各种铸铁件一直存放到 1958 年，在大炼钢期间献出。

88. 西河沿桥

1950 年二季度，在四海（积水潭、后海、什刹海、西小海）清淤工程中，因为月牙河改建成暗沟，遂将西河沿桥拆除。

西河沿桥位于内城西小海的西岸上，跨月牙河（亦称李广桥明渠）上出口处，是一座闸桥合一的 3 孔石板梁桥。水闸在桥面西侧，桥堍上铺砌花岗岩石板，桥面是石板梁，两侧有罗汉板式青石栏杆，桥面宽 7.10 米，桥面长 10.80 米，桥堍长均为 5.10 米，桥梁全长 21.00 米。

桥台两侧有燕翅墙，前墙长 10.06 米，东侧燕翅墙长 8.00 米，西侧燕翅墙长 5.00 米。桥墩（闸墩）两端均为尖形，桥墩厚 1.80 米，墩长 11.80 米。跨径均为 2.10 米。

民国十七年（1928 年）北平市工务局档案记载（摘要）："西河沿桥位于西小海西岸上，始建于明正统年间，清康熙末年（1720—1722 年）重建。今年维修桥面及桥栏杆。"

89. 小青龙桥

小青龙桥位于西便门外，跨于木樨地排水沟（亦称"青龙桥明渠"）上，南北走向，是一座 3 孔石板梁桥。桥堍上横铺花岗岩石板，桥面是花岗岩石板梁,每孔有 15 块花岗岩石板梁,桥栏杆无存,青石地伏尚存。桥面宽 10.00 米,桥面长 13.20 米,南北桥堍长 5.60 米,桥梁全长 24.40 米。

桥台带燕翅形,前墙长 11.20 米,上游(西)燕翅墙长 6.50 米,下游燕翅墙长尚存 4.80 米。桥墩两端均为尖形,墩厚 1.80 米,墩长 13.00 米。中孔跨径 3.10 米,边孔跨径 2.80 米。

北平市工务局民国二十五年(1936 年)十月《北平市桥梁状况月报表》中记载:"桥梁名称:小青龙桥。坐落地点:西便门外。所属路线:南礼士路。结构种类:石板梁桥。桥脚构造:条石砌筑。桥梁孔数:3 孔。桥面幅度:10.00 米。桥梁载重:10 吨。桥梁状况:基本完整。"

1951 年 5 月,北京市养工所综合技术工程队实施小青龙桥小修工程,利用六号豁口料站存放的旧青石板(城墙豁口拆下来的墙基石),加工成罗汉板式桥栏杆,安装于桥上。

1953 年 7 月,北京市养工所第四工区实施西便门外道路整修工程。由于小青龙桥的桥面高程低于两端道路许多,为改善道路纵坡度,工程设计决定将小青龙桥的桥面加高。工程设计勘测时,发现青龙桥明渠的上游已改道,明渠的排水流量已经很少。遂决定将小青龙桥改为涵洞,同时将桥面加高。具体做法是,将桥栏杆全部拆卸,为防止今后有变化,只将中孔的桥面拆除,在桥墩上用石板加高,上面依旧安装石板梁,成为单孔涵洞,上面两端安装石边牙。两个边孔的洞口用砖砌堵,用土填埋。垫高路基所需土方,取自开辟广安门南侧城墙豁口的城墙土。

1953 年 10 月,木樨地排水明渠全部被填平。是年 12 月,养工所综合技术工程队将小青龙桥拆除。

根据桥梁结构考察,该桥属于明代所建。

90. 鸭子桥

鸭子桥位于广安门外护城河西岸上,跨莲花河接入护城河的出口处,南北走向,是一座 3 孔石板梁桥。桥堍上铺砌花岗岩石板,桥面是花岗岩石板梁，每孔有石板梁 7 块，桥栏杆和地伏皆无存。桥面宽 4.80 米，桥面长 11.80 米，南北桥塊长 5.50 米，桥梁全长约 21.00 米。

桥台两侧有燕翅墙，前墙长 8.40 米，桥台前墙比桥面宽出许多，西侧余 2.10 米，东侧余 1.50 米。上游（西）燕翅墙长 4.50 米，燕翅以外有石砌驳岸墙，长约 16.00 米。下游燕翅墙长约 5.00 米，燕翅以外无驳岸石墙。桥墩两头为尖形，桥墩厚 0.90 米，墩长 9.30 米。中孔净跨径为 3.20 米，边孔净跨径均为 2.95 米。桥下淤泥很深，海墁状况不详。

1951 年 9 月上旬，北京市养路工程事务所实施鸭子桥维修工程，在石板桥面两侧各架设 3 根圆木纵梁，上面铺双层木桥面板，两侧安装木栏杆。完工后，桥面全宽达到 7.00 米。

1953 年 9 月，北京市养工所综合技术工程队实施鸭子桥修复工程。拆去桥面上的木材部分，利用佟桥拆下来的旧花岗岩石板梁，将桥面恢复成石板梁。利用开辟城墙豁口拆下来的旧青石板，按照从河床中挖出的旧栏板的形式与规格加工，恢复罗汉板式桥栏杆，每侧桥身上的栏杆是 3 块栏板，两端的八字栏杆是抱鼓石。桥面修复后，桥面宽 8.00 米。

1970 年 6 月，市政工程管理处第七管理所修筑广安门外南滨河路南段道路（白纸坊豁口至零号井泵站——污水抽升站）。因为鸭子桥上游的河道已变成排水沟，鸭子桥不需要 3 孔排水，于是将两个边孔作废，拆去桥栏杆和边孔石板梁，将桥台埋于地下。保留中孔并加宽至 11.30 米，两侧安装石边牙，成为一座涵洞。

1991 年，在西南外二环道路工程期间，将鸭子桥全部拆除。根据桥梁结构考察，鸭子桥属于明代所建。

91. 右外关厢桥

1950 年三海（北海、中海、南海）清淤工程中，挖出的淤泥全部运至城外，填垫在低洼地方和农田里。当时右安门外关厢南段道路和关厢桥以南至铁路道口以北路段为土路，路面低洼而且较窄。北京市建设局第六工程队配合清淤工程，利用河湖淤泥垫高路基，修筑路基并修筑砾石路面。

因为关厢桥的桥面较低，于是将桥塸上的石板及石板梁拆去，利用拆下来的花岗岩石板，将桥墩和桥台加高两层石板（高54厘米），依旧安装原石板梁，两侧砌筑砖栏杆。

桥面加高后，桥梁实测资料记载（摘要）："右外关厢桥，属于右安门至草桥路上的一座石桥，跨凉水河上，是一座5孔石板梁桥。桥塸上横向铺砌花岗岩石板，桥塸长5.70米，桥头宽14.20米。桥上两侧有砖栏杆，每侧栏杆长28.40米。桥梁主体全是花岗岩石料，桥面每孔有石板梁15块，桥面全宽10.00米，净宽为9.06米，桥面长23.10米，桥梁全长34.50米。桥台带燕翅形，前墙长11.40米，燕翅墙长约为6.50米，燕翅墙以外均有石砌驳岸。桥墩上游（西）端为分水尖，下游端为方形，墩厚1.85米，墩长12.30米。中孔净跨径为3.20米，北次边孔净跨径2.95米，南次边孔的净跨径3.00米，北边孔的净跨径均为2.85米，南边孔的净跨径均为2.80米。"

1951年9月，北京市建设局道路工程事务所为1952年凉水河治理工作准备，实施凉水河桥梁维修和改建工程。经勘查决定，右外关厢桥进行改建。右外关厢桥改建工程由道工所第四施工所施工，将关厢桥拆除，建成一座3孔复合梁木桥。

拆桥期间，养路工程事务所技术员于德奎配合周铭敬对石桥内部构造进行考察。完工后写出《右外关厢桥结构考察报告》。

拆下来的旧石料均为花岗岩条形石板，一部分用于砌筑木桥两边的护坡，剩余的旧石料移交给养路工程事务所，将其存放在太平湖料站（而后，大部分用于天安门石板道工程）。

根据桥梁结构考察，该桥属于明代所建。

92. 右外石板桥

1950年3月中旬，为三海清淤工程寻找淤泥消纳地。在右安门弯桥以南往东有两大片低洼地区，在两大洼地之间，有一道土堤，堤上有一座 3 孔石板梁桥，遂调查登记，遂取名"右外石板桥"。

该桥是一座 3 孔石板梁桥，南北走向，桥塪上是花岗岩石板，桥面是花岗岩石板梁，每孔有 7 块石板梁，桥上无栏杆，亦无地伏。桥面宽 4.70 米，桥面长 11.60 米，南北桥塪长 4.30 米。桥梁全长 20.20 米。

桥台两侧有燕翅墙，前墙长 5.90 米，四角燕翅墙长 5.20 米。桥墩两端均为尖形，桥墩厚 1.30 米，长 7.30 米。中孔净跨径 2.85 米，边孔跨径 2.65 米。

淤泥将两个低洼地区填平以后，逐渐形成农田，石桥则失去作用。1953 年 10 月，北京市养路工程事务所综合技术工程队将石板桥拆除。根据桥梁结构考察，该桥属于清代所建。

93. 月坛南桥

月坛南桥位于月坛南门外，跨洪茂沟上，南北走向，是一座 3 孔石板梁桥。桥塪上铺砌花岗岩石板，桥面是花岗岩石板梁，每孔有 9 块花岗岩石板梁，两侧有青石罗汉板式桥栏杆和青石地伏，每侧栏杆长 16.70 米，地伏长 16.90 米。桥面宽 6.00 米，净宽 5.28 米，桥面长 13.30 米，南北桥塪长约 5.50 米，桥梁全长 16.50 米。

桥台是燕翅形，前墙长 7.20 米，四角燕翅墙长 6.00 米。桥墩两端均为尖形，桥墩厚 1.80 米，长 9.00 米。中孔净跨径 3.20 米，边孔净跨径 3.00 米。

1951 年 6 月，实施月坛南街道路工程（东起六号豁口，西至玉渊潭南北线），将月坛南桥拆除。根据桥梁结构考察，该桥属于明代所建。

94. 织女桥

织女桥位于南长街南口内，在社稷坛西面，跨织女河上，始建于明代末期，清康熙八年（1669 年）重建，取名"织女桥"。乾隆年间（1736—1795 年）重修。

民国三年（1914 年），开辟南长街皇城豁口，打通南长街和长安街道路。同期，加高织女桥桥面，依旧安装石板梁和罗汉板式桥栏杆。次年（1915 年）将豁口建成三洞券式门楼。

民国十八年（1929 年）四月，修筑北长街和南长街砾石路面，两侧保留边沟（排水沟），维修织女桥。

1951 年 4 月中旬，建设局养路工程事务所维修织女桥，并调查登记。织女桥位于南长街南口内，南北走向，跨织女河上，是一座 3 孔石板梁桥。桥堍上是花岗岩石板，桥面是花岗岩石板梁，桥面每孔 12 块石板梁。两侧有罗汉板式青石栏杆，下面有青石地伏，每侧桥身上有 3 块栏板，桥堍上是八字栏杆，均系抱鼓石。

桥面宽 7.95 米，桥面长 12.55 米，桥堍长均约为 5.00 米，外端宽 11.80 米。桥梁全长约 22.20 米。

桥台两边有燕翅墙，前墙长 9.40 米，燕翅墙长约 5.50 米。桥墩两端均为尖形，桥墩厚 1.30 米，长 10.70 米。中孔净跨径 3.15 米，边孔净跨径 2.95 米。桥下有石板海墁，东西全宽约 15.00 米。

1951 年 9 月中旬，实施织女桥加宽工程。拆卸桥栏杆，拆除桥堍上的石板及桥面石板梁，利用旧石料，加宽下部结构。上部结构更换成预制混凝土板梁，两侧安装预制混凝土地伏，上面依旧安装石栏杆，桥面全部铺筑沥青面层。

1971 年，解放军工程部队实施"519"工程，将织女河改成暗沟，织女桥拆除。

95. 中顶桥

中顶桥位于广安门外以南，在铁匠营村西，中顶村以北，跨凉水河上，南北走向，是一座 5 孔石板梁桥。桥堍上横铺花岗岩石板，桥面是花岗岩石板梁，每孔有 9 块石板梁，桥栏杆无存，青石地伏完整存在，地伏宽 30 厘米，高 16 厘米。桥面宽 6.10 米，净宽 5.20 米，桥面长 21.60 米，南北桥堍长 5.10 米，桥梁全长 31.80 米。

桥台两侧有燕翅墙，前墙长 7.70 米，燕翅墙长约 6.50 米，下游燕翅墙以外有石砌驳岸，驳岸长约 12.00 米。桥墩上游端为尖形，下游端为方形，桥墩厚 1.80 米，桥墩长 8.90 米，各孔跨径，由北向南依次为2.50 米、2.75 米、3.00 米、2.75 米、2.50 米。

1951 年 9 月，实施凉水河疏浚工程，中顶桥附近河道的中心线南移。鉴于中顶桥的下部结构尚较坚固，决定采取改造方案。

中顶桥改造工程竣工资料记载（摘要）："中顶桥改造工程，拆去南桥台背后的城砖墙和石灰土，以及两侧的燕翅墙。在前墙的石墙后面砌筑石墙面，成为两端为尖形的桥墩。该桥台的石墙是 9 层石板，燕翅墙是 10 层石板，石板厚 45 厘米，石板宽约 75 厘米，采取两顺一丁或三顺一丁砌法，石板的对接缝上嵌有一块银锭铁。石墙后面有厚约 100 厘米的城砖墙，砖材均系明代城砖。砖墙后面是石灰土墙，上面厚约 80 厘米，底面厚约 110 厘米。灰土后面是沙质黏土。桥基和海墁是在梅花桩基础上铺砌单层花岗岩石板，石板厚 30 厘米，下面的梅花桩基础稳定，遂保留利用。"

1954 年开辟白纸坊城墙豁口以后，为方便农村的送菜车进城，修筑豁口外至草桥和至万泉寺两条道路。同时维修中顶桥。

1956 年初，养路工程事务所接受草桥高级农业生产合作社的要求，将中顶桥的石桥部分拆除，改建成一座 5 孔木梁桥。完工后，李卓屏写出《中顶桥结构考察报告》。根据中顶桥结构考察，该桥属于明代所建。

96. 西板桥

西板桥位于景山西街北端以北，在小火神庙门前，跨西板桥明渠（北海向筒子河输水的渠道）上，是一座 3 孔石板梁桥。桥塊上横铺的花岗岩石板，桥面是花岗岩石板梁，每孔 9 块石板梁，两侧有砖砌桥栏杆，上顶有青石墙帽。桥面全宽 5.80 米，净宽 4.90 米。桥身长 8.70米，南北桥塊长 4.50 米，桥梁全长 17.70 米。

桥台为凹字形，前墙长 7.00 米，端墙长 4.50 米以上（端部埋没）。桥墩西端为尖形，东端为方形，桥墩厚 90 厘米，桥墩长 7.45 米。中孔净跨径 2.50 米，边孔净跨径 1.80 米。海墁东西宽约 14.00 米。

民国二十四年（1935 年）北平市工务局档案记载（摘要）："是年六月修理西板桥，更换石板梁二块，石料取自圆明园虹桥存料，由富升石厂承做。"

1972 年春季，恭俭胡同一带居民要求整治西板桥明渠，市政工程管理处军宣队随即决定，将西板桥明渠北段（景山公园墙以北）改成暗河。

是年 5 月上中旬，市政工程管理处第七管理所实施西板桥明渠北段改暗沟工程，将西板桥拆除。根据桥梁结构考察，该桥属于清代所建。

第三节　河北省石梁桥

全省石梁桥共计 2 座。

1. 承德水心榭桥

水心榭桥位于承德避暑山庄，跨山庄湖水面上，南北走向。始建于清康熙四十八年（1709 年），康熙六十年（1721 年）重修，乾隆十九年（1754 年）重修。

水心榭桥是一座 8 孔石板梁桥。全桥为平面，桥面宽 4.50 米，桥长 43.00 米。中二孔上建一座砖木结构重檐亭，边墩上各有一座砖木结构重檐亭。

桥台是凹字形，前墙长 4.50 米。桥墩两端是方形，两个边墩厚 5.00 米，中间的 5 个桥墩较薄，厚度均为 2.00 米。跨径均为 3.00 米。

2. 高邑广济桥

广济桥又名"凤仙桥"，位于石家庄市高邑县西北营乡东驿头村，跨㴘河上，南北走向。始建于清康熙四年（1665 年）。

广济桥原是一座 5 孔石板梁桥。今存中间 3 孔，两端桥塃和中三孔桥面外露，全桥用花岗岩石料砌筑，桥塅上横铺条形石板。桥面每孔是4块石板梁，石板梁长5.80米，无栏杆，桥面宽3.25米，桥面长17.50米，原桥全长36.50米。

原有桥是燕翅形，现外露桥是原有桥墩，两侧增砌燕翅墙。桥墩两端是尖形。跨径均为5.00米。

第四节　河南省石梁桥

全省石梁桥共计2座。

1. 确山吴桂桥

吴桂桥位于驻马店市确山县，明嘉靖四十三年（1564年）建，清道光二十六年（1846年）重修，光绪三十年（1904年）重修。

吴桂桥是一座5孔石板梁桥。桥面均以条形石板为梁，无栏杆，桥面宽4.50米，桥长17.00米。

桥台带燕翅形，桥墩上游端是尖形，下游端是方形。跨径均为3.00米。

2. 叶县龙泉桥

龙泉桥又名"翠花桥""善桥"，位于平顶山市叶县龙泉乡龙泉村，跨澧河上，南北走向。始建于明代，清乾隆年间（1736—1795年）重修。

龙泉桥是一座35孔石板梁桥。桥塅上铺砌青石板，桥面每孔5块花岗岩石板梁，共有175块石板梁。桥上无栏杆，桥面宽3.20米，桥面长60.00米，桥梁全长70.00米。

下部结构全是用青石板砌筑，桥台是凹字形，桥墩两端是方形，端部高起，拦挡石板梁，上游端上面有石雕龙头。跨径均为1.30米。

第五节　山西省石梁桥

全省石梁桥只有 1 座。

1. 太原鱼沼飞桥

鱼沼飞桥亦称"鱼沼飞梁"，位于太原市，在晋祠圣母殿内，跨于殿前的水池上。北宋天圣年间（1023—1032 年）建。

鱼沼飞桥是一座平面为十字形 4 孔石板梁桥，中间是一个方形桥中墩，长和宽均为 6.00 米。桥中墩东西两边的桥通称为正桥，桥中墩南北两侧的桥通称为翼桥。

正桥是一座双孔石梁桥。桥面大致为平面，桥面宽 6.00 米，全长 19.60 米。桥台即水池的边岸。跨径均为 3 米。

翼桥均系单孔石梁桥，桥面有明显纵坡（内端高于外端），桥面宽均为 3.80 米，桥长各为 6.00 米（南北全长 19.50 米）。桥台即水池的边岸。全桥的石板梁上铺墁方砖面层，全桥两侧有汉白玉节间式石栏杆。

第六节　上海市石梁桥

全市石梁桥共计 4 座。

1. 金山济渡桥

济渡桥位于金山区漕泾镇，又名七星桥，清光绪三年（1877 年）建，南北走向，桥北头立有"济渡桥"碑。

济渡桥是一座 7 孔石板梁桥。桥面是花岗岩石板梁，每孔 4 块石板梁，无栏杆。桥面宽 4.00 米，桥长 43.60 米。

桥台的前墙是用 5 块条形石板并排竖立在石板基台上，上顶有石板盖梁，后面有凹字形构造。桥墩的构造形式和桥台的前墙相同。中孔跨径 7.00 米, 边孔跨径 6.00 米。

2. 青浦迎祥桥

迎祥桥位于青浦区金泽镇, 元至元年间（1335—1340 年）建, 明天顺年间（1457—1464 年）重修。

迎祥桥是一座 5 孔石板梁桥。桥面每孔 5 块石板梁, 无栏杆, 桥面宽 2.41 米, 桥长 34.25 米。

桥台是凹字形, 前墙是 4 根方形石柱, 上顶横架一根石帽梁。桥墩是 4 根或 5 根方形石柱, 上顶横架一根石帽梁。跨径 6.00 米。

3. 青浦万安桥

万安桥位于青浦区金泽镇。宋景定年间（1260—1264 年）建, 明嘉靖年间（1522—1566 年）、万历年间（1573—1620 年）重修。清乾隆年间（1736—1795 年）重修。

万安桥是一座 3 孔石板梁桥。中孔桥面较高, 两边孔上的桥面较低, 中孔桥面与边孔桥面之间有坡道。桥面宽 2.60 米, 桥长 29.00 米。

桥台是凹字形, 前墙长约 3.00 米。桥墩两端是方形, 桥墩厚 0.90 米, 桥墩长 3.00 米。跨径 6.20 米。

4. 松江望仙桥

望仙桥位于松江区方塔园内, 建造年代无考。

望仙桥是一座双孔石板梁桥。桥面每孔 4 块花岗岩石板梁, 无栏杆, 桥面宽 2.75 米, 桥面长 10.00 米, 全长 16.00 米。

桥台是凹字形, 前墙长 3.30 米。桥墩两端是方形, 桥墩厚 80 厘米, 桥墩长 4.30 米。跨径 4.60 米。

第七节　江苏省石梁桥

全省共有石梁桥 15 座。

1. 昆山中和双桥

中和双桥位于昆山市锦溪镇，跨街河山，东西走向。始建于元代元统元年（1333 年）。

中和双桥是一座单孔石板梁桥。桥面是 5 块石板梁，两侧有石板栏杆，桥面宽 3.90 米，桥长 13.00 米。

桥台与石板砌筑的河岸为一体。跨径 4.05 米。

2. 苏州大陵桥

大陵桥位于苏州市吴江区黎里镇，跨市河上，南北走向。

始建年代无考，明成化十三年（1477 年）重建。清乾隆四十年（1775 年）重修。

大陵桥是一座单孔石梁桥。桥面是 5 块石板梁，两侧有石栏杆，桥面 4.75 米，桥长 12.00 米。桥台是凹字形。跨径 6.50 米。

3. 苏州进登桥

进登桥俗称"夏家桥"，位于苏州市吴江区黎里镇，跨市河上，南北走向。始建年代无考，明嘉靖七年（1528 年）重建，清乾隆三十八年（1773 年）重修，光绪二十年（1804 年）重建。

进登桥是一座单孔石板梁桥。桥面是花岗岩石板梁，两侧有石板栏杆，桥面宽 4.75 米，桥长 12.00 米。

桥台是凹字形，用料石砌筑，前墙前面有 4 根方形石柱，上顶架设石帽梁。跨径 6.50 米。

4. 苏州迎祥桥

迎祥桥又名"汝家桥"，跨市河上，南北走向。位于苏州市吴江区黎里镇。明正统六年（1441年）建木桥，嘉靖四年（1525年）改建为石桥。清同治八年（1869年）重建。

迎祥桥是一座3孔石板梁桥。中孔桥面是平面，边孔桥面是坡面（桥头低），两侧有石板栏杆，桥面宽4.50米，桥长12.00米。

桥台与料石砌筑的河岸为一体。桥墩是4根方形石柱，上顶有石板帽梁。中孔跨径6.00米，边孔跨径2.50米。

5. 苏州东庙桥

东庙桥位于苏州市吴江区七都镇，建于南宋绍定年间（1228—1233年）。

现存东庙桥是一座3孔石板梁桥。桥面为花岗岩石板梁，无栏杆。桥面宽2.10米，桥长21.50米。

桥台是凹字形，前墙是竖立设置的3块条形石板，上顶有石板盖梁，盖梁长2.50米。桥墩也是竖立设置的3块条形石板，中孔跨径4.60米，边孔跨径4.20米。

6. 苏州泰安桥

泰安桥位于苏州市吴江区盛泽镇黄家溪村，南北走向。始建于明崇祯五年（1632年），清同治十一年（1872年）重修。

今存泰安桥是一座3孔石板梁桥。桥面为花岗岩石板梁，无栏杆。桥面宽2.40米，桥长20.00米。

桥台是凹字形，前墙是竖立设置的3块条形石板，上顶有石板盖梁，盖梁长2.50米。桥墩也是竖立设置的3块条形石板，上顶有石板盖梁，盖梁长2.50米。中孔跨径5.00米，边孔跨径4.20米。

7. 苏州中和桥

中和桥位于苏州市吴江区盛泽镇王家庄。跨市河上，东西走向。始建年代无考，清道光四年（1824年）重建。

中和桥是一座1孔（中间）石梁和2孔（两端）石拱连接的石桥。中孔桥面是5块石板梁，为平面，两端是阶梯式坡道，下面各有一孔石拱，拱碹是半圆形纵联分段并列式结构，有双线拱眉，拱眉凸出于碹脸，又凸出于侧墙。桥上两侧有石板栏杆，无地伏，桥栏杆置于仰天石上，桥面宽2.65米，桥塊端宽3.05米，桥长18.50米。

侧墙用料石砌筑，上顶有仰天石。桥台与石板砌筑的河岸为一体，桥墩两端是方形，桥墩厚约1.00米，桥墩长3.00米。中孔跨径5.50米，边孔跨径3.20米。

8. 苏州太平桥

太平桥位于苏州市吴江区同里镇，清乾隆十二年（1747年）建。

太平桥是一座单孔石板梁桥。桥面是花岗岩石板梁，无栏杆。桥面宽2.40米，桥长14.00米。桥台是凹字形，前墙的两端各立一根方形石柱，上面置盖梁，盖梁长3.0米，柱间砌筑石板。跨径5.00米。

9. 苏州中元桥

中元桥位于苏州市吴江区同里镇东埭村，跨洪字圩和冲字圩汇合处。建造年代无记载。

中原桥是一座3孔石板梁桥。中孔桥面为平面，两边孔桥面为坡面，桥面是3块石板梁，两侧有石栏杆，桥面宽3.10米，桥长16.50米。

桥台是凹字形。桥墩是4根方形石柱，上顶有石板横梁，横梁宽80厘米，长4.00米，中孔跨径5.00米，边孔跨径3.00米。

10. 苏州八都香花桥

香花桥位于苏州市吴江区震泽镇，跨南港，东西走向。始建于南宋，明清历代修葺。

香花桥是一座 3 孔石板梁桥。中孔桥面为平面，边孔桥面为坡面，桥面每孔是 3 块石板梁，无栏杆，桥面宽 2.09 米，桥梁全长 16.10 米。

桥台用石板砌筑，其平面为凹字形。桥墩是 3 根方形石柱，上顶有石板横梁，横梁宽 80 厘米，横梁长 2.95 米。中孔跨径 4.66 米，边孔跨径 3.66 米。

11. 苏州香花桥

香花桥位于苏州市相城区黄埭镇老街西端，跨街河上，南北走向。始建于宋代，清同治年间（1862—1874 年）重修。

花香桥是一座单孔石板梁桥。桥面是平面，有 5 块石板梁，桥堍上是石坡面，两侧有石板栏杆，桥面宽 4.10 米，桥长 14.00 米。

桥台是凹字形，前墙上顶有一根石板横梁。跨径 4.60 米。

12. 无锡金莲桥

金莲桥位于无锡市梁溪区惠山寺前面，是宋代抗金名相、无锡人李纲修建，历代重修，距今 800 多年。

今存金莲桥是一座 3 孔石板梁桥。桥堍上铺砌花岗岩石板，桥面是花岗岩石板梁，每孔有 4 块石板梁。两侧有节间式石栏杆，每侧有 6 根望柱、5 块栏板和 2 块抱鼓石。下面有矩形断面的地伏石。桥面宽 3.04 米，桥长 10.70 米。

桥台是凹字形，桥墩两端是 4 根方形石柱，上顶架一根石板帽梁，帽梁宽 80 厘米，帽梁长 4.60 米。中孔跨径 4.00 米，边孔跨径 2.70 米。

13. 无锡飞虹桥

飞虹桥位于无锡市锡山区东亭接到祗陀寺前，跨街河上，东西走向。建造年代无考。

飞虹桥是一座单孔石板梁桥。桥面较高为平面，桥堍上是坡面，两侧有石栏杆。桥面宽 6.20 米，桥长 22.00 米。

桥台是凹字形。跨径 6.60 米。

14. 无锡乐稼桥

乐稼桥位于无锡市锡山区鹅湖镇（原荡口镇）新桥村。建造年代无记载。

乐稼桥是一座 3 孔石板梁桥。桥面每孔 3 块石板梁，无栏杆，桥面宽 3.30 米，桥长 20.90 米。

桥台是凹字形。桥墩是 4 根方形石柱，上顶架一根石板帽梁，帽梁宽 80 厘米，帽梁长 4.00 米。中孔跨径 5.50 米，边孔跨径 3.50 米。

15. 徐州荆山桥

荆山桥，谐音"金山桥"，位于徐州市经济技术开发区，南北走向。始建于清康熙二十一年（1682 年），是年秋季兴工修建，历时二十一年，于康熙四十二年（1703 年）春季始建成，耗银两万六千八百两。清乾隆十一年（1746 年）重修。乾隆帝南巡时，路过荆山桥，题写对联。上联是"石桥三里许以长"，下联是"如虹蜿蜒饮两塘"，横批是"万世津梁"。

今存荆山桥是一座 159 孔石拱与石梁混合桥，中间 19 孔是石拱桥，南段 95 孔是石板梁桥，北段 45 孔是石板梁桥。两侧有石栏杆，桥面宽 7.00 米，桥长 1615 米。

史料记载：桥身原长 362.5 丈（1160 米），顶宽 1.9 丈（6.10 米）。

在另一份资料中，记载荆山桥是一座 169 孔石拱与石梁混合桥，中间 29 孔是石拱桥，南段 95 孔是石板梁桥，北段 45 孔是石板梁桥。

南北桥台和拱桥都是凹字形。桥墩两端全是方形，桥墩厚 1.00 米，桥墩长 2.55 米，石拱桥的拱碹是半圆形纵联式结构，无拱眉，跨径 12.00 米。石梁桥跨径 5.50—6.50 米。

第八节　安徽省石梁桥

全省石梁桥共计 4 座。

1. 桐城项家河桥

项家河桥原名"陈仙桥"，位于桐城市项家河村。始建年代无记载，清咸丰年间（1851—1861 年）重修。

今存项家河桥是一座 9 孔石板梁桥。桥垛上铺砌条形石板，桥面是石板梁，无栏杆。桥面宽 2.14 米，桥梁全长（包括引道）57.50 米。

桥台是凹字形。桥墩两端是方形，桥墩厚 0.90 米，桥墩长 2.50 米。跨径 3.50—5.00 米。

2. 桐城紫来桥

紫来桥又名"桐溪桥"，又称"秋瓦石桥"，位于桐城市，跨龙眠河上。始建于元代。

今存紫来桥是一座单孔石拱桥和 4 孔悬臂式石板梁桥对接而成。石拱桥在东端，桥面为平面，桥面西端有阶梯式坡道与石板梁桥面相连，两侧有节间式石栏杆，桥面宽 4.50 米。

两个桥台都是凹字形，前面和两侧有出台，前墙长约 5.00 米。拱碹是半圆形纵联式结构，无拱眉，跨径 7.80 米。

石板梁桥在西端，桥面是石板梁，两端下面各有一层悬臂式石板。桥上两侧有节间式石栏杆，桥面宽 4.50 米，桥梁全长 48.00 米。

桥台是凹字形。桥墩两端是方形，桥墩厚 3.30 米，桥墩长 6.50

米。跨径均为 6.70 米。

3. 广德锁山桥

锁山桥位于广德市四合乡水塘下村，建成于明末清初，无具体年份记载。

锁山桥是一座双孔悬臂式石板梁桥。桥面每孔 5 块花岗岩石板梁，桥面宽 2.20 米，桥长 17.60 米。

桥台是凹字形，前墙长 2.55 米，桥墩两端是方形，上顶有两层单悬臂石板。桥墩厚 90 厘米，上顶有两层双悬臂石板，桥墩长 2.55 米。跨径均为 5.00 米。

4. 绩溪南山桥

南山桥位于宣城市绩溪县，清康熙四十九年（1710 年）建。

南山桥是一座 3 孔石板梁桥，桥堍上满铺石板，桥面每孔由 7 块石板梁组成。两侧有节间式石栏杆，每侧有 6 根望柱，有 5 块石栏板，每块栏板下面垫两块方形石块，无地伏，望柱立于石板梁上。桥面宽 2.00 米，桥长 15.00 米。

桥台两侧有燕翅墙，前墙长约 3.0 米。桥墩两端均为尖形，桥墩厚 0.90 米，桥墩长 2.55 米。中孔跨径 4.10 米，边孔跨径 3.70 米。

第九节　湖北省石梁桥

全省石梁桥共计 46 座。

1. 利川石板滩桥

石板滩桥位于恩施土家族苗族自治州利川市凉雾乡双井村，跨清江河上，南北走向。建于清代。

石板滩桥原是一座 10 孔石墩台石板梁桥。桥面是石板梁，桥面宽 1.00 米，桥长 35.00 米。

侧墙是用块石砌筑，上顶有单层仰天石。桥台两侧有燕翅墙。桥墩两端是尖形，桥墩厚 2.50 米，桥墩长 3.00 米。跨径均为 2.80 米。

今存石板滩桥，是在石板梁桥上面加筑石拱，拱碹是圆弧形纵联式结构，无拱眉。桥面为平面，两侧有铁栏杆。

2. 红安陡山湾桥

陡山湾桥位于黄冈市红安县八里湾镇中和村，跨倒河上，东北西南走向。清乾隆三年（1738 年）建。

陡山湾桥是一座 4 孔石板梁桥。桥面每孔 3 块石板梁，桥面宽 1.20 米，桥面长 30.50 米。

桥台用料石砌筑，两侧有八字墙，前墙长约 1.20 米。桥墩是用料石砌筑，两端是方形，跨径均为 6.00 米。

3. 红安回龙寨桥

回龙寨桥位于黄冈市红安县太平桥乡回龙寨村，跨倒水河上，南北走向。清道光三年（1823 年）建。

回龙寨桥是一座 3 孔石板梁桥。桥面每孔 3 块石板梁，桥面宽 1.50 米，桥梁全长 26.30 米。

桥台两侧有燕翅墙，用料石砌筑，前墙长约 2.00 米。桥墩是用料石砌筑，两端是尖形，跨径均为 6.50 米。

4. 红安柳林河桥

柳林河桥位于黄冈市红安县七里坪镇柳林河村，跨檀树岗河上，东西走向。明嘉靖年间（1522—1566 年）建。

柳林河桥是一座双孔石板梁桥。桥面每孔 3 块石板梁，桥面宽 1.40

米，桥面长 8.50 米。

桥台用块石砌筑，两侧有八字墙，前墙长约 2.60 米。桥墩是用料石砌筑，两端是方形，跨径均为 3.30 米。

5. 红安罗堰畈桥

罗堰畈桥位于黄冈市红安县七里坪镇盐店河村，跨倒河上，东西走向。清乾隆年间（1736—1795 年）建。

罗堰畈桥是一座双孔石板梁桥。桥面每孔 2 块石板梁，桥面宽 1.50 米，桥面长 13.50 米。

桥台用料石砌筑，两侧有八字墙，前墙长约 2.60 米。桥墩是用料石砌筑，两端是尖形，大孔跨径 5.00 米，小孔跨径 1.10 米。

6. 红安谢家大湾桥

谢家大湾桥位于黄冈市红安县八里湾镇许家田村，跨倒河上，东北西南走向。清乾隆二十七年（1762 年）建，光绪二十七年（1901 年）重修。

谢家大湾桥是一座 6 孔石板梁桥。桥面每孔 3 块石板梁，桥面宽 1.60 米，桥面长 27.00 米。

桥台用料石砌筑，燕翅形，前墙长 2.00 米。桥墩是用料石砌筑，两端是尖形，桥墩厚 0.90 米，桥墩长 2.00 米。跨径均为 3.60 米。

7. 红安兴桥

兴桥位于黄冈市红安县八里湾镇中和村，跨倒河上，东北西南走向。清乾隆二十七年（1762 年）建。

兴桥是一座 4 孔石板梁桥。桥面每孔 3 块石板梁，桥面宽 1.50 米，桥面长 31.00 米。

桥台用料石砌筑，两侧有八字墙，前墙长约 1.80 米。桥墩是用料石砌筑，两端是尖形，桥墩厚 0.90 米，桥墩长 2.00 米。跨径均为 5.60 米。

8. 红安姚八斗桥

姚八斗桥位于黄冈市红安县太平桥乡栋津桥村，跨倒流河支流上，南北走向。明崇祯年间（1628—1644 年）建。

姚八斗桥是一座 6 孔石板梁桥。桥面每孔 5 块石板梁，两侧各有一道边牙石。桥面宽 2.19 米，净宽 1.75 米，桥梁全长 35.00 米。

桥台两侧有燕翅墙，用料石砌筑，前墙长约 2.20 米。桥墩是用料石砌筑，上游端是尖形，下游端是方形，上顶有一层长方形石板，桥墩厚 0.90 米，桥墩长 2.60 米。跨径均为 4.20 米。

20 世纪 90 年代，将旧桥的桥台和桥墩加高，桥台前墙上和桥墩上各设一根石板盖梁。上面架设混凝土板梁。

9. 红安姚家桥

姚家桥位于黄冈市红安县八里湾镇许家田村，跨倒河上，南北走向。清同治二年（1863 年）建。

姚家桥是一座 8 孔石板梁桥。桥面每孔 3 块石板梁，桥面宽 1.20 米，桥面长 39.00 米。

桥台用料石砌筑，两侧有八字墙，前墙长约 1.50 米。桥墩是用料石砌筑，两端是尖形，桥墩长 1.60 米。跨径均为 3.20 米。

今存姚家桥，已将桥面加高、加宽。

10. 红安袁家湾桥

袁家湾桥位于黄冈市红安县高桥河乡高桥河村，跨倒河上，东北西南走向。明嘉靖年间（1522—1566 年）建。

袁家湾桥是一座 4 孔石板梁桥，桥面每孔 4 块石板梁，桥面宽 2.00 米，桥面长 30.00 米。

桥台是凹字形，用料石砌筑，前墙长约 2.50 米。桥墩是用料石砌筑，两端是方形，跨径均为 6.20 米。

11. 红安曾贵湾桥

曾贵湾桥位于黄冈市红安县八里湾镇陡山村，跨倒河上，东北西南走向。清顺治十年（1653 年）建。

曾贵湾桥是一座 3 孔石板梁桥。桥面每孔 2 块石板梁，桥面宽 80 厘米，桥面长 15.00 米。

桥台用料石砌筑，两侧有八字墙，前墙长约 1.20 米。桥墩是用料石砌筑，两端是尖形，跨径均为 3.00 米。

12. 红安周家林桥

周家林桥位于黄冈市红安县二程乡詹程家村，跨倒河上，东西走向。明嘉靖年间（1522—1566 年）建。

周家林桥是一座 5 孔石板梁桥。桥面每孔 3 块石板梁，桥面宽 1.30 米，桥面长 21.00 米。

桥台用料石砌筑，两侧有八字墙，前墙长约 1.60 米。桥墩是用料石砌筑，两端是尖形，桥墩厚 0.80 米，桥墩长 1.70 米。跨径均为 3.30 米。

13. 罗田安乐桥

安乐桥位于黄冈市罗田县骆驼坳镇界河村北 200 米，跨界河上，西北东南走向。建于清代。

安乐桥是一座 5 孔石板梁桥，桥面每孔 3 块石板梁，石板梁宽 40 厘米，长 5.20 米，桥面宽 1.20 米，桥面长 26.00 米。

桥台在山涧石壁上凿出。桥墩两端是尖形，跨径均为 4.75 米。

14. 罗田石山桥

石山桥位于黄冈市罗田县北丰乡白杨冲村，跨白杨冲山涧上，东西走向。建于清代。

石山桥是一座 3 孔石板梁桥。桥面每孔 4 块石板梁，石板梁厚 0.3 米，宽 0.3 米，长 3.50 米，桥面宽 1.50 米，桥面长 10.50 米。

桥台在山涧石壁上凿出。桥墩两端是尖形，桥墩长 2.00 米。跨径均为 5.00 米。

15. 麻城楚北桥

楚北桥位于麻城市福田河镇小界岭村，跨举水上游支流，东南西北走向。建于清代。

楚北桥是一座 3 孔悬臂式石板梁桥，桥面每孔 3 块石板梁，桥面宽 1.20 米，桥面长 15.60 米。

桥台在山涧石壁上。桥墩用料石砌筑，两端是尖形，上顶有一层悬臂石板。跨径均为 11.00 米。

16. 麻城洪家河桥

洪家河桥位于麻城市黄土港镇洪家河村，跨举水上游，南北走向。始建年代不详，清代重建。

洪家河桥是一座 3 孔石板梁桥。桥面每孔 4 块石板梁，桥面宽 1.50 米，桥面长 12.60 米。

桥台与石砌河岸为一体。桥墩用料石砌筑，两端是尖形，跨径均为 3.50 米。

17. 麻城裴家墩桥

裴家墩桥位于麻城市罗家铺乡新桥村，跨举水上游，东西走向。始建年代不详，清代重建。

裴家墩桥是一座 8 孔石板梁桥。桥面每孔 3 块石板梁，桥面宽 1.40 米，桥面长 40.00 米。

桥台两侧有燕翅墙，用料石砌筑，前墙长约 2.00 米。桥墩用料石砌筑，两端是尖形，跨径均为 3.60 米。

18. 武穴三节桥

三节桥位于武穴市梅川镇从政村，跨胡用港上，南北走向。建于清代。

三节桥是一座 3 孔石板梁桥。桥面每孔 2 块石板梁，石板梁厚 25 厘米，宽 37 厘米，长 4.20 米，桥面宽 74 厘米，桥面长 13.60 米。

桥台在山涧石壁上。桥墩是用两根方形石柱，相对向内倾斜设置，上顶横置一根石板为帽梁。跨径 4.20 米。

19. 英山灵芝桥

灵芝桥位于黄冈市英山县南河镇灵芝村东 820 米处，跨瓦寺前河上，东西走向。建于清光绪二十五年（1899 年）。

灵芝桥是一座 8 孔石板梁桥。桥面每孔 5 块石板梁，石板梁厚 30 厘米，宽 30 厘米，长 4.27—5.30 米，桥面宽 1.70 米，桥面长 40.34 米。

桥台两侧有燕翅墙，前墙长约 2.50 米。桥墩两端是尖形，桥墩厚 0.80 米，桥墩长 2.20 米。跨径均为 4.70 米。

20. 英山张家畈桥

张家畈桥位于黄冈市英山县红山镇张家畈村，跨无名小河沟上，南北走向。始建年代不详，清代重建。

张家畈桥是一座双孔石板梁桥。桥面每孔 3 块石板梁，桥面宽 1.20

米，桥面长 8.00 米。

桥台是用料石砌筑，两侧有八字墙。桥墩用料石砌筑，两端是尖形，跨径均为 3.00 米。

21. 荆门八角新桥

八角新桥位于荆门东宝区红庙村，跨汉水小支流上，南北走向。建于清代。

八角新桥是一座 4 孔石板梁桥。每孔 5 块石板梁，桥面宽 2.75 米，桥长 16.60 米。

桥台两侧有燕翅墙，前墙长约 3.00 米。桥墩两端是方形，桥墩厚 80 厘米，桥墩长约 3.00 米。跨径 3.00 米。

22. 钟祥连山桥

连山桥位于钟祥市张集。始建于唐代，清乾隆五十一年（1786 年）重修。

连山桥是一座 16 孔石梁桥。桥面每孔一块黛青色石板梁，全桥共 16 块石板梁，每块石板梁厚 0.24 米，宽 0.85 米，长 1.60 米。桥面宽 0.85 米，桥长 26.80 米。

桥台与河岸石墙相连。桥墩两端是方形，桥墩厚 0.70 米，桥墩长约 1.00 米。跨径均为 0.90 米。

23. 武汉同善桥

同善桥位于武汉市蔡甸区红城村与向集村之间，跨渣河上，南北走向。清光绪三十年（1904 年）建。

同善桥是一座单孔石板梁桥。桥面为 7 块石板梁，无栏杆，桥面宽 3.00 米，桥面长（石梁长）6.20 米。

桥台用料石砌筑，两侧有燕翅墙。跨径 5.20 米。

24. 武汉彭家桥

彭家桥又名"龙墩桥"，位于武汉市黄陂区王家河镇。明万历四十四年（1616年）兴工修建，四十五年（1617年）竣工。

彭家桥是一座5孔石板梁桥。桥面每孔为6块石板梁，无栏杆，桥面宽4.00米，桥面长20.00米。

桥台用块石砌筑，两侧有燕翅墙。桥墩两端是尖形，在3个桥墩的上游端有铁羊头、铁马头、铁牛头。桥墩厚1.00米，桥墩长4.50米。跨径均为3.10米。

25. 武汉青莲庵桥

青莲庵桥位于武汉市江夏区青莲庵村，跨无名河上，南北走向。建于清代。

青莲庵桥是一座双孔石板梁桥。桥面为5块石板梁，石梁厚38厘米，无栏杆，桥面宽2.95米，桥面长13.50米。

桥台用料石砌筑，两侧有燕翅墙。桥墩上游端是尖形，下游端是方形，桥墩厚0.90米，桥墩长3.50米，跨径均为4.60米。

26. 武汉孔叹桥

孔叹桥位于武汉市新洲区孔子河村，跨孔子河上，东北西南走向。始建于明万历三十二年（1604年），清咸丰元年（1851年）重修。

孔叹桥是一座3孔悬臂式石板梁桥。桥面每孔为5块石板梁，每块石板梁下面有一块悬臂石板。桥面宽2.50米，桥长23.00米。

桥台用料石砌筑，两侧有燕翅墙。桥墩也是用料石砌筑，两端是尖形，桥墩厚1.10米，桥墩长3.00米。跨径均为3.20米。

27. 赤壁万安桥

万安桥位于赤壁市新店镇，跨新店河上，南北走向。清代末年建。

万安桥是一座 8 孔等跨径石板梁桥。桥面每孔 4 块石板梁，桥面宽 2.00 米，桥长 130.00 米。

桥台两侧有燕翅墙，前墙不规整。桥墩两端有尖形。

28. 崇阳合心桥

合心桥位于咸宁市崇阳县沙坪镇堰市村，跨堰市河上，东西走向。清同治年间（1862—1874 年）建。

合心桥是一座 16 孔石板梁桥，桥面每孔两块石板梁，桥面宽 1.05 米，桥长 65.00 米。

桥台两侧有燕翅墙，前墙不规整。桥墩两端有尖形，也有方形，有薄有厚，有长有短。跨径 2.80—3.10 米。

29. 咸宁河背桥

河背桥位于咸宁市咸安区河背村，跨官埠河上，南北走向。清道光三年（1823 年）建。

河背桥是一座 3 孔石板梁桥。桥面每孔 12 块石板梁，桥面宽 6.00 米，桥梁全长 38.00 米。

桥台两侧有燕翅墙，用料石砌筑，前墙长约 2.00 米。桥墩是用料石砌筑，两端是尖形，跨径均为 3.00 米。

30. 咸宁胡翰林桥

胡翰林桥位于咸宁市咸安区官埠桥镇河背村，建造年代不详。

胡翰林桥是一座单孔石板梁桥。桥面 3 块石板梁，石板厚 30 厘米，石板宽 30 厘米，桥面宽 90 厘米，桥梁全长 7.00 米。桥台是凹字形，前墙长约 3.00 米。跨径 3.00 米。

31. 谷城土桥沟桥

土桥沟桥位于襄阳市谷城县大峪桥镇土桥沟村。跨钉耙沟上，东西走向。清光绪九年（1883 年）建。

土桥沟桥是一座双孔石板梁桥。桥面每孔 7 块石板梁，桥面宽 1.20 米，桥长 9.13 米。

桥台是凹字形，前墙长 2.00 米。桥墩两端是方形，桥墩厚 80 厘米，桥墩长 2.00 米。跨径 3.00 米。

32. 安陆河德桥

河德桥原名"江东桥""河坝桥"，位于孝感市安陆县棠棣镇河德村。跨浸水支流上，南北走向。建于明代。

河德桥是一座 6 孔石板梁桥。桥面每孔 4 块石板梁，石板梁厚 35 厘米，桥面宽 6.00 米，桥全长 25.00 米。

桥台两侧有燕翅墙，前墙长 6.00 米。桥墩两端是尖形，桥墩厚 1.20 米，桥墩长 6.00 米。跨径均为 3.00 米。

33. 安陆双鹤桥

双鹤桥位于孝感市安陆县赵棚镇双鹤桥村，跨浸水支流上，东西走向。建于清代。

双鹤桥是一座 6 孔石板梁桥。桥面每孔 8 块石板梁，桥面宽 3.30 米，桥全长 28.00 米。

桥台是凹字形，前墙长 3.50 米。桥墩上游端是尖形，下游端是方形，桥墩厚 96 厘米，桥墩长 3.50 米。跨径均为 3.00 米。

34. 孝昌百步桥

百步桥位于孝感市孝昌县白沙镇双余村，跨白沙河上，东西走向。

始建于清代初年，光绪二年（1876年）重修。

百步桥是一座5孔石板梁桥。桥面每孔6块红砂岩石板梁，石梁厚30厘米，石梁宽40厘米，石梁长3.00米，桥面宽2.60米，桥面长19.05米。

桥台两侧有燕翅墙，前墙长2.60米。桥墩两端是方形，上层石板两端伸出尖端，桥墩厚90厘米，桥墩长2.60米。中3孔跨径3.45米，边孔跨径2.50米。

35. 孝昌陈家桥

陈家桥位于孝感市孝昌县周巷镇大屋村，跨无名小河上，东西走向。清代建。

陈家桥是一座6孔石板梁桥。桥面每孔3块石板梁，桥面宽1.25米，桥长18.00米。

桥台两侧有燕翅墙，前墙长2.00米。桥墩两端是尖形，桥墩厚80厘米，桥墩长2.80米。跨径由东向西依次为2.50米、2.50米、2.50米、2.80米、3.00米、3.00米。

36. 孝昌二公桥

二公桥位于孝感市孝昌县丰山镇二公村，跨无名小河上，东西走向。建于明代。

二公桥是一座5孔悬臂式石板梁桥。桥面每孔5块石板梁，石梁厚25厘米，桥面宽2.30米，桥面长20.00米。

桥台两侧有燕翅墙，上顶有一层单悬臂石板，前墙长2.50米。桥墩两端是尖形，上顶有一层双悬臂石板，桥墩厚数据暂缺，桥墩长数据暂缺。跨径3.00米。

37. 孝昌胡李桥

胡李桥位于孝感市孝昌县白沙镇新桥村，跨无名小河上，东西走向。清代建。

胡李桥是一座 6 孔石板梁桥。桥面每孔 6 块石板梁，桥面宽 2.60 米，桥长 25.00 米。

桥台两侧有燕翅墙，前墙长 2.60 米。桥墩两端是尖形，桥墩厚数据暂缺，桥墩长数据暂缺。跨径 3.50 米。

38. 孝昌黄湾桥

黄湾桥位于孝感市孝昌县小悟乡黄湾村，跨无名小河上，清代建。

黄湾桥是一座 3 孔石板梁桥。桥面每孔 3 块石板梁，桥面宽 1.20 米，桥长 12.00 米。

桥台两侧有燕翅墙，前墙长 1.60 米。桥墩两端是尖形，跨径由东向西依次是 2.00 米、3.00 米、5.00 米。

39. 孝昌潘家湾桥

潘家湾桥位于孝感市孝昌县季店乡硚店村，跨无名小河上，清代建。

潘家湾桥是一座 7 孔石板梁桥。桥面每孔 5 块石板梁，桥面宽 2.00 米，桥长 30.00 米。

桥台两侧有燕翅墙。跨径均为 4.00 米。

40. 孝昌清明桥

清明桥位于孝感市孝昌县花园镇全民村，跨无名小河上，清代建。

清明桥是一座双孔石板梁桥。桥面每孔 4 块石板梁，桥面宽 1.70 米，桥长 7.30 米。

桥台两侧有燕翅墙。桥墩两端是尖形，跨径均为 3.40 米。

41. 孝昌梳妆台桥

梳妆台桥位于孝感市孝昌县小河镇。跨无名小河上，清代建。

梳妆台桥是一座 3 孔石板梁桥。桥面每孔 5 块石板梁，桥面宽 1.70 米，桥长 12.00 米。

桥台两侧有燕翅墙。桥墩两端是尖形，跨径均为 2.80 米。

42. 孝昌万寿桥

万寿桥位于孝感市孝昌县周巷镇燎原村，跨无名小河上，东西走向。清光绪三十四年（1908 年）修。

万寿桥是一座 3 孔石板梁桥。桥面每孔 2 块石板梁，石梁厚 40 厘米，石梁宽 60 厘米，石梁长 3.30 米，桥面宽 1.20 米，桥面长 10.00 米。

桥台两侧有燕翅墙，前墙长 2.00 米。桥墩两端是尖形，桥墩厚 80 厘米，桥墩长 2.80 米。跨径均为 2.50 米。

43. 孝昌小板桥

小板桥位于孝感市孝昌县花西乡建一村。跨无名小河上，清代建。

小板桥是一座 5 孔石板梁桥。桥面每孔 4 块石板梁，桥面宽 2.40 米，桥全长 18.00 米。

桥台是凹字形，前墙长 2.40 米。桥墩两端是方形。桥墩厚 90 厘米，桥墩长 2.40 米。跨径均为 3.00 米。

44. 孝感广济桥

广济桥又名"茶庵桥"，位于孝感市孝南区河西镇，跨无名小河上，南北走向。清光绪年间（1875—1908 年）建。

广济桥是一座 9 孔石板梁桥。桥面每孔 5 块石板梁，桥面宽 2.00 米，桥面长 39.20 米。

桥台两侧有燕翅墙，前墙长 2.00 米。桥墩两端是尖形，跨径均为 3.50 米。

45. 孝感郑家桥

郑家桥位于孝感市孝南区闵集乡仕李村，跨小港河上，南北走向。建于清代。

郑家桥是一座 3 孔石板梁桥。桥面每孔 4 块石板梁，桥面宽 2.00 米，桥面长 10.00 米。

桥台两侧有燕翅墙，前墙长 2.00 米。桥墩两端是尖形，跨径均为 3.00 米。

46. 云梦刘家寨桥

刘家寨桥位于孝感市云梦县曾店镇刘寨村，跨女儿港支流上，东西走向。建于清代。

刘家寨桥是一座 5 孔石板梁桥。桥面每孔 4 块石板梁，石板梁厚 35 厘米，桥面宽 1.80 米，桥全长 17.50 米。

桥台是凹字形，前墙长 2.00 米。桥墩两端是方形，桥墩厚 90 厘米，桥墩长 2.00 米。跨径均为 3.50 米。

第十节　湖南省石梁桥

全省石梁桥共计 7 座。

1. 宁乡大和桥

大和桥位于宁乡市沙田村，跨黄涓水上，东西走向。清光绪二十四年（1898 年）建。

大和桥是一座 3 孔悬臂式石板梁桥。桥面每孔 6 块石板梁，板梁长 4.50—4.70 米，石板梁厚 40 厘米，宽 40 厘米。石板梁下面两端各有两层悬臂石板。桥上两侧有石板栏杆，栏板厚 40 厘米，高 50 厘米，长 5.10 米，栏板设在桥面外边，栏板的两端搭在桥墩（台）上。桥面净宽 2.40 米，桥长 13.70 米。

桥台是凹字形，前墙长约 3.20 米。桥墩上游端是尖形，桥墩下游端是方形，桥墩厚 90 厘米，桥墩长约 3.70 米。中孔跨径 3.70 米，边孔跨径 3.50 米。

2. 宁乡大江桥

大江桥位于宁乡市石江村，跨七星河上，东西走向。始建于清光绪二十四年（1898 年）。

大江桥是一座 5 孔悬臂式石板梁桥。上部结构是简支石板梁，石梁下面两端各有两层悬臂石板。两侧有石板栏杆，栏板架在桥面外边，两端搭在桥墩上。桥面净宽 2.60 米，桥长 39.50 米。

桥台是凹字形，前墙长约 3.20 米。桥墩两端是方形，桥墩厚 0.90 米，桥墩长约 3.20 米。跨径均为 6.00 米。

3. 宁乡惠同桥

惠同桥位于宁乡市沙田乡，跨涓水河上。始建于清道光十二年（1832 年），咸丰三年（1853 年）重修。

惠同桥是一座 3 孔悬臂式石梁桥。桥面每孔 7 块石板梁，石板梁两端下面各有两层悬臂石板。桥上两侧有石板栏杆，桥面宽 4.00 米，桥长 18.00 米。桥上建木结构廊。桥台是凹字形，前墙长约 4.00 米。桥墩两端是尖形，跨径 5.80 米。

4. 邵阳谭俊桥

谭俊桥又名"弹箭桥""檀正桥"，位于邵阳市邵阳县黄塘乡檀正村，跨犁头水。据清嘉庆年续修碑文记载，该桥始建于明洪武二年（1369 年）。清乾隆四十四年（1779 年）、宣统三年（1911 年）、民国十八年（1929 年）三次重修。

谭俊桥是一座 4 孔石板梁桥和 1 孔石拱桥连接而成的石桥。两侧有石板栏杆,桥面宽 2.10 米,石板梁桥长 12.00 米,石拱桥长 9.00 米,全长 30 米。

石板梁桥的桥台是凹字形。桥墩两端是方形,跨径均为 2.80 米。

石拱桥的桥台是凹字形。跨径 6.50 米。

5. 湘乡书院桥

书院桥位于湘乡市东山书院门前,清光绪二十六年(1900 年)建。2005 年改修桥栏杆。

书院桥是一座 5 孔石板梁桥。桥垛上铺墁花岗岩石板,桥面是花岗岩石板梁,每孔 3 块石板梁,石板梁长 4.80 米,两侧原有板式石栏杆,今存混凝土栏杆。桥面宽 1.95 米,桥长 24.00 米。

桥台是凹字形。桥墩两端为方形,桥墩厚 1.80 米,桥墩长 2.00 米。中孔跨径 4.00 米,其余 4 孔跨径为 3.20 米。

6. 益阳衡龙桥

衡龙桥位于益阳市赫山区衡龙桥村,跨衡龙桥村与莲花村之间的小溪上。始建年代无考,明代建 12 孔石墩台木梁桥。清乾隆六十年(1795 年)重建,改建成 10 孔石墩台石板梁桥。

今存衡龙桥是一座 10 孔石墩台石板梁桥。每孔有 4 块石板梁,桥面宽 3.00 米,桥长 70.00 米。

桥台是凹字形。桥墩两端是方形,自上而下逐层石板伸出,桥墩厚 0.90 米,桥墩长 3.50 米。跨径均为 6.00 米。

7. 永州社湾桥

社湾桥位于永州市零陵区水口山镇社湾村,跨梅溪河上,建于清代。

社湾桥是一座 7 孔石板梁桥。每孔只有一块石板梁，中间 5 孔石板梁长 4.00 米，两边孔石板梁长均为 4.80 米；桥面宽 1.20 米，桥面长 29.60 米，桥梁全长 36.00 米。

桥台两侧有燕翅墙，前墙长 2.00 米。桥墩上游端是尖形，下游端是方形，桥墩厚 1.00 米，桥墩长 2.50 米。中间 5 孔跨径均为 3.00 米，两边孔跨径是 3.80 米。

第十一节　浙江省石梁桥

全省石梁桥共计 96 座。

1. 建德渡仙桥

渡仙桥位于建德市，元大德十一年（1307 年）建。

渡仙桥是一座 3 孔石板梁桥。桥面宽 1.20 米，桥长 16.00 米。

桥台是凹字形，桥墩两端是方形，跨径均为 4.75 米。

2. 建德霁玉桥

霁玉桥位于建德市南浦村，跨于排水沟上，相传建于汉代。

今存霁玉桥是一座 6 孔石板梁桥。桥面是每孔 3 块石板梁，无栏杆。桥面宽 96 厘米，桥长 28.00 米。

桥台是凹字形，桥墩两端是方形，桥墩厚 1.50 米，桥墩长 1.00 米。跨径 3.00 米。

3. 杭州玉带桥

玉带桥位于杭州市，在西湖苏堤上，清雍正九年（1731 年）建。

玉带桥是一座 3 孔石梁桥。桥面是石板梁，中孔上的桥面高起为平面，两边孔上是坡面。桥面宽 3.90 米，桥长 15.30 米。

杭州玉带桥

桥台是凹字形，桥墩两端为方形，中孔跨径 4.60 米，边孔跨径 3.20 米。桥上建有木结构重檐亭子。

4. 嘉兴国界桥

国界桥位于嘉兴市洪合村，跨九里港上，南北走向。古代此桥曾是吴越两国之交界，故名"国界桥"。国界桥始建于宋代，明代重建，始建和重建桥梁的形式无记载。清嘉庆十六年（1811 年）改建成 3 孔石拱桥。

今存国界桥是一座 3 孔石板梁桥。桥面中部（中孔上）高起为平面，两端（边孔上）为坡面，桥面每孔是 3 块石板梁，无栏杆，桥面宽 1.85 米，桥面长 13.20 米。桥面两端各有 5 级踏步。

桥台是凹字形，用石板垒砌，前墙长约 2.50 米。桥墩采用两根石柱，上顶架一根帽梁。跨径均为 4.40 米。

在桥墩石柱侧面（桥孔内）雕刻古人像，北边孔内是吴王夫差，南边孔内是越王勾践。

5. 缙云板堰桥

板堰桥位于丽水市缙云县仙都景区，建造年代无考。

板堰桥是一座 32 孔石板梁桥，桥面宽 0.90 米，桥长 115.00 米。

桥台是燕翅形。桥墩上游端是尖形，下游端是方形，跨径均为 2.60 米。

6. 缙云石笋桥

石笋桥位于丽水市缙云县，建在水坝上。

石笋桥，是一座 45 孔石板梁桥。桥面是每孔两块石板梁，无栏杆。桥面宽 80 厘米，桥长 72.00 米。

桥台是用石板砌筑的凹字形构造，桥墩是两块立置的石板，上顶横放一块石板。跨径均为 1.60 米。

7. 宁波金银渡桥

金银渡桥位于宁波市北仑区，跨小浃江上。明隆庆年间（1567—1572 年）建。清嘉庆年间（1796—1820 年）重建。

金银渡桥是一座 5 孔石板梁桥。桥面每孔 4 块石板梁，桥面宽 2.50 米，桥长 24.00 米。

桥台是凹字形，前墙长 2.50 米。桥墩用条形石板砌筑，两端是方形，桥墩厚 60 厘米，桥墩长 2.50 米，上顶有两层双悬臂石板盖梁，上层盖梁长 3.20 米。中孔跨径 5.00 米（五孔跨径之和是 23.00 米）。

8. 宁波广济桥

广济桥位于宁波市奉化区，跨鄞江上。始建于北宋建隆二年（961

年），绍圣四年（1097 年）改建成石桥，绍熙三年（1192 年）重建，元至元二十三年（1286 年）重建。

广济桥是一座 4 孔石板梁桥。桥面每孔是 8 块石板梁，桥面宽 6.60 米，桥长 52.00 米。

桥台是用条形石板砌筑，桥墩是 6 根方形石柱，上顶架一根方形石横梁，跨径均为 6.00 米。

9. 宁波福寿桥

福寿桥位于宁波市江北区，南北架跨市河。

福寿桥是一座 3 孔石板梁桥。桥面每孔 3 块石板梁，两侧有板式石栏杆，桥面宽 2.20 米，桥长 11.00 米。

桥台是凹字形，前墙长 2.20 米。桥墩是两根方形石柱，上顶架一根扁方形石梁，石梁长 3.00 米。二柱之间砌筑石板。中孔跨径 3.90 米，边孔跨径 3.55 米（三孔跨径之和是 11.00 米）。

10. 宁波郭塘桥

郭塘桥位于宁波市江北区慈城镇妙山村，跨郭塘岙上。郭塘桥是一座 3 孔石板梁桥。每孔 3 块石板梁，桥面宽 2.50 米，桥全长 11.00 米。

桥台与石砌河岸为一体。桥墩是 4 根方形石柱，上顶架一根方形帽梁。中孔跨径 4.80 米，边孔跨径 4.00 米。

11. 宁波泮池桥

泮池桥位于宁波市江北区慈城镇，跨泮池上。明代《宁波府志》记载，慈溪学宫前为泮池，跨石桥一。清道光年间（1821—1850 年）增建二桥。

泮池桥是并排 3 座各为 3 孔的石板梁桥。三桥相距 4.40 米，三桥的结构与形式相同，中孔桥面略高为平面。

边桥面为坡面，两侧有板式矮栏杆，中桥桥面宽 2.70 米，桥长 7.00 米。边桥桥面宽 1.60 米，桥长 6.50 米。

桥台设在河岸上，桥墩两端是方形，桥墩厚 70 厘米，桥墩长 2.00 米。中孔跨径 2.00 米，边孔跨径 1.45 米。

12. 宁波大涵山桥

大涵山桥位于鄞州区东吴镇史家湾村。始建于唐代，北宋大观二年（1108 年）重建。

大涵山桥是一座 3 孔石板梁桥。每孔有石板梁 4 块，两侧有板式石栏杆。桥面宽 2.00 米，桥面长 15.00 米。桥堍上是阶梯式坡道。

桥台是凹字形，前墙长 2.50 米。桥墩是用条形石板砌筑，上顶有一层悬臂盖梁，盖梁宽 80 厘米，盖梁长 2.50 米。中孔跨径 4.60 米，边孔跨径 4.00 米。

13. 宁波德行桥

德行桥位于宁波市鄞州区下水村，南面桥额旁刻"乾隆丙申年三月日新造"，北面桥额旁刻"民国十八年三月重修"。

德行桥是一座 3 孔石板梁桥。桥面是 3 块石板梁，桥堍上各是 3 级台阶，桥面宽 1.70 米，桥面长 12.00 米。

桥台与石砌河岸为一体，桥墩两端是方形，中孔跨径 4.00 米，边孔跨径 3.50 米。

14. 宁波渡桥

渡桥位于鄞州区和镇海区之间，跨小浃江上。清乾隆五十年（1785 年）建。

鄞镇渡桥是一座 3 孔石板梁桥。每孔有石板梁 4 块，两侧有板式石栏杆。桥面宽 2.10 米，桥梁全长 43.00 米。桥堍上是坡道。

桥台是凹字形，前墙长 2.50 米。桥墩是用条形石板砌筑，上顶有一层悬臂盖梁，盖梁宽 80 厘米，盖梁长 2.50 米。中孔跨径 5.50 米，边孔跨径 4.90 米。

15. 宁波舵撞碶桥

舵撞碶桥位于宁波市鄞州区唐家村。

舵撞碶桥是一座 5 孔石板梁桥。桥面每孔 7 块石板梁，无栏杆，桥面宽 4.50 米，桥长 14.50 米。

桥台前墙与石砌河岸为一体。桥墩是 3 根直立方形石柱，两边各有一根方形斜撑石柱，上顶架设一根方形石帽梁，中孔跨径 4.20 米，次边孔跨径 2.50 米，边孔跨径 1.50 米。

16. 宁波府前桥

府前桥原名"三溪桥"，位于宁波市鄞州区东吴镇南村，跨三溪水（俗称"门前河"）上，南北走向。始建于南宋。

府前桥是一座 3 孔石板梁桥。桥面每孔 3 块石板梁，石梁厚 30 厘米，宽约 60 厘米，长 5.10 米，桥面宽 2.00 米，桥长 15.50 米。

桥台的前墙与石砌河岸为一体，桥墩是用条形石板砌筑，石板宽 70 厘米，石板长 2.50 米，上游端是尖形，下游端是方形，上顶有一层石板盖梁，盖梁宽 80 厘米，长 3.00 米。跨径 5.00 米。

17. 宁波还金桥

还金桥位于宁波市鄞州区北渡村。

还金桥是一座单孔石板梁桥。两侧有节间式石栏杆，桥面宽 5.80 米，桥面长 12.50 米。

桥台是凹字形，前墙长 5.80 米。跨径 2.50 米。

18. 宁波浣花桥

浣花桥位于宁波市鄞州区横街镇林村。

浣花桥是一座 3 孔石板梁桥。桥面每孔 3 块石板梁，桥面宽 1.50 米，桥长 18.00 米。

桥台前墙与石砌河岸为一体。桥墩用条形石板砌筑，两端是方形，桥墩厚 50 厘米，桥墩长 1.50 米，上顶有一层石板盖梁，盖梁长 1.90 米。中孔跨径 6.00 米，边孔跨径 5.00 米。

19. 宁波金鸡桥

金鸡桥位于鄞州区塘溪镇邹溪村。《鄞县志》记载，金鸡桥和堰闸建于清雍正七年（1729 年）。

金鸡桥是一座 6 孔石板梁桥。每孔有石板梁 4 块，石板梁厚 35 厘米，宽 60 厘米许，长 6.00 米，桥面宽 2.30 米，桥长 28.00 米。

桥台是凹字形，前墙长 2.50 米。桥墩是用条形石板砌筑，上顶有一层悬臂盖梁，盖梁宽 80 厘米，盖梁长 2.50 米。中 4 孔跨径均为 4.50 米，边孔跨径 4.00 米。

20. 宁波十三洞桥

十三洞桥位于宁波市鄞州区董家村，清嘉庆十四年（1809 年）建，光绪三十四年（1908 年）重修。

十三洞桥是一座 13 孔石板梁桥。桥面每孔 3 块石板梁，两侧有石板栏板，石板栏板在石板梁外侧，栏板两端置于桥墩上。桥面净宽 1.77 米，桥长 53.50 米。

桥台是凹字形。桥墩两端是方形，上顶有一块较长的石板，两端伸出桥面许多，在栏板外边设石挡。跨径均为 4.65 米。

21. 宁波听泉桥

听泉桥原名"北渡桥",民国时期重建时改名听泉桥,该桥位于宁波市鄞州区河北渡村,跨南塘河上。

听泉桥是一座 3 孔石板梁桥。桥面宽 2.00 米,桥全长 20.00 米。

桥台两侧有燕翅墙,前墙长 2.60 米。桥墩两端是圆形,桥墩长 2.00 米,上顶帽梁,帽梁长 3.00 米。中孔跨径 4.00 米,边孔跨径 2.00 米。

22. 宁波五板桥

五板桥位于鄞州区城南三十里,跨石湫河上。始建年代无记载,南宋宝庆二年(1226 年)重建。

五板桥是一座单孔石板梁桥。桥面是 5 块石板梁,桥面宽 3.00 米,桥长 12.00 米。桥上建砖木结构屋。

桥台设在石板砌筑的河岸上。跨径 3.50 米。

23. 宁波五龙桥

五龙桥位于宁波市鄞州区姜山镇蔡郎桥村。

五龙桥是一座 3 孔石板梁桥。桥面每孔 6 块石板梁,两侧有板式石栏杆,桥面宽 2.50 米,桥面长 10.00 米,全长 30.00 米。

桥台是凹字形,前墙长 2.50 米。桥墩是两根断面为五边形的石柱,上顶横架一根方形石帽梁,中孔跨径 5.00 米,边孔跨径 3.50 米。

24. 宁波戏台桥

戏台桥位于鄞州区邱隘镇横泾村。清嘉庆九年(1804 年)建。

戏台桥是一座单孔石板梁桥。桥面是 4 块石板梁,两侧有板式石栏杆,桥堍上是阶梯式坡道,桥面宽 2.50 米,桥长 12.00 米。

桥台前墙是两根方形石柱，上顶有方形石帽梁，帽梁长 3.00 米。桥台两侧有料石砌筑的燕翅墙，上面是桥堍。跨径 4.00 米。

25. 宁波下伞桥

下伞桥位于宁波市鄞州区古林镇张家谭村，建在村前的塘河上。

下伞桥是一座 3 孔石板梁桥。桥面是 3 块石板梁，两侧有板式石栏杆，两端是阶梯式坡道，无栏杆，桥面宽 2.00 米，桥全长 20.00 米。

桥台是凹字形，前墙长 2.30 米。桥墩是用石板砌筑，两端是圆形，上顶有两层悬臂石盖梁，盖梁宽 80 厘米，盖梁长 2.60 米。中孔跨径 4.50 米，边孔跨径 3.00 米。

26. 宁波萧皋碶桥

萧皋碶桥位于宁波市鄞州区萧皋碶村。

萧皋碶桥是一座 3 孔石板梁桥。桥面每孔 7 块石板梁，两侧有板式石栏杆，桥面宽 1.60 米，桥长 9.00 米。

桥台与石砌河岸为一体。桥墩两端是方形，桥墩厚 1.00 米，桥墩长 2.00 米。中孔跨径 4.60 米，边孔跨径 4.10 米。

27. 宁波昼锦桥

昼锦桥位于宁波市鄞州区姜山镇东李村。

西卫桥是一座 3 孔石板梁桥。桥面每孔 3 块石板梁，无栏杆，桥面宽 2.00 米，桥长 11.00 米。

桥台是凹字形，前墙长 2.00 米。桥墩是 3 块石板直立埋于河床中。中孔跨径 3.30 米，边孔跨径 2.50 米。

28. 宁波安乐桥

安乐桥又名"七眼桥"，位于宁波市镇海区，跨小浃江上。清道光二十九年（1849年）建。

安乐桥是一座7孔石板梁桥。桥面略呈弧形，每孔3块石板梁，桥面宽1.50米，桥长62.00米。

桥台是凹字形，前墙长2.00米。桥墩是用条形石板砌筑，上顶有一层悬臂盖梁，盖梁宽80厘米，盖梁长2.00米。跨径均为5.00米。

29. 宁波故里桥

故里桥位于宁波市镇海区九龙湖镇汶溪村。

故里桥是一座单孔石板梁桥。桥面每孔3块石板梁，石板梁厚30厘米，宽2.00米，长6.10米，无栏杆，桥面宽4.00米，桥长15.00米。

桥台是凹字形，前墙长4.40米。跨径5.60米。

30. 宁波西卫桥

西卫桥位于宁波市镇海区，跨西大河上。建造年代无记载。

西卫桥是一座单孔石板梁桥。桥面每孔3块石板梁，两侧有板式石栏杆，桥面宽3.00米，桥长15.00米。

桥台是凹字形，前墙长3.00米，跨径4.50米。

31. 宁波朱家渡桥

朱家渡桥俗称"七眼桥"，位于宁波市镇海区，跨南小浃江上。

朱家渡桥是一座7孔石板梁桥。桥面每孔3块石板梁，两侧有板式石栏杆，桥面宽2.25米，桥长39.00米。

桥台是凹字形，前墙长2.75米。桥墩两端是圆形，桥墩厚75厘米，桥墩长2.75米。中孔跨径3.50米，其余六孔的跨径均约3.00米（7孔跨径之和是21.00米）。

32. 慈溪达蓬桥

达蓬桥位于慈溪市达蓬山下孙家村。建造年代不详。

达蓬桥是一座单孔石板梁桥。桥面两侧有板式石栏杆，南北桥堍上各是 5 级台阶，桥面宽 2.50 米，桥堍宽 4.40 米，桥全长 8.20 米。

桥台两侧有八字形石墙，跨径 3.00 米。

33. 慈溪沈师桥

沈师桥位于慈溪市海卫镇下水村，南北走向。始建于宋淳熙十五年（1188 年），清嘉庆二十年（1815 年）重建，同治十二年（1873 年）重修。

沈师桥是一座单孔石板梁桥。桥面两侧有板式石栏杆，南北桥堍上各是 5 级台阶，桥面宽 4.00 米，桥全长 8.50 米。桥台与石砌河岸为一体，跨径 3.30 米。

34. 慈溪学士桥

学士桥位于慈溪市大隐山下，跨大隐溪上，南北走向。建造年代无记载。

学士桥是一座 14 孔石板梁桥。每孔 4 块石板梁，石梁宽 50 厘米，厚 30 厘米，石梁长 6.20 米，无栏杆。桥面宽 2.00 米，桥长 70.30 米。

桥台是燕翅形。桥墩两端是尖形，桥墩厚 1.20 米，桥墩长 5.00 米。跨径 5.00 米。

35. 宁海戊己桥

戊己桥位于宁波市宁海县胡陈乡西张村，跨中堡溪入口处，清道光二十八年（1848 年）兴工修建，道光二十九年（1849 年）建成，取戊申、己酉年之"戊己"为桥名。

戊己桥是一座 47 孔石板梁桥。桥面每孔 3 块石板梁，石梁厚 30 厘米，石梁长 3.00—5.00 米，桥面宽 1.65 米，桥梁总长 137.50 米。

桥台与石砌河岸连砌为一体，桥墩两端是方形，桥墩的厚度和长度不一致，中孔跨径 4.30 米，其余各孔跨径 3.50 米许。

36. 象山庆丰桥

庆丰桥位于宁波市象山县西周镇庆丰村，跨庆丰溪上，南北走向。清光绪十七年（1891 年）修。

庆丰桥是一座 3 孔石板梁桥，桥面每孔 5 块石板梁，两侧有节间式石栏杆，桥面宽 3.60 米，桥长 11.00 米。

桥台与石砌河岸为一体。桥墩上游端是尖形，下游端是方形，跨径均为 3.00 米。

37. 余姚皇封桥

皇封桥位于余姚市泗门镇皇封桥村，建于宋代。

皇封桥是一座 3 孔石板梁桥。桥上两侧有节间式石栏杆，桥面宽 3.70 米，桥长 8.00 米。

桥台是凹字形，前墙长 2.70 米。桥墩两端是方形，桥墩厚 0.90 米，桥墩长 4.10 米。边孔跨径 1.80 米，中孔跨径 3.00 米。

38. 余姚黄杨桥

黄杨桥位于余姚市和绍兴市分界处。

黄杨桥是一座 3 孔石板梁桥。两侧有节间式石栏杆，桥面宽 3.00 米，桥面长 14.00 米，全长 18.60 米。

桥台与石砌河岸为一体。桥墩两端是圆形，跨径均为 3.50 米。

39. 余姚黄竹浦桥

黄竹浦桥位于余姚市黄竹浦村，始建年代不详，明天启三年（1623

年）重建，清光绪十二年（1886 年）重修。

黄竹浦桥是一座 3 孔石板梁桥。桥面每孔两块石板梁，桥面宽 1.70 米，桥长 7.00 米。

桥台与石砌河岸为一体。桥墩两端是方形，两个桥墩的厚度不一致。跨径由南向北依次是 1.50 米、3.00 米、1.10 米。

40. 余姚积善桥

积善桥位于余姚市，跨郭塘浦河上，东西走向。建造年代无考。

积善桥是一座 3 孔石板梁桥。桥面每孔两块石板，中孔石板梁外侧刻"积善桥"三个大字，无栏杆，桥面宽 2.50 米，桥面长 11.00 米。

桥台是凹字形。桥墩是由 4 根方形石柱和一根方形石横梁构成，横梁宽 80 厘米，横梁长 3.00 米。中孔跨径 4.00 米，边孔跨径 3.00 米。

41. 余姚双邑桥

双邑桥位于余姚市和绍兴市分界处。

双邑桥是一座 3 孔石板梁桥。桥面每孔 3 块石板梁，两侧有节间式石栏杆，桥面宽 1.70 米，桥长 16.50 米。

桥台与石砌河岸为一体。桥墩两端是圆形，桥墩厚 1.10 米，桥墩长 2.10 米，跨径均为 4.75 米。

42. 余姚万安桥

万安桥位于余姚市梨洲街道。

万安桥是一座单孔撑架式石梁桥。桥面是 5 块石板梁，石板梁的两端各有一根方形横置的石梁，横梁外侧各有 5 块斜撑石板，斜撑石板的下端置于桥台上。桥上两侧有节间式石栏杆，每侧有望柱 4 根，栏板 3 块，抱鼓石 2 块。桥面宽 1.80 米，桥面长 11.40 米。

桥台与石砌河岸为一体。跨径 8.50 米。

43. 余姚万年桥

万年桥位于余姚市大隐镇，跨大隐溪上。始建年代不详，清光绪十六年（1890 年）重修，命名"永年桥"。民国二十三年（1934 年）重建，改名"万年桥"。

万年桥是一座 9 孔石板梁桥。桥面每孔 4 块石板梁，桥面宽 2.40 米，桥长 50.00 米。

桥台与石砌河岸为一体。桥墩上游端是尖形，下游端是方形，桥墩厚 1.25 米，桥墩长 4.90 米，最大跨径 5.60 米。

44. 绍兴报恩桥

报恩桥位于绍兴市柯桥区三角渡。建造年代无考。

今存报恩桥是一座 12 孔石板梁桥。桥梁大致是南北走向，全桥分为三段，南段是 4 孔，桥面较低。中段是 3 孔，桥面较高，桥下可以通行小型船只。东段是 5 孔，桥面也较低。中间较高的桥面与两端较低的桥面有踏步相连。

桥面每孔均系 3 块石板梁，全桥无栏杆，桥面宽 2.00 米，桥梁全长 35.00 米。

桥台是凹字形，前墙长约 2.50 米。桥墩两端是方形，桥墩长约 2.50 米。

45. 绍兴扁拖闸桥

扁拖闸桥亦称"扁担闸桥"，位于绍兴市柯桥区，此桥原是明代建造的一个古闸。

扁拖闸桥实际上是两座桥，东桥称"五眼闸桥"，西桥称"三眼闸桥"，二桥之间有一道石堤，统称"扁拖闸桥"。

五眼闸桥是一座 5 孔闸桥合一的石板梁桥。桥面高起为平面，桥块上是梯道，无栏杆。桥面宽 3.90 米，桥长 19.15 米。

桥台是凹字形，前墙长 3.90 米。桥墩两端是方形，桥墩厚数据暂缺，桥墩长 3.90 米。跨径均为 3.75 米。

46. 绍兴红木桥

红木桥位于绍兴市柯桥区，建造年代无记载。

今存红木桥是一座 3 孔石板梁桥。桥面高起为平面，两端的桥堍是阶梯式坡面，在桥堍下面各有一孔方形小跨径洞。桥堍和桥面上两侧有节间式石栏杆，每侧有望柱 4 根，栏板 3 块，两端无栏端石。桥面宽 5.20 米，桥长 11.00 米。

桥台设在料石砌筑的河岸上。中孔跨径 6.00 米，边孔跨径 1.60 米。

47. 绍兴虹明桥

虹明桥又名"合义桥"，位于绍兴市柯桥区徐山村，始建年代不详，清嘉庆六年（1801 年）重建。

虹明桥是一段 5 孔石板梁桥（中孔桥面较高）、一段 4 孔石板梁桥和 1 孔引桥互相垂直对接而成，全桥平面近似"Z"字形。桥面每孔是 3 块石板梁，两侧有石栏杆，桥面宽 1.30 米，第一段桥长 33.80 米，第二段桥长 28.0 米，引桥长 8.00 米，桥梁全长 69.80 米。

三桥的桥台全是凹字形，前墙长约 2.00 米。桥墩的两端也都是方形，桥墩厚 1.10 米，桥墩长约 2.00 米。

第一段桥的跨径由东往西依次是 4.80 米、6.00 米、8.30 米、5.00 米、5.20 米。第二段桥跨径由北向南依次是 3.00 米、4.20 米、4.20 米、4.20 米。引桥跨径 4.00 米。

48. 绍兴画桥

画桥位于绍兴市柯桥区鉴湖古堤上。始建于宋代，清道光十七年

（1837 年）重修。

画桥是一座 15 孔石板梁桥，由 5 大孔和 10 小孔组成。桥面每孔是 3 块石板梁，两侧有矮石板栏杆。

桥面是第一孔较低，第五孔最高，全桥桥面的总坡度是东高西低的坡面。桥面每孔是 3 块石板梁并排而成，桥面宽 2.00 米，桥梁全长 62.70 米。

桥台是凹字形，桥墩的两端是方形。桥梁的跨径是，第 5 孔跨径 5.70 米，其余各孔跨径均为 2.90 米。

49. 绍兴奎元桥

奎元桥位于绍兴市柯桥区越联村，跨街河上，建造年代无记载。

奎元桥是一座 3 孔悬臂式石板梁桥。桥面每孔 3 块石板梁，石梁下面，在桥台和桥墩上各有两层悬臂石板。桥面宽 2.00 米，桥长 18.00 米。

桥台的前墙与石砌河岸为一体。桥墩两端是尖形，中孔跨径 5.00 米，边孔跨径 3.50 米。

50. 绍兴兰亭桥

兰亭桥位于绍兴市柯桥区。建造年代无记载。

兰亭桥是一座 3 孔石板梁桥。桥面每孔是一块石板梁，无栏杆。桥面宽 1.00 米，桥长 14.00 米。桥西端连接方形亭台。

东桥台是凹字形，前墙长 1.30 米。桥墩是两根方形石柱，上顶横架一根石帽梁。跨径均为 3.50 米。

51. 绍兴太平桥

太平桥位于绍兴市柯桥区阮社村，跨萧绍运河上，始建于明天启二年（1622 年），清乾隆六年（1741 年）重修，道光五年（1825 年）重建，咸丰元年（1851 年）重修。

太平桥是由一座单孔石拱桥和一座 9 孔石板梁桥组成的长桥。石拱桥在北端，石梁桥的桥面由北向南逐孔有所降低。桥梁全长 50.00 米。

石拱桥的桥面中部（拱顶上）高起为平面，两端有阶梯式坡道，南端与 9 孔石梁桥相连接，北端与 3 孔石梁桥连接。两侧有节间式石栏杆，每侧有 6 根望柱，5 块石栏板，2 块抱鼓石，无地伏，桥栏杆置于仰天石上。桥面宽 3.40 米。

桥台为凹字形，拱碹是马蹄形纵联分段并列式结构，由 8 道纵联石和 9 段拱碹石构成。碹脸外边有拱眉，拱眉凸出于碹脸，又凸出于侧墙。跨径 10.00 米。北桥台的前面（桥下）有人行道。

石梁桥的桥上无栏杆，桥面宽 3.40 米。北桥台与石拱桥共用，是凹字形，前墙长约 3.40 米。南桥台也是凹字形，前墙长约 3.40 米，端墙外有燕翅墙。桥墩的两端均为方形，桥墩厚 1.00 米，桥墩长 3.40 米。跨径 3.00—4.00 米。

52. 绍兴外山桥

外山桥位于绍兴市柯桥区丰二村，跨街河上，建造年代无考。

外山桥是一座单孔特殊券式石梁桥。桥面高起为平面，桥堍上是阶梯式坡道。两侧有板式石栏杆。桥面宽 2.75 米，净宽 2.00 米，桥面长 2.80 米，桥堍长均为 3.60 米，桥长 10.00 米。

侧墙是用料石砌筑，上顶有单层仰天石。桥孔主体是五边折线形纵联分段并列式框架，由 4 道纵联石和 5 段平面石板组成。桥台是凹字形，前墙长 3.00 米。跨径 4.20 米。

53. 绍兴王七墩庙桥

王七墩庙桥位于绍兴市柯桥区王七墩村，跨街河上，建造年代无考。

王七墩庙桥是一座单孔特殊券式石梁桥，桥面中部高起为平面，两端是阶梯式坡道，无栏杆。桥面宽 2.20 米，桥长 12.00 米。

侧墙用石板砌筑，上顶有单层仰天石。桥孔主体是由 5 段并排的 5 块石板和 4 根纵联石组成五边形框架。桥台是凹字形，前墙长 2.50 米。跨径 5.20 米。

54. 绍兴纤道桥

纤道桥位于绍兴市柯桥区，建于清同治年间（1862—1874 年）。

今存纤道桥是一座 115 孔的石板梁桥，桥面每孔是 3 块石板梁，桥面宽 1.50 米，桥梁全长 386.20 米。

桥台是凹字形，前墙长 2.00 米。桥墩的两端为方形，桥墩厚 80—100 厘米，桥墩长 1.50—2.50 米。跨径 2.00 米。

55. 绍兴迎恩桥

迎恩桥位于绍兴市柯桥区，跨郊区排水沟上。始建年代无考，明天启六年（1626 年）重修。

迎恩桥是一座单孔特殊券式石梁桥。桥面中部高起为平面，两端是阶梯式坡道，桥上无栏杆。两侧有节间式石栏杆，无地伏，桥栏杆置于仰天石上。桥面宽 3.40 米，桥长 15.00 米。

侧墙用料石砌筑，上顶有单层仰天石。桥孔主体是由 6 道纵联石和 7 段并列平面石板组成七边折线形框架。桥台与石板砌筑的河岸为一体。跨径 10.00 米。

56. 绍兴禹会桥

禹会桥位于绍兴市柯桥区华张溇村，跨街河上，建造年代无记载。

禹会桥是一座 3 孔石板梁桥，桥面是石板梁，桥面宽 3.10 米，桥长 23.00 米。

桥台是凹字形，端墙与块石砌筑的河岸连砌在一起，桥墩的两端是方形，用石板砌筑，自下而上逐层有收分。

桥台和桥墩上顶各一块石板帽梁，桥墩上顶厚 90 厘米，桥墩长 3.50 米。中孔跨径 6.60 米，边孔跨径 4.00 米。

57. 绍兴元宝桥

元宝桥又名"云梯桥"，位于绍兴市柯桥区华张溇村，跨张溇横江上，东西走向。建于明万历二十四年（1596 年），民国二年（1913 年）重修。

元宝桥是一座单孔撑架式石板梁桥，上部结构是由 3 段石板（每段 5 块）和 2 根方形横系石杆件构成梯形门式结构。桥面高起为平面，桥墩上是阶梯式坡道，两侧有板式石栏杆。桥面宽 5.00 米，桥面长 5.70 米，桥梁全长 25.00 米。

桥台是凹字形，用石板砌筑，其后部与石砌河岸相连。跨径 7.00 米。

58. 绍兴朱公桥

朱公桥位于绍兴市柯桥区安昌古镇，明万历三十五年（1607 年）建。

朱公桥是一座 11 孔石板梁桥。北段 5 孔桥面高起，在石板梁外侧有石板栏杆，桥面净宽 2.10 米。南段 6 孔桥面较低，在石板梁外侧有石板栏杆，桥面净宽 2.10 米。桥梁全长 51.00 米。

桥台是凹字形，桥墩两端是方形，北 5 孔跨径均为 3.80 米，南 6 孔跨径均为 3.00 米。

59. 绍兴广宁桥

广宁桥位于绍兴市上虞区广宁桥西街，跨古运河故道上。南宋嘉泰《会稽志》有载，广宁桥建于南宋庆元年间（1195—1200 年），绍定四年（1231 年）重建，明万历二年（1574 年）重修。

广宁桥是一座单孔特殊券式石梁桥。桥堍上铺砌不规则石板，桥面高起为平面，桥堍上是阶梯式坡道，两侧有节间式石栏杆，无地伏，桥栏杆置于仰天石上。桥面宽 3.40 米，桥长 15.00 米。

侧墙用料石砌筑，上顶有单层仰天石。桥孔主体是五边折线形纵联分段并列式框架，由 4 道纵联石和 5 段平面石板组成。桥台与石板砌筑的河岸为一体。跨径 6.25 米。

60. 绍兴青云桥

青云桥又名"玉带桥"，位于绍兴市上虞区望头村，跨鲤鱼涌上，南北走向。建于明正德二年（1507 年）。清道光（1821—1850 年）、光绪（1875—1908 年）年间两次重修。

青云桥是一座单孔撑架式石梁桥。桥面中高起为平面，桥堍上是阶梯式坡道。桥面东侧栏杆无存，西侧有石栏杆，石栏板上镌刻"青云"二字。桥面宽 4.00 米，桥长 20.85 米。

上部结构由 5 段并排的平面石板和 4 道纵联石组成，各段石板之间各有一道纵联石，其立面呈五边折线形。桥台与石板砌筑的河岸为一体。跨径 4.20 米。

61. 绍兴探春桥

探春桥亦称"长春桥"，位于绍兴市上虞区丰贞镇，跨街河上，建造年代无考。

今存探春桥是一座 3 孔石板梁桥。桥面每孔是 3 块石板梁，两侧有板式石栏杆，桥面宽 2.00 米，桥长 13.00 米。

桥台与石砌河岸为一体，桥墩是 3 块并排竖立的条形石板，上顶有石板盖梁，下面置于石板基础上。跨径 4.00 米。

62. 绍兴祥麟桥

祥麟桥位于绍兴市上虞区长溇村，跨于乡间排水沟上。始建年代不详，清道光年间（1821—1850年）重修。

今存祥麟桥是一座单孔撑架式石梁桥。西桥堍上无铺装，东桥堍是用乱石砌筑的坡道。上部结构是由5段平面石板和4道纵联石组成，各段石板之间各有一道纵联石，属于纵联分段并列式结构，其立面呈五边折线形。平面石板为桥面，桥上无栏杆。桥面宽2.80米，桥长7.80米。

侧墙用乱石砌筑，上顶有一层较厚的仰天石，高出桥面而成边牙石。桥台是凹字形，底部三面有出台，前墙是垂直立于桥台基础上的一排石板，桥台基础仅有两层石板。跨径5.20米，矢高2.60米。

63. 绍兴八字桥

八字桥位于绍兴市越城区，在桥下墩柱侧面刻"宝佑丙辰仲冬吉日建"字样。"宝佑"应为"宝祐"的另一写法，则此桥建造年份当是南宋理宗宝祐四年（1256年）。

今存八字桥是一座4孔石板梁桥，实际上是由广宁桥和东双桥连接而成。但是，二桥的中心线并不重合，两条中心线折线相交，其平面呈八字形，故称"八字桥"。

广宁桥和东双桥均为双孔石板梁桥，二桥的结构形式相同，均为一个大孔和一个小孔，两个大孔靠近，两个大孔的桥面高起，两个小孔的桥面较低。全桥无栏杆，桥面宽均为3.20米。桥头皆有阶梯式坡道与河岸上的道路连通。

桥台是凹字形，用石板砌筑。桥墩都是用两根板式石柱，上顶横置一块石墩帽。

大孔跨径均为4.50米，小孔跨径均为3.00米。

64. 绍兴拜王桥

拜王桥位于绍兴市越城区，在鲁迅西路凰仪桥不远处，跨街河上。南宋嘉泰《会稽志》记载："拜王桥在狮子街，旧传以为吴越武肃王平董昌，群人拜谒于此而得名。"据史料记载，此桥属于唐代所建。

今存拜王桥是一座单孔撑架式（立面呈五边折线形）石板梁桥。其上部结构是由 5 段石板对接组成的五边折线形构造体，桥面是 5 块石板梁。石板梁的两端各是 6 块向内倾斜设置的石板，其下面又是各为 5 块向内倾斜设置的石板，5 段石板之间各有一道纵联石，下段斜置石板的下端置于石板砌筑的河岸上。

桥堍上是用石板铺砌的坡道，侧墙用块石砌筑，上顶有一层石板，相当于仰天石。桥面上两侧有青石地伏。桥面宽 3.70 米，桥面（石板梁）长 3.70 米，桥堍长均为 13.40 米，桥长 30.00 米。跨径 4.50 米。

65. 绍兴宝珠桥

宝珠桥原名"火珠桥"，位于绍兴市越城区，跨街河上，东西走向。南宋嘉泰《会稽志》有载，应该是南宋庆元年间（1195—1200 年）所建。

宝珠桥是一座单孔特殊券式石梁桥。桥面中部高起为平面，两端是阶梯式坡道，东坡有 24 级台阶，西坡是 25 级台阶，两侧有节间式石栏杆。桥面宽 3.95 米，桥长 30.00 米。

侧墙用料石砌筑，上顶有单层仰天石。桥孔主体是由 7 段并排的平面石板和 6 道纵联石组成的七边折线形框架。桥台与石板砌筑的河岸为一体。跨径 8.80 米。

66. 绍兴昌安桥

昌安桥位于绍兴市越城区，跨街河上，建造年代无考。

昌安桥是一座单孔特殊券式石梁桥。桥堍上铺砌不规则石板，桥面高起为平面，桥塊上是阶梯式坡道，两侧桥栏杆无存，青石地伏尚存。桥面宽 2.80 米，净宽 2.00 米，桥长 12.00 米。

桥孔主体是五边折线形纵联分段并列式框架，由 4 道纵联石和 5 段平面石板组成。侧墙用石板砌筑，上顶有一层仰天石。桥台是凹字形，下部前面和两侧皆有 15 厘米出台，前墙长 3.10 米。跨径 4.00 米，桥台底部间距是 3.70 米。

67. 绍兴大木桥

大木桥位于绍兴市越城区东浦镇，跨街河上，名为大木桥，实为石板梁桥。建造年代不详。

今存大木桥是一座 3 孔石板梁桥。桥塊上横铺条形石板，桥面均为石板梁，两侧有节间式石栏杆，每侧有望柱 2 根，栏板 3 块（无端望柱）。桥面宽数据暂缺，桥长数据暂缺。

桥台是凹字形，其前墙是采用 4 块条形石板竖立设置，上顶有石板盖梁，下端置于石板基础上。桥墩全是用条形石板竖立在基石上，上顶横放一块石盖梁。跨径均为 5.20 米。

68. 绍兴广宁桥

绍兴广宁桥位于绍兴市越城区，跨街河上，南北走向。《绍兴县志》记载：广宁桥始建于宋代，明万历二年（1574 年）重修。

广宁桥是一座单孔特殊券式石梁桥。桥孔立面呈七边折线形，桥面中部高起为平面，两端是阶梯式坡道，南坡有 16 级台阶，北坡有 20 级台阶。两侧有节间式石栏杆，每侧有望柱 6 根，栏板 5 块，栏杆两端与河岸上的栏杆相连。桥面宽 5.00 米，桥长 60.00 米。

侧墙用料石砌筑，上顶有单层仰天石。上部结构是用 5 段并排的平面石板和 4 道纵联石构成，其立面呈五边折线形。桥台是凹字形，前墙长 6.00 米。跨径 6.10 米。

69. 绍兴荷湖桥

荷湖桥位于绍兴市越城区斗门镇荷湖村，又名登瀛桥。此桥的始建年代不详，清乾隆十五年（1750年）重修。

现存荷湖桥是一座14孔石板梁桥。中间的4孔桥面较高，东端的3孔和西端的7孔桥面较低，较高的桥面两端有三级踏步。高桥面的两侧有节间式石栏杆，下面的地伏石宽出桥面。低桥面上无栏杆。桥面宽7.20米，桥长82.30米。

桥台是凹字形，用石板砌筑。桥墩的下部用石板砌筑，两端为方形，上部采用4根方形石柱（桥墩两端各两根），上顶盖一块大石板。跨径由北向南依次是3.00米、3.45米、4.00米、5.00米、5.00米、5.00米、5.00米、4.50米、4.00米、4.00米、4.00米、4.00米、4.00米、4.00米。

70. 绍兴后堡桥

后堡桥位于绍兴市越城区樊江乡后堡村，建造年代无记载。

后堡桥是一座单孔石板梁桥。桥面较高，桥堍为阶梯式坡道，两侧有节间式栏杆，每侧有望柱4根，石栏板3段，地伏石宽出桥面。桥面宽2.00米，桥长12.00米。

桥台是凹字形，前墙上横置一块条形石板（台帽），两端伸出石板梁。跨径5.50米。

71. 绍兴会龙桥

会龙桥位于浙江省绍兴市越城区，跨街河上。建造年代无记载。

会龙桥是一座单孔石板梁桥。桥上两侧有石板栏杆，桥面宽4.00米，桥长10.00米。上建石柱桥廊。

桥台是凹字形，前墙长4.00米。跨径3.50米。

72. 绍兴龙华桥

龙华桥坐落在绍兴市越城区，此桥因位于龙华寺之左而得名，桥西有广宁桥。明崇祯三年（1630年）建。

现有龙华桥是一座单孔闸桥合一的石板梁桥。桥面是每孔3块石板梁，桥面宽2.10米，桥长5.50米。

桥台是凹字形，用条形石板砌筑，前墙的墙面上竖嵌一块有闸板槽的石板。跨径4.40米。

73. 绍兴廿眼桥

廿眼桥位于绍兴市越城区皋埠镇小南池村，建造年代无考。

今存廿眼桥是一座17孔石板梁桥，全桥由主桥和引桥以及石堤三部分组成。

主桥为双孔石板梁桥，桥面高起为平面，桥堍上是阶梯式坡道。桥面宽1.30米，桥长12.00米。

主桥的桥台是凹字形，前墙长1.30米。桥墩两端是方形，桥墩长1.30米。两孔的跨径不相等，大孔跨径5.00米，小孔跨径2.50米。

引桥是15孔石板梁桥，桥面低于主桥的桥面，无栏杆，桥面宽1.30米，桥长88.70米。

桥台是凹字形，桥墩两端是方形。跨径5.00米。

桥梁全长100.70米，石堤长17.20米。

74. 绍兴三接桥

三接桥坐落在浙江省绍兴市越城区凫埠村，建造年代无记载。

三接桥实际上是3座单孔石板梁桥，分别跨于三岔口河道的三股河道上，分别位于三岔口道路上。桥面均为3块石板梁，桥面宽均为2.00米，桥长分别是6.00米、4.50米、8.00米。

桥台均为凹字形，三桥的桥墩处于三条河道交汇处中心，三座桥的桥面从中心墩向三个方向伸展，被水阻隔的三地互相连通。此桥的跨径分别是4.00米、2.50米、6.00米。

75. 绍兴赏滨桥

赏滨桥位于绍兴市越城区东浦镇赏滨村，跨街河上，建造年代无考。

赏滨桥是一座单孔特殊券式石梁桥。桥堍上铺砌不规则石板，桥面高起为平面，桥堍上是阶梯式坡道，无栏杆，桥面宽4.30米，桥长8.50米。

桥孔主体是五边折线形纵联分段并列式框架，由4道纵联石和5段平面石板组成。侧墙是用石板砌筑，上顶有单层仰天石。桥台是凹字形，下部前面和两侧皆有小出台。跨径6.60米。

76. 绍兴汤公桥

汤公桥位于绍兴市越城区三江古入海口，始建于唐大和七年（833年）。明嘉靖十六年（1537年）绍兴知府汤绍恩重建。原桥现存一半，20世纪50年代改建一半，新老桥合一。

今存汤公桥是一座28孔闸桥合一的石板梁桥，又称"三江应宿闸"。桥面是石板梁，桥面宽9.15米，桥长108.00米。

桥台是凹字形。桥墩两端是尖形，桥墩厚1.20米，桥墩长9.65米。跨径均为2.50米。

77. 绍兴望仙桥

望仙桥位于绍兴市越城区，南宋嘉泰《会稽志》有记载。

望仙桥是一座3孔石板梁桥，桥面宽1.90米，桥长19.00米。

桥台是凹字形，桥墩两端是方形，桥墩厚80厘米，桥墩长2.00米。跨径5.20米。

78. 绍兴蜈蚣桥

蜈蚣桥又名"万寿福禄桥"（桥西头有石碑，刻"万寿福禄桥"）。位于绍兴市越城区樊家埭村。建造年代无考，清代多次修葺。

蜈蚣桥是由万寿桥（西桥）和福禄桥（东桥）之间的一段石堤连接而成，全桥共7孔，桥梁总长（包括石堤10.00米）49.00米。

万寿桥是一座5孔石板梁桥，桥面每孔5块石板梁，有节间式石栏杆，桥面宽3.00米。

福禄桥是一座双孔石板梁桥，桥面每孔5块石板梁，有节间式石栏杆，桥面宽3.00米。

两座桥的桥台都是凹字形，桥墩两端都是方形，桥墩厚80厘米。桥墩长3.50米。跨径均为5.00米。

民国初年，为通航，将西桥改建成3孔石墩台木面桥。

79. 绍兴咸宁桥

咸宁桥位于绍兴市越城戢山街，跨街河上，建造年代无记载。

咸宁桥是一座单孔石板梁桥，桥面是双层石板梁，上层石板梁的侧面刻"咸宁桥"。桥面宽1.00米，桥长5.00米。

桥台是凹字形，前墙顶面的石板外露面皆宽出桥面。跨径数据暂缺。

80. 绍兴谢公桥

谢公桥位于绍兴市越城区，跨街河上。始建于后晋（936—946年），清康熙四年（1665年）重修。

谢公桥是一座单孔特殊券式石梁桥。桥面中部高起为平面，两端是阶梯式坡道，两侧有节间式石栏杆，无地伏，桥栏杆置于仰天石上。桥面宽3.50米，桥长28.50米。

侧墙用料石砌筑，上顶有单层仰天石。桥孔主体由7段并排的石板和 6 道纵联石组成七边折线形框架。桥台与石板砌筑的河岸为一体。跨径 8.00 米。

81. 绍兴洋江桥

洋江桥位于绍兴市越城区斗门镇洋江村，是由舆龙桥和天佑桥连接成的一座桥。天佑桥为东桥，舆龙桥为西桥，中间有一段无名桥，通称"洋江桥"，位于绍兴市袍谷洋江村，建造年代无考。

舆龙桥是一座 3 孔石板梁桥，无名桥是 4 孔石板梁桥，天佑桥是一座 5 孔石板梁桥。桥面均系每孔是 4 块石板梁，两侧有节间式石栏杆，下面有地伏。桥面宽均为 2.20 米，桥梁全长 99.29 米。

桥台是凹字形。桥墩两端为方形，上顶有两层帽石，帽石四面出檐，桥墩厚 80 厘米，桥墩长 2.20 米。舆龙桥跨径由东向西依次是 4.80 米、5.40 米、5.15 米。天佑桥跨径由东向西依次是 4.30 米、5.25 米、7.75 米、6.04 米、5.12 米。

82. 绍兴永嘉桥

永嘉桥位于绍兴市越城区大皋埠村，明正德十六年（1521 年）建。

永嘉桥是一座单孔特殊券式石梁桥。桥面中部高起为平面，两侧有板式栏杆，两端是阶梯式坡道，无栏杆。桥面宽 2.50 米，桥长 23.00 米。

侧墙用石板砌筑，上顶有单层较厚的仰天石。桥孔主体是五边纵联分段并列式框架，由 5 段并排的石板和 4 道纵联石组成。桥台是凹字形，前墙长 3.00 米。跨径 5.50 米。

83. 嵊州访友桥

访友桥位于嵊州白宅墅村，因朱熹在此访友而得名。南宋嘉泰《会稽志》有记载，南宋庆元元年（1195 年）建。

访友桥是一座单孔撑架式石板梁桥。桥面是 5 块石板梁，石板梁的两端，在桥台前墙上面有 5 块向内倾斜设置的石板，石板梁与斜置石板之间各有一道纵联石。斜置石板的后面（桥台上）砌筑石板。全桥为平面，无栏杆。桥面宽 2.90 米，桥长 11.00 米。

桥台是凹字形，用料石砌筑，前墙是 5 块立置的石板。跨径5.30 米。

84. 嵊州果盒桥

果盒桥位于嵊州，跨于山涧之上，清光绪二十八年（1902 年）建，光绪三十三年（1907 年）重修，民国元年（1912 年）春季重修，民国二十七年（1938 年）重建。

果盒桥是一座单孔撑架式石板梁桥。桥面是石板梁，石板梁的两端各有一排向内倾斜设置的微弯石板，石板梁与微弯石板之间各有一道纵联石，微弯石板（桥台）的下端置于岩石上。桥面为弧形面，桥堍及桥面上两侧有节间式石栏杆，每侧有望柱 4 根，栏板 3 块，抱鼓石 2 块。桥面宽 2.20 米，桥长 14.30 米。

桥堍在山脚下河岸上，上面铺筑成缓坡路面。桥台与石砌河岸为一体。跨径 7.25 米。

85. 嵊州和尚桥

和尚桥位于嵊州市，跨无名小溪上。南宋嘉泰《会稽志》有载，应属于南宋早期所建。

和尚桥是一座单孔前倾式桥台石梁桥。桥面是石板梁，无栏杆，桥面宽 2.00 米，桥面长 8.00 米。

桥台是两段相对斜置（上端向内倾斜）的石板，其下端在山脚岩石上，上端与石板梁对接处有一根纵联石。桥台后面两侧有乱石砌筑的侧墙，上顶有一层石板，如同仰天石。桥堍上铺砌石板是坡道。

桥孔的立面呈梯形门式。跨径 12.00 米。

86. 嵊州望仙桥

望仙桥亦称"太平桥",位于嵊州三界镇,南宋嘉泰《会稽志》有记载,望仙桥建于南宋庆元年间(1195—1200 年)。

望仙桥是一座 5 孔石板梁桥。桥面每孔是 3 块石板梁,无栏杆。桥面宽 2.00 米,桥长 35.00 米。

桥台与石砌河岸为一体,桥墩用石板砌筑,上游端是尖形,下游端是方形,桥墩厚 1.10 米,桥墩长 3.00 米。

跨径由东向西依次是 3.00 米、4.20 米、4.20 米、4.20 米、3.00 米。

87. 嵊州新官桥

新官桥位于嵊州市广利乡新官桥村。南宋嘉泰《会稽志》有记载,宋庆元年间(1195—1200 年),官桥基础上重建石桥,故名"新官桥"。清代重修。官桥与民桥相对,官桥系官府所建,民桥是民间修建。

今存新官桥是一座 7 孔石板梁桥。桥面是石板梁,每孔两块石板梁,无栏杆,桥面宽 1.35 米,桥长 42.00 米。

桥台与石砌河岸为一体,桥墩上游端为尖形,下游端为方形。跨径均为 5.00 米。

88. 诸暨祠堂桥

祠堂桥位于诸暨市青山乡草塔镇上下文村,跨乡间排水沟上,建造年代无考。

今存祠堂桥是一座双孔撑架式石板梁桥。桥面每孔 3 块石板梁,石板梁的两端,各有一对斜撑石板。在桥台上斜撑石板的后面砌筑石板,上面与石板梁平,在桥墩上斜撑石板之间砌筑石板,上面与石板梁平,形成整体桥面。无栏杆。桥面宽 1.70 米,桥长 20.00 米。

桥台与石砌河岸为一体。桥墩两端是尖形,跨径均为 7.00 米。

89. 诸暨渎溪桥

渎溪桥位于诸暨市渎溪村，跨乡间排水沟上，建造年代无考。

渎溪桥是一座3孔撑架式石板梁桥。桥面每孔6块石板梁，石板梁的两端，各有一对斜撑石板，在桥台上斜板石板的后面砌筑石板，上面与石板梁平；在桥墩上斜板石板之间砌筑石板，上面与石板梁平，形成整体桥面。无栏杆，桥面宽3.00米，桥长32.00米。

桥台建在山脚下岩石上，只有3层石板砌筑的"一"字形桥台，两边逐层长出约0.30米。桥墩的下部两端为尖形，跨径均为7.10米。

90. 诸暨破溪桥

破溪桥位于诸暨市马剑高乡栗六蓬村，跨山涧上，建造年代无考。

破溪桥是一座3孔撑架式石板梁桥。桥面每孔4块石板梁，石板梁的两端，各有一对斜撑石板，在桥台上斜板石板的后面砌筑石板，上面与石板梁平；在桥墩上斜板石板之间砌筑石板，上面与石板梁平，形成整体桥面。无栏杆，桥面宽2.33米，桥长34.00米。

桥台建在山脚下岩石上，只有两层石板。桥墩两端为尖形，跨径均为7.50米。

91. 诸暨青潭桥

青潭桥位于诸暨市吴子里村，跨山涧上，建造年代无考。

青潭桥是一座4孔撑架式石板梁桥。桥塸在河岸上，桥塸和桥面上全桥为平面。桥面是每孔3块石板梁，石板梁的下面，在桥台前的上面有一排斜撑石板，在桥墩上面两边各有一排斜撑石板。桥墩上面两边斜撑石板之间用石板砌筑。桥上无栏杆，桥面宽1.70米，桥面长10.80米，桥长27.00米。

桥台是用3层石板砌筑在山脚下岩石上，大致呈凹字形，前墙长约2.30米。桥墩是用石板砌筑，下部两端为尖形，跨径均为6.60米。

92. 诸暨上新桥

上新桥位于诸暨市青山乡杨焕村，跨于乡间排水沟上，两岸均系山脚岩石，建造年代无考。

今存上新桥是一座单孔撑架式石板梁桥。桥面每孔是 4 块石板梁，中孔的石板梁为平面，石梁长 4.10 米，石板梁的两端各有一排斜撑石板，石板梁与斜撑石板之间各有一道纵联石。两边孔石板梁的外端稍低（搭在河岸岩石上），因而两边孔的石板梁为坡面，石梁长 2.80 米。桥面宽 2.28 米，桥面长 13.80 米，桥梁全长 14.70 米。

边孔石板梁的外端搭在山脚岩石上，斜撑石板的下端置于山脚岩石上，跨径 4.10 米。

93. 诸暨溪缘桥

溪缘桥位于诸暨市五泄区柱山乡，跨五泄江上，建造年代无记载。

溪缘桥是一座 15 孔等跨径撑架式石板梁桥。桥面每孔 5 块石板梁，全桥为平面，无栏杆。桥面宽 2.50 米，桥长 155.00 米。

上部结构是由 3 段并排的 5 块石板组成，中段石板为桥面，两端各是并排的 5 块斜撑石板，斜撑石板的下端置于桥墩上。在桥墩上两段斜撑石板之间砌筑石板，上面与石板梁齐平。桥台是凹字形。桥墩两端是方形。跨径均为 6.25 米。

94. 诸暨岩下桥

岩下桥位于诸暨市栗树坪村，跨乡间山涧溪流上，建于清代。

今存岩下桥是一座单孔撑架式石板梁桥。桥面是 4 块石板梁，石板梁两端各有 4 块斜撑石板，石板梁与斜撑石板之间各有一道纵联石。斜撑石板的下端置于山脚岩石上，斜撑石板的上面是用石板砌筑的阶梯式坡道。桥面宽 1.50 米，桥长 14.00 米。

桥孔立面呈梯形门式。跨径 6.50 米。

95. 诸暨银河桥

银河桥位于诸暨市，建造年代无考。

银河桥是一座3孔撑架式石板梁桥。桥塅上横向铺砌石板，桥塅两侧是用不甚规则的石板砌筑的侧墙，上顶有一层矩形断面的仰天石。

桥面每孔是4块石板梁，石板梁的两端各有4块并排的斜撑石板，石板梁与斜撑石板对接处各有一道纵联石。桥台上斜撑石板后面砌筑石板，上面横铺石板，两侧是用石板砌筑的侧墙。桥墩上斜撑石板之间砌筑石板，上面横铺石板。桥上两侧有节间式石栏杆，桥面宽5.50米，桥长41.60米。

桥台是凹字形，端墙外有燕翅墙。桥墩的下部两端均为尖形，上部的两端是方形，跨径均为7.20米。

96. 天台西溪桥

西溪桥位于台州市天台县湖窦镇，建于北宋天圣十年（1032年）二月十九日。

今存西溪桥是一座11孔石板梁桥。桥面每孔有4块石板梁，无栏杆，桥面宽1.60—1.70米，桥长44.00米。

桥台是凹字形，前墙长1.80米。桥墩两端是方形，桥墩厚数据暂缺，桥墩长1.80米。跨径（桥墩中—中）3.90—4.10米。

第十二节　福建省石梁桥

全省石梁桥共计84座。

1. 福州断桥

断桥俗称"三门桥"，位于福州市仓山区城门镇林浦村，南北走向。建于南宋绍兴三年（1133年）。

断桥是一座 3 孔石板梁桥。桥面是 4 块石板梁，石板梁的侧面刻"绍兴三年岁次癸丑八月辛酉二十六日戊申，作都管干林康、林元均泊诸劝首等"，无栏杆，桥面宽 2.80 米，桥长 30.00 米，西边孔塌毁，东边孔堵塞，不再通水。现有桥长 22.00 米。

桥台是凹字形，桥墩两端是方形，桥墩厚 1.60 米，桥墩长 3.30 米。中孔跨径 6.00 米，边孔跨径 5.50 米。

2. 福州连坂桥

连坂桥位于福州市仓山区城门镇连坂村，南北走向，建于唐大历六年（771 年）。

今存连坂桥是一座单孔石板梁桥。桥墩上铺砌石板，桥面是两块石板梁，石梁厚 50 厘米，宽 70 厘米，梁长 7.10 米。桥面宽 1.40 米，桥全长 15.00 米。

桥台是凹字形，用料石砌筑，下面有木桩基础。跨径 6.00 米。

3. 福州七星桥

七星桥位于福州市仓山区郭宅村，始建于北宋天圣十年（1032 年）。

七星桥是一座 3 孔石板梁桥。中孔桥面高起为平面，边孔桥面为坡面，每孔有 4 块石板梁，桥面宽 3.50 米，桥长 11.90 米。

桥台是凹字形，用方形条石横顺相间砌筑，前墙上顶有三层条石向前逐层伸出，前墙长 3.50 米。

桥墩两端是方形，也是方形条石横顺相间砌筑，上顶有三层条石向两边逐层伸出，桥墩厚 3.50 米，桥墩长也是 3.50 米。中孔跨径 5.50 米，边孔跨径 5.00 米。

4. 福州前桥

前桥位于福州仓山区城门镇胪雷村。建于北宋庆历四年（1044

年）。

前桥是一座单孔石板梁桥。桥面每孔3块石板梁，桥面宽1.50米，桥面长5.90米。

桥台是用条形石板砌筑，是凹字形，前墙长2.00米。跨径5.10米。

5. 福州午桥

午桥又名"五门桥"，位于福州市仓山区盖山镇阳岐村，南北走向。始建于北宋元祐四年（1089年）。

午桥是一座5孔悬臂式石板梁桥。石板梁两端下面有5层悬臂石梁，自下而上逐层加长。桥上两侧有节间式石栏杆，桥面宽3.25米，桥长34.00米。

桥台是凹字形，用方形条石砌筑。桥墩用方形条石砌筑，两端为尖形，跨径均为5.50米。

6. 福州取青桥

取青桥位于福州市长乐区鹤上镇青桥村，跨排水沟上，东西走向。南宋嘉泰二年（1202年）建。

今存取青桥是一座3孔石板梁桥。桥面每孔有5块石板梁，桥面宽3.30米，桥面长10.00米。

桥台用方形条石砌筑，横顺相间垒砌，两侧有弧形燕翅墙，前墙长3.30米。桥墩也是用方形条石砌筑，横顺相间垒砌，两端是圆弧形，桥墩厚1.00米，桥墩长4.10米。跨径2.80米。

7. 福州太平桥

太平桥原名"丰泰桥"，又名"观音桥"。位于福州市长乐区吴航镇和平街，跨汾阳溪上，始建于唐上元年间（674—676年），取名"丰泰桥"。明弘治年间（1488—1505 年）重修桥栏杆，易名"太平桥"。清雍正年间（1723—1735 年）重修，乾隆年间（1736—1795 年）又重修。

原是一座单孔石板梁桥，桥面宽 6.00 米，桥面长 5.50 米。桥台是凹字形，用料石砌筑，前墙长 6.60 米，跨径 4.70 米。

8. 福州下橹桥

下橹桥位于福州市长乐区吴航镇和平街，始建于北宋元祐年间（1086—1094 年），清乾隆九年（1744 年）重修。

下橹桥是一座单孔石梁桥。桥堍上横铺 4 块石板，桥面是 5 块石板梁，无栏杆，桥面宽 2.70 米，桥面长 4.00 米。原桥台是用石板砌筑的凹字形。跨径 3.20 米。

河道今已改成暗沟，石桥埋于地下。

9. 福州行相桥

行相桥位于福州市长乐区竹田村，明正德七年（1512 年）建。

行相桥是一座 4 孔悬臂式石板梁桥。桥面每孔 5 根石梁，石梁厚 50 厘米，宽 70 厘米，两侧有节间式石栏杆，无地伏。望柱置于石梁上，栏板两端各有一块石垫块，桥面宽 3.50 米，桥长 26.00 米。

桥台两侧有燕翅墙，前墙上顶有两侧悬臂石板，桥墩两端是尖形，上顶有两侧双悬臂石板。跨径均为 5.10 米。

10. 福州云庞桥

云庞桥位于福州市长乐区边兰村，跨潭头江上。南北走向。始建年代无考，清嘉庆年间（1796—1820 年）重修。

云庞桥是一座 3 孔石板梁桥。桥堍上铺砌条形石板，桥面每孔两边各架设一根断面为方形的石梁。石梁厚 45 厘米，石梁宽 50 厘米，石梁长 4.70 米，石梁上面内侧有企口。石梁之间横铺石板而构成桥面，桥面宽 2.20 米，桥面长 18.00 米。

桥台两侧有燕翅墙，用方形条石横顺相间砌筑，上顶向前有 3 层单向悬臂梁，悬臂梁的两侧是方形。桥墩两端是尖形，也是用方形条石横顺相间砌筑，上顶有 3 层双向悬臂梁，悬臂梁的两端是方形，与桥面取齐。净跨径 3.70 米，墩间距离 4.50 米。

11. 福州安泰桥

安泰桥位于福州市鼓楼区八一七北路，唐天复元年（901 年）建。

安泰桥是一座单孔撑架式石梁桥。上部结构是由 6 块石板梁构成桥面，石板梁两端有一对斜撑石板，均为 6 块石板梁。石板梁与斜撑石板之间各有一根方形横系条石。桥面高起为平面，两端是阶梯式坡道，两侧有节间式石栏杆，桥面宽 10.00 米，桥长 11.00 米。

侧墙用块石砌筑，上顶有单层仰天石。桥台是凹字形。桥台前墙长 10.60 米。跨径 5.30 米。

两面侧墙上各有一对桥联柱，上顶有勾头石。

12. 福州板桥

板桥位于福州市鼓楼区光禄坊南侧，跨于罗城大濠上，南北走向。据《榕城考古略》载，板桥建于明代，原系木桥，建有亭。后圮，易以石。桥堍东侧碑记："万历壬寅年仲春日立。"万历壬寅年即明万历三十年（1602 年）。

板桥是一座单孔石板梁桥。桥面是 4 块石板梁，石板梁厚 37 厘米，石板梁长 5.35 米，两侧有节间式石栏杆。桥面宽 3.00 米，桥面长 5.35 米。桥台是凹字形。跨径 4.55 米。

13. 福州福枝桥

福枝桥位于福州市鼓楼区朱紫坊河沿，跨安泰河上，南北走向。建于清乾隆年间（1736—1795 年）。

福枝桥是一座石板梁桥。桥面是两根石板梁，石梁厚 40 厘米，宽 40 厘米，长 6.40 米。石梁上面横铺石板，无栏杆。桥面宽 2.63 米，净宽 1.68 米，桥面长 6.80 米。

桥台与石板砌筑的河岸为一体。跨径 4.25 米。

14. 福州高陛桥

高陛桥位于福州市鼓楼区，跨琼东河上，东西走向。清康熙四十八年（1709 年）建，嘉庆二十二年（1817 年）重修。

高陛桥是一座 3 孔悬臂式石板梁桥。中孔桥面较高，边孔桥面较低，高低桥面之间有 3 级台阶。桥面每孔 4 条石板梁，桥墩上是阶梯式坡道，东桥墩是 9 级台阶，西桥墩是 10 级台阶。两侧有节间式石栏杆，每侧有 8 根望柱，西端望柱上有石狮子，其余望柱上是正六边形球体。有 7 块石栏板，栏板长 2.30—2.60 米，桥面宽 3.50 米，桥墩端宽 4.45 米，桥梁全长 24.40 米。

桥台与石板砌筑的河岸为一体。桥墩两端是尖形，中孔跨径 6.20 米，边孔跨径 4.50 米（总跨度 15.20 米）。

15. 福州高峰桥

高峰桥位于福州市鼓楼区，跨陆庄河上，南北走向。清乾隆五年（1740 年）建。

高峰桥是一座单孔石板梁桥。桥面是 7 块石板梁，两侧有节间式石栏杆，每侧有望柱 4 根，石栏板 3 块，栏板上刻有仙鹤、麒麟、花草图案。桥面宽 4.20 米，净宽 3.64 米，桥面长 6.80 米，全长 13.90 米。桥台是凹字形，与石板砌筑的河岸为一体。跨径 7.50 米。1986 年重修桥栏杆。

16. 福州古迹二桥

古迹二桥位于福州市鼓楼区，跨仓前河上。清乾隆三年（1738

年）建。

古迹二桥是一座单孔石板梁桥。桥面宽 3.10 米，桥面长 6.60 米，桥梁全长 7.80 米。桥上建木结构廊。

桥台是凹字形，用条形石板砌筑，前墙长 3.10 米。跨径 5.60 米。

17. 福州虹桥

虹桥位于福州市鼓楼区光禄坊，在原五代闽国罗城南门外，跨罗城护城河上，南北走向。始建于五代，原系一座石台木梁桥，名为"板桥"，桥上建有亭，后圮。明万历三十年（1602 年）重建，改石墩台木梁桥为石板梁桥。

虹桥是一座单孔石板梁桥，桥面是 4 块石板梁，石板厚 0.37 米，石板长 5.35 米。两侧有石板栏杆。桥面宽 3.00 米，桥面长 5.35 米。桥面两端各有 3 级台阶。

桥台是凹字形，与石板砌筑的河岸为一体。跨径 4.60 米。

18. 福州金斗桥

金斗桥位于福州市鼓楼区文儒坊西口，跨于古罗城大濠上，东西走向。原为古罗城金斗门桥。始建年代不详，清嘉庆二十三年（1818 年）重修。

金斗桥是一座单孔石板梁桥。桥面是 4 块石板梁，石板梁宽 75 厘米，石板梁厚 20 厘米，石板梁长 5.40 米，两侧有石板栏杆。桥塊上是阶梯式坡道，东坡有 7 级台阶，西坡有 8 级台阶。桥面宽 3.70 米，桥长 10.20 米。

桥台是凹字形。跨径 4.70 米。

19. 福州陆庄桥

陆庄桥位于福州市鼓楼区杨桥中路。北宋嘉祐四年（1059 年）建，清乾隆五十三年（1788 年）重修。

陆庄桥是一座单孔石板梁桥。桥面有 3 块石板梁，桥面宽 2.50 米，桥长 8.00 米。桥上有木结构廊。

桥台即石砌河岸（石板梁架设在河岸上），跨径 7.00 米。

20. 福州太平桥

太平桥位于福州市鼓楼区，跨琼河上。清乾隆四年（1739 年）建，嘉庆八年（1803 年）重修，嘉庆二十一年（1816 年）重修。

太平桥是一座单孔石梁桥。桥面是 3 根石板梁，桥塊上各有 5 级台阶，两侧有节间式石栏杆，每侧有望柱 4 根，栏板 3 块，栏端石两块。桥面宽 2.60 米，桥长 10.80 米。

桥台与石板砌筑的河岸为一体。跨径 10.00 米。

21. 福州武安桥

武安桥位于福州市鼓楼区安泰河东端秀冶里，跨五代罗城大濠上，南北走向。清雍正六年（1728 年）建。

武安桥是一座单孔石板梁桥，桥面是 7 块石板梁，石板梁长 5.60 米，两侧有节间式石栏杆，桥面宽 3.25 米，桥长 10.00 米。

桥台与石板砌筑的河岸为一体。跨径 4.80 米。

22. 福州宦溪桥

宦溪桥位于福州市晋安区宦溪乡宦溪村，南北走向。建于北宋元祐六年（1091 年）。

宦溪桥是一座双孔等跨径石板梁桥。桥面是 3 块石板梁，两侧有石板栏杆，北孔栏板上刻"时元祐六年岁五月初六日"，桥面宽 2.30 米，桥长 11.70 米。

桥台是燕翅形。桥墩是船形，跨径 4.70 米。

23. 福州回龙桥

回龙桥又名"飞盖桥""沈公桥"，位于福州市马尾区闽安镇，跨邢港（旧河道）上，南北走向。始建于唐代，宋重建。清道光十五年（1835年）重修。

回龙桥是一座5孔悬臂式石梁桥。每孔是3根石板梁，两侧有石栏杆，桥面宽4.46米，桥梁全长65.65米。

桥台是燕翅形。桥墩两端是尖形，桥墩厚1.30米，桥墩长6.00米。跨径均为6.00米。

24. 福州济美桥

济美桥位于福州市马尾区君竹村，东西走向。北宋景祐五年（1038年）建，清雍正年间重修，嘉庆年间重修，同治年间重修。

济美桥是一座单孔石板梁桥。桥面是4块石板梁，石板梁厚37厘米，石板梁长5.50米，两侧有节间式石栏杆，栏板上刻"济美桥"三个大字。桥面宽2.50米，桥面长5.50米。桥两端各有4级台阶。

桥台与石板砌筑的河岸为一体。跨径4.70米。

25. 福州沈公桥

沈公桥原名"回龙桥"，位于福州市马尾区，始建于唐天复元年（901年）；南宋端平年间（1234—1236年）重建，改名"飞盖桥"。清康熙十六年（1677年）重修，复用原名"沈公桥"。

现存沈公桥是一座5孔悬臂式石板梁桥。桥面每孔7块石板梁，石梁的断面是1.00米见方，梁长12.80米。石梁下面，在桥台和桥墩上各有一层悬臂石板，悬臂石板上面横置一层方形条石。桥上两侧有节间式石栏杆，无地伏。望柱置于石板梁上，望柱的断面是45厘米见方，高1.40米，共36根。栏板下面两端各置一块方形石垫，栏板下面有空隙，栏板两面刻雄狮、海兽、莲花等。桥面宽4.80米，桥长66.00米。

桥台两侧有燕翅墙，前墙上顶有两层悬臂石板，两侧有块石砌筑的护岸。桥墩的下部用石板砌筑，两端均为尖形，上部采用方形条石横顺相间砌筑，两端为方形。桥墩厚 1.00 米，桥墩之间中距是 13.80 米，跨径是 12.80 米。

26. 福州白马桥

白马桥位于福州市台江区，跨白马河上，建于清代。

白马桥原是一座 4 孔石板梁桥，而后，为造地而填河，废东边孔，现存白马桥是一座 3 孔石板梁桥。桥面宽 3.10 米，桥面长 71.00 米，全长（两端桥塃长各 12.00 米）95.00 米。

桥台是凹字形，用方形条石横顺相间砌筑，前墙上顶有 3 层悬臂式石板，前墙长 3.10 米。

桥墩两端是方形，也是用方形条石横顺相间砌筑，上顶有 3 层上悬臂石板，桥墩厚 1.70 米，桥墩长 3.10 米。跨径均为 6.20 米。

27. 福州彬德桥

彬德桥位于福州市台江区帮洲街，跨白马河上，始建于明代。清光绪二十一年（1895 年）重建。

彬德桥是一座 3 孔石拱与石梁连接桥（中孔为石拱，两边孔为石梁）。中孔是石拱，拱碴是半圆形纵联式结构，无拱眉，面较高，为平面。两边孔是石板梁结构，桥面较低，高低桥面之间有 3 级台阶相连，桥面两端各有 7 级台阶与桥头路连接，两侧有节间式石栏杆，桥面宽 2.70 米，桥长 28.70 米。

桥台是燕翅形，桥墩两端是尖形，中孔跨径 6.20 米，边孔跨径 5.70 米。

28. 福州河口万寿桥

河口万寿桥，为区别于闽江上的"万寿桥"，俗称"小万寿桥"。

该桥位于福州市台江区河口万寿路，跨晋安河上，建于清康熙七年（1668 年）。

今存河口万寿桥是一座 3 孔悬臂式石板梁桥。中孔桥面比边孔高出约 0.40 米，边孔桥面较低，每孔有 5 块石板梁，两侧有节间式石栏杆。每侧有望柱 10 根，栏板 9 块，无地伏。望柱安装在石板梁上，栏板两端有石垫块。桥面宽 3.00 米，桥梁全长 35.00 米。

桥台是凹字形，前墙上顶有 4 层伸出的悬臂石板，前墙长约 3.50 米。桥墩两端是方形，上顶有 4 层向两边伸出的悬臂石板，桥墩厚约 1.00 米，上顶厚约 2.00 米。中孔跨径 6.20 米，边孔跨径约 5.50 米。

29. 福州万寿桥

万寿桥俗称"大桥"，位于福州市台江区中亭街，跨南台江上，南北走向。元大德七年（1303 年）建造石桥，历时二十年，至治二年（1322 年）工程告竣。

万寿桥是一座 37 孔石板梁桥，桥面每孔用两根断面为 1.00 米见方的石梁，间距 3.00—4.00 米，石梁长 9.00—10.00 米，石梁上面横铺 0.30 米和 0.40 米厚的石板构成桥面。桥面宽约 4.50 米，桥长 391.00 米。

桥台是凹字形，用方形条石横顺相间砌筑，前墙上顶伸出两层悬臂石板，前墙长约 5.00 米。桥墩两端是方形，也是用方形条石横顺相间砌筑，上顶有两层双悬臂石板。中孔跨径 8.00 米，边孔跨径 7.00 米。

30. 福清利桥

利桥又名"龙首桥"，位于福清市，建于明万历三十四年（1606 年）。

利桥是一座 10 孔石板梁桥。桥面每孔是 5 块石板梁，无栏杆。桥面宽 5.00 米，桥长 183.00 米。

桥台是凹字形，前墙长 5.00 米。桥墩两端是方形，桥墩厚 2.00

米，桥墩长 5.20 米。跨径均为 6.20 米。

31. 福清上迳桥

上迳桥又名"蹑云桥"，位于福清市上迳村，北宋元丰四年（1081 年）建。

上迳桥是一座 14 孔悬臂式石板梁桥。桥面每孔是 5 块石板梁，无栏杆。桥面宽 3.50—3.90 米，桥长 100.00 米。

桥台是凹字形，前墙长 5.00 米。桥墩两端是方形，桥墩厚 1.00—1.20 米。最大跨径 8.50 米。

民国二十七年（1938 年），日寇飞机炸毁 6 孔，尚存 9 孔，桥长约 71.00 米。

32. 连江乌石桥

乌石桥位于福州市连江县敖江镇毗屯村，跨乌石浦上。建于明万历四十五年（1617 年）。

乌石桥是一座双孔石板梁桥。无栏杆，桥面每孔用 6 块厚 40 厘米、宽 50 厘米、长 6.00 米的花岗岩石板梁架设，桥面中部（桥墩上）略显高起，因而桥面呈双向坡面，桥面宽 3.00 米，桥长 16.40 米。

桥台是凹字形，用方形条石横顺砌筑，前墙上顶有两层逐层伸出的石板。桥墩也是用方形条石横顺砌筑，上顶有 4 层逐层伸出的石板。净跨径约 5.00 米。

33. 连江贤义桥

贤义桥位于福州市连江县贤义村，南北走向。清光绪三十年（1904 年）建石桥。民国三十三年（1944 年）修葺。

贤义桥是一座 3 孔悬臂式石板梁桥。桥面每孔是 3 根石梁，石梁厚 0.70 米，石梁宽 0.70—0.80 米。石梁两端下面各有 3 层悬臂石板。桥上无栏杆，桥面宽 2.30 米，桥长 30.00 米。

桥台建在山脚处，为长方形，用方形条石横顺相间砌筑，前墙长 2.70 米。桥墩两端是尖形，也是用方形条石横顺相间砌筑，桥墩厚 1.20 米，桥墩长 2.70 米。跨径均为 6.15 米。

34. 罗源坦桥

坦桥又名"险桥"，位于福州市罗源县铁香炉村，跨于山涧中山崖上。明嘉靖二十五年（1546 年）建，清乾隆三十三年（1768 年）重修。

坦桥是一座单孔石板梁桥。桥面是 3 根石板梁，石梁厚 0.50 米，宽 0.60 米，长 8.00 米，桥面宽 1.80 米，桥面长 8.00 米。

桥台是凹字形，前墙长 1.80 米。跨径 7.00 米。

35. 罗源王认桥

王认桥亦称"叶令桥"，位于福州市罗源县洪洋乡王认村，始建于南宋绍兴三年（1133 年）。清雍正四年（1726 年）重修，乾隆十七年（1752 年）被水毁，民国九年（1920 年）修复。

王认桥是一座 3 孔石板梁桥。每孔 5 块石板梁，石梁厚 0.35 米，宽 0.80 米，长 7.90 米。中孔桥面稍高起为平面，两侧有石栏杆，边孔桥面略呈斜坡，无栏杆。桥面宽 3.70 米，桥长 22.00 米。

桥台和桥墩用料石砌筑，桥台是凹字形，桥断两端是方形，桥墩厚 1.00 米，中孔跨径 7.00 米，边孔跨径 6.50 米。

36. 闽侯白屿桥

白屿桥位于福州市闽侯县南屿镇新联村，跨垱上，南北走向。建于宋代。

白屿桥是一座 7 孔石板梁桥。桥面每孔 3 块石板梁，一侧有节间式石栏杆，桥面宽 2.20 米，全长 80.00 米。

桥台是凹字形，前墙长 2.50 米。桥墩两端是圆形，桥墩厚 75 厘米，桥墩长 2.50 米。跨径 6.50—9.20 米。

37. 闽侯坂尾桥

坂尾桥位于福州市闽侯县青口镇杨厝村和扈屿村之间，东西走向。建于明代。

坂尾桥是一座 3 孔石板梁桥。桥面宽 3.80 米，桥全长 47.20 米。

桥台是凹字形，前墙长约 4.00 米。桥墩用方形条石横顺相间砌筑，两端是方形，桥墩厚 1.40 米，桥墩长 4.00 米。中孔跨径 5.50 米，边孔跨径 5.00 米。

38. 闽侯得胜桥

得胜桥位于福州市闽侯县青口镇梅岭村，跨无名河上，东西走向。始建于南宋绍兴二十四年（1154 年）。

得胜桥是一座 7 孔等跨径悬臂式石梁桥。桥面是 4 块石板梁，桥面宽 2.60 米，全长 56.00 米。

桥台是凹字形，前墙长 3.00 米，前墙上顶有两层悬臂石板。桥墩两端是方形，桥墩厚 1.20 米，桥墩长 3.00 米，上顶有两层悬臂石板。跨径均系 6.00 米。

39. 闽侯登瀛桥

登瀛桥位于福州市闽侯县南通镇厝村文昌阁前，南北走向。始建于清乾隆二十五年（1760 年）。

登瀛桥是一座 3 孔石板梁桥。两侧有节间式石栏杆，桥面净宽 2.70 米，桥长 45.00 米。

桥台是凹字形，前墙长 3.10 米。桥墩两端是方形，桥墩下部厚 1.00 米，上顶厚 1.50 米。桥墩长 3.10 米。中孔跨径 6.60 米，边孔跨径 6.00 米。

40. 闽侯观澜桥

观澜桥又名"圣君桥"，位于福州市闽侯县鸿尾乡奎石村，在圣君堂旁边，南北走向。清嘉庆十二年（1807年）建。

观澜桥是一座双孔石板梁桥。桥面每孔是 3 块石板梁，石板梁厚 0.46 米，宽 0.60 米，长约 6.00 米，桥面宽 1.80 米，桥长 12.70 米。

桥台是凹字形，前墙长 1.80 米。桥墩两端是方形，桥墩下部厚 1.00 米，上顶厚 1.50 米。桥墩长 1.80 米。跨径 5.40 米。

41. 闽侯航桥

航桥又名"湖口桥"，位于福州市闽侯县南通镇泽洋村，跨杭溪上，东西走向。始建年代不详，明正德十三年（1518年）重建。嘉庆十二年（1807年）重修。清道光三十年（1850年）岁次庚午中秋重建。

航桥是一座双孔悬臂式石梁桥。东孔桥面是 3 块石板梁，西孔桥面是两根石梁，上面横铺石板，桥面宽 1.70 米，桥长 11.80 米。

桥台是凹字形，用方形条石横顺相间砌筑，前墙长 2.00 米。桥墩两端是方形，用方形条石横顺相间砌筑，桥墩厚约 0.80 米，桥墩长 2.00 米。桥墩上顶有两层悬臂石梁，也都是方形条石，下层顺桥方向，上层横铺。跨径 5.10 米。

42. 闽侯合浦桥

合浦桥又名"下铺桥"，位于福州市闽侯县南屿镇合浦村，南北走向。始建于宋代。

合浦桥是一座 3 孔石板梁桥。中孔上桥面高起为平面，边孔上桥面是斜坡，每孔 4 根石梁，石梁厚 0.40 米，宽 0.50—0.65 米，桥面宽 2.5 米，桥长 20.00 米。

桥台是凹字形，用方形条石横顺相间砌筑，前墙长 2.7 米。桥墩两端是方形，也是用方形条石横顺相间砌筑，桥墩厚约 0.80 米，长约 2.70 米。中孔跨径约 6.20 米，边孔跨径约 6.00 米。

43. 闽侯乐善桥

乐善桥位于福州市闽侯县南通镇银安村，跨直厅溪上，东西走向。始建年代不详，民国八年（1919 年）加宽，安装栏杆。

乐善桥是一座 3 孔石板梁桥，桥面宽 2.10 米，桥长 18.00 米。

桥台是凹字形，前墙长 2.10 米。桥墩两端是方形，桥墩厚 1.00 米，桥墩长 2.10 米。中孔跨径 5.30 米，边孔跨径 4.60 米。

民国八年（1919 年）进行加宽，做法是在原桥桥台和桥墩外侧各竖立一根混凝土方形柱，在石桥面的外侧架设一道混凝土方形纵梁，上面安装混凝土栏杆。加宽后，桥面宽 3.70 米。

44. 闽侯灵光桥

灵光桥位于福州市闽侯县荆溪镇桐口村，东西走向，故又名"桐口桥"。始建于宋代，明万历六年（1578 年）重建，后又圮。天启年间（1621—1627 年）重建，清道光二十二年（1842 年）重修。

灵光桥是一座 4 孔石板梁桥。桥墩上横向铺砌条石，桥面每孔是 4 块石板梁，在桥墩上石梁之间横铺一根条石，桥面宽 2.30 米，桥梁全长 32.00 米。

桥台两侧有燕翅墙，用方形条石横顺相间砌筑，前墙长 2.40 米。桥墩底部两端是尖形，上部两端是方形，也是用方形条石横顺相间砌筑，桥墩下部厚约 1.00 米，上部厚约 1.60 米，长 2.40 米。跨径均约为 2.60 米。

45. 闽侯娘奶桥

娘奶桥位于福州市闽侯县南屿镇尧沙村，跨浯江上，南北走向。建于宋代。

娘奶桥是一座3孔石板梁桥。每孔3块石板梁，石板梁厚0.45米，宽0.87米，长6.83米，桥面宽2.70米，桥长21.00米。

桥台是凹字形，前墙长3.00米。桥墩两端是方形，桥墩厚约0.80米，桥墩长3.00米。中孔跨径5.60米，边孔跨径3.10米。

46. 闽侯栖云桥

栖云桥位于福州市闽侯县南屿镇窗夏村，东西走向，始建于唐上元元年（674年）。

今存栖云桥是一座单孔石梁桥。桥面每孔两块花岗岩石板梁，石梁厚40厘米，宽80厘米，长6.70米。桥面宽1.50米，桥长10.50米。

桥面两端有一段阶梯式坡道。桥台是凹字形，用条石砌筑，跨径5.70米。

47. 闽侯青州桥

青州桥福州市闽侯县上街镇青州村，跨桥头港上，南北走向。始建年代无记载，明永乐五年（1407年）重修。

青州桥是一座6孔石板梁桥。桥面南端第一孔是两根石梁，上面横铺石板，第二、第三孔是两块石板梁，其他3孔都是3块石板梁。桥面宽1.50米，桥长41.00米。

桥台是凹字形，前墙长2.00米。桥墩两端是方形，桥墩厚约80厘米，桥墩长2.00米。跨径6.00米。

48. 闽侯榕荫桥

榕荫桥原名"仙坂桥"，位于福州市闽侯县南通镇苏坂村，跨青龙江上，南北走向。始建于南宋隆兴二年（1164年）。清乾隆十三年（1748年）重修，光绪二十四年（1898年）重修，改名"榕荫桥"。

榕荫桥是一座3孔石梁桥。中孔桥面高起为平面，边孔桥面为坡面，每孔4根石梁，石梁厚0.50米，宽0.70米。两侧有节间式石栏杆，无地伏。望柱置于石梁上，石栏板两端各有一块方形石垫块，栏板下面有缝隙。桥面宽3.50米，净宽2.90米，桥长30.60米。

桥台是凹字形，用方形条石砌筑，前墙长4.00米。桥墩上游端是尖形，下游端是方形，桥墩厚1.00米，桥墩长4.50米。中孔跨径6.30米，边孔跨径6.10米。

49. 闽侯三元桥

三元桥位于福州市闽侯县祥谦镇风港村，跨淘江支流蚬子浦上，南北走向。建于明代。

三元桥是一座3孔石板梁桥。桥面每孔6块石板梁，桥面宽2.40米，桥长45.00米。

桥台是凹字形，前墙长3.00米。桥墩上游端是尖形，下游端是方形。中孔跨径9.10米，边孔跨径4.70米。

1994年，利用原桥台和桥墩，将桥梁加长，桥面加宽。

50. 闽侯沙帽桥

沙帽桥位于福州市闽侯县竹歧乡榕西村，跨山尾溪上，东西走向。始建于宋代。

沙帽桥是一座双孔石板梁桥。每孔3块石板梁，桥面宽2.10米，桥长12.00米。

桥台是凹字形，前墙长2.50米。桥墩两端是尖形，桥墩厚0.80米，桥墩长2.80米。东孔跨径5.40米，西孔跨径5.00米。

51. 闽侯十四门桥

十四门桥又称榕桥，位于福州市闽侯县上街镇榕桥村，跨可溪上，东西走向。北宋元丰二年（1079年）兴工修建，历时近七年，于元丰八年（1085年）建成一座14孔石板梁桥。清同治年间，山洪冲毁南端二孔及多孔桥面，直至民国十七年（1928年）修复，改成13孔。

今存十四门桥是一座13孔石板梁桥。每孔两块石板梁，桥面宽1.74米，桥长85.50米。桥墩两端为尖形，跨径4.00—6.00米。

52. 闽侯透头桥

透头桥位于福州市闽侯县荆溪镇后屿村，跨后屿浦溪上，东西走向。始建年代不详，清乾隆年间（1736—1795年）重修。

透头桥是一座5孔石板梁桥。桥面每孔5根石板梁，桥面宽1.50米，桥面长8.90米。

桥台前墙和桥墩的构造相同，都是两根方形石柱，上顶横架一根方形石帽梁。跨径（石板梁长）均为1.70米。

53. 闽侯宏屿桥

宏屿桥位于福州市闽侯县青口镇宏屿村，南北走向，始建于唐上元年间（674—676年），北宋天圣五年（1027年）重建。清道光二十三年（1843年）重修。

宏屿桥是一座单孔石板梁桥。桥塸上铺砌花岗岩石板，桥面每孔3块花岗岩石板梁，石板厚0.36米，石板宽0.67米，石板长3.90米，无栏杆。桥面宽2.20米，桥面长3.90米，两端桥塸长12.00米，桥梁全长27.95米。

桥台是凹字形，用花岗岩石板砌筑，上顶有两层悬臂石板，跨径2.75米。

54. 闽侯杨桥

杨桥位于福州市闽侯县南屿镇龙泉村,跨浦口河上,东西走向。

杨桥是一座单孔石板梁桥。桥面是两根石板梁,石板梁厚 0.40 米,宽 0.80 米,长 7.80 米。桥面宽 1.67 米,全长 15.00 米。

桥台是凹字形,前墙长 1.40 米。跨径 7.00 米。

55. 闽侯荫岩桥

荫岩桥又名"陈塘溪桥",位于福州市闽侯县荆溪镇徐家村,跨陈塘溪上,东西走向。始建年代不详,清道光八年（1828 年）重建,光绪十三年（1887 年）重修。

荫岩桥是一座 5 孔石板梁桥。桥面每孔 3 块石板梁,桥面宽 3.50 米,桥长 30.00 米。

桥台是凹字形,前墙长约 4.00 米。桥墩用方形条石横顺相间砌筑,两端是方形,桥墩厚 1.00 米,桥墩长 4.00 米。中孔跨径 6.00 米,边孔跨径 5.20 米

56. 闽侯永寿桥

永寿桥位于福州市闽侯县南通镇陈厝村,跨芹江上。始建年代不详,民国六年（1917 年）重建。

永寿桥是一座 3 孔石板梁桥。两侧有节间式石栏杆,桥面宽 3.10 米,桥长 22.00 米。

桥台是凹字形,前墙长 3.10 米。桥墩两端是方形,桥墩下部厚 1.00 米,上顶厚 1.50 米。桥墩长 3.10 米。中孔跨径 4.10 米,边孔跨径 307 米。

57. 闽清际上桥

际上桥位于福州市闽清县云龙乡际上村,跨山涧小溪上。建于

宋代。

今存际上桥是一座 3 孔石板梁桥。中孔桥面比边孔高出约 0.30 米，边孔桥面较低，每孔有 4—5 块石板梁，石梁厚 0.40 米，石梁宽 0.60 米，石梁长 6.50 米。无栏杆，桥面宽 2.80 米，桥梁全长 23.60 米。

桥台是凹字形，前墙上顶有 4 层伸出的悬臂石板，前墙长约 3.00 米。桥墩两端是方形，上顶有 4 层向两边伸出的悬臂石板，桥墩厚约 1.00 米，上顶厚约 2.00 米。净跨径约 5.50 米。

58. 福鼎水北溪桥

水北溪桥位于福鼎市水北溪村，东西走向。清嘉庆七年（1802 年）建石桥。初建石桥较短，长约 180.00 米，桥面宽 1.90 米；而后因河道扩展，石桥屡经扩建，桥面加宽到 3.10 米，桥长加长到 238.00 米。

今存水北溪桥是一座 62 孔石板梁桥。桥面每孔是 4 根石板梁，桥面宽 3.10 米，桥长 238.00 米。

桥台是用料石砌筑为长方形，前面竖立 4 根方形石柱，上顶横架一根扁方形石帽梁。桥墩是用 4 根方形石柱垂直设置，上顶横架一根扁方形石帽梁，墩柱两侧各有一根方形石戗柱。跨径 5.50—5.70 米。

59. 福清龙江桥

龙江桥位于福清市海口镇，跨龙江下游。北宋政和三年（1113 年）动工兴建，历时十一年，于宣和六年（1124 年）建成，命名"螺纹桥"。南宋绍兴三十年（1160 年）续建，共计 42 孔，更名为"龙江桥"。同期修筑石堤，石堤与石桥同宽，堤长 200 余米。

龙江桥原是一座 42 孔石板梁桥，后因修建海口城，废弃 2 孔，今存龙江桥是一座 40 孔石板梁桥。桥面是花岗岩石板梁，每孔 5 根石梁，石梁厚 60—75 厘米，两侧有节间式石栏杆，桥面宽 4.20—5.20 米。桥面长 438.30 米，全长 480.00 米。桥南端建一座七层六角石塔。

桥台两侧有燕翅墙，桥墩是船形，前墙长 5.50 米。桥墩上游端是尖形,下游端是方形,桥墩厚 1.00—1.20 米,桥墩长 10.00 米。跨径不等,最小跨径 9.00 米,最大跨径 13.00 米。

龙江桥、龙海江东桥、安平桥、洛阳桥,四桥合称福建"四大名桥"。

60. 宁德箭场桥

箭场桥位于宁德市蕉城区桥头下村,南北走向。清道光八年(1828 年)建。

箭场桥是一座 3 孔石板梁桥。桥面每孔 9 根石板梁,石梁厚 0.45 米,石梁宽 0.30—0.50 米,石梁长 6.00 米,石梁侧面有通榫和通槽,石梁互相榫槽对接,增强横向联系。桥面宽 3.50 米,桥长 19.00 米。

桥台是燕翅形,前墙长约 4.00 米。桥墩两端是尖形,跨径均为 5.30 米。

61. 屏南万安桥

万安桥原名"龙江公济桥",而后又改名"彩虹桥",位于宁德市屏南县长桥镇长桥村。该桥始建于南宋时期,清康熙四十七年(1708 年)被水毁,乾隆七年(1742 年)重建。

万安桥是一座 6 孔撑架式石梁桥。上部结构是每孔 8 块石板梁,石梁两端各有一对石板斜撑(均 8 块石板)。在桥台上,石板斜撑的后面砌筑石板,上面与桥面取平。在桥墩上,石板斜撑之间砌筑石板,上面与桥面取平。桥面宽 4.70 米,桥长 98.20 米。桥上建砖木结构廊。

桥东端有 10 级台阶,西端有 36 级台阶。桥台是燕翅形,桥墩两端是尖形,最大跨径 15.20 米,最小跨径 10.60 米。

62. 屏南忠洋桥

忠洋桥位于宁德市屏南县黛溪镇忠洋村,建于南宋绍兴三年

（1133 年）。

今存忠洋桥是一座单孔悬臂式石板梁桥。桥面是 5 根石梁，桥面 2.75 米，桥面长 8.00 米。上面建有木结构瓦顶方形亭。

桥台是凹字形，前墙上部有 5 层石板，逐层伸出。净跨径 4.00 米。

63. 寿宁岳阳桥

岳阳桥位于宁德市寿宁县南阳村。明嘉靖十七年（1538 年）建，清道光二十四年（1844 年）重建。

岳阳桥是一座单孔石梁桥。桥面上铺墁不规则形石板，桥面弧形，无栏杆，亦无边牙石。桥面宽 2.40 米，桥长 6.00 米。

主体结构属于五边折线形纵联分段并列式结构，是用 5 段并列的平面石板和 4 根方形条石构成，每段石板 5 块，石板厚 0.30 米，宽约 0.50 米，长 1.50 米。每根纵联石厚 0.30 米，宽 0.30 米，长 2.40 米。最下段石板置于山脚基岩上。桥孔立面呈五边折线形。跨径均为 4.70 米。

64. 霞浦青岸桥

青岸桥位于宁德市霞浦县松城镇桥头村，跨罗汉溪上，东西走向。该桥始建于北宋皇祐五年（1053 年），初建是一座 17 孔石板梁桥，明成化十年（1474 年）重修。清同治年间，因河流改道，桥梁逐渐被埋没。遂易地重建，改为 10 孔石板梁桥。

今存青岸桥是一座 10 孔石板梁桥。桥面每孔 7 块石板梁，宽 2.50 米，桥长 62.00 米。

桥台是用料石砌筑为长方形，前面竖立 3 根扁方形石柱，上顶横置一根石板帽梁。桥墩用 3 根扁方形石柱立于石基上，上顶横置一根石板帽梁，两侧各有 1 根斜戗石柱。跨径均为 5.90 米。

如今桥中间塌毁一段。

65. 霞浦通津桥

通津桥位于宁德市霞浦县牙城镇杨家溪村，跨杨家溪上，东西走向。始建于明嘉靖三年（1524 年）。清雍正十年（1732 年）重修。

通津桥是一座 35 孔石板梁桥。桥面每孔 6 根石梁，石梁长约 3.50米。桥面宽 2.88 米，桥长 112.50 米。

桥台的前墙和桥墩是用 4 根方形石柱构成，中间两根石柱垂直设置，两边的石柱向内倾斜设置。石柱上顶横置一根扁方形帽梁，桥墩的外侧各有一根方形戗柱。跨径 3.50 米。

66. 莆田延寿桥

延寿桥原名"知政桥"，俗称"渡塘桥"，位于莆田市城厢区延寿村，跨延寿溪上，始建于南宋建炎元年（1127 年）。明宣德四年（1429年）桥塌，正统五年（1440 年）重建。清光绪六年（1880 年）重建。

今存延寿桥是一座 9 孔石板梁桥。桥墩上是阶梯坡道，桥面为平面，每孔 5 根花岗岩石板梁，石梁宽 0.50 米，石梁厚 0.40 米，长 8.50米，两侧有节间式石栏杆。桥面宽 2.60 米，桥长 93.50 米。

桥台是凹字形，前墙长 3.20 米。桥墩两端是方形，桥墩厚 1.00米，桥墩长 3.20 米。跨径 7.50 米。

67. 莆田宁海桥

宁海桥又名"东济桥"，位于莆田市荔城区桥兜村，跨木兰溪上（入海口处），南北走向。《八闽通志》记载，元代元统二年（1334 年）建，元至正年间（1341—1368 年）桥损坏，又恢复渡口。明洪武末年（1398 年）修建石梁桥。清康熙十九年（1680 年）被水毁，当年修复，雍正十年（1732 年）重修。

宁海桥是一座 15 孔石板梁桥。桥面用 75 根巨大石梁架设，每孔 5根石梁，石梁厚 1.00 米，宽 1.00 米，石梁长 10.00—13.00 米不等。在桥墩上石梁之间铺砌条石，两侧设节间式石栏杆，无地伏。望柱置于石板梁上，石栏板两端各有一块石垫块，桥两头端望柱上雕有石狮。桥面宽5.80米，桥长225.70米。

桥台用方形条石横顺相间砌筑，两侧有弧形石砌护墙，桥墩也是用方形条石横顺相间砌筑，两端是尖形。跨径8.80—11.80米。

1981年，为保护古桥，在古桥的桥台和桥墩上面修筑混凝土墩台，上面架设混凝土梁及桥面。桥面宽7.00米，两侧各设1.00米宽的步道。桥全长214.30米。如今古桥依旧盖在混凝土桥下面。

68. 仙游金凤桥

金凤桥位于莆田市仙游县鲤南镇下楼村，跨木兰溪上。《八闽通志》记载，南宋嘉定年间（1208—1224年）建石桥，命名"安利桥"，明永乐年间（1403—1424年）桥圮。成化元年（1465年）兴工重建，成化七年（1471年）桥竣。改名"卧龙桥"。清雍正八年（1730年）重建。

今存金凤桥是一座11孔石板梁桥。桥面宽2.30米，桥长218.00米。

桥台带燕翅形，桥墩两端是尖形。跨径6.80米。

69. 仙游南门桥

南门桥又名"南薰桥""朱子桥"，位于莆田市仙游县鲤南镇柳坑社区，跨兰溪中游虎啸潭上。始建年代不详，南宋乾道二年（1166年）重修。南宋宝庆二年（1226年）又被水毁，当年修复。南宋端平元年（1234年）重修。明成化元年（1465年）西端被水冲毁3孔，当年修复。民国十七年（1928年）开工改建上部结构，翌年（1929年）12月5日竣工，将上部改建成混凝土结构。

南门桥是一座19孔石板梁桥。桥面宽4.50米，桥长170.00米。

桥台是燕翅形，桥墩两端是尖形，跨径均为5.80米。

70. 仙游石马桥

石马桥位于莆田市仙游县盖尾镇石马村，始建于南宋嘉定年间（1208—1224 年），明洪武二十五年（1392 年）重建。1958 年被水毁，当年重建。

原有石马桥是一座 19 孔等跨径石梁桥，桥面宽 2.00 米，桥长 190.00 米。

桥台两侧有燕翅墙，桥墩两端是尖形。跨径 10.00 米。

71. 惠安洛阳桥

洛阳桥又名"万安桥"，位于泉州市惠安县洛阳镇，跨洛阳江入海口处。《八闽通志》记载，北宋庆历元年（1041 年）拟建石桥，北宋皇祐五年（1053 年）开始兴建，历经六年，耗资一千四百万钱（约合一万四千多两白银），嘉祐四年（1059 年）建成，命名为"洛阳桥"。洛阳桥全长三百六十丈，46 孔，桥面是石板梁，宽一丈五尺。明宣德年间（1426—1435 年）重修，万历三十五年（1607 年）因地震受损，当年修复。

现存洛阳桥是一座 47 孔石板梁桥。每孔 5 块石板梁，两侧有石栏杆，共有 645 根望柱，望柱上有 104 只石狮子。桥面宽 5.00 米，净宽 4.50 米，主桥长 731.29 米，桥梁全长 1106.00 米。

桥台两侧有燕翅墙，桥墩的边墩两端是短尖，其余 44 个桥墩是长尖形（船形），跨径 8.00 米。

桥头有一座石亭子，7 座石塔。有历代碑刻多通。

72. 惠安大德桥

大德桥位于泉州市惠安县涂岭乡驿坂村，跨驿坂溪上。始建于宋代，清雍正五年（1727 年）重建。道光二十九年（1849 年）重修。

今存大德桥是一座 3 孔石板梁桥。桥面每孔是 5 块石板梁，石梁厚

0.40 米，石梁宽 0.60 米，石梁长 5.90 米，桥面宽 3.30 米，桥长 24.00 米。

桥台是凹字形，是用方形条石横顺相间砌筑，前墙长 4.10 米。桥墩的两端是方形，也是用方形条石横顺相间砌筑，桥墩下部约 90 厘米，上顶厚约 1.10 米，桥墩长 4.20 米。跨径均为 5.30 米。

73. 晋江安平桥

安平桥位于晋江市安海镇，在晋江县和南安县交界处，跨于晋江县安海镇和南安县水头镇之间的海湾上。因安海镇古称"安平道"，安平桥因此而得名。又因为桥长约 5 里，俗称"五里桥"。

《八闽通志》载：南宋绍兴八年（1138 年）兴工修建，历经十三年，绍兴二十一年（1151 年）建成。

今存安平桥是一座 362 孔悬臂梁式石板梁桥。悬臂梁采用三层断面为方形的长条花岗岩石料，各层横顺相间设置。桥面是花岗岩石板梁，每孔有 5—8 块石板梁，石板梁厚 0.50—1.00 米，宽 0.60—1.00 米，石板梁长 5.00—11.00 米。两侧有节间式石栏杆，无地伏。望柱安装在石板梁上面的方槽中，桥墩上的望柱上顶出头，跨中的望柱上顶不出头，石栏板（单块）的两端插入望柱中。

桥面宽 3.00—3.40 米，桥面长 2255.00 米，桥梁全长 2491.00 米。

桥台两侧有燕翅墙，桥墩有方形、船形、半船形（上游端是尖形，下游端是方形）三种形式，共计 361 个桥墩。跨径 5.00—11.00 米不等。

74. 晋江东洋桥

东洋桥俗称"东桥"，位于晋江市安海镇东口外，建于宋绍兴二十二年（1152 年）。初建桥为 242 孔，桥长六百六十余丈（合 2198.00 米），桥宽一丈二尺（合 4.00 米），桥上有两座亭子。

明嘉靖三十六年（1557 年）为防倭寇侵扰，拆掉石桥，用石料修筑城墙。清康熙五十一年（1712年）、道光元年（1821年）、光绪三年（1877年）几经重建。民国年间因围海造田，桥下成为陆地。

今存东洋桥仅存东段14孔石板梁桥，桥梁不直，弯弯曲曲。桥面为4—7根石梁，石梁厚0.18—0.25米，石梁宽0.38—0.49米，桥面宽度不一致，最窄处1.90米，最宽处2.90米，桥长约66.00米。

桥台与河岸砌筑在一起，桥墩两端是方形，跨径约4.80米。

75. 晋江吟啸桥

吟啸桥位于晋江市，始建于唐代，初建是一座多孔石墩台木梁桥，五代时期重修。北宋咸平年间（998—1003年）改建成14孔石板梁桥。

吟啸桥是一座14孔石板梁桥，桥面每孔是5块石板梁，无栏杆。桥面宽3.00米，桥长87.20米。（网络记载：桥长42.60米。）

桥台是凹字形，前墙长5.00米。桥墩两端是方形，桥墩厚1.00—1.20米。最大跨径6.50米，最小跨径6.00米。

76. 泉州石笋桥

石笋桥又名"履坦桥""济民桥""通济桥"，位于泉州市鲤城区浮桥镇。《八闽通志》记载，北宋皇祐元年（1049年）用船只建浮桥，取名"履坦桥"，俗称"浮桥"。北宋嘉祐年间（1056—1063年）重修浮桥，改名"济民桥"。北宋元丰元年（1078年）重修浮桥，改名"通济桥"。元丰七年（1084年）重修，改名"通济桥"；南宋绍兴三十年（1160年）兴工修建15孔石梁桥；南宋乾道五年（1169年）石桥竣工。石梁平桥16孔，桥面共用94块石板梁，石板梁厚1.00米，石板梁长14.00米，两侧有石栏杆。桥面宽6.20米，桥长235.00米。桥台是"凹"字形，桥墩两端是方形，跨径均为4.75米。

77. 泉州顺济桥

顺济桥位于泉州市鲤城区，跨晋江下游。因附近有"顺济宫"，取

中国古桥志

575

名"顺济桥"。又因该桥建于石笋桥之后，故俗称"新桥"。《八闽通志》记载，南宋嘉定四年（1211 年）建石桥，长一百五十一丈。元至正年间（1341—1368 年）重修。明成化七年（1471 年）至清代，石桥多次倾圮或石梁折断。民国二十年（1931 年），利用原桥墩台，改建成混凝土桥面。原桥是一座 30 孔石梁桥，桥面宽数据暂缺，桥长387.10 米。

桥台是凹字形，桥墩两端是方形，跨径 13.00—14.80 米不等。2010年 9 月受"凡比亚"台风影响倒塌。

78. 同安五显桥

五显桥位于泉州市同安县五显镇，建造年代无记载。

五显桥是一座 9 孔石板梁桥。桥面每孔 5 块石板梁，桥上无栏杆，桥面宽 3.00 米，桥长 64.00 米。

桥台是凹字形，前墙长 4.00 米。桥墩两端是方形，桥墩厚 1.00米，桥墩长 4.00 米。跨径 5.00—6.50 米不等。

79. 同安五显第一溪桥

五显第一溪桥是泉州市同安县三座五显溪桥之一，位于厦门市同安县五显村，跨布塘溪和西洋溪合流后的东溪上。建于元大德年间（1297—1307 年），明崇祯年间（1628—1644 年）重修。

今存五显第一溪桥是一座 9 孔石板梁桥。桥面每孔有 5 块石板梁，石梁厚 0.40—0.50 米，宽 0.60 米，石梁长 6.00 米，桥面宽 3.05 米，桥长 54.30 米。

桥台是凹字形，用方形条石横顺相间砌筑，前墙长 3.60 米。桥墩两端是方形，也是用方形条石横顺相间砌筑，桥墩厚约 1.50 米，长约3.60 米。最大跨径 6.60 米，最小跨径 4.80 米。

80. 同安五显第二溪桥

五显第二溪桥位于泉州市同安县五显镇安炉村，跨五显溪上。桥头有碑记："明皇万历辛巳秋（1581 年）信士胡朝宾倡募重修桥道。"

五显第二溪桥是一座 8 孔石板梁桥。两侧有石栏杆，上面有石板扶手，扶手下面是方形石柱，每隔一根立柱的下面有地伏。与其相邻的立柱置于石板梁上（每隔一根立柱置于石板梁上），桥面宽 7.40—8.90 米不等，桥长 53.50 米。

桥台两侧有燕翅墙，用方形条石横顺相间砌筑，前墙上顶伸出 3 层悬臂石板，在悬臂石板上又砌筑 3 层石板，根据石料的风化程度，上面的 3 层石板显然是后来加高的。跨径 3.20—6.20 米不等。

81. 厦门苎溪桥

苎溪桥位于福建省厦门市集美区后溪镇土楼村，跨苎溪上，始建于北宋大观年间（1107—1110 年），南宋乾道年间（1165—1173 年）重修。

苎溪桥是一座 9 孔厚墩石板梁桥。无栏杆，桥面每孔 5 块石板梁，石梁厚 0.35—0.55 米，石梁宽 0.40—0.50 米，石梁长 5.00—7.20 米，桥面宽 2.60 米，桥梁长 73.00 米。

桥台是凹字形，前墙长 3.00 米。桥墩上游端是尖形，下游端是方形，桥墩顶厚 2.50 米，桥墩长 5.20 米。跨径 6.70 米。

82. 漳州薛公桥

薛公桥亦称"南桥""通津桥"，俗称"旧桥"，位于漳州市芗城区，跨九龙江西溪上。《八闽通志》记载，南宋绍熙年间（1190—1194 年）建浮桥，嘉定元年（1208 年）建石桥，长二十六丈，而后被水毁。屡建屡毁，直至清光绪初年，建成石桥，在桥头建"月溪亭"。民国十五年（1926 年）重修，改名"南熏桥"，国民革命军长官为福建人，又改名"中山桥"。

薛公桥原是由 4 座石梁桥连接而成的一座 22 孔石梁桥，南第一桥是双孔，桥长 25.60 米；第二桥是 10 孔，桥长 94.06 米；第三桥是 9 孔，桥长 102.78 米；第四桥是单孔，桥长 11.10 米。全桥总长 233.54 米。

桥台是凹字形，桥墩两端是方形，底部较厚而长，上顶较薄而短。跨径由 8.20 米至 12.50 米不等。

83. 龙海江东桥

江东桥又名"虎渡桥""柳营江桥"，位于龙海市，跨九龙江北溪上游。南宋绍熙元年（1190 年）建浮桥，南宋嘉定七年（1214 年）建 15 孔石桥，南宋嘉熙元年（1237 年）兴工重建，历时四年，淳祐元年（1241 年）建成。明成化二十二年（1486 年）重修。1970 年，利用旧桥台和桥墩，保留旧桥面，在桥面两侧增建混凝土肋拱结构。

尚存 5 个旧桥墩，两孔旧桥面。9 个旧桥墩下部构造桥墩用 0.35 米×0.4 米×5.2 米的条石交错叠砌，呈舰首形，通长 11.4 米，宽 5.3 米，以及旧桥台金刚墙，残墙长 100.35 米。

江东桥原是一座 15 孔石板梁桥。桥面每孔有石梁 4—5 根，每根石梁长 23.70 米，断面是 1.70 米见方，重约 180 吨。桥面宽 5.10 米，桥面长 335.00 米。

桥台是燕翅形，桥墩是船形（两端尖形），桥墩厚 5.30 米，桥墩长 11.40 米。跨径均为 4.85 米。

84. 诏安广南桥

广南桥又名"龙尾桥"，位于漳州市诏安县桥东乡桥头村，跨东溪支流洋尾溪上，东西走向。明万历七年（1579 年）建。

广南桥是一座 99 孔石板梁桥。桥面为花岗岩石板梁，桥面不直顺，总体大致平整，无栏杆，桥面宽 8.90 米，桥长约 530.00 米。

桥台是凹字形。桥墩两端是方形，跨径 3.00—3.60 米。

第十三节　广东省石梁桥

全省石梁桥共计 2 座。

1. 潮州广济桥

广济桥又名"湘子桥",位于潮州市湘安区潮州镇,跨韩江上,东西走向。始建于南宋绍兴元年(1131 年),到乾道六年(1170 年)建成东段 9 孔。开禧二年(1206 年)续建西段 8 孔,宝庆二年(1226 年)竣工。

河道中间水流湍急,桥始终未能合龙,以舟代之,因而桥分两段,每段各 12 孔,统称"湘子桥"。两端石桥之间相距约 100 米。

明宣德十年(1435 年)在河道中间增建 5 个桥墩,改名"广济桥"。正德年间又增建 1 个桥墩,全桥共 24 孔。

潮州广济桥

广济桥是一座 24 孔石板梁桥。桥面是花岗岩石板梁，两侧有矮式石板栏杆，桥面宽 5.00 米，桥梁全长 517.95 米。

桥台是凹字形，端墙很短，两边与石板砌筑的河岸相连。桥墩很厚又长，桥墩两端的立面是多面形（平面为多边折线形）。桥墩厚 6.00—13.00 米，桥墩长 22.00—25.00 米。跨径 11.10—14.10 米。

2. 江门见龙桥

见龙桥位于江门市新会区，建造年份不详。

今存见龙桥是一座 9 孔悬臂式石梁桥。桥墩上横铺条形石板，桥面是石板梁，石梁的下面，在桥台和桥墩上各有一层悬臂石板。两侧有节间式石栏杆，无地伏。望柱置于石板梁上，栏板下面两端各置一块方形石垫。桥面宽 2.00 米，桥长 64.00 米。

桥台的前墙与块石砌筑的河岸为一体。桥墩上游端是尖形，下游端是方形，桥墩厚 1.20 米，桥墩长 7.00 米。跨径均为 4.75 米。

第十四节　广西石梁桥

全区石梁桥共计 3 座。

1. 兴安渡头江桥

渡头江桥位于桂林市兴安县，跨湘江上，始建于秦代。

渡头江桥是一座 23 孔石板梁桥。桥面每孔是两块条形石板，无栏杆，桥面宽 1.80 米，桥长 89.60 米。

桥台建在河岸基岩上，桥墩用 3 层石板垒砌而成，桥墩厚 80—90 厘米，桥墩长 2.80 米。跨径 3.00—4.00 米。

2. 灵山三步江桥

三步江桥位于钦州市灵山县，建造年代无考。

今存三步江桥是一座 3 孔石板梁桥。桥面每孔是 2 块花岗岩石板梁，桥上无栏杆，桥面宽 1.10 米，桥长 12.00 米。

桥台是凹字形，前墙长 2.00 米，桥墩是两块方形石柱，立于石板基础上，上顶有一块石板帽梁。桥墩厚 0.90—1.00 米，桥墩长 2.00 米。跨径 3.50—4.00 米。

3. 灵山竹行桥

竹行桥位于钦州市灵山县灵城镇，清咸丰十一年（1861 年）建。

竹行桥是一座 4 孔石板梁桥。桥面是花岗岩石板梁，每孔 4 块石板梁，全桥为平面，桥上无栏杆，桥面宽 2.26 米，桥长 19.00 米。

桥台两侧有燕翅墙，桥墩两端为尖形，中 2 孔跨径 4.66 米，边孔跨径 4.25 米。

第十五节　贵州省石梁桥

全省共有石梁桥 1 座。

1. 织金日升桥

日升桥位于遵义市织金县城关镇，跨贯城河上，当地人称"上水关"，东西走向。始建于清康熙五十四年（1715 年），乾隆十三年（1748 年）重修，光绪十三年（1887 年）重修。

日升桥是一座单孔石板梁桥。桥面是 10 块石板梁，无栏杆，桥面宽 5.20 米，桥长 21.00 米。

侧墙用块石砌筑。桥台是凹字形，前墙是前倾式石板。拱碹是半圆形纵联式结构，无拱眉，跨径 14.20 米。

第十六节　四川省石梁桥

全省共有石梁桥 105 座。

1. 成都西溪桥

西溪桥位于成都市广安区，建于清代。

西溪桥是一座 18 孔石板梁桥。其总平面图形呈"乙"字形，全桥大致分为三段，桥面每孔 5—6 块石板梁，无栏杆，桥面宽 4.50—5.30 米，桥长 122.00 米。

桥台是凹字形，桥墩两端是方形，跨径 3.20—5.00 米。

2. 泸县板栗树桥

板栗树桥位于泸州市泸县百和镇楼方嘴村，跨无名溪上，东南西北走向，建于清代。

板栗树桥是一座 10 孔石板梁桥，桥面每孔两块石板梁，桥石板厚 0.33 米，桥面宽 1.04 米，桥长 28.70 米。

无桥台，边孔石板梁搭在山脚岩石上。桥墩由单条石垒砌，两端是八字形，桥墩厚 0.40 米，桥墩长 2.00 米。跨径 2.87 米。

桥墩上现存 3 尊龙形圆雕，雕刻手法细腻，形态栩栩如生。

3. 泸县对夹滩桥

对夹滩桥位于泸州市泸县百和镇东岳村，跨于鹿溪河对夹滩河段，东南至西北走向，建于清代。

对夹滩桥是一座 8 孔石板梁桥。桥面每孔 2 块石板梁，石板厚 0.37 米，桥面宽 1.75 米，桥长 24.30 米。

桥台是燕翅形，桥墩由单条石垒砌。跨径 3.01 米。

由东南向西北第三、第六孔有龙首圆雕，龇嘴状，其雕刻手法简洁粗犷。

4. 泸县福水桥

福水桥位于泸州市泸县百和镇朱巷村，跨于福水溪上，东西走向，建于清代。

福水桥是一座 3 孔石板梁桥。桥面每孔 2 块石板梁，桥面宽 1.08 米，桥长 7.01 米。

桥台是燕翅形，北台前墙长 1.98 米，南台前墙长 2.90 米。桥墩厚 0.35 米，北墩长 2.28 米，南墩长 2.41 米。跨径（北—南）2.31 米、2.37 米、2.33 米。

两桥墩上各有龙形圆雕一尊，共两尊。龙口微张，龙尾呈弧状圆台形，其雕刻手法简约生动。

5. 泸县观音桥

观音桥位于泸州市泸县百和镇朱巷村，东北西南走向，建于清代。

观音桥是一座 4 孔石板梁桥，桥面每孔 2 块石板梁（石板厚 0.36 米），桥面宽 1.03 米，桥长 7.79 米。

桥台是燕翅形，前墙长无标注。桥墩厚 0.38 米，北墩长 2.03 米，中墩长 2.34 米，南墩长 2.35 米。跨径（北—南）1.98 米、1.98 米、1.97 米、1.86 米。

三桥墩上各有龙形圆雕一尊，共三尊，保存完整。龙首直口龇牙，露舌，龙尾呈圆台状。雕刻线条流畅，形象生动。

6. 泸县两河口桥

两河口桥位于泸州市泸县百和镇排楼村，跨两河口小溪与大鹿溪交汇处，西南东北走向，建于清代。

两河口桥原是一座 3 孔石板梁桥。石板梁厚 0.28 米，桥面宽 1.14 米，桥长 8.25 米。

桥台是燕翅形。桥墩是单条石垒砌，桥墩厚 0.40 米，桥墩长 2.00 米。跨径 2.75 米。桥墩上游端有石雕龙头。

20 世纪 70 年代，当地村民在古桥上建 3 孔石拱桥，成为桥上桥。

7. 泸县泸永桥

泸永桥位于泸州市泸县百和镇蒋坝村，跨无名溪上，东北西南走向，建于清代。

泸永桥是一座5孔石板梁桥。桥面每孔两块石板梁，桥石板厚0.45米，桥面宽2.00米，桥长12.00米。

两端是八字形，桥墩厚0.40米，桥墩长2.60米。跨径2.40米。

中间两桥墩上雕刻龙形，每孔桥面分别用三块石板并列铺成，雕刻粗犷简约却不失生动。

8. 泸县双寿桥

双寿桥位于泸州市泸县百和镇东岳村，跨无名溪上，东西走向，建于清代。

双寿桥是一座9孔石板梁桥。桥面每孔2块石板梁，石板厚0.50米，桥面宽1.20米，桥长24.40米。

桥台是燕翅形，桥墩是单条石。跨径2.71米。

由东向西第三、六墩上游端有石雕龙头。下游端有石雕龙尾。

9. 泸县太平桥

太平桥位于泸州市泸县百和镇骑龙寺村，跨无名溪上，东北西南走向，建于清代。

太平桥是一座4孔石板梁桥。桥面每孔2块石板梁，石板厚0.36米，桥面宽0.96米，桥长9.86米。

无桥台，边孔石板梁搭在山脚岩石上。桥墩构造不明。跨径2.46米。

由东北至西南第一、三墩上游端有石雕龙头。

10. 泸县万寿桥

万寿桥位于泸州市泸县百和镇檀木村，跨无名溪上，东南西北走向，建于清代。

万寿桥是一座3孔石板梁桥。桥面每孔1块石板梁，桥石板厚0.25米，桥面宽1.04米，桥长8.96米。

无桥台，边孔石板梁搭在山脚岩石上。桥墩由单条石垒砌，两端是八字形，桥墩厚0.40米，桥墩长2.00米。跨径2.98米。

由西北向东南第二墩有龙形圆雕，龙雕直口龇牙，凸目、凸鼻。雕刻精细、生动、古朴，保存完整。

11. 泸县小桥子桥

小桥子桥位于泸州市泸县百和镇四合村，跨无名溪上，东北西南走向，建于清代。

小桥子桥是一座3孔石板梁桥。桥面每孔两块石板梁，桥石板厚0.35米，桥面宽5.00米，桥长12.00米。

无桥台，边孔石板梁搭在山脚岩石上。桥墩由单条石垒砌，两端是八字形，桥墩厚0.40米，桥墩长6.00米。跨径4.0米。

桥墩上游端有石雕龙头，下游端有石雕龙尾。

12. 泸县潮河桥

潮河桥位于泸州市泸县潮河镇潮河村，跨潮河上，西北东南走向，建于清代。

潮河桥是一座5孔石板梁桥。桥面每孔1块石板梁，石板梁厚0.50米，桥面宽1.60米，桥长14.42米。

桥台是燕翅形，桥墩由单条石垒砌。跨径2.88米。

从东南向西北第二、第三墩上游端有龙头，下游端有龙尾。

13. 泸县付河沟龙桥

付河沟龙桥位于泸州市泸县潮河镇朱家坪村，在水田中，东西走向，建于清代。

付河沟龙桥是一座 5 孔石板梁桥。桥面每孔 1 块石板梁，石板梁厚 0.32 米，桥面宽 0.90 米，桥长 18.30 米。

桥台燕翅无存。桥墩由单条石垒砌。跨径 2.70 米。

桥墩上游端有石雕龙头，下游端有石雕龙尾。

14. 泸县梁山上双龙桥

梁山上双龙桥位于泸州市泸县潮河镇龙江村，跨无名溪上，东北西南走向，建于清代。

梁山上双龙桥是一座 3 孔石板梁桥。桥面每孔 1 块石板梁，石板梁厚 0.32 米，桥面宽 0.80 米，桥长 5.57 米。

桥台是燕翅形，桥墩由单条石垒砌。跨径 1.85 米。

由西南向东北第一个桥墩有石雕龙头，局部损坏。

15. 泸县龙凤桥

龙凤桥位于泸州市泸县潮河镇王庄村，东南西北走向，建于明代。

今存龙凤桥是一座 3 孔石板梁桥，桥面每孔 3 块石板梁，桥面宽 1.17 米，桥长 6.25 米。

桥台与石砌河岸为一体。桥墩两端是方形，桥墩厚 0.43 米，桥墩长 2.10 米。跨径由北向南依次是 2.10 米、2.10 米、2.05 米。

两个桥墩上分别有石雕龙头，龇牙，凸目，凸额，尖耳，鹿角形角。

16. 泸县明团山桥

明团山桥原名"大桥"，位于泸州市沪县潮河镇天堂坝村，跨无名溪上，东北西南走向，建于明代。

今存明团山桥是一座 8 孔石板梁桥。桥面每孔一块石板梁（石板厚 0.48 米），无栏杆。桥面宽 1.24 米，桥长 14.40 米。

桥台是石板砌筑的不规则形。桥墩两端有两种形式，有方形，也有尖形。桥墩厚度不等，长度不等。跨径 1.34—2.43 米。东北第二、第三墩的上游端有石雕龙头。

团山桥建于明代，为石质平板梁桥，东北西南走向，7 墩 8 孔。桥长 14.4 米，宽 1.24 米，高 1.8 米，桥面板厚 0.48 米。从东北向西南第二、第三个桥墩分别雕刻有圆雕龙，龙雕局部损坏。龙头龇牙含珠，龙身、龙尾呈 "S" 形，雕刻精细，造型生动。此桥是泸县人民政府公布的文物保护单位，对研究当地的交通、经济、文化等有重要参考价值。

17. 泸县五谷寺观音桥

五谷寺观音桥位于泸县潮河镇五谷寺村，跨无名溪上，南北走向，建于清代。

五谷寺观音桥是一座 3 孔石板梁桥。桥面每孔 1 块石板梁，石板梁厚 0.50 米。桥面宽 1.00 米，桥长 10.00 米。

桥台燕翅无存，桥墩由单条石垒砌。跨径 3.33 米。

桥墩上雕刻两龙，尾部损毁严重。

18. 泸县江安桥

江安桥位于泸州市泸县得胜镇仁和村，东西走向，建于清代。

江安桥是一座 7 孔石板梁桥。桥面每孔 1 块石板梁，石板厚 0.40 米，石板梁长由东向西依次是 2.30 米、2.55 米、2.71 米、2.64 米、2.45 米、2.43 米、2.68 米，石板梁之间有 0.25 米的缝隙。桥面宽 1.30 米，桥长 19.14 米。

东桥台即石板砌筑的河岸，西桥台是石板砌筑的不规则形。桥墩两端有方形，有八字形，桥墩厚 0.50—0.55 米，桥墩长 2.41—2.71 米。

跨径由东向西依次是 2.55 米、2.80 米、2.96 米、2.89 米、2.70 米、2.68 米、2.68 米。

桥墩上有石雕龙头。桥东有《重修江安桥记》石碑，刻有"大清同治六年"等字样。

19. 泸县可字桥

可字桥位于泸州市泸县得胜镇贯顶山村，跨无名溪上，东北西南走向，建于清代。

可字桥是一座 7 孔石板梁桥。桥面每孔两块石板梁，石板厚 0.38 米，桥面宽 2.26 米，桥长 14.35 米。

无桥台，石板梁搭在山坡岩石上。桥墩两端是方形，桥墩厚 0.50 米，桥墩长 2.30 米。跨径 2.05 米。

原有 4 个石雕龙头，今尚存 1 个。

20. 泸县栏湾桥

栏湾桥位于泸州市泸县得胜镇白象村，西北东南走向，建于清代。

栏湾桥是一座 5 孔石板梁桥，桥面每孔两块石板梁，石板厚 0.46 厘米，桥面宽 1.36 米，桥长 13.64 米。

无正规桥台。桥墩两端是方形，桥墩厚 0.50 米，桥墩长 2.04 米。跨径由北向南依次是 2.73 米、2.72 米、2.79 米、2.72 米、2.68 米。

桥中部两个桥墩分别雕刻有圆雕龙头，龙口微启，露舌龇牙，鼻、目凸出，雕刻手法细腻，细条流畅。

21. 泸县龙阴沟桥

龙阴沟桥位于泸州市泸县得胜镇龙阴沟村，跨无名溪上，东西走向，建于清代。

龙阴沟桥是一座 5 孔石板梁桥，桥面每孔两块石板梁，桥面宽 1.34

米，桥长 10.40 米。

桥两端无桥台，石板梁直接搭在溪岸岩石上。桥墩厚 0.39 米。跨径 2.18—2.25 米。

桥中部两个桥墩分别雕刻有圆雕龙，龙首斜口圆吻、凸额，龙尾为平面盘曲状浮雕。

22. 泸县毛狗寺桥

毛狗寺桥位于泸州市泸县得胜镇顺民村，跨无名溪上，东南西北走向，建于清代。

毛狗寺桥是一座 4 孔石板梁桥。桥面每孔两块石板梁，石板厚 0.36 米，桥面宽 1.50 米，桥长 10.03 米。

桥台是燕翅形。桥墩两端是方形，桥墩厚 0.40 米，桥墩长 2.50 米。跨径 2.57 米。

桥墩雕龙头，现残存，仅见影像。龙头长 0.75 米，宽 0.55 米。该桥具有典型的地域建筑风格，是泸县龙桥群中的一座。

23. 泸县五子凼桥

五子凼桥位于泸州市泸县得胜镇龙阴沟村，跨马溪河支流崔洞溪上，南北走向，建于清代。

五子凼桥是一座 4 孔石板梁桥。桥面每孔是两块石板梁，桥面宽 1.13 米，桥长 8.85 米。

无桥台石板梁直接搭在山脚岩石上。桥墩两端有方形，有尖形，有长有短。跨径 2.21 米。

两侧桥墩上分别雕刻有圆雕龙头，龇嘴露牙，形态像鳄鱼，其整体保存较好。

24. 泸县仙济桥

仙济桥位于泸州市泸县得胜镇仁和村，跨濑溪河支流蒲溪上，东北西南走向。据江安桥碑《重修江安桥记》记载，仙济桥于清同治六年（1867 年）重修。

仙济桥是一座 5 孔石板梁桥。桥面每孔 2 块石板梁，石板梁厚 0.31 米。桥面宽 1.40 米，桥长 9.32 米。

桥台石砌为方形。桥墩两端是尖形，桥墩厚 0.40 米。跨径 2.32—2.35 米。

桥墩两端有雕龙，雕刻手法简约而不失生动。

根据泸县文物局提供的数据，石板梁桥共计 116 座，由于多数桥墩的上游端有石雕"龙头"，下游端有石雕"龙尾"，故统称"龙桥"。

龙是古代人想象出来的一种吉祥神兽。北京紫禁城内九龙壁上的九条龙应该最标准。

龙的形象是，圆头方脸，微张口露一对虎齿，嘴角有一对长须，脸部有鼻、有眼睛，头顶有一对耳朵、两只双叉角，身体拱曲，鳞体似巨蟒，四肢后曲，爪有五指，尾似双手合十拜佛式。能在水中游，又能腾云驾雾。

经仔细观察泸县石梁桥上龙头和龙尾的模样，无一像龙，头不像龙头，尾不像龙尾，也不像是什么兽，均属于怪兽。

25. 泸县血水河桥

血水河桥位于泸州市泸县得胜镇龙阴沟村，跨无名河上，西南东北走向，建于清代。

血水河桥是一座 5 孔石板梁桥。桥面每孔 4 块石板梁，无栏杆。桥面宽 2.70 米，桥长 9.04 米。

无桥台，石板梁直接搭在山坡上。桥墩两端是方形，有长有短，有薄有厚，桥墩长 2.70 米。跨径 1.85 米。

原有 4 尊龙雕，现仅存 1 尊，龙吻呈弧形长突，很有特点。南端桥板部分已倒塌。

26. 泸县半边滩桥

半边滩桥位于泸州市泸县方洞镇新联村，跨于濑溪河半边滩河段上，东北西南走向，建于清代。

半边滩桥是一座石拱和石梁结构相连的 31 孔石桥。北段 8 孔是石板梁，第九、十两孔是石拱，南段 21 孔是石板梁。全桥桥面宽为 1.95 米，桥梁全长 78.40 米。

两端的桥台是燕翅形。石拱桥的跨径一大一小，大孔的拱碹是大半部圆弧形，小孔的拱碹是半圆形。桥台与石梁桥的中间桥台共，作用为桥墩，桥墩由单条石垒砌，两端是方形。跨径 2.52 米。

27. 泸县龙灯桥

龙灯桥位于泸州市泸县方洞镇三界村，跨于龙灯桥小溪上，西南至东北走向，建于清代。

龙灯桥是一座 3 孔石板梁桥。桥面每孔 3 块石板梁，桥面宽 1.41 米，桥长 7.15 米。

桥台带燕翅形，前墙长 2.44 米。桥墩的两端是方形，桥墩厚 0.40 米，长 3.10 米。跨径（东北—西南）是 1.98 米、2.32 米、1.90 米。

两桥墩上各有一尊龙形圆雕。龙雕身披龙鳞，呈"S"形昂首上扬，张口含珠，龙尾纵向卷曲上翘，龙尾、龙首高出桥面 0.2—0.4 米。其雕刻手法粗犷大方，线条遒劲，甚有气势。

28. 泸县土地坑桥

土地坑桥位于泸州市泸县方洞镇屈湾村，跨无名溪上，东北西南走向，建于清代。

土地坑桥是一座 3 孔石板梁桥。桥面每孔 3 块石板梁，石板梁厚 0.32 米，桥面宽 1.06 米，桥长 5.56 米。

东北无桥台，石板梁搭在山脚岩石上。西北桥台是方形。桥墩由单条石垒砌。跨径 1.85 米。

桥墩上游端有石雕龙头。

29. 泸县杨河坝观音桥

观音桥位于泸州市泸县方洞镇庆丰村，跨无名溪上，西北东南走向，建于清代。

观音桥是一座 3 孔石板梁桥，桥面每孔 3 块石板梁，石板梁厚 0.32 米。桥面宽 1.16 米，桥长 6.78 米。

桥台是燕翅形，桥墩由单条石垒砌。跨径 2.26 米。

桥墩上游端有石雕龙头，下游端有石雕龙尾。

30. 泸县旧桥

旧桥位于泸州市泸县福集镇神龙村，东南西北走向，建于明代。

旧桥是一座 4 孔石板梁桥。桥面每孔两块石板梁，无栏杆。桥面宽 1.24 米，桥面长 10.65 米。

桥台是燕翅形，前墙长 2.10 米。桥墩两端是方形，桥墩厚 0.33—0.55 米，桥墩长 2.94 米。跨径（西北—东南）2.60 米、2.63 米、2.66 米、2.76 米。

第二、第四桥墩的上游端有石雕龙头。龙嘴、龙眼、龙耳、龙须等凸出。

31. 泸县苦桥子桥

苦桥子桥位于泸州市泸县福集镇石鸭滩村，跨苦桥子溪（又名小桥溪）上，东南西北走向。建于明代。

苦桥子桥是一座石拱桥和石板梁桥对接而成的 5 孔石桥。北第二孔（现为第一孔）是石拱桥（2011 年改造成原来的石板梁桥），其余 4 孔是石梁桥。

拱桥的桥面是弧形阶梯式（拱碹石的上面做成台阶），无栏杆。桥面宽 1.50 米，桥面长 18.40 米。拱碹是圆弧形纵联式结构。跨径 3.76 米。

石板梁桥的桥面每孔两块石板梁，无栏杆。桥面宽 1.50 米，桥面长 18.40 米。

桥台建在河坡岩石上，桥墩两端是方形，桥墩厚 0.33—0.65 米，桥墩长 2.43—3.35 米。北一、二孔跨径 3.84 米，第三至五孔的跨径是 4.84 米、3.86 米、2.10 米。

第二、第三个桥墩都有石雕龙头。

32. 泸县石鸭滩桥

石鸭滩桥位于泸州市泸县福集镇石鸭滩村，跨濑溪河上，西南东北走向，建于清代。

石鸭滩桥是一座 35 孔石板梁桥。桥面每孔 2—5 块石板梁，石板梁厚 0.46 米，桥面宽 1.20—2.56 米，桥长 101.50 米。

桥台是燕翅形。桥墩两端是尖形，桥墩厚 0.40 米，桥墩长 2.00 米。跨径 2.28—2.56 米。

由西南向东北第十四墩、第二十二墩上游端上有石雕龙头、鸭头、象头。

33. 泸县水口寺桥

水口寺桥位于泸州市泸县福集镇螺蛳山村，跨濑溪河支流小鹿溪上，南北走向，建于清道光二十年（1840 年）。

水口寺桥是一座 5 孔石板梁桥。桥面每孔 2 块石板梁，石板梁厚 0.50 米，桥面宽 1.00 米，桥长 14.42 米。

桥台石砌为方形。桥墩两端是尖形，桥墩 0.52—0.60 米。跨径 2.13—2.43 米。

第二桥墩上游端有石雕龙头，局部损坏。

34. 泸县铁山洞桥

铁山洞桥又名"陈场桥",位于泸州市泸县福集镇螺蛳山村,跨无名小河上,东南西北走向,建于清代。

铁山洞桥是一座4孔石板梁桥。桥面每孔两块梁,石板厚0.42米。桥面宽1.75米,桥长14.00米。

桥台两侧有燕翅墙。桥墩两端是尖形,桥墩厚0.45米,桥墩长1.80米。跨径2.25—2.45米。

桥墩上游端有石雕龙头,下游端是石雕龙尾。

35. 泸县万寿桥

万寿桥位于泸州市泸县福集镇文昌宫村,跨苦桥子溪上,东北西南走向,建于清代。

今存文昌宫万寿桥是一座5孔石板梁桥。桥面每孔两块石板梁,桥面宽1.68米,桥长14.40米。

桥台用石板砌筑成方形。桥墩两端是方形,桥墩厚0.35米,桥墩长1.70米。跨径2.32—2.44米。

中间两桥墩上有石雕龙头,两个龙身呈"S"形,有昂首冲天之势。

桥南约40米有修桥碑记,高2.00米、宽0.78米,厚0.25米,但由于风雨侵蚀,字迹剥落,不能辨认。

36. 泸县鱼目滩桥

鱼目滩桥位于泸州市泸县福集镇鱼目村,跨九曲河上,东南西北走向,建于清代。

鱼目滩桥是一座16孔石板梁桥。第八孔跨径较大,桥面高起,两端有踏步梯道与相邻桥面连接,桥面每孔是两块石板梁,石板厚0.40米。桥面宽1.53米,桥长47.7米。

桥台两侧有燕翅墙。桥墩两端是方形,桥墩厚0.35米,桥墩长

1.60 米。跨径 2.22—2.38 米。

由东北向西南第七墩、第九墩各有龙首圆雕一尊，共 2 尊。龙首长吻弧口，龇牙露舌，凸鼻。

雕刻手法简洁，线条流畅，不失生动。

37. 泸县保寿桥

保寿桥又名"观音桥"，位于泸州市泸县海潮镇陈湾村，西北东南走向，建于清代。

保寿桥是一座 3 孔石板梁桥。桥面每孔两块石板梁，石板梁厚 22 厘米，桥面宽 78 厘米，桥长 5.67 米。

桥台是燕翅形，前墙长 1.33 米。桥墩两端是方形和八字形，桥墩厚 0.30 米，北墩长 1.68 米，南墩长 1.56 米。跨径（北—南）1.89 米、2.08 米、1.70 米。

桥墩上游端有石雕龙头，下游端有石雕龙尾，局部残损。

38. 泸县观音山双龙桥

双龙桥又名新桥，位于泸州市泸县海潮镇徐场村，跨无名溪上，东北西南走向，建于清代。

双龙桥是一座 3 孔石板梁桥。桥面每孔 2 块石板梁，石板梁厚 0.38 米，桥面宽 1.30 米，桥长 7.86 米。

桥台燕翅无存。桥墩由单条石垒砌，桥墩两端是方形。跨径 2.62 米。

39. 泸县桂花坝桥

桂花坝桥位于泸州市泸县海潮镇尖山村，东北西南走向，建于清代。

桂花坝桥是一座 3 孔石板梁桥。桥面每孔 1 块石板梁，石板梁厚 0.28 米，桥面宽 0.96 米，桥长 7.10 米。

桥台是燕翅形，前墙长 1.55 米。桥墩两端是方形，桥墩厚 0.30 米，长 1.91 米。跨径（东北西南）是 2.20 米、2.70 米、2.20 米。

桥墩上游端有石雕龙头，局部残损，下游端有石雕龙尾，严重损坏。

40. 泸县龙岩星桥

龙岩星桥位于泸州市泸县海潮镇陈湾村，跨于黑龙溪上，东南西北走向。建于清道光十五年（1835 年）。

龙岩星桥是一座 4 孔石板梁桥。桥面每孔 2 块石板梁，石板梁厚 0.50 米，桥面宽 1.31 米，桥长 15.28 米。

桥台是简易不规则的。桥墩两端是方形，桥墩厚 0.53—0.68 米，桥墩长 1.74—2.51 米。跨径（北—南）是 3.10 米、4.52 米、4.89 米、2.77 米。

由西北向东南第二、第三桥墩上游端有石雕龙头，龙头长 0.97 米，宽 0.53—0.68 米，高 0.64 米。

41. 泸县如此桥

如此桥又称"观音桥"，位于泸州市泸县海潮镇尖山村，跨沱江支流彭溪上，东南西北走向，建于清代。

如此桥是一座 3 孔石板梁桥。桥面每孔 2 块石板梁，石板梁厚 0.42 米，桥面宽 2.10 米，桥长 8.40 米。

东南桥台燕翅无存，西北桥台是燕翅形。桥墩由单条石垒砌。跨径 2.80 米。

桥墩上游端有石雕龙头，下游端有石雕龙尾。

42. 泸县星桥

星桥位于泸州市泸县海潮镇陈湾村，跨星桥溪上，东北西南走向，建于清代。

星桥是一座 3 孔石板梁桥，桥面每孔 2 块石板梁，石板梁厚 0.33 米，桥面宽 0.91 米，桥长 6.87 米。

桥台燕翅无存，桥墩由单条石垒砌。跨径 2.29 米。

桥墩上游端有石雕龙头，下游端的石雕龙尾损坏。

43. 泸县一人桥

一人桥位于泸州市泸县海潮镇龙塘村，跨无名溪上，南北走向，建于清代。

一人桥是一座 3 孔石板梁桥。桥面每孔 1 块石板梁，石板梁厚 0.40 米，桥面宽 1.00 米，桥长 9.90 米。

北桥台是燕翅形，南桥台燕翅毁坏。桥墩由单条石垒砌。跨径 3.30 米。

两桥墩有圆雕龙，龙首、龙尾上昂，高出桥面。

44. 泸县余坝桥

余坝桥位于泸州市泸县海潮镇红合村，跨无名溪上，东北西南走向，建于清代。

余坝桥是一座 3 孔石板梁桥。桥面每孔 2 块石板梁，石板梁厚 0.40 米。桥面宽 1.15 米，桥长 8.72 米。

桥台燕翅无存，桥墩由单条石垒砌，跨径 2.90 米。

桥墩上游端有石雕龙头，下游端有石雕龙尾。

45. 泸县风水桥

风水桥位于泸州市泸县嘉明镇复兴村，跨无名溪上，西南东北走向，建于清代。

风水桥是一座 3 孔石板梁桥。桥面每孔 2 块石板梁，石板梁厚 0.50

米，桥面宽 1.58 米，桥长 8.84 米。

桥台是燕翅形，前墙长 2.68 米。桥墩两端是方形，桥墩厚 0.47 米，长 3.20 米。跨径（北—南）2.63 米、3.51 米、2.70 米。

两个桥墩上各有圆雕龙一尊，龙雕局部残损。

龙头长 1.13 米，宽 0.45 米，龙吻卷曲状，造型独特；龙尾呈"Z"形缠绕状。两个桥墩之间的桥板迎水侧面正中刻三纹鱼等图案。

46. 泸县观音桥

观音桥位于泸州市泸县嘉明镇狮子村，跨无名溪上，西北东南走向，建于清代。

观音桥是一座 5 孔石板梁桥。桥面每孔 1 块石板梁，石板梁厚 0.40 米，桥面宽 1.73 米，桥长 13.90 米。

桥台是燕翅形，桥墩由单条石垒砌。跨径 2.78 米。

由东南向西北第三桥墩上游端有石雕龙头。

47. 泸县鸿雁桥

鸿雁桥位于泸州市泸县嘉明镇罗桥村，跨于九曲河上，东南西北走向，建于明代。

现存鸿雁桥是一座 16 孔石板梁桥。桥面每孔两块石板梁，石板厚 0.47 米。桥面宽 1.37 米，桥长 43.73 米。

桥台燕翅形，前墙长 3.80 米。桥墩两端是方形，桥墩厚 0.50 米，桥墩长 3.36 米。跨径（石板梁长）由北向南依次是 2.30 米、2.13 米、2.30 米、2.40 米、4.50 米、2.70 米、2.40 米、2.40 米、2.35 米、2.35 米、2.38 米、2.40 米、2.37 米、2.34 米、2.42 米、2.34 米（全长 43.73 米，等同于桥面长）。

从西北向东南第四、第十一桥墩分别雕刻有圆雕龙，第七桥墩仅存圆雕鸭尾造型。龙雕局部残损。龙头上昂，张口含珠，凸目、凸额；龙身呈"S"形，刻有云纹；龙尾呈缠绕状。圆雕鸭尾呈"V"形，浅浮雕花纹图案。其雕刻手法细腻生动，甚有气势。

48. 泸县黄桷树桥

黄桷树桥位于泸州市泸县嘉明镇双河口村，跨无名溪上，东西走向，建于明代。

今存黄桷树桥是一座 3 孔石板梁桥。桥面每孔一块石板梁，石板厚 0.23 米，无栏杆。桥面宽 1.50 米，桥面长 13.50 米。

嘉明桥台带燕翅形，桥墩两端是方形。跨径 3.35—4.40 米。雕有两条龙。

49. 泸县金龙桥

金龙桥位于泸州市泸县嘉明镇团山堡村，西南东北走向，建于清代。

金龙桥是一座 4 孔石板梁桥。桥面每孔 2 块石板梁，石板梁厚 0.30 米，桥面宽 1.00 米，桥长 7.86 米。

桥台是燕翅形，前墙长 1.79 米。桥墩两端是方形，桥墩厚 0.36—0.40 米，桥墩长 2.20 米。跨径由北向南依次是 1.85 米、1.99 米、1.93 米、2.09 米。

由西南向东北第一、第二桥墩有石雕龙头。

50. 泸县梁桥

梁桥位于泸州市泸县嘉明镇石燕村，跨于九曲河上，西南东北走向，建于清代。

梁桥是一座石拱和石梁混合结构桥。中孔是石拱结构，两端各有 4 孔石板梁结构。石板梁桥的桥面每孔均为两块石板梁，石板厚 0.30 米。桥面宽 1.73 米，桥长 27.21 米。

桥台是燕翅形，桥墩由单条石垒砌。各孔跨径 3.02 米。

51. 泸县锅厂头桥

锅厂头桥位于泸州市泸县立石镇玉龙社区，跨无名溪上，西北东南走向，建于清代。

锅厂头桥是一座4孔石板梁桥。桥面每孔2块石板梁，石板厚0.36米，桥面宽1.52米，桥长9.59米。

无桥台，桥墩由单条石垒砌。跨径2.39米。

桥墩上游端有石雕龙头，下游端有石雕龙尾。

52. 泸县横江高桥

横江高桥位于泸州市泸县牛滩镇横江村，跨无名溪上，东南西北走向，建于清嘉庆年间（1796—1820年）。

横江高桥是一座5孔石板梁桥。桥面每孔2块石板梁，石板梁厚0.36米，石板梁之间留有0.15米缝隙。桥面宽1.50米，桥长14.10米。

桥台是燕翅形。桥墩用单条石板砌筑，两端是方形。跨径2.82米。

中间二墩上游端有石雕龙头，下游端有石雕龙尾。

53. 泸县王坝新桥

王坝新桥位于泸州市泸县牛滩镇王坝村，跨王坝河上，南北走向。建于明代。

王坝新桥是一座7孔石板梁桥。桥面每孔2块石板梁，石板梁厚0.40米，桥面宽1.80米，桥面长17.50米。

桥台是燕翅形，桥墩两端是方形。跨径均为2.50米。

桥墩上游端现存4个龙头。

54. 泸县月亮山双龙桥

月亮山双龙桥位于泸州市泸县牛滩镇红旗村，跨无名溪上，东北西南走向，建于清代。

双龙桥是一座 3 孔石板梁桥。桥面每孔 2 块石板梁，石板梁厚 0.33 米，桥面宽 1.23 米，桥长 6.57 米。

东北桥台燕翅毁坏，西南桥台是燕翅形。桥墩单条石垒砌。跨径 2.19 米。

桥墩上游端各有一石雕龙首，下游端各有一石雕龙尾。

55. 泸县蜘蛛桥

蜘蛛桥位于泸州市泸县牛滩镇红旗村，跨濑溪河支流无名小溪上，南北走向，建于清嘉庆年间（1796—1820 年）。

蜘蛛桥是一座 3 孔石板梁桥。桥面每孔 2 块石板梁，桥面宽 1.29 米，桥长 10.86 米。

桥台是燕翅形，桥墩由单条石垒砌。跨径 3.62 米。

桥墩上游端有石雕龙头，下游端有石雕龙尾。

56. 泸县奔青山金花桥

奔青山金花桥原名"金花桥"，位于泸州市泸县毗卢镇坳丘村，跨无名河上，东北西南走向，建于清代。

金花桥是一座 3 孔石板梁桥。桥面每孔 1 块石板梁，石板梁厚 0.28 米，桥面宽 1.18 米，桥长 8.06 米。

无桥台，石板梁搭在山脚岩石上。桥墩用单条石板砌筑。跨径 2.68 米。

两个桥墩分别浅浮雕龙头，龙头为浅口、上唇微翘、凸鼻、线刻眼睛，造型简单。

57. 泸县高阁桥

高阁桥位于泸州市泸县毗卢镇坳丘村，跨马溪河上，东北西南走向，建于清代。

高阁桥是一座 3 孔石板梁桥。桥面每孔 2 块石板梁（石板梁厚 25 厘米），桥面宽 1.00 米，桥长 6.60 米。

桥台是燕翅形，北桥台前墙长 1.00 米（同桥面宽），无南桥台，石板梁搭在山脚岩石上。桥墩两端是尖形，桥墩厚 0.40 米，长 1.87 米。跨径（东—西）2.20 米、2.30 米、2.10 米。

两个桥墩上分别雕有圆雕龙头，龙头局部残损，线刻龙耳，浮雕龙角似牛角，雕刻手法简单粗犷。

58. 泸县万寿桥

万寿桥位于泸州市泸县毗卢镇罗汉坝村，跨马溪河支流的无名小溪上，东北西南走向。建于明代。

今存万寿桥是一座 3 孔石板梁桥。桥面每孔 2 块石板梁，无栏杆。桥宽 0.97 米，桥长 6.82 米。

桥台带燕翅形，前墙长约 2.00 米，桥墩两端是方形，上游端的上面有石雕龙头。跨径 2.35 米。

59. 泸县杨湾桥

杨湾桥位于泸州市泸县毗卢镇陈家河村，跨马溪河支流（无名）上，东南西北走向，建于清代。

杨湾桥是一座 6 孔石板梁桥。桥面每孔 2 块石板梁，石板梁厚 0.36 米。桥面宽 1.33 米，桥长 9.09 米。

无桥台，边孔石板梁搭在山脚岩石上。桥墩两端是八字形，桥墩厚 0.45 米，桥墩长 2.00 米。跨径（北—南）2.70 米、1.29 米、1.29 米、1.29 米、1.32 米、1.22 米。

由东南向西北第二、第三、第四个桥墩分别雕有圆雕龙头，龙头龇牙，凸鼻、凸目，局部残损，雕刻手法粗犷。

60. 泸县水渚桥

水渚桥位于泸州市泸县奇峰镇阳高村，南北走向。建于明代。

今存水渚桥是一座 3 孔石板梁桥。桥面每孔一块石板梁，无栏杆。桥面宽 0.60 米，桥长 6.16 米。

桥台带燕翅形，前墙长 1.00 米，桥墩两端是方形，桥墩厚 0.30—0.40 米，桥墩长 2.35—2.42 米。跨径 2.13—2.15 米。

61. 泸县铁垆滩桥

铁垆滩桥位于泸州市泸县奇峰镇长林村，跨铁石溪上，东北西南走向，建于清代。

铁垆滩桥是一座 13 孔石板梁桥。桥面每孔两块石板梁，桥面宽 1.36 米，桥长 28.52 米。

桥台是燕翅形。桥墩两端是方形，桥墩厚 45 厘米，桥墩长 2.40 米。跨径 2.19 米。

由东北向西南第四、第五、第六、第七、第八墩各有龙形圆雕一尊，共 5 尊。龙首短吻斜口，口微张露牙舌，凸鼻。龙尾或纵向卷曲，或平面盘状。其雕刻手法粗犷简洁。

62. 泸县新桥

新桥位于泸州市泸县奇峰镇长林村，跨马溪河支流铁石溪上，南北走向，建于清代。

新桥是一座 7 孔石板梁桥。桥面每孔两块石板梁，石板厚 0.33 米，桥面宽 1.00 米，桥长 14.06 米。

无桥台，边孔石板梁搭在山脚岩石上。桥墩两端是八字形。跨径 2.00 米。

由北向南第三、第四墩分别有一尊龙首圆雕，共两尊。龙首雕刻线条圆润流畅，龙头高鼻凸目浮于水面，生动传神。

63. 泸县和尚山高桥

和尚山高桥原名"高桥",曾名"福星桥",位于泸州市泸县石桥镇秦家坝村,跨于马溪河上,东北西南走向,建于清代。

和尚山高桥是一座5孔石板梁桥。桥面每孔两块石板梁,桥面宽1.36米,桥长32.12米。

桥台是燕翅形,前墙长2.11米。桥墩两端是方形,桥墩厚0.40—0.42米,桥墩长2.32米。跨径(东—西)2.40米、2.40米、2.48米、2.61米、2.61米、2.62米。

桥墩上分别圆雕狮、龙、象等吉祥兽物,兽头面向河流上游。雕刻物线条流畅,形象生动,技艺精湛。

64. 泸县河坝头双龙桥

河坝头双龙桥位于泸州市泸县石桥镇秦家坝村,跨无名小溪上,西北东南走向,建于清代。

河坝头双龙桥是一座5孔石板梁桥。桥面每孔1块石板梁(石板梁厚0.37米),桥面宽1.32米,桥长12.20米。

桥台是燕翅形。桥墩用单条石板砌筑,两端是方形。跨径2.44米。中间两个桥墩上游端有石雕龙头,皆有残损。

65. 泸县会元桥

会元桥位于泸州市泸县石桥镇黄荆湾村,建于清代。

会元桥是一座6孔石板梁桥。桥面每孔4块石板梁,桥面宽4.50米,桥长25.00米。

桥台是凹字形,前墙长4.50米。桥墩两端是方形,桥墩厚0.70—0.85米,桥墩长5.00—5.50米。跨径均为3.15米。20世纪90年代,改建3孔桥面为混凝土板梁。

66. 泸县桥底下桥

桥底下桥位于泸州市泸县石桥镇永定村，跨于马溪河上游，西北东南走向，建于清代。

桥底下桥是一座6孔石板梁桥。桥面每孔2块石板梁，桥面宽1.56米，桥长13.42米。西北第一孔桥面高出其他桥面0.45米。

桥台是燕翅形。桥墩用单条石板砌筑，两端是方形。跨径2.33米。

西北至东南第二、第三、第四桥墩均圆雕龙头，张口露舌，小巧精致。

67. 泸县鼎新桥

鼎新桥位于泸州市泸县太伏镇照南山村，跨鼎新桥小溪上，东北西南走向，建于清代。

鼎新桥是一座7孔石板梁桥。桥面每孔1块石板梁，石板梁厚63厘米，桥面宽1.26米，桥长21.42米。

桥台是燕翅形，桥墩由单条石垒砌。跨径3.06米。

东北向西南第三、第四、第五孔东侧桥板侧面，分别浮雕丝缠书卷、丝缠宝剑、丝缠如意。

68. 泸县济康桥

济康桥位于泸州市泸县太伏镇林桥村，跨无名溪上，西南东北走向，建于清代。

济康桥是一座6孔石板梁桥。桥面每孔2块石板梁，石板梁厚0.50米，桥面宽1.20米，桥长13.00米。桥台是燕翅形，桥墩由单条石垒砌。跨径2.16米。

中央桥墩上有圆雕龙。

69. 泸县李子桥

李子桥位于泸州市泸县太伏镇林桥村，跨无名溪上，东北西南走向，建于清代。

李子桥是一座 3 孔石板梁桥。桥面每孔 1 块石板梁，石板梁厚 0.50 米，桥面宽 1.32 米，桥长 7.86 米。

无桥台，边孔石板梁搭在山脚岩石上。桥墩由单条石垒砌，跨径 2.62 米。

桥墩上游端有石雕龙头，下游端有石雕龙尾。

70. 泸县母猪桥

母猪桥位于泸州市泸县太伏镇林桥村，跨于母猪溪上，东南西北走向，建于清代。

母猪桥是一座 6 孔石板梁桥。桥面每孔 1 块石板梁，石板梁厚 0.50 米，桥面宽 0.97 米，桥长 15.16 米。

无桥台。桥墩两端是方形，桥墩厚 0.35—0.39 米，长 1.61—2.06 米。跨径（东—西）是 1.01 米、1.97 米、3.03 米、3.00 米、3.03 米、3.03 米。

由东南向西北第三、第四墩上各有龙首圆雕一尊，共两尊。龙首弧吻凸目，口微启，其雕刻手法简洁生动。

71. 泸县桥墩河桥

桥墩河桥位于泸州市泸县太伏镇渔湾村，跨无名小溪上，南北走向，建于清代。

桥墩河桥是一座 6 孔石板梁桥。桥面每孔 1 块石板梁，桥面宽 1.43 米，桥长 13.58 米。

南桥台是燕翅形，北端无桥台，石板梁搭在山脚岩石上。

桥墩用单条石垒砌，跨径（南—北）2.84 米、2.80 米、2.40 米、2.19 米、1.95 米、1.4 米。

从南向北第一、第二、第三墩上游端有石雕龙头。第二、第三墩下游端有石雕龙尾。

72. 泸县狮子桥

狮子桥位于泸州市泸县太伏镇渔湾村，跨长江支流大岸溪上，东南西北走向，建于清代。

狮子桥是一座8孔石板梁桥，桥面每孔3块石板梁，桥面宽1.22米，桥长16.24米。

东南桥台燕翅毁坏，西北桥台是燕翅形。桥墩由单条石垒砌，跨径2.03米。

从东南至西北第二、第三墩各有龙形圆雕一尊，雕刻手法简洁生动。

73. 泸县堰坎桥

堰坎桥位于泸州市泸县太伏镇玉溪村，跨无名溪上，东北西南走向，建于清代。

堰坎桥是一座9孔石板梁桥。桥面每孔2块石板梁，石板厚0.35米，石板宽0.65米，石板梁长2.00—2.15米。桥面宽1.30米，桥长18.74米。

西南端无桥台，东北桥台残存燕翅形，桥墩由单条石垒砌。跨径2.08米。

龙形雕刻手法古朴生动。

74. 泸县玉带桥

玉带桥位于泸州市泸县太伏镇伏龙村，跨玉带河小溪上，东南西北走向，建于清代。

玉带桥是一座4孔石板梁桥。桥面每孔2块石板梁，桥面宽0.87米，桥长7.87米。

东北桥台是燕翅形，西南桥台毁坏，桥墩形状不明。跨径1.96米。

3个桥墩上分别有龙形圆雕各一尊，尾部呈缠绕状。

75. 泸县龙脑桥

龙脑桥位于泸州市泸县县城玉蟾街道北部龙华村，跨九曲河上，南北走向。据《泸县志》记载，龙脑桥建于明洪武十一年（1378年）。清乾隆四十三年（1778）下旨"钦命永宁道泸州以北九十华里九曲河龙脑桥予以保护"。

龙脑桥是一座13孔石板梁桥。桥墩上各并排铺砌两块石板，桥面每孔2块石板梁，石板宽0.95米，厚0.60米，长3.60米。桥上无栏杆，桥面宽1.90米，桥面长46.80米，全长54.00米。

桥台是凹字形，前墙长约3.00米。两端是尖形，桥墩厚3.10米，桥墩长5.00米。跨径2.96—3.01米。

北起第三至第十墩上游（东）端上面有石雕兽头，下游（西）端的上面有石雕兽尾。中间8个桥墩分别圆雕龙、麒麟、青狮、大象4种吉祥兽物，石雕动物的脊背凹槽上安置桥面石板。桥的一侧露出动物头部，一侧露出尾部。这些雕刻各不相同，有的嘴衔绶带，有的脚踏绣球，有的足踩玉圭，无不生动传神，各具特色。

76. 泸县代桥

代桥位于泸州市泸县玄滩镇石鹅沟村，跨无名溪上，西北东南走向，建于清代。

代桥是一座3孔石板梁桥。桥面每孔两块石板梁，石板梁厚0.30米，桥面宽1.14米，桥长8.70米。

无桥台石板梁搭在山脚岩石上。桥墩用单条石垒砌，两端是方形。跨径2.90米。

桥墩上游端有石雕龙头，下游端有石雕龙尾（局部残损）。

77. 泸县纺线桥

纺线桥位于泸州市泸县玄滩镇老油房村，跨濑溪河上，东北西南走向，明万历四十六年（1618年）建。

今存纺线桥是一座9孔石板梁桥。桥面每孔两块石板梁，石板厚0.40米，桥面宽2.09米，桥长23.10米。

桥两端均无桥台，石板梁直接搭在河岸岩石上。桥墩两端是方形，桥墩厚0.60米，桥墩长2.10米。跨径2.33—2.43米。

桥中部的6个桥墩各有一尊圆雕龙，龙头短吻上翘，平目凸额，雕刻手法简单、粗犷，龙雕残损、风化严重。

78. 泸县济众桥

济众桥位于泸州市泸县玄滩镇老油房村，跨马溪河上，西北东南走向，建于清道光二年（1822年）。

济众桥是一座9孔石板梁桥。桥面每孔2块石板梁，石板梁厚0.30米，桥面宽1.30米，桥长26.25米。

桥台两侧有不对称雁翅墙。桥墩两端是方形。

由东南向西北第二桥墩上游端有石雕龙头，局部损坏。下游端有石雕龙尾。

桥台石砌为方形。桥墩厚0.48—0.52米。跨径2.33—2.45米。

由东南向西北第二桥墩上游端有石雕龙头，下游端有石雕龙尾。

79. 泸县牛岩坡新桥

新桥位于泸州市泸县玄滩镇涂丰村，跨龙溪河上，南北走向，建于清道光十五年（1835年）。

新桥是一座9孔石板梁桥。桥面每孔2块石板梁，石板梁厚0.30米，桥面宽1.25米，桥长22.30米。

桥台两侧有雁翅墙。桥墩上游端是尖形，下游端是方形。桥台石砌为方形。桥墩两端是尖形，桥墩厚0.48—0.50米，跨径1.89—2.12米。

由北向南第三、第五桥墩上游端有石雕龙头，龙头损坏。

80. 泸县泰和桥

泰和桥位于泸州市泸县玄滩镇中心村，跨于马溪河上，东北西南走向，始建于清代，光绪五年（1879 年）重修。20 世纪 80 年代，将桥面加高 68 厘米。北第二、第三两孔桥面更换成混凝土板梁。

泰和桥是一座 14 孔石板梁桥。每孔两块石板梁，桥面宽 1.58 米，桥长 35.20 米。

桥台是燕翅形，前墙长 2.20 米。桥墩用条形石垒砌，两端是方形。跨径 2.51 米。

桥墩的上游端有石雕龙头，有部分残损。

81. 泸县众缘桥

众缘桥原名"众线桥"，位于泸州市泸县玄滩镇海罗村，跨无名溪上，东北西南走向，建于清嘉庆年间（1796—1820 年）。

众缘桥是一座 3 孔石板梁桥。桥面每孔 2 块石板梁，石板梁厚 0.38 米，桥面宽 1.70 米，桥长 8.50 米。

无桥台，石板梁搭在山脚岩石上。桥墩用单条石板砌筑，两端是方形。跨径 2.83 米。

桥墩上游端有石雕龙头，张口含珠（残损）。

82. 泸县岸滩桥

岸滩桥位于泸州市泸县喻寺镇兴隆村，跨濑溪河上，东北西南走向，建于清代。

岸滩桥是一座 26 孔石板梁桥。桥面每孔 2 块石板梁，石板梁厚 0.30 米，桥面宽 1.25 米，桥长 67.32 米。

桥台是燕翅形，桥墩由单条石垒砌。跨径 2.58 米。

桥墩原有龙雕，现已损毁。为方便于桥下船只通行，后人将东北面桥墩增高成现状。

83. 泸县太平桥

太平桥位于泸州市泸县喻寺镇古桥村，南北走向，建于清代。太平桥是一座5孔石板梁桥。桥面每孔两块石板梁，石板梁厚0.30米，桥面宽1.13米，桥长15.32米。

北桥台是燕翅形，南桥台燕翅毁坏。桥墩由单条石垒砌。跨径3.06米。

中间两墩上游端有石雕龙头，下游端有石雕龙尾。

84. 泸县谭石桥

谭石桥位于泸州市泸县喻寺镇新桥村，跨濑溪河上，东北西南走向，建于清代。

谭石桥是一座28孔石板梁桥。桥面原系每孔2块石板梁，历次重修，形成每孔2、3、4块石板梁，桥面宽1.77—2.30米，桥长100.00米。

桥台燕翅无存。桥墩由单条石垒砌。跨径3.57米。

20世纪90年代，将西南端2孔桥面升高，改石板梁为混凝土板梁。

85. 泸县牺牛山桥

牺牛山桥位于泸州市泸县喻寺镇古桥村，跨无名溪上，东西走向，建于清代。

牺牛山桥是一座双孔石板梁桥。桥面每孔2块石板梁，石板梁厚0.30米，桥面宽1.00米，桥长4.30米。

桥台燕翅无存。桥墩由单条石垒砌，跨径2.15米。

桥墩上游端有石雕龙头。

86. 泸县黄桷桥

黄桷桥位于泸州市泸县云锦镇稻子村，跨无名小溪上，西北东南走向，建于清代。

黄桷桥是一座 3 孔石板梁桥。桥面每孔 2 块石板梁，石板厚 0.33 米，桥面宽 95 米，桥长 8.09 米。

西北桥台为燕翅形，东南无桥台，边孔石板梁搭在山脚岩石上。桥墩单条石垒砌，两端是八字形，桥墩厚 40 厘米，桥墩长 2.50 米。

两个桥墩分别有圆雕瑞兽，两瑞兽扭头相望，造型生动，兽雕局部保存较完整。

87. 泸县翘墩桥

翘墩桥位于泸州市泸县云锦镇斑竹林村，跨龙溪河支流云锦溪上，西北东南走向。建于清代。

翘墩桥是一座 3 孔石板梁桥，桥面每孔 2 块石板梁，桥面宽 1.03 米，桥长 5.90 米。

桥台是燕翅形。桥墩单条石垒砌，两端是八字形，桥墩厚 0.40 米，桥墩长 160 米。跨径 1.97 米。

两个桥墩上分别有圆雕龙，龙雕局部残损。龙头向上游，龙口微张露牙，龙尾呈平面浅浮雕盘卷状。桥台残存。

88. 泸县天堂嘴双龙桥

双龙桥位于泸州市泸县云锦镇花园村，跨无名溪上，西北东南走向。桥头有《双龙桥修桥碑序》，碑文记载：清嘉庆二十五年（1820 年）建石桥。

双龙桥是一座 3 孔石板梁桥。桥面每孔 2 块石板梁，石板梁厚 0.30 米。桥面宽 2.50 米，桥长 8.00 米。

桥台是燕翅形，桥墩由单条石垒砌，跨径 2.66 米。

桥墩上游端有石雕龙头，龙头长 0.8 米，宽 0.4 米。下游端有石雕龙尾，龙尾长 0.4 米，宽 0.35 米。

89. 泸县乌棒桥

乌棒桥位于泸州市泸县云锦镇翻身村，跨无名溪上，东南西北走向，建于清嘉庆十二年（1807年）。

乌棒桥是一座双孔石板梁桥。桥面每孔2块石板梁，石板梁厚0.50米，桥面宽0.88米，桥长4.08米。

无桥台，桥墩两端是方形，桥墩厚分别为0.32米和0.35米，桥墩长约1.00米。跨径1.52米。

桥墩上有圆雕龙，龙雕残损。原桥东北约6米田角处有1通桥碑，现已成为当地居民熊廷华住宅的墙基石，碑宽0.32米、厚0.4米、高1.47米。

90. 泸县砖嘴屋基双龙桥

砖嘴屋基双龙桥位于泸州市泸县云锦镇稻子村，跨龙溪河支流（无名）上，东南西北走向，建于清代。

双龙桥是一座4孔石板梁桥。桥面每孔两块石板梁，桥面宽1.00米，桥长11.68米。

桥台是燕翅形。桥墩用单条石垒砌，桥墩厚0.40米，桥墩长2.00米。跨径2.92米。

由西向东第一、第三个桥墩分别有圆雕龙头，龙头龇牙露舌，憨态可掬。原桥板与龙雕位于同一平面，为便于行人通过，当地居民于1968年将桥板升高到现有高度。

91. 泸县子母桥

子母桥位于泸州市泸县云锦镇冯石村，跨长江支流大河上，西北东南走向，建于清代。

子母桥是一座4孔石板梁桥。桥面每孔两块石板梁，石板厚0.40米，桥面宽1.64米，桥长10.05米。

无桥台，两端的石板梁分别搭在溪岸石滩上。桥墩单条石垒砌，两端是八字形，桥墩厚 0.40 米，桥墩长 2.50 米。跨径 2.62 米。

西北向东南第二、第三个桥墩分别有圆雕龙，龙雕局部残损，龙吻凸出，雕刻大气。

92. 泸县金罡桥

金罡桥位于泸州市泸县云龙镇朱梅滩村，跨于龙溪河的支流上，东西走向，该桥建于清代。

金罡桥是一座 5 孔石板梁桥。桥面每孔两块石板梁（石板厚 0.39 米），桥面宽 1.46 米，桥长 13.28 米。

桥台是燕翅形，前墙长 2.04 米，桥墩厚 0.35—0.51 米，长 2.50 米。跨径（石梁长和石梁之间的缝隙 0.25 米）由北向南依次是 2.40 米、2.37 米、2.37 米、2.40 米、2.37 米。

桥面形制较其他泸县龙桥不同，桥板安置于"工"字形桥墩上。桥中部的两个桥墩分别雕刻有圆雕龙，龙头短吻、粗鼻、凸目；龙身刻云纹；龙尾呈缠绕卷曲状。从东向西第二个桥墩龙头张口露齿，第三个桥墩龙头张口含珠。

93. 泸县梨园桥

梨园桥位于泸州市泸县云龙镇茅坝村，东南西北走向，该桥建于清代。

梨园桥是一座 5 孔石板梁桥。桥面每孔两块石板梁（石板厚 0.32 米），桥面宽 1.14 米，桥长 11.95 米。

桥台属于不规则形。桥墩的两端是方形，桥墩厚 0.32—0.35 米，长 1.66—2.43 米。跨径（东—西）是 2.38 米、2.38 米、2.40 米、2.38 米、2.41 米。

桥中部的两个桥墩分别雕刻有圆雕龙，龙头长吻弧口，龇牙露舌，凸鼻，龙尾为浅浮雕平面盘状，雕刻技法较细腻。

94. 泸县龙洞桥

龙洞桥位于泸州市泸县云龙镇姜河坎溪，东西走向，该桥建于清代。

龙洞桥是一座5孔石板梁桥，桥面每孔两块石板梁（石板厚0.33米），桥面宽1.63米，桥长10.11米。

桥台带燕翅形，前墙长2.23米。桥墩两端是方形，桥墩厚0.38米，长3.23—3.34米。跨径（东—西）是2.00米、2.05米、2.02米、2.04米、2.00米。

4个桥墩上各有一尊圆雕龙头，龙雕圆润细腻，独具特色。

95. 泸县漏孔滩桥

漏孔滩桥位于泸州市泸县云龙镇英雄村，跨漏孔滩小溪上，东北西南走向，建于清代。

漏孔滩桥是一座7孔石板梁桥。桥面每孔1块石板梁，石板厚0.35米，桥面宽1.10米，桥长16.76米。

桥两端无桥台，石板梁直接搭在溪岸岩石上。桥墩两端是方形，桥墩厚50厘米，桥墩长1.10米。跨径2.39米。

由东北向西南第四、第五个桥墩上分别雕刻有龙头，龙头雕刻弧口微翘，凸目，雕刻技法较简单。

96. 泸县三元桥

三元桥位于泸州市泸县云龙镇云丰村，跨无名小溪上，东西走向。建于明代。

三元桥是一座7孔石板梁桥。桥面每孔是单块石板梁，无栏杆。桥面宽1.00米，桥长11.83米。

桥台是凹字形，东起第一、第二、第五桥墩的两端是方形，第三、第四桥墩的两端是圆形，上游端有石雕龙头，下游端是龙尾。跨径

1. 30—1. 80 米。

97. 泸县狮洞子桥

狮洞子桥位于泸州市泸县云龙镇大水河村，跨无名小溪上，东北西南走向，建于清代。

狮洞子桥是一座 4 孔石板梁桥。桥面每孔 2 块石板梁，石板厚 0. 30 米，桥面宽 1. 30 米，桥长 6. 60 米。

桥台两侧有燕翅墙，不对称。桥墩两端是方形，桥墩厚 0. 45 米，桥墩长 1. 30 米。跨径 1. 65 米。

桥中部的桥墩雕刻有圆雕龙，龙头长 0. 6 米，宽 0. 25 米；龙尾长 0. 28 米，宽 0. 25 米。

98. 泸县顺对子桥

顺对子桥位于泸州市泸县云龙镇吉林村，跨龙溪河上，南北走向。建于明代。

今存顺对子桥是一座 11 孔石板梁桥。桥面每孔 4 块石板梁，桥板厚 0. 40 米。无栏杆，桥面宽 1. 98 米，桥长 39. 00 米。

桥台是凹字形，桥墩两端是尖形。跨径 2. 80 米。

中 4 墩的上游端有石雕龙头，下游端有石雕龙尾。龙头上昂，口内含珠，凸目凸鼻，龙吻短平，角卷曲，高于桥面板 0. 04—0. 25 米。龙尾有的卷曲，有的上翘。第六孔桥板东侧楷书阴刻 "龙藏蛟伏" 字样，字间有浅浮雕宝剑一把。

99. 泸县天堂桥

天堂桥位于泸州市泸县云龙镇葛藤湾村，跨滩子河小溪上，南北走向。建于清代。

天堂桥是一座 5 孔石板梁桥。桥面每孔两块石板梁，石板厚 0. 30

米，桥面宽 1.29—1.60 米，桥长 12.42 米。

桥台两侧有燕翅墙。桥墩两端是方形。跨径 2.48 米。

从南向北的第一、第二、第三桥墩各有龙形雕刻，其中第一、第二桥墩龙头已毁，龙尾完整，呈 "S" 形上翘状，第三个桥墩龙头口微张，凸目、凸额，龙形雕刻细腻，龙尾已毁。

100. 泸县土地桥

土地桥位于泸州市泸县云龙镇伏耳村，跨无名溪上，东西走向，建于清代。

土地桥是一座 3 孔石板梁桥。桥面每孔 2 块石板梁，石板厚 0.30 米，桥面宽 1.10 米，桥长 6.50 米。

桥台是雁翅型。桥墩两端是方形，有长有短。跨径 2.16 米。

桥面含龙雕宽 2.15 米。桥墩分别有一尊龙雕，龙头龙尾残存。

101. 泸县瓦坝大桥

瓦坝大桥位于泸州市泸县云龙镇葛藤湾村，跨滩子河小溪上，东南西北走向，该桥建于清代。

瓦坝大桥是一座石 7 孔板梁桥。桥面每孔两块石板梁，石板厚 0.35 米。桥面宽 1.60—1.71 米，桥长 14.32 米。

桥台是燕翅形。桥墩两端是方形。跨径 2.04 米。

由东南向西北第四、第六个桥墩上各雕刻有圆雕龙头，雕刻手法简单。

102. 泸县小龙桥

小龙桥位于泸州市泸县云龙镇战旗村，跨小桥溪上，东北西南走向，建于清代。

小龙桥是一座 3 孔石板梁桥。桥面每孔 1 块石板梁，石板厚 0.34

米。桥面宽 0.94 米，桥长 6.75 米。

桥台是燕翅形。桥墩两端是八字形。跨径 2.25 米。

两个桥墩上分别有圆雕龙，龙头、龙尾高于桥板 0.25 米，两龙头局部残损。龙头呈 "S" 形上昂，张口露牙，龙须飘逸；龙身刻云纹，龙爪呈奋然划动姿势，龙尾呈翘卷镂空状。此桥由于所跨河溪窄小，河床浅，每逢汛期便被淹没，不能通行。

103. 泸县永济桥

永济桥又名 "锣鼓滩大桥"，位于泸州市泸县镇战旗村，跨于龙溪河上，东北西南走向，建于清康熙五年（1666 年）。

永济桥是一座 13 孔石板梁桥。桥面每孔 3 块石板梁，石板梁厚 0.45 米。桥面宽 1.88 米，桥长 42.57 米。

东北桥台燕翅无存，西南桥台是燕翅形。桥墩上游端尖形，下游端方形。桥墩厚 0.50—0.53 米，桥墩长 2.00—3.00 米。跨径 2.1—2.21 米。

由东北向西南第四、第六、第七、第九桥墩上游端有石雕龙头，下游端有石雕龙尾。

104. 泸县白思桥

白思桥位于泸州市泸县兆雅镇石龙村，跨猫儿河小溪上，南北走向，建于清代。据《泸县志》记载，相传为清初士人白思所建。

白思桥是一座 8 孔石板梁桥。桥面每孔 2 块石板梁，桥面宽 1.18 米，桥长 22.89 米。

桥台是 "一" 字形，前墙长（同桥面宽）1.18 米。桥墩两端是方形，桥墩厚 0.50 米，桥墩长分别是 2.39、2.49、2.28 米。跨径（北—南）是 3.40 米、2.66 米、2.64 米、2.65 米、2.63 米、2.68 米、2.58 米、3.65 米。

由南向北第三、第四、第五墩分别有圆雕狮、龙、象各一尊。狮雕口衔绶带，龙雕张口含珠，象雕贴身藏鼻，造型生动。

105. 泸县双龙桥

双龙桥位于泸州市泸县兆雅镇石龙村，在水田中，东北西南走向，建于清代。

双龙桥是一座 4 孔石板梁桥。桥面每孔两块石板梁，桥面宽 1.10 米，桥长 11.20 米。

无桥台，边孔石板梁搭在山脚岩石上。桥墩用单条石垒砌，两端是方形，桥墩厚 0.40 米，桥墩长 1.60 米。跨径 2.80 米。

北第一、第二墩东侧各有圆雕龙首一尊。龙雕弧吻凸鼻，龇牙咧嘴，粗犷而生动。

第三章

石墩台木梁桥

第一节　概述

石墩台木梁桥是古代木桥最初阶段，它是在利用土河岸为桥台、架设木桥面的基础上发展成石墩台木梁桥。

石墩台木梁桥的上部结构使用木材为梁，下部结构是用石料砌筑的桥台和桥墩。根据上部结构的不同形式与做法，分为简支木梁桥、悬臂式木梁桥、撑架式木梁桥三种。

一、简支木梁桥是最简单的一种石板梁桥。其做法是，将石板梁的两端直接搭在用石板砌筑的桥台上和桥墩上。

二、悬臂式木梁桥的做法是，在石砌桥台上设置一层或多层单悬臂圆木梁，在石砌桥墩上设置一层或多层双悬臂圆木梁。在悬臂梁之间设方木横系杆件。在悬臂梁上面架设圆木纵梁构成桥面。

三、撑架式木梁桥的做法是，以圆木为纵梁，在圆木纵梁下面中间部位各挂一根圆木附梁，在附梁的两端各挂一根圆木横梁，横梁的外侧各设置一根圆木斜撑。纵梁上面铺木板而成桥面。另一种做法是，在圆木纵梁下面中间部位挂两根圆木横梁，在横梁下面挂圆木辅梁，在辅梁的两端设置一对圆木斜撑。纵梁上面铺木板而成桥面。两种做法的斜撑下端置于桥台前墙中部。

悬臂式和撑架式木梁桥，多分布在江南一带，由于南方多雨，为防止雨水侵蚀木材，在桥上建砖木结构廊。过路人可以避雨，因而有"风雨桥"之称。

第二节　北京市木梁桥

全市共有石台木梁桥 11 座。

1. 朝阳门窎桥

朝阳门窎桥位于朝阳门外，跨内城东护城河上，东西走向，是一座单孔石台木梁桥。桥塳和桥面上面铺砌花岗岩石板，两侧有城砖宇墙式栏杆。栏杆上面有青石墙帽，栏杆两端有青石栏端石，折角处各立一块青石护角石。栏杆下面有青石地伏。栏杆厚 50 厘米，高 1.20 米，每侧栏杆长 20.30 米，桥身上栏杆长 7.10 米，八字栏杆长均为 6.60 米，下面有青石地伏。桥面全宽 11.60 米，净宽 10.50 米，桥面长 5.00 米，东西桥塳长 5.70 米，桥梁全长 16.40 米。桥栏杆西端以外有城砖砌的护栏墙（弯形），墙体形式与桥栏杆相同，长约 20.00 米。

桥台带燕翅形，全部用花岗岩石板砌筑，前墙近北端处有闸板槽（在桥面下面，距北端约 1.70 米）。前墙长 12.80 米，上游（北）燕翅墙长 8.80 米，下游燕翅墙长 7.60 米。跨径 4.15 米。上下游燕翅墙以外皆有城砖砌筑的驳岸，上游驳岸长 9.00 米，下游驳岸长 12.00 米。

桥西有花岗岩石板道，石板道绕箭楼一周，直通城门洞。桥东头也有花岗岩石板道（朝外大街石板道），直至东岳庙山门前。

据史料记载，朝阳门窎桥始建于元代，原是一座双孔石板梁桥。明永乐年间改建齐化门窎桥为石台木面桥，正统四年（1439 年）改建桥面为木梁上面加铺石板，改齐化门为朝阳门，桥名随之改称朝阳门窎桥。

民国三年（1914 年）京都市营造局档案记载："朝阳门窎桥是一座单孔石台木梁石面桥，维修桥面及宇墙式砖栏杆。"

民国十七年（1928 年），北平市工务局的档案中记载："五月翻修朝阳门弯桥桥面，并加宽，全幅达 11.00 公尺。"

民国二十五年（1936 年）8 月的《北平市桥梁状况月报表》记载：
"桥梁名称：朝阳门弯桥。坐落地点：朝阳门外。所属路线：朝外关厢
路。结构种类：石台木梁桥。桥脚构造：条石砌筑。桥面幅度：10.70
米。桥梁载重：10 吨。桥梁状况：完整。"

《北平市志稿》中记载："三年（1914 年）九月，修葺朝阳门外弯
桥，桥长六丈，宽三丈五尺。"

1953 年 3 月至 6 月，实施朝阳门至东大桥粮食市场（关东店）道路
扩建工程。同期，实施朝阳门弯桥桥面加宽工程和东大桥加宽工程。

工程做法：拆除城砖栏杆（砖材是清代城砖），在桥面两侧添建木
结构人行步道，外侧安装木栏杆。加宽后，桥面全宽达到 15.20 米。

1958 年 3 月下旬至 6 月上旬，实施内城东护城河疏浚工程。为使朝
阳门外护城河裁弯取直，拆除朝阳门箭楼。是年 9 月下旬，实施朝阳门
弯桥改建工程，将旧弯桥拆除。朝阳门弯桥的上部结构是密排方形木纵
梁，纵梁上面铺砌一层譬砌城砖垫层，上面铺砌花岗岩石板。

桥台的外表是花岗岩石墙，石墙厚约 85 厘米，石墙后面有厚 100
厘米的城砖墙。砖墙后面是掺有碎石片的粗质石灰土。桥基和海墁是在
梅花桩的基础上铺砌单层花岗岩石板。

根据桥台的构造和做法，该桥属于明代所建。

2. 德胜门弯桥

德胜门弯桥位于德胜门箭楼的北面，跨内城北护城河上，南北走
向，是一座单孔石台木梁石面桥。桥埒和桥面上横铺花岗岩石板，两侧
有城砖宇墙式栏杆，上面有青石墙帽，两端有青石迎面石，折角处有护
角石。每侧栏杆长 12.00 米。下面有青石地伏。桥面全宽 12.80 米，净
宽 11.70 米，桥面长 5.00 米，南北桥埒长 6.50 米，桥梁全长 18.00 米。

南桥埒以外的石板道与箭楼两边的石板道相连。桥栏杆以外皆有城
砖宇墙式护栏，北端的护栏墙每侧长约 16.00 米，南端的护栏墙为弧形，

每侧长约 50.00 米。护栏的上面也有青石墙帽，下面也有青石地伏。

桥台带燕翅形，用花岗岩石板砌筑。前墙近西端有闸板槽（在桥面下面，距西端约 2.00 米），前墙长 14.00 米，上游（西侧）燕翅墙长 6.50 米，下游（东侧）燕翅墙长约 9.00 米。跨径 4.10 米。燕翅墙以外均有石砌驳岸，石砌驳岸以外有城砖砌筑的驳岸。

据史料记载，德胜门瓮始建于明洪武四年（1371 年），初建为闸桥合一的石台木面桥，明正统四年（1439 年），改修桥面。清乾隆年间翻修桥面及桥栏杆。民国十七年（1928 年）废水闸，加宽桥面。

民国二十五年（1936 年）《北平市桥梁状况月报表》载："桥梁名称：德胜门瓮桥。坐落地点：德胜门外。所属路线：德胜门清河路。结构种类：石台木梁桥。桥脚构造：条石砌筑。桥面幅度：11.00 米。桥梁载重：10 吨。桥梁状况：完整。附注：明正统四年（1439 年）建。"

1954 年发现德胜门瓮桥木纵梁的底面腐朽层，三年来有所加深，于是决定于 1955 年进行桥面翻修。

1955 年 7 月中旬至 8 月中旬，实施德胜门交通改善工程，德胜门外大街道路整修工程和德胜门内大街道路扩建工程。其中包括德胜门瓮桥大修工程。

德胜门瓮桥大修工程，原计划更换全部纵梁为双层圆木梁，在新木梁上铺 0.07 米的木桥面板，以焦渣石灰为垫层，上面铺筑沥青面层。

瓮桥工程于 8 月 14 日开工，拆除桥栏杆（砖材是清代城砖）和护栏墙（砖材是明代城砖）。桥面石板拆除以后，下面是平铺两层城砖垫层（清代城砖），木纵梁是方形断面，高 0.50 米，宽 0.48—0.50 米，长 5.00 米。共计 28 根，其中，有 21 根黄松木，有 7 根是黄花松。全部木梁的底面有深 1—1.5 厘米的腐朽层。

截取三块木纵梁试件，进行抗压强度试验。试验结果是，跨木纹抗压强度每平方厘米 43—65 公斤，顺木纹抗压强度是每平方厘米 405—925 公斤，材质良好。

木纵梁荷载试验，选出三根 48 厘米×50 厘米×495 厘米的木梁，将 3 根木梁并排架起，取跨度 420 厘米，用铸铁锭做荷载，将铸铁锭置于梁上跨中，受力面积 60 厘米×144 厘米，采取逐渐加载方式。

当木梁底面跨中下挠值达到 5 毫米时，集中荷载为 5220 公斤，终止加载，木材毫无损伤。

遂决定，纵梁不再更换，在桥台上各平置一根木枕梁。先将木纵梁底面的腐朽层除去 2 厘米，全梁涂以克罗索油（防腐剂），原底面朝上安装，梁间设 3 厘米缝隙。在木纵梁上横铺 7 厘米厚的松木桥面板，再在上面铺 10 厘米−16 厘米−10 厘米掺有少量水泥的焦渣石灰垫层，最后铺筑沥青面层。桥面两侧安装木栏杆，栏杆内侧设人行步道。

1983 年冬季，实施北护城河治理工程，是年 12 月下旬开始拆除德胜门箕桥，翌年 1 月中旬拆完。根据箕桥结构考察，该桥属于明代所建。

德胜门箕桥为何直至 1984 年才拆除，第一，由于德胜门箭楼未拆，因而河道未进行裁弯取直；第二，新街口豁口外道路建成后，德胜门内外大街则成为次要道路；第三，德胜门箕桥的承载能力尚能满足当前交通需要，桥孔无阻水问题。

3. 东直门箕桥

东直门箕桥位于东直门箭台东面，跨护城河上，东西走向，是一座单孔石台木梁桥。桥塊和桥面上面铺砌花岗岩石板，两侧有城砖宇墙式栏杆，栏杆上面有青石墙帽，栏杆两端有青石栏端石，折角处各立一块青石护角石。栏杆下面有青石地伏。栏杆厚约 0.49 米，栏杆高 1.05 米，每侧长 22.10 米，桥身上栏杆长 7.10 米，八字栏杆长均为 7.50 米。桥面全宽 9.60 米，净宽 8.50 米，桥面长 5.00 米，东西桥塊长 6.50 米，桥梁全长 18.00 米。

桥台两侧有雁翅墙，前墙北段有闸板槽（距北端约 1.65 米），前墙长 11.00 米，四角燕翅墙长 8.20 米。跨径 4.15 米。

燕翅石墙以外皆有城砖驳岸（护岸墙），上游（北侧）驳岸长 9.00 米，下游（南侧）驳岸长 12.00 米。

据史料记载，东直门箕桥始建于元代，原是一座双孔石板梁桥。明永乐年间（1403—1424 年）改建崇仁门鸾桥为石台木面桥，正统四年（1439 年）改建桥面为木梁上面加铺石板，改崇仁门为东直门，桥名随之改称东直门鸾桥。

京都市营造局档案记载："五年（1916 年）八月，发现东直门鸾桥木梁有损坏，十月翻修桥面，拆去水闸绞关石架，加宽桥面。桥栏杆利用旧城砖依旧修复。"

民国十六年（1927 年）营造局档案记载："东直门箭楼损坏严重，有危险，遂将其拆除，留其台座。同期，修理鸾桥桥面。"

民国十八年（1929 年）工务局档案记载（摘要）："东直门鸾桥建于明永乐年间，位于崇仁门外，称崇仁门桥，石台木面桥，附水闸。正统四年（1439 年）重建崇仁门，修建城楼、箭楼和闸楼，改崇仁门为东直门。改修东直门鸾桥桥面，拆去木桥面，改用方形木梁，上面铺砌花岗岩石板桥面。"

民国二十五年（1936 年）八月的《北平市桥梁状况月报表》记载："桥梁名称：东直门鸾桥。坐落地点：东直门外。所属路线：东直门外关厢路。结构种类：石台木梁桥。桥脚构造：条石砌筑。桥面幅度：8.10 米。桥梁载重：10 吨。桥梁状况：完整。"

1953 年 6 月，实施东直门鸾桥加宽工程。鸾桥加宽工程，主要是在原桥面两侧增设人行步道。拆除城砖桥栏杆（砖材是清代城砖），利用旧桥台，架设圆木纵梁，铺装木便道板，外侧安装木栏杆。

1954 年春季，实施东直门鸾桥改建工程，该工程于 5 月下旬开工，同年 6 月中旬竣工。根据鸾桥结构考察，属于明代所建。

4. 阜成门鸾桥

阜成门鸾桥位于阜成门外，跨内城西护城河上，东西走向，是一座单孔闸桥合一的石台木梁桥。桥墩和桥面上铺墁花岗岩石板，上部结构是密排方木纵梁。两侧有砖砌宇墙式桥栏杆，下面有青石地伏。栏杆每侧长 21.10 米，桥身段栏杆长 6.10 米，八字栏杆长均为 7.50 米。桥面全宽 9.90 米，净宽 8.80 米，桥面长 5.10 米，东西桥堍长 6.50 米，桥梁全长 18.10 米。

桥台带燕翅形，前墙近北端处有闸板槽（距北端约 1.65 米），前墙长 11.30 米，四角燕翅墙长 7.70 米。跨径 4.15 米。

燕翅墙以外皆有城砖砌筑的驳岸。桥面以东有石板道，绕过瓮城北面与闸门内的石板道相连。

据史料记载，阜成门弯桥始建于元代，原是一座双孔石板梁桥。明永乐年间（1403—1424 年）改建平则门弯桥为石台木面桥，正统四年（1439 年）改建桥面为木梁上面加铺石板，同时改平则门为阜成门，桥面随之改称阜成门弯桥。

《日下旧闻考》记载（摘要）："元西城三门，平则西南门也。明永乐十九年改为二门，西之北曰西直，西之南曰平则，正统间改平则为阜成，本朝因之。"

民国五年（1916 年）京都市营造局档案记载（摘要）："阜成门弯桥更换部分木梁，加宽桥面，废水闸。"

民国八年（1919 年）京都市营造局档案记载（摘要）："元大都城十一门外皆有弯桥，……在平则门外建石台木面桥，桥面北侧设水闸。……明洪武四年，开始利用元大都城之土城墙修建北京城墙。永乐十七年（1419 年）重建南城墙，设城门三座，建弯桥三座。正统四年（1439 年）开始修建九门瓮城、城楼、箭楼、闸楼。……改平则门为阜成门。同期，改修弯桥面桥。……清乾隆年重修桥面。……民国五年（1916 年）更换部分木梁，加宽桥面，废水闸。"

民国二十五年（1936 年）十二月的《北平市桥梁状况月报表》中记载："桥梁名称：阜成门弯桥。坐落地点：阜成门外。所属路线：阜成门外大街。结构种类：石台木梁桥。桥脚构造：条石砌筑。桥面幅度：8.70 米。桥梁载重：10 吨。桥梁状况：完整。附注：明永乐建，正统四年重修。"

《北平市志稿》中有《五年度改良桥梁工程表》，其中记载："五年（1916 年）一月，阜成门及右安门剔换弯桥木梁。"

因计划于 1953 年上半年实施阜成门弯桥加固工程，遂于 1952 年 10 月，进行阜成门弯桥承载力检定。

检定方法是：靠近南边拆开一条桥面石板，石板下面有两层平铺的城砖垫层，城砖下面是密排的方形松木纵梁，梁高约 49 厘米，梁宽 36—45 厘米。因为木梁排列严密，难以取出，从底面检查，有深约 1.50 厘米的腐朽层，梁上未见腐朽现象。弯桥检定工作于 1952 年 10 月 11 日至 15 日完成。

经初步验算，上部结构的承载力不低于苏联桥梁载重标准汽车-13 级。遂决定将桥梁加固改为桥面加宽。

工程做法：拆除砖砌桥栏杆，在桥面以外的桥台前墙和燕翅墙上铺设木枕梁，架设圆木纵梁，梁上横铺单层木便道板，成为人行步道，外侧安装木栏杆。

1954 年 6 月，实施阜成门交通改善工程。拆除瓮城，开辟城台南北豁口，修筑阜成门环路，改建阜成门弯桥。

根据桥梁结构考察，该桥属于明代所建。

5. 广安门弯桥

广安门弯桥位于广安门外，跨外城西护城河上，东西走向。明嘉靖三十二年（1553 年）修建南城城墙，在西面城墙上设城门，命名"广宁门"；同期开挖护城河，在护城河上建弯桥。四十二年（1563 年），增筑广宁门瓮城，拆除旧弯桥，在瓮城的西面重建新弯桥，四十三年（1564 年）桥成。清乾隆十五年（1750 年）重建，广宁门城楼改名"广安门"。弯桥随之改名"广安门弯桥"。

民国二十五年（1936 年）八月的《北平市桥梁状况月报表》中记载："桥梁名称：广安门弯桥。坐落地点：广安门外。所属路线：广安门外关厢路。结构种类：石台木梁桥。桥脚构造：条石砌筑。桥面幅度：8 米。桥梁载重：10 吨。桥梁状况：完整。附注：上年度维修。"

广安门弯桥是一座单孔石台木梁石面桥，桥垛和桥面上铺砌花岗岩石板，上部结构是密排方形木纵梁。两侧有城砖砌宇墙式桥栏杆，下面有青石地伏。每侧栏杆长 19.00 米，桥身段栏杆长 7.20 米，八字栏杆均为 5.90 米。桥面全宽 12.00 米，净宽 10.90 米，桥面长 5.00 米；东西桥堍长 5.80 米，桥梁全长 16.60 米。东桥堍以外有石板道，宽 6.00 米，直通城门洞。

桥台带燕翅形，全部用花岗岩石板砌筑。前墙近北端处有闸板槽（在桥面下面，距北端约 1.70 米），前墙长 13.80 米，上游（北）的燕翅墙长 7.80 米，下游的燕翅墙长 6.95 米。跨径 4.00 米。桥下和桥区有石板海墁。四角燕翅墙以外皆有城砖砌筑的驳岸。

1951 年国庆节的受检阅坦克改为中型，为确保坦克安全通过广安门鸯桥，于是进行桥面技术检定。

在桥面南边拆开两米宽一条桥面石板，桥面石板下面是平铺的两层城砖（厚约 25 厘米），纵梁是黄松木，断面是 38 厘米×40 厘米×40 厘米，梁长 495—500 厘米。

经过桥面承载力验算，结果是不低于苏联桥梁载重标准汽-13 级。可以安全通过。

1952 年国庆节的受检阅坦克又改为重型，为确保坦克安全通过广安门鸯桥，于是决定进行广安门鸯桥静荷载试验。

鸯桥荷载试验作业，于 8 月 9 日至 12 日进行，在桥面的南边拆出 3 根纵梁，梁高 40 厘米，梁宽 38 厘米，梁长 495 厘米，木梁底面有深约 1 厘米的腐朽层。用铸铁锭做荷载，将 3 根木梁并排架起，取跨度为 400 厘米。将铸铁锭置于梁上跨中，受力面积 60×114 厘米。采取逐渐加载方式，当木梁跨中下挠值达到 5 毫米（验算控制值为 9 毫米）时，荷载为 4900 千克，木材未受损伤，终止加载。

试验证明，旧木梁不仅能满足坦克安全通过，而且能满足近期交通需要。

1955 年 3 月中旬，拆除广安门瓮城、箭楼。实施广安门鸯桥桥面加宽工程。

工程做法：拆除砖栏杆，在桥面两侧修建木结构人行步道，外侧安装木栏杆。

1956 年上半年，实施前三门及外城西护城河疏浚工程，将广安门外的弯曲河道裁弯取直。于是将穹桥拆除，在城门外新建一座木桥。

施工中挖出明嘉靖三十二年（1553 年）修建的广安门老穹桥遗址。广安门新穹桥建于明嘉靖四十二年（1563 年）。

6. 广渠门穹桥

广渠门穹桥位于广渠门外，广渠门俗称“沙窝门”，穹桥俗称“沙窝门桥”，跨外城东护城河上，东西走向。广渠门穹桥始建于明嘉靖三十三年（1554 年），嘉靖四十二年（1563 年）拆除旧穹桥，增建瓮城后，在瓮城门洞外重建新穹桥。

民国十八年（1929 年）北平市工务局档案中记载（摘要）：“广渠门建于明嘉靖三十二年（1553 年），同期建穹桥。嘉靖四十二年（1563 年）增建瓮城，拆除旧穹桥，在闸门外重建新穹桥，新穹桥是一座闸桥合一的石台木梁石面桥（木梁上铺墁石板）。清乾隆年改上部结构为砖拱碹，光绪年又恢复石台木梁石面桥。民国五年修理桥面。”

民国二十五年（1936 年）北平市工务局档案记载（摘要）：“二十年（1931 年）四月，维修广渠门外穹桥桥面和栏杆。……二十五年（1940 年）七月，广渠门穹桥东头路肩水毁，桥翼墙受损，依旧修复。”

广渠门穹桥是一座闸桥合一的单孔石台木梁石面桥，水闸在南侧，闸台上的铰关石架折断。桥堍和桥面上铺砌花岗岩石板，上部结构是密排方形木纵梁。两侧有城砖宇墙式桥栏杆，下面有青石地伏。上面有青石墙帽，两端有迎面石，折角处有护角石，栏杆厚0. 49 米，高0. 90 米，每侧栏杆全长 17. 60 米。桥面全宽 9. 30 米，净宽 8. 00 米，桥面长约 5. 10 米。东西桥堍长 5. 50 米，桥梁全长 16. 10 米。

桥台带燕翅形，前墙上部的中间部位是城砖砌体，其余部位均为花岗岩石板砌体，砖墙与石墙是直缝对接。前墙长 12. 80 米，燕翅墙长约 6. 00 米。跨径 4. 15 米。

桥下和桥区有石板海墁，海墁北边有二级跌水。燕翅墙以外皆有城砖驳岸，上游（南侧）驳岸长约6.00米，下游（北侧）驳岸长约9.00米。

1955年9月，外城东护城河裁弯取直，拆除广渠门弯桥，建成一座木桥。拆除城砖宇墙式桥栏杆时，发现在迎面石的背面刻有“大清光绪二十七年重修”字样。

桥台中的城砖墙，其砖材是明代城砖，证明该桥建于明代。而桥台上部砖墙的砖材是清代城砖，证明清代曾改建过上部结构。至于为什么要改建，无从查考。

7. 西便门弯桥

西便门弯桥位于西便门外，跨外城的西北护城河上，南北走向。始建于明嘉靖三十二年（1553年），与西便门同期建成。

西便门弯桥是一座闸桥合一的石台木梁石面桥，水闸在东面，闸台上各有一对铰关石架（北台上铰关架损坏）。桥堍和桥面上铺砌花岗岩石板，上部结构是密排方形木纵梁。两侧有城砖宇墙式桥栏杆，下面有青石地伏。每侧栏杆长18.00米，其中桥身段栏杆长7.80米。桥面全宽6.10米，净宽4.80米，桥面长（纵梁长）5.10米。南北桥堍长6.50米，桥梁全长18.10米。桥面南端有花岗岩石板道，直通便门内。

桥（闸）台的两侧有燕翅墙，前墙全长9.70米（闸台宽2.60米），东侧燕翅墙长6.00米。燕翅以外有石砌驳岸（弯形），驳岸长约16.00米。西侧燕翅墙长7.50米，燕翅以外有城砖驳岸，驳岸长约20.00米。跨径4.15米。桥下和桥区有石板海墁，海墁西边有跌水。

1952年9月，拆除西便门期间，实施西便门弯桥桥面加宽工程。

工程做法：拆除砖栏杆，废弃水闸，在闸台上架设圆木纵梁和木桥面，西侧燕翅上也架设圆木纵梁和木桥面。两侧安装木栏杆，栏杆内侧设人行步道。车行道上铺筑沥青面层。加宽后，桥面全宽为9.50米，车行道宽7.50米。

1956年4月至6月，将西便门弯桥拆除，建成一座木桥。根据西便门弯桥结构考察，该桥属于明代所建。

8. 西直门弯桥

西直门弯桥位于西直门外，跨内城西护城河上，东西走向，是一座单孔石台木梁桥。桥塊和桥面上铺砌花岗岩石板，桥上两侧有城砖宇墙式栏杆，上面有青石墙帽，两端有青石迎面石，折角处有护角石。栏杆厚约49厘米，栏杆高1.05米，每侧长22.10米，桥身上栏杆长7.10米，八字栏杆长均为7.50米。下面有青石地伏。桥面全宽9.60米，净宽8.50米，桥面长5.00米。东西桥塊长6.50米，桥梁全长18.00米。

桥台两侧有雁翅墙，前墙北段有闸板槽（距北端约1.60米），前墙长11.00米，四角燕翅墙长9020米。跨径4.10米。

据史料记载，西直门弯桥始建于元代，原是一座双孔石板梁桥。明永乐年间改建西直门弯桥为石台木面桥，正统四年（1439年）改建桥面为木梁上面加铺石板。

民国四年（1915年）京都市营造局档案记载（摘要）："明永乐年重建和义门瓮城，重建和义门弯桥，附设水闸。正统四年（1439年）四月，重建和义门桥面，铺墁石板面层。清乾隆年重修。"

北平市工务局档案记载："二十四年（1935年）加宽西直门弯桥桥面，废水闸。"

民国二十五年（1936年）八月的《北平市桥梁状况月报表》记载："桥梁名称：西直门弯桥。坐落地点：西直门外。所在路线：西直门外关厢路。结构种类：石台木梁桥。桥脚构造：条石砌筑。桥面幅度：8.25米。桥梁载重：10吨。桥梁状况：完整。附注：上年度加宽桥面，废水闸。"

1950年9月中旬至10月下旬，实施西直门交通改善工程，其中包括西直门弯桥加宽工程。

弯桥加宽工程设计前，先进行桥面局部检查并进行承载力验算。

在桥面南侧拆开两米宽一条桥面石板，桥面石板下面有两层城砖垫层（厚约 25 厘米），下面是密排木方形纵梁，梁高 49—50 厘米，梁宽 30—50 厘米，梁长约 5.20 米，木梁底面有深约 1.50 厘米的腐朽层。

检查后，进行上部结构承载力验算，验算结果是，鸾桥的承载力相当于苏联桥梁载重标准汽车-13 级。遂决定，西直门鸾桥的原有结构可以继续使用，向两侧加宽人行步道。

鸾桥加宽工程，采取招标形式，包给营造厂承建，由义利营造厂中标承建。于 1950 年 8 月 10 日开工，同年 9 月 15 日竣工。

工程做法：拆去城砖桥栏杆，在桥面两侧现场浇筑一根混凝土 T 形梁，上面铺装步道，外侧安装混凝土分段式桥栏杆（安装铸铁花饰芯）。旧石板桥面上满铺沥青面层。

1954 年 4 月中旬至 5 月下旬，实施西直门外大街改扩建工程。同期，实施西直门鸾桥改建工程。将旧鸾桥拆除，在原位上新建一座临时性木桥。根据鸾桥结构考察，该桥属于明代所建。

9. 永定门鸾桥

永定门鸾桥位于箭楼南面，跨外城南护城河上，南北走向。明嘉靖三十二年（1553 年）修筑外城城墙，同期修筑永定门瓮城及鸾桥。

民国二十五年（1936 年）北平市工务局档案中记载："五月份完成永定门鸾桥剔换桥梁工程。"

民国二十五年十月的《北平市桥梁状况月报表》中记载："桥梁名称：永定门鸾桥。坐落地点：永定门外。所属路线：永外关厢路。结构种类：石台木梁桥。桥脚构造：条石砌筑。桥面幅度：8 米。桥梁载重：10 吨。桥梁状况：上部完好，下部基本完整。附注：五月份检修桥面，剔换木梁，重砌桥栏杆。"

1951 年 9 月，实施永定门鸾桥加宽工程。在桥面增设木结构人行步道。

永定门鸾桥是一座闸桥合一的单孔石台木梁石面桥。桥墩和桥面上铺砌花岗岩石板，上部结构是密排方形木纵梁。水闸在桥面西侧，闸台上无绞关石架。两侧有城砖砌宇墙式桥栏杆，下面有青石地伏。每侧栏杆长 21.00 米。桥面全宽 8.15 米，净宽 7.00 米，桥面长 5.00 米，南北桥墁长 6.50 米，桥梁全长 18.00 米。

桥（闸）台是燕翅形，前墙长 10.90 米（闸台长 2.05 米），上游燕翅墙长约 7.90 米，下游燕翅墙长约 8.50 米。跨径 4.05 米。桥下和桥区有石板海墁，海墁下游边是一道跌水。四角燕翅墙以外均有很长的石砌驳岸，石砌驳岸以外还有一段城砖驳岸。桥南有一段石板道，桥北的石板道直通城门洞。

1957 年 3 月下旬至 4 月中旬，永定门豁口向东扩大，在豁口外的护城河上新建一座木桥。竣工后，将鸾桥拆除，改建一座木桥工程。根据鸾桥构造考察，该桥属于明代所建。

10. 右安门鸾桥

右安门鸾桥位于右安门外，跨于外城南护城河上，南北走向，是一座石台木梁桥。桥墁和桥面上铺墁花岗岩石板，两侧有板式青石栏杆，下面有青石地伏。每侧栏杆长 14.20 米，桥身上栏杆长 5.60 米，北端八字栏杆长 5.10 米，南端八字栏杆长 3.50 米。地伏宽 30 厘米，高 15 厘米，每侧长 14.40 米。纵梁为密排方形木梁，梁的底面平整，无下挠现象，无明显腐朽。桥面全宽 8.10 米，净宽 7.40 米，桥面长（木梁长）约 4.85 米；南北桥墁长 5.50 米，南桥墁长 3.50 米，桥梁全长（桥墁端为起止点）约 14.00 米。

桥台带燕翅形，用花岗岩石板砌筑，前墙长 9.50 米，西南燕翅墙长 9.50 米，西北燕翅墙长 12.00 米。下游燕翅墙长均为 7.60 米。跨径约为 4.15 米。四角燕翅墙以外皆有城砖砌筑的驳岸，驳岸长均约 10.00 米。桥北有石板道，直通城门洞内。

据史料记载，右安门鸾桥始建于明嘉靖三十二年（1553 年），嘉靖四十二年（1563 年），增筑左安门瓮城，拆除旧鸾桥，在瓮城的南面重建新鸾桥，四十三年（1564 年）桥成。

京都营造局档案记载:"五年（1916年）度修理桥梁工程,……三月,右安门桥修理桥面,剔换木梁,调正、稳定东侧石板桥栏杆,重新安装西侧石栏杆。"

《北平市志稿》中有《五年度改修桥梁工程表》,其中记载:"五年三月,阜成门、右安门弯桥剔换木梁。"

民国十七年（1928年）右安门弯桥的西立面照片显示:弯桥是一座单孔石台木梁桥,桥上有板式石栏杆,栏板下面有外出檐的地伏石。桥台两侧有燕翅墙,燕翅以外有石砌护岸墙。

民国二十五年（1936年）八月的《北平市桥梁状况月报表》中记载:"桥梁名称:右安门弯桥。坐落地点:右安门外。所属路线:右安门草桥路。结构种类:石台木梁桥。桥脚构造:条石砌筑。桥面幅度:8米。桥梁载重:10吨。桥梁状况:完整。附注:清乾隆十五年重修,民国五年修理桥面。"

1954年4月,拆除右安门瓮城、箭楼及闸台。实施右安门弯桥桥面加宽工程（西侧加宽2.50米,东侧加宽1.50米）。

基本做法是:拆除桥栏杆,在燕翅墙上搭设叠合圆木梁（双层梁）,梁上铺单层木桥面板,上面铺筑焦渣石灰垫层,使其上面与石板桥面取平,桥面上满铺沥青面层,两侧安装木栏杆。

1955年7—8月,将弯桥拆除,在原桥位上新建一座木桥。

根据弯桥结构考察,该桥属于明代所建。

11. 左安门弯桥

左安门弯桥位于左安门外,跨外城南护城河上,左安门俗称礓磜门,弯桥俗称礓磜门桥。左安门弯桥始建于明嘉靖三十二年（1553年）。嘉靖四十二年（1563年）,增筑左安门瓮城,拆除旧弯桥,在瓮城的南面重建新弯桥,四十三年（1564年）桥成。

民国十七年（1928年）北平特别市工务局档案记载:"九月修左安门弯桥,剔换边木梁二根,重砌城砖桥栏杆。"

民国二十五年（1936年）八月的《北平市桥梁状况月报表》中记载："桥梁名称：左安门箥桥。坐落地点：左安门外。所属路线：左安门分钟寺路。结构种类：石台木梁桥。桥脚构造：条石砌筑。桥面幅度：8米。桥梁载重：10吨。桥梁状况：基本完整。附注：明嘉靖四十三年建，清乾隆十六年重修，民国十七年修桥面。"

左安门箥桥是一座闸桥合一的单孔石台木梁桥。水闸在桥面西侧。桥塊和桥面上铺砌花岗岩石板。上部结构是密排方形木纵梁。两侧有城砖宇墙式桥栏杆，上面有青石墙帽，两端有青石迎面石，转折处有护角石。下面有青石地伏。栏杆厚0.50米，高1.10米。每侧栏杆长20.50米，桥身段长10.20米。桥面全宽8.15米，净宽6.85米，桥面长5.15米。南北桥塊长4.90米，桥梁全长15.00米。桥栏杆北端外有城砖护栏墙，其形式与桥栏杆相同。桥面以北有花岗岩石板路面，宽4.50米，直通城门洞。

桥（闸）台是燕翅形，水闸在西侧，闸台上有绞关石架。前墙全长11.20米（闸台长2.10米）。上游燕翅墙长6.00米，下游燕翅墙长5.00米。跨径4.15米。桥下和桥区有石板海墁，海墁东边有跌水。

1957年6月，将左安门箥桥拆除。根据箥桥结构考察，该桥属于明代所建。

第三节　山西省木梁桥

全省木梁桥仅1座。

1. 洪洞分水亭桥

分水亭桥位于临汾市洪洞县，在广胜寺前，跨霍泉河上。清雍正四年（1726年）建。

分水亭桥是一座单孔石台木梁桥。上部结构是圆木纵梁，纵梁上铺双层木桥面板（下层横铺，上层顺铺），木板上铺墁城砖面层。两侧有节间式木栏杆。桥面宽 3. 70 米，桥长 10. 27 米。

桥台为凹字形，前墙上面有两层石板悬臂梁。木纵梁净跨径 7. 97 米。

第四节　上海市木梁桥

全市木梁桥共计 3 座。

1. 青浦万安桥

万安桥又名"万安亭桥"，位于青浦县金泽镇。南宋景定年间
（1260—1264 年）建，明嘉靖、万历及清乾隆间曾 3 次重修。

万安桥是一座 3 孔石墩台木梁桥。中孔桥面较高为平面，边孔桥面
为坡面，两侧有木栏杆，桥面净宽 2. 60 米，桥长 29. 00 米。

桥台是凹字形，前墙长 3. 00 米。桥墩两端是方形，桥墩厚 90 厘
米，桥墩长 3. 00 米。中跨径 4. 20 米，边孔跨径 2. 80 米。

2. 青浦迎祥桥

迎祥桥位于青浦县金泽镇南栅村，跨市河下游段，东西走向。《青
浦县志》载，迎祥桥始建于元至元年间，清乾隆三十三年（1768 年）
重建，乾隆五十六年（1791 年）重修。

迎祥桥是一座 5 孔石墩台木梁砖面桥。桥面呈圆弧形，上部结构是
圆木纵梁，梁上横铺木桥面板，木板上面铺砌薄砖面层。无栏杆，桥堍
上是薄砖礓磜坡道。桥面宽 2. 41 米，桥面长 30. 75 米，全长 34. 25 米。

桥台是凹字形，用料石砌筑，前墙是两根方形石柱，上顶有石盖
梁，盖梁长约 3. 30 米。桥墩也是两根方形石柱，上顶有石盖梁，盖梁
长 3. 30 米。中孔跨径 6. 40 米，次边孔跨径 5. 00 米，边孔跨径 4. 30 米。

3. 青浦余庆桥

余庆桥位于青浦县溪塘镇四农村，跨市河上，东西走向。建造年代

不详。

余庆桥是一座 3 孔石墩台木梁砖面桥。上部结构是圆木纵梁，每孔 5 根梁，木梁直径 30 厘米，梁上横铺 5 厘米厚木桥面板，木板上平铺两层青砖，上面又铺砌甃砖面层。中孔桥面高起，边孔桥面较低，中孔桥面两端有坡道与边孔桥面相连。无栏杆，桥面宽 2.61 米，中部桥面长 4.83 米，西坡道桥面长 5.36 米，东坡道桥面长 4.43 米。西桥堍长 2.10 米，东桥堍长 6.90 米，桥梁全长 34.25 米。

桥台是凹字形，用料石砌筑，前墙是两根方形石柱，上顶有石盖梁，盖梁长约 3.10 米。桥墩也是两根方形石柱，上顶有石盖梁，盖梁长约 3.10 米。中孔净跨径（中—中）5.36 米，边孔跨径 4.83 米。

第五节　安徽省木梁桥

全省木梁桥共计 4 座。

1. 太湖龙门桥

龙门桥又名"下花桥"，位于安庆市太湖县，清道光年间（1821—1850 年）建，光绪二十二年（1896 年）被水毁，民国三年（1914 年）修复。

龙门桥是一座单孔石台悬臂式木梁桥。上部结构是圆木纵梁，上面铺双层木桥面板，桥上建有木结构廊。桥面宽 3.70 米，桥长 20.00 米。桥上建砖木结构亭。

桥台是用石板砌筑，凹字形。跨径 14.50 米。

2. 通道回龙桥

回龙桥原名"清绕桥"，又名"龙春桥"，明代称"回龙桥"，位于合肥市通道县平坦乡，跨小溪河上。始建年代不详，民国二十年（1931 年）重修。

回龙桥是一座 3 孔石拱和木梁相连接的桥梁。中孔是石拱桥，两端各是 1 孔木梁桥。石拱桥的桥面中部（拱顶上）高起为平面，两端是阶梯式坡道，两侧有石栏杆。桥面宽 4.40 米，桥长 20.00 米。西边孔是悬臂式木梁结构，悬臂梁上架设圆木纵梁，纵梁上铺木桥面板，桥面宽 4.40 米，桥长 30.00 米。东边孔是三层圆木叠合纵梁结构，纵梁上铺木桥面板，桥面宽 4.40 米，桥长 30.00 米。桥梁全长 80.00 米。中孔上建砖木结构亭，两边孔上各建一座砖木结构阁，统称"文昌阁"。

桥台是用块石砌筑，属于不规则形。桥墩两端是方形，桥墩厚数据暂缺，桥墩长数据暂缺。中孔跨径 16.50 米，边孔跨径 4.10 米。

3. 歙县高阳桥

高阳桥位于黄山市歙县许村，建造年代无记载。

高阳桥是一座 3 孔石墩台简支木梁桥。上部结构是圆木纵梁，纵梁上面铺木桥面板，桥面宽 4.00 米，桥长 15.00 米。桥上建砖木结构廊。

桥台是凹字形，用料石砌筑，前墙长 4.00 米。桥墩也是用料石砌筑，两端是方形。跨径 5.20 米。

4. 休宁拱北桥

拱北桥又名"岭下桥"，位于黄山市休宁县北市塘乡岭下村，始建于宋代，于明万历年间（1573—1620 年）重建，乾隆二十年（1755 年）重建。

拱北桥是一座 5 孔石墩台简支木梁桥。上部结构是双层圆木纵梁，纵梁上面铺木桥面板。桥面宽 5.00 米，桥长 70.70 米。桥上建有木结构廊。

桥台是凹字形，桥墩两端为方形，桥墩厚 2.50 米。最大两孔跨径 13.00 米，其余 3 孔跨径 9.50 米。

第六节　湖北省木梁桥

全省木梁桥共计 7 座。

1. 咸丰土溪河桥

土溪河桥位于恩施土家族苗族自治州咸丰县活龙坪乡水坝村。跨土溪上，东西走向。建于清光绪二十三年（1897年）。

土溪河桥是一座单孔石墩台简支木梁桥。桥堍上是阶梯式坡道，桥梁上部结构是两根圆木叠合式纵梁，上面铺木桥面板而成桥面。桥面宽3.40米，桥面长19.00米，桥全长31.00米。桥上建砖木结构廊。

桥台两侧有燕翅墙，用料石砌筑，前墙长约3.50米。跨径18.30米。

2. 咸丰九道水凉桥

九道水凉桥位于恩施土家族苗族自治州咸丰县芭蕉乡石板溪村。跨九渡水上，东西走向。清嘉庆十八年（1813年）建。

九道水凉桥是一座单孔石墩台简支木梁桥。桥堍上是阶梯式坡道，上部结构采用双层圆木叠合式纵梁，上面铺木桥面板而成桥面。桥面宽4.00米，桥全长14.00米。桥上建砖木结构廊。

桥台两侧与石砌河岸为一体。跨径11.00米。

3. 咸丰太阳河桥

太阳河桥位于恩施土家族苗族自治州咸丰县太阳河乡。跨福胜河上，东西走向。建于清代。

太阳河桥是一座双孔石墩台简支木梁桥。桥堍上是阶梯式坡道，上部结构采用两根圆木叠合式纵梁，每孔6道梁，上面铺木桥面板而成桥面。桥面宽3.00米，桥全长31.00米。桥上建砖木结构廊。

桥台两侧有燕翅墙，用料石砌筑，前墙长约3.00米。桥墩两端是尖形。跨径9.50米。

4. 咸丰斩龙桥

斩龙桥位于恩施土家族苗族自治州咸丰县丁寨乡十字路村。跨野猫河上，东西走向。始建于清初年，咸丰年间（1851—1861年）重修。

斩龙桥是一座4孔石墩台简支木梁桥。纵梁采用两根圆木叠合梁，上面铺木桥面板而成桥面。桥面宽4.00米，桥全长44.80米。桥上建砖木结构廊。

桥台两侧有燕翅墙，用料石砌筑，前墙长约4.00米。桥墩两端是尖形。跨径6.80米。

5. 通山驼背经桥

驼背经桥位于咸宁市通山县杨芳林乡太平庄村。跨杨芳河上，南北走向。建于清代。

驼背经桥是一座7孔石墩台简支木梁桥。每孔9根圆木纵梁，上面铺木桥面板而成桥面。桥面宽5.40米，桥全长55.00米。

桥台是凹字形，用料石砌筑，前墙长约6.00米。桥墩两端是方形，跨径6.50米。

6. 通山小源桥

小源桥位于咸宁市通山县闯王镇小源口村。跨小源河上，东西走向。始建于明洪武八年（1375年）冬，清顺治四年（1647年）重修。

小源桥是一座3孔石墩台简支木梁桥。上部结构是圆木纵梁，纵梁上面铺木桥面板，桥面为平面，桥面宽4.20米，桥全长20.00米。桥上建砖木结构廊。

桥台与石砌河岸为一体。桥墩两端是尖形，跨径4.75米。

7. 通山杨芳桥

杨芳桥位于咸宁市通山县杨芳林乡田铺村。跨杨芳河上，南北走向。建于清代。

杨芳桥是一座3孔石墩台简支木梁桥。每孔9根双层圆木纵梁，上面铺双层木桥面板。桥面宽 5.80 米，桥全长 30.00 米。

桥台与石砌河岸为一体。桥墩两端是方形，跨径 7.80 米。

第七节　湖南省木梁桥

全省木梁桥共计 41 座。

1. 郴州三合桥

三合桥位于郴州市北湖区华塘镇三合村，跨三条河流交汇处的西河上。始建于清道光七年（1827 年），民国三十三年（1944 年）桥上风雨亭烧毁，第二年重建。

三合桥是一座 6 孔石墩台简支木梁桥。桥面宽 2.50 米，桥长 60.00 米。桥上建砖木结构榭亭。

桥台是燕翅形，前墙长约 3.50 米。桥墩上游端是尖形，下游端是方形。跨径均为 8.50 米。

2. 洪江倒湾桥

倒湾桥位于洪江市大龙田村，跨双岔溪上，始建于清乾隆年间（1736—1795 年），清光绪十六年（1890 年）重修。

倒湾桥是一座 3 孔石墩台简支木梁桥。桥堍上是阶梯式坡道，上部结构是双层圆木叠合纵梁，桥面宽 4.00 米，桥面长 20.00 米，全长 27.00 米。桥上建砖木结构廊和亭。

桥台是燕翅形，用青石板砌筑。桥墩两端是尖形，也是用青石板砌筑。跨径 6.00 米。

3. 洪江株竹桥

株竹桥位于洪江市雪峰镇株竹村，清光绪年间（1875—1908 年）

建，是湘黔古驿道上的一座桥梁。

株竹桥是一座6孔石墩台简支木梁桥。每孔8根圆木纵梁，上面铺木桥面板。两侧有木栏杆，栏杆内侧有木凳，桥面宽6.60米，桥长32.00米。

桥台是燕翅形，用青石板砌筑。桥墩两端是尖形，也是用青石板砌筑。跨径5.00米。

4. 通道观月桥

观月桥位于怀化市通道侗族自治县陇城镇路塘村村口。始建于清乾隆二十年（1755年）。民国十年（1921年）重修。

观月桥是一座双孔石墩台简支木梁桥。上部结构是双层圆木叠合式纵梁，上面横铺木桥面板。桥面宽5.38米，全长24.10米。桥上建木构架廊。

桥台是燕翅形，前墙长约6.00米。跨径均为11.00米。

5. 通道回福桥

回福桥位于怀化市通道侗族自治县坪坦乡高楼村郊外。始建于清道光二十年（1840年），清同治九年（1870年）重修。民国三十五年（1946年）重修。

回福桥是一座双孔石墩台简支木梁桥。上部结构是双层圆木叠合式纵梁，梁上横铺木桥面板。桥面宽3.86米，桥全长42.50米。桥上建木结构廊。

桥台是凹字形，前墙长约4.00米。桥墩两端是方形。跨径均为11.00米。

6. 通道普修桥

普修桥位于怀化市通道侗族自治县皇都乡。始建于清嘉庆八年（1803年），光绪十三年（1887年）重修。民国三十五年（1946年）重建。

普修桥是一座5孔石墩台悬臂式木梁桥。上部结构是圆木纵梁，纵梁下面两端各有 3 层原木悬臂梁，悬臂梁之间有方木横系杆件。纵梁上面铺双层木桥面板，木板上铺墁砖面层。桥面宽 7.00 米，桥长 45.00 米。桥上有木结构通廊，每个桥墩上有一座砖木结构塔。

桥台是凹字形，端墙外有燕翅墙，桥墩两端为尖形。中孔跨径 20.00 米，次边孔跨径 19.00 米，边孔跨径 18.00 米。

7. 通道文星桥

文星桥位于怀化市通道侗族自治县坪坦乡阳烂村，始建于清乾隆五十三年（1788 年），清光绪二十年（1894 年）复修，民国五年（1916 年）复修，民国三十五年（1946 年）维修，1961 年大修。

文星桥是一座单孔简支木梁桥。桥塅上是阶梯式坡道，上部结构是双层圆木叠合纵梁，上面横铺木桥面板。桥面宽 3.50 米，桥面长 9.00 米，全长 22.40 米。桥上建穿斗式木构架廊。

桥台是凹字形，前墙长 3.50 米。跨径 8.00 米。

8. 通道永福桥

永福桥位于怀化市通道侗族自治县坪坦乡高上村。始建于清乾隆五十年（1785 年），清嘉庆十年（1805 年）重修，清道光十五年（1835 年）重修，清同治三年（1864 年）重修，清光绪二十年（1894 年）重修。民国二十五年（1936 年）大修。

永福桥是一座单孔石台简支木梁桥。桥面宽 3.80 米，桥长 19.32 米。桥上建木构架廊。

桥台是燕翅形，前墙长约 5.00 米。跨径 16.20 米。

9. 通道中步二桥

中步二桥位于怀化市通道侗族自治县陇城镇中步村。始建于清嘉庆二年（1797 年）。民国十年（1921 年）重修。

中步二桥是一座单孔石墩台简支木梁桥。上部结构是双层圆木叠合式纵梁，上面横铺木桥面板。桥面宽 5.35 米，全长 14.2 米。桥上建木构架廊。

桥台是燕翅形，前墙长约 6.50 米。跨径 12.50 米。

10. 通道中步头桥

中步头桥位于怀化市通道侗族自治县陇城镇中步村东。始建于清咸丰二年（1852 年）。清光绪二十年（1894 年）重修。民国十二年（1923 年）大修。

中步头桥是一座单孔石墩台简支木梁桥。上部结构是双层圆木叠合式纵梁，上面横铺木桥面板。桥面宽 3.52 米，全长 28.00 米。桥上建木构架廊。

桥台是燕翅形，前墙长约 5.50 米。跨径 11.00 米。

11. 溆浦壶圆桥

壶圆桥俗称"双江桥"，又称"长亭子桥"，位于怀化市溆浦县戈竹坪镇福江村，跨双江口上。始建于清同治四年（1865 年）。

壶圆桥是一座 3 孔石墩台悬臂式木梁桥。上部结构是圆木纵梁，纵梁两端下面各有 3 层圆木悬臂梁。纵梁上面横铺木桥面板。桥长 45.00 米。桥上建二层八角阁楼。

桥台是凹字形。桥墩上游端是尖形，下游端是方形。跨径均为 10.00 米。

12. 溆浦回龙桥

回龙桥位于怀化市溆浦县葛竹坪镇福坪村，跨岚水江和卜鳌江汇合处。始建于清道光十年（1830 年）。

回龙桥是一座 4 孔石墩台木梁桥。实际上是由两座双孔石墩台木梁桥对接而成，二桥分别跨于岚水江和卜鳌江上，二桥之间是二江夹角形成的三角洲，两桥相距约 20.00 米，由于二桥的中心线不是直线，故二桥的平面图形呈八字形。

二桥的结构与形式完全相同，上部结构均系圆木纵梁，梁上横铺木桥面板。桥面宽 5.20 米，桥长均为 13.00 米，二桥总长 45.00 米。两座桥上均建有木结构廊，二桥之间的三角洲上建塔式亭。

桥台均为凹字形。桥墩两端是方形。二桥跨径均为 5.50 米。

13. 涟源新车桥

新车桥位于涟源市石马山镇群英村，跨温江河上，始建年代不详，重修于清咸丰六年（1856 年）。

新车桥是一座 3 孔石墩台悬臂式木梁桥。上部结构是圆木纵梁，纵梁两端下面各有两层圆木悬臂梁。纵梁上面横铺木桥面板，桥面宽 5.60 米，桥长 35.00 米。桥上建砖木结构廊和亭，门垛上有桥联，上联是"春秋浩气光青史"，下联是"日夜温泉下大江"。

桥台是燕翅形。桥墩两端是尖形。跨径均为 10.00 米。

14. 新化龙潭桥

龙潭桥位于娄底市新化县田坪镇龙潭村，始建于清咸丰八年（1858 年）。

龙潭桥是一座 5 孔石墩台悬臂式木梁桥。上部结构是单层圆木纵梁，纵梁两端下面各有 3 层圆木悬臂梁。纵梁上面横铺木桥面板。桥面宽 5.00 米，桥长 50.00 米。桥上建砖木结构廊。

桥台是燕翅形，前墙长约 6.00 米。桥墩两端是尖形。跨径均为 9.50 米。

15. 新化青龙桥

青龙桥位于娄底市新化县座石乡杨洪岩村，跨油溪河上。始建于明崇祯年间（1628—1644年），原为两孔石拱桥，取名"杨洪岩桥"。清乾隆二十二年（1757年）重修，嘉庆十八年（1813年）重修。碑记犹存。道光二十八年（1848年）夏秋之交该桥毁于洪水，光绪十二年（1886年）重修，在桥上建长亭，从十二年（1886年）冬月起工，到十三年（1887年）竣工。

青龙桥是一座两岸石岩上的单孔简支木梁桥。上部结构是上层叠合式圆木纵梁，横铺厚木板为桥面。桥面宽数据暂缺，桥长50.00米。桥上建砖木结构廊。跨径8.50米。

16. 城步回龙桥

回龙桥位于邵阳市城步苗族自治县长安营乡大寨村，跨中流河上，桥下是一深塘。该桥始建于清乾隆十五年（1750年）。

回龙桥是一座单孔石台悬臂式木梁桥。纵梁是双层圆木叠合梁，下面有3层圆木悬臂梁，纵梁上面铺木板。桥面宽3.20米，桥梁全长48.00米。桥上有砖木结构廊。

桥台与石砌河岸为一体。跨径9.00米。

17. 城步永镇桥

永镇桥位于邵阳市城步苗族自治县长安营乡岩寨村，跨长坪水上。始建年代不详，清嘉庆二十三年（1818年）重建。清同治三年（1864年）重修。

永镇桥是一座双孔石墩台悬臂式木梁桥。上部结构每孔是4根圆木纵梁和两根方形（边梁）纵梁，纵梁两端下面有3层圆木悬臂梁，悬臂梁之间有方木横系梁。纵梁上面铺木桥面板，桥面宽3.00米，桥梁全长40.00米。

桥台是凹字形。桥墩两端是圆形，桥墩厚1.80米，桥墩长约4.00米。跨径13.50米。

18. 洞口大溪亭子桥

大溪亭子桥位于邵阳市洞口县渣坪乡，始建年代不详，清代重修，民国十四年（1925年）重修。

大溪亭子桥是一座单孔石台撑架式木梁桥。桥面是6根圆木纵梁，纵梁下面各有一根圆木辅梁，辅梁的两端各有一根横梁，对应纵梁的下面各有一对（共6对）圆木斜撑，斜撑的下端在桥台的中部。桥面宽4.00米，桥全长15.00米。桥上有木结构廊。

桥台与石砌河岸为一体。跨径11.00米。

19. 洞口红军桥

红军桥位于邵阳市洞口县花园镇黄金村，南北走向。建造年代无记载。

红军桥是一座8孔石墩台悬臂式木梁桥。上部结构是，在桥台上有两层圆木单悬臂梁。在桥墩上有两层圆木双悬臂梁，上面圆木纵梁，纵梁上铺木桥面板。桥面宽6.50米，桥长95.00米。桥上建砖木结构廊和亭。

桥台两侧有燕翅墙，前墙长约7.00米。桥墩两端是尖形。跨径均为11.50米。

20. 洞口红桥

红桥又名"红珠桥"，位于邵阳市洞口县江口镇。始建于清嘉庆年间（1796—1820年），民国元年（1912年）重修。

红桥是一座3孔石墩台简支木梁桥。每孔有10道双层叠合式圆木纵梁，纵梁上面铺木桥面板。桥面宽5.25米，桥面长20.00米，全长25.70米。桥上有木结构廊。

桥台和桥墩全是料石砌筑，桥台是凹字形，前墙长5.60米。桥墩两端是方形。跨径6.50米。

21. 洞口洛阳桥

洛阳桥位于湖南省邵阳市洞口县石江镇，东西走向。始建于清乾隆元年（1736年），道光五年（1825年）重修，咸丰十年（1860年）重修。

洛阳桥是一座单孔石台简支木梁桥。桥塪上是阶梯式坡道，上部结构是双层叠合式圆木纵梁，纵梁上面铺木桥面板。桥面宽4.00米，桥面长12.00米，全长18.00米。桥上建木结构廊。

无正式桥台，木纵梁两端搭在河岸上。跨径10.50米。

22. 洞口青龙桥

青龙桥位于邵阳市洞口县岩山乡，建造年代不详。

青龙桥是一座单孔石台简支木梁桥。桥塪上是阶梯式坡道，上部结构是密排圆木纵梁，纵梁上面铺木桥面板，两侧有木栏杆，桥面宽5.00米，净宽4.50米，桥面长9.90米。桥上建木结构廊。

无正式桥台，木纵梁两端搭在河岸上。跨径8.80米。

23. 洞口水东桥

水东桥又名"遇仙桥"，位于邵阳市洞口县水东乡，跨黄泥江上，南北走向。始建于明万历年间（1573—1620年），清同治四年（1865年）重修，改建成石墩台木梁桥，在桥上建廊。光绪三年（1877年）重修。1981年重修。

水东桥是一座9孔石墩台简支木梁桥。上部结构是圆木纵梁，木梁上铺木桥面板。桥面宽5.00米，桥长86.00米。桥上建砖木结构廊，廊中部建亭。

桥台和桥墩全用料石砌筑，桥台是燕翅形，前墙长6.00米。桥墩两端是尖形。跨径6.50米。

24. 洞口涡潭桥

涡潭桥位于邵阳市洞口县杨林乡，跨山下村溪坑上，东北西南走向。始建于清光绪年间（1875—1908 年）。

涡潭桥是一座 3 孔石墩台悬臂式木梁桥。每孔有 12 根圆木纵梁，纵梁下面，在桥台上有两层圆木单悬臂梁，在桥墩上有两层圆木双悬臂梁。纵梁上面铺木桥面板。桥面宽 5.8 米，桥全长 38 米。桥上建木结构廊。

桥台两侧有燕翅墙，前墙长约 6.00 米。桥墩两端是尖形。跨径均为 10.00 米。

25. 隆回宁湖桥

宁湖桥坐落在邵阳市隆回县西洋江镇湖桥村，跨西洋江支流上。始建于清乾隆三十七年。

宁湖桥是一座 4 孔石墩台简支木梁桥。每孔 16 根圆木纵梁，纵梁上面铺木桥面板。桥面宽 6.40 米，桥长 27.00 米。桥上建木结构廊。

桥台是燕翅形，前墙长 7.20 米。桥墩上游端是尖形，下游端是方形。跨径 5.00 米。

26. 隆回仙磴桥

仙磴桥位于邵阳市隆回县六都寨镇，跨辰河上。始建于清代以前。

仙磴桥是一座 3 孔石墩台简支木梁桥，上部结构是双层圆木叠合式纵梁，纵梁上面铺木桥面板，桥面宽 4.80 米，桥长 49.00 米。桥上建砖木结构廊。

桥台是凹字形，建在山脚岩石上，用料石砌筑，前墙长约 5.50 米。桥墩上游端是尖形，下游端是方形。跨径 6.20 米。

27. 邵东罗家桥

罗家桥位于邵东市评上镇罗桥村。始建于清道光四年（1824 年）。

罗家桥是一座 4 孔石墩台简支木梁桥。桥堍上是阶梯式坡道，上部结构是双层叠合式圆木纵梁，纵梁上面铺木桥面板。桥面宽 5.00 米，桥梁全长 40.00 米。桥上建木结构廊。

桥台建在山崖岩石上。桥墩两端是尖形，桥墩长 7.00 米。跨径 8.50 米。

28. 邵东杨家桥

杨家桥位于邵东市坪上镇杨桥村，跨古河道上。清道光四年（1824 年）建。史料记载，曾多次被水毁而重建。

杨家桥是一座 4 孔石墩台简支木梁桥。桥堍上是阶梯式坡道，上部结构是密排圆木纵梁，纵梁上面铺木桥面板。桥面宽 3.50 米，桥全长 40.00 米。桥上有砖木结构廊。

桥台是燕翅形，前墙长 4.00 米。桥墩两端是尖形。各孔跨径 6.50 米。

29. 绥宁鹅公岭桥

鹅公岭桥位于邵阳市绥宁县鹅公岭侗族苗族乡鹅公岭村，建于清光绪九年（1883 年）。

鹅公岭桥是一座双孔石墩台简支木梁桥。桥面宽 4.00 米，桥长 12.00 米。桥上建砖木结构廊。

桥台是凹字形，前墙长 4.00 米。桥墩两端是方形，桥墩厚 1.45 米，桥墩长 4.00 米。跨径均为 5.50 米。

30. 绥宁杨家桥

杨家桥又名"人文桥"，位于邵阳市绥宁县黄土矿乡通乐村，跨黄土矿河上。始建于明万历年间（1573—1620 年），清道光二十三年（1843 年）重修。

杨家桥是一座双孔石墩台简支木梁桥。桥面宽 4.00 米，桥长 20.00

米。桥上有砖木结构廊和亭。

桥台两侧有燕翅墙，前墙长约 5.00 米，桥墩端部是尖形。跨径均为 7.00 米。

31. 武冈关凤桥

关凤桥位于武冈市大田村，跨龙江上。始建年代不详，清咸丰六年（1856 年）重修，民国六年（1917 年）重修。桥长 25 米，面宽 4.35 米，系双孔等跨石墩木廊风雨桥。

照片显示：双孔石墩台悬臂式木梁桥，上部结构是双层圆木纵梁，纵梁下面有 3 层圆木悬臂梁，桥面平，建有砖木结构廊。

桥台形式不规则，用块石砌筑，桥台上顶有 3 层圆木单悬臂梁。桥墩两端是圆形，上顶有 3 层圆木双悬臂梁。

关凤桥是一座双孔石墩台悬臂式木梁桥。上部结构是双层圆木叠合式纵梁，纵梁上面有木板，纵梁下面有圆木悬臂梁。桥面宽 4.35 米，桥长 25.00 米。桥上建砖木结构廊。

桥台形式不规则，用块石砌筑。桥墩两端是圆形。跨径均为 11.00 米。

32. 武冈化龙桥

化龙桥原名"义济桥"，又名"化士桥"，在武冈市城内，跨渠水上。始建年代不详，明隆庆五年（1571 年）重修。清康熙元年（1662 年）重修，在桥上建观音阁。嘉庆十八年（1813 年）重修，同治八年（1869 年）毁于火，同治十八年（1879 年）重修。

化龙桥是一座 4 孔石墩台简支木梁桥。上部结构是密排圆木纵梁，纵梁上面铺木桥面板，桥面宽 7.80 米，桥梁全长 27.95 米。桥上建木结构廊。

桥台和桥墩全用料石砌筑，桥台是凹字形，前墙长约 8.00 米。桥墩端部是尖形。跨径 6.00 米。

33. 武冈木瓜桥

木瓜桥位于邵阳市武冈市木瓜村，跨资水上，东西走向。始建年代不详，清康熙五十年（1711年）重修，增建桥亭。同治八年（1869年）重建。全长44米，面宽4.7米，四墩五拱，墩上叠木，拱间架木。逐层往上出跳，木上以石板加重压固，构成12排木架长廊。

5孔石墩台悬臂式木梁桥，上部结构是以圆木为纵梁，纵梁上面有木板，纵梁下面有方形悬臂梁，桥面平，建有长廊。

桥台两侧有八字墙，桥墩两端是圆形。桥台上顶有3层方木单悬臂梁，桥墩上顶有3层方木双悬臂梁。

木瓜桥是一座5孔石墩台悬臂式木梁桥。上部结构是以圆木为纵梁，纵梁上面有木板，纵梁下面有方形悬臂梁。桥面宽4.70米，桥长44.00米。桥上建木结构廊。

桥台两侧有八字墙，前墙长约5.00米。桥墩两端是圆形。跨径均为7.60米。

34. 新宁回龙桥

回龙桥位于邵阳市新宁县金石镇柳山村，跨扶夷江支流上。始建于清雍正五年（1727年），五墩鹊巢构架，全长78米，桥面宽3.8米。

1台4墩4孔。上部结构是悬臂式木梁，纵梁是圆木，下面是3层圆木悬臂梁。桥台是凹字形，用料石砌筑。桥墩两端是方形，用料石砌筑。

回龙桥是一座6孔石墩台悬臂式木梁桥。上部结构是在3层圆木悬臂梁上面架设圆木纵梁。纵梁上面铺木桥面板。桥面宽3.80米，桥梁全长78.00米。桥上建砖木结构廊。

桥台是凹字形，用料石砌筑，前墙长4.00米。桥墩两端是方形。跨径均为9.80米。

35. 新宁江口桥

江口桥位于邵阳市新宁县金石镇下马石村，跨新寨水和金溪水合流后的扶夷水上，东西走向。始建于明万历十六年（1588年），清康熙二十二年（1683年）重修，乾隆四十九年（1784年）重修，嘉庆六年（1801年）重修。

江口桥是一座8孔石墩台悬臂式木梁桥。上部结构是每孔8根圆木纵梁，纵梁两端下面有3层各8根方木悬臂梁，各层悬臂梁之间横向疏铺方木垫梁。纵梁上面横铺木桥面板。桥长102.00米。桥上建砖木结构廊和亭。

桥台是燕翅形。桥墩上游端是尖形，下游端是方形。跨径均为10.00米。

36. 新宁狮象桥

狮象桥位于邵阳市新宁县白马田乡，跨田垄溪上，南北走向。建造年代无记载。

狮象桥是一座双孔石墩台木梁桥。桥堍上是阶梯式坡道，上部结构是双层圆木叠合梁，上面铺木板。桥面宽5.00米，桥面长18.00米，全长20.00米。桥上有砖木结构廊。

桥台和桥墩全是料石砌筑，桥台是凹字形，用料石砌筑，前墙长5.00米。桥墩两端是方形。跨径8.60米。

37. 新宁太平桥

太平桥位于邵阳市新宁县城西南金石镇李家塘村，跨金溪水。

太平桥是一座3孔石墩台简支木梁桥。桥堍上是阶梯式坡道，上部结构是双层叠合式圆木纵梁，纵梁上面铺木桥面板。桥面宽3.50米，桥面长27.00米，全长34.00米。桥上建木结构廊。

桥台是燕翅形，前墙长4.50米。桥墩两端是尖形。跨径9.00米。

38. 新邵青龙桥

青龙桥位于邵阳市新邵县潭溪镇泌水村，建于清朝初年。

青龙桥是一座单孔石台简支木梁桥。桥堍上是阶梯式坡道，上部结构是双层叠合式圆木纵梁，纵梁上面铺木桥面板。桥面宽 8.00 米，桥长 20.00 米。桥上建木结构廊。

东桥台是凹字形，用方块石料砌筑，前墙长 8.00 米。西桥台与石砌河岸为一体。跨径 7.20 米。

39. 安化思贤桥

思贤桥位于益阳市安化县江南七一村，跨资水支流思贤溪上。据《思贤桥记》载，该桥始建于清乾隆三十五年（1770 年），嘉庆七年（1802 年）续修，道光十二年（1832 年）被水毁，当年修复。道光十八年（1838 年）被洪水冲断。咸丰四年（1854 年）兴工重建，历时 3 年，咸丰六年（1856 年）竣工。

思贤桥是一座 3 孔石墩台简支木梁桥。上部结构是双层圆木叠合纵梁，桥面宽 4.00 米，桥长 43.30 米。桥上建木结构廊。

桥台是燕翅形，前墙长约 5.00 米。桥墩两端是尖形，跨径均为 9.00 米。

40. 安化永锡桥

永锡桥位于益阳市安化县洞市镇锡潭村，跨麻溪上。始建于清光绪七年（1881 年）。

永锡桥是一座 6 孔石墩台简支木梁桥。桥面宽 4.20 米，桥长 83.00 米。桥上建砖木结构廊。

桥台是燕翅形，前墙长约 5.20 米。桥墩两端是尖形，跨径均为 12.00 米。

桥碑有诗赞曰："熊山一水赴龙山，奔出千岩弯复弯。画鹢昔曾横野渡，彩虹今忽炫尘寰。天余缺憾人能补，神着先鞭石不顽。好是津梁通两岸，行人到此尽欢颜。"

41. 蓝山望嵬亭桥

望嵬亭桥位于永州市蓝山县所城镇黄泥铺村南端，始建年代无考，民国三十六年（1947 年）重建。

望嵬亭桥是一座单孔石台木梁桥。桥堍上是阶梯式坡道，上部结构是圆木纵梁，梁上横铺木桥面板，桥面宽 4.40 米，桥面长 7.00 米。桥上建木结构亭。

桥台是凹字形，前墙长 4.40 米。跨径 6.60 米。

第八节 浙江省木梁桥

全省石墩台木梁桥共计 76 座。

1. 武义熟溪桥

熟溪桥位于金华市武义县壶山镇来远门外。史料记载：熟溪桥创建于南宋开禧三年（1207 年），明嘉靖二十五年（1546 年）重建为 6 孔石墩台木梁桥，隆庆二年（1568 年）增建 3 孔，改成 9 孔。全桥总长 140 米，万历四年（1576 年）添建桥屋。

熟溪桥是一座 9 孔石墩台悬臂式木梁桥。上部结构是圆木纵梁，纵梁两端下面各有 3 层圆木悬臂梁，悬臂梁之间有疏铺方木横梁。纵梁上面横铺木桥面板。桥面宽 5.00 米，桥梁全长 140.00 米。桥上有砖木结构廊。

桥台是凹字形，用料石砌筑，前墙长 5.00 米。桥墩两端是方形，桥墩厚 3.00 米，桥墩长 7.00 米。中 7 孔跨径 10.70—12.00 米，两边孔跨径 3.95 米。

2. 永康西津桥

西津桥位于永康市城西南，跨永康江上。始建年代无考，原为浮桥，清康熙五十七年（1718 年）改建为木桥，雍正初年在石墩上建桥屋。嘉庆十年（1805 年）重建。

西津桥是一座 16 孔石墩台悬臂式木梁桥。上部结构是圆木纵梁，纵梁两端下面各有 3 层圆木悬臂梁，悬臂梁之间有疏置方木横梁。纵梁上面横铺木桥面板，桥面净宽 4.05 米，桥梁全长 184.53 米。桥上有砖木结构廊。

桥台是凹字形，前墙长约 4.50 米。桥墩两端是方形，桥墩厚 3.00 米，桥墩长 5.50 米。最大跨径 12.00 米，最小跨径 7.15 米。

3. 丽水公起桥

公起桥位于丽水市莲都区河边村，跨大龄台溪上，南北走向。始建年代无记载，清嘉庆年间（1796—1820 年）重建。

公起桥是一座单孔石台撑架式木梁桥。桥面宽 3.30 米，桥长 22.80 米。桥上建木结构廊。

山脚下岩壁为桥台。跨径 12.70 米。

4. 丽水钟山桥

钟山桥位于丽水市莲都区峰源乡夏庄村。建于清咸丰八年（1858 年）。

钟山桥是一座单孔石台简支木梁桥。桥面宽 4.50 米，桥长 30.20 米。桥台是凹字形，前墙长 4.50 米。跨径 20.00 米。

5. 景宁白鹤桥

白鹤桥位于丽水市景宁畲族自治县东坑镇白鹤村，跨北溪上，东南西北走向。始建于清道光十六年（1836 年），清光绪十四年（1888 年）重建。

白鹤桥是一座单孔撑架式木梁桥。上部结构是 9 根圆木纵梁，纵梁下面中间各有一根圆木辅梁，辅梁两端有一对圆木斜撑，纵梁上面铺双层木桥面板，桥面宽 4.80 米，桥长 32.30 米。桥上建砖木结构廊。

桥台建在山脚岩石上，用块石砌筑。跨径 23.90 米。

6．景宁茶堂桥

茶堂桥位于丽水市景宁畲族自治县英川镇木耳口村，跨黄谢圩港上，南北走向。清康熙三十五年（1696 年）建。2005 年因为在此地修建水利工程，将茶堂桥拆除。

茶堂桥是一座单孔撑架式木梁桥。上部结构是 9 道圆木纵梁，纵梁下面中部各挂 1 根圆木辅梁，辅梁的两端有一根方木横系梁。横系梁的外侧有 9 对圆木斜撑，斜撑的下端置于用石板砌筑的桥台前墙中部。纵梁上面铺木桥面板。桥面宽 4.88 米，桥长 61.50 米。桥上建木结构廊。

桥台是凹字形，前墙长约 5.50 米。跨径 26.70 米。

7．景宁长滩桥

长滩桥位于丽水市景宁畲族自治县英川镇西坑村。清嘉庆年间（1796—1820 年）建。

长滩桥是一座单孔石台撑架式木梁桥。桥面宽 4.60 米，桥长 25.80 米。

桥台是凹字形，用块石砌筑，前墙长约 5.00 米。跨径 17.80 米。

8．景宁大济胡桥

大济胡桥又名"大漈胡桥""胡大桥"，位于丽水市景宁畲族自治县大济乡西岸底村。始建于明代，清康熙二十三年（1684 年）重修，乾隆二十二年（1757年）重修。

大济胡桥是一座单孔石台简支木梁桥。桥面宽17.20米，桥长17.40米。桥上建砖木结构廊。

桥台与河岸为一体，用块石砌筑。跨径10.00米。

9. 景宁大均桥

大均桥又名"泉坑桥"，位于丽水市景宁畲族自治县大均乡大均村。清嘉庆十五年（1810年）建。

大均桥是一座3孔石墩台简支木梁桥。上部结构是圆木纵梁，上面铺木桥面板，桥面宽6.20米，桥面长23.00米，全长31.00米。桥上建砖木结构廊。

桥台是凹字形，用条形石板砌筑。桥墩也是用条形石板砌筑，两端是方形，桥墩厚1.00米，桥墩长6.20米。跨径5.50米。

10. 景宁东坑上桥

东坑上桥位于丽水市景宁畲族自治县东坑村，跨赤坑溪上，东西走向。清康熙十五年（1676年）建，康熙二十年（1681年）被水毁。嘉庆十五年（1810年）建，同治八年（1869年）重修。民国十二年（1923年）重建。

东坑上桥是一座撑架式木梁桥。上部结构是圆木纵梁，纵梁下面有4根圆木横梁，横梁下面有6根圆木辅梁，辅梁两端各有一对圆木斜撑。纵梁上面铺木桥面板。

桥面宽4.40米，桥长28.30米。桥上建木结构廊。

桥台在山崖壁上凿成平台。跨径18.70米。

11. 景宁广济桥

广济桥又名"芎岱桥"，位于丽水市景宁畲族自治县家地乡家地村，跨山建排水沟上。清嘉庆二十四年（1819 年）建。

广济桥是一座单孔撑架式木梁桥。上部结构是 13 道双层圆木叠合纵梁，纵梁下面中部各有一根圆木辅梁，辅梁两端有一对圆木斜撑。纵梁上面铺双层木桥面板。桥面宽 6.00 米，桥长 42.00 米。

桥台建在山脚岩石上。跨径 14.50 米。

12. 景宁护关桥

护关桥位于丽水市景宁畲族自治县大漈乡西一村，跨河川与龙溪汇流后的蛟潭上。清乾隆年间（1736—1795 年）建，具体时间无法考证。

护关桥是一座双孔简支木梁桥。上部结构是圆木纵梁，上面铺双层木桥面板，桥面宽 3.00 米，桥长 26.00 米。桥上建砖木结构楼阁。

桥台建在山脚岩石上。桥墩两端是方形，桥墩厚 1.00 米，桥墩长 26.50 米。跨径 5.00 米。

13. 景宁环胜桥

环胜桥俗称"顶头桥"，位于丽水市景宁畲族自治县梧桐乡高演村，跨溪涧上，东西走向。建于清乾隆年间（1736—1795 年）。

环胜桥是一座单孔悬臂式木梁桥。上部结构是双层圆木叠合纵梁，纵梁两端下面各有 3 层圆木悬臂梁，各层悬臂梁之间有疏铺方形横垫木。纵梁上面铺双层木桥面板，桥面宽 5.00 米，桥长 35.00 米。桥上建砖木结构廊。

桥台建在山脚岩石上，用块石砌筑。跨径 12.00 米。

14. 景宁回龙桥

回龙桥位于丽水市景宁畲族自治县梧桐乡高演村。建于乾隆年间（1736—1795 年）。

回龙桥是一座单孔简支木梁桥。上部结构是圆木纵梁，纵梁上面铺双层木桥面板，桥面宽 6.00 米，桥长 21.00 米。桥上建砖木结构廊。

桥台建在山脚岩石上。跨径 8.80 米。

15. 景宁路龙桥

路龙桥位于丽水市景宁畲族自治县东坑镇章坑村，跨章坑上。清光绪元年（1875 年）建。

路龙桥是一座单孔撑架式木梁桥。桥面宽 5.50 米，桥长 28.00 米。桥上建砖木结构廊。

桥台用块石砌筑，前墙两端与块石砌筑的河岸相连。跨径 18.20 米。

16. 景宁梅岐桥

梅岐桥位于丽水市景宁畲族自治县梅岐乡梅岐村，跨梅岐坑溪上，东西走向。始建年代不详，民国元年（1912 年）被水毁，次年（1913 年）向南移位 15 米重建，民国十二年（1923 年）再次被水毁，民国十四年（1925 年）重建。

梅岐桥是一座单孔撑架式木梁桥。上部结构是 9 道双层圆木叠合纵梁，纵梁下面中部各有一根圆木辅梁，辅梁两端有一对圆木斜撑。纵梁上面铺双层木桥面板。桥面宽 4.60 米，桥长 35.00 米。桥上建砖木结构廊。

桥台建在山脚岩石上。跨径 26.30 米。

17. 景宁清风桥

清风桥位于丽水市景宁畲族自治县梧桐乡高演村。清乾隆年间（1736—1795 年）建。

清风桥是一座单孔石台简支木梁桥。上部结构是双层圆木叠合梁，纵梁上铺双层木桥面板，桥面宽 5.50 米，桥长 21.00 米。桥上建砖木结构廊。

桥台是用块石砌筑，形状不规则。跨径 16.50 米。

18. 景宁石视桥

石视桥位于丽水市景宁畲族自治县东坑镇大岭村。清嘉庆十四年（1809 年）建。

石视桥是一座单孔石台撑架式木梁桥。桥面宽 4.50 米，桥长 23.70 米。

桥台是凹字形，用块石砌筑，前墙长约 5.00 米。跨径 17.20 米。

19. 景宁汤北桥

汤北桥位于丽水市景宁畲族自治县东坑镇汤北村，跨北溪（龙潭溪）上。始建年代无考，民国三年（1914 年）重修。

汤北桥是一座单孔撑架式木梁桥。上部结构是圆木纵梁，纵梁下面中间各挂一根圆木辅梁，辅梁两端有一对圆木斜撑。纵梁上面铺木桥面板。桥面宽 4.00 米，桥长 35.00 米。

桥台与石砌河岸为一体。跨径 22.50 米。

20. 景宁同善桥

同善桥位于丽水市景宁畲族自治县大漈乡小佐村，跨山涧上。建于清光绪十六年（1890 年）。

同善桥是一座单孔石台简支木梁桥。上部结构是圆木纵梁，上面铺双层木桥面板，桥面宽 4.00 米，桥长 9.00 米。桥上建砖木结构廊。

桥台建在山崖岩石上，跨径 8.00 米，桥下净空 20.00 米。

21. 景宁永安桥

永安桥又名"畲桥"，位于丽水市景宁畲族自治县平桥村，因平桥村畲姓人家最多，故称"畲侨"，跨白鹤溪上，东西走向。始建于清康熙三十一年（1692 年），道光十二年（1832 年）重修，光绪二十年（1894 年）重修。

畲桥是一座单孔撑架式木梁桥。上部结构是 9 根圆木纵梁，纵梁下面中间各有一根圆木辅梁，辅梁两端有一对圆木斜撑，纵梁上面铺双层木桥面板，桥面宽 5.00 米，桥长 37.40 米。桥上建砖木结构廊。

桥台建在山脚岩石上，用块石砌筑。跨径 29.20 米。

22. 龙泉合兴桥

合兴桥位于龙泉市塔石乡秋丰村。始建年代不详，民国二十一年（1932 年）重建。

合兴桥是一座单孔石台撑架式木梁桥。桥面宽 4.00 米，桥长 28.80 米。桥台是凹字形，前墙长 5.00 米。跨径 24.00 米。

23. 龙泉永和桥

永和桥原名"永宁桥"，位于龙泉市安仁镇，跨安仁西溪上。始建于明成化年间（1465—1487 年）。清顺治十八年（1661 年）毁于火，康熙五十七年（1718 年）重建，更名"永和桥"。

永和桥是一座 4 孔石墩台悬臂式木梁桥。上部结构是每孔 9 根圆松木纵梁，纵梁两端下面各有 7 层圆木悬臂梁，悬臂梁间皆有横向疏铺的方木垫梁。纵梁上面横顺铺双层硬木桥面板。桥面宽 7.50 米，净宽 6.40 米，桥长 125.70 米。桥上建砖木结构廊 42 间，中间有阁，廊门上挂"永和桥"匾（"文革"期间被红卫兵砸毁，1979 年 9 月又制作两块"永和桥"匾挂在桥两头）。桥两端各有 27 级台阶。

桥台是凹字形，两侧有块石砌筑的斜坡护岸。桥墩上游端是尖形，下游端方形，桥墩厚 1.80 米，桥墩长 9.80 米。跨径由东向西依次是 14.30 米、18.40 米、17.10 米、16.90 米。

古人有诗云："风帆叶叶漾中流，两岸疏林绘晚秋。横锁彩虹分玉镜，钟灵不亚古槎州。"

24. 青田卧虹桥

卧虹桥位于丽水市青田县坑根村，跨街河上，东西走向。始建年代不详，清同治十二年（1873年）重建。

卧虹桥是一座单孔石台撑架式木梁桥。桥面宽4.00米，桥长25.00米。桥上建木结构廊。

桥台与用块石砌筑的河岸为一体。跨径14.45米。

25. 庆元安溪桥

安溪桥位于丽水市庆元县安南乡安溪村。清嘉庆四年（1799年）修。

安溪桥是一座单孔石台撑架式木梁桥。桥面宽5.00米，桥长41.50米。桥上建木结构廊。

桥台是凹字形，用块石砌筑，前墙长约5.00米。跨径32.00米。

26. 庆元白云桥

白云桥位于丽水市庆元县举水乡月山村，跨举溪上，南北走向。建造年代无考。

白云桥是一座单孔简支木梁桥。上部结构是圆木纵梁，纵梁上面铺木桥面板，桥面宽3.00米，桥长25.30米。桥上建砖木结构廊。

桥台用块石砌筑。跨径7.50米。

27. 庆元半路亭桥

半路亭桥又名"查洋桥""云岩桥"，位于丽水市庆元县黄田镇陈边村。该桥始建于元至正年间（1341—1368年），清嘉庆二十三年（1818年）重修。民国三十六年（1947年）重建。

半路亭桥是一座单孔石台撑架式木梁桥。上部结构是圆木纵梁，上面铺木桥面板。桥面宽 4.90 米，桥长 28.80 米。桥上建木结构廊。

桥台是凹字形，用块石砌筑，前墙长约 5.00 米。跨径 21.20 米。

28. 庆元包里桥

包里桥位于丽水市庆元县岭头乡包里村，南北走向。清乾隆十一年（1746 年）建。

庆元包里桥

包里桥是一座简支木梁桥。圆木纵梁上面铺双层木桥面板。桥面宽 4.15 米，桥长 18.15 米。

桥台建在山脚岩石上。跨径 6.85 米。

29. 庆元东溪桥

东溪桥位于丽水市庆元县岭头乡砗下村，东南西北走向。清嘉庆二十三年（1818 年）建。

东溪桥是一座单孔撑架式木梁桥。上部结构是 8 根圆木纵梁，纵梁下面中部有 2 根圆木横梁，横梁下面有 4 根辅梁，辅梁两端各有一对圆木斜撑。纵梁上面铺木桥面板。桥面宽 4.15 米，桥长 20.18 米。桥上建砖木结构廊。

桥台建在山脚岩石上。跨径 9.00 米。

30. 庆元甫田桥

甫田桥位于丽水市庆元县大济村，跨大济溪上，东西走向。始建于宋代，明万历年间（1573—1620 年）重建。清顺治十八年（1661 年）重修，道光七年（1827 年）重修。民国二十六年（1937 年）重建。

甫田桥是一座单孔撑架式木梁桥。上部结构是 9 根圆木纵梁，纵梁下面中部有 2 根圆木横梁，横梁下面有 5 根辅梁，辅梁两端各有一对圆木斜撑。纵梁上面铺木桥面板。桥面宽 4.40 米，桥长 16.52 米。桥上建砖木结构廊。

桥台用块石砌筑，两侧与河岸相连。跨径 9.50 米。

31. 庆元观洋桥

观洋桥位于丽水市庆元县安南乡陈村，南北走向。始建年代无考，1999 年重建。

观洋桥一座单孔简支木梁桥，上部结构是圆木纵梁，纵梁上面铺木桥面板，桥面宽 3.85 米，桥长 20.00 米。桥上建砖木结构廊。

桥台用块石砌筑。跨径 6.30 米。

32. 庆元富林观音桥

富林观音桥位于丽水市庆元县贤良镇富林村，东西走向。清光绪二十三年（1897 年）重建。

富林观音桥是一座单孔简支木梁桥。纵梁上面铺双层木桥面板。桥面宽 4.35 米，桥长 35.00 米。桥上建砖木结构廊。

桥台建在山脚岩石上。跨径 5.20 米。

33. 庆元合湖殿桥

合湖殿桥位于丽水市庆元县合湖乡合湖村，东北西南走向。始建年代无考，1974 年重建。

合湖殿桥是一座单孔撑架式木梁桥。上部结构是圆木纵梁，纵梁下面中部有 2 根圆木横梁，横梁下面有圆木辅梁，辅梁两端各有一对圆木斜撑。纵梁上面铺木桥面板。

桥面宽 4.70 米，桥长 22.45 米。桥上建砖木结构廊。

桥台用块石砌筑。跨径 12.50 米。

34. 庆元横岭桥

横岭桥位于丽水市庆元县荷地乡横岭村，南北走向。民国二十七年（1938 年）重建。

横岭桥是一座单孔撑架式木梁桥。上部结构是 9 根圆木纵梁，纵梁下面中部有 2 根圆木横梁，横梁下面有 5 根圆木辅梁，辅梁两端各有一对圆木斜撑。纵梁上面铺木桥面板。桥面宽 4.50 米，桥长 16.20 米。桥上建砖木结构廊。

桥台用块石砌筑。跨径 9.40 米。

35. 庆元后溪桥

后溪桥位于丽水市庆元县张村乡后溪村，东北西南走向。始建年代不详，2002 年重修。

后溪桥是一座单孔简支木梁桥。上部结构是圆木纵梁，纵梁上面铺木桥面板。桥面宽 4.05 米，桥长 8.30 米。桥上建砖木结构廊。

桥台与块石砌筑的河岸为一体。跨径 6.00 米。

36. 庆元护龙桥

护龙桥位于丽水市庆元县岭头乡杨家庄村，跨山涧上，南北走向。建造年代不详。

护龙桥是一座单孔撑架式木梁桥。上部结构是 11 根圆木纵梁，纵梁下面中部有 2 根圆木横梁，横梁下面有 6 根圆木辅梁，辅梁两端各有一对圆木斜撑。纵梁上面铺木桥面板。桥面宽 5.12 米，桥长 27.85 米，桥台建在山脚下，用块石砌筑。跨径 7.00 米。

37. 庆元黄水长桥

黄水长桥位于丽水市庆元县合湖乡黄水村，南北走向。建于清乾隆十九年（1754 年），同治十一年（1872 年）重修。

黄水长桥是一座单孔石台撑架式木梁桥。上部结构是 10 根圆木纵梁，纵梁下面中部有 2 根圆木横梁，横梁下面有 5 根圆木辅梁，辅梁两端各有一对圆木斜撑。纵梁上面铺木桥面板。桥面宽 4.90 米，桥梁全长（包括引道）54.90 米。

桥台是凹字形，用块石砌筑，前墙长约 5.00 米。跨径 17.50 米。

38. 庆元济川桥

济川桥位于丽水市庆元县黄田镇上济村，东南西北走向。清康熙三十六年（1697 年）建。

济川桥是一座单孔悬臂式木梁桥。上部结构是双层圆木叠合纵梁，纵梁下面两端有 3 层圆木悬臂梁，悬臂梁之间有疏铺方木横系杆件。纵梁上面铺木桥面板，桥面宽 4.70 米，桥长 21.50 米。桥上建砖木结构廊。

桥台是凹字形，用料石砌筑。跨径 17.85 米。

39. 庆元蛟龙桥

蛟龙桥位于丽水市庆元县岭头乡大际头村，南北走向。明万历年间（1573—1620 年）建。清道光十六年（1836 年）重建。

蛟龙桥是一座撑架式木梁桥。上部结构是 8 根圆木纵梁，纵梁下面中部有 2 根圆木横梁，横梁下面有 5 根圆木辅梁，辅梁两端各有一对圆木斜撑。纵梁上面铺木桥面板。桥面宽 4.40 米，桥长 30.00 米。桥上建砖木结构廊。

桥台是凹字形。跨径 8.35 米。

40. 庆元接龙桥

接龙桥位于丽水市庆元县荷地镇坪头村，东西走向。始建年代无考，民国二十九年（1940 年）重建。

接龙桥是一座单孔撑架式木梁桥。上部结构是 8 根圆木纵梁，纵梁下面中部有 2 根圆木横梁，横梁下面有 4 根圆木辅梁，辅梁两端各有一对圆木斜撑。纵梁上面铺木桥面板。桥面宽 3.90 米，桥长 8.20 米。桥上建砖木结构廊。

桥台用块石砌筑。跨径 7.80 米。

41. 庆元兰溪桥

兰溪桥位于丽水市庆元县五大堡乡西洋村，跨松源溪上，东西走向。始建于明万历二年（1574 年），清乾隆五十九年（1794 年）重修。

兰溪桥是一座单孔石台撑架式木梁桥。桥面是 3 段圆木为纵梁，纵梁上横顺铺双层木桥面板，桥面宽 5.00 米，桥长 48.12 米。桥上建木结构廊。每根纵梁下面有 1 根辅梁，辅梁的两端各有 3 对圆木斜撑。

桥台是用块石砌筑，其平面是凹字形，前墙长约 5.00 米。跨径 36.80 米。

42. 庆元龙济桥

龙济桥位于丽水市庆元县隆宫乡隆宫村，东北西南走向。建造年代无考。

龙济桥是一座单孔简支圆木叠合梁桥。上部架构是双层圆木叠合纵梁，纵梁上面铺木桥面板，桥面宽 5.10 米，桥长 21.00 米。桥上建砖木结构廊。

桥台用块石砌筑。跨径 10.15 米。

43. 庆元南坑桥

南坑桥位于丽水市庆元县安南乡南坑村，南北走向。始建于清代，2003 年重建。

南坑桥是一座单孔简支木梁桥。上部结构是双层圆木叠合纵梁，纵梁上面铺木桥面板。桥面宽 4.25 米，桥长 17.85 米。桥上建砖木结构廊。

桥台建在山脚岩石上。跨径 7.80 米。

44. 庆元袅桥

袅桥位于丽水市庆元县城内，东西走向。明万历三十二年（1604 年）建。清乾隆三十四年（1768 年）重修。

袅桥是一座单孔撑架式木梁桥。上部结构是 7 根圆木纵梁，纵梁下面中部有 2 根圆木横梁，横梁下面有 4 根辅梁，辅梁两端各有一对圆木斜撑。纵梁上面铺木桥面板。桥面宽 3.60 米，桥长 28.63 米。桥上建砖木结构廊。

桥台建在山脚岩石上。跨径 14.50 米。

45. 庆元平兴桥

平兴桥位于丽水市庆元县合湖乡合湖村，东北西南走向。清同治二年（1863 年）建。

平兴桥是一座单孔撑架式木梁桥。上部结构是 9 根圆木纵梁，纵梁下面中部有 2 根圆木横梁，横梁下面有 5 根圆木辅梁，辅梁两端各有一对圆木斜撑。纵梁上面铺木桥面板。桥面宽 4.40 米，桥长 11.60 米。桥上建砖木结构廊。

桥台用块石砌筑。跨径 8.75 米。

46. 庆元阙下桥

阙下桥位于丽水市庆元县岭头乡陈鉴坑村，南北走向。建造年代无考。1986 年重建。

阙下桥是一座单孔简支木梁桥。上部结构是圆木纵梁，纵梁上面铺木桥面板，桥面宽 4.30 米，桥长 18.70 米。桥上建砖木结构廊。

桥台用块石砌筑。跨径 6.65 米。

47. 庆元如龙桥

如龙桥位于丽水市庆元县举水乡月山村，跨举溪上，南北走向。明天启五年（1625 年）建。

如龙桥是一座单孔撑架式木梁桥。上部结构是圆木纵梁，纵梁下面中部各挂一根圆木辅梁，辅梁两端有一对圆木斜撑。纵梁上横顺铺木桥面板。桥面宽 5.08 米，桥长 28.20 米。桥上建有木结构廊。

桥台建在山脚基岩上。跨径 19.50 米。

48. 庆元杉坑桥

杉坑桥位于丽水市庆元县江根乡杉坑村，南北走向。清嘉庆五年（1800 年）建。

杉坑桥是一座单孔简支木梁桥。上部结构是双层圆木叠合纵梁，纵梁上面铺木桥面板。桥面宽 5.05 米，桥长 24.00 米。桥上建砖木结构廊。

桥台用块石砌筑,其平面是凹字形。跨径 8.30 米。

49. 庆元上坑阙下桥

上坑阙下桥位于丽水市庆元县竹口镇上坑村,跨山涧上,东南西北走向。始建年代无考,清光绪年间(1875—1908 年)重修。

上坑阙下桥是一座单孔撑架式木梁桥。上部结构是 8 根圆木纵梁,纵梁下面中部有 2 根圆木横梁,横梁下面有 4 根辅梁,辅梁两端各有一对圆木斜撑。纵梁上面铺木桥面板。桥面宽 4.10 米,桥长 23.75 米。桥上建砖木结构廊。

桥台是在山涧石壁上开凿出的平台。跨径 9.80 米。

50. 庆元双门桥

双门桥原名"临清桥",位于丽水市庆元县松源镇大济村,跨济溪上,东西走向。始建于北宋皇祐元年(1049 年)。以后历代有修葺。

双门桥是一座单孔撑架式木梁桥。上部结构是圆木纵梁,纵梁下面中部挂两根圆木横梁,横梁下面有 4 根圆木辅梁,辅梁两端各有一对圆木斜撑。

纵梁上面铺木桥面板,桥面宽 4.35 米,桥长 12.35 米。桥上建砖木结构廊。

桥台用块石砌筑,大致呈凹字形。跨径 10.20 米。

51. 庆元双溪桥

双溪桥位于丽水市庆元县黄田镇双溪村,东西走向。始建于清代,1994 年重建。

双溪桥是一座单孔简支木梁桥。上部结构是圆木纵梁,纵梁上面铺木桥面板。桥面宽 5.00 米,桥长 19.65 米。桥上建砖木结构廊。

桥台与块石砌筑的河岸为一体。跨径 5.00 米。

52. 庆元塘窟水尾桥

塘窟水尾桥位于丽水市庆元县岭头乡塘窟村，东北西南走向。清代建造，1997 年重修。

塘窟水尾桥是一座单孔简支木梁桥。上部结构是圆木纵梁，纵梁上面铺木桥面板。桥面宽 4.55 米，桥长 16.80 米。桥上建砖木结构廊。

桥台建在岩石上。跨径 4.20 米。

53. 庆元外村桥

外村桥位于丽水市庆元县荷地乡底墅村，东北西南走向。清道光二十八年（1848 年）建。

外村桥是一座单孔简支木梁桥。上部结构是圆木纵梁，纵梁上面铺木桥面板，桥面宽 4.20 米，桥长 14.00 米。

桥台与块石砌筑的河岸为一体。跨径 7.00 米。

54. 庆元文昌桥

文昌桥位于丽水市庆元县安南乡吾际下村，东西走向。2001 年重建。

文昌桥是一座单孔撑架式木梁桥。上部结构是 7 根圆木纵梁，纵梁下面中部有 2 根圆木横梁，横梁下面有 4 根圆木辅梁，辅梁两端各有一对圆木斜撑。纵梁上面铺木桥面板。桥面宽 3.80 米，桥长 13.70 米。桥上建砖木结构廊。

桥台用块石砌筑。跨径 13.00 米。

55. 庆元乌石桥

乌石桥位于丽水市庆元县安南乡陈村村，东西走向。清康熙四十九年（1710 年）建。

乌石桥是一座单孔撑架式木梁桥。上部结构是 7 根圆木纵梁, 纵梁下面中部有 2 根圆木横梁, 横梁下面有 4 根圆木辅梁, 辅梁两端各有一对圆木斜撑。纵梁上面铺木桥面板。桥面宽 3.30 米, 桥长 17.15 米。桥上建砖木结构廊。

桥台用块石砌筑。跨径 7.05 米。

56. 庆元吴坑桥

吴坑桥位于丽水市庆元县张村乡吴坑村, 东西走向。清光绪二十一年 (1895 年) 重建。2008 年重建。

吴坑桥是一座单孔简支木梁桥。上部结构是圆木纵梁, 纵梁上面铺木桥面板, 桥面宽 4.80 米, 桥长 18.30 米。桥上建砖木结构廊。

桥台用块石砌筑。跨径 5.20 米。

57. 庆元余地桥

余地桥位于丽水市庆元县安南乡余地村, 南北走向。清嘉庆二十三年 (1818 年) 重建。

余地桥是一座单孔简支木梁桥。上部结构是圆木纵梁, 纵梁上面铺木桥面板, 桥面宽 3.75 米, 桥长 16.45 米。桥上建砖木结构廊。

桥台用块石砌筑。跨径 5.60 米。

58. 宁波广济桥

广济桥位于宁波市奉化区南渡村, 跨奉化区江下游。始建于宋代, 元至元二十三年 (1286 年) 四月二十九日重建。明、清曾几度重修。

广济桥是一座 4 孔石墩台木梁桥。上部结构是密排圆木纵梁, 上面铺双层木桥面板, 桥面宽 6.60 米, 桥长 51.68 米。桥上建砖木结构廊。

桥台是凹字形, 桥墩是 6 根方形石柱, 边柱上顶向内倾斜, 上顶有石板帽梁, 帽梁宽 0.90 米, 帽梁长 7.80 米。跨径 10.00 米。

59. 宁波卧渡桥

卧渡桥位于宁波市奉化区山区峡谷中，跨水龙溪和马陆溪汇流后下游河道上。

卧渡桥是一座单孔撑架式木梁桥。上部结构是 3 层圆木（两顺一横）架设而成，纵梁下面两端各有 5 对圆木斜撑。桥面宽 6.40 米，桥长 24.00 米。桥上建砖木结构廊。

在山脚岩石上开凿桥台。跨径 20.00 米。

60. 宁波百梁桥

百梁桥原名"蕙江桥"，又名"小溪桥"，位于宁波市鄞州区洞桥镇蕙江村，跨鄞江上，南北走向。始建于宋元丰元年（1078 年），南宋绍兴十五年（1145 年）重建。元至正二十四年（1364 年）再建。明成化八年（1472 年）毁于火，隆庆四年（1570 年）又毁于火，翌年（1571 年）重建。

现存百梁桥是一座 7 孔石墩台简支木梁桥。中孔为 16 根圆木纵梁，其余 6 孔均为 14 根圆木纵梁，全桥共计 100 根梁，故称"百梁桥"。梁上铺双层木桥面板。桥面宽 8.00 米，桥长 77.40 米。桥上建有木结构长廊，两端有门楼。

桥台与石板砌筑的河岸为一体。桥墩两端是尖形。中孔跨径 7.00 米，边孔跨径 6.50 米。

61. 宁波洞桥

洞桥又名光溪洞桥，位于宁波市鄞州区，宋建隆元年（960 年）建。

洞桥是一座双孔石墩台简支木梁桥。上部结构是圆木纵梁上面铺双层木桥面板，桥面宽 8.10 米，桥长 26.76 米。桥上建砖木结构廊。

桥台是凹字形，前墙长 8.50 米。桥墩两端是方形。跨径均为 6.60 米。

62. 宁波鄞江桥

鄞江桥位于宁波市鄞州区鄞江桥镇。建于清道光十四年（1834年）。

鄞江桥是一座 6 孔石墩台悬臂式木梁桥。上部结构是圆木纵梁，纵梁两端下面各有 3 层圆木悬臂梁，悬臂梁之间疏置圆木横梁。纵梁上横向疏铺方形枕木，上面铺木桥面板。桥面宽 5.00 米，桥梁全长 79.80 米。桥上有砖木结构廊。

桥台是凹字形，前墙长约 5.00 米。桥墩两端是方形，自下而上有收分（上顶较薄，下部较厚）。中 4 孔跨径 9.00 米，两边孔跨径 6.00 米。

63. 宁海尚源桥

尚源桥位于宁波市宁海县山区峡谷中，跨凫溪上。

尚源桥是一座单孔简支木梁桥。上部结构是圆木做纵梁，上面横铺木板而成桥面。桥面宽 7.10 米，桥长 12.30 米。桥上建砖木结构廊。

桥台与块石砌筑的河岸为一体。跨径 6.90 米。

64. 宁海镇东桥

镇东桥位于宁波市宁海县西店镇璜溪口村，跨紫溪入海处。建造年代无考。清嘉庆二十一年（1816 年）改建木桥为石桥，更名"登云桥"。咸丰十一年（1861 年）被水毁，同治十一年（1872 年）重建。

镇东桥是一座双孔石墩台简支木梁桥。原建上部结构是圆木纵梁，上面铺双层木桥面板。桥面宽 5.40 米，净宽 4.24 米，桥面长 21.00 米，全长 23.50 米。桥上建砖木结构廊。

桥台是燕翅形，桥墩两端是方形，桥墩厚 0.80 米，桥墩长 5.70 米，桥孔净跨 11.26 米。

20 世纪 80 年代，进行加固，在桥台前墙中部，各加设两对圆木斜撑，斜撑的上端顶在纵梁下面，成为类似撑架式木梁桥。

65. 余姚板桥

板桥位于余姚市李家塔村，始建年代不详，清代晚期重修。

板桥是一座双孔石墩台简支木梁桥。每孔桥面有 10 根圆木纵梁，上面铺双层木桥面板。桥面宽 4.50 米，桥长 28.00 米。桥上建砖木结构廊。

桥台与石砌河岸为一体。桥墩是 5 根方形石柱，上顶横置一根方形石帽梁，帽梁长 5.00 米。跨径 11.00 米。

66. 新昌梅树坂桥

梅树坂桥位于绍兴市新昌县上三坑村，跨街河上，建造年代不详。

梅树坂桥是一座单孔撑架式木梁桥。上部结构是 6 根纵梁，纵梁上面铺单层木桥面板。两根边纵梁的下面中间各有一道辅梁，辅梁的两端各有一对圆木斜撑。4 根中纵梁的下面中间各有一道横梁，横梁的两边各有 4 对圆木斜撑。桥面宽 3.20 米，桥长 19.00 米。桥上建砖木结构廊。桥台与料石砌筑的河岸为一体。跨径 14.00 米。

67. 新昌普济桥

普济桥位于绍兴市新昌县上三坑村，跨街河上，建造年代不详。

普济桥是一座单孔双层撑架式木梁桥。纵梁采用双层圆木叠梁，纵梁之间设有横木系杆，每根纵梁的下面挂一根辅梁，辅梁的两端各有一对圆木斜撑，斜撑的下端置于块石砌筑的桥台下部。辅梁的中间有一根横梁，横梁的两侧各有一对圆木斜撑，斜撑的下端置于桥台的中部。纵梁上面横顺铺木桥面板。桥面宽 5.00 米，桥长 25.00 米。桥上建有木结构廊。

桥台与块石砌筑的河岸为一体。跨径 16.4 米。

68. 泰顺北涧桥

北涧桥俗称"下桥"，位于温州市泰顺县泗溪镇下桥村，跨山涧排水沟上。清康熙年间（1662—1722 年）建。

北涧桥是一座单孔撑架式木梁桥。上部结构是用圆木做纵梁，上面横顺铺双层木桥面板，纵梁下面中间各设一根圆木辅梁，辅梁的两端各有一根圆木横梁，对应每根纵梁的下面各有一对圆木斜撑。斜撑的下端置于石板砌筑的桥台中部，纵梁的外端搭在桥台的上面。桥面宽 5.40 米，桥长 51.90 米。桥上建砖木结构廊。

桥台建在基岩上，桥台前墙的中部有一道横槽，平放一根方形木垫梁，斜撑的下端置于横木垫上。跨径 29.00 米。

69. 泰顺三条桥

三条桥位于温州市泰顺县垟溪乡和洲岭乡交界处，跨横溪上。始建于唐贞观年间（627—649 年），南宋绍兴七年（1137 年）九月十三日重建。清道光二十三年（1843 年）重建。

现存三条桥是一座单孔石台撑架式木梁桥。上部结构是双层圆木叠合纵梁，纵梁的外端搭在桥台上，纵梁下面中间各有一根圆木辅梁，辅梁的两端有一对圆木斜撑。纵梁上面横顺铺双层木桥面板。桥面宽 4.00 米，桥长 26.63 米。上部结构的两侧挂有木遮雨板，桥上建砖木结构廊。

桥台建在基岩上，跨径 21.26 米。

70. 泰顺泗溪东桥

泗溪东桥俗称"上桥"（下桥村有泗溪东、北涧二桥，北涧桥称下桥），位于温州市泰顺县泗溪镇下桥村，跨东溪上。始建于明隆庆四年（1570 年），清乾隆十年（1745 年）重修，道光七年（1827 年）重修。

泗溪东桥是一座单孔石台撑架式木梁桥。上部结构是用 17 道圆木做纵梁，在纵梁中段挂 2 根圆木横梁，横梁下面挂圆木辅梁，共 8 根较长的辅梁，9 根较短的辅梁。短辅梁的两端各有一对圆木斜撑，斜撑的下端置于石砌桥台的下部。长辅梁的两端各有一对圆木斜撑，斜撑的下端置于石砌桥台的中部。纵梁的外端搭在桥台的上面。纵梁上横顺铺双层木桥面板。桥面宽 4.86 米，桥长 41.70 米。木结构两边挂遮雨木板，桥上建砖木结构廊。

桥台建在山脚基岩上，是用块石砌筑，形式不规则。跨径 25.70 米。

泰顺泗溪东桥

71. 泰顺文重桥

文重桥位于温州市泰顺县筱村镇东洋村，俗称"东洋桥"。始建于清乾隆十年（1745 年），民国十年（1921 年）重建。

文重桥是一座双孔石墩台悬臂式木梁桥。上部结构是圆木纵梁，纵梁两端下面各有 3 层圆木悬臂梁，悬臂梁之间疏铺方木横梁。纵梁上面横顺铺双层木桥面板。无栏杆。桥面宽 4.70 米，桥长 26.20 米。

桥台是凹字形，前墙长约 5.00 米。桥墩两端是方形，桥墩厚 2.50 米，桥墩长 5.00 米。跨径 11.20 米。

2016 年 9 月 15 日，"莫兰蒂"台风带来暴雨，洪水将桥梁上部结构冲毁。

72. 泰顺永庆桥

永庆桥位于温州市泰顺县三魁镇战洲下溪坪村，建于清嘉庆二年（1797 年）。

永庆桥是一座双孔石墩台悬臂式木梁桥。上部结构是圆木纵梁，纵梁下面两端有 3 层圆木悬臂梁，悬臂梁之间有方木横系杆件。纵梁上面铺木桥面板，桥面宽 5.00 米，桥长 36.00 米。桥上建砖木结构廊。

桥台与块石砌筑的河岸为一体。桥墩用青石板砌筑，两端是方形，桥墩厚 1.30 米，桥墩长 5.50 米。跨径均为 9.50 米。

73. 泰顺毓文桥

毓文桥位于温州市泰顺县洲岭乡洲边村。始建年代不详，道光十九年（1839 年）重修。

毓文桥是一座单孔撑架式木梁桥。桥面宽 4.00 米，桥长 23.00 米。桥上建砖木结构廊。

桥台是凹字形，用块石砌筑。跨径 7.60 米。

第九节　福建省木梁桥

全省木梁桥共计 100 座。

1. 福州二桥亭桥

二桥亭桥位于福州市鼓楼区仓前街与通湖路之间，在金斗桥南。清代修建，1986 年改修桥面。

二桥亭桥是一座单孔石台木梁桥。桥面是 12 根圆木纵梁，上面疏架方形横木，横木上铺木桥面板，两侧有石栏杆，桥面宽 3.20 米，桥长 9.80 米。桥上建砖木结构亭。

桥台是凹字形。跨径 4.10 米。

2. 闽侯蕉溪桥

蕉溪桥位于福州市闽侯县廷坪乡蕉溪村，跨蕉溪上，东西走向。始建年代不详，民国十九年（1930 年）重建。

蕉溪桥是一座单孔撑架式木梁桥。上部结构是 13 根圆木纵梁，纵梁中部下面各有一根辅梁。辅梁两端各有一根圆木横梁，横梁外侧各有 13 根圆木斜撑，斜撑的下端置于桥台的中部。纵梁上面铺双层木桥面板。桥面宽 4.33 米，桥长 27.30 米。桥上建砖木结构廊。

桥台是用方形条石砌筑，大致为凹字形，前墙长约 4.50 米。跨径 9.20 米。

3. 闽侯岭下桥

岭下桥位于福州市闽侯县六锦村，跨山涧排水沟上，东西走向。建于清代。

岭下桥是一座单孔石台撑架式木梁桥。桥墩上铺砌块石，桥面是 5 根圆木纵梁，纵梁的两端置于河岸上。纵梁下面中间挂一道横梁，横梁两侧各有 5 对圆木斜撑，斜撑的下端置于河岸中部。桥面宽 4.60 米，桥长 9.60 米。桥上有木结构廊。

桥台与用乱石砌筑的河岸为一体。跨径 6.80 米。

4. 闽侯龙津桥

龙津桥位于福州市闽侯县廷坪乡流源村，东西走向。始建于宋代，明崇祯四年（1631 年）改建木桥，清乾隆二十年（1755 年）重修，道光二十三年（1843 年）重修，1998 年重修。

龙津桥是一座单孔撑架式木梁桥。上部结构圆木纵梁，纵梁下面中部有 4 根圆木横梁，横梁下面有 6 根圆木辅梁，辅梁两端各有一对圆木斜撑。纵梁上面铺木桥面板。

桥面宽 4.30 米，桥长 33.00 米。桥上建砖木结构廊。

桥台用块石砌筑，形状不规则。跨径 20.20 米。

5. 闽侯龙津桥

龙津桥位于福州市闽侯县延坪乡流源村，跨东源溪上，南北走向。始建于宋代，明崇祯四年（1631 年）重建。清道光二十三年（1843 年）重修。

龙津桥是一座单孔石台撑架式木梁桥。上部结构是，在桥台两侧各有 7 根圆木斜撑，斜撑上端之间是 7 根圆木辅梁。辅梁上面是 7 根纵梁，纵梁上面铺木桥面板，桥面宽 4.30 米，桥长 33.50 米。桥上有木结构廊。

桥台是在山崖岩石上开凿而成，圆木斜撑的下端置于山崖上。跨径 22.20 米。

6. 闽侯泰山桥

泰山桥位于福州市闽侯县延坪乡后溪村，跨后溪上，东西走向。始建年代不详，民国二十二年（1933 年）重建。

泰山桥是一座单孔撑架式木梁桥。桥面是 8 根圆木纵梁，纵梁中部下面各有一根圆木辅梁，辅梁的两端各有一根圆木横梁，横梁的外侧各有 8 根圆木斜撑，斜撑的下端置于山脚岩石上。纵梁上面铺双层木桥面板，桥面宽 4.30 米，桥长 27.90 米。桥上建砖模具结构廊。

桥台是在山脚岩石上开凿成平台。跨径 21.60 米。

7. 闽侯温汤桥

温汤桥位于福州市闽侯县桔林乡温汤村。始建年代无记载，清同治十三年（1874 年）重修。

温汤桥是一座单孔撑架式木梁桥。上部结构是 9 根圆木纵梁，纵梁下面中部挂有 4 根辅梁（相间），辅梁两端各有一根圆木斜撑。在辅梁两端以外各有一根较粗的圆木横梁，横梁之间有辅梁，横梁外侧有一对圆木斜撑。

纵梁上面铺木桥面板。桥面宽 4.00 米，桥长 11.40 米。桥上建木结构廊。

桥台建在山脚岩石上。跨径 11.60 米。

8. 闽侯武灵桥

武灵桥位于福州市闽侯县廷坪乡溪坪村，跨后垄溪上，东西走向。建于清代初年。

武灵桥是一座单孔简支木梁桥。上部结构是双层圆木纵梁，纵梁上面铺木桥面板，桥面宽 3.60 米，桥长 13.20 米。桥上建砖木结构廊。

桥台是在山脚岩石上开凿而成。跨径 9.30 米。

9. 闽侯溪隆桥

溪隆桥位于福州市闽侯县下洋村，跨溪隆尾溪上，南北走向。清乾隆六十年（1795 年）建。

溪隆桥是一座单孔石台简支木梁桥。桥面是圆木纵梁，纵梁上面铺木桥面板。桥面宽 3.16 米，桥长 9.15 米。桥上建砖木结构廊。

桥台建在山脚岩石上。跨径 6.70 米。

10. 闽侯洋头桥

洋头桥又名"玄帝桥"，位于福州市闽侯县洋头村，跨三溪口上，南北走向。清代建。

洋头桥是一座单孔石台简支木梁桥。桥塅上铺砌块石，桥面是圆木纵梁，纵梁上面铺木桥面板。桥面宽 3.50 米，桥长 20.00 米。桥上建砖木结构廊。

桥台建在山脚岩石上。跨径 12.70 米。

11. 闽侯友泉溪桥

友泉溪桥位于福州市闽侯县洋里村，跨友泉溪上，南北走向。建于清代。

友泉溪桥是一座单孔石台简支木梁桥。桥塅上铺砌块石，桥面是圆木纵梁，桥上有木结构廊。桥面宽 3.16 米，桥长 9.17 米。

桥台是凹字形，用乱石砌筑。跨径 5.00 米。

12. 闽侯远济桥

远济桥又名"石陌桥"，位于福州市闽侯县白沙镇联坑村，跨大目溪上，东西走向。清光绪十八年（1892 年）建。

远济桥是一座单孔撑架式木梁桥。桥面是 9 道圆木纵梁，纵梁下面挂 9 根辅梁，纵梁上面铺双层木桥面板。桥上建木结构廊，桥面宽 5.10 米，桥长 23.00 米。

桥台是凹字形，用料石砌筑，前墙长 5.10 米。跨径 14.50 米。

13. 闽侯左白桥

左白桥位于福州市闽侯县东墘村，跨东墘溪上，东西走向。清乾隆六十年（1795 年）建。

左白桥是一座单孔石台简支木梁桥。桥面是圆木纵梁，纵梁上面铺木桥面板。桥面宽 3.90 米，桥长 16.58 米。桥上建砖木结构廊。

桥台建在山脚岩石上。跨径 10.70 米。

14. 闽清合龙桥

合龙桥位于福州市闽清县省璜镇省璜村，跨梅溪支流上。始建于宋代，清康熙三十八年（1699 年）重建。

合龙桥是一座双孔撑架式木梁桥。上部结构是圆木纵梁，纵梁下面中部有 2 根圆木横梁，横梁下面有 4 根圆木辅梁，辅梁两端各有一对圆木斜撑。纵梁上面铺木桥面板。桥面宽 4.50 米，桥长 39.70 米。桥上建砖木结构廊。

桥台是燕翅形，用料石砌筑。桥墩也用料石砌筑，两端是尖形。跨径分别是 12.50 米、14.70 米。

15. 长汀当坑桥

当坑桥又名"永隆桥"，位于龙岩市长汀县策武乡当坑村。据《长汀县志》记载，当坑桥创建于明代，清乾隆己酉年（1789 年）重建。嘉庆三年（1798 年）重修。

当坑桥是一座单孔石台悬臂式木梁桥。上部结构是在桥台上有 4 层圆木单悬臂梁，上面架设 5 层圆木叠合纵梁，纵梁上面横顺铺木桥面板，桥面宽 4.00 米，桥长 27.00 米。桥上建木结构廊。

桥台是凹字形，用方形条石横顺相间砌筑，前墙长 4.00 米。跨径18.70 米。

16. 连城文川桥

文川桥原名"清溪桥"，位于龙岩市连城县城南。始建年代无考，南宋绍兴年间重建，改名"擢桂桥"。元至正年间又重建，改名"文川桥"。清顺治四年（1647 年）重修。

文川桥是一座双孔石墩台悬臂式木梁桥。桥面结构系用圆木为纵梁，上面横铺木桥面板，桥台上有两层圆木单悬臂梁，桥墩上有两层圆木双悬臂梁，承托圆木纵梁，桥面宽 5.00 米，桥长 47.00 米。桥上建木结构廊。

桥台两侧有燕翅墙，用料石砌筑，前墙长 5.00 米。桥墩两端是尖形，用料石砌筑，桥墩厚 1.80 米，桥墩长 7.20 米。跨径 22.00 米。

17. 连城永隆桥

永隆桥位于龙岩市连城县吕溪镇莒壁洲村，跨莒溪上。《八闽通志》记载，永隆桥建于明洪武二十年（1387 年）。

永隆桥是一座 5 孔石墩台悬臂式木梁桥。上部结构是圆木纵梁，纵梁两端下面有 3 层圆木悬臂梁，悬臂梁之间有方木横系杆件。纵梁上面铺木桥面板。桥面宽 6.00 米，桥长 85.00 米。桥上建砖木结构廊。

桥台是燕翅形，用料石砌筑，前墙长 6.80 米。桥墩上游端是尖形，下游端是方形。跨径 8.20 米。

18. 连城玉沙桥

玉沙桥原名"溪头桥"，位于龙岩市连城县马屋村，跨花溪上。始建于清康熙二十三年（1684 年），咸丰年间（1851—1861 年）遭兵乱，桥梁受损。民国十年（1921 年）重建。

玉沙桥是一座双孔石墩台悬臂式木梁桥。上部结构是，在桥台上有一层圆木单悬臂梁，桥墩上有一层圆木双悬臂梁，上面架设双层圆木叠合纵梁，纵梁上面横铺木桥面板，桥面宽 5.00 米，桥长 29.00 米。桥上建木结构廊。

桥台是凹字形，用块石砌筑，前墙长 5.00 米。桥墩两端是方形，桥墩厚 1.65 米，桥墩长 5.00 米。跨径均为 12.00 米。

19. 连城云龙桥

云龙桥位于龙岩市连城县下罗村，跨青岩河上，东西走向。据史书记载，云龙桥始建于明崇祯七年（1634 年），清乾隆三十七年（1772

年）重建。

云龙桥是一座5孔石墩台复合型悬臂式木梁桥。上部结构是在桥台上有3层圆木单悬臂梁，在桥墩上有3层圆木双悬臂梁，上面架设3层复合型圆木纵梁，纵梁上面横顺铺木桥面板。桥面宽5.00米，桥长81.00米。桥上建木结构廊。

桥台是带燕翅形，建在山脚下，用料石砌筑，前墙长6.00米。桥墩上游端是尖形，下游端是方形。

20. 南平安口桥

安口桥位于南平市建阳区永吉镇安口村。建造年代无记载。

安口桥是一座单孔撑架式木梁桥。上部结构是8根圆木纵梁，纵梁下面中部挂两根圆木横梁，横梁下面有4根圆木辅梁，辅梁两端各有1对圆木斜撑。纵梁上面铺木桥面板，桥面宽4.00米，桥长16.00米。

桥台用块石砌筑。跨径12.00米。

21. 南平八字桥

八字桥位于南平市延平区山峡阳镇梅照村。始建于后唐天成年间（926—930年），民国二十一年（1932年）重建。

八字桥是一座单孔撑架式木梁桥。桥面系用3段圆木为纵梁，纵梁上横顺铺双层木桥面板。纵梁下面有两层辅梁，上层辅梁较长，两端各有两对圆木斜撑，下层辅梁较短，两端各有一对圆木斜撑。

桥台是凹字形，用块石砌筑，桥面宽6.00米，桥长34.80米。桥上建砖木结构廊。跨径19.30米。

22. 南平金造桥

金造桥位于南平市延平区茫荡镇漈头村金造自然村，跨金造溪上。建造年代无记载。

金造桥是一座单孔撑架式木梁桥。上部结构是 10 道圆木纵梁，上面铺单层木桥面板，上面铺墁砖面。纵梁下面中间各有一道辅梁，辅梁的两端各有一对圆木斜撑，斜撑分上下两层，各为 5 对。桥面宽 4.78 米，桥长 39.50 米。桥上建砖木结构廊。

桥台用石板砌筑。跨径 31.40 米。

23. 南平落托桥

落托桥位于南平市延平区茫荡镇漈头村。始建年代不详，民国三十年（1941 年）重建。

落托桥是一座单孔石台撑架式木梁。桥面宽 4.70 米，桥长 22.30 米。桥上建砖木结构廊。

桥台是凹字形，用块石砌筑，前墙长约 5.00 米。跨径 15.30 米。

24. 南平月圆桥

月圆桥位于南平市延平区峡阳镇洋安村。跨排水沟上，南北走向。始建年代无记载，清光绪元年（1875 年）重建，民国二十二年（1933 年）重修，1999 年重修，2010 年 6 月 18 日被水毁，2013 年重建。

月圆桥是一座单孔简支木梁桥。上部结构是 11 根双层圆木叠合纵梁，纵梁上面横顺铺木板而成桥面。桥面宽 5.00 米，桥长 40.00 米。桥上建木结构廊。

桥台建在山脚岩石上。跨径 12.50 米。

25. 光泽承安桥

承安桥位于南平市光泽县鸾凤乡油溪村，跨油溪上。始建于明万历年间（1573—1620 年），民国三十三年（1944 年）重建上部结构。

承安桥是一座 4 孔石墩台复合型悬臂式木梁桥。上部结构是在桥台上 3 层圆木单悬臂梁，在桥墩上 3 层圆木双悬臂梁，上面架设 3 层复合型圆木纵梁，纵梁上面横顺铺木桥面板。桥面宽 4.50 米，桥长 55.00 米。桥上建木结构廊。

桥台是燕翅形，前墙长 5.50 米。桥墩上游端是尖形，下游端是方形。跨径 6.80 米。

26. 建瓯步月桥

步月桥位于建瓯市玉溪村，跨玉溪河上。据史料记载，步月桥始建于元至正十年（1350 年），明正德十四年（1519 年）重建。清乾隆、道光、光绪年间皆有重修。

步月桥是一座 3 孔石墩台复合型悬臂式木梁桥。上部结构是在桥墩上有 3 层圆木双悬臂梁，上面架设 3 层复合型圆木纵梁，纵梁上横顺铺木桥面板，桥面宽 6.05 米，桥梁全长 127.50 米。

桥台是两侧有燕翅墙，用方形条石横顺相间砌筑，前墙长 6.00 米。桥墩两端是尖形，也是用方形条石横顺相间砌筑，桥墩厚 2.00 米，桥墩长 8.25 米。跨径 14.00 米。

27. 建瓯承龙桥

承龙桥位于建瓯市迪口镇小桔村。清光绪二十四年（1898 年）重修。

承龙桥是一座单孔撑架式木梁桥。共有 8 根圆木纵梁，纵梁的下面中间部位各挂一根圆木辅梁，辅梁的两端各挂 1 根圆木横梁，横梁的外侧各设 8 对圆木斜撑，斜撑的下端置于桥台的中部。纵梁上面横顺铺木板而成桥面。桥面宽 4.20 米，桥长 59.00 米。桥上建木结构廊。

桥台是凹字形，用块石砌筑，前墙长约 4.50 米。跨径 18.00 米。

28. 浦城丰乐桥

丰乐桥又称"黄桥"，位于南平市浦城县临江镇水西村，跨乡间小溪上。始建于明代，清乾隆四十一年（1776 年）桥圮，翌年（1777年）重建。乾隆五十六年（1791 年）被水毁，嘉庆十二年（1807 年）修复，翌年（1808 年）又被水毁。嘉庆十四年（1809 年）重修，改名"丰乐桥"。

丰乐桥是一座单孔简支木梁桥。桥面是圆木纵梁，木梁直径约 40厘米，梁长 7.50 米，上面铺单层木板，桥面宽 5.60 米，桥面长 18.00米。桥上建木结构廊。东北端有 9 级台阶，西南端有 21 级台阶。

桥台是凹字形，用块石砌筑，前墙长 5.60 米。跨径 6.50 米。

29. 浦城镇安桥

镇安桥又名"临江桥"，位于南平市浦城县水东村与水西村之间，跨南浦溪支流临江溪上，东西走向。始建于宋代。明洪武元年（1368年）重建，嘉靖八年（1529 年）又重建。民国二十四年（1935 年）加固上部结构。

镇安桥是一座 3 孔石墩台悬臂式木梁桥。上部结构是，在桥台上有4 层圆木单悬臂梁，在桥墩上有 4 层圆木双悬臂梁，上面架设 3 层复合型圆木纵梁，纵梁上面横顺铺木桥面板。桥面宽 3.60 米，桥长 79.50米。桥上建木结构廊。

桥台是凹字形，用石板砌筑，前墙长 4.50 米。桥墩两端是方形，用石板砌筑，桥墩厚 1.50 米，桥墩长 3.50 米。跨径 15.50 米。

30. 顺昌广济桥

广济桥位于南平市顺昌县古春村。始建于明嘉靖元年（1522 年）。多年失修。1972 年重修。

广济桥是一座单孔简支木梁桥。上部结构是 15 根双层圆木叠合纵梁，各道纵梁之间有圆木横系杆件。纵梁两端下面（在桥台上）各有 6层（3 顺 3 横）方木垫。纵梁上面铺木桥面板。桥面宽 6.25 米，净宽5.50 米，桥长 24.00 米。桥上建砖木结构廊。

桥台是用料石砌筑，大致为凹字形。跨径 9.00 米。

31. 顺昌岚下桥

岚下桥位于南平市顺昌县岚下乡岚下村。清光绪十三年（1887年）建。

岚下桥是一座单孔撑架式木梁桥，桥面宽 4.25 米，桥梁全长 51.60米。桥上建木结构廊。

桥台是凹字形，用块石砌筑，前墙长约 4.50 米。跨径 15.80 米。

32. 顺昌兴隆桥

兴隆桥位于南平市顺昌县谢屯村，东西走向。清同治十三年（1874年）建。

兴隆桥是一座单孔撑架式木梁桥。桥面系是用 3 段圆木为纵梁，纵梁上横顺铺双层木桥面板，桥面宽 5.00 米，桥梁全长 45.30 米。桥上建木结构廊。

桥台是用块石砌筑，其平面是凹字形，前墙长约 5.00 米。跨径20.00 米。

33. 松溪五福桥

五福桥俗称"八岭桥"，位于南平市松溪县渭田镇渭田村，跨渭田溪上，东西走向。桥始建于明永乐九年（1411 年），正统十二年（1447年）重建。清乾隆六十年（1795 年）重修，光绪二十九年（1903 年）重建。

五福桥是一座 5 孔石墩台复合型悬臂式木梁桥。上部结构是在桥台上有 3 层圆木单悬臂梁，在桥墩上有 3 层圆木双悬臂梁，上面架设 3 层复合型圆木纵梁，纵梁上面横顺铺木桥面板。桥面宽 5.20 米，桥长108.00 米。桥上建木结构廊。

桥台是燕翅形，前墙长 6.00 米。桥墩上游端是尖形，下游端是方形。跨径均为 11.00 米。

34. 松溪中峰桥

中峰桥位于南平市松溪县五里牌村，跨山涧小溪上。始建于南宋淳祐三年（1243 年）春，明洪武九年（1376 年）重建石梁桥，永乐十五年（1417 年）改建成石台木梁桥。

今存中峰桥是一座单孔石墩台复合式木梁桥。桥面是用 3 层圆木为纵梁，每层 10 根圆杉木纵梁，纵梁之间有 12 根杉木横梁，纵梁上面，横顺铺木桥面板。桥面宽 4.50 米，桥长 11.00 米。桥上建木结构廊。

桥台用石板砌筑，燕翅形，前墙长 5.50 米，跨径 8.50 米。

35. 政和交龙桥

交龙桥位于南平市政和县澄源乡大梨溪村。始建年代不详，清道光十五年（1835 年）重修。

交龙桥是一座单孔撑架式木梁桥。共有 11 根圆木纵梁，纵梁的下面中间部位各挂一根圆木辅梁。辅梁的两端各挂 1 根圆木横梁，横梁的外侧各设 11 对圆木斜撑，斜撑的下端置于桥台的中部。纵梁上面横顺铺木板而成桥面。桥面宽 5.00 米，桥长 27.80 米。桥上建木结构廊。

桥台是凹字形，用块石砌筑，前墙长约 5.00 米。跨径 14.50 米。

36. 政和龙滩桥

龙滩桥位于南平市政和县杨源乡龙滩村。建造年代无记载。

龙滩桥是一座单孔撑架式木梁桥。共有 11 根圆木纵梁，纵梁的下面中间部位各挂一根圆木辅梁。辅梁的两端各挂 1 根圆木横梁，横梁的外侧各设 11 对圆木斜撑，斜撑的下端置于桥台的中部。纵梁上面横顺铺木板而成桥面。桥面宽 5.00 米，桥长 31.00 米。桥上建木结构廊。

桥台建在山脚岩石上。跨径 23.00 米。

37．政和落岭桥

落岭桥位于南平市政和县杨源乡上庄村。明万历二十二年（1543年）建，清光绪九年（1883 年）重建。

落岭桥是一座单孔撑架式木梁桥。上部结构是圆木纵梁，纵梁下面中部挂两根圆木横梁。横梁下面挂 4 根辅梁，辅梁两端各有一对圆木斜撑。纵梁上面铺木桥面板，桥面宽 4.30 米，桥长 40.50 米。桥上建木结构廊。

桥台建在山脚岩石上。跨径 28.00 米。

38．政和下坂桥

下坂桥位于南平市政和县杨源乡下坂村，始建年代不详，清道光七年（1827 年）重建，光绪十一年（1885 年）重修。

下坂桥是一座单孔撑架式木梁桥。共有 9 根圆木纵梁，纵梁的下面中间部位各挂一根圆木辅梁。辅梁的两端各挂 1 根圆木横梁，横梁的外侧各设 9 对圆木斜撑，斜撑的下端置于桥台的中部。纵梁上面横顺铺木板而成桥面。桥面宽 4.50 米，桥长 26.00 米。桥上建木结构廊。

桥台建在山脚岩石上。跨径 21.00 米。

39．福安虎神桥

虎神桥位于福安市潭头镇棠溪村。清嘉庆年间（1796—1820年）建。

虎神桥是一座单孔撑架式木梁桥。上部结构是圆木纵梁，纵梁下面中部有 2 根圆木横梁，横梁下面有圆木辅梁，辅梁两端各有一对圆木斜撑。纵梁上面铺木桥面板。桥面宽 4.50 米，桥长 19.50 米。桥上建砖木结构廊。

桥台与块石砌筑的河岸为一体。跨径 16.00 米。

40. 福安积谷桥

积谷桥位于福安市康厝乡石尖村。清康熙四十六年（1707 年）建，同治十年（1871 年）重修。

积谷桥是一座单孔石台撑架式木梁桥。共有 11 根圆木纵梁，纵梁的下面中间部位各挂一根圆木辅梁，辅梁的两端各挂 1 根圆木横梁。横梁的外侧各设 11 对圆木斜撑，斜撑的下端置于桥台的中部。纵梁上面横顺铺木板而成桥面，桥面宽 5.00 米，桥长 20.00 米。桥上建木结构廊。

桥台是凹字形，用块石砌筑，前墙长约 5.00 米。跨径 14.00 米。

41. 福安乐善桥

乐善桥位于福安市潭头镇棠溪村，始建于清光绪年间（1875—1908 年）。1955 年重建。

乐善桥是一座单孔撑架式木梁桥。上部结构是圆木纵梁，纵梁下面中部有两根圆木横梁，横梁下面有圆木辅梁，辅梁两端各有一对圆木斜撑。纵梁上面铺木桥面板。桥面宽 5.00 米，桥长 25.00 米。

桥台用料石砌筑，两侧与块石砌筑的河岸相连。跨径 18.50 米。

42. 福安乐喜桥

乐喜桥又名"乐仙桥"，位于福安市潭头镇棠溪村。清乾隆六十年（1795 年）建。

乐喜桥是一座单孔撑架式木梁桥。上部结构是圆木纵梁，纵梁下面中部有两根圆木横梁，横梁下面有圆木辅梁，辅梁两端各有一对圆木斜撑。纵梁上面铺木桥面板。桥面宽 4.65 米，桥长 25.00 米。桥上建砖木结构廊。

桥台与块石砌筑的河岸为一体。跨径 18.50 米。

43. 福安奈何桥

奈何桥位于福安市晓阳镇奈何村，跨凤过溪上，东西走向。始建于清乾隆二十四年（1760 年）。

奈何桥是一座双孔悬臂式木梁桥。上部结构是双层 6 根圆木叠合纵梁，纵梁上面铺双层木桥面板。桥面宽 5.10 米，桥长 29.50 米。桥上建砖木结构廊。

桥台是用块石砌筑，为凹字形。桥墩两端是方形，桥墩厚约 1.80 米，桥墩长 5.50 米。跨径均为 13.60 米。

44. 福安洋坑桥

洋坑桥位于福安市范坑乡上坪村，跨洋坑溪上，南北走向。始建于清乾隆五十六年（1791 年），同治七年（1868 年）重建。

洋坑桥是一座单孔撑架式木梁桥。上部结构是圆木纵梁，下面是 10 对圆木斜撑，承托 10 根辅梁。辅梁上面架设圆木纵梁，纵梁上面横铺单层木桥面板。桥面宽 4.80 米，桥长 24.00 米。桥上建木结构廊。

桥台建在山脚基岩上，形式不规则。跨径 17.40 米。

45. 福安柘头桥

柘头桥位于福安市潭头镇柘头村，跨排水沟上。建造年代无记载。1959 年重建。

柘头桥是一座单孔石台撑架式木梁桥。共有 9 根圆木纵梁，纵梁的下面中间部位各挂 1 根圆木辅梁，辅梁的两端各挂 1 根圆木横梁，横梁的外侧各设 9 对圆木斜撑，斜撑的下端置于桥台的中部。纵梁上面横顺铺木板而成桥面。桥面宽 4.40 米，桥面长 17.50 米。桥上建木结构廊。

桥台是凹字形，用块石砌筑，前墙长约 4.50 米。跨径 16.00 米。

46. 古田沉字桥

沉字桥位于宁德市古田县鹤塘镇西洋村，跨西洋溪上，东南西北走向。始建于南宋德祐元年（1275 年），清康熙三十八年（1699 年）、嘉庆元年（1796 年）、同治四年（1865 年）重修。

沉字桥是一座 5 孔等跨径石墩台悬臂式木梁桥。桥面的结构是在桥台上有 3 层圆木单悬臂梁，在桥墩上有 3 层圆木双悬臂梁，上面架设圆木纵梁，梁上横顺铺木桥面板构成桥面系。桥面宽 4.50 米，桥长 56.90 米。桥上建木结构廊。

桥台是燕翅形，前墙长约 5.70 米。桥墩两端是尖形，用石板砌筑，桥墩厚 1.75 米，桥墩长 6.70 米，跨径均为 9.00 米。

47. 古田吉口桥

吉口桥位于宁德市古田县吉巷乡吉巷村。清乾隆四十四年（1779 年）建。

吉口桥是一座单孔石台悬臂式木梁桥。上部结构是圆木纵梁，纵梁下面两端各有 3 层圆木悬臂梁，悬臂梁之间有方木横系杆件。纵梁上面铺木桥面板，桥面宽 5.20 米，桥长 24.00 米。桥上建砖木结构廊。

桥台建在山脚岩石上。跨径 18.60 米。

48. 古田沈字桥

沈字桥位于宁德市古田县鹤塘镇西洋村。始建于宋代，元、明、清历代皆有修葺。

沈字桥是一座 5 孔石墩台悬臂式木梁桥。上部结构是双层圆木纵梁，纵梁下面两端各有 3 层圆木悬臂梁，悬臂梁之间有方木横系杆件。纵梁上面铺木桥面板，桥面宽 5.20 米，桥长 54.00 米。桥上建砖木结构廊。

桥台建在山脚岩石上。中 3 孔跨径 8.50 米，边孔跨径 6.50 米。

49. 古田树荫桥

树荫桥位于宁德市古田县卓洋乡树兜村。明永乐十六年（1418 年）建。民国九年（1920 年）重建。

树荫桥是一座单孔石台撑架式木梁桥。共有 8 根圆木纵梁，纵梁的下面中间部位各挂一根圆木辅梁，辅梁的两端各挂 1 根圆木横梁，横梁的外侧各设 8 对圆木斜撑，斜撑的下端置于桥台的中部。纵梁上面横顺铺木板而成桥面。桥面宽 4.20 米，桥长 29.90 米。桥上建木结构廊。

桥台是凹字形，用块石砌筑，前墙长约 4.50 米。跨径 16.10 米。

50. 古田下地水尾桥

古田水尾桥位于宁德市古田县卓洋乡下地村。始建于清嘉庆六年（1801 年）。

古田水尾桥是一座双孔石墩台悬臂式木梁桥。上部结构是圆木纵梁，纵梁下面两端各有两层圆木悬臂梁，悬臂梁之间有方木横系杆件。纵梁上面铺木桥面板。桥面宽 3.70 米，桥长 27.30 米。桥上建砖木结构廊。

桥台建在山脚岩石上。跨径 9.50 米。

51. 古田韦端水尾桥

水尾桥位于宁德市古田县吉巷乡韦端村。清咸丰年间（1851—1861 年）建。

水尾桥是一座单孔撑架式木梁桥。上部结构是圆木纵梁，纵梁下面各有一根圆木辅梁，辅梁两端各有一对圆木斜撑。纵梁上面铺木桥面板。桥面宽 4.00 米，桥长 23.00 米。

桥台用块石砌筑，大致是凹字形。跨径 16.50 米。

52. 屏南宝塔桥

宝塔桥位于宁德市屏南县屏城乡陆地村。清道光三年（1823年）建。

宝塔桥是一座单孔撑架式木梁桥。上部结构是圆木纵梁，在纵梁下面中部挂两根圆木横梁。横梁下面有圆木辅梁，辅梁两端各有一对圆木斜撑。纵梁上面铺木桥面板。桥面宽6.20米，桥长21.00米。桥上建砖木结构廊。

桥台与块石砌筑的河岸为一体。跨径16.50米。

53. 屏南广福桥

广福桥位于宁德市屏南县岭下乡岭下村。据史志记载，广福桥始建于元代元统元年（1333年），清嘉庆十二年（1807年）重修。

广福桥是一座单孔撑架式木梁桥。上部结构是10根圆木纵梁，纵梁下面中部有4根横梁，横梁下面有4根较长辅梁，有4根较短辅梁，辅梁两端各有一对圆木斜撑。纵梁上面铺双层木桥面板。桥面宽5.00米，桥长32.00米。桥上建砖木结构廊。

桥台是凹字形，用块石砌筑，前墙长约5.00米。跨径10.50米。

54. 屏南广利桥

广利桥位于宁德市屏南县岭下村南。始建于宋代。元代元统元年（1333年）重建。清嘉庆十二年（1807年）重修。

广利桥是一座单孔撑架式木梁桥。上部结构是圆木纵梁，在纵梁下面中部挂两根圆木横梁，横梁下面有圆木辅梁，辅梁两端各有一对圆木斜撑。纵梁上面铺木桥面板。桥面宽5.00米，桥长30.00米。桥上建砖木结构廊。

桥台是凹字形，用块石砌筑。跨径15.50米。

55. 屏南花桥

花桥位于宁德市屏南县甘棠乡漈下村。清康熙四十一年（1702年）建。

花桥是一座单孔石台简支木梁桥。纵梁上面铺木桥面板，桥面宽5.00米，桥长13.00米。

桥台与石板砌筑的河岸为一体。跨径11.00米。

56. 屏南金造桥

金造桥位于宁德市屏南县棠口乡漈头村。清嘉庆十三年（1808年）建。

金造桥是一座单孔撑架式木梁桥。共有9根圆木纵梁。纵梁下面中间部位各挂有1根圆木辅梁，5根长辅梁，4根短辅梁。5根长辅梁和4根短辅梁的两端各设1根圆木横梁，在横梁的外侧各有一对圆木斜撑，长斜撑的下端置于桥台的中部，短斜撑的下端置于桥台的下部。

纵梁上面横顺铺双层木板而成桥面。桥面宽4.78米，桥长39.50米。桥上建木结构廊。

桥台是凹字形，用石板砌筑，后部与河岸连砌为一体。跨径31.40米。

57. 屏南聚宝桥

聚宝桥位于宁德市屏南县甘棠乡漈下村。始建年代无考，清光绪三十三年（1907年）重建。

聚宝桥是一座单孔撑架式木梁桥。上部结构是11根圆木纵梁，在纵梁下面中部挂两根圆木横梁，横梁下面有6根辅梁，辅梁两端各有一对圆木斜撑。纵梁上面铺木桥面板。桥面宽6.00米，桥长28.00米。桥上建砖木结构廊。

桥台用块石砌筑。跨径14.10米。

58. 屏南上仓桥

上仓桥位于宁德市屏南县寿山乡上仓村，始建年代不详，民国三十七年（1948年）重修。

上仓桥是一座单孔撑架式木梁桥。上部结构圆木纵梁，纵梁下面中部有3根圆木横梁，横梁下面有5根圆木辅梁，辅梁两端各有一对圆木斜撑。纵梁上面铺木桥面板。桥面宽4.00米，桥长27.00米。桥上建砖木结构廊。

桥台利用块石砌筑的河岸。跨径16.00米。

59. 屏南什锦桥

什锦桥位于宁德市屏南县什锦桥村，建造年代无记载。

什锦桥是一座单孔撑架式木梁桥。共有9根圆木纵梁，纵梁的下面中间部位各挂一根圆木辅梁，辅梁的两端各挂1根圆木横梁，横梁的外侧各设9对圆木斜撑，斜撑的下端置于桥台的中部。纵梁上面横顺铺木板而成桥面。桥面宽4.20米，桥长12.00米。桥上建木结构廊。

桥台建在山脚岩石上。跨径6.00米。

60. 屏南双龙桥

双龙桥位于宁德市屏南县白水洋景区，该桥原在鸳鸯溪下游。始建于清道光三年（1823年），民国三十七年（1948年）毁于火。

2005年10月，易地于白水洋上（鸳鸯溪上游）动工重建，桥长66米，两墩三孔。

双龙桥是一座3孔撑架式木梁桥。上部结构是圆木纵梁，纵梁的下面中间部位每隔1根纵梁挂1根圆木辅梁。辅梁的两端各挂1根圆木横梁，横梁的外侧各设一对圆木斜撑，斜撑的下端置于桥台的中部。纵梁上面横顺铺双层木桥面板。桥面宽4.50米，桥长66.00米。桥上建木结构廊。

桥台在山脚岩壁上开凿出平台，桥墩两端是方形。跨径19.90米。

屏南双龙桥

61. 屏南万安桥

万安桥俗称"厝桥",原名"龙江公济桥",后改称"彩虹桥",位于宁德市屏南县长桥镇长桥村,跨龙江溪上,东南西北走向。始建于北宋。清康熙四十七年(1708 年)遭火焚,乾隆七年(1742 年)重建,乾隆三十三年(1768 年)又遭盗焚,架木代渡。清道光二十五年(1845 年)复建。民国初烧毁。民国二十一年(1932 年)再度重建。

万安桥是一座 6 孔撑架式木梁桥。上部结构是圆木纵梁,纵梁下面中部有 2 根圆木横梁,横梁下面有 4 根圆木辅梁,辅梁两端各有一对圆木斜撑。纵梁上面铺木桥面板。桥面宽 4.70 米,桥长 98.20 米。桥上建砖木结构廊。桥东南端有 10 级台阶,西北端有 36 级台阶。

桥台用料石砌筑,是燕翅形。桥墩用料石砌筑,两端是尖形,桥墩厚 2.00 米,桥墩长 6.90 米。中 4 孔跨径 15.20 米,边孔跨径 10.6 米。

62. 屏南溪里桥

溪里桥位于宁德市屏南县溪里乡溪里村。建造年代无记载。

溪里桥是一座单孔撑架式木梁桥。共有 9 根圆木纵梁，纵梁的下面中间部位各挂 1 根圆木辅梁。辅梁的两端各挂 1 根圆木横梁，横梁的外侧各设 9 对圆木斜撑，斜撑的下端置于桥台的中部。纵梁上面横顺铺木板而成桥面。桥面宽 4.30 米，桥长 37.80 米。桥上建木结构廊。

桥台建在山脚岩石上。跨径 20.00 米。

63. 屏南迎风桥

迎风桥位于宁德市屏南县屏城乡陆地村。始建年代不详，清咸丰十年（1860 年）重建。

迎风桥是一座单孔撑架式木梁桥。上部结构是圆木纵梁，纵梁的下面中间部位各挂一根圆木辅梁。辅梁的两端各挂 1 根圆木横梁，横梁的外侧各有圆木斜撑，斜撑的下端置于桥台的中部。纵梁上面横顺铺木板而成桥面。桥面宽 4.30 米，桥长 29.00 米。桥上建木结构廊。

桥台建在山脚岩石上。跨径 13.50 米。

64. 寿宁单桥

单桥位于宁德市寿宁县坑底乡小东村，东西走向。清嘉庆六年（1801 年）建。

单桥是一座单孔撑架式木梁桥。上部结构是圆木纵梁，纵梁下面有辅梁，辅梁两端各有一根圆木横梁，横梁外侧有圆木斜撑。纵梁上面铺木桥面板。桥面宽 4.60 米，桥长 21.50 米。桥上建砖木结构廊。

桥台与块石砌筑的河岸为一体。跨径 16.50 米。

65. 寿宁飞扬桥

飞扬桥位于宁德市寿宁县清源乡村尾村。建于清代。

飞扬桥是一座单孔简支木梁桥。上部结构是双层圆木叠合纵梁，纵梁上面铺木桥面板。桥面宽 4.00 米，桥长 17.00 米。

桥台与块石砌筑的河岸为一体。跨径 13.00 米。

66. 寿宁飞云桥

飞云桥又名"后墩桥""步云桥"，位于宁德市寿宁县鳌阳镇后墩村，跨山涧排水沟上，东南西北走向。始建于明天顺年间（1457—1564年），清嘉庆二十三年（1818 年）被水毁，当年重建。

飞云桥是一座单孔撑架式木梁桥。上部结构是 10 根圆木纵梁，纵梁中部下面各有一根圆木辅梁。辅梁两端各有一根木横梁，横梁外侧各有 10 根圆木斜撑，斜撑下端置于石砌桥台中部，纵梁上面横顺铺木桥面板。桥面宽 5.30 米，桥长 29.20 米。

桥台是用块石砌筑，跨径 18.80 米。

67. 寿宁观音桥

观音桥位于宁德市寿宁县凤阳乡大石村，南北走向。始建于清乾隆十年（1745 年），道光二十年（1840 年）重建。2004 年重修。

观音桥是一座单孔撑架式木梁桥。上部结构是圆木纵梁，纵梁下面中部各挂 1 根圆木辅梁，辅梁两端各有一对圆木斜撑。纵梁上面铺木桥面板。桥面宽 5.10 米，桥长 31.00 米。桥上建砖木结构廊。

桥台与块石砌筑的河岸为一体。跨径 12.00 米。

68. 寿宁回澜桥

回澜桥位于宁德市寿宁县南阳镇南阳村。始建于清光绪十九年（1893 年），1959 年被水毁，1964 年重建。

回澜桥是一座单孔撑架式木梁桥。上部结构是圆木纵梁，纵梁下面中部各挂 1 根圆木辅梁，辅梁两端有一对圆木斜撑。纵梁上横顺铺双层木桥面板。桥面宽 5.20 米，桥长 26.00 米。桥上建有木结构廊。

桥台用河卵石砌筑。跨径 17.20 米。

69. 寿宁奖禄宫桥

奖禄宫桥位于宁德市寿宁县斜滩镇奖禄村。建于清代。

奖禄宫桥是一座单孔撑架式木梁桥。上部结构是密排圆木纵梁，纵梁下面中部挂 2 根圆木横梁。横梁下面挂 3 根辅梁，辅梁两端各有 1 根圆木斜撑。纵梁上面铺木桥面板，桥面宽 4.00 米，桥长 31.00 米。桥上建砖木结构廊。

桥台用块石砌筑，大致是凹字形。跨径 12.50 米。

70. 寿宁奖禄上桥

奖禄上桥位于宁德市寿宁县斜滩镇奖禄村。建于清代。

奖禄上桥是一座单孔撑架式木梁桥。上部结构是密排圆木纵梁，纵梁下面中部挂 2 根圆木横梁，横梁下面挂 3 根辅梁，辅梁两端各有 1 根圆木斜撑。纵梁上面铺木桥面板，桥面宽 4.10 米，桥长 31.00 米。桥上建砖木结构廊。

桥台建在山脚岩石上。拱跨 12.00 米。

71. 寿宁奖禄下桥

奖禄下桥位于宁德市寿宁县斜滩镇奖禄村。建于清代。

奖禄下桥是一座单孔撑架式木梁桥。上部结构是密排圆木纵梁，纵梁下面中部挂 2 根圆木横梁，横梁下面挂 3 根辅梁，辅梁两端各有 1 根圆木斜撑。纵梁上面铺木桥面板，桥面宽 4.60 米，桥长 33.00 米。桥上建砖木结构廊。

桥台建在山脚岩石上。跨径 14.00 米。

72. 寿宁奶殿桥

奶殿桥位于寿宁县平溪乡柯洋村。建于清代。

奶殿桥是一座单孔撑架式木梁桥。上部结构是密排 11 根圆木纵梁，每隔 1 根（共 5 根）纵梁下面中部各挂 1 根圆木辅梁，辅梁两端有 1 根圆木横梁，横梁外侧有一对圆木斜撑。纵梁上面铺木桥面板，桥面宽 5.00 米，桥长 34.00 米。桥上建砖木结构廊。

桥台用块石砌筑，两侧与块石砌筑的河岸相连。跨径 16.60 米。

73. 寿宁升平桥

升平桥又名"横溪桥"，位于宁德市寿宁县鳌阳镇，跨街河上，南北走向。始建于明天顺元年（1457 年），嘉靖二十四年（1545 年）毁于火，隆庆五年（1571 年）重建。清乾隆十四年（1749 年）被水毁，乾隆四十三年（1778 年）重建。

升平桥是一座单孔撑架式木梁桥。上部结构是 11 道圆木纵梁，纵梁中部下面各有 1 根圆木辅梁，辅梁两端各有一对圆木斜撑，斜撑的下端置于石砌桥台中部。纵梁上面横顺铺双层木桥面板。桥面宽 5.60 米，长 25.50 米。

桥台与石板砌筑的河岸为一体。跨径 23.40 米。

74. 寿宁升仙桥

升仙桥位于宁德市寿宁县犀溪乡仙峰村。建于清道光十九年（1839 年）。

升仙桥是一座双孔木梁桥。南孔跨滨河路，是简支木梁桥，桥面宽 3.50 米，南桥台用块石砌筑，是凹字形。跨径 3.50 米。

北孔跨河道，是悬臂式木梁桥。上部结构是圆木纵梁，纵梁两端下面各有 4 层圆木悬臂梁，各层悬臂梁之间有方木横系杆件。纵梁上面铺木桥面板，桥面宽 4.50 米，桥梁全长 19.00 米。

北桥台建在天然基石上。跨径 12. 50 米。全桥上面建砖木结构廊。该桥可称古代"立交桥"。

75. 寿宁寿春桥

寿春桥又名"翁坑桥",位于宁德市寿宁县犀溪乡翁坑村,建于清同治九年(1870 年)。

寿春桥是一座单孔撑架式木梁桥。上部结构是圆木纵梁,纵梁下面中部各挂 1 根圆木辅梁,辅梁两端各有一对圆木斜撑。纵梁上面铺木桥面板,桥面宽 4. 20 米,桥长 19. 60 米。桥上建砖木结构廊。

桥台建在山脚岩石上。跨径 12. 40 米。

76. 寿宁外洋垱桥

外洋垱桥位于宁德市寿宁县南阳镇外洋垱村。建于清乾隆四十七年(1782 年)。

外洋垱桥是一座单孔撑架式木梁桥。上部结构是圆木纵梁,纵梁下面中部各挂 1 根圆木辅梁,辅梁两端各有一对圆木斜撑。纵梁上面铺木桥面板,桥面 3. 80 米,桥长 19. 00 米。

桥台用块石砌筑,大致是凹字形。跨径 14. 70 米。

77. 寿宁外洋墩桥

外洋墩桥位于宁德市寿宁县斜滩镇含头村。建于清乾隆四十七年(1782 年)。

外洋墩桥是一座单孔撑架式木梁桥。上部结构是圆木纵梁,纵梁下面中部各挂 1 根圆木辅梁,辅梁两端各有一对圆木斜撑。纵梁上面铺木桥面板,桥面 4. 10 米,桥长 17. 50 米。

桥台用块石砌筑,大致是凹字形。跨径 9. 50 米。

78. 寿宁观音桥

观音桥位于宁德市寿宁县下党乡碑坑村，南北走向。建于清康熙五年（1666年），道光二十年（1840年）重建。

观音桥是一座单孔撑架式木梁桥。上部结构是圆木纵梁，纵梁下面中部各挂一根圆木辅梁，辅梁两端各有一对圆木斜撑。纵梁上面铺木桥面板，桥面5.10米，桥长31.00米。

桥台用河卵石砌筑，两边与河卵石砌筑的河岸相连。跨径14.5米。

79. 寿宁仙宫桥

仙宫桥又名"玉带桥"，位于宁德市寿宁县鳌阳镇，跨街河上，南北走向。始建于明天顺年间（1457—1464年），清乾隆十四年（1749年）被水毁，乾隆四十三年（1778年）重建。

仙宫桥是一座单孔撑架式木梁桥。上部结构是圆木纵梁，纵梁中部下面各有1根圆木辅梁。辅梁两端各有根木横梁，横梁外侧各有1根圆木斜撑，斜撑的下端置于石砌桥台中部。纵梁上面横顺铺双层木桥面板。桥面宽5.10米，桥长27.00米。

桥台与石板砌筑的河岸为一体。跨径24.50米。

80. 寿宁小东上桥

小东上桥位于宁德市寿宁县坑底乡小东村，东西走向。建于清嘉庆六年（1801年）。

小东上桥是一座单孔撑架式木梁桥。上部结构是圆木纵梁，纵梁下面中部各挂1根圆木辅梁，辅梁两端有1对圆木斜撑。纵梁上横顺铺双层木桥面板。桥面宽4.60米，桥长21.40米。桥上建有木结构廊。

桥台用河卵石砌筑。跨径16.4米。

81. 寿宁新安桥

新安桥位于宁德市寿宁县凤阳乡刘厝村。始建于清代，2001 年重建。

新安桥是一座单孔撑架式木梁桥。上部结构是圆木纵梁，在纵梁下面中部挂 2 根圆木横梁。横梁下面有圆木辅梁，辅梁两端各有一对圆木斜撑。纵梁上面铺木桥面板。桥面宽 4.60 米，桥长 22.40 米。桥上建砖木结构廊。

桥台是凹字形，用块石砌筑。跨径 15.50 米。

82. 寿宁杨梅州桥

杨梅州桥位于宁德市寿宁县坑底乡杨梅州，东西走向。始建于清乾隆五十六年（1791 年），道光二十一年（1841 年）重修，同治七年（1868 年）重修。

杨梅州桥是一座单孔撑架式木梁桥。共有 9 道双层圆木纵梁，纵梁的下面中间部位各挂 1 根圆木辅梁。辅梁的两端各挂 1 根圆木横梁，横梁的外侧各有 9 根圆木斜撑，斜撑的下端置于桥台的下部。纵梁上面横顺铺木板而成桥面。桥面宽 4.20 米，桥长 42.50 米。桥上建砖木结构廊。

桥台是凹字形，前墙长约 4.50 米。跨径 35.70 米。

83. 寿宁尤溪上桥

尤溪上桥又名"文明桥"，位于宁德市寿宁县芹洋乡尤溪村，跨尤溪上游，南北走向。清康熙三十二年（1693 年）建，道光十二年（1832 年）重修，光绪十二年（1886）重修。

尤溪上桥是一座单孔撑架式木梁桥。上部结构是圆木纵梁，纵梁下面中部各挂 1 根圆木辅梁，辅梁两端各一对圆木斜撑。纵梁上面铺木桥面板，桥面宽 4.60 米，桥长 23.50 米。桥上建砖木结构廊，两端桥台用块石砌筑。跨径 16.7 米。

84. 寿宁尤溪下桥

尤溪下桥又名"里仁桥"，位于宁德市寿宁县芹洋乡尤溪村，跨尤溪下游，南北走向。清康熙三十二年（1693 年）建，道光十二年（1832 年）重修，光绪十二年（1886 年）重修。

尤溪下桥是一座单孔撑架式木梁桥。上部结构是圆木纵梁，纵梁下面中部各挂 1 根圆木辅梁，辅梁两端各一对圆木斜撑。纵梁上面铺木桥面板，桥面 4.50 米，桥长 23.00 米。桥上建砖木结构廊，两端桥台用块石砌筑。跨径 16.5 米。

85. 霞浦临清桥

临清桥位于宁德市霞浦县盖竹村。始建于明天顺年间（1457—1464 年），清同治年间（1862—1874 年）重修，光绪十五年（1889 年）重建。

临清桥是一座单孔撑架式木梁桥。上部结构是，下面是 6 对圆木斜撑，承托 6 根辅梁。辅梁上面架设圆木纵梁，纵梁上面横铺单层木桥面板。桥面宽 3.65 米，桥长 18.80 米。桥上建木结构廊。

桥台两侧有八字墙，前墙长约 6.00 米。跨径 11.30 米。

86. 柘荣归驷桥

归驷桥位于宁德市柘荣县富溪镇富溪村，跨西溪上，东西走向。始建于南宋淳熙十四年（1187 年），清乾隆五十三年（1788 年）重建。

归驷桥是一座单孔撑架式木梁桥。上部结构是 10 道圆木纵梁，上面铺双层木桥面板。每根纵梁下面中部挂 1 根圆木辅梁，辅梁两端各挂 1 根横梁，横梁下面与桥台之间各设 4 对圆木斜撑。桥面宽 4.80 米，桥长 25.00 米。桥上建砖木结构廊。

桥台是用石板砌筑的凹字形构造体。跨径 15.40 米。

87. 周宁长峰桥

长峰桥位于宁德市周宁县玛坑乡长峰村。清乾隆三十三年（1768 年）建。

长峰桥是一座单孔石台撑架式木梁桥。共有 10 根圆木纵梁，纵梁的下面中间部位各挂一根圆木辅梁。辅梁的两端各挂 1 根圆木横梁，横梁的外侧各设 10 对圆木斜撑，斜撑的下端置于桥台的中部。纵梁上面横顺铺木板而成桥面。桥面宽 4.70 米，桥长 20.90 米。桥上建木结构廊。

桥台是凹字形，用块石砌筑，前墙长约 5.00 米。跨径 14.60 米。

88. 周宁楼下桥

楼下桥位于宁德市周宁县礼门乡下岗村，跨排水沟上。清宣统三年（1911 年）建。

楼下桥是一座单孔石台撑架式木梁桥。共有 8 根圆木纵梁，纵梁的下面中间部位各挂一根圆木辅梁，辅梁的两端各挂 1 根圆木横梁。横梁的外侧各设 8 对圆木斜撑，斜撑的下端置于桥台的中部。纵梁上面横顺铺木板而成桥面。桥面宽 4.20 米，桥长 24.80 米。桥上建木结构廊。

桥台是凹字形，用块石砌筑。跨径 17.40 米。

89. 周宁七仙桥

七仙桥位于宁德市周宁县纯池镇桃坑村，跨排水沟上。建造年代无记载。

七仙桥是一座单孔石台撑架式木梁桥。上部结构是 11 根圆木纵梁，纵梁的下面中间部位各挂一根圆木辅梁。辅梁的两端各挂 1 根圆木横梁，横梁的外侧各设 11 对圆木斜撑，斜撑的下端置于桥台的中部。纵梁上面横顺铺木板而成桥面。桥面宽5.00米,桥长34.00米。桥上建木结构廊。

桥台是凹字形,用块石砌筑,前墙长约5.00米。跨径16.10米。

90. 周宁三仙桥

三仙桥位于宁德市周宁县纯池镇禾溪村。始建于明成化三年(1467年),民国六年(1917年)重建。

三仙桥是一座单孔撑架式木梁桥。上部结构是圆木纵梁,纵梁的下面中间部位挂2根圆木横梁,横梁下面有6根辅梁,辅梁两端各有一对圆木斜撑。纵梁上面铺木桥面板。桥面宽5.40米,桥长18.40米。桥上建砖木结构廊。

桥台与料石砌筑的河岸为一体。跨径15.00米。

91. 周宁竹龄桥

竹龄桥位于宁德市周宁县泗桥乡竹村。

竹龄桥是一座单孔石台撑架式木梁桥。共有13根圆木纵梁,纵梁的下面中间部位各挂1根圆木辅梁。辅梁的两端各挂1根圆木横梁,横梁的外侧各设13对圆木斜撑,斜撑的下端置于桥台的中部。纵梁上面横顺铺木板而成桥面。桥面宽4.50米,桥长34.60米。桥上建木结构廊。

桥台是凹字形,用块石砌筑,前墙长约5.50米。跨径24.70米。

92. 安溪瑞云桥

瑞云桥位于泉州市安溪县蓝田乡进德村,跨进德溪上,南北走向。始建于南宋咸淳元年(1265年),明永乐三年(1405年)重建,崇祯三年(1630年)重修。2007年被大火烧毁。2008年重建,是年11月12日落成。

瑞云桥是一座单孔简支木梁桥。上部结构是圆木纵梁,纵梁上面铺木桥面板。桥面宽 5.10 米,桥长 14.70 米。桥上建砖木结构廊。

桥台利用块石砌筑的河岸。跨径 8.70 米。

93. 德化长寿桥

长寿桥位于泉州市德化县上涌乡增坂村。清乾隆十二年(1747年)建。

长寿桥是一座单孔撑架式木梁桥。共有 7 根圆木纵梁,纵梁的下面中间部位各挂 1 根圆木辅梁。辅梁的两端各挂 1 根圆木横梁,横梁的外侧各设 7 对圆木斜撑,斜撑的下端置于桥台的中部。纵梁上面横顺铺木板而成桥面。桥面宽 3.50 米,桥长 26.40 米。桥上建木结构廊。

桥台建在山脚岩石上。跨径 20.50 米。

94. 德化登龙桥

登龙桥原名"惠政桥",位于泉州市德化县浔中镇蒲坂村,始建于宋代,清顺治十四年(1657年)重修,康熙五十六年(1717年)重修,雍正十年(1732年)重修,乾隆九年(1744年)重修。乾隆三十九年(1774年)重建,改名"登龙桥"。光绪三十年(1904年)被水毁,长期失修,民国十三年(1924年)重建。

德化登龙桥是一座 3 孔等跨径石墩台木梁桥。上部结构是 15 根圆杉木纵梁,纵梁下面两端各有 6 层圆木悬臂梁,各层悬臂梁之间各有 6 根圆木横垫梁。纵梁上面铺双层木桥面板,桥面宽 3.85 米,桥梁全长50.40 米。桥上建砖木结构廊。

桥台是凹字形。桥墩两端是方形。中孔跨径 13.50 米。边孔跨径11.00 米。

95. 德化广济桥

广济桥又名"双翰下桥",位于泉州市德化县双翰村,跨山涧上。

据史料记载，广济桥始建于明嘉靖元年（1522 年），清顺治十四年（1657 年）重建。乾隆九年（1744 年）重修。

广济桥是一座单孔石台复合型简支木梁桥。上部结构是用 3 层圆木为纵梁，纵梁上面横顺铺木桥面板，桥面宽 5.50 米，桥长 24.00 米。桥上建木结构廊。

桥台是凹字形，用料石砌筑，前墙长 5.50 米。跨径 12.50 米。

96. 德化宴林口桥

宴林口桥又名"上林桥"，位于泉州市德化县盖德乡林地村。始建于清乾隆四十七年（1782 年），光绪十年（1884 年）被水毁，光绪十一年（1885 年）重修，光绪三十年（1904 年）又被水毁，光绪三十一年（1905 年）重建。

宴林口桥是一座双孔石墩台简支木梁桥。上部结构是圆木纵梁，纵梁上面铺木桥面板。桥面宽 3.40 米，桥长 27.30 米。桥上建砖木结构廊。

桥台建在山脚岩石上。桥墩两端是尖形。跨径均为 7.50 米。

97. 永春东关桥

东关桥又名"通仙桥"，位于泉州市永春县东关镇东美村，跨湖洋溪上，东西走向。始建于南宋绍兴十五年（1145 年）。清光绪十年（1884 年）重修，尚未竣工毁于火，光绪十三年（1887 年）修复。

东关桥是一座 5 孔石墩台悬臂式木梁桥。上部结构是双层圆木叠合纵梁，纵梁之间有横系杆，梁上横顺铺双层木桥面板。桥面宽 5.00 米，桥长 85.00 米。桥上建砖木结构廊。

桥台是用料石砌筑，桥墩上游端是尖形，下游端是方形，桥墩顶端厚 2.50 米，跨径均为 12.00 米。

98. 宁化宜生桥

宜生桥位于三明市宁化县滑石村，俗称"滑石桥"。明正德十六年
（1521 年）建，嘉靖二十一年（1542 年）桥毁。嘉靖二十三年（1544
年）修复。万历三十九年（1611 年）重修，改名"济川桥"。崇祯九年
（1636 年）损坏后修复改名"唐公桥"。清光绪元年（1875 年）重建桥
上廊。

宜生桥是一座 5 孔石墩台悬臂式木梁桥。上部结构是，桥台上是 3
层圆木单悬臂梁，桥墩上是 3 层圆木双悬臂梁，上面架设单层圆木纵
梁，纵梁上面横顺铺木桥面板。桥面宽 4.60 米，桥长 58.00 米。桥上建
木结构廊。

桥台带燕翅形，建在山脚下，用方形条石横顺相间砌筑，前墙长
4.60 米。桥墩也是用方形条石横顺相间砌筑，上游端是尖形，下游端是
方形。跨径均为 13.50 米。

99. 沙县百花桥

百花桥位于三明市沙县夏茂镇洋元村。始建于宋代。明正统四年
（1439 年）建。

百花桥是一座单孔撑架式木梁桥。上部结构是圆木纵梁，纵梁上面
铺木桥面板。桥面宽 2.80 米，桥长 7.50 米。桥上建砖木结构廊。

桥台建在山脚岩石上。跨径 4.00 米。

第十节　江西省木梁桥

全省木梁桥共计 3 座。

1. 安远永镇桥

永镇桥位于赣州市安远县新龙乡永镇村，跨甲江河上。建于清顺治

九年（1652 年）。

永镇桥是一座 3 孔石墩台悬臂式木梁桥。上部结构是双层杉圆木叠合纵梁，两层圆木纵梁之间有疏铺方木横系梁，纵梁两端下面有 3 层圆木悬臂梁，各层悬臂梁之间有疏铺方木横系梁。纵梁上面疏铺方木横梁，横梁上面铺木桥面板，桥面宽 4.33 米，桥长 38.50 米。桥上建楼式通廊，在长廊门额上书写正楷"永镇桥"三个大字。

桥台用花岗岩条形石板砌筑，两侧与块石砌筑的弧形护墙相连。桥墩上游端是尖形，下游端是方形。跨径均为 12.50 米。

2. 婺源彩虹桥

彩虹桥位于上饶市婺源县清华镇。因袭唐诗"两水夹明镜，双桥落彩虹"而名。始建于宋代。

今存彩虹桥是一座 5 孔石墩台木面桥。桥上建有 11 间通廊，中孔的廊上建有亭子。桥面净宽 3.00 米，桥长 140.00 米。桥上建砖木结构廊。

婺源彩虹桥

桥台是凹字形，前墙长 4.00 米。桥墩很厚，两端方形，桥墩厚 2.50 米，桥墩长 4.00 米。跨径 6.50 米。

3. 婺源思溪桥

思溪桥位于上饶市婺源县思溪桥村。建造年代无记载。

思溪桥是一座双孔石墩台木梁桥。上部结构是圆木纵梁，纵梁上面铺木桥面板，木板上铺墁砖面。桥面宽 3.10 米，桥长 16.50 米。桥上建砖木结构廊。

桥台是燕翅形，用料石砌筑。桥墩也是料石砌筑，上游端是尖形，下游端是方形。跨径均为 5.60 米。

第十一节　广西壮族自治区木梁桥

全区木梁桥共计 2 座。

1. 三江程阳桥

程阳桥又名"永济桥""盘龙桥"，位于柳州市三江侗族自治县城古

三江程阳桥

宜镇程阳村，跨林溪河上。桥于清光绪二十六年（1900 年）兴工修建，历时十二年，于民国元年（1912 年）建成。

程阳桥是一座 4 孔等跨径石墩台悬臂式木梁桥。上部结构是双层圆木叠合纵梁，纵梁两端下面有 3 层圆木悬臂梁，悬臂梁之间有疏铺方木横系梁。纵梁上面铺木桥面板，木板上面铺墁砖面。桥面宽 3.75 米，桥长 77.60 米。桥上建砖木结构通廊，每个桥墩和桥台上建塔式亭。

桥台是凹字形，用料石砌筑。桥墩也是用料石砌筑，两端为立三面形式。跨径均为 12.50 米。

2. 北流登龙桥

登龙桥原名"化龙桥"，亦称"学前桥"，西北东南走向。位于北流市龙桥路。始建于南宋庆元六年（1200 年），初建为 3 孔石墩台木梁桥。明万历四十八年（1620 年）毁于火，天启二年（1622 年）重修，改建成单孔木桥。

登龙桥是一座单孔撑架式木梁桥。纵梁上横铺木桥面板，上面铺墁青砖。桥面宽 13.50 米，桥长 36.30 米。桥上建砖木结构廊。

桥台建在山脚岩石上。跨径 10.00 米。

第十二节　云南省木梁桥

全省木梁桥共计 5 座。

1. 大理观音堂桥

观音堂桥位于大理白族自治州大理市，在观音寺桥南，清光绪二年（1876 年）建。

观音堂桥是一座 3 孔石墩台悬臂式木梁桥。上部结构，桥面是 25 根圆木纵梁，纵梁两端下面各有 3 层圆木悬臂梁，悬臂梁之间疏铺方木横梁。纵梁上面横顺铺双层木桥面板。桥面宽 12.00 米，桥长 19.40 米。

桥上建木结构廊。

桥台是凹字形，端墙后部有燕翅墙，用条形石板砌筑，前墙长13.20米，端墙长4.00米。

桥墩是用条形石板砌筑，桥墩两端是尖形，桥墩厚1.50米，桥墩长13.50米。跨径均为3.50米。

2. 云龙彩凤桥

彩凤桥位于大理白族自治州云龙县白石乡顺荡村，跨沘江上，始建于明崇祯年间（1628—1644年），历代皆有维修，清光绪四年（1878年）重修。

彩凤桥是一座单孔撑架式木梁桥，桥面宽4.70米，桥长33.30米。桥上建木结构廊。

桥台建在山脚岩石上，形状不规则。跨径27.00米。

3. 云龙通京桥

通京桥俗称"大波罗桥"，位于大理白族自治州云龙县长新乡包罗村，跨于澜沧江支流沘江上。始建于清乾隆四十一年（1776年）。据《复建通京桥碑记》记载，乾隆四十九年（1784年）和道光十九年（1839年）两次重修。

通京桥是一座单跨石墩台撑架式木梁桥。上部结构的上面有6道圆木纵梁，纵梁的底面挂有5根圆木横梁。横梁的下面有6根圆木辅梁，辅梁的两端各与一对圆木斜撑对接，斜撑木的下端落在经过加工的基岩上。桥面宽4.00米，桥长40.00米。净跨径29.00米。桥上建木结构廊。

4. 永胜金龙桥

金龙桥位于丽江市永胜县金沙江龙开口电站上游，建造年代无记载。2012 年 5 月，因为水位升高，将金龙古桥拆卸，在原址将桥台基础升高，按照原样重新修复。

金龙桥是一座单孔撑架式木梁桥。上部结构是 9 道圆木纵梁，上面铺木桥面板。桥面宽 4.50 米，桥长 49.00 米。桥上建木结构廊。

每道纵梁下面中部各挂 1 根圆木辅梁，辅梁两端各挂 1 根圆木横梁，在横梁的外侧各有 9 根圆木斜撑，斜撑的下端置于山脚岩石上。跨径 27.00 米。

5. 凤庆青龙桥

青龙桥位于临沧市凤庆县城东北，跨丽江上。始建于明万历年间（1573—1620 年），清乾隆二十六年（1761 年）重修，嘉庆十九年（1814 年）重修，道光二十四年（1844 年）重修。

青龙桥是一座单孔撑架式木梁桥。桥面宽 4.50 米，桥长 25.00 米。跨径 21.00 米。

第十三节　四川省木梁桥

全省木梁桥仅 1 座。

1. 会理永定桥

永定桥原名"天虹桥"，位于凉山彝族自治州会理县，始建年代无考，明万历四十六年（1618 年）重建，建成一座四墩五孔石板桥，改名"永定桥"。

永定桥是一座 5 孔石墩台木梁桥。上部结构是每孔 15 根圆木纵梁，上面铺双层木桥面板，桥面宽 7.35 米，桥梁全长 74.00 米。桥上建砖木结构廊。

桥台是凹字形，用石板砌筑。桥墩也是用石板砌筑，两端是方形，桥墩厚 1.25 米，桥墩长 8.50 米。跨径 6.00—6.50 米。

第十四节 陕西省木梁桥

全省木梁桥仅 1 座。

1. 灞桥

灞桥位于西安市以东，在西安至洛阳公路上，跨灞水河上，东西走向。据《水经注》记载，灞桥建于秦穆公年间（公元前 659—前 621 年），结构与形式无记载。《汉书·王莽传》记载，地皇三年（22 年）灞桥火灾。此时有可能是木面桥。《元和郡县志》记载："灞水在县东二十里，灞桥隋开皇三年（583 年）造。唐永隆二年（681 年）创制南北二桥"（应该是浐桥和灞桥）。

据史料记载，宋时灞桥坍塌，元、明、清屡建屡毁，清道光十三年（1833 年）重建灞桥为石磉柱木梁桥。1955 年陕西省公路局实施灞桥大修。

灞桥是一座 67 孔石墩台悬臂式木梁桥。上部结构是用圆松木做纵梁，圆木直径 32—35 厘米（上面加工成平面），边梁采用方木，断面宽 28 厘米，高 29 厘米，每孔 13 根纵梁。纵梁的每个对接缝上钉有两个铁锔子，每根纵梁接头的下面有一根方木悬臂梁，悬臂梁中间段的断面是 30 厘米见方，两端的断面宽 30 厘米，高 20 厘米。纵梁上面是一层横铺的松木桥面板，木板厚 19 厘米，宽 20—30 厘米，桥面板上面铺筑 18 厘米厚的焦砟石灰或石灰土垫层，垫层上面铺砌花岗岩石板，石板厚约 23 厘米。桥面宽约 7.00 米，桥梁全长 354.00 米。

桥台带燕翅形，桥台的前墙是由 6 根石柱和石板墩帽（亦称帽梁）构成，每根石柱由 4 个石磉子（当地人称其为碌碡）上下对接而成，每根石柱的下面有一个圆形大石板（当地人称其为碾盘）。

桥墩的主体也是由 6 根石柱和石板墩帽（亦称帽梁）构成，每根石柱由 4 个石磉子上下对接而成，每根石柱的下面有一个圆形大石板，属于桥墩石柱的基石（承台面）。墩柱基石的下面是木桩基础，每根石柱基石的下面有 11 根基础木桩，在每个石柱基石的周围有 8 根护墩木桩，起固定柱基石的作用。实际上是每组木桩和一个墩柱基石（圆盘）构成一个低桩承台。

墩柱的帽梁是由两条青石板并排组成，帽梁宽 1.20 米，帽梁长度不等，7.05—7.25 米。帽梁石板用两段或三段石板对接而成，石板厚是 30 厘米，两条帽梁石板之间和石板的对接缝上嵌有银锭形铁锔子，构成整体桥墩帽梁，墩帽石板与石柱之间各穿有一根铸铁销子（铸铁圆棒）。铁棒长约 30 厘米，略似枣核形，中径约 9 厘米，端径 7—8 厘米，墩帽石板上的圆孔直径约 1 厘米，铁棒的周围灌满石灰。墩柱（石碌子）的规格基本相同，每个石碌子高 70 厘米，直径约 95 厘米，周围加工比较粗糙，錾竖道（10 厘米 4—5 道）。石碌子的上、下面加工很细（看样子是两遍斧）。石碌子均采取榫卯插接，每个石碌子底面的中心部位有一圆榫，榫长 5—6 厘米，直径约 18 厘米（略呈锥形）。石碌子上面的中间有一圆卯（圆槽），卯深约 7 厘米，直径约 19 厘米，卯内也有石灰。桥梁跨径均约 6.00 米。

墩柱基石（石盘）的直径约 1.40 米，厚度约 0.25 米。上面的中心部位有一圆卯，卯深约 7 厘米，直径约 20 厘米，每个桥墩的边墩柱下面的石盘外侧（迎水面）有一圆孔，用以套木桩（有一根木桩的上端穿入孔内）。

每组承重（石盘下面）木桩是 11 根，桩径 15—20 厘米，桩长未探查。木桩的布设方式是，中心点有一根，外围分两圈，外圈多数是 6 根桩，少数是 5 根，内圈是 5 根桩。桩间填充碎石块，十分密实，其厚度未探查。11 根木桩的上顶基本为平面，看样子都是经过找平锯齐处理。在个别稍低的桩顶上垫有铸铁片，发现个别桩的顶面中心点有一个圆窝，窝深约 2 厘米，直径约 3 厘米。大家认为此桩顶上的小窝应该是使用穿心锤打桩时留下来的铁钎尖痕迹。根据此种现象，可以说明清代已经开始使用穿心锤打桩技术。

原计划在整个桥墩木桩的周围浇注一圈护桩混凝土，经探查，发现木桩的周围有石灰土，特别是在桥墩的上下游，石灰土宽达 4.00 米许，于是免去护桩混凝土。

而后又对木桩的腐朽程度进行检定，直观上看木桩基本上无腐朽，于是对桩群（一组 11 根桩）用"落锤法"进行单桩承载力检定，木桩在含水率饱和状态下，承载能力很高，可以继续长期使用。

又对整体桥墩的承载力进行验算，认为桥墩的结构虽然是独立分组木桩基础，每根石柱和整体桥墩均十分稳定，承载力较高，可以达到苏联桥梁载重标准汽-13、拖-60 级以上。

遂决定将拆卸的两个桥墩依旧修复，全部桥墩和桥台用钢筋混凝土加高，上面架钢筋混凝土双悬壁梁，桥面两侧增设人行步道和混凝土桥栏杆，车行道上浇注混凝土面层。

1955 年 10 月，进行灞桥大修工程技术总结，进一步分析灞桥桥墩的构造与做法。

一、桥墩石柱为何不采用较长的石柱，据参加施工的石匠说，石料来源在南山上，距离灞桥约 10 里，较长的石柱搬运有困难，采用较短的石磴子，人力或用骡马，可以拉着滚动走。

二、当初建桥者为何不将桥墩的基础做成整体，而是做单柱独立基础？不可理解。

三、根据基础木桩的状况，木桩应该是采用穿心锤将其打入河床中的，可是木桩的间距很小，锤击的力度必须相当大，欲使锤击力度加大，一是锤的重量要大，二是锤的起落幅度要大，可想当初打桩之艰苦。三是古人在加工石柱的端面时，考虑得十分仔细，一是石柱的上下面均垂直于中心线，保证石柱不产生侧滑力。二是石柱端面的加工非常平整，使得端面受力均匀。

第四章

组合式木虹桥

第一节　概述

组合式木虹桥是中国独有的一种木桥。《清明上河图》中的汴河木虹桥，即属于组合式木虹桥，证明在北宋已经建造出木虹桥，始建年代应该更早。但是，在汴梁（开封）周边地区并未发现汴河木虹桥。

组合式木虹桥的桥孔立面是五边折线形，其构造是由两组木杆件组合而成五边形组合体，具体做法有以下三种：

第一种做法如下。第一组由 3 段圆木杆件（每段 8—12 根）和两根方木横系杆件构成梯形门式结构（中段杆件水平设置，相邻的两段圆木杆件相对倾斜设置）。

该门式结构相当于撑架式木梁桥中的撑架。此种结构在无外力作用的情况下，可以独立存在。但是，仍属于不稳定结构，当附设必要的附件以后，则可以稳定存在并能承受一定荷载。

第二组是由 5 段圆木杆件（每段是 7—11 根）和 4 根方木横系杆件组成五边折线形框架（中段圆木杆件水平设置，两边的两对圆木杆件相对向内倾斜设置）。

该五边折线形框架不能独立存在，只有依附于梯形门式结构才能存在，附设必要的附件以后才能共同承受荷载。

第一组门式结构和第二组五边形框架互相穿插组成五边折线形组合体。组合体的下脚落在石板砌筑的基石上。

在组合体的背面附有两对圆木剪刀撑。在组合体的两边设置圆木立柱和圆木横梁。

在五边折线形组合体和横梁上面架设圆木纵梁，纵梁的两端搭在桥台上，纵梁上面铺木桥面板，构成桥面系。

第二种做法与第一种做法基本相同。其差别是，门式结构中的圆木比五边形框架中的圆木少 1 根。其他方面完全相同。

第三种做法与前两种做法组成的组合体立面相同，与第一组门式结构的做法完全相同。不同之处主要是，第二组圆木杆件是 4 段，因而组成的框架是四边折线形，而不是五边形。其他方面完全相同。

上述三种做法组成的五边折线形组合体，根据结构力学理论，它既未构成"桁"，亦未构成"拱"，似拱非拱，形似"虹"，故称其为"组合式木虹桥"。

结构力学分析认为，五边形或四边形框架中的杆件基本上不承受荷载力。其中中段的圆木杆件，虽然受桥面荷载，但是它又直接将荷载力传递到门式结构的中段圆木上。所以说，五边或四边折线形框架的杆件均属于冗杆。

据调查，全国只在浙江和福建两省尚存组合式木虹桥，其他省、市、自治区均未发现组合式木虹桥。收集到的组合式木虹桥资料共计 84 份。其中，福建省 52 座，浙江省 32 座。

第二节　浙江省木虹桥

全省木虹桥共计 32 座。

1. 景宁北溪桥

北溪桥位于丽水市景宁畲族自治县东坑镇汤北村。始建年代不详，民国十二年（1923 年）重建。

北溪桥是一座单孔组合式木虹桥，桥孔主体由两组木杆件穿插组合而成。第一组由 3 段圆木杆件（每段 7 根）和 2 根方木横系杆件构成梯形门式结构。第二组由 4 段圆木杆件（每段 6 根）和 3 根方木横系杆件组成五边折线形框架。

第一组门式结构和五边形框架互相穿插组合成桥孔主体结构，其立面呈五边折线形。在主体结构的两边有圆木剪刀撑和圆木立柱、横梁等辅助杆件。于其上面架设圆木纵梁，上面铺木桥面板。桥面宽 4.30 米，桥长 23.30 米。桥上建砖木结构廊。

桥台大致是凹字形，用块石砌筑。跨径 14.70 米。

2. 景宁大赤坑桥

大赤坑桥位于丽水市景宁畲族自治县大赤坑村，跨赤坑溪上，东西走向。

始建于清嘉庆十五年（1810 年）。民国十二年（1923 年）重建。

大赤坑桥是一座单孔组合式木虹桥。桥孔主体是由两组木杆件组合而成，第一组由 3 段圆木杆件（每段 11 根）和两根方木横系杆件构成梯形门式结构。第二组由 5 段圆木杆件（每段 10 根）和 4 根方木横系杆件组成五边折线形框架。

第一组门式结构和第二组五边形框架互相穿插组合成桥孔主体结构，其立面呈五边折线形。在主体结构的后背上附设圆木剪刀撑。在主体结构的两边有圆木立柱、横梁等辅助杆件。于其上面架设圆木纵梁，纵梁上面铺木板而成桥面。桥面宽 5.00 米，桥长 36.35 米。桥上建木结构廊。

借助山崖壁为桥台。跨径 30.00 米。

3. 景宁大地桥

大地桥又名"庆安桥"，位于丽水市景宁畲族自治县沙湾镇大地桥村，跨山涧溪上，东西走向。始建于清嘉庆八年（1803 年）。

莲川大地桥是一座单孔组合式木虹桥，桥孔主体是由两组木杆件穿插组合而成。第一组由 3 段圆木杆件（每段 9 根）和 2 根方木横系杆件构成梯形门式结构。第二组由 5 段圆木杆件（每段 8 根）和 4 根方木横系杆件组成五边折线形框架。

第一组门式结构和第二组五边形框架互相穿插组合成桥孔主体结构，其立面呈五边折线形。在主体结构的后背上附设圆木剪刀撑。在主体结构的两边有圆木立柱、横梁等辅助杆件。于其上面架设圆木纵梁，纵梁上面铺木板而成桥面。桥面宽 4.80 米，桥长 41.80 米。桥上建木结构廊。

桥台在山崖壁上开凿，跨径 31.10 米。

4. 景宁东坑下桥

东坑下桥位于丽水市景宁畲族自治县东坑镇东坑村，跨赤坑溪上，东西走向。始建于清康熙二十八年（1689 年），同治八年（1869 年）重建。2008 年重修。

东坑上桥是一座单孔组合式木虹桥，桥孔主体由两组木杆件穿插组合而成。第一组由 3 段圆木杆件（每段 9 根）和 2 根方木横系杆件构成梯形门式结构。第二组由 5 段圆木杆件（每段 8 根）和 4 根方木横系杆件组成五边折线形框架。

第一组门式结构和第二组五边形框架互相穿插组合成桥孔主体结构，其立面呈五边折线形。在主体结构的后背上附设圆木剪刀撑。在主体结构的两边有圆木立柱、横梁等辅助杆件。于其上面架设圆木纵梁，纵梁上面铺木桥面板。桥面宽 4.40 米，桥长 28.30 米。桥上建木结构廊。

桥台在山脚石壁开凿出平台。跨径 18.70 米。

5. 景宁接龙桥

接龙桥位于丽水市景宁畲族自治县东坑镇章坑村。清咸丰十一年（1861 年）建。

接龙桥是一座单孔组合式木虹桥，桥孔主体是由两组木杆件组合而成。第一组由 3 段圆木杆件（每段 11 根）和两根方木横系杆件构成梯形门式结构。第二组由 5 段圆木杆件（每段 10 根）和 4 根方木横系杆件组成五边折线形框架。

第一组门式结构和第二组五边形框架互相穿插组合成桥孔主体结构，其立面呈五边折线形。在主体结构的后背上附设圆木剪刀撑，在纵梁上面铺木板而成桥面。桥面宽 4.80 米，桥长 38.50 米。桥上建砖木结构廊。

桥台是凹字形，用料石砌筑。跨径 30.70 米。

6. 景宁岭脚桥

岭脚桥位于丽水市景宁畲族自治县家地乡芎岱村。清同治九年（1870 年）建。

岭脚桥是一座单孔组合式木虹桥，桥孔主体是由两组木杆件组合而成。第一组由 3 段圆木杆件（每段 9 根）和 2 根方木横系杆件构成梯形门式结构。第二组由 4 段圆木杆件（每段 8 根）和 4 根方木横系杆件组成五边折线形框架。

第一组门式结构和第二组五边形框架互相穿插组合成桥孔主体结构，其立面呈五边折线形。在主体结构的后背上附设圆木剪刀撑。在主体结构的两边有圆木立柱、横梁等辅助杆件。于其上面架设圆木纵梁，纵梁上面铺木板而成桥面。桥面宽 4.60 米，桥长 38.60 米。

桥台是凹字形，用块石砌筑，前墙长约 5.00 米。跨径 27.30 米。

7. 景宁梅潆桥

梅潆桥位于丽水市景宁畲族自治县英川镇梅潆村，跨英川港上，东西走向。建于清嘉庆七年（1802 年）。

梅潆桥是一座单孔组合式木梁虹桥。桥孔主体由两组木杆件组合而成。第一组由 3 段圆木杆件（每段 9 根）和两根方木横系杆件构成梯形门式结构。第二组由 5 段圆木杆件（每段 8 根）和 4 根方木横系杆件组成五边折线形框架。

第一组门式结构和第二组五边折线形框架互相穿插组合成桥孔主体结构。在主体结构的背面附设圆木剪刀撑。在主体结构的两边附设圆木立柱、横梁等辅助杆件。于其上面架设圆木纵梁，纵梁上面横顺铺木桥面板。桥面宽 5.00 米，桥长 39.00 米。桥上有砖木结构廊。

桥台建在山脚下岩石上，用块石砌筑，形式不规则。纵梁的外端搭在山崖壁上。跨径 33.40 米。

8. 景宁杨岐桥

杨岐桥位于丽水市景宁畲族自治县杨岐乡杨岐村，跨梅岐坑溪上，东西走向。始建年代不详，民国元年（1912 年）被水毁，民国十四年（1925 年）重建。

杨岐桥是一座单孔组合式木虹桥。桥孔主体是由两组木杆件组合而成。第一组由 3 段圆木杆件（每段 9 根）和 2 根方木横系杆件构成梯形门式结构。第二组由 5 段圆木杆件（每段 8 根）和 4 根方木横系杆件组成五边折线形框架。

第一组门式结构和第二组五边折线形框架互相穿插组合成桥孔主体结构，其立面呈五边折线形。在主体结构的后背上附设圆木剪刀撑。在主体结构的两边有圆木立柱、横梁等辅助杆件。于其上面架设圆木纵梁，纵梁上面铺木板而成桥面。桥面宽 4.60 米，桥长 35.00 米。

桥台是凹字形，用块石砌筑，前墙长 5.00 米。跨径 26.30 米。

9. 景宁永平桥

永平桥又名"畲桥"，位于丽水市景宁畲族自治县东坑镇平桥村。清康熙三十一年（1692 年）建，光绪二十年（1894 年）重修。民国十二年（1923 年）重建。2001 年因为修建白鹤水电站，将永平桥拆除，2009 年易地，按照原样重建。

永平桥是一座单孔组合式木虹桥。桥孔主体是由两组木杆件组合而成。第一组是 3 段圆木杆件（每段 8 根）和 2 根方木横系杆件构成梯形门式结构。第二组是 5 段圆木杆件（每段 8 根）和 4 根方木横系杆件组成五边折线形框架。

第一组门式结构和第二组五边形框架互相穿插组合成桥孔主体结构，其立面呈五边折线形。在主体结构的背面附设两对圆木剪刀撑。在主体结构的两边有圆木立柱、横梁等辅助杆件。于其上面架设圆木纵梁，上面铺木桥面板。桥面宽 5.00 米，桥长 37.40 米。桥上建木结构廊。

桥台是凹字形，用块石砌筑，前墙长约 5.00 米。跨径 29.20 米。

10. 景宁永镇桥

永镇桥位于丽水市景宁畲族自治县金钟乡徐山村。清同治三年（1864 年）建。

永镇桥是一座单孔组合式木虹桥。主体是由两组木杆件组合而成。第一组由 3 段圆木杆件（每段 8 根）和 2 根方木横系杆件构成梯形门式结构。第二组由 4 段圆木杆件（每段 7 根）和 3 根方木横系杆件组成五边折线形框架。

第一组门式结构和第二组五边形框架互相穿插组合成桥孔主体结构，其立面呈五边折线形。在主体结构的后背上附设圆木剪刀撑。在主体结构的两边有圆木立柱、横梁等辅助杆件。于其上面架设圆木纵梁，纵梁上面铺木板而成桥面。桥面宽 4.00 米，桥长 42.00 米。

桥台是凹字形，用块石砌筑，前墙长约 5.00 米。跨径 24.00 米。

11. 龙泉顺德桥

顺德桥位于龙泉市屏南镇垟顺村，跨垟顺溪上，东西走向。始建于清道光二十年（1840 年），民国四年（1915 年）重修。

顺德桥是一座单孔组合式木虹桥。桥孔主体是由两组木杆件组合而成。第一组是 3 段圆木杆件 (每段 9 根) 和 2 根方木横系杆件构成梯形门式结构。第二组是 5 段圆木杆件 (每段 8 根) 和 4 根方木横系杆件组成五边折线形框架。

第一组门式结构和第二组五边形框架，互相穿插组合成桥孔主体结构，其立面呈五边折线形。在主体结构的背面附加两对圆木斜撑。在主体结构的两边设有立柱、横梁等附属杆件。上面架设圆木纵梁，纵梁上面铺木桥面板。桥面宽 4.50 米，桥长 35.00 米。桥上建砖木结构廊。

桥台是凹字形，用块石砌筑。跨径 27.50 米。

12. 青田怀仁桥

怀仁桥位于丽水市青田县岭根乡林坑村，跨山间排水沟上。始建年代不详，清宣统二年 (1910 年) 被水毁。1962 年重建。

怀仁桥是一座单孔组合式木虹桥。该桥的桥面与前几座木虹桥的桥面不相同，该桥的桥面基本上是平面。桥孔的立面是五边折线形，其构造是由两组木杆组合而成。第一组是 3 段并排各为 9 根的圆木和两根方木横系杆件构成梯形门式结构，也就是撑架式结构。第二组是由 5 段并排各为 8 根的圆木和 4 根方木横系杆件组成五边折线形框架。

五边形框架与门式结构互相穿插起来，形成五边折线形组合体。在组合体的背面附设两对圆木剪刀撑。在组合体的两边设置圆木立柱和横梁。于其上面架设圆木纵梁，纵梁上铺木桥面板。桥面宽 4.40 米，桥全长 35.60 米。桥上有木结构廊。

桥台用块石砌筑，平面是凹字形，前墙长约 5.00 米。跨径 29.54 米。

13. 庆元安溪桥

安溪桥位于丽水市庆元县安南乡安溪村，东西走向。始建年代无考，清嘉庆四年 (1799 年) 重建。2001 年重修。

安溪桥是一座单孔组合式木虹桥。桥孔主体是由两组木杆件组合而成，第一组是 3 段圆木杆件，每段 9 根，3 段圆木杆件之间各有一根方木横系杆件，组成梯形门式结构。第二组杆件是 5 段圆木杆件，每段 8 根，5 段圆木杆件之间各有 1 根方木横系杆件，组成五边折线形框架。

第一、二两组杆件互相穿插组合成五边折线形组合体。于其上面架设圆木纵梁，纵梁上面铺木板。桥面宽 5.00 米，桥长 41.50 米，桥上建砖木结构廊。

桥台用块石砌筑，大致是凹字形。跨径 32.00 米。

14. 庆元查洋桥

查洋桥又名"半路亭桥""云岩桥"，位于丽水市庆元县黄田镇陈边村，东西走向。元至正年间（1341—1368 年）建，清嘉庆二十三年（1818 年）重建。民国三十六年（1947 年）重建。

查洋桥是一座单孔组合式木虹桥。桥孔主体由两组木杆件互相穿插组合而成。第一组是 3 段圆木杆件和 2 根方木横系杆件构成梯形门式结构。第二组是 5 段圆木杆件和 4 根方木横系杆件组成五边折线形框架。

第一组门式结构和第二组五边形框架互相穿插组合成五边折线形桥孔主体结构。上面架设圆木纵梁，纵梁上面铺木桥面板。桥面宽 4.90 米，桥长 28.65 米。桥上建砖木结构廊。

桥台是在山涧石壁上开凿出的平台。跨径 21.25 米。

15. 庆元阜梁桥

阜梁桥位于丽水市庆元县竹口镇，跨竹口溪上。始建于明永乐九年（1411 年），嘉靖十一年（1532 年）重修，万历四年（1576 年）重修。清道光二年（1822 年）重建。"文革"期间遭毁坏。2010 年年底前，经政府批准，在旧桥下游 150 米处重建阜梁桥。2011 年 5 月 31 日动工重建，年底前竣工。

新建的阜梁桥是一座 3 孔石墩台组合式木虹桥。桥孔主体是由两组木杆件组合而成，第一组是 3 段圆木木杆件，每段 9 根，中段水平设置，两端是一对圆木斜撑，3 段圆木杆件之间各有一根方木横系杆件，组成梯形门式结构。第二组杆件是 5 段圆木杆件，每段 8 根，中段杆件水平设置（架在第一组水平杆件的上面），于其两端各有一对圆木斜撑，下面又是一对圆木斜撑，五段圆木杆件之间各有一根方木横系杆件，组成五边折线形框架。第一、二两组杆件互相穿插组合成五边折线形组合体。于其上面架设圆木纵梁，纵梁上面铺木板，桥面宽 5.00 米，桥长 76.80 米。桥上建砖木结构廊。

桥台是用料石砌筑，其平面为凹字形。桥墩两端是方形，桥墩厚 1.00 米，桥墩长 6.00 米。跨径 22.00 米（总跨径 66.00 米）。

16. 庆元后坑桥

后坑桥又名"普渡桥"，位于丽水市庆元县竹口镇枫堂村，东西走向。清康熙十年（1671 年）建。道光五年（1825 年）重修，光绪十一年（1885 年）重修。

后坑桥是一座单孔组合式木虹桥。桥孔主体是由两组木杆件组合而成，第一组是 3 段木杆件，每段 14 根圆木，中段水平设置，两端的两段圆木杆件相对倾斜设置，实际上属于斜撑，三段杆件组成梯形门式结构。

第二组杆件是 5 段圆木杆件，每段 13 根圆木，中段杆件水平设置，架在第一组水平杆件的上面。上下两层圆木杆件之间，于其两端各置一根圆木横梁，第二组杆件组成的组合体是五边折线形。两组杆件互相穿插组合成五边折线形组合体。该组合体的上面架设圆木纵梁，纵梁上面铺木板而成桥面。桥面宽 5.45 米，桥长 36.20 米。桥上建木结构廊。

桥台是凹字形，用块石砌筑，前墙长约 6.00 米。跨径 28.50 米。

17. 庆元后山桥

后山桥位于丽水市庆元县岭腰乡后山村。始建于明代，清嘉庆四年（1799 年）重建，2001 年重修。

后山桥是一座单孔组合式木梁桥。桥孔主体是由两组木杆件组合而成。第一组是3段圆木杆件，每段9根，3段圆木杆件之间有一根方木横系杆件，构成梯形门式结构。第二组是5段圆木杆件，每段8根，5段圆木杆件之间各有一根方木横系杆件，组成五边折线形框架。

第一、二两组杆件互相穿插组合成桥孔主体结构，其立面呈五边折线形，于其上面架设圆木纵梁，纵梁上面铺木桥面板。桥面宽5.00米，桥长41.50米。桥上建砖木结构廊。

桥台建在山脚下，用块石砌筑，大致为凹字形。跨径32.00米。

18. 庆元黄水长桥

黄水长桥位于丽水市庆元县合湖乡黄水村，始建于清乾隆三十一年（1766年），同治年间（1862—1874年）重修。

黄水长桥是一座单孔组合式木虹桥。桥孔主体由两组木杆件组合而成。第一组是3段圆木杆件和2根方木横系杆件构成梯形门式结构。第二组是5段圆木杆件和4根方木横系杆件组成五边折线形框架。第一组门式结构和第二组五边形框架互相穿插组合成桥孔主体结构。在主体结构的背面设置圆木剪刀撑、立柱和横梁等附属杆件。于其上面架设圆木纵梁，纵梁上面铺木桥面板。桥面宽4.90米，桥长54.30米。桥上建砖木结构廊。

桥台是用料石砌筑，大致是凹字形。跨径27.00米。

19. 庆元回龙桥

回龙桥位于丽水市庆元县荷地镇石木下村，东南西北走向。清光绪二十六年（1900年）建。

回龙桥是一座单孔组合式木虹桥，桥孔主体由两组木杆件互相穿插组合而成。

第一组是3段圆木杆件和2根方木横系杆件构成梯形门式结构。第二组是5段圆木杆件和4根方木横系杆件组成五边折线形框架。

第一组门式结构和第二组五边形框架互相穿插，组合成五边折线形桥孔主体结构。上面架设圆木纵梁，纵梁上面铺木桥面板。桥面宽 4.60 米，桥长 21.00 米。桥上建砖木结构廊。

桥台与块石砌筑的河岸为一体。跨径 16.30 米。

20. 庆元兰溪桥

兰溪桥位于丽水市庆元县五大堡乡西洋村，跨松源溪上，东西走向。始建于明万历二年（1574 年），清乾隆五十九年（1794 年）重修。1984 年易地，按原桥结构与形式重建。

兰溪桥是一座单孔组合式木虹桥，桥孔主体由两组圆木杆件组合而成。第一组是 3 段圆木杆件，每段 9 根，3 段之间各有一根方木横系杆件，构成梯形门式结构。第二组是 5 段圆木杆件，每段 8 根圆木，5 段之间各有一根横系杆件，组成五边折线形框架。两组杆件互相穿插组合成五边折线形结构。于其两边附以圆木剪刀撑、立柱、横梁等辅助杆件，上面架设圆木纵梁，纵梁上面铺木桥面板。桥面宽 5.00 米，桥长 48.12 米。桥上建砖木结构廊。

桥台是用料石砌筑，其平面是凹字形。跨径 36.80 米。

21. 庆元濛淤桥

濛淤桥位于丽水市庆元县五大堡乡濛淤村，跨松源溪上，南北走向。始建于元代。明嘉靖五年（1526 年）重建，清嘉庆十四年（1809 年）重修。2006 年 11 月 30 日动工重修，2008 年 8 月 31 日竣工。

濛淤桥是一座单孔组合式木虹桥。桥孔主体由两组木杆件组合而成。第一组由 3 段圆木杆件（每段 9 根，中段水平设置）和 2 根方木横系木杆件构成梯形门式结构。第二组由 5 段圆木杆件（每段 8 根，中段杆件水平设置）和 4 根方木横系木杆件组成五边折线形框架。

第一组门式结构和第二组五边形框架互相穿插组合成桥孔主体结构。在主体结构的背面附设圆木剪刀撑。在主体结构的两边设圆木立柱、横梁等辅助杆件。于其上面架设圆木纵梁，纵梁上面铺木板而成桥面。桥面宽 4.50 米，桥长 35.00 米。桥上建木结构廊。

桥台式凹字形，用块石砌筑，前墙长约 5.00 米。跨径 28.20 米。

庆元濛淤桥

22. 庆元濛洲桥

濛洲桥位于丽水市庆元县五大堡乡濛圩村，跨松源溪上，南北走向。始建于南宋景定五年（1264 年）。明嘉靖五年（1526 年）重建，1986 年重修，1992 年毁于火，当年重建，对原濛洲桥造型进行改造。

濛洲桥是一座 3 孔石墩台组合式木虹桥。3 孔结构与形式完全相同。桥孔主体由两组木杆件组合而成，桥孔立面为五边折线形。桥面宽 5.40 米，桥梁全长 114.67 米。桥上建砖木结构廊和亭。

桥台是用块石砌筑，是凹字形。桥墩用料石砌筑，两端是方形。中孔跨径 27.30 米，边孔跨径 26.75 米。

23. 庆元咏归桥

咏归桥原名"兴贤桥"，又名"杨公桥""护龙桥"，位于丽水市庆元县松源镇，在水上公园内，跨松源溪和竹坑溪汇合口上，东西走向。

始建于元代至元元年（1257 年），元大德十年（1306 年）重建，改名
"咏归桥"。历代几次遭洪水、大火，几经兴废。民国十三年（1924 年）
重建。1983 年重修。

咏归桥是一座单孔组合式木虹桥。桥孔主体是由两组木杆件组合而
成。第一组是 3 段圆木杆件（每段 9 根）和 2 根方木横系杆件构成，呈
梯形门式结构。第二组是 5 段圆木杆件（每段 8 根）和 4 根方木横系杆
件组成五边折线形框架。

第一组门式结构和第二组五边形框架互相穿插组合成桥孔主体结
构，其立面呈五边折线形。在主体结构的背面附设圆木剪刀撑。在主体
结构的两边有圆木立柱、圆木横梁等辅助杆件。于其上面架设圆木纵
梁，纵梁上面铺木板。桥面宽 5.50 米，桥长 38.76 米。桥上建砖木结
构廊。

桥台用块石砌筑，其平面呈凹字形。跨径 21.70 米。

24. 庆元竹坪桥

竹坪桥又名"蜈蚣桥"，位于丽水市庆元县左溪镇，南北走向。清
道光二十二年（1842 年）建。

竹坪桥是一座组合式木虹桥。桥孔主体由两组木杆件组合而成。第
一组是 3 段圆木杆件和 2 根方木横系杆件构成梯形门式结构。第二组是
5 段圆木杆件和 4 根方木横系杆件组成五边折线形框架。

第一组门式结构和第二组五边形框架互相穿插，组合成五边折线形
桥孔主体结构。上面架设圆木纵梁，纵梁上面铺木桥面板。桥面宽 4.48
米，桥长 36.69 米。桥上建砖木结构廊。

桥台用块石砌筑，大致为凹字形。跨径 18.20 米。

25. 泰顺双埠桥

双埠桥位于温州市泰顺县仕阳村，建造年代不详。

双埠桥是一座单孔组合式木虹桥。桥孔主体是由两组木杆件组合而

中国古桥志

成。第一组由 3 段圆木杆件（每段 12 根）和 2 根方木横系杆件构成梯形门式结构。第二组由 5 段圆木杆件（每段 11 根）和 4 根方木横系杆件组成五边折线形框架。

第一组门式结构和第二组五边形框架互相穿插组合成桥孔主体结构。在主体结构的背面附设圆木剪刀撑。在主体结构的两边附设圆木立柱、横梁等辅助杆件。于其上面架设圆木纵梁，纵梁上面铺木板而成桥面。桥面宽 5.00 米，桥长 41.00 米。桥上建砖木结构廊。

桥台是凹字形，用料石砌筑，前墙长 5.00 米。跨径 31.00 米。

26. 泰顺泗溪下桥

泗溪下桥位于温州市泰顺县，始建年代不详，清道光二十七年（1847 年）重建。

泗溪下桥是一座单孔组合式木虹桥。主体是由两组木杆件组成。第一组由 3 段圆木（每段 9 根）和 2 根方木横系杆件构成梯形门式结构。第二组由 5 段圆木（每段 8 根）和 4 根方木横系杆件组成五边折线形框架。

门式结构和五边形框架互相穿插起来，形成五边折线形组合体。于其背面附设两对圆木剪刀撑。于其两边附设圆木立柱和横梁等辅助杆件。上面架设圆木纵梁，纵梁上面铺木板而成桥面。桥面宽 5.20 米，全长 50.00 米。桥上有木结构廊。

桥台是凹字形，前墙长约 5.50 米。跨径 31.00 米。

27. 泰顺同乐桥

同乐桥又名"仙洞虹桥"，位于温州市泰顺县岭北乡北村。明永乐三年（1405 年）建。2005 年重建。

同乐桥是一座单孔组合式木虹桥。桥孔主体是由两组木杆件组合而成。第一组由 3 段圆木杆件（每段 12 根）和 2 根方木横系杆件构成梯形门式结构。第二组由 5 段圆木杆件（每段 11 根）和 4 根方木横系杆件组成五边折线形框架。

第一组门式结构和第二组五边形框架互相穿插组合成桥孔主体结构。在主体结构的背面附设圆木剪刀撑。在主体结构的两边附设圆木立柱、横梁等辅助杆件。于其上面架设圆木纵梁,纵梁上面铺木板而成桥面。桥面宽5.20米。桥长34.40米。桥上建木结构廊。

桥台建在山脚岩石上。跨径23.00米。

28. 泰顺文兴桥

文兴桥位于温州市泰顺县筱村镇坑边村,跨玉溪上。始建于清咸丰七年(1857年)。民国十九年(1930年)重修。

文兴桥是一座单孔组合式木虹桥。桥孔主体由两组木杆件组合而成。第一组由3段圆木杆件(每段7根)和2根方木横系杆件构成梯形门式结构。第二组由4段圆木杆件(每段6根)和3根方木横系杆件组成五边折线形框架。

第一组门式结构和五边形框架互相穿插组合成桥孔主体结构,其立面呈五边折线形。在主体结构的两边有圆木剪刀撑和圆木立柱、横梁等辅助杆件。于其上面架设圆木纵梁,上面铺木桥面板。桥面宽5.00米,桥长40.20米。桥上建砖木结构廊。

桥台用块石砌筑,大致呈凹字形。跨径29.60米。

29. 泰顺仙居桥

仙居桥位于温州市泰顺县仙稔乡仙居村。始建于明景泰四年(1453年),成化十九年(1483年)被水毁,弘治四年(1491年)重建。嘉靖三十年(1551年)崩圮。嘉靖四十二年(1563年)重建。清康熙十二年(1673年)重建,嘉庆十一年(1806年)重修。

仙居桥是一座单孔组合式木虹桥。桥面中部高起,两端的桥面是坡面,桥面系是双层圆木纵梁,纵梁上面横顺铺双层木桥面板。桥面宽4.89米,桥长42.80米。桥上建有木结构廊。

桥梁主体是由两组木杆件组成，第一组是由 3 段圆木（每段 10 根）和 2 根方木横系杆件构成梯形门式结构。第二组是由 5 段圆木（每段 9 根）和 4 根方木横系杆件组成五边折线形框架。

门式结构与五边折线形框架互相穿插起来，形成五边折线形组合体。于其背面设置两对圆木剪刀撑。于其两边设置圆木立柱和横梁。上面是桥面系。

桥台建在山脚基岩上，其平面是凹字形，前墙长约 5.00 米。跨径 35.10 米。

30. 泰顺薛宅桥

薛宅桥又名"锦溪桥"，位于温州市泰顺县三魁镇薛宅村，在营岗店街头，跨锦溪上。始建于明正德七年（1512 年），清咸丰六年（1856 年）兴工修建，翌年（1857 年）建成。

薛宅桥是一座单孔组合式木虹桥。桥孔主体是由两组木杆件组合而成。第一组由 3 段圆木杆件（每段 11 根）和 2 根方木横系杆件构成梯形门式结构。第二组由 5 段圆木杆件（每段 10 根）和 4 根方木横系杆件组成五边折线形框架。

第一组门式结构和第二组五边形框架互相穿插组合成桥孔主体结构。在主体结构的背面附设圆木剪刀撑。在主体结构的两边附设圆木立柱、横梁等辅助杆件。于其上面架设圆木纵梁，纵梁上面铺木板而成桥面。桥面宽 5.20 米，桥身长 51.00 米。桥台与石砌河岸为一体。跨径 29.00 米。

2016 年 9 月 15 日，"莫兰蒂"台风带来暴雨，洪水将桥梁冲毁。

31. 泰顺营岗店桥

营岗店桥位于温州市泰顺县，始建年代不详，清咸丰六年（1856 年）重建。

营岗店桥是一座单孔组合式木虹桥。主体由两组木杆件组成。第一组是 3 段并排的 9 根圆木和 2 根方木构成梯形门式结构，中段圆木水平设置，两端各有 1 根方木横系杆件，下面是一对（各 9 根）相对内倾的圆木斜撑，斜撑的下端置于石砌基座上。

第二组是 5 段并排的 8 根圆木和 4 根方木组成五边折线形框架。中段圆木水平设置，两端各有 1 根方木横系杆件，下面是一对（每排各为 8 根圆木）相对内倾的圆木斜撑，斜撑的下端各有一根方木横系杆件，再下面，又是一对（每排各为 8 根圆木）相对内倾斜的圆木斜撑，这对斜撑的下端置于石砌基座上。

两组木杆件互相穿插组合而成其立面呈五边折线形的组合体，该组合体实际上属于框架。在其背上附设两对剪刀撑，在框架的外边设置圆木立柱和圆木横梁，上面架设圆木纵梁，纵梁上面横顺铺双层木桥面板。桥面宽 5.00 米，全长 33.00 米。桥上建砖木结构廊。

桥台建在山脚下岩石上，用块石砌筑，形式不规则。纵梁的外端搭在山崖壁上。跨径 28.20 米。

第三节　福建省木虹桥

全省木虹桥共计 52 座。

1. 福州多亭桥

多亭桥又名"店坂桥""状元桥"，位于福州市晋安区日溪乡梓山村，南北走向。清嘉庆十六年（1811 年）建。

多亭桥是一座单孔组合式木虹桥。桥孔主体由两组圆木杆件组合而成。

第一组是 21 根圆木杆件，分为 3 段，每段 7 根，中段杆件水平设置，两边的两段杆件向内相对倾斜设置，3 段圆木杆件对接处各横置 1 根方木横系杆件，2 段斜置杆件的下端置于用石板砌筑的台基上，构成梯形门式结构。

第二组是 30 根圆木杆件，分为 5 段，每段 6 根。五段杆件之间各有 1 根方木横系杆件，组成五边折线形框架，两组杆件组成立面呈五边折线形结构，于其两边附以圆木剪刀撑、立柱、横梁等辅助杆件，上面架设圆木纵梁，纵梁上面铺木板而成桥面。桥面宽 4.70 米，桥长 32.30 米。桥上建砖木结构廊。

桥台在山脚岩石上开凿而成。跨径 20.30 米。

2. 闽侯蕉溪桥

蕉溪桥位于福州市闽侯县蕉溪村，跨蕉溪上，东西走向。建造年代无记载，民国十六年（1927 年）重修。

蕉溪桥是一座单孔组合式木梁桥。主体由两组圆木杆件组合而成。第一组杆件是 27 根圆木，分为 3 段，每段 9 根，中段杆件水平设置，两边的两段杆件向内相对倾斜设置。3 段圆木杆件对接处各横置 1 根方木为横系杆件，两段斜置杆件的下端置于用石板砌筑的台基上，构成梯形门式结构。

第二组圆木杆件是 40 根，分为 5 段，每段 8 根。中段杆件水平设置，架在第一组水平杆件的上面，上下两排圆木杆件之间，于其两端各置 1 根圆木横梁。两边的 4 段圆木杆件，两两向内相对倾斜设置。5 段圆木杆件对接处各横置 1 根方木为横系杆件，下部的两段斜置杆件，其下端置于用石板砌筑的台基上。两组杆件互相穿插组合成五边折线形组合体，其立面呈五边折线形。五边折线形组合体的上面铺木板而成桥面。桥面宽 4.33 米，桥长 27.30 米。桥上建砖木结构廊。

桥台是凹字形，建在山崖上。跨径 19.20 米。

3. 闽侯坑坪桥

坑坪桥位于福州市闽侯县廷坪乡坑坪村，跨村东山涧溪上，南北走向。始建年代不详，清乾隆十三年（1748 年）重修。

坑坪桥是一座单孔组合式木梁桥。桥孔主体是由两组木杆件组合而成。第一组是由 3 段圆木杆件（每段 9 根）和 2 根方木横系杆件构成梯形门式结构。第一组是由 5 段圆木杆件（每段 8 根）和 4 根方木横系杆件组成五边折线形框架。

第一组门式结构和第二组五边形框架互相穿插组合成桥孔主体，其立面呈五边折线形。在此主体结构的背后附有两对剪刀撑和立柱、横梁等附属杆件。上面架设圆木纵梁，纵梁上面铺双层木桥面板。桥面宽 6.38 米，桥长 32.10 米。桥上有木结构廊。

桥台是用块石砌筑，形状不规则。跨径 22.70 米。

4. 闽侯三溪桥

三溪桥位于福州市闽侯县大湖乡六锦村和坂头村之间，跨山涧溪上，南北走向。始建年代无记载，清道光二十四年（1844 年）重修。

三溪桥是一座单孔组合式木梁桥。桥孔主体是由两组圆木杆件组合而成。第一组是 3 段圆木杆件（每段 9 根，共 27 根）和 2 根方木横系杆件构成梯形门式结构。第二组是 5 段圆木杆件和 4 根方木横系杆件组成五边折线形框架。

第一组门式结构和第二组五边形框架互相穿插组合成桥孔主体结构，其立面呈五边折线形。在主体结构的背面附设圆木剪刀撑。在主体结构的两边有圆木立柱、横梁等辅助杆件。于其上面架设圆木纵梁，纵梁上面铺双层木桥面板。桥面宽 6.38 米，桥长 26.10 米。桥上有木结构廊。

桥台在山脚岩壁上开凿出平台，纵梁的两端搭在山崖上。跨径 21.10 米。

5. 闽侯泰山桥

泰山桥位于福州市闽侯县廷坪乡后溪村，跨后溪上，东西走向。建造年代无记载。

泰山桥是一座单孔组合式木虹桥。主体由两组圆木杆件组合而成。第一组圆木杆件是 27 根，分为 3 段，每段 9 根。中段杆件水平设置，两边的两段杆件向内相对倾斜设置，3段圆木杆件对接处各横置1根方木为横系杆件。两段斜置杆件的下端置于用石板砌筑的台基上，构成梯形门式结构。

第二组圆木杆件是32根，分为4段，每段8根。4段杆件分上下两部分，上部的两段圆木杆件，相对向内倾斜设置，两段倾斜设置的杆件顶端间有1根圆木横梁；下部的两段圆木杆件也是相对向内倾斜设置。上下两对杆件之间各有1根方木横系杆件，其立面是四边折线形。上述两组杆件组成的组合体立面呈五边折线形，五边折线形组合体的上面架设圆木纵梁，纵梁上面铺木板而成桥面。桥面宽4.30米，桥长27.90米。桥上建木结构廊。

桥台建在山脚岩石上。跨径21.60米。

6. 闽侯塘里桥

塘里桥位于福州市闽侯县廷坪乡塘里村，跨山涧溪上，东西走向。建造年代无记载。

塘里桥是一座单孔组合式木虹桥。主体由两组圆木杆件组合而成。第一组圆木杆件是27根，分为3段，每段9根。中段杆件水平设置，两边的两段杆件向内相对倾斜设置，3段圆木杆件对接处各横置1根方木为横系杆件。两段斜置杆件的下端置于用石板砌筑的台基上，构成梯形门式结构。

第二组圆木杆件是32根，分为4段，每段8根。4段杆件分上下两部分，上部的两段圆木杆件，相对向内倾斜设置，两段倾斜设置的杆件顶端间有1根圆木横梁；下部的两段圆木杆件也是相对向内倾斜设置。上下两对杆件之间各有1根方木横系杆件，其立面是四边折线形。上述两组杆件组成的组合体立面呈五边折线形，五边折线形组合体的上面架设圆木纵梁，纵梁上面铺木板而成桥面。桥面宽4.40米，桥长28.80米。桥上建木结构廊。

桥台是在山脚岩石上开凿成平台。跨径24.80米。

7. 闽侯远济桥

远济桥又名"石陌桥",位于福州市闽侯县白沙镇联坑村,跨南山涧上,东西走向。清光绪十八年(1892年)建。2007年重修。

远济桥是一座单孔组合式木虹桥。桥孔主体由两组木杆件组合而成。第一组杆件是由3段圆木杆件(每段9根)和2根方木横系杆件(3段圆木杆件之间)构成梯形门式结构,两段斜置杆件的下端置于用石板砌筑的台基上。

第二组杆件是由5段圆木杆件(每段8根)和4根方木横系杆件(5段圆木杆件之间),组成五边折线形构造体。最下两段斜置杆件的下端置于用石板砌筑的台基上。

第一组门式结构和第二组五边形构造体互相穿插组合而成桥孔主体结构,其立面呈五边折线形。于其两边附以圆木剪刀撑和立柱、横梁等辅助杆件,以及纵梁桥面系。桥面宽4.40米,桥长28.80米。桥上建木结构廊。

桥台是在山脚岩石上开凿成平台。跨径24.80米。

8. 闽清合龙桥

合龙桥又名八都桥,位于福州市闽清县省璜镇省璜村,跨梅溪河上,东西走向。据《闽清县志》和《合龙桥志》及桥头碑记载,合龙桥始建于南宋乾道年间(1165—1173年),明万历年间(1573—1620年)重建。清康熙三十八年(1699年)重建。清同治二年(1863年)重建。民国十六年(1927年)重修。

合龙桥是一座双孔石墩台组合式木虹桥。上部结构是由两组圆木杆件穿插组合而成,第一组杆件是3段并排的圆木,构成梯形门式结构。第二组杆件是4段并排的圆木,组成四边折线形框架,两组杆件穿插组合而成五边折线形桥梁上部主体。上面架设圆木纵梁,纵梁上面铺木桥面板。桥面宽4.35米,桥长53.00米。桥上建木结构廊。

桥台是凹字形，用方形条石横顺相间砌筑，端墙后部有燕翅墙，前墙长 4.80 米。桥墩两端是尖形。跨径是 12.50 米、14.70 米。

9. 建瓯德胜桥

德胜桥位于南平市建瓯市迪口镇郑魏村，东南西北走向。建造年代无记载。清光绪三十年（1904 年）重修。

德胜桥是一座单孔组合式木虹桥。桥孔主体是由两组木杆件组合而成，第一组是 3 段圆木杆件，每段 8 根，3 段之间各有 1 根方木横系杆件，构成梯形门式结构。第二组是 5 段圆木杆件，每段 8 根，5 段之间各有 1 根横系杆件，组成五边折线形框架。

第一组门式结构和第二组五边形框架互相穿插组合成五边折线形结构。于其两边附以圆木剪刀撑、立柱、横梁等辅助杆件，上面架设圆木纵梁，纵梁上面铺木桥面板，桥面宽 4.50 米，桥面长 36.00 米，全长 40.00 米。桥上建木结构廊。

桥台建在山脚岩石上。跨径 23.00 米。

10. 建瓯后建桥

后建桥位于南平市建瓯市迪口镇可建村，东南西北走向。始建年代不详，清光绪三十二年（1906 年）重修。

后建桥是一座单孔组合式木虹桥。桥孔主体是由两组木杆件组合而成，第一组是 3 段圆木杆件，每段 8 根，3 段之间各有 1 根方木横系杆件，构成梯形门式结构。第二组是 5 段圆木杆件，每段 8 根，5 段之间各有 1 根横系杆件，组成五边折线形框架。

第一组门式结构和第二组五边形框架互相穿插组合成五边折线形结构。于其两边附以圆木剪刀撑、立柱、横梁等辅助杆件，上面架设圆木纵梁，纵梁上面铺木桥面板，桥面宽 4.00 米，桥长 33.00 米。桥上建木结构廊。

桥台建在山脚岩石上。跨径 22.40 米。

11. 建瓯接龙桥

接龙桥位于南平市建瓯市迪口镇龙北溪村，跨迪溪上，东南西北走向。始建年代不详，民国六年（1917 年）重建。

接龙桥是一座单孔组合式木虹桥。桥孔主体是由两组木杆件组合而成，第一组是 3 段并排的圆木，每段 9 根圆木，3 段之间各有一根横系梁，构成梯形门式结构。第二组是 5 段并排的圆木，每段 8 根圆木，5 段杆件之间各有 1 根横系梁，组成五边折线形框架。两组杆件互相穿插组合成五边折线形桥梁主体，在主体的背面各加设一对圆木剪刀撑。在主体的两端各立两排圆木立柱，上顶架圆木横梁，主体和横梁上面架设圆木纵梁，上面铺双层木桥面板。桥面宽 4.10 米，桥长 46.00 米。桥上建砖廊。

桥台建在山脚岩石上。跨径 31.50 米。

12. 建瓯仙恩桥

仙恩桥位于南平市建瓯市迪口镇郑魏村，南北走向。清光绪三十年（1904 年）重修。

仙恩桥是一座单孔组合式木虹桥。桥孔主体是由两组木杆件组合而成，第一组是 3 段圆木杆件，每段 8 根，3 段之间各有一根方木横系杆件，构成梯形门式结构。第二组是 5 段圆木杆件，每段 7 根，5 段之间各有 1 根横系杆件，组成五边折线形框架。

第一组门式结构和第二组五边形框架互相穿插组合成五边折线形结构。于其两边附以圆木剪刀撑、立柱、横梁等辅助杆件，上面架设圆木纵梁，纵梁上面铺木桥面板。桥面宽 4.30 米，桥面长 44.00 米，梁全长 50.00 米。桥上建砖木结构廊。

桥台建在山脚岩石上。跨径 24.50 米。

13. 顺昌岚下桥

岚下桥原名"石环桥"，位于南平市顺昌县岚下乡岚下村，跨街河上，南北走向。清光绪十三年（1887年）建。民国年间（1911—1949年）加长1孔简支木梁桥。

岚下桥原是一座单孔组合式木虹桥。桥孔主体结构是由两组木杆件组合而成。第一组是3段圆木杆件，每段8根，3段原木杆件之间各有1根方木横系杆件，构成梯形门式结构。第二组是5段圆木杆件，每段9根，5段杆件之间各有1根方木横系杆件，组成五边折线形框架。

第一、二两组杆件互相穿插组合成桥孔主体，其立面呈五边折线形，在主体构造的背面各加设一对圆木剪刀撑。在主体的两端各立两排圆木立柱，上顶架圆木横梁，主体和横梁上面架设圆木纵梁，上面铺双层木桥面板。桥面宽4.25米，桥长55.00米。桥上建砖木结构廊。

桥台是用石板砌筑的不规则形。原桥（北孔）跨径25.80米。

南端是一孔简支木梁桥，桥面宽4.25米。桥梁全长51.60米。桥上建砖木结构廊。

14. 顺昌兴隆桥

兴隆桥位于南平市顺昌县建西镇谢屯村，东西走向。清同治十三年（1874年）建。2005年6月21日被水毁。2006年3月28日利用旧桥台兴工重建，同时修筑西滨河路，在桥西端增建一孔跨滨河路桥，当年11月8日竣工，成为"立交桥"。

兴隆桥原是一座单孔组合式木虹结构桥。桥孔主体有两组木杆件穿插组合而成。第一组是3段圆木杆件和两根方木横系杆件构成梯形门式结构。第二组是5段圆木杆件和4根方木横系杆件组成五边折线形框架。

第一组门式结构和第二组五边形框架互相穿插组合成桥孔主体，在它的两边附加圆木剪刀撑和立柱、横梁等辅助杆件，于其上面架设圆木纵梁，纵梁上面铺木桥面板。

桥面宽5.50米。东桥台是用块石砌筑，为凹字形。跨径20.00米。西孔跨滨河路，上部结构是简支木梁桥，桥面宽5.50米，桥梁全长

45.30 米。桥上建砖木结构廊。

西桥台用块石砌筑，也是凹字形。跨径 5.00 米。

15. 武夷山余庆桥

余庆桥又名"福星桥"，俗称"南门花桥"，位于武夷山景区，跨崇阳溪上，西北东南走向。始建于元代。清乾隆十三年（1748 年）重建，光绪十五年（1889 年）重建。2011 年 5 月 28 日失火，桥梁被烧毁。2015 年动工重建，2016 年 3 月 3 日重建竣工。

余庆桥是一座 3 孔等跨径组合式木虹桥，各孔结构与形式完全相同。桥孔主体由两组木杆件组合而成。

第一组是 3 段圆木杆件，每段 11 根，3 段之间各有 1 根方木横系杆件，构成梯形门式结构。第二组是 4 段圆木杆件，每段 10 根，4 段之间各有 1 根横系杆件，组成四边折线形框架。

第一组门式结构和第二组四边形框架互相穿插组合成五边折线形桥孔主体结构。主体结构的背面附以圆木剪刀撑，在主体结构的两边设有圆木立柱、横梁等辅助杆件。主体结构上面架设圆木纵梁，纵梁上面铺木桥面板，桥面宽 6.70 米，桥梁全长 79.00 米。桥上建砖木结构廊。

桥台用块石砌筑，其平面图形为凹字形。桥墩用料石砌筑，两端是圆形。跨径 23.75 米。

16. 政和赤溪桥

赤溪桥位于南平市政和县澄源乡赤溪村。始建于清乾隆五十五年（1790 年），嘉庆二十三年（1818 年）重修。

赤溪桥是一座单孔组合式木虹桥。桥孔主体是由两组木杆件组合而成。第一组是 3 段圆木杆件，每段 9 根，3 段之间各有 1 根方木横系杆件，构成梯形门式结构。第二组是 5 段圆木杆件，每段 8 根圆木，5 段之间各有 1 根横系杆件，组成五边折线形框架。

两组杆件互相穿插组合成五边折线形结构。于其两边附以圆木剪刀撑、立柱、横梁等辅助杆件，上面架设圆木纵梁，纵梁上面铺木桥面板，桥面宽4.80米，桥长33.50米。

桥台在山脚岩壁上开凿出平台。跨径24.00米。

17. 政和后山桥

后山桥位于南平市政和县岭腰乡后山村，跨乐平溪上，东南西北走向。始建于明代，清嘉庆四年（1799年）重修。2001年重修。

后山桥是一座单孔组合式木梁桥，桥孔主体是由两组木杆件组合而成。第一组由3段圆木杆件（每段9根）和2根方木横系杆件构成梯形门式结构。第二组由5段圆木杆件（每段8根）和4根方木横系杆件组成五边折线形框架。

第一组门式结构和五边形框架互相穿插组合成桥孔主体结构，其立面呈五边折线形，该主体的背面设有两对圆木剪刀撑，在主体结构的两边设置立柱、横梁等辅助杆件。上面架设圆木纵梁，纵梁上面铺木桥面板。桥面宽5.00米，桥长41.50米。桥上建木结构廊。

桥台是凹字形，建在山脚下岩石上，前墙长约5.00米。跨径32.00米。

18. 政和洋后桥

洋后桥又名"洋后厝桥"，位于南平市政和县外屯村洋后自然村，跨七星溪上，南北走向。始建年代不详，清道光三十年（1850年）重建。

洋后桥是一座单孔石台组合式木梁桥。桥孔主体由两组圆木杆件组合而成。第一组由3段圆木杆件（每段9根，中段杆件水平设置）和2根方木为横系杆件构成梯形门式结构。第二组由5段圆木杆件（每段8根，中段杆件水平设置）和4根方木为横系杆件组成五边折线形框架。

第一组门式结构和第二组五边形框架互相穿插组合成桥孔主体结构，其立面呈五边折线形。在主体结构的背面附设圆木剪刀撑。在主体结构的两边附设圆木立柱、横梁等辅助杆件。于其上面架设圆木纵梁，纵梁上面铺木板而成桥面。桥面宽 4.86 米，桥长 39.20 米。桥上建砖木结构廊。

桥台是凹字形，用方形条石横顺相间砌筑，前墙长 4.80 米。跨径 27.00 米。

19. 福安棠溪桥

棠溪桥又名"登烛桥""井桥"，位于福安市潭头镇棠溪村，跨乡间排水沟上，东西走向。始建于清宣统元年（1909 年）八月。1963 年重建。

棠溪桥是一座单孔组合式木梁桥，桥孔主体由两组圆木杆件组合而成。第一组是 3 段并排的圆木，每段 9 根圆木，3 段之间各有 1 根横系梁，构成梯形门式结构。第二组是 5 段并排的圆木，每段 8 根圆木，5 段杆件之间各有 1 根横系梁，组成五边折线形框架。

两组杆件互相穿插组合成五边折线形桥梁主体，在主体的背面各加设一对圆木剪刀撑。在主体的两端各立两排圆木立柱，上顶架圆木横梁，主体和横梁上面架设圆木纵梁，上面铺双层木桥面板。桥面宽 4.80 米，桥长 43.20 米。桥上建砖木结构廊。

桥台用块石砌筑，形式不规则。跨径 36.00 米。

20. 福安玉亭桥

玉亭桥位于福安市穆云乡玉林村，南北走向。始建于清光绪元年（1875 年），民国二十九年（1940 年）重修。

玉亭桥是一座单孔组合式木虹桥。桥孔主体由两组圆木杆件组合而成。第一组是 3 段圆木杆件，每段 9 根，3 段之间各有 1 根方木横系杆件，构成梯形门式结构。第二组是 5 段圆木杆件，每段 8 根圆木，5 段之间各有 1 根横系杆件，组成五边折线形框架。

两组杆件互相穿插组合成五边折线形结构。于其两边附以圆木剪刀撑、立柱、横梁等辅助杆件，上面架设圆木纵梁，纵梁上面铺木桥面板，桥面宽 7.30 米，桥长 31.00 米。桥上建木结构廊。

桥台建在山脚岩石上。跨径 24.30 米。

21. 福鼎老人桥

老人桥位于福鼎管阳镇西阳村，跨山涧沟上，南北走向。始建于明正德年间（1506—1521 年），原是一座简易木梁桥。清康熙年间（1662—1722 年）建成组合式木梁桥。

老人桥是一座单孔组合式木梁桥。桥孔主体是用两组圆木杆件组合而成。第一组是由 3 段圆木杆件（每段 9 根）和 2 根方木横系杆件构成梯形门式结构。第二组是由 5 段圆木杆件（每段 8 根）和 4 根方木横系杆件组成五边折线形框架。

第一组门式结构和第二组五边形框架互相穿插组合成桥孔主体结构，其立面呈五边折线形。在主体结构的背面附设圆木剪刀撑。在主体结构的两边附设圆木立柱、横梁等辅助杆件。于其上面架设圆木纵梁，纵梁上面铺木桥面板。桥面宽 4.80 米，桥长 30.40 米。桥上建木结构廊。

没有桥台，主体结构杆件的下端置于山脚岩石上，纵梁也是搭在山脚岩石上。跨径 25.20 米。

22. 古田兰溪桥

兰溪桥位于宁德市古田县鹤塘镇溪边村。明万历三十七年（1609 年）建，清同治八年（1869 年）重修。

兰溪桥是一座单孔组合式木虹桥。桥孔主体由两组圆木杆件组合而成。第一组是 3 段圆木杆件，每段 9 根，3 段之间各有 1 根方木横系杆件，构成梯形门式结构。第二组是 5 段圆木杆件，每段 8 根圆木，5 段之间各有 1 根横系杆件，组成五边折线形框架。

两组杆件互相穿插组合成五边折线形结构。于其两边附以圆木剪刀撑、立柱、横梁等辅助杆件，上面架设圆木纵梁，纵梁上面铺木桥面板，桥面宽 5.00 米，桥长 42.50 米。桥上建木结构廊。

桥台建在山脚岩石上。跨径 27.00 米。

23. 古田双虹桥

双虹桥位于宁德市古田县卓洋乡卓洋村。始建年代无记载，2008 年重建。

双虹桥是一座单孔组合式木虹桥。桥孔主体是由两组木杆件组合而成。第一组是 3 段圆木杆件，每段 9 根，3 段之间各有 1 根方木横系杆件，构成梯形门式结构。第二组是 5 段圆木杆件，每段 8 根圆木，5 段之间各有 1 根横系杆件，组成五边折线形框架。

两组杆件互相穿插组合成五边折线形结构。于其两边附以圆木剪刀撑、立柱、横梁等辅助杆件，上面架设圆木纵梁，纵梁上面铺木桥面板，桥面宽 4.60 米，桥长 35.00 米。桥上建木结构廊。

桥台用块石砌筑，是凹字形。跨径 27.00 米。

24. 古田田地桥

田地桥位于宁德市古田县鹤塘镇田地村，跨霍口溪上，东西走向。清嘉庆十一年（1806 年）建，民国二十四年（1935 年）重建。

田地桥是一座单孔组合式木虹桥。桥孔主体是由两组木杆件组合而成。第一组是 3 段圆木杆件，每段 9 根，3 段之间各有 1 根方木横系杆件，构成梯形门式结构。第二组是 5 段圆木杆件，每段 8 根圆木，5 段之间各有 1 根横系杆件，组成五边折线形框架。

两组杆件互相穿插组合成五边折线形结构。于其两边附以圆木剪刀撑、立柱、横梁等辅助杆件，上面架设圆木纵梁，纵梁上面铺木桥面板，桥面宽 5.85 米，桥长 40.75 米。桥上建砖木结构廊。

桥台是用块石砌筑，形状不规则。跨径 32.80 米。

25. 古田亭下桥

亭下桥位于宁德市古田县杉洋镇亭下村。清嘉庆九年（1804 年）

建，清宣统元年（1909 年）重修。

亭下桥是一座单孔组合式木虹桥。桥孔主体是由两组木杆件组合而成。第一组是 3 段圆木杆件，每段 9 根，3 段之间各有 1 根方木横系杆件，构成梯形门式结构。第二组是 5 段圆木杆件，每段 8 根圆木，5 段之间各有 1 根横系杆件，组成五边折线形框架。

两组杆件互相穿插组合成五边折线形结构。于其两边附以圆木剪刀撑、立柱、横梁等辅助杆件，上面架设圆木纵梁，纵梁上面铺木桥面板，桥面宽 4.00 米，桥长 29.20 米。桥上建木结构廊。

桥台建在山脚岩石上。跨径 27.60 米。

26. 古田徐州桥

徐州桥又名"洙州桥"，位于宁德市古田县鹤塘镇前圪村，跨徐州河上，东西走向。明万历六年（1578 年）建，清道光二十二年（1842年）重修。

徐州桥是一座单孔组合式木虹桥。桥孔主体是由两组木杆件组合而成。第一组是 3 段圆木杆件，每段 9 根，3 段之间各有 1 根方木横系杆件，构成梯形门式结构。第二组是 5 段圆木杆件，每段 8 根圆木，5 段之间各有 1 根横系杆件，组成五边折线形框架。

两组杆件互相穿插组合成五边折线形结构。于其两边附以圆木剪刀撑、立柱、横梁等辅助杆件，上面架设圆木纵梁，纵梁上面铺木桥面板，桥面宽 5.00 米，桥长 34.80 米。桥上建木结构廊。

桥台建在山脚岩石上。跨径 30.00 米。

27. 屏南百祥桥

百祥桥位于宁德市屏南县棠口乡下坑尾村与寿山乡白洋村交界处，故又称"白洋桥""柏松桥"，跨白洋溪上。建造年代无记载。

百祥桥是一座单孔组合式木梁桥，桥孔主体由两组圆木杆件组合而成。第一组是 3 段并排的圆木，每段 9 根圆木，3 段之间各有 1 根横系梁，构成梯形门式结构。

第二组是 5 段圆木杆件，每段 8 根圆木，5 段之间各有 1 根横系杆件，组成五边折线形框架。两组杆件互相穿插组合成五边折线形桥梁主体。主体上面架设圆木纵梁，上面铺双层木桥面板。桥面宽 4.50 米，桥长 38.00 米。桥上建砖木结构廊。

桥台是利用山崖石壁开凿而成。跨径 35.00 米。

28. 屏南广利桥

广利桥位于宁德市屏南县岭下乡岭下村，始建于宋代，明正统年间（1436—1449 年）重建。清乾隆三十九年（1774 年）重修。

广利桥是一座单孔组合式木梁桥。桥孔主体由两组圆木杆件组合而成。第一组是 3 段并排的圆木，每段 9 根圆木，3 段之间各有 1 根横系梁，构成梯形门式结构。第二组是 5 段并排的圆木，每段 8 根圆木，5 段之间各有 1 根横系梁，组成五边折线形框架。

两组杆件互相穿插组合成五边折线形组合体。主体上面，架设圆木纵梁，上面铺双层木桥面板。桥面宽 4.30 米，桥长 28.30 米。桥上建砖木结构廊。

桥台是凹字形，用块石砌筑，前墙长约 4.40 米。跨径 18.20 米。

29. 屏南惠风桥

惠风桥又名"黄宅桥""泮地桥"，东南西北走向。位于宁德市屏南县黛溪镇泮地村。清康熙年间（1662—1722 年）建。民国三十年（1941 年）重建，1998 年 6 月重修。

惠风桥是一座单孔组合式木虹桥，桥孔主体由两组圆木杆件组合而成。第一组是 3 段圆木杆件（每段 9 根）和 2 根方木横系杆件构成梯形门式结构。第二组是 5 段圆木杆件（每段 8 根）和 4 根方木横系杆件组成五边折线形框架。

第一组门式结构和第二组五边形框架互相穿插组合成桥孔主体结

构，其立面呈五边折线形。在主体的背面加设一对圆木剪刀撑。在主体的两端各立两排圆木立柱，上顶架圆木横梁。主体结构的上面架设圆木纵梁，上面铺双层木桥面板。桥面宽 4.50 米，桥长 32.20 米。桥上建木结构廊。

桥台建在山脚岩石上。跨径 23.50 米。

30. 屏南锦溪桥

锦溪桥又名"溪里桥"，位于宁德市屏南县溪里村。始建不详，清康熙年间（1662—1722 年）重建。1971 年因风灾损坏重建。

锦溪桥是一座组合式木虹桥。桥孔主体由两组圆木杆件组合而成。第一组是 3 段圆木杆件（每段 9 根）和 2 根方木横系杆件构成梯形门式结构。第二组是 5 段圆木杆件（每段 8 根）和 4 根方木横系杆件组成五边折线形框架。

第一组门式结构和第二组五边形框架互相穿插组合成桥孔主体结构，其立面呈五边折线形。在主体的背面加设一对圆木剪刀撑。在主体的两端各立两排圆木立柱，上顶架圆木横梁。主体结构的上面架设圆木纵梁。纵梁上面横顺铺木板而成桥面。桥面宽 4.30 米，桥长 37.80 米。桥上建砖木结构廊。

桥台建在山脚岩石上。跨径 21.50 米。

31. 屏南龙井桥

龙井桥位于宁德市屏南县寿山乡白玉村。该桥始建于宋代，清乾隆年间毁于火，嘉庆二十五年（1820 年）十一月重建，耗银一千三百一十九两。清道光《屏南县志》记载："龙井桥在坑里北，有亭。桥下潭内有一巨红鲤鱼，长五六尺，若现浮水面绕潭而游数日必有大雨。嘉庆二十五年重修。"光绪十四年（1888 年）重修。

龙井桥是一座单孔组合式木梁桥。桥孔主体由两组圆木杆件组合而成。第一组是 3 段并排的圆木，每段 9 根圆木，3 段之间各有 1 根横系梁，构成梯形门式结构。第二组是 5 段并排的圆木，每段 8 根圆木，5 段之间各有 1 根横系梁，组成五边折线形框架。两组杆件互相穿插组合成五边折线形框架。

门式结构和五边折线形框架互相穿插组合成桥孔主体结构，其立面呈五边折线形。在主体结构的背面附设圆木剪刀撑，在主体结构的两边附设圆木立柱、横梁等辅助杆件。于其上面架设圆木纵梁，纵梁上面铺双层木桥面板。桥面宽 4.90 米，桥长 27.50 米。桥上建砖木结构廊。

桥台是利用山崖石壁开凿而成。跨径 22.20 米。

32. 屏南千乘桥

千乘桥又名"祥峰桥"，位于宁德市屏南县海棠口村，跨塘口溪上，东西走向。据史料记载，千乘桥始建于南宋理宗年间（1225—1264 年）。清康熙五十四年（1715 年）重建，嘉庆十四年（1809 年）被水毁，嘉庆二十五年（1820 年）修复。清道光《屏南县志》记载："千乘桥在棠口，有亭。长二十一丈，阔一丈八尺。嘉庆二十五年十一月……重建。"

千乘桥是一座双孔组合式木虹桥。两孔木结构完全相同，桥孔主体结构是由两组木杆件穿插组合而成。

第一组由 3 段圆木杆件（每段 8 根，中段水平设置）和 2 根方木横系杆件构成梯形门式结构。第二组由 4 段圆木杆件（每段 7 根，中段水平设置）和 3 根方木横系杆件组成四边折线形框架。

第一组门式结构和第二组五边形框架互相穿插组合成五边折线形桥孔主体结构。在主体结构的背面附设圆木剪刀撑。在主体结构的两边附设圆木立柱、横梁等辅助杆件。于其上面架设圆木纵梁，纵梁上面横顺铺木桥面板。桥面宽 4.90 米，桥长 62.70 米。桥上建砖木结构廊。

桥台是凹字形，用方形条石横顺相间砌筑，前墙长 7.60 米。桥墩两端是尖形。南孔跨径 27.70 米，北孔跨径 26.70 米。

33. 屏南清宴桥

清宴桥位于宁德市屏南县熙岭乡前塘村，东西走向。清光绪三十一年（1905 年）九月建。

清宴桥是一座单孔组合式木虹桥，桥孔主体由两组圆木杆件组合而成。第一组是 3 段圆木杆件（每段 9 根）和 2 根方木横系杆件构成梯形门式结构。第二组是 5 段圆木杆件（每段 8 根）和 4 根方木横系杆件组成五边折线形框架。

第一组门式结构和第二组五边形框架互相穿插组合成桥孔主体结构，其立面呈五边折线形。在主体的背面加设一对圆木剪刀撑。在主体的两端各立两排圆木立柱，上顶架圆木横梁。

主体结构的上面架设圆木纵梁。纵梁上面横顺铺木板而成桥面。桥面宽 4.50 米，桥长 26.40 米。桥上建木结构廊。

桥台建在山脚岩石上。跨径 21.80 米。

34. 屏南万安桥

万安桥原名"公济桥"，位于宁德市屏南县长桥村，跨长桥溪上，故又称"长桥"，东西走向。《八闽通志》记载："宋初建，累石为墩，而构亭其上。"清康熙四十七年（1708 年）遇火灾。清乾隆七年（1742 年）重修。道光二十五年（1845 年）重建。民国二十一年（1932 年）重修。

万安桥是一座 6 孔石墩台组合式木虹桥。桥墩上铺砌条形石板，桥面为平面。桥面宽 4.70 米，桥梁全长 98.20 米。桥上建砖木结构廊。

上部结构是用两组圆木杆件穿插组合而成，第一组是 3 段并排的圆木杆件，每段 9 根圆木，各段杆件之间横置 1 根方木，构成梯形门式结构。

第二组是 5 段并排的圆木杆件，每段 8 根圆木，各段杆件之间有 1 根方木横系杆件，组成五边折线形框架。

两组杆件互相穿插，组合成五边折线形桥梁主体。在桥台和桥墩的边上各立一排圆木立柱，立柱上顶架设圆木横梁，在横梁和桥梁主体上面架设圆木纵梁，纵梁上面铺木桥面板。桥面宽4.70米，桥长98.20米。桥上建砖木结构廊。

桥台是凹字形，用花岗岩方形条石横顺相间砌筑，前墙长4.70米。桥墩两端是方形，用花岗岩方形条石横顺相间砌筑。桥墩厚2.82米，桥墩长4.70米。跨径由东向西依次是15.30米、14.75米、14.75米、13.40米、12.60米、12.60米。

35．屏南樟口桥

樟口桥位于宁德市屏南县樟源村，始建年代无记载，清咸丰五年（1855年）重修。

樟口桥是一座单孔组合式木虹桥。桥孔主体由两组圆木杆件组合而成。第一组是3段圆木杆件（每段9根）和2根方木横系杆件构成梯形门式结构。第二组是5段圆木杆件（每段8根）和4根方木横系杆件组成五边折线形框架。

第一组门式结构和第二组五边形框架互相穿插，组合成桥孔主体结构，其立面呈五边折线形。在主体的背面加设一对圆木剪刀撑。在主体的两端各立两排圆木立柱，上顶架圆木横梁。主体结构的上面架设圆木纵梁，上面铺双层木桥面板。桥面宽3.80米，桥长26.00米。桥上建木结构廊。

桥台建在山脚岩石上。跨径18.50米。

36．寿宁长濑溪桥

长濑溪桥位于宁德市寿宁县长濑溪村，建造年代无记载。

长濑溪桥是一座单孔组合式木虹桥。主体是由两组木杆件组合而成。第一组是3段并排的圆木杆件，每段11根圆木，各段杆件之间有1根横方木，构成梯形门式结构。第二组是5段并排的木杆件，每段10

根圆木，各段杆件之间有 1 根横方木，组成五边折线形框架。

两组杆件互相穿插组合成五边折线形框架。上面平置木纵梁，纵梁上面铺木桥面板。桥面宽 5.40 米，桥长 39.20 米。桥上建木结构廊。

桥台建在山脚岩石上。跨径 32.00 米。

37．寿宁大宝桥

大宝桥位于宁德市寿宁县坑底乡小东村，东南西北走向。始建于明代，清光绪年间（1875—1908 年）重修。

大宝桥是一座单孔组合式木虹桥。桥孔主体是由两组木杆件组合而成。第一组是 3 段圆木杆件，每段 9 根，各段杆件之间各有 1 根方木横系杆件，构成梯形门式结构。第二组是 5 段圆木杆件，每段 8 根，5 段杆件之间各有一根横方木横系杆件，组成五边折线形框架。

第一组门式结构和第二组五边形框架互相穿插组合成五边折线形结构。于其两边附以圆木剪刀撑、立柱、横梁等辅助杆件，上面架设圆木纵梁，纵梁上面铺木桥面板。桥面宽 4.60 米，桥长 44.30 米。桥上建木结构廊。

桥台建在山脚下，用块石砌筑。跨径 33.10 米。

38．寿宁登云桥

登云桥位于宁德市寿宁县杨梅桥村，故又称"杨梅桥"，南北走向。始建于清乾隆三十八年（1773 年）。

登云桥是一座单孔组合式木梁桥。桥孔主体由两组木杆件组合而成。第一组由 3 段圆木杆件（每段 9 根）和 2 根方木横系杆件构成梯形门式结构。第二组由 5 段圆木杆件（每段 8 根）和 4 根方木横系杆件组成五边折线形框架。

第一组门式结构和第二组五边折线形框架互相穿插组合成桥孔主体结构。在主体结构的背面附设圆木剪刀撑，在主体结构的两边附设圆木立柱、横梁等辅助杆件。于其上面架设圆木纵梁，纵梁上面铺双层木桥面板。桥面宽 4.20 米，桥长 33.80 米。桥上建砖木结构廊。

桥台是凹字形，用块石砌筑，前墙长约 4.80 米。跨径 30.80 米。

39. 寿宁飞云桥

飞云桥又名"后墩桥""步云桥"，位于宁德市寿宁县鳌阳镇后墩村，跨山涧排水沟上，东南西北走向。始建于明天顺年间（1457—1464年），清嘉庆二十三年（1818 年）被水毁，当年重建。

飞云桥是一座单孔组合式木梁桥。桥梁主体由两组圆木杆件组合而成。第一组圆木是由 3 段圆木（每段 9 根）和 2 根方木横系杆件（3 段圆木杆件之间）构成梯形门式结构。第二组杆件是由 4 段圆木（每段 8 根）和 3 根方木横系杆件（4 段圆木杆件之间）组成五边折线形构造体。

第一组门式结构和第二组四边形框架互相穿插组合而成五边折线形构造体。构造体的背面附设两对圆木剪刀撑，在五边折线形构造体的两边设置立柱和横梁等辅助杆件。上面架设圆木纵梁，纵梁上面铺木桥面板。桥面宽 5.30 米，桥长 29.20 米。桥上建木结构廊。木结构的外侧挂木制遮雨板。

桥台建在用块石砌筑的河岸上。跨径 18.80 米。

40. 寿宁福寿桥

福寿桥位于宁德市寿宁县犀溪乡犀溪村，南北走向。清嘉庆十九年（1814 年）建，民国十九年（1930 年）重修。

福寿桥是一座单孔组合式木虹桥。桥孔主体结构由两组木杆件组合而成。第一组由 3 段圆木杆件（每段 9 根，中段水平设置）和 2 根方木横系杆件构成梯形门式结构。第二组由 5 段圆木杆件（每段 8 根，中段水平设置）和 4 根方木横系杆件组成五边折线形框架。

第一组门式结构和第二组五边形框架互相穿插组合而成桥孔主体结构，其立面呈五边折线形。

在主体结构的背面附设圆木剪刀撑。在主体结构的两边附设圆木立柱、横梁等附属构件。于其上面架设圆木纵梁，纵梁上面铺木桥面板。桥面宽 4.90 米，桥长 40.70 米。桥上建砖木结构廊。

桥台建在山脚下，用块石砌筑。跨径 32.8 米。

41. 寿宁里仁桥

里仁桥又名"尤溪下桥"，位于宁德市寿宁县芹洋乡尤溪村，东南西北走向。清道光十二年（1832 年）建。

里仁桥是一座单孔组合式木虹桥。主体是由两组木杆件组合而成。第一组是 3 段并排的圆木杆件，每段 11 根圆木，各段杆件之间各有 1 根横方木，构成梯形门式结构。第二组是 4 段并排的木杆件，每段 10 根圆木。4 段杆件分上下两部分，上部的两段杆件向内相对倾斜设置；其顶端之间有 1 根横向的圆木，该横木置于第一组水平杆件的上面，下部的两端杆件也是向内相对倾斜设置。上下 4 段杆件之间各有 1 根方木横系杆件，组成四边折线形框架。两组杆件互相穿插组合成五边折线形框架。上面平置木纵梁，纵梁上面铺木桥面板。桥面宽 5.60 米，桥长 26.40 米。桥上建木结构廊。

桥台建在山脚岩石上。跨径 21.00 米。

42. 寿宁鸾峰桥

鸾峰桥位于宁德市寿宁县下党乡下党村，故又称"下党桥"，南北走向。始建年代不详，清嘉庆五年（1800 年）重建。

鸾峰桥是一座单孔组合式木梁桥。主体由两组圆木杆件组合而成，第一组是 3 段并排的圆木，每段 9 根圆木，3 段之间各有 1 根横系梁，构成梯形门式结构。

第二组是 5 段并排的圆木，每段 8 根圆木，5 段之间各有 1 根横系梁，组成五边折线形框架。两组杆件互相穿插组合成主体结构，其立面呈五边折线形。组合体的上面，架设圆木纵梁，上面铺双层木桥面板。桥面宽 4.90 米，桥长 47.60 米。桥上建砖木结构廊。

桥台是凹字形，前墙长约 5.00 米。跨径 37.60 米。

43. 寿宁普济桥

普济桥位于宁德市寿宁县南阳镇溪南村，东南西北走向。始建于明代。1965 年重建。

普济桥是一座单孔组合式木虹桥。桥孔主体由两组木构件穿插组合而成五边折线形结构。第一组杆件是 3 段，每段由 9 根圆木杆件和 2 根方木横系杆件构成梯形门式结构。第二组杆件是 5 段，每段由 8 根圆木杆件和 4 根方木横系杆件构成五边折线形构造体。

第一组梯形门式结构和第二组五边折线形构造体互相穿插组合起来，构成桥孔的主体结构，其立面呈五边折线形。五边折线形主体结构的两边附以圆木剪刀撑和立柱，以及纵梁等桥面系。

桥面宽 5.00 米，桥长 25.00 米。桥上建砖木结构廊。木结构两旁挂遮雨板。

桥台用块石砌筑，大致是凹字形。跨径 16.4 米。

44. 寿宁升平桥

升平桥俗称"横溪桥"，位于宁德市寿宁县鳌阳镇，跨蟾溪东坝上，南北走向。始建于明天顺元年（1457 年），命名"东作桥"，嘉靖二十四年（1545 年）毁于火。隆庆五年（1571 年）重建。乾隆十四年（1749 年）被水毁，乾隆四十三年（1778 年）重建。

升平桥是一座单孔组合式木梁桥。主体由两组圆木杆件组合而成。第一组圆木杆件是 36 根，分为 3 段，每段 12 根，中段杆件水平设置。两边的 2 段杆件向内相对倾斜设置，3 段圆木杆件对接处各横置 1 根方木为横系杆件，两段斜置杆件的下端置于用石板砌筑的台基上，构成梯形门式结构。

第二组圆木杆件是 44 根，分为 4 段，每段 11 根。4 段杆件分上下两部分，上部的 2 段圆木杆件，相对向内倾斜设置，2 段倾斜设置的杆件顶端间有 1 根圆木横梁；下部的 2 段圆木杆件也是相对向内倾斜设置。上下两对杆件之间各有 1 根方木横系杆件，其立面是四边折线形。上述两组杆件组成的组合体立面呈五边折线形，五边折线形组合体的上面架设圆木纵梁，纵梁上面铺木板而成桥面。桥面宽 5.60 米，桥长 25.50 米。桥上建木结构廊。

桥台是与块石砌筑河岸为一体。跨径 23.40 米。

45. 寿宁仙宫桥

仙宫桥又名"玉带桥"，位于宁德市寿宁县鳌阳镇，跨蟾溪上，南北走向。始建于明代，清乾隆十四年（1749 年）被水毁，乾隆四十三年（1778 年）重建。

仙宫桥是一座单孔石台组合式木梁桥。主体由两组圆木杆件组合而成。第一组圆木杆件是 33 根，分为 3 段，每段 11 根，中段杆件水平设置，两边的两段杆件向内相对倾斜设置，3 段圆木杆件对接处各横置 1 根方木横系杆件。两段斜置杆件的下端置于用石板砌筑的台基上，构成梯形门式结构。

第二组圆木杆件是 40 根，分为 4 段，每段 10 根，4 段杆件分上下两部分。上部的两段圆木杆件，相对向内倾斜设置，两段倾斜设置的杆件顶端间有 1 根圆木横梁；下部的两段圆木杆件也是相对向内倾斜设置。上下两对杆件之间各有 1 根方木横系杆件，其立面是四边折线形。上述两组杆件组成的组合体立面呈五边折线形，五边折线形组合体的上面架设圆木纵梁，纵梁上面铺木板而成桥面。桥面宽 5.10 米，桥长 27.00 米。桥上建木结构廊。

桥台是凹字形，用料石砌筑，前墙长 5.10 米。跨径 24.50 米。

46. 寿宁小东上桥

小东上桥位于宁德市寿宁县小东村，跨小溪上，东西走向。始建于清嘉庆六年（1801 年），民国二十六年（1937 年）重建。

小东上桥是一座单孔石台组合式木虹桥。桥孔主体结构由两组木杆件组合而成，第一组是3段圆木杆件（每段9根）和2根方木横系杆件构成梯形门式结构。第二组是5段圆木杆（每段8根）和4根方木横系杆件组成五边折线形框架。

第一组门式结构和第二组五边形框架互相穿插组合成桥孔主体，其立面呈五边折线形。在主体结构的背后附有圆木剪刀撑。在主体结构的两边有立柱、横梁等辅助杆件。于其上面架设圆木纵梁，纵梁上面铺木桥面板。桥面宽4.60米，桥长21.40米。桥上建木结构廊。

桥台是凹字形，用块石砌筑，前墙长4.60米。跨径16.40米。

47. 寿宁杨溪头桥

杨溪头桥又名"水尾桥"，跨长溪上。位于宁德市寿宁县杨溪头村。建造年代无考。

杨溪头桥是一座单孔组合式木梁桥。主体是用两组圆木杆件穿插组合而成。第一组是3段并排的圆木杆件，每段9根圆木，各段杆件之间各有1根横方木，构成梯形门式结构。

第二组是5段并排的木杆件，每段8根圆木，各段杆件之间各有1根横方木，组成五边折线形框架。两组杆件互相穿插组合成五边折线形框架。上面平置木纵梁，纵梁上面铺木桥面板。桥面宽4.96米，桥长50.50米。桥上建木结构廊。

桥台是凹字形，用方形条石横顺相间砌筑，前墙长5.10米。跨径36.60米。

48. 寿宁张坑桥

张坑桥位于宁德市寿宁县张坑村，建造年代无记载。

张坑桥是一座单孔组合式木虹桥。桥孔主体由两组木杆件组合而成。第一组由3段圆木杆件（每段10根，中段水平设置）和2根方木横系杆件构成梯形门式结构。第二组由 5 根圆木杆件（每段 9 根，中段水平设置）和 4 根方木横系杆件组成五边折线形框架。

第一组门式结构和第二组五边形框架互相穿插组合成桥孔主体结构。在主体结构的背面附设圆木剪刀撑。

在主体结构的两边附设圆木立柱、横梁等辅助杆件。于其上面架设圆木纵梁，纵梁上面铺木桥面板。桥面宽 5.00 米，桥长 40.00 米。桥上建木结构廊。

桥台建在山脚岩石上。跨径 33.40 米。

49. 柘荣东源桥

东源桥又名"水浒桥"，位于宁德市柘荣县东源乡东源村，跨金砂溪上，南北走向。始建于元至元元年（1335 年）。明嘉靖十三年（1534 年）重修，清乾隆十六年（1751 年）重建，同治九年（1870 年）重建。

东源桥是一座单孔组合式木梁桥。桥孔主体由两组木杆件组合而成。第一组杆件是 3 段并排的圆木杆件，每段 9 根圆木，构成梯形门式结构。第二组杆件是五段并排的圆木杆件，每段 8 根圆木，组成五边折线形框架。

第一组门式结构和第二组五边形框架互相穿插组合成桥孔主体结构，其立面呈五边折线形。主体结构的背后附以圆木剪刀撑，在主体结构的两边有立柱、横梁等附属杆件。上面架设圆木纵梁，纵梁上面铺木桥面板。桥面宽 6.90 米，桥长 43.90 米。桥上建木结构廊。

桥台建在山脚岩石上，用乱石砌筑，形式不规则。跨径 25.00 米。

50. 周宁登龙桥

登龙桥位于宁德市周宁县七步镇八蒲村。始建年代不详，清康熙二十六年（1687 年）被水毁，康熙五十六年（1717 年）重建，乾隆三十九年（1774 年）重修，道光十六年（1836 年）重建。

登龙桥是一座单孔组合式木梁桥。桥孔主体是由两组木杆件组合而成。第一组由 3 段圆木杆件和 2 根方木横系杆件构成梯形门式结构。第二组由 5 段圆木杆件和 4 根方木横系杆件组成五边折线形框架。

第一组门式结构和第二组五边形框架互相穿插组合成桥孔主体结构。在主体结构的背面附设圆木剪刀撑。在主体结构的两边有圆木立柱、横梁等辅助杆件。

于其上面架设圆木纵梁,纵梁上面铺木桥面板。桥面宽 4.90 米,桥长 38.00 米。桥上建砖木结构廊。

桥台是凹字形。跨径 23.50 米。

51. 周宁后垄桥

后垄桥位于宁德市周宁县礼门乡后垄村。建造年代无记载。

后垄桥是一座单孔组合式木虹桥。桥孔主体由两组圆木杆件组合而成。第一组是 3 段圆木杆件,每段 9 根,3 段之间各有 1 根方木横系杆件,构成梯形门式结构。第二组是 5 段圆木杆件,每段 8 根圆木,5 段之间各有 1 根横系杆件,组成五边折线形框架。

两组杆件互相穿插组合成五边折线形结构。于其两边附以圆木剪刀撑、立柱、横梁等辅助杆件,上面架设圆木纵梁,纵梁上面铺木桥面板,桥面宽 4.80 米,桥长 36.50 米。桥上建木结构廊。

桥台建在山脚岩石上。跨径 30.20 米。

52. 德化长寿桥

长寿桥又名"山茶桥",位于泉州市德化县上涌乡曾坂村,跨山茶水上,始建于清乾隆十二年(1747 年)。民国二十九年(1940 年)重修。

长寿桥是一座单孔组合式木虹桥。桥孔主体由两组木杆件组合而成。

第一组是 3 段圆木杆件,每段 9 根,中段杆件水平设置,其两端是两排相对内倾的圆木斜撑，3 段圆木杆件之间各有 1 根方木横系杆件，斜撑的下端置于石板砌筑的台基上，构成梯形门式结构。

第二组杆件是 5 段圆木杆件，每段 8 根，5 段圆木杆件之间各有 1 根方木横系杆件，组成五边折线形框架。

第一、二两组杆件互相穿插组合成五边折线形构造体。于其两边附以圆木剪刀撑、立柱、横梁等辅助杆件，上面架设圆木纵梁，纵梁上铺木桥面板。桥面宽 4.00 米，桥长 35.80 米。桥上建有砖木结构廊。

桥台用块石砌筑，大致是凹字形。跨径 25.80 米。

第五章

索 桥

第一节 概述

古代索桥曾有竹索桥、藤索桥、铁索桥。竹索桥和藤索桥今已无存，现今只剩下铁索桥一种，而且只有两座铁索桥属于古代铁索桥，一是云南省的霁虹桥，二是四川省的泸定桥。

铁索桥的基本结构是，以铁链为桥梁的主体结构，铁索分底索和边索两部分，底索上面铺木板成桥面，边索内侧附设木立杆件为栏杆。桥台则以大块石料砌筑成高大的构造体，将铁索的一端固定在桥台构造中。

第二节 云南省索桥

云南省尚存 1 座铁索桥。

1. 霁虹桥

霁虹桥又名"兰津桥"，位于大理白族自治州永平县，岩洞乡与保山市平坡乡之间，跨澜沧江上。建于明成化年间（1465—1487 年），比泸定桥早 200 多年。

霁虹桥是一座单孔铁索桥，主体结构是由 18 根铁链组成，底索 16

根，两根合并为一股，边索各 1 根。在底索上铺双层木桥面板，在边索上立挂木栏杆柱。桥面宽 3.80 米，桥梁全长 113.40 米。跨径 57.30 米。

另有资料记载，桥面宽 4.00 米，桥全长 115.00 米。跨径 56.20 米。

第三节　四川省索桥

四川省尚存 1 座铁索桥。

1. 泸定桥

泸定桥位于甘孜藏族自治州泸定县，跨大渡河上，清康熙四十四年（1705 年）兴工修建，翌年（1706 年）建成。

泸定桥是一座单跨铁索桥，全桥主体由 13 根铁链构成，其中，底索 9 根，边索各 2 根，在底索上铺双层木桥面板，在边索内侧安装铁栏杆。桥面宽 3.00 米，桥长 103 米。

编后记

　　《中国古桥志》这部古桥资料志书，是在茅以升科技教育基金会秘书长茅玉麟同志的大力支持下，在古桥保护研究委员会的积极帮助下编撰出的。

　　书中所列一千九百多座古桥，大部分我不曾实地考察过，在编写过程中难免出现错误，文章中用词用语也可能有不当之处，请诸位同人和广大读者雅正。

孔庆普